C000091441

# 1 MONTH OF
# FREE
# READING

## at

## www.ForgottenBooks.com

By purchasing this book you are eligible for one month membership to ForgottenBooks.com, giving you unlimited access to our entire collection of over 1,000,000 titles via our web site and mobile apps.

To claim your free month visit:

www.forgottenbooks.com/free1267415

ISBN 978-0-365-11330-0
PIBN 11267415

wird, heißt Roth. 183 felbft mundium: fi quis pro mu-
liere libera *mundium* dederit.\*) Nach alamann. recht
mufte der ehmann, wenn er das mundium nicht an fich
gebracht, d. i. des vaters einwilligung nicht erhalten
hatte, diefem, fobald die frau oder die mit ihr erzeug-
ten kinder ftarben, dafür wergeld\*\*) entrichten. lex
alam. 54, 2. 3. Denn das mundium des vaters über
feine tochter währte fort und felbft ihre kinder traten
nach dem grundfatz partus fequitur ventrem in feine
gewalt, nicht in die des erzeugers. Hatte aber der eh-
mann das mundium erworben, fo bezog auch er das
wergeld für frau und kinder.

8. die frau hat zwar *eignes vermögen*, das fich haupt-
fächlich auf ihre morgengabe und ihr eingebrachtes er-
ftreckt, aber dem mann, kraft feines mundiums, gebüh-
ren verwaltung und nießbrauch. Erft bei trennung
der ehe oder wenn es fich von beerbung der frau han-
delt, wachen ihre vermögensrechte gleichfam auf. *Gü-
tergemeinfchaft*, wie fie fich in fpäteren zeiten bil-
dete†), ift dem begriff des alten mundiums völlig
fremd; einen theil der *errungenfchaft* verficherten
fchon die früheren gefetze der überlebenden ehfrau, das
ripuarifche den dritten, das fächfifche den halben: ter-
tiam partem de omni re, quam fimul *conlaboraverint.*
rip. 37; de eo, quod vir et mulier fimul *conquifive-
rint* ††), mulier mediam portionem accipiat et hoc apud
Weftfalaos. apud Oftfalaos et Angarios nihil accipiat,
fed contenta fit dote fua. l. Sax. 9. Im Norden galt eine

---

\*) einzige ftelle, welche berechtigt, mundium für das entrich-
tete geld zu nehmen; die altn. fprache unterfcheidet genau das
fem. mund (manus, tutela) von dem mafc. mundr (dos), beziehung
beider ausdrücke auf einander ift unleugbar, gleichwohl möchte ich
nicht mit Eichhorn rechtsg. §. 54 meta, mundium u. wittemo neben-
einander ftellen, da wenigftens bei den Langobarden meta und mun-
dium zweierlei find.

\*\*) für die frau 400 fol., nämlich für eine mediana?

†) wann die decke über den kopf ift, find die ehleute gleich
reich; wan die deck zwifchen inen baiden falle, fo fol alsdan ir
paider gut fein ain gut. MB. 10, 318 (a. 1504); leib an leib, gut
an gut; hut bei fchleier und fchleier bei hut. Eifenhart p. 136. 137.
Ein frauwe fitzet zur echte mit irem huswirt, in gemein gedaih und
virderb nach lantrecht. Bodm. p. 674.

††) fimul conlaborare, conquirere, auf deutfch *erkobern, erarbei-
ten* (Gaupp magdeb. r. §. 278. 298. pag. 315.)

art gütergemeinfchaft, welche *helmingarfélag* genannt
wird. Niala p. 3. 24. Kein theil des deutfchen rechts
hat eine folche mannigfaltigkeit der beftimmungen und
gewohnheiten entwickelt, wie die lehre vom vermögen
der ehgatten; faft jede landfchaft und oft einzelne ämter
und örter zeigen eigenthümliches, man vergleiche was
bloß in Oberheffen hauptfächlich über diefen gegenftand
im j. 1572 gefammelt worden ift (Marburger beitr. drit-
tes ftück 1749.) *)

9. aus dem mundium des mannes über die frau fließen
noch andere rechte; er durfte fie, gleich feinen knechten
und kindern, *züchtigen, verkaufen, tödten. Flagellando*
uxorem. Baluze 2, 1378. Das gedicht vom zornbraten
(Lf. nr. 148. Legrand 2, 336. 355. Méon 4, 365—386)
lehrt nachdrückliche bändigung widerfpenftiger weiber **);

> man fol fô vrouwen *ziehen*, fprach Sîfrit der degen,
> daz fi üppeclîche fprüche lâzen under wegen.
>                                             Nib. 805.

> daz hât mich fît gerouwen, fprach daz edel wîp,
> ouch hât er fô *zerblouwen* darumbe mînen lîp.
>                                             Nib. 837.

*Schlägt* der mann frau und kinder mit ftock und ruthe,
fo bricht er keinen frieden. Jüt. 2, 82. þá reiddiz þor-
valdr ok *lauft* hana î andlitit fvâ at blœddi. Nial. cap. 11.
Pauciffima in tam numerofa gente adulteria, quorum
poena praefens et maritis permiffa. accifis crinibus *nu-
datam* coram propinquis *expellit* domo maritus, ac per
omnem vicum *verbere* agit; gerade fo wird in Walde-
mars Seel. gef. 2, 27. dem ehmann geftattet, die eh-
brecherin in bloßem *hemd* und *mantel* aus dem hof zu
*treiben.* Si adulterum cum adultera maritus vel fpon-
fus *occiderit*, pro homicida non teneatur. lex Vifig. III.
4, 4. Burchardi wormatienf. loci communes (Colon. 1560)
enthalten geiftliche interrogationes, deren fiebente lautet:
eft aliquis, qui uxorem fuam absque lege et certa pro-
batione interfecerit? Das recht die frau zu *verkaufen*
könnte auch daher abgeleitet werden, daß fie *gekauft*
worden ift; die nordifchen fagen enthalten mehrere fälle,

---

*) oder einige jahre früher in Würtenberg (Fifchers erbfolge.
urkunden.)

**) männer, die fich von frauen meiftern und fchlagen ließen,
wurden verhöhnt, ihre frauen aber auf efeln umgeführt; mehr davon
buch VI.

z. b. Svarfdœla bei Müller 1, 305. es ift bekannt, daß
in England unter dem gemeinen volk der gebrauch noch
heut zu tage gilt, die frau auf den markt zu bringen und
zu verkaufen.

10. der leiche des herrn folgten pferde, habichte und
knechte mit in die unterwelt (f. 344.); auch die frauen
*begleiteten ihren ehmann in den tod.* Von diefer noch
jetzt in Indien herfchenden fitte finden fich unter den
Scandinaviern und Herulern fpuren. Die fage läßt die
ehfrau vor fchmerz fterben und mit dem gemahl auf
einem fcheiterhaufen verbrannt werden. þâ var borit
ût â fkipit lîk Baldrs, oc er þat fâ kona hanns Nanna,
þâ fprack hon af harmi oc dô, var hon borin â bâlit
oc flegit î eldi. Snorra edda p. 66. Brynhild verordnet,
daß fie mit Sigurd verbrannt werde. Sæm. edda 225.
226; nicht zu überfehen ift der alte glaube 226ª, daß
dem verftorbenen mann, welchem feine frau nachfolgt,
die fchwere thür (der unterwelt) nicht auf die ferfen
fchlage. Nach einer von Bartholin p. 507 beigebrachten
ftelle war auch das mitbegraben der überlebenden gattin
gefetzlich: þat voro lög î landi, ef misdaudi yrdi hiona,
at konu fkyldi *fetja î haug* hia honum. Thorlacius
fpec. 4, 110. 111. 121—127. hat alles hierher gehörige
fleißig gefammelt. Die herulifche fitte bezeugt Procop
de bello goth. 2, 14: Ἐρούλου δὲ ἀνδρὸς τελευτήσαντος,
ἐπάναγκες τῇ γυναικὶ ἀρετῆς μεταποιουμένῃ καὶ κλέος
αὐτῇ ἐθελούσῃ λείπεσθαι, βρόχον ἀναψαμένῃ παρὰ τὸν
τοῦ ἀνδρὸς τάφον, οὐκ εἰς μακρὸν θνήσκειν· οὐ ποιούσῃ
τε ταῦτα, περιειστήκει τὸ λοιπὸν ἀδόξῳ τε εἶναι, καὶ τοῖς
τοῦ ἀνδρὸς ξυγγενέσι προςκεκρουκέναι. τοιούτοις μὲν
ἐχρῶντο Ἐρούλοι τὸ παλαιὸν νόμοις.

C. *Trennung der ehe.*

1. durch den *tod* des einen gatten, feit die fitte des
mitverbrennens und mitbegrabens der frauen veraltet war.
Der überlebende theil heißt *witwer, witwe* (viduus, vi-
dua); vidua bedeutet eigentlich nur eine coelebs, fowohl
das ledige mädchen als die des gatten beraubte, vgl.
Niebuhr röm. gefch. 1, 448. Diut. 1, 435 (ein widewe,
ein ênlen wîp,) und das franz. vuide, vide, ledig, leer.
Deutfcher fcheint das altn. *eckill* (viduus) *eckja* (vidua),
das urfprünglich auch den ledigen, unverheiratheten ftand
ausdrückt (oben f. 317.); auf die verwandtfchaft von
enkel (nepos) und anhalo, enhilo (talus) altn. ökli, werde

ich zurückkommen. wenigſtens iſt ſonderbar, daß im altn.
das maſc. *hæll* beides bezeichnet, calx und vidua poſt
caedem mariti.   Carpentier merkt an, daß im mittelalter
die königin witwe *blanca, blanche* hieß, vielleicht weil ſie
weiße trauerkleider trug.

Nach ſtrengem altem recht fällt das *mundium über
die witwe* dem erben des mannes zu, dem ſaliſchen
rêparius (ſ. 425), zunächſt alſo dem (volljährigen) ſohn
aus einer früheren oder aus ihrer eigenen ehe, und
dann des mannes übrigen verwandten: qui mortuus vi-
duam reliquerit, tutelam ejus filius, quem ex alia uxore
habuit, accipiat; ſi is forte defuerit, frater item defuncti;
ſi frater non fuerit, proximus paterni generis ejus (d. i.
defuncti, nicht viduae) conſanguineus.   lex Saxon. 7, 2.
Warum hier der witwe eigner (mündiger) ſohn unan-
geführt iſt, weiß ich nicht, denn ſo ſehr es unſern heu-
tigen begriffen widerſtreitet, daß ſich eine mutter in der
vormundſchaft ihres kindes befinde, ſo angemeßen war
es denen des alterthums.   In mehrern urkunden wird
es auch anerkannt: Helegrina . . . ſe in mundium Ali-
perti *filii* permanere; Adelberga conſentiente Sigolfo,
*filio* et mundualdo ſuo, uſumfructum eccleſiae concedit*);
vgl. Heinecc. antiq. 3, 435.   Hiermit ſtimmt noch das
jüngere frieſ. recht überein: dit is riucht, datter nimmen
aech dine *mond* oen der wedue, dan her *ſoen*, ſo fir als
hi jêrich ſe. Fw. 26.   Dem vater der witwe und ihren
ſchwertmagen gebührt das mundium in der regel nicht,
ausnahmsweiſe nur, wenn der verſtorbne ehmann verſäumt
hatte, es zu erwerben (ſ. 449) oder, wenn es der vater
von dem erben des ehmanns wieder zurückerkaufte (libe-
rabat, vorhin ſ. 448.)   Abweichende grundſätze ſtellte das
ſpätere recht auf; der Sſp. erkennt nicht mehr den erben
des ehmannes die tutel über die witwe zu, ſondern ihrem
*vater* und ihren väterlichen verwandten: ſvenne he (de
man) aver ſtirft, ſo is ſe ledich von ſime rechte unde
behalt recht na irer bord, darumme mut ir vormünde ſin
ir neſte evenbürdige ſwertmach u. nicht ires mannes.
1, 45.   Aber auch im Norden ſcheint der *vater* der witwe,
und erſt, wenn es mangelte, ihr ſohn und bruder die
tutel übernommen zu haben.   Thorlacius p. 179. 183.
Egilsſaga p. 36.

---

*) wiewohl hier filius auch einen ſtiefſohn bedeuten könnte.

Den nachtheilen ehlicher gütergemeinfchaft, als fich diefe
fpäterhin gebildet hatte, konnte die witwe dadurch ent-
gehen, daß fie gleich beim begräbnis, durch *gürtelrecken*
oder *fchlüßelwurf* (f. 157. 176), ihrem anfpruch auf des
mannes habe entfagte.   Ich führe hier noch einen beleg
aus dem Saarbrücker landr. von 1321 (Kremer cod. dipl.
ardenn. p. 591.) an: item, ftürbe einig man, u. pliebe fo
viel fchuldig, daß fein weib nach feinem tod fich der
fchuld annemen enwolte zu bezalen, noch enkonte, noch
des macht enhette zu thun und wolte des ledig fein; die
foll mit ihrem toden man zum grab gehen, mit ihr nemen
ihr kleider u. kleinot zu ihrem leib gehörig u. nit mer
und foll ihr haus zufchließen u. den *fchlüßel* von dem
haus *uf das grab legen.*   Hatte fie aber nicht entfagt, fo
konnte fie auf gedeih und verderb mit den kindern leben.
Pufend. app. 1, 62.

Zweite ehe der witwe war im alterthum ungern gefehen
(Tac. Germ. cap. 19) und bei den Saliern mit höherem
reipus belegt, als die verlobung der jungfrau.   Es finden
fich aber fchon in früher zeit zahlreiche beifpiele.   Ver-
rückte die witwe ihren *ftuhl*, fo büßte fie auch güter-
gemeinfchaft mit den kindern erfter ehe ein: ob fich das
menfch . . . verändert, . . . fo möchten die kind ir ein
*ftuhl für die tür fetzen* (oben f. 189.)\*)

2. trennung der ehe durch *fcheidung.*

Divortium, repudium heißt bei Ulf. *afftafs*\*) oder *affateins*
(abftand, abfetzung); ahd. *danatrip, fkeitunga*; repudiare:
afletan, affatjan, ahd. farlâzan, artrîpan, danatrîpan; altn.
*fkil* oder *fkilnadr*, divortium; agf. *hivgedâl.*   Vgl. ahd.
âwerfftul[g (divortivus) hrab. 959[b].

---

\*) eines fonderbaren gebrauchs in Berkfhire, zu Eaft und
Weftenborne, in Devonfhire zu Torre und noch in andern gegen-
den Weftenglands erwähnt der fpectator nr. 614. 623; die witwe
des verftorbnen tenant behielt ihr freebench (witwengut), dum
fola et cafta fuerit, aber auch wenn fie fich vergangen hatte,
konnte fie fich im befitz erhalten, wenn fie auf einem *fchwarzen
widder* rücklings vor gericht ritt und einen demüthigenden fpruch
herfagte, welchen Addifon angibt.   Auch Probert p. 133 gedenkt
diefer fitte.

\*\*) afftafs ift fo wenig aus dem gr. ἀποστάσιον entfprungen, als
usftafs aus ἀνάστασις; fchon das goth. ff in beiden wörtern wider-
legt den irrthum.

Scheidung konnte entw. mit willen beider theile, aus
gründen und ohne weitere gründe\*) erfolgen, oder mit
willen des einen theils, hauptfachlich des mannes; fchei-
dungsgründe waren leibliche gebrechen oder begangne
verbrechen. Der mann durfte wegen unfruchtbarkeit
feiner frau, die frau wegen unvermögens ihres gatten
oder weil er ihr nicht beiwohnte gefchieden zu werden
verlangen: fi qua mulier fe reclamaverit, quod vir fuus
nunquam cum ea manfiffet, exeant inde ad crucem, et fi
verum fuerit, feparentur. capit. bei Georg. 509. Feier-
lichkeiten der auflöfung entfprachen wohl denen der ein-
gehung des ehebandes, wie bei den Römern diffarreatio
oder remancipatio angewendet werden mufte, wenn con-
farreatio oder mancipatio voraus gegangen war; unfere
denkmäler geben wenig auskunft. *Schlüßel* werden der
fcheidenden ehfrau abgefordert (f. 176. 177.) Scheidende
faßten ein *leinentuch* an, welches *entzwei gefchnitten*
wurde, fo daß jeder theil ein ftück behielt; dies fcheint
kirchlicher brauch, deffen das lied von Axel u. Valborg
gedenkt (danfke vife 3, 273.) Die ehbrecherin mufte mit
ihrer *kunkel* und *vier pfennigen* aus dem haufe weichen
(oben f. 171.) Im Norden galt für förmliche fcheidung,
wenn der mann vor zeugen erklärte, daß er fie entlaße
(*fagdi fkilit* vid konu) Niala p. 50. Die frau konnte zeu-
gen *vor das bett* des mannes und vor die *hauptthüre*
(karldyr) führen und an beiden orten *fkilit fegja.* Niala
p. 14; zum drittenmal gefchah es vor gericht (fyrir
reckjuftocki, fyrir karldyrum, at lögbergi) ibid. p. 36.
Zuweilen verließ der mann feine frau ohne weiteres; das
hieß *láta konu eina,* hlaupaz brot frá konu. Thorlac.
p. 146. 149. 150; fo gieng auch Guđrûn von könig Olaf:
hun tôk klæđi fín ok allir þeir menn, er henni höfdo
þangat fylgt ok fôro þegar bröttu. Ol. Tr. cap. 168 (2,
49.) Fränkifche *fcheidbriefe* enthalten die form. andegav.
nr. 56 und Marc. 2, 30. Trennung *von tifch und bett*
fcheint manchmal der eigentlichen fcheidung vorauszu-
gehen, vgl. Gotfr. Trift. 15394.

---

\*) aus bloßem widerwillen; Veftg. gipt. 5, 1. hvat them fkil
*hál* eller *hugher;* ferfe und finn wenden fie von einander ab, leib
und feele.

# CAP. II. VATERGEWALT.

Kinder aus rechter ehe geboren (*echte*, legitimi, altn. börn *fkilgetit*, *fkirgetit*) ftehen in des vaters gewalt, werden von ihm vertreten und find erbfähig, dem vater gebührt ihr wergeld. folgende rechte find zu erörtern.

A. *Ausfetzung der kinder.*

1. das erfte und ältefte recht des vaters äußert fich gleich bei der geburt des kindes, er kann es *aufnehmen* (tollere, ἀναιρεῖσϑαι) oder *ausfetzen* (exponere). Das neugeborne (fanguinolentum) liegt auf dem boden, altn. *barn er á gólfi\**), bis fich der vater erklärt, ob er es leben laßen will oder nicht. In jenem fall *hebt*, nimmt er das kind auf oder heißt es *aufheben* und nun erft wird es mit waßer befprengt (barn vatni aufit) und ihm ein name gegeben. Von folchem aufheben fcheint es daß die *hebamme* benannt ift, die ahd. form lautet *hevanna* (gramm. 2, 680), das, gleich dem lat. *levana*, bloß aus dem verbo abgeleitet fein könnte \*\*); erft gl. herrad. 183ᵇ geben hevamme; das compofitum hev-amma würde jedoch denfelben finn gewähren. Auch die fchwed. und dän. benennung *iordgumma*, *iordemoder* (wörtlich erdmutter) hat man füglich auf diefe dienftleiftung bezogen: alii putant a terra illam nomen accepiffe, quod infantem humi pofitum prima olim tolleret. Ihre f. v. Belege für die humi pofitio infantum aus altn. fagen gibt Thorlac. p. 87. Das aufgehobne kind wurde dem vater gebracht (barn borit at födur finum), er nahm es in die arme, erkannte es an und legte ihm einen namen bei. \*\*\*) Wollte er aber das auf der erde liegende kind nicht aufziehen, fo hieß er es *ausfetzen*, altn. *út bera, út kafta*.

2. von ausfetzung der kinder find alle fagen voll, nicht allein deutfche, auch römifche, griechifche und des ganzen morgenlands. es läßt fich nicht zweifeln, daß diefe

---

\*) kona er á gólfi, von einer kreißenden.
\*\*) und zu gramm. 2, 318 gehören würde, hevanna f. hevanja? vgl. halfannun amplexibus. Diut. 1, 505ᵇ.
\*\*\*) ein vom vater nicht aufgenommnes hieß *úborit*. Thorlac. p. 89. 90.

graufame fitte in der rohheit des heidenthums rechtlich
fiar. *) Die fagen verdrehen nur oft den wahren ge-
wchtspunct, wenn fie die ausfetzung auch folchen zu-
fchreiben, die fie nicht vornehmen durften, z. b. der
ftief oder fchwiegermutter, da bloß der vater, oder in
weffen mundium die frau ftand, dazu befugt fein konnte.
Zur entfchuldigung des ausfetzens der kinder wäre fol-
gendes anzumerken: einmal lag darin keine nothwen-
dige tödtung, es wurde dem zufall überlaßen, ob fich
ein anderer des fündlings erbarmen und ihn aufnehmen
wollte, wie in den fagen überall herbeigeführt wird.
dann, pflegten gründe nicht zu fehlen, welche damals
für triftig galten; dergleichen waren: misgeburt, unehli-
che und verbrecherifche, man hielt es für unrecht,
misgeftalte, krüppelhafte, fchwächliche **) kinder oder
folche aufzuziehen, die kein vorwurflofes, freies leben
führen durften; zwillinge und drillinge traf nach dem
volkswahn verdacht ehbrecherifcher zeugung. ***) Fer-
ner, wenn das kind an einem unglücklichen tag zur
welt kam †) oder unheil von feiner geburt geweiffagt
worden war; endlich große armuth, wenn den eltern
keine ausficht blieb, das kind zu ernähren, während es
fein finder wahrfcheinlich aufbringen würde. ††) Drit-
tens hatte die ausfetzung ihre fchranken und mufte na-
mentlich gleich nach der geburt vorgenommen werden,
wovon das nähere unter 4.

3. das chriftenthum erklärte die ausfetzung für heidnifch
und unerlaubt, aber die feftgewurzelte fitte dauerte noch
in der älteften zeit und wurde in den gefetzen mit ftrafe
belegt. hierher gehört l. Vifig. IV, 4. de expofitis in-
fantibus, wo offenbar nicht die rede ift von unehlichen

---

*) bei den Römern galt ausfetzung der kinder und bei allen
Griechen, nur die Thebaner verboten fie.
**) bei den Spartanern wurden fie in die tiefen des Taygets
begraben. Plut. vit. Lycurgi 16, 1. Vgl. die unten cap. 4 ange-
führte ftelle von den Altpreußen.
***) fage vom kaifer Octavian, vgl. deutfche fagen nr. 392.
406ᵇ 515. 534.
†) quo defunctus eft die (Germanicus) . . . *partus conjugum
expofiti.* Sueton. Calig. 5, 5.
††) neugeborne mädchen häufiger ausgefetzt als knaben,
(oben f. 403); davon find noch züge übrig in heutigen kinder-
märchen.

kindern, die ihre mutter heimlich ausſetzt; das fränki-
ſche capitulare 6, 144. Georg. 1538 kann ſowohl auf
dieſe bezogen werden, als auf vom vater ausgeſetzte.
Die ſpätere geſetzgebung, z. b. C. C. C., 132 betrifft
bloß jene, da die gewohnheit längſt erloſchen war, kin-
der vermöge väterlicher gewalt auszuſetzen. Am läng-
ſten erhielt ſie ſich in Scandinavien; ſie erſchien, ſamt
dem eßen des pferdefleiſches, den chriſten an den hei-
den das unerträglichſte. Um das jahr 1000, als ſchon
viel chriſten auf Island lebten, brachte þorgeirr bei off-
nem gericht den vorſchlag an: *bera eigi út börn ok eta
eigi hroſſa flátr.* Niala cap. 106; beides aber geſchah
noch ſpäter: þeir ſögdo konúngi. at þar var lofat í lö-
gom at eta hroſſ oc *bera út börn*, ſem heidnir menn
gerdo. Ol. helg. cap. 56. Das alte Guledingsgeſetz 1, 21.
verordnete, wer ſein kind *ausſetzt*, getauft oder unge-
tauft, und wenn es umkommt, begehet mord. Gutalag
cap. 2. barn hvert fcal ala, oc ecki *ut caſta.*

4. die ausſetzung muſte aber geſchehen, ehe das kind
noch ein recht auf das leben erworben hatte, ſonſt galt
ſie für mord. Im Norden *vor der luſtration* mit waßer,
die auch unter den heiden, als ſie von der chriſtlichen
taufe noch nichts wuſten, gebräuchlich war: þat var þá
mord kallat, at bera út börn upp frá þvi þau voru
*vatni auſin.* Hords ſaga cap. 7. Ohne zweifel galt es
in der chriſtlichen zeit für ſtrafbarer, wenn mütter ihr
getauftes kind ausſetzten; und neben den ausſetzling
pflegten ſie *ſalz* zu legen, als ein zeichen, daß er die
taufe noch nicht empfangen habe; Ducange bringt eine
urk. von 1408 bei, worin es heißt: les expoſans mirent
l'enfant ſur un eſtal audevant de la maiſon dieu d'Amiens
et aſſez prés dudit enfant miſdrent du *ſel*, en ſigne de
ce quil neſtoit pas baptiſé. In einem dän. volkslied wird
geweihtes ſalz und kerze dabei gelegt:

> hun tog det barn, ſvöbte det i lin
> og lagde det i forgyldene ſkrin,
> hun lagde derhos *viet ſalt* og *lius*,
> for det havde ei väret i guds hus.    D. V. nr. 176.

Der ausſetzling durfte auch noch gar nichts genoßen
haben, ein tropfe *milch* oder *honig* *) ſicherte ihm ſein

---

*) *milch* und *honig* galt für die erſte ſpeiſe und für eine hei-
lige; in der älteſten chriſtl. kirche wurde ſie unmittelbar nach der
taufe angewendet: inde ſuſcepti *lactis et mellis* concordiam prae-

leben. Dies wird durch eine ftelle in dem leben des
heil. Ludiger für den altfrief. rechtsgebrauch vortrefflich
erläutert, fie verdient nach den verfchiednen abfaßungen
hierher ausgefchrieben zu werden, zuerft in der vita
lib. 1. cap. 2 (bei Brower p. 37.): hujus junior filius
Thiadgrimus fancti viri pater erat, mater Liafburga di-
cebatur, . . . . . . habebat enim ex paterno genere aviam
gentilem, quae cum doleret filio tantum filias nafci, ma-
trem benedicti hujus, eadem qua nata fuerit hora, aquis
necari praecepit. unde cum juxta crudele ejus manda-
tum fitulae aqua plenae a mancipio, cui hoc erat in-
junctum, immergeretur puellula, brachiolis extenfis utra-
que manu marginem fitulae apprehendit, et nata fub
eadem hora pufiola, ne mergeretur, coepit mancipio
reluctari. In hac ergo colluctatione prorfus mirabili ex
difpofitione mifericordis domini vicina mulier fupervenit
et miferefcens*) parvulam de manu mergentis eripuit,
et domum aufugiens *parum* fecit *guftare mellis;* nam
*femel guftantes aliquid infantes apud paganos ne-*
*cari illicitum erat.* Infecuti poft eam, quibus infan-
tula commiffa erat perimenda, cum viderent fe ab facto
impio *prohibitos*, nec tamen ut res contigit furiofae
dominae indicare auderent, occulte illi mulieri eam nu-
triendam permiferunt ficque mortua illa maledicta matri
reftituta eft. Dann umftändlicher in den actis cap. 6. 7.
(bei Leibniz 1, 86. 87): memorata Liafburch cum nata
effet habebat aviam gentilem, matrem videlicet patris
fui abrenunciantem omnino fidei catholicae, quae non

---

guftamus. Tertullian. de corona mil. (opp. Paris 1566. 8. 1, 747.)
Hieronymus contra Lucif. cap. 4: deinde egreffos *lactis et mellis*
praeguftare concordiam ad infantiae fignificationem. Idem in Je-
faiam 55, 1: *lac* fignificat innocentiam parvulorum. qui mos ac
typus in occidentis ecclefiis hodie usque fervatur, ut renatis in
Chrifto *vinum lac*que tribuatur. Joh. Diaconus bei Mabillon muf.
ital. I, 2. p. 69: *lac* ergo et *mel* potantur novi homines. vgl.
Creuzers fymbolik 4, 391.

*) von hier an die caffeler hf. mit abweichenden worten: in-
fantulam de manu mergentis eripuit, et quia juxta fuperftitionem
gentilium femel aliquid guftantes illicitum erat necari infantes,
cum puerula feftina domum regreffa *ori* ejus *de melle aliquantulum*
immifit. quod cum ftatim ipfa *forbuiffet*, ab imminentis mortis pe-
riculo liberata eft. Nam cum ipfi, quibus ad perimendum par-
vula erat commiffa, neque eam contra fuae religionis fectam peri-
mere praefumerent, neque fuae tarditatis moras dominae, quae
in tota filii domo dominabatur, profiteri auderent, ipfi eam quae
eripuerat mulierculae furtim nutriendam permiferunt.

nominanda cum furore converfa, eo quod praenominata
conjux filias tantum genuiffet et filium viventem non
haberet, mifit lictores, qui raperent eandem filiam tunc
natam de finu matris et necarent, *priusquam lac fuge-*
*ret matris*, quia fic mos erat paganorum, ut, fi filium
aut filiam necare voluiffent, *absque cibo terreno* neca-
rentur. lictores autem, ficut fuerat illis imperatum, ra-
puerunt eam et deduxerunt eam, et portavit illam unum
mancipium ad fitulam aqua plenam, cupiens eam in
ipfam aquam mergere, ut finiret vitam. fed miro omni-
potentis dono actum eft, ut puella, quae *necdum fuxe-*
*rat matris ubera*, extenfis brachiis fuis utraque manu
apprehenderet marginem fitulae, renitens, ne mergere-
tur. hanc ergo fortitudinem tenerrimae puellae ex di-
vina credimus actam praedeftinatione, eo quod ex ea
duo epifcopi fuiffent oriundi, fanctus videlicet Lutgerus
et Hildegrimus. In hac ergo colluctatione mirabili,
juxta mifericordis dei difpofitionem, fupervenit vicina
mulier et mifericordia mota eripuit puellam de manu
praefati mancipii, cucurritque cum ea ad domum fuam
et claudens poft fe hoftium pervenit ad cubiculum, in
quo erat *mel*, et mifit *ex melle* illo *in os* juvenculae,
quae ftatim *forbuit* illud. Venerunt interea praedicti
carnifices juffa dominae fuae expleturi, dominabatur enim
illa furibunda in tota domo filii fui. mulier autem, quae
infantem rapuit, accurrens lictoribus dixit, *mel come-*
*diffe* puellam et fimul oftendit illis eam adhuc *labia fua*
*lingentem*, et propter hoc illicitum erat, juxta morem
gentilium, necare illam. tunc lictores dimiferunt illam
et mulier, quae eam rapuerat, occulte nutrivit eam,
mittendo lac per cornu in os ejus. Mater quoque oc-
culte mifit ad eam nutricem puellae afferentem, quae
neceffaria fuerant, quoad usque praefata illa ferox mu-
lier vitam finiret, et tunc demum accepit mater filiam
fuam nutriendam.

5. die ausfetzung pflegte, nach den volksfagen, in den
wald *unter einen baum*, oder *aufs waßer* in einer kifte
zu gefchehen. Im angeführten dän. lied:

> den jomfru tager over fig kaaben blaa,
> og ned til ftranden monne hun gaa;
> hun ganger hen ud ved den ftrand
> og fkiöd det fkrin faa langt fra land,
> hun kafted det fkrin faa langt fra fig:
> den rige Chrift befaler jeg dig,

den rige Chriſt leverer jeg dig,
du haver icke lánger moder i mig.

Thorkell heißt ſeiner ſchweſter Oddny unehliches kind
ausſetzen: rei miniſterium ſervo Freiſteino mandatum
eſt; is infantem linteis involutum faſcis ſub arborum
radicibus in loco a coeli injuria tuto expoſuit, lardique
offam ori ingeſſit. Torfaeus hiſt. Norv. 10, 1 (tom. 2, 461.
462.) Mütter legten ihre heimlich ausgeſetzten kinder
*vor die kirchthüren*; moris tunc Trevirorum erat, ut
cum caſu quaelibet femina infantem peperiſſet, cujus
nollet ſciri parentem, aut certe, quem prae inopia rei
familiaris nequaquam nutrire ſufficeret, ortum parvulum
in quadam *marmorea concha*, quae ad hoc ipſum ſta-
tuta erat, exponeret, ut in ea cum expoſitus infans re-
periretur, exiſteret aliquis, qui eum provocatus miſera-
tione ſuſciperet et enutriret. ſi quando igitur id contigiſ-
ſet, cuſtodes vel matricularii eccleſiae puerum accipientes
quaerebant in populo, ſi quis forte eum ſuſcipere nu-
triendum et pro ſuo deinceps habere vellet. Wandel-
bertus diaconus in vita b. Goaris. Fündelinge *vor de
dören* edder *kerkhöve* legen. Rugian. 117. Invenimus
ibidem (vor der kirche) infantolo *ſanguinolento*, cui adhuc
vocabulum non habetur, et de cuncto populo parentes
ejus invenire non potuimus. form. andegav. 48. vgl. form.
Bign. 181. 357.

6. der aufgenommne *fündling*\*) gieng rechtlich be-
trachtet ganz in die gewalt des aufnehmenden über, die
eltern, ſo lange ausſetzung erlaubt blieb, waren weder
berechtigt noch verbunden ihn zurückzunehmen. Nach-
dem ſie verboten wurde, ánderte ſich das und l. Viſig.
IV. 4, 1 enthält darüber vorſchriften.

7. in gewiſſen fällen traf auch nicht neugeborne, ſon-
dern ſchon ältere kinder das geſchick der ausſetzung
oder tödtung, ohne daß die ſitte des alterthums den el-
tern ihre handlung zum vorwurf machte noch die ge-
ſetze ſtrafe verhängten. Dahin gehört große armuth
und hungersnoth. \*\*) die annales fuld. ad a. 850 (Pertz

---

\*) auch *fundevogel* (wie oben ſ. 327 wildvogel); ſerb. *naod,*
naodnik; ſpan. niño de la piedra, weil es auf dem ſtein vor der
thüre liegt; franz. enfant *rouge* (ſanguinolentum); bei Feſtus *al-
tellus.*

\*\*) wieder ein zug, der noch unterm volke nachhallt; hans
und kindermärchen nr. 15.

1, 367.) erzählen ein beifpiel, wo der vater vor hunger
ein kind fchlachten wollte. Hinterließ im Norden ein
armer freigelaßner kinder, fo wurden fie zufammen in
eine gruft gefetzt, ohne lebensmittel, daß fie verhun-
gerten (*grabkinder*); das *längftlebende* nahm der herr
wieder heraus und erzog es. altes Guledingsgefetz, ley-
fingsb. 7. So wird nach langobardifcher fage unter den
ausgefetzten kindern dasjenige errettet, welches den
*fpieß des königs feftgreift*, alfo die meifte lebenskraft kund
gibt. deutfche fagen 2, 30. 379. Man tödtete auch kranke,
gebrechliche und alte leute in hungersnoth, vgl. unten
cap. IV.*)

B. *Verkauf.* der vater konnte feine kinder, knaben
bis zu erreichter mündigkeit, mädchen, fo lange fie un-
verheirathet waren, verkaufen, und zwar fo, daß fie
entw. unfreie wurden, oder ohne beeinträchtigung des
ftandes in eine andere familie übergiengen. Die föhne,
indem fie ein andrer adoptierte, die töchter, wenn fie
einer zur ehe kaufte. Zum verkauf in knechtfchaft wa-
ren, bei einmal aufgenommnen, d. h. nicht ausgefetzten
kindern, dringende beweggründe erforderlich. So gaben
die alten Friefen weiber und kinder den Römern als
waare hin, um den auferlegten tribut zu leiften (oben
f. 329.) Noch unter Carl dem großen galten verkäufe
der kinder; fi quis *vendiderit* filiam fuam *in famulam*,
non egredietur ficut ancillae exire confueverunt (Georg.
1513), eine zwar wörtlich aus der vulgata (II. Mof. 21)
entlehnte vorfchrift, der aber doch unter den Franken
kraft gegeben wurde. Umftändlicher handelt Carl des
kahlen capit. a. 864 (Baluz. 2, 192) vom verkauf freier
föhne qualibet *neceffitate* feu *famis tempore*. Diefes
recht war noch im mittelalter bekannt, wenn fchon un-
geübt: wo ein mann fein kind *verkauft durch noth*,
das thut er wol mit recht, er foll es aber nicht verkau-
fen, das man es thäte in das hurenhaus, er mag es ei-
nem herrn wohl zu eigen geben. Geiler von Keifersp.
in der abh. wie ein kaufm. fein fol. 92ᵇ fagt: der vatter

---

*) von geringfchätzung des lebens kleiner kinder überhaupt
zeugt Gudrun 46ᵇ:
    dâ verbôt man den kindern den weinenden ruof,
    diu des niht wolden lâzen, daz mans elliu ertrancte,
    welchiu man dâ gehörte, daz man diu in die ünde fancte.
ertrancte, fancte ift der conjunctiv: die follte man ertränken, fen-
ken, vgl. Walth. 6, 35.

in *hungersnot* mag er den fun *verkaufen* u. funſt nit;
die muoter mag den fun nit verkaufen, fie leid hunger
oder nicht. Ausgeſetzte kinder wurden von dem, der
fie gefunden und aufgenommen hatte, oft um den ge-
ringen preis einiger fol. als knechte verkauft. formel bei
Sirmond 11.

C. *Emancipation.* die väterliche gewalt wahrte bis
zur volljährigkeit und abſonderung der föhne oder zur
verheirathung der töchter; dann traten dieſe in die munt
des mannes, jene wurden frei und unabhängig.*) Un-
ferer ſprache mangelt zwar ein wort für die entlaßung
des fohns aus der väterlichen munt (*mündigung* könnte
man ſagen) und es darf nicht an die form der röm.
emancipatio gedacht werden, ſo wenig die deutſche
munt der röm. patria poteſtas gleich iſt. Der fohn
wurde entlaßen, ſobald er heirathete oder auch nur ſei-
nen eignen haushalt anfieng. Unter welchen feierlich-
keiten es in der älteſten zeit geſchah, wißen wir nicht,
wahrſcheinlich aber unter ſolchen, die denen bei der
entlaſſung aus der knechtſchaft ähnlich waren. Die
Langobarden entließen durch *commendation* an den kö-
nig oder einen andern patron. Savigny 1, 368. 2, 229.
Offenbar begründete ſchon die *ſchwertleite* (Tac. Germ.
13.) eine gewiſſe ſelbſtändigkeit des fohns, ich wage
nicht zu behaupten eine völlige, da fie mit dem funf-
zehnten jahr eintreten konnte (oben ſ. 415.) Vielleicht
muſte die *ſcheidung* und *ſonderung* des fohns aus dem
väterlichen haus (Sſp. 1, 11. 13) eine zeitlang fortgedauert
haben, Carpentier 2, 209 führt als normänniſche gewohn-
heit an: puisque un homme a emancipé ſon filz et mis
hors davecques ſoy, il ne le doit recueillier ne logier jus-
ques à ce que *an et jour* ſoit paſſé.

D. *Legitimation.* unechte kinder (illegitimi, ſpurii,
altn. börn *laungetit, hôrgetit, meingetit*)**) ſtehen

---

*) altn. hann er laus við beckinn; hann befr. laufum hala at
veiſa = fui juris eſt. *Eignen heerd* u. *pott* haben, Rietberger landr.
§. 14. im gegenſatz zu: das *keuſche brot* in des vaters haus bringen.

**) im mittelalter kommt vor, daß auch wirkliche ebleute ein
illegitimes kind miteinander zeugen, nämlich wenn der mann im
gefängniß iſt. Kindl. m. b. 2, 75. Das altn. recht hat für die
kinder verbrecheriſcher eltern eigne benennungen, z. b. *bæſlngr*,
extorris matris filius genitus ex patre marito infonte, von *bás*
(feceſſus rupium) gleichſam felſenkind; *hrishôfdi* riahofde Upl.

weder in der wahren väterlichen gewalt, noch genießen
fie volles erbrecht. Sie können aber durch eine befon-
dere feierliche handlung, welche altn. *ættleiding* hieß,
in die familie aufgenommen werden. Symbol war ein
*fchuh* (f. 155) oder *mantel* (f. 160) oder bloße *knie-
fetzung*, wie fie auch bei der aufnahme der frau in
die gewalt des mannes vorkam (f. 433.) Die fchuhftei-
gung ift oben nach dem Guledingsrecht gefchildert wor-
den, etwas abweichend lautet Frofteding 11, 1: man
foll einen dreijährigen ochfen fchlachten, von deffen
rechtem hinterfuß über dem knöchel die haut abziehen
und einen fchuh machen. in diefen fchuh heißt der va-
ter den ættleidingr (den fohn, der legitimiert werden
foll) fteigen, feine echten unmündigen föhne hält er da-
bei im arm, die mündigen treten nach dem ættleidingr
gleichfalls in den fchuh.*) Nach den dän. gefetzen ift
bloß erforderlich, daß die anerkennung öffentlich *bei
gericht* erfolge. Schon. 1, 16. Seel. 2, 44. Jüt. 1, 21.**)
Der natürliche fohn konnte aber auch im alten Norden
den vater auffuchen und, wenn er im gottesgericht das
*glühende eifen* trug, feine anerkennung fordern: exegit
quandoque juris cenfura, ut talis filius patrem fibi per
candentis ferri judicium declararet. Andreae Sunonis
leg. Scaniae 3, 7.

E. *Adoption.* durch annahme an kindes ftatt werden
ganz fremde in die väterliche gewalt aufgenommen.
Wenn ahd. gloffen adoptare verdeutfchen *zuogiwunfcan*
(Diut. 1, 494ᵃ adoptavit, zuakiwunfcta), agf. *tógevifcan?*,
fpätere germaniften *anwünfchen*, fo fcheint das fteife
nachahmung, doch hat Biörn ein altn. *ófkabarn*, filius

---

ärfd. 21. patris exfulis filius a matre in filva conceptus, gleichfam
waldkind; Biörn erklärt *hrífüngr* durch filius ex matre ancilla,
ante partum manumiffa fub dio in fruticeto genitus. altfranz.
*champi*. Roquef. 1, 234.

*) this is the manner in which a fon ought to be received
in the family: the father himfelf may receive him after he is
brought to him by his mother. if his father be dead, the chief
of the family, with fix of the moft honourable men of the fa-
mily have power to receive him. the chief of the family ought
to *take the childs two hands between his two hands* and *give him
a kifs;* and then to place the childs *right hand* in *the hand* of
the oldeft of the other men, who muft kifs him alfo, and fo
from hand to hand, even to the laft man. Probert p. 203. Vgl.
die hantrada oben f. 832.

**) Normann de legitimatione. Hafn. 1823. p. 52. 53.

adoptivus, von ôſk, wunſch, gleichſam wunſchkind,
wahlkind und Sæm. edda 62ª ſtehet barn u. *ôſcmögr*
nebeneinander; ôſcmey (wahljungfrau) 242ª bedeutet et-
was anderes. Der gewöhnliche altn. ausdruck für adop-
tare iſt *leida til arſs* oder *fôſtra* (auferziehen) oder
auch *knéſetja* (knieſetzen) vgl. Har. hârf. cap. 21. Beov.
73 findet ſich ein agſ. *freogan for ſuṇu*, freogan hat
Lye in der bedeutung von manumittere, es iſt ſichtbar
das goth. frijôn (amare).

Adoption und legitimation haben beide den zweck der
aufnahme in das geſchlecht, dieſe eines natürlichen, jene
eines fremden kindes; förmlichkeiten beider berühren
ſich daher. Die altn. ættleiding durch das *ſchuhſteigen*
iſt ſowohl legitimierend als adoptierend.   Der legitimatio
per *pallium* et *induſium* entſpricht eine adoptio, welche
von Ducange (diſſ. 22 zu Joinville) nachgewieſen wor-
den iſt, die hauptſtellen dafür find Albertus aquenſis 3,
21: Balduinum ſibi filium adoptivum fecit, ſicut mos re-
gionis illius et gentis habetur,  nudo pectori ſuo illum
adſtringens et ſub proximo carnis ſuae *indumento* ſemel
hunc inveſtiens, fide utrinque data et accepta.  Guibert.
geſt. dei 3, 13: adoptionis autem talis pro gentis con-
ſuetudine dicitur fuiſſe modus.   intra *lineam interulam,*
quam nos vocamus camiſiam, nudum intrare eum fa-
ciens ſibi adſtrinxit, et haec omnia *ofculo* libato firmavit.
idem et mulier poſtea fecit.  Surita lib. 1. ind. rer. ara-
gon. ad a. 1032: adoptionis jus illorum temporum inſtituto
more rite ſancitum tradunt, qui is inoleverat, ut qui
adoptaret, per *ſtolae fluentis finus* eum qui adoptare-
tur traduceret.  Der gothiſchen adoption durch *ſchwert*
und *waffe\**), der langobardiſchfränkiſchen durch *haar*
und *bart* iſt oben ſ. 166. 146 gedacht worden.  Heinec-
cius (antiq. 3, 322-330) und die ihm nachfolgen leugnen
zwar, daß hierunter eine wirkliche adoption zu verſtehen

---

\*) Greg. tur. 5, 17: poſthaec Gunthcrannus rex ad Childeber-
tum nepotem ſuum legatos mittit … deprecans eum videre. tunc
ille cum proceribus ſuis ad eum venit … atque invicem oſcu-
lantes ſe Gunthcrannus rex ait: evenit, ut absque liberis remane-
rem, et ideo peto, ut hic nepos meus *ſit mihi filius* et *imponens
eum ſuper cathedram ſuam* (auf ſeinen königſtuhl) cunctum ei
regnum tradidit, dicens, una nos *parma* protegat, unaque *haſta*
defendat. vgl. Aimoin 3, 28.  Wenn keine förmliche adoption,
doch ein analogon. Die eigentliche übergabe per haſtam folgte
ſpäter (oben ſ. 163.)

ſei, bloße ſchwertleite und pathenſchaft werde gemeint
und weder vatergewalt noch erbfolge dadurch begründet.
Ich mag jedoch dieſe ſymbole der deutſchen kindesan-
nahme nicht entziehen; ſie ſcheinen bedeutend genug,
um das verhältnis rechtlicher kindſchaft und zu bedeut-
ſam, um nur das geiſtlicher patrinität zu bewirken.
Den maßſtab römiſcher adoption und patria pot.ˑ muß
man davon fern halten. Es gab ohne zweifel auch in
Deutſchland abſtufungen der adoption. Für den Norden
hat ſie Thorlacius p. 91-101 lehrreich nachgewieſen;
*genupoſition* wird faſt bei allen arten angewendet, na-
mentlich auch bei der bloßen *ſufceptio luſtrica*, die
ſchon vor der chriſtlichen taufe im heidenthum ge-
bräuchlich war. Kein wunder, daß auch anderwärts im
mittelalter eine adoptio *per baptiſmum* vorkam.*) Hei-
necc. 1. c. 331. 332. Das *knieſetzen* und *ſchoßſetzen*
(ſkiötſätubarn. Upl. ärfd. 18) ſtimmt mit der förmlich-
keit des *rockſchoßes*, *hemdes* und *mantels*. Selbſt die
griech. ϑέσις mag urſprünglich ein ſymboliſches ſetzen
geweſen ſein, der adoptans iſt der ſetzende (ϑέτης), der
adoptivus der geſetzte ϑετός. ποίησις und τέκνωσις ſchei-
nen allgemeinere benennungen. Die form der einfüh-
rung ins haus (εἰςποίησις), des opfers und eidſchwurs
am altar**) war wohl weder älteſte noch einzige, wie
die oben ſ. 160 angeführte ἄφεσις διὰ τῶν ἐνδυμάτων
lehrt. Aus Ewers recht der Ruſſen p. 22-24 ſehe ich,
daß auch die Slaven das fremde kind, welches ſie an
ſohnes ſtatt empfiengen, *auf die hände nahmen*.

F. *Vormundſchaft.* Die durch des vaters und eh-
manns tod unterbrochene gewalt über den unmündigen
ſohn, über tochter und ehfrau wird von andern fort-
geſetzt. Der die munt fortſetzende heißt ahd. *fora-
munto* oder *muntporo* (ſpäter entſtellt in momper. Halt-
aus 1373.), doch iſt jenes eigentlicher, indem letzteres
allgemein den ſchützenden ausdrückt, folglich den vater
ſelbſt bezeichnen kann. So auch das agſ. *mundbora* ei-
nen jeden defenſor und patronus. In caroling. urk. fin-
det man die lat. benennung *bajulus*, urſprünglich trä-
ger, handhaber, was ſich gut zu dem begriffe des er-

---

*) der geiſtliche vater beſaß manche rechte des leiblichen,
z. b. an einigen orten iſt ſeine einwilligung zur verheirathung des
taufpathen nöthig.
**) Meier u. Schömann att. proceſs p. 436. 437.

ziehens und beſchützens unmündiger kinder ſchickt.
Wahrſcheinlich iſt auch das oberdeutſché *gerhab* ähn-
lich zu deuten, man findet in urkunden: vormund, *ger-
hab* und *trager* zuſammengeſtellt (Haltaus 664); über
das 14. jh. hinauf habe ich es noch nicht getroffen. MB.
2, 490 (a. 1353) 18, 427, 593 (a. 1444. 1484); die rich-
tige form iſt wohl *gêrhabe*, der dat kind auf dem gê-
ren, ſchoße hält (oben ſ. 158), alſo wieder die in dem
altdeutſchen familienrecht überall erſcheinende idee des
knie und ſchoßſetzens. Allgemeinern ſinn geben die
ausdrücke *vogt*, *treusträger*, *treuenhälter* (truwenhelder
bei Günther 4, 667 a. 1484) getreuhelder (Kuchenb. 3,
116) der den ſchützling und ſein vermögen in treuer hand
(in treushanden) hält. Der mundiatus heißt *mündling*
(ſ. 311) *mündel*, *pflegling*, *vögtling*. Altn. vörn oder
vördſla tutela, defenſio; dän. värge, tutor, gleichſam ver-
jandi, der wehrende.
Der vormund iſt, gleich dem fürſten und landvogt (oben
ſ. 233), entw. *geboren* oder *gekoren*. Bielefelder bür-
gerſpr. bei Walch 3, 79. Bremer ſtat. art. 84. Haltaus
1993; nämlich *geborner* der nächſte mündige ſchwert-
mage des vaters oder mannes, in der regel der vater-
bruder vormund des neffen, der bruder vormund der
ſchweſter, der ſohn vormund der mutter (oben ſ. 452.)
Indeſſen wurde ſchon frühe der witwe vormundſchaft
über die kinder eingeräumt, vgl. l. Viſig. IV. 2, 13.
3, 3; gieng ſie jedoch andere ehe ein, ſo kam die
tutel an den neuen mann und ſelbſt an den ſohn zwei-
ter ehe konnte die über die tochter erſter ehe gelangen.
lex Sax. 7, 6. Oft durfte ſich das zu ſeinen tagen ge-
kommne kind einen vormund *kieſen* (oben ſ. 414.).
Vormundſchaft der knaben endigte durch ihre mündig-
werdung, der mündige wird ſelbwaltig, laus vid beckinn.
Ein ungetreuer vormund heißt ahd. *palomunto*; noch
im Sſp. 1, 41: man ſal ine *balemünden* (für einen
ſchlechten vormund erklären) dat is, man ſal ime ver-
delen al vormuntſcap.


## CAP. III.   ERBSCHAFT.

*Erbe* iſt hereditas, goth. arbi; ahd. arpi, erpi; agſ. erfe,
gewöhnlich yrfe, in allen dieſen dialecten ein neutrum,
das altn. arfr, ſchwed. arf, dän. arv ein maſc., erfð ein
fem. und die jenen entſprechende neutralform erfi be-

deutet parentalia.  Heres heißt bei Ulf. ſowohl arbja als
arbinumja, letzteres überſetzt ihm *κληρονόμος* (Marc. 12,
7. Luc. 20, 14) erſteres braucht er in der phraſe arbja
vairþa ſ. *κληρονομέω* (Marc. 10, 17. Luc. 10, 25, 18, 18.),
ein verbum arbinumôn ſchien ihm wohl zu gewagt.
beiden goth. wörtern ſtehen zur ſeite die ahd.
arpjo, erpo und arpinomo (Diut. 1, 175); agſ. finde ich
yrſenuma und yrſeveard (altſ. erbiward); altn. arfi und
arfingi.   Bei der bedeutung hereditas, bona hereditaria
für arbi würde man ſich beruhigen, irrte nicht zweier-
lei. das agſ. yrfe bezeichnet außer hereditas zugleich pe-
cus (z. b. leg. Äthelſt. 2. 9.) und das iſt augenſcheinliche
ableitung von *orf*, pecus, opes;  die verlornen goth.
formen aurb, aurbi, ahd. urp, urpi ſtehen im ablaut zu
arb, arbi.*) ſodann bietet, zwar nicht die iſländiſche
mundart, aber das altſchwed. recht ein gleiches *orf* oder
*urf* dar in der redensart *arf ok urf*, die ich ſchon
oben ſ. 9. angeführt habe.  was bedeutet ſie? Verelius
ſieht darin bloße tautologie; Ihre ſcharfſinniger bezieht
arf auf das unbewegliche, urf auf das bewegliche gut
(das vieh, pecunia.)  Ich werde dieſe etymologie in dem
folgenden buche näher beleuchten;  ſo viel iſt ſicher, daß
ſchon der frühſte ſprachgebrauch arbi in allgemeinerm
ſinn gelten läßt und namentlich die agſ. formen erfe
und yrfe, die man ſonſt unterſcheiden müſte, ganz zuſam-
menfallen.

Das deutſche erbrecht gründet ſich urſprünglich nur auf
verwandſchaft, auf ſippe.**) *Sippe*, ahd. ſippja, ſibba,
agſ. ſib (gen. ſibbe)†) bedeutet eigentlich friede, freund-
ſchaft, wie wir noch heute letzteren ausdruck zugleich
für verwandtſchaft gebrauchen;  den engſten frieden fin-
det jeder im ſchoß ſeiner familie und von dieſer ge-
ſchlechtsgenoßenſchaft geht alles perſönliche recht aus.
Sippe begreift *alle* verwandſchaft, nahe und ferne;
ſippon ſind ſich vater und kind††),  wie die letzten

---

*) vgl. arbaidjan (laborare) gramm. 2, 251.

**) heredes ſucceſſoresque ſui cuique liberi et nullum teſta-
mentum; ſi liberi non ſunt proximus gradus in poſſeſſione fratres,
patrui, avunculi.  Tac. Germ. 20.

†) altn. bloß der plur. ſifjar; daneben ſift (cognatio) ſifi oder
ſifjûngr (conſanguineus, affinis); agſ. ſibling.

††) ſwâ man ſiht den wîſen man, der enzelt decheine ſippe,
dan zwiſcen vater u. des kinden.  Parc. 22481, d. h. der weiſe

vettern. Eingeſchränktern ſinn hat mâgſchaft, denn der
fohn iſt kein mâg, goth. mêgs des vaters, vielmehr deſ-
ſen magus (filius.)*) Ulfilas braucht ganiþjis für cogna-
tus, niþjâ für cognata. Geſchlecht bezeichnen mehrere
alte wörter, z. b. goth. kuni, ahd. chunni, altn. kyn;
ahd. ahta, altn. ætt; ahd. ſlahta; langob. fara. die ver-
wandſchaft anſchlagen, aufzählen hieſ: thaʒ kunni zel-
lan. O. I. 3, 71. ættir reckja. Sæm. edd. 119ᵇ. ätt râkna.
landslag iord. 6. die ſippe zellen Parc. die künneſchaft
rechen. Iw. 803. (vgl. ze künde rechen. Parc. 22696.)
daher ſippezal, ſippemâl (Wh. 1, 100ᵃ.) Man rechnete
nach *ſtaffeln*, *fächern* (agſ. ſibfäc, gradus cognationis),
*ſpänen* (Parc. 3827. ſippe unz an den êlften ſpân), *glie-
dern* (genuculum, glied und knie.) In dem alten recht
hat die gliederung des menſchlichen leibs ſogar einfluſ
auf abſtufung und benennung der verwandſchaften ge-
habt, aber die älteſten geſetze theilen ſolche namen
nicht mit. Das ripuariſche erkennt *fünf* ſtufen (usque
ad quintum *genuculum*) 56, 3; ebenſo lex Angl. et
Ver. 6, 8 (usque ad quintam *generationem*); das ſali-
ſche *ſechs* (usque ad ſextum *geniculum*) 47, 3; andere
*ſieben*: omnis parentela usque in ſeptimum *genuculum*
numeretur. Roth. 153; usque ad ſeptimum *gradum* de
propinquis. lex bajuv. 14. 9, 4.; bloſ die lex Viſig. IV. 1.
führt dieſe ſeptem *gradus* genau auf.**) Der Sſp. 1, 3
nimmt ſieben ſtufen der ſippe an: alſe der herſchilt inme
ſeveden toſtat, alſo togeit de ſibben an deme ſeveden. nu
merke wie ok war de ſibbe beginne unde war ſe lende
(aufhöre). in deme *hovede* is beſceiden man u. wif to
ſtande. in des *halſes* lede de kindere, die ane tveinge

---

rechnet nur auf den nächſten blutsfreund. dieſer ſatz iſt zweideu-
tig je nachdem man die partikel *dan* verſteht. heißt ſie nicht
quam (als), wie ſie nach dechein wohl darf, ſondern iſt ſie mit
zelt zu verbinden, folglich das comma hinter ſippe zu tilgen; ſo
entſpringt der umgekehrte ſinn, daſ zwiſchen vater und ſohn noch
keine ſippe ſtattfinde, vielmehr erſt unter fernern verwandten be-
ginne (wie nach dem Sſp.) Der zuſammenhang des gedichts ver-
trägt beide auslegungen, denn die von Wolfram behauptete iden-
tität zwiſchen vater und ſohn folgt aus der engſten ſippe wie aus
dem verhältnis, das enger als ſippe iſt.

*) der ablaut ſcheint hier treffend das fernere, ſchwächere
verhältnis anzuzeigen.

**) mehr als ſieben grade finde ich nicht in den geſetzen, aber
ſonſt: fründe bis tom *neggeden* (neunten) ledde. hofr. von Loen
§. 64 und *eilf* ſtufen hat die angeführte ſtelle aus Parc.

vader u. muder geboren fin; is dar tveinge an, die ne
mogen an eime lede nicht beftan unde fcricket an ein
ander let. ungetveider brüder kindere de ftat an deme
lede, der *fculderen* ende *arm* to famene gat, alfo dut
die fufter kindere. dit is de irfte fibbetale, die man to
magen rekenet, bruder kindere unde fufter kindere. in
dem *ellenbogen* ftat die andere. in deme *lede der hant*
de dridde. in dem irften lede des *middelften vingeres*
die vierde. in dem *andern lede* die vefte. in dem *drid-
den lede* des vingeres de fefte. in dem feveden ftat ein
*nagel* unde nicht ein let, darumme lent dar de fibbe
unde hetet *namelmage.* Offenbar willkürlich hebt hier
die computation mit der magfchaft an, gefchwifterkinder
find die erften mäge und ftehen im erften grad, die
fippe felbft beginnt höher zwifchen eltern, kindern und
gefchwiftern. Das fchwäb. landr. cap. 4. (Schilt.) 256
(Senkenb.) hat eine gleiche ftelle, mit dem unterfchied,
daß es der magfchaft erften grad von den gefchwiftern
an rechnet, nicht, wie das fächf. von den gefchwifter-
kindern; ellenbogenmage find daher nach fchwäb. recht
gefchwifterkinder, nach fächf. gefchwifterenkel.*) Mit
dem fchwäbifchen ftimmt Ruprechts von Freifingen bai-
rifches rechtsbuch (vgl. Schm. wb. 1, 84.) Aber die
namen ellenbogenmage, fingergliedsmage werden in den
gefetzen des mittelalters nicht gebraucht, bloß die ver-
wandten des letzten, fernften grades heißen häufig *na-
gelmäge*; wiewohl darunter nicht immer die, welche
das fächf. und fchwäb. recht im fiebenten grad aufzählt,
gemeint werden, fondern oft die verwandten von der
mutter her (Haltaus 1401.)**) Ständen uns ähnliche
berechnungen zu gebot aus allen älteften gefetzen, fo
würden fich noch mehr verfchiedenheiten zeigen; die
weftgoth. gradbeftimmung weicht ganz von der des Sfp.
ab, der fohn fteht im erften grad, gefchwifter ftehen im
zweiten, gefchwifterkinder im dritten, welche dort den
erften anheben. Die nomenclatur des Sfp. fcheint nicht
einmal .vollftändig, da fie nur einen theil des leibs, vom
haupt bis zu den händen berückfichtigt. In den agf.

---

*) Man ftritt im mittelalter und das Seligenftädter concil von
1023. entfchied für die anficht des fchwäb. rechts. Gundlingiana
27, 183.

**) fam ich an in prüeve *nagels künne*, amgb. 12ª (die fernfte
verwandtfchaft wahrnehme?)

gedichten begegnen häufig *heáfodmæg* und *cneovmæg*,
von haupt und knie, fo wie genu und genus fich berüh-
ren, bezeichnet cneov beide begriffe; hierzu nehme man
das *genuculum* der alten gefetze. Das altn. *knêrunnr*,
eigentlich knieabftammung, bedeutet progenies, ftirps
und unfer enkel (nepos) erinnert an *enchilo*, *enkel* (ta-
lus), grade wie ein andrer name für nepos, das ober-
deutfche *diechter* aus diech (femur) abgeleitet fein mag;
*albogabarn* (ellnbogenkind) ift altn. kein entfernter en-
kel, fondern ein ftiefmütterlich behandeltes kind; *hlѱri*
(frater) gehört zu *hlѱr* (gena), vielleicht *magus* (filius)
zu *maga* (ahd. mago, ftomachus)?      Zufammenhang
zwifchen den wörtern *bafe* und *bufen* (ahd. pafa, puo-
fum) habe ich gramm. 2, 44 gemuthmaßt; *bufem* nach
fächf. recht bedeutet verwandtfchaft in geradabfteigender
linie und bufemen, gebufemen defcendenten: confangui-
neos, qui gebufeme vulgariter appellantur. Gudenus 1,
790 (a. 1282.) *Schoß* bezeichnet afcendenz, *feite* die
lateralität.*)      Die altfchwed. gefetze haben *bryftarf*
(brufterbe) für hereditas defcendentium, *bakarf* (rück-
erbe) für her. afcendentium; *qviflarmenn* (collaterales
e ramo) Gutalag cap. 38. Benennungen für männliche
oder weibliche feitenverwandtfchaft werden von den
gefchlechtsfymbolen hergenommen, *fwertmâge* oder *fpill-
mâge*; gleichbedeutend mit jenem ift *gêrmâge* (von gêr,
fpieß) Haltaus 676., mit diefem *kunkelmâge*. zuweilen
heißt es in der rechtsfprache noch kühner bloß *lancea*
oder *fufus*, *hut* oder *haube*, *hut* oder *fchleier*.**)   Dane-
ben auch unbildlich altn. *karlfift* oder *qvenfift* und mhd.
*konemâge* Nib. 692, 2. 1851, 2. (kenmâg Oberl. 775.;
kelmâg daf. 772, wenn es richtig, könnte von kel,
guttur geleitet werden); daß auch nagelmâge in diefem
finn vorkommt, wurde vorhin bemerkt. — Dies voraus-
gefchickt, ift nunmehr zu unterfuchen, I. wem natür-
liches erbrecht zuftehe, II. auf welche weife es geübt
werde, III. welche andere arten von erbrecht außerdem
ftatt finden.

I.  Welche verwandte find zur erbfchaft berufen?

A. *erbrecht der nachkommen.* Zuvorderft erben die
kinder und kindeskinder des erblaßers, das heißt nach

---

*) altn. aber *barmi* frater ex eodem finu.
**) von einer nicht mehr nachzurechnenden verwandtfchaft: an-
kemoers hoike het up grootvaders kifte legen. brem. wb. 1, 18.

fächfifcher und nordifcher rechtsfprache: der *bufen* oder die *bruft*. erve ne geit nicht ut dem bufmen, de wile de evenburdige bufme dar is. Sfp. 1, 17; bryftarf gånge til ok bakarf frå. Sveriges landslag erfd. 4, die nachkommen erben mit ausfchließung aller vorfahren und aller mage (feitenverwandten).*)

1. unter den nachkommen felbft erben urfprünglich nur die nåchften, nicht zugleich die ferneren, d. h. enkel erft, wenn keine kinder, urenkel erft, wenn keine enkel da find, den weitern graden fteht *kein repraefentationsrecht* zu. Diefes fuchte zwar fchon die decretio Childeberti (a. 595) einzuführen: convenit, ut nepotes ex filio vel ex filia ad aviaticas res cum avunculos vel amitas fic venirent in hereditatem, tanquam fi pater aut mater vivi fuiffent. (Georg. 473.) auch der langob. könig Grimoald verfügte cap. 5: fi quis habuerit filios legitimos unum aut plures et contigerit unum ex his vivente patre mori et dereliquerit filios legitimos unum aut plures, talem partem percipiant de fubftantia avi fui, una cum patruis fuis, qualem pater eorum inter fratres fuos percepturus erat, fi vivus fuiffet. (Georg. 1025.) Allein das alte recht behauptete fich noch lange, in den meiften gegenden. Marculf 2, 10 gibt die formel, wie ein großvater feinen enkeln durch befondere verfügung zuwenden könne, was ihnen das gemeine recht verfagt: ego vero penfans confanguinitatis cafum dum et per legem cum ceteris filiis meis, avunculis veftris, in alode meo accedere minime potueratis, ideo per hanc epiftolam etc. Im jahr 941 ließ Otto I. den zwiefpalt durch ein gottesurtheil entfcheiden: de legum quoque varietate facta eft contentio, fuereque qui dicerent, quia filii filiorum non deberent computari inter filios, hereditatemque legitimi cum filiis fortiri, fi forte patres eorum obiiffent avis fuperftitibus. rex autem meliori confilio ufus noluit viros nobiles ac fenes populi inhonefte tractari, fed magis rem inter gladiatores difcerni juffit. vicit igitur pars, qui filios filiorum computabant inter filios, et firmatum eft, ut aequaliter cum patruis hereditatem dividerent pacto fempiterno. Witich. corb. p. m 25. orta

---

*) wofern der gegenftand des erbes keine nachfetzung der defcendenz begründet; fo werden weibliche defcendenten von der terra falica durch männliche afcendenten und cognaten ausgefchloßen. und bei den Langobarden fchließen die töchter nicht die parentes proximos aus.

diffenfione inter principes de varietate legis, utrum de-
berent avis fuperftitibus filii filiorum poft parentes de-
functos hereditare, an exheredatis fratruelibus hereditas
ad patruos redire? ex regis Ottonis omniumque princi-
pum fententia cognitio veritatis commiffa eft gladiatorio
judicio, ceffitque victoria his qui cenfebant, fratrum fi-
lios debere cum patruis hereditare. Sigeb. gembl. ad a.
942.     Seitdem fcheint die zulaßung der enkel neben den
kindern das übergewicht zu erlangen: nimt de fone wif
bi des vader live unde wint fone bi ire unde ftirft he
darna er fineme vadere, fine fone nemet dele in ires
eldervader erve, gelike irme veddern, in ires vader ftat.
Sfp. 1, 5.     Manche länder hingegen kehrten fich fort-
während nicht daran; in Heffen z. b. wurde noch im
14. jh. die ausfchließung der enkel als confuetudo per-
niciofa, non tamen a jure aliena angefehen, bis landgraf
Heinrich der eiferne 1337 repraefentationsrecht ein-
führte.*) Beide das Kedinger landr. tit. 15 und das Ha-
deler III. 13, 2. fchließen den enkel von der großelter-
lichen erbfchaft aus.     Anderwärts muften die enkel,
wollten fie neben ihren oheimen erben, *über das grab
erben*, d. h. bei des großvaters beerdigung gegenwärtig
fein. Bodm. p. 661.

2.  oft erben aber nicht einmal alle gleichnahen oder fie
erhalten nicht gleiche theile.

*α. vorzug des mannftamms.* Von ausfchließung und
geringfetzung der weiber ift fchon f. 407 gehandelt wor-
den, hier aber noch der merkwürdige unterfchied des
deutfchen und nordifchen rechts hervorzuheben. Im
eigentlichen Deutfchland bezog fich die zurückfetzung
bloß auf das echte eigenthum (uodal), es konnte, fo
lange jemand vom mannftamm übrig war, kein weib
erben; ins fonftige vermögen hingegen folgten die töch-
ter gleich den föhnen und mit den nämlichen quoten:
fi autem duae forores absque fratre relictae poft mortem
patris fuerint et ad ipfas hereditas paterna pertingat.
lex alam. 57; mulier, quae hereditatem paternam habet.
ead. 92.**)  Anders in Scandinavien (und wahrfcheinlich

---

*) Kopp heff. gerichtsv. 1, 21. 22. Nach dem Crombacher w.
wurde erft 1496 in dortigem landgericht den *dietherrn* (enkeln)
erbrecht gegeben.

**) eigenthümlich ift bei den Langobarden, daß, wenn nur töch-
ter, keine föhne aus ehlicher geburt da waren, neben diefen töch-
tern zugleich die parentes proximi (und für fie fogar die curtis
regia) berufen wurden. lex Roth. 158. 159. 160.

auch im älteſten Friesland); es hieß, ohne rückſicht auf
den gegenſtand: der mann geht zum erbe, das weib
davon (tha gånger *hatter* til ok *huva* fram); in Däne-
mark ſoll erſt um den beginn des 11. jh. könig Sueno,
in Schweden noch ſpäter um 1266 Birger Jarl den frauen
erbrecht verwilligt haben, vgl. Stjernhöök p. 185. Saxos
bericht mag ſagenhaft, d. h. die ſtrenge des alten rechts
bereits früher gemildert worden ſein, aber die worte
(nam feminis deinceps participandarum hereditatum jus,
a quibus antea lege repellebantur, indulſit lib. 10. p. 187.)
reden offenbar allgemein. *) Auch beweiſt eben die art
der milderung, nämlich daß die töchter *auf den halben
theil* der ſöhne geſetzt wurden, ihre frühere völlige aus-
ſchließung. Und die ſpätere norwegiſche geſetzgebung
läßt ſie ſowohl in das ôđal als das übrige vermögen
nachfolgen, Gulaþ. p. 272; während in Deutſchland bis
ins mittelalter echtes eigenthum zu erben den frauen ver-
ſagt blieb:

> Pråvant hât gefüeret her
> daʒ reht vil manic hundert jâr,
> daʒ drinne mac kein frouwe klâr
> gebieten noch gewaltic ſin.
> wîp u. tohter erbent niht
> die ſelben hôhen herſchaft,
> ein ſun belîbet erbehaft
> u. ein man darinne wol. Schwanritter p. 64.

*β. vorzug der erſtgeburt* erſcheint hauptſächlich unter
fürſten und königen, war aber lange nicht allgemein.
Bei manchen völkern galt gleiche theilung des reichs
unter ſämmtliche ſöhne, namentlich bei den Franken,
Merowingern ſowohl als Carolingern: quatuor filii Chlo-
dovei, id eſt Theudericus, Clodomirus, Childebertus et
Clotarius regnum ejus aequo ordine inter ſe diviſerunt.
ann. moiſſiac. Pertz 1, 283 (vgl. Greg. tur. 3, 1. wo:
aequa lance); Clotarius rex — obiit, Aribertus, Gun-
dramnus, Chilpericus et Sigobertus regnum patris divi-
dunt, dedit ſors Ariberto regnum Childeberti etc. ann.
moiſſ. Pertz 1, 285 (Greg. tur. 4, 22: diviſionem legi-
timam faciunt, deditque ſors Chariberto etc.); partitio
regni Francorum ab imperatore facta in villa Theodonis
inter filios ſuos. ann. fuld. Pertz 1, 353: Hludowicus

---

*) vgl. Sv. Aageſen bei Langebck 1, 53 und Müller ſagabibl.
3, 76. 78.

imperator Noviomagi divifionem regni fecit inter fuos
filios. ann. fuld. ad a. 822. Pertz 1, 357; Hludowicus rex
partem regni Hlotharii cum fratribus Carlmanno et Ca-
rolo aequa lance dividit. ad a. 877. Pertz 1, 391. Ebenfo
im Norden: Alrekr oc Eiríkr hêtu fynir Agna, er ko-
nûngar voru eptir hann. Yngl. faga cap. 23. vgl. cap. 40;
þâ fkipto þeir ríkino med fer, hafdi Olafr hinn eyftra
lut, enn Halfdan hinn fydra. ibid. cap. 54; Haraldr
fkiptir ríki med fonum fínum. Har. hârf. cap. 35; þiel-
vars drei föhne Graipr, Guti und Gunfiaun theilen Gut-
land in drei theile. Gutalag p. 107. Die gefchichte der
deutfchen reichsfürften ift voll folcher verderblichen\*)
theilungen, wobei das wohl der länder dem vermeinten
gleichen erbrecht aller föhne geopfert wurde; haben im
mittelalter chriftliche ideen dazu mitgewirkt, fo lehren
die angeführten nord. beifpiele, daß auch dem heiden-
thum die ohnehin dem familienrecht der unterthanen ent-
fprechende gleichftellung fürftlicher föhne nicht fremd ge-
wefen war. Allein in den meiften reichen, zumal den
größern und kräftigern, drang allmählich das vorrecht
der erftgeburt durch. Statt bekannter beifpiele aus der
gefchichte will ich einige aus den gedichten anziehen.
In den Nibelungen ift Günther burgundifcher könig, feine
brüder Gernot und Gifelher haben nur noch königlichen
namen, keine gewalt. Parc. 2ᵃ fagt Wolfram:

> fwer ie dâ (ze Anfcowe, Anjou) pflac der lande
> der gebôt wol âne fchande
> daz ift ein wârheit funder wân,
> daz der aldefte bruoder folde hân
> fines vaters ganzen erbeteil,
> daz was der jungern unheil.
> künige, grâven, herzogen,
> daz fag ich iu für ungelogen,
> daz die dâ huobe enterbet fint
> unz an daz elter kint.

Zuweilen wurde ein mittelweg eingefchlagen; der ältefte
fohn bekam den größten landestheil, der nachgeborne
einen geringern, ähnlich dem nordifchen halben fatz
für erbende töchter. Landgraf Philipp von Heffen
theilte das land unter feine vier föhne dergeftalt, daß
der erftgeborne eine halbfcheid, die drei jüngern die an-
dere und zwar der zweite ¼, die beiden jüngsten jeder

---

\*) Friged. 13ᵇ: breitiu eigen werdent fmal, fo man fi teilet
mit der zal.

¼ empfangen ſollten. *) Idee und vortheil des majorats überwogen, doch wollte man das erbrecht der nachgeburt nicht völlig bei feite ſetzen. Im ganzen aber waren die vortheile zu einleuchtend, als daß ſie nicht auch auf einzelne lehen, adelsgüter und ſelbſt bauerngüter hätten angewendet werden ſollen. Die oldeſte ſohne were neger bi den lande to bliven. Loener hofrecht §. 49. Noch heut zu tag pflegt bei manchen erbſchaften der älteſte ſohn oder die älteſte tochter einige ſtücke voraus zu empfangen; hierher gehört der ſ. 105 angeführte vol du chapon. **)

γ. *vorzug der jüngſtgeburt* iſt weit ſeltner und kaum unter fürſten, zuweilen wohl unter adel und bauern eingeführt worden; oft bezieht er ſich nur auf gewiſſe gegenſtände der erbſchaft. In Corvei erbte der jüngſte ſohn das haus. Wigand provinzialrecht von Corvei p. 9. 19; dem jüngſten kind das gut leihen. Fiſcher erbfolge 2, 131. Im hofe Ör folgte der älteſte, im hofe Chor der jüngſte ſohn. Rive p. 237. †) Vgl. oben ſ. 324 den bald mit der erſt-, bald mit der jüngſtgeburt verknüpften nachtheil der hörigkeit.

δ. *vorzug ehlicher geburt.* nach ſtrengem recht erben nur ehliche kinder, unehliche (naturales) ſtehen weder in echter ſippe noch in väterlicher gewalt. ††) Bloß in

---

*) die quotenbeſtimmung war ſehr abweichend: pars hereditatis quinta a lege ſecundogenitis in quibusdam locis conſtituta. Carpentier ſ. v. quintum 4.

**) im Iwein wird der ſtreit zweier ſchweſtern um das väterliche erbe verhandelt. die ältere will der jüngeren gar nichts laßen (5685. 6025. 7286) auch nicht auf zureden 1/3 oder noch weniger (7328); zuletzt muß ſie mit ihr theilen (7715.) Der dichter nimmt hier (wie im Schwanritter Conrad) für die ſpätere milde anſicht und gegen das alte ſtrenge recht partei.

†) das galgenmännlein erbt auf den jüngſten ſohn. deutſche ſagen nr. 83.

††) ehliche heißen *gamahali* d. i. confabulati, lex Roth. 367. aus förmlicher, mit mahal eingegangner, ehe erzeugte; eine fränkiſche urk. von 770 bei Hontheim 1, 130ª hat *gamaladio;* der ehliche ſohn heißt auch *adalerbo* O. IV, 6, 15. altn. aðalborinn, adhalkunuſun. Für die verſchiednen arten unehlicher kinder gibt es benennungen in menge; mhd. *gouch, göucheltn* Nib. 610, 1. a. w. 1, 46. gukuksbrut; nhd. *bankart,* bankert, früher auch bänkling, gleichſam auf der bank, im gegenſatz zum ehbett erzeugt; *baſtard* iſt das roman. baſtardo, bâtard, fils de baſt, de bas, frere de baſt Roquef. 600ᵇ 642ª, venir de bas, illegitimo concubitu

ihrer mutter habe waren fie erbfähig, denn kein kind
ift feiner mutter kebskind. Sfp. 1, 51. Gleichwohl ge-
ben auch fchon verfchiedne alte gefetze den natürlichen
kindern befchränktes erbrecht auf das väterliche ver-
mögen.   Bei den Langobarden konnte die natürliche
fohnfchaft (es mochten mehr fein oder einer) ftets nur
halb fo viel anfprechen, als jeder einzelne ehliche fohn
empfieng. Fand fich ein legitimus (fulboran), fo erhielt
er $^3$/s, die naturales $^1$/s; zwei legitimi bekamen $^4$/s, die na-
turales $^1$/s; drei legitimi $^6$/7, die naturales $^1$/7; vier legitimi
$^8$/9, die naturales $^1$/9; fünf legitimi $^{11}$/13, die naturales $^1$/13
(es foll heißen: fünf legitimi $^{10}$/11, die naturales $^1$/11); fechs
legitimi $^{13}$/13, die naturales $^1$/13; fieben legitimi $^{14}$/15, die
naturales $^1$/15; lex Roth. 154.*) Anders getheilt wurde,
wenn neben natürlichen föhnen ehliche töchter da wa-
ren, hier empfiengen zugleich die parentes proximi
oder an ihrer ftatt der fifcus portionen. lex Roth. 158.
159. 160.

B.  *erbrecht der vorfahren.*  Nach nord. fprachge-
brauch *rückerbfchaft, bakarf,* nach fächfifchem *fchoß-
fall;* das erbe geht von der bruft wieder nach dem
rücken, es fällt wieder in den fchoß.**)  In allen deut-
fchen gefetzen ftehen die afcendenten den defcendenten
nach, abweichend wird aber ihr verhältnis zu den colla-
teralen beftimmt.

---

progigni, Carpentier; altn. *horndngr*, nothus, fpurius. Hervararf.
p. 194., der im born (angulus) erzeugt ift, winkelkind, wie man
winkelehe für concubinat fagt, auch in der lex romana *ornongus.*
Savigny rechtsg. 1, 364; *unflatkind* in einer urk. bei Bodm. p. 626,
vgl. flætegiu kint Parc. 20087; *kegelfohn* Haltaus 1078. 1079, da-
her: kind und kegel, filii tam legitimi quam illegitimi; *kotzen-
fohn,* vocab. 1432; *hurenfohn,* fpan. hideputa, im fuero viejo II.
1, 9. *fornefimo:* altn. ambättarfonr, þyjarfonr, frillufonr, dän.
ftegfredbarn; kebskind; in der Schweiz *hübfchkind; liebeskind,*
kind der liebe. dän. elfkovsbarn; *pfaffenkind;* franz. fils de lifce.
Roquef. 1, 600$^b$.

*) angenommen, daß neben den fieben ehlichen fieben un-
ehliche föhne vorhanden gewefen wären, hätte jeder legitimus
14/105, jeder naturalis 1/105 des väterlichen erbes bezogen.

**) einige beziehen den *fchoßfall* bloß auf die mutter, nicht
auf den vater und die andern vorfahren. vgl. Eifenhart p. 277;
dem alten fprachgebrauch fagt aber die weitere bedeutung von
fchoß beßer zu, Gutalag p. 36. von enkelinnen: þa fchulu fitia i
karls (des großvaters) *fcauti.*

1. mei∫tentheils erben vater und mutter vor bruder und ∫chwe∫ter, denn die∫e ∫tehen zum erbla∫er im zweiten grad, jene aber im er∫ten (Vi∫ig. IV. 1, 1. 2) Si quis mortuus fuerit et filios non dimi∫erit, ∫i pater aut mater ∫uper∫tites fuerint, in ip∫am hereditatem ∫uccedant; ∫i pater et mater non ∫uperfuerint et fratrem aut ∫ororem dimi∫erit, in hereditatem ip∫i ∫uccetant. lex ∫al. 62, 1. 2. lex rip. 56, 1. 2. Si, qui moritur, nec filios nec nepotes, ∫eu patrem vel matrem relinquit, tunc avus et avia hereditatem ∫ibimet vindicabit. lex Vi∫ig. IV. 2, 2. Hereditas materna (des kinds, das ∫eine mutter überlebt und beerbt hat) ad patrem ejus pertineat. lex alam. 92. Stirft de man ane kint, ∫in vader nimt ∫in erve; ne hevet he des vader nicht, it nimt ∫in muder mit mereme rechte, dan ∫in bruder. S∫p. 1, 17.

2. bisweilen ∫ind ∫ie dem bruder und der ∫chwe∫ter nachge∫etzt. Tacitus Germ. 20 erwähnt der eltern gar nicht: heredes ∫ucce∫∫oresque ∫ui cuique liberi, ∫i liberi non ∫unt proximus gradus in ∫ucce∫∫ione fratres, patrui, avunculi. die∫es ∫till∫chweigen reicht freilich nicht hin zu der vermuthung, daß in älte∫ter zeit die eltern gar kein erbrecht gehabt hätten. Bedeutender ∫cheint ihre ausla∫ung in der lex burgund. 14, 2: ∫i forte defunctus nec filium nec filiam reliquerit, ad ∫orores (hier ge∫chwi∫ter) vel propinquos parentes hereditas tran∫eat. Auch wird in der lex Sax. 7, 2. nach dem ∫ohn gleich der bruder, nicht der vater des ehmanns zum vormund der witwe berufen, was auf ähnliche aus∫chließung bei der erbfolge deutet. Die∫e nach∫etzung der eltern findet ∫ich noch in einigen ∫päteren landrechten, z. b. in dem Kehdinger (Pufend. 1, 153): *es ∫tirbet kein gut zurück*, ∫ondern vorwärts, darum wenn kinder ver∫torben und ihr vater u. mutter in leben wären, haben die∫elben ihren nachlaß nicht erben können, ∫ondern i∫t in der ∫eitenlinie auf die nähe∫ten blutsfreunde vererbet. Ferner in Ö∫treich und Luxenburg. (Mittermaier §. 389. not. 2.)

3. in Seeland erbten vater u. mutter zugleich mit des erbla∫ers ge∫chwi∫tern. Seel. 1, 15 (in Schonen erbte der vater und ∫chloß die ge∫chwi∫ter aus; war er todt, ∫o erbte die mutter zugleich mit den ge∫chwi∫tern. Schon. 2, 7.)

4. von der nachfolge in echtes eigenthum ∫ind auch hier die weiblichen a∫cendenten ausge∫chlo∫en.

C. *erbrecht der magfchaft*, d. i. der feitenver-
wandten.

1. inwiefern fie den afcendenten bald nachftehen, bald
vorgehen ift eben abgehandelt worden.

2. *vollbürtige* gefchwifter haben den vorzug vor halb-
bürtigen. ein vollbürtiger, ebenbürtiger bruder, frater
*germanus*, hieß ahd. *erchanpruodar*, agf. *freobrôđor*
(Lye fuppl.)

3. bei echtem eigenthum gehen die fchwertmage allen
weiblichen bufenerben und fchoßerben vor, alfo bruder
und neffe der tochter des erblaßers: dat ok de fchwert-
fide vor des mannes eigene dochter koppes neger ge-
wefen. landr. der Ditmarfen art. 202 (Neocorus I, 365.)
Urfprünglich erftreckte fich das recht der feitenerben fo
weit, als die fippe nachgewiefen werden konnte, feitdem
fippzahl angenommen worden war, nur bis auf den
pofitiv feftgefetzten letzten grad (Eichh. rechtsgefch.
§. 203.) Späterhin wurde auch der vorzug der fchwert-
feite eingefchränkt. der Sfp. 1, 17 läßt ihn nur noch
für bruder und fchweftererbe gelten, nicht für die fer-
nere fippfchaft (von den gefchwifterkindern an, d. i.
von dem fächf. erften grad bis zum fiebenten): *fven
aver en erve verfüfteret* unde *verbruderet* (über fchwe-
fter und bruder hinausgeht, fchwefter und bruder nicht
mehr leben, fondern nur ihre nachkommen; die lat.
verfion hat: quando autem ad hereditatem foror non
pertineat neque frater), alle de fik gelike na to der fibbe
geftuppen mogen, de nemet gelike dele daran, it fi *man
oder wif.* diffe hetet de Saffen *ganerven* (die verfion:
et cum in his fexum non difcernamus, hos heredes *acce-
lerantes* *) appellamus).

4. gewiffe güter find dem feitenerbrecht entzogen: das
gut zu waldrecht (in Heffen) erbet nicht zur feiten aus,
fondern in der ftracken linien vor und unter fich, und

---

*) gleichfam: de gaen, gähen, fchnellen? die gloffe fcheint
an gân, gehen zu denken: alfo heißen fie darumb, das das erbe
an fie niederwerts *gehet*, was niederwerts kommt das *gehet*, was
aber aufwerts kommt das *ftehet*. Kofod Ancher 1, 374. 375. 470.
vergleicht auch die fchonifchen und feeländ. *gangarvä*, und dann
wären die ganerven (al. generven) des Sfp. wörtlich und fächlich
verfchieden von den hochdeutfchen ganerben (coheredes). vgl.
was unten f. 481 bemerkt werden wird.

wo die nicht weren, erbet es der waldrechtsherr und fällt ihm wieder heim. Homberger ſtadtbuch.

D. einzelne gegenſtände der fahrenden habe werden in allen drei claſſen des buſens, des ſchoßes und der ſeite nur entw. von dem männlichen oder von dem weiblichen geſchlecht geerbt, nämlich *heergewäte* und *gerade*, worüber das folgende buch weitere auskunft ertheilt, vgl. oben ſ. 373.

II. *Art und weiſe* der erbſchaft.

1. der berufene *geht zu dem erbe* (adit, gånger til), der unberufene *geht davon* (gånger fram), der verſtorbene *gibt* oder *läßt* das erbe (ahd. erpikepo?, nhd. erblaßer); der berufene *nimmt* es (arbinumja, erpinomo, altn. arfþegi. Sæm. 116ᵃ von þiggja, accipere, ſpåter arftökumadr, von taka, capere) erve *nemen*. Sſp. 1, 3, 5.; erbe geben hat Reinolt von der Lippe 67ᵇ. . Die Frieſen ſagen: on erve *fara*, ova erve *fara*. Aſ. 85. 97. Unſer heutiges *antreten* iſt wohl urſprünglich mehr gemeint von liegender habe; früher finde ich auch, mit perſonification der erbſchaft: daʒ erbe *getritet* an diu kint. Gaupp magdeb. r. p. 312., es *fällt zu* (contingit); daʒ erbe *zocchôn* N. Bth. 15 (wie das beſthaupt *zucken*, oben ſ. 371.) Aus den gedichten bemerke ich: ſich ze dem erbeteile ziehen. Iw. 7310. vom erbe verſchalten. Lſ. 3, 34. einem daʒ erbe ûf ſlahen (entziehen) Lſ. 3, 30.

2. ſind mehrere zuſammenberufen, ſo wird das erbe getheilt; in älteſter zeit durch *loß* (ſors)*), daher das gr. κλῆρος (arbi) und κληρονόμος (arbinumja); miterben heißen ſchon ahd. *kanarpun* (ganerben, conſortes) gl. Doc. 204ᵃ mhd. ganerben Parc. 80ᵃ. Vgl. die ſ. 473. 474 angeführten belege von verloßung unter den Franken; einen für den Norden gewährt Ol. Tr. ſaga 2, 90. Gulaþingsl. p. 285. Bei den Vandalen galt ein funiculus hereditatis (nach Deuteron. 32, 9?), denn Geiſerich theilte ſeinem heer die eroberte landſchaft Zeugitana durch ein ſolches loß. Victor Vitenſis lib. 1. (bibl. patr. 2, 415ᵇ.) — Beſtand die erbſchaftsmaſſe aus gleichartigen gegenſtänden, ſo bedurfte es keines loßes, ſondern bloßer zählung; einer alten

---

*) ſo loßten des Kronos drei ſöhne. Il. 15, 187-192., ſo Numitor und Amulius.

theilung des väterlichen geldes *mit dem mund* iſt f. 100
gedacht, man vgl. den ſpruch: als manich mund, als
manich pfund, ſo viel pfund als mund, was auf die
ſucceſſio in capita bezogen wird (Fiſcher erbfolge 2, 168.
Schmeller 1. 319.) *) — Statt des loßes galt auch von
alter zeit her die auskunft, daß *der ältere theilte und
der jüngere wählte***), weil theilen dem reiferen ver-
ſtand zuſagte, wählen der unſchuld der jugend. Älteſten
beleg hierfür nehme ich aus Nithardus lib. 1. p. 363:
ecce fili, (redete Ludwig der fromme zu Lothar) regnum
omne coram te eſt, divide illud, prout habuerit (?);
quod ſi tu diviſeris, partium electio Caroli erit; ſi autem
nos diviſerimus illud, ſimiliter partium electio tua erit.
Ein altn. beiſpiel hat Svarfdœlaſaga (bei Müller 1, 304);
die geſta Romanor. cap. 90 gründen darauf eine beſon-
dere fabel: rex aliquando erat in quodam regno, in quo
talis erat lex poſita, quod frater ſenior hereditatem di-
videret et junior eligeret, cujus ratio eſt, quia majoris
diſcretionis eſt dividere, quam eligere etc. Stellen aus
geſetzen des mittelalters: ſvar ſo tvene man en erve
nemen ſolen, die eldere ſal delen unde die jungere ſal
kieſen. Sſp. 3, 29. ſchwäb. landr. cap. 270 Senkenb.; der
eldeſte ſol teilen u. der jungeſte kieſen. Gaupp magdeb. r.
p. 285; dat erve ſchal de oldeſte delen, de jungeſte kefen,
is er aver mer denn twe, ſo delen ſe mit gelote. Ölrichs
rigiſches r. p. 140; der ältere ſol theilen, der jüngere kie-
ſen. Erfurter ſtat. Walch 1, 107.; die oldeſte broeder ſal
dat guet ſetten, die jungeſte kieſen. Weſterwold. §. 257.
Umgekehrte gewohnheit herſchte in Wales: the youngeſt
ſon muſt divide all the patrimony and the oldeſt ſon muſt
chuſe. Probert p. 187, wozu die analogie ſtimmt, daß
der mann wählen, die frau theilen ſolle (the wife claims
the right of dividing and the husband of chooſing. ibid.
p. 128.) und gleiches galt nach den normänniſchen ge-
ſetzen (Ludewig reliq. 7, 213.) Nach canoniſchem recht
fand jene regel anwendung, wenn ein ketzeriſcher bi-
ſchof wieder aufgenommen wurde, ſein ſprengel aber
mittlerweile einem andern zugefallen war, der ältere

---

*) ſchwäb. urk. haben für: in gleiche theile theilen: in
*aichlen weis* teilen, *in aichelen* abteilen (Fiſcher erbf. 2, 131. 133.
136. 234.); bei Wehner und Schilter ſcheint daher die erklärung
erbe in eichelweis, heres ex aſſe unrichtig.

**) teilen und weln. MS. 1, 37ᵃ 55ᵃ troj. 12646; teilen und
kieſen MS. 2, 134ᵃ. dêla and kiaſa. lit. Broom. §. 81. 87.

theilte, der jüngere wählte. C. 1. X. de paroch. et alien. prohib.

3. die antretung der erbſchaft geſchah zwar in der regel von ſelbſt, nach dem ſprichwort: *der todte erbet den lebendigen*, le mort ſaiſit le vif (Eiſenhart p. 327—330); indeſſen ſcheint doch das alterthum beſondere feierlichkeiten beobachtet zu haben. Im Norden wurde ein feſtliches *trinkgelag* (erfi) gehalten (vgl. Gutalag cap. 28), wenigſtens bei königen und iarlen: þat var ſidvenja í þann tíma, þar er erfi ſkyldi giöra eptir konûnga eðr iarla, þâ ſcyldi ſâ, er gerdi erfit oc til arfs ſkyldi leida, ſitja â ſkörinni fyrir hâſætinu, allt þar til er inn væri borit full, þatt er kallat var *Bragafull*; ſkyldi ſâ þâ ſtanda upp í môti Bragafulli, oc ſtreingja heit, drecka af fullit ſidan; ſidan ſkyldi hann leida í hâſæti þat, ſem âtti fadir hans, var hann þâ *kominn til arfs alls* eptir hann. Yngl. cap. 40.

4. lehnserben, die ſich außer lands befinden, müßen *ungeſäumt heimkehren* und der belehnung geſinnen, vgl. oben ſ. 98. 99.

III. Anderes erbrecht als durch ſippe findet in folgenden fällen ſtatt:

1. *durch gedinge.* unter fürſten und adel wurden *erbverbrüderungen* eingegangen, wonach im fall erlöſchender ſippe zwei oder mehr geſchlechter einander nachfolgen ſollten; eine vertragsmäßige ergänzung oder fortſetzung natürlicher verwandtſchaft. Noch enger verbanden die ſogenannten *ganerbſchaften.* mehrere familien kamen überein, ihre güter oder einige derſelben gemeinſchaftlich zu beſitzen, in die verlaßenſchaft ausſterbender mitglieder[*] aber ſogleich wechſelſeitig einzutreten: *ganerb*, ſo mit theil und gemein hat. Odenwälder landr. p. 107. Haltaus ſ. v. gemeiner. Solche ganerbiate waren zumal in der Wetterau, Pfalz, im Elſaß, in Franken, Heſſen und Thüringen üblich, beiſpiele führt Friſch 1, 316[a] an. Der name *ganerbe* bedeutet allgemeiner ſo viel wie coheres, conſors (vorhin ſ. 479) und iſt wohl erſt ſpäter auf die vertragsmäßige miterbſchaft ein-

---

[*] zuweilen gehen ſie entfernteren verwandten vor: gannerb ſol der ſibſchaft vorgen. Odenwälder landr. p. 56.

gefchränkt worden.\*)    die gânerven des Sfp. (f. 478)
fcheinen etwas anderes.

2. *durch letzte willen.*   erbeinfetzung und enterbung
erfcheinen im deutfchen recht nur als ausnahme, aber
fchon in früher zeit.   Aus des Tacitus worten *nullum
teftamentum* läßt fich fchwerlich folgern, daß dem,
welcher gar keine fippfchaft hatte oder aus gerechter
urfache mit feinen nächften verwandten unzufrieden
war, die befugnis gefehlt haben folle, über feine habe
anderweit zu verfügen.   Die langob. gefetze nennen das
*thingare* (dingen, ein gedinge machen) und erlauben,
den fchuldigen fohn zu enterben.   Roth. 168—174; vgl.
edict. Theod. §. 23.  lex Vifig. IV, 2. 20.  Burg. 24, 5.
43. 51, 1.   Langobarden, Gothen und Burgunder, näher
als die völker des innern Deutfchlands bekannt mit den
einrichtungen der Römer können zwar von diefen den
gebrauch der teftamente entlehnt haben.   Die älteften
fränkifchen gefetze fchweigen, fränkifche teftamente aus
dem 6. 7. jh. (Savigny 1, 269. 2, 104. 112) und formeln
dafür find vorhanden; zur zeit der capitularien waren
teftamente im gang, vgl. das zweite von 813 cap. 6
(Georg. 777): fine traditione mortui; auch die lex Ba-
juv. 14. 9, 3 erwähnt des teftaments.   Ein merkwündi-
ges beifpiel aus dem Norden, wo kein römifcher einfluß
waltet, fteht in der Egilsfaga cap. 8. pag. 34. 35, im
jahr 875 ließ der todwunde Bârdr den könig Haraldr
zu fich entbieten und fagte:  ef fvâ verðr at ek deyja
or þeffum fârum, þâ vil ek þefs bidja ydr, at þer
lâtid mik *râda fyrir arfi mînum.*   nach erlangter be-
willigung Haralds verfügte der kranke und: fefti þetta
mâl fem lög voro til at leyfi konûngs.  es war alfo eine
feierliche willenserklärung vor dem könig, wie freilaßun-
gen vor ihm gefchahen.\*\*)  Ohne zweifel waren auch den

---

\*) gramm. 2, 753. 754 gebe ich der deutung aus *gan-* vor der
aus *ge-an-* den vorzug; hier folgen noch belege, worunter einige
mehr für letztere zufammenfetzung ftreiten: gute u. getruwe
*ganerbin.* Wenk 2, 275 (a. 1317); ein rechter ftamme u. geborner
*ganerbe.* Wenk 2, 302 (a. 1327); *geanerbet* fitzen. Wenk 1. nr. 163
(a. 1326); merkwürdig der pleonafmus *mitganerbe* bei Lennep
358. 366 (a. 1653. 1694); erven u. *anerven.* Kindl. 1, 88. 3, 548
(a. 1400); der wermeifter wifet op waltfeißen ind op *anerfen*
(ganerben, erbexen). Ritz 1, 144; vgl. klage 914: dâvon *erbet* fi
mich *an.*

\*\*) *teftament* kann auch heißen wenn der vater feine habe
willkürlich unter feine natürlichen erben *austheilt;* fo Skapnar-

Angelfachfen teftamente bekannt, fie nennen fie *cvidas* (cvide, eloquium, dictum), teftament machen heißt cvidas dôn, cvideleás (lex Cnuti 70) ein inteftatus. Beifpiele aus dem mittelalter verzeichnet Mittermaier §. 407. p. 742. 743; auch die mhd. gedichte gewähren ihrer. Graf Heinrich von Naribon enterbte feine föhne und ließ fein gut einem taufpathen:

> von Naribôn grâve Heimerîch
> alle fine fune verftiez,
> daz er in bürge noch huobe liez,
> noch ûf erden decheine rîcheit.
> ein fin man fô vil bî ime geftreit,
> daz er den lîp durch in verlôs,
> des kint er zeime erben kôs; Wh. 2, 3ᵇ

er bedeutet es felbft feinen föhnen, daz was fin wille und des bat er; Ulrich Wh. 1, 3ᵃ 10ᵇ nennt es *enterben*. Ein lied Walthers 60, 34 beginnt:

> ich wil nû *teilen*, ê ich var,
> mîn varnde guot u. eigens vil,
> daz iemen dürfe ftrîten dar,
> wan den ichz hie *befcheiden* wil.
> al mîn ungelücke wil ich *fchaffen* jenen etc.

teilen und befcheiden find technifch für teftieren (Haltaus 139. 142. f. v. befcheiden, befcheidung), fchaffen für legieren (Haltaus 1600.) Die bedingung der teftamentifaction, ein gewiffes maß leiblicher kraft, ift oben f. 96. 97. abgehandelt worden; bei gefunten lebentigen leib, do ich zu kirchen und ftraß wol gen mocht, heißt es M. B. 9, 281 (a. 1455.) Zuweilen wird beftimmt, was den übergangenen verwandten hinterlaßen werden muß, z. b. in der angeführten urk. von 1324: fo mach hei fine rorende have geven, wem hei will binnen echt, uppe *feven hovede* (fieben ftücke vieh), de weder de argeften noch de beften fin, dei folen ftaen tor *ervetale*. Kindl. hörigk. 382.

3. *erbrecht des ftaats.* Heimfallendes, erblofes gut, *bona caduca*, altn. *danarfè* und *danafè\*)*, fchwed.

---

tûngr in der Gautreksfaga p. 11, oder landgraf Philipp (oben f. 474) und der graf von Naribon.

\*) Biörn hat beide formen und erftere mit langem, letztere mit kurzem a; die ableitung noch nicht recht augeklärt, das componierte danar fcheint ein fubft. dan vorauszufetzen, von dâinn *danaarf*, dän. *dannefœ.* Nach den lat. geſetzen wird ſolches gut vom *fiſcus* oder von der *curtis regia* genommen, ad *opus regium* (ad opus noſtrum) Georgiſch 777.   Dies erbrecht trat ein

*α.* wenn ein *fremder* im lande ſtarb (droit d'aubaine) vgl. Mittermaier §. 99.

*β.* bei dem tod oder der hinrichtung ſchwerer *verbrecher;* nach dem ed. Theod. §. 112 erſt, wenn keine verwandten bis zum dritten grad da waren.

*γ.* wenn weder erben lebten noch teſtamentariſch verfügt worden war, *erbloſes* gut.  hierbei galt die beſchränkung des begriffs der erben auf gewiſſe grade.  lex bajuv. 14, 9. capit. II. a. 813 cap. 4. 5. edict. Theod. §. 24.

*δ.* bei dem tod desjenigen, der ſich *ſeiner ſippſchaft* feierlich *abgethan* hat (tollere ſe de parentilla, altn. afſiſja, ſich abſippen); ein ſolcher erbt nicht und wird nicht beerbt: ſi autem ille occiditur aut moritur, compoſitio aut hereditas ejus non ad heredes ejus ſed ad fiſcum pertineat.  lex ſal. 63.

*ε.* die merkwürdigſten fälle ſind die, in welchen der fiſcus vorhandene erbfähige erben entw. ausſchloß oder ſich mit ihnen in die verlaßenſchaft theilte:

a.  bei den Langobarden concurrierten mit der filia legitima die parentes proximi, mangelten dieſe aber, ſo trat an ihre ſtelle die curtis regia. l. Roth. 158. 159. 160. 163.

b.  den homo denariatus und libertus beerbten bloß ſeine kinder, die weiteren verwandten verdrängte der fiſcus. lex rip. 57, 4. 61, 1.

c.  der ſtaat zieht das vermögen *lediger leute* an ſich. ein unverheiratheter einzelner menſch heißt ahd. *hagaſtalt,* haguſtalt, agſ. *hägſteald,* welches man zuletzt in *hageſtolz* entſtellt hat, als ob es mit ſtolz verwandt wäre.  Der begriff nähert ſich ganz dem oben ſ. 313 von ſolivagus, einläufig angegebnen, weshalb auch gl. Jun. 213 hagaſtolt mercenarius, knecht, tagelöhner bedeuten kann.  In ſangaller urkunden werden unehliche kinder der ledigen ſo genannt. Arx 2, 165. Eigentlich

---

(mortuus) würde das compoſitum dâinsfê oder dâinnafê lauten.   Im ſeeländ. geſetz heißt auch ein ausgegrabner ſchatz dannefœ.

ſcheint auch nur die habe junger oder alter hageſtolze
aus den geringeren ſtänden, vaterloſer und unehlicher
leute zu verfallen, meiſt auch erſt in ermangelung naher
verwandten. Wan eine *ledige perſon*, heißt es in pfäl-
ziſchen amtsberichten, ſie ſeie bevormundt oder nicht,
abſtürbe und kein ledig geſchwiſtert oder erben zu uf-
ſteigender linie hinterließe und kein freiwillig ufgabe ge-
than, ſo iſt alsdann alle deſſen verlaßenſchaft Pfalz erb-
lich heimgefallen. Ambt Starkenburg bericht, es ſei alſo
kerkommen, wann ein *ledig perſon* ſtürbe, die ſei
gleich *jung oder alt*, erwachſen, unmündig oder ein
pupill, er habe ſeinen verſtand zu teſtieren oder nicht,
und verleßt weder bruder noch ſchweſter von beeden
banden, ſo ſeie ſeine verlaßenſchaft alle Churpfalz (ohne
waß ſeine nechſte freundt auß gebühr erhalten) heim-
gefallen; jedoch werde es leidlicher, als wan es *ge-
wachſen hageſtolzen* gehalten. Im Lindenfelſer ſalbuch
von 1589 ſtehet: *hageſtols* iſt, wo ein ledige perſon, ſie
ſei bevormundt oder nit, abſtürbe und kein ledig ge-
ſchwiſtert oder erben in aufſteigender linie hinterläßt.
Niederſächſiſche weisthümer reden nur von alten hage-
ſtolzen, die ſie vom 50. oder 51. jahr an rechnen (oben
I. 225): wen der hofſtolte geſtorven is, alle ſin wol ge-
wonnen guet (wird zuerkant) den herrn unde dat arf-
guet den fründen. Witzenmühlenr. §. 2; und ſo er
(nach dieſer zeit) verſtörfe, ſchulde ſin nagelaten gut an
de heeren verfallen ſin. Ohlsburger probſteirecht §. 4.
Nach Schottel de ſing. jurib. cap. 1. pag. 10. werden an
einigen orten 63 jahr, 6 wochen, 2 tage gefordert.
Wann der ledigen knaben oder jungfrauen einer nach
verſcheinung der 50 jahre unverheirathet, desgleichen
ein witwer oder witfrau nach ausgang von 30 jahren
unverändert und ohne leibeserben mit tod abgegangen,
die erbet die herſchaft Alberſpach (in Schwaben) am
fahrenden gut und nicht am liegenden, es ſei denn eigen;
vater, mutter, geſchwiſter und andere blutsverwandten
erben nichts. Befold ſ. v. hageſtolzen, und Dietherr in
den zuſätzen bemerkt aus Ad. Keller de offic. jurid. po-
lit. p. 431: in landgraviatu nellenburgenſi accipit fiſcus
bona filiorum ſacerdotum (pfaffenkinder) et aliorum no-
thorum, ſpuriorum et baſtardorum, vocanturque antiquitus
*hageſtölzen.*


4. ähnlich dem fiſcaliſchen erbrecht iſt die wegnahme
des *beſthaupts* (oben ſ. 371.)

## CAP. IV.  ALTE LEUTE.

Dem heidenthum fchien das leben nichts ohne gefund-
heit des leibs und vollen gebrauch aller glieder; darum
galt es für recht, fchwächliche kinder auszufetzen, un-
heilbare kranke durch den tod ihrer qual zu erledigen
und aus diefem grundfatz folgte auch eine geringfchätzung
des gebrechlichen alters, die uns noch barbarifcher dün-
ken müfte, wenn fich nicht ergäbe, daß fie mit dem wil-
len und der finnesart der greife felbft, die als opfer fie-
len, übereinftimmte.  Es galt für erwünfcht, im bewußt-
fein letzter kraft, ehe fiechthum nahte, zu fterben, wie
wir den krieger preifen, welchen der tod auf dem fchlacht-
feld, ohne unmännliche krankheit, dahin rafft.

1.  Gautreksfaga cap. 1. 2. ed. upfal. 1664 p. 8. 12. be-
richtet, wie fich die bewohner einer an der grenze
*Weftgothlands* abgelegnen gegend, wenn fie lebens
müde wurden, von einem *hohen felfen*, genannt *ætter-
nis ftapi* (ftamms fels), herab zu *ftürzen* pflegten: hêr
er fá hamar við bœ vorn, er heitir Gillîngshamar ok
þâr î hiâ ftapi, fá er vêr köllum ætternis ftapa, hann er
fvâ hâr ok þat flaug fyrir ofan at þat quickindi hefr ei
lîf, er þâr gengr fyri niðr; því heitir hann ætternis
ftapi, at þar mið fæckum vêr voro ætterni, þegar os
þyckir ftorkyns við bera, ok deya þâr allir vorir forel-
drar *fyri útan alla fótt* ok *fara* þar *til Odins.*  ok
þurfum vêr af öngo voro foreldri þŷngzl at hafa ne
þrotfko, því at þeir fældar ftaðir hafa öllum verid iafn-
frialfir vorum ættmönnum ok þurfum ei at lifa við fiârti-
tion eða fœdfluleyfi . . . . ok ættlar fadr minn ok môðr
(die tochter erzählt) â morgin at fkipta arfi með os
fyfkinum enn þaug vilja fiðan ok þrælin gânga fyri
ætternis ftapa ok *fara* fvâ *til Valhallar.*  vill fadr minn
ei tæpiliga launa þrælin þann gôdvilja . . . enn nû nioti
hann fælu með hönum, þyckift hann ok vift vita, at
Odinn mun ei gânga â môti þrælnum, nema hann fé î
hans föruneyti.  Der fich tödtende herr *nahm feinen
knecht* zum lohn treuen dienftes *mit in den tod* (oben
f. 344), weil Odin nur den diener einläßt, der im ge-
folge des herrn kommt.  Nachdem Skapnartûngr fein
erbe ausgetheilt hat, ftürzt er und feine frau, von ihren
kindern zum felfen geleitet, fich froh und heiter herun-
ter (ok *fôru* þau *glöd* ok *kât til Odins.*)  Die Gaut-

reksſaga iſt erſt in ſpäterer zeit abgefaßt worden (Müller 2, 583. 584), allein ihr ganzer inhalt und namentlich dieſe nirgend ſonſt aufbewahrte nachricht von dem ætternis ſtapi tragen das gepräge echter, unerdichteter ſage.

2. die ſchon viel mehr hiſtoriſche Olafs Tryggvaſonar faga cap. 226. (theil 2, 225) enthält ausdrücklich, daß zur zeit ſtrenger kälte und hungersnoth auf *Island* in offener volksverſammlung beſchloßen wurde, alle *greiſe, lahme* und *ſieche* menſchen *aufzugeben* und verhungern zu laßen; var þat dœmt â ſamqvâmu af heradsmönnum, at fur fakir ſultar ok ſvâ mikils hallæris var leyft at geſa upp *gamalmenni* ok veita enga biörg, ſvâ þeim er *lama* voro eðr at nöckuro *vanheilir* ok eigi ſkyldi herbergja þâ. Damals fieng ſchon das chriſtenthum an einzudringen und die ausführung des grauſamen beſchlußes wurde hintertrieben. Daß ihm aber ähnliche und ausgeführte im tieferen heidenthum vorhergiengen, läßt ſich nicht bezweifeln. In der Viga Skutus ſaga macht bei ſtrengem winter Liotr den vorſchlag, die kinder auszuſetzen und die *greiſe* zu *tödten.* Müller 1, 264.

3. auch die *Heruler* tödteten ihre *greiſe* und *kranke:* οὖτε γὰρ γηράσκουσιν οὖτε νοσοῦσιν αὐτοῖς βιοτεύειν ἐξῆν · ἀλλ' ἐπειδάν τις αὐτῶν ἢ γήρᾳ ἢ νόσῳ ἀλῷη, ἐπάναγκές οἱ ἐγίνετο, τοὺς ξυγγενεῖς αἰτεῖσθαι, ὅτι τάχιστα ἐξ ἀνθρώπων αὐτὸν ἀφανίζειν · οἱ δὲ ξύλα πολλὰ ἐς μέγα τι ὕψος ξυννήσαντες, καθίσαντές τε τὸν ἄνθρωπον ἐν τῇ τῶν ξύλων ὑπερβολῇ, τῶν τινα Ἑρούλων, ἀλλότριον μέν τοι, σὺν ξιφιδίῳ παρ' αὐτὸν ἔπεμπον. ξυγγενῆ γὰρ αὐτῷ τὸν φονέα εἶναι οὐ θέμις. ἐπειδὰν δε αὐτοῖς ὁ τοῦ ξυγγενοῦς φονεὺς ἐπανήει, ξύμπαντα ἔκαιον αὐτίκα τὰ ξύλα, ἐκ τῶν ἐσχάτων ἀρξάμενοι. παυσαμένης τε αὐτοῖς τῆς φλογός, ξυλλέξαντες τὰ ὀστᾶ ιοπαραυτίκα τῇ γῇ ἔκρυπτον. Procopius de bello goth. 2, 14. Bemerkenswerth iſt, daß ein fremder, unverwandter den todesſtoß ausführen muß.

4. ſpätere ſpuren der ſitte, *alte* und *kranke* umzubringen, finden ſich in *Norddeutſchland.* das bremer wb. 1, 267. 2, 887. führt die redensart an: *duuk unner* (kruup unner, kruup unner)! *di welt is di gram!* welche man an bejahrte leute richtet; ſie zielt auf ein lebendigbegraben oder erſäufen hin. Am Harz und in Weſtphalen geht ſie gleichfalls im ſchwang, vgl. deutſche

ſagen 2, 380 und Otmars volksſagen p. 44. Schütze
(holſtein. idiot. 1, 267. 2, 357.) deutet ſie von *Zigeu-
nern*, welche ſich ihrer alten, die ſie nicht mehr mit
fortſchleppen können, entledigen. Heimrichs nordfrieſ.
chronik (ed. Falck. Tondern 1819. 2, 86) erzählt, daß
die *Tatern* im jahr 1607 bei ihrem abzuge ein altes
weib, ſo nicht länger vermochte mit ihnen fortzureiſen,
an dem kirchhofe in Pellworm lebendig begraben, wel-
ches denn weiland bei den *wendiſchen* ländern ein
ehrlicher und löblicher gebrauch iſt geweſen. Iſt alſo
jener ſpruch von den Slaven in Niederdeutſchland aus-
gegangen?

5. über den wendiſchen gebrauch in *Wagrien* hat Zeil-
ler epiſt. 529 folgende nähere ſtelle: es iſt ein ehrlicher
brauch im Wagerlande gleichwie in andern Wendlanden
geweſen, daß die kinder ihre *altbetagte eltern*, blutfreunde
und andere verwandten, auch die ſo nicht mehr zum
kriege oder arbeit dienſtlich, *ertödteten*, darnach gekocht
und *gegeßen* oder lebendig begraben, derhalben ſie ihre
freunde nicht haben alt werden laßen, auch *die alten
ſelbs lieber ſterben wollen*, als daß ſie in ſchwerem be-
trübtem alter länger leben ſollen. Dieſer brauch iſt lange
zeit bei etlichen Wenden geblieben, inſonderheit im lüne-
burger lande. Ein weit älteres zeugnis gibt N. Cap.
105: aber *Weletabi*, die in Germania ſizzent, tie wir
*Wilze* heizên, die ne ſcament ſih nieht ze chedenne,
daz ſie iro *parentes* mit mêren rehte *ezen* ſulîn, danne
die wurme.

6. von den alten Preußen meldet es Praetorius: *alte,
ſchwache eltern* erſchlug der ſohn; *blinde, ſchielende,
verwachſne kinder* tödtete der vater durch ſchwert, waßer,
feuer; *lahme, blinde knechte* hieng der hausherr an bäume,
die er mit gewalt zur erde bog und dann zurückſchnellen
ließ. *arme kranke* wurden unbefragt getödtet. . . . eines
edlen krankes kind verbrannte man mit dem zuruf: gehe
hin, den göttern zu dienen, bis deine eltern dir folgen!
worte die noch ſpäterhin beim tode der kinder üblich
blieben.

7. neuere reiſebeſchreiber erzählen ähnliche dinge von
verſchiednen wilden völkern, z. b. Ducreux von den
nordamerikaniſchen: alte kraftloſe eltern, weil ſie nicht
mehr zur jagd können, werden von ihren ſöhnen und
auf ſelbſteigne bitte getödtet, damit ſie in eine beßere
welt gelangen mögen. Ältere berichte hat Montevilla

p. m. 137-139 aus dem lande Calonach. Das gedicht
Apollonius von Tyrlant z. 11119:

> Agrotte und Warcemonei
> di find ires mutes frei,
> di edeln auf der erden,
> wanne die alt werden,
> di prennent fi ze pulver gar
> u. fendent di zu ftuppe her u. dar.
> ain ander lant ftoßet dar zue,
> nu merket, wie das volk tue,
> wan fi nu zu alt find
> fo fchlecht man fi als di rint;
> mit wirthfchaft u. mit fchalle
> eßent fi den leichnam alle.

8. auch den eindruck diefer greuel foll das beifpiel der
Römer mildern. Feftus fchreibt: *depontani* fenes ap-
pellabantur, qui fexagenarii de ponte dejiciebantur.*)
und: *fexagenarios* de ponte olim dejiciebant . . . funt,
qui dicant, ob inopiam cibatus coeptos fexaginta anno-
rum homines jaci in Tiberim . . . fed exploratiffimum
illud eft caufae, quo tempore primum per pontem coe-
perunt comitiis fuffragium ferre, juniores conclamave-
runt, ut de ponte dejicerentur fexagenarii, qui jam
nullo publico munere fungerentur. Cic. pro Sext. Rofc.
cap. 35: habeo etiam dicere, quem contra morem majo-
rum, minorem annis LX, de ponte in Tiberim dejecerit.
vgl. Niebuhr 2, 286. 287.
9. die deutfche gefchichte kennt kein beifpiel, daß feit
der einführung des chriftenthums abgelebten eltern ein
freiwilliger oder gewaltfamer tod widerfahren wäre.
Jenem heiteren fprung des alten vom felfen, nachdem
er den kindern alle feine habe vertheilt hat, gleicht
aber doch, was im deutfchen recht das *fetzen auf den
alten theil* heißt. Der vater läßt fich gleichfam bei
lebzeiten beerben, er tritt den kindern fein vermögen
ab und zieht fich in eine ecke am heerd, in ein enges
ftübchen zurück, wo er feine letzten tage verleben will;
den freien brand, eine leibzucht, eine pfründe hat er
fich vorbehalten. Item, die olderen beholden altydt
oeren andeel in gudere tegens de kinderen und den *hin-
derheert.* landr. van Wefterwoldinge §. 23 (pro excol. 4,
34.) Strodtmann bemerkt f. v. *unnerheerdt*: bank bei

---

*) de ponte, wie von dem ætternis ftapi.

dem heerde in bauernhäufern; an folcher bank ift eine
ftelle, welche *kattenftie,* katzenftelle heißt und die abge-
gangnen coloni pflegen zu fagen, daß fie in die kattenftie
gewiefen werden.   Mehrere gedichte des mittelalters fchil-
dern diefes verhältnis von der nachtheiligen feite: ein
alter fchwacher greis, dem fein weib begraben ift:

> beide fin hûsêre u. fin habe
> finem lieben fun er felt,

der ihn undankbar vernachlaßigt:

> der alte muoft fich fmiegen,
> bî der erde under ein ftiegen
> wart im ein bettelin geftröuwet.   Kolocz. p. 145. 146.

ein anderer alter redet feine kinder an:

> lieben kint die mînen,
> lât kintlich triuwe fchînen,
> helfet mir mit êren ze dem grabe,
> ich gên nû leider an dem ftabe
> u. mac hûfes niht gepflegen,
> mîn guot wil ich iu allez geben.   daf. 159.*)

Die berner handvefte hält der guten mutter ihren guten
platz am heerde aus: ift auch, daß der föhne einer zu
der ehe kommt, der mag zu der mutter in das haus
fahren und bei ihr fein, doch ohne der mutter fchaden,
er foll auch der mutter *bei dem feuer* und anderftwo
in dem haufe *die befte ftat* laßen.   helvet. bibl. 4, 19.
Im Norden hieß ein alter mann, der fich bei fremden
leuten auf die koft gab, *fletfæringr* (oben f. 319.): ok er
Aunundr giordiz gamall ok fyndr litt, þâ *feldi hann af
hendr bû.* tôk þâ við Steinarr fonr hans.   Egilsfaga
p. 710.

---

*) vgl. haus und kindermärchen 3, 131. 132.

# DRITTES BUCH.

## EIGENTHUM.

Allgemeine benennungen für den begriff von dominium find 1. goth. *aigin* (ούσία) ahd. eikan, nhd. eigen von aigan (ἔχειν, tenere, habere) woher auch das ahd. *êht,* agf. æht. 2. das adj. goth. *fvês* oder *fvêfata* (proprium), ahd. fuâs, fuâfaz.*) 3. ahd. *hapa,* hapida, mhd. habe, nhd. habe, von hapên (habere). 4. ahd. *kuot,* guot, mhd. guot, nhd. gut, pl. güter (bona). vgl. fchwed. dän. gods. 5. goth. *auds,* ahd. ôt, agf. eád, altn. audr (opes), wovon die adj. audags, ôtak, eádig, audugr (opulentus, begütert.) 6. das nhd. *vermögen* ift dem lat. facultas nachgebildet und in diefem finn früher ungebräuchlich. Bemerkenswerth fcheint, daß der altdeutfchen fprache fubftantivifche ausdrücke für dominus im finne von eigenthümer mangeln, fie muß fich der participien aigands, eikanti, eigandi oder habands, hapênti bedienen; das fchwed. egare, dän. ejer, ifl. eignarmaðr, nhd. eigenthümer find fpäteren urfprungs; älter könnte eigner, eigenære fein; altn. handhafi ift der bloße befitzer (mantenedor.) frauja und hêriro, hêrro bezeichnen ftets dominus (gebieter) im gegenfatz zu fervus und wir dürfen wohl heute fagen: der herr des ackers, des pferdes (le propriétaire du champ, du cheval) nicht aber ahd. hêriro des acchares, des hroffes. *Sahha* für res, als gegenftand des eigenthums, findet fich fchon in der alten überfetzung des capit. von 819. §. 6, die gewöhnlichere bedeutung ift caufa; wahrfcheinlich galt auch *wiht,* goth. *vaihts* in jenem finn.

Alle habe zerfällt in zwei hauptarten, in *liegende,* (fefte, unbewegliche) und *fahrende* (lofe, bewegliche), jene nach altftrengem recht kann nur freien, diefe auch unfreien zuftehen, jene nur feierlich, diefe auch unfeierlich auf andere übergehen, jene nur von männern, diefe auch von frauen ererbt werden.

---

*) Soeft in Weftphalen, lat. Sufatum, altfächf. Suâfat.

## CAP. I.  LIEGENDES EIGEN.

A. *Namen*. ich gehe von den einfachen aus, dann auf die zuſammengeſetzten und umſchreibenden über.

1. goth. *airþa*, ahd. *erda*, allgemein für terra, das altn. *iörð* aber in den ſchwed. geſetzen noch für fundus, ſolum.

2. *land* in allen deutſchen mundarten; landeigenthum.

3. *grundus*, ahd. krunt; grundeigenthum, grundſtück.

4. ahd. *podum*, nhd. boden; tautologiſch grund u. boden.

5. *eigen* bezeichnet zuweilen das grundeigenthum, im gegenſatz zur fahrenden habe, vgl. Gutalag cap. 38. 62. gl. flor. 989ᵇ eigan praedium, wie wir gut für landgut, grundſtück gebrauchen. *proprium*, proprietas, kommen im mittelalter auf gleiche weiſe gebraucht vor.

6. auch *arbi*, *erbe* ſteht für ererbtes grundeigenthum, erbgut, wie das ſpan. heredad und franz. héritage *), ſo ſcheint das altn. *arf* liegendes gut, orf fahrendes zu bedeuten, im agſ. weiß ich keine ſolche unterſcheidung zwiſchen erfe und yrfe zu beweiſen. etwas anders iſt das hochd. eigan joh erbi (ſ. 6.), entweder tautologie oder zwiſchen ererbten und ſonſt erworbnen grundſtücken unterſcheidend.

7. ahd. *uodil*, uodal, agſ. *êdel*, altn. *ôdal* praedium avitum, vielleicht mit nebenbeziehung auf den beſitz edler (oben ſ. 265), adliches ſtammgut, vgl. adalerbi O. III. 1, 80.

8. altfränk. *alodis* (fem.; das neutr. und die ſchreibung mit doppeltem l allodium iſt ſpätere verderbnis): de alode, de alode terrae contentio. lex ſal. 62., de alodibus. lex rip. 56; ſi quis alodem ſuam dare voluerit. lex bajuv. 1, 1. in alodem. ibid. 11, 5. de his, qui propriam alodem vendiderunt. ibid. 17, 2; a propria alode alienus efficiatur. decr. Taſſil. 16; de alodibus. lex Angl. et Ver. 6.; de alode parentum. Marc. 1, 12. tam de alode paterna quam de comparato. id. 2, 7. 12; in den capitularien mehrmals alodis, acc. alodem, abl. alode (Georg.

---

*) tradidi hereditatem meam, quam habui ad Segpah. Ried nr. 18 (a. 814); quidquid ibidem genitor meus mihi in erediatem dimiſit. Neug. nr. 35 (a. 761); de terris juris mei, quas mihi genitor meus dereliquit. ib. 29 (a. 760).

738. 870. 1318. 1350. 1364.); de alode parentum. trad.
fuld. 1, 49; ex alode, de alode, de alodo meo. Neugart
nr. 69. 96. 103 (a. 778. 786. 788) etc. Zuſammenſetzung
von al (totus, integer) und ôd (bonum), ſoviel wie
al-eigen, mere proprium; die ahd. form. wäre alaôt oder
alôt, die agſ. aleád, die altn. alaudr, aber keine derſelben
begegnet.*) das wort verbreitete ſich aus den fränki-
ſchen geſetzen in das thüringiſche, bairiſche und in ala-
manniſche urkunden, welche daher d nicht mit t ver-
tauſchten. Franzöſ. aleu, franc aleu. Das fränk. od,
odis mag fem. geweſen ſein, das altn. und agſ. iſt maſc.
in dem capitul. a. 807. §. 7. wirklich auch alodis männ-
lich gebraucht.
9. *terra ſalica.* lex ſal. 62; der einfluß fränkiſcher herr-
ſchaft und geſetzgebung ſcheint es freilich zu rechtfer-
tigen, daß dieſer ausdruck auch in andern ländern für
den begriff des reinen eigenthums gebraucht wurde,
Beiſpiele: de terra ſalica. Neug. nr. 70. (a. 778); unum
agrum ſalicum. ib. nr. 244 (a. 830); hobam unam cum
terra ſalica.˜ ib. nr. 356 (a. 854); terram ſalicam et man-
ſos II. ib. nr. 505 (a. 877); cum ſalica terra. ib. 531
(a. 882); ſalice telluris III. manſos. Spilckers beitr. 1,
133 (a. 1033); de ſalica terra. Wigands arch. 2, 5; vgl.
Haltaus 1582. Indeſſen wird dies terra ſalica in gloſſ.
flor. 982ᵃ überſetzt *ſelilant* und ſo lieſt man auch in al-
ten urkunden, z. b. duos ſelilant. Meichelb. nr. 464; de
pratis carradas LXXX. de ſalilant jugeres CXX. ibid.
562; es mag alſo, wenigſtens in den meiſten fällen, nicht
das echte eigenthum bedeuten, ſondern die terra curia-
lis, dominicalis.**) vgl. ſelehof (curtis) gl. Lindenbr.
994ᵃ, ſalhof, falland Oberl. 1350. ſelhube cod. lauriſh.
nr. 2257. ſeliſôchan (hausſuchen) lex bajuv. 10. und was
unten über ſala (traditio) geſagt werden ſoll.
10. *terra aviatica,* hereditas aviatica. lex. ripuar. 56, 3.
hereditas *paterna.* lex alam. 57; agſ. *fäderêdel,* ahd.
vatereigan. patrimonium.
11. *folcland* im gegenſatz zu bôcland. leges Edv. 2; d. i.
reine alod, im gegenſatz zu beneficium, lehen. vgl. das
frieſ. câplond. und bôclond. Aſ. p. 15.
12. im mittelalter bediente man ſich des verſtärkten
*durchſlacht eigen;* ahd. iſt zi durſlahti, duruhſlahti

---

*) wäre es romaniſch? aber wie folgt es aus lat. adlocare,
adlaudare?
**) Eichhorn rechtag. §. 84ᵇ not. e.

omnino, es wäre folglich mere proprium, omnino pro-
prium, übertragung von alod nach der vorhin gegebnen
erklärung: legitimum allodium, quod vulgo dicitur *thur-
flacht egen.* Kindl. 3, 192 (a. 1251); mera proprietate,
quod vulgo dicitur *thurflaht egen.* ibid. 3, 190 (a. 1253);
*dorfchlacht egen* gut. ibid. 3, 336 (a. 1320); *vri dor-
flachtig eghen.* ibid. 3, 452 (a. 1359) Niefert 2, 129
(a. 1361.)

13. ähnlich lautend und doch anders ift das gleichbe-
deutige *torfaht egen*, wörtlich cefpititium\*), von torf
(cefpes); fei es, daß man torf felbft für praedium, fun-
dus, hereditas fetzte (brem. wb. 5, 86) oder an die
förmliche übergabe mit torf u. twige (oben f. 114) dachte:
praedium fundale quod vulgo dicitur *torfhaht egen.*
ftat. fufat. bei Häberlin anal. p. 510; heft einer *torfacht
egen* binnen diefer ftad. Rigifches recht p. 30. vgl. 320.
Bei Meichelb. nr. 369 ftehet cafas dominicales feu *cefpi-
tales.*

14. *vrigeʒ eigen* (franc aleu) haben die minnefänger
(Ben. 22); Schmeller 1, 35 führt *grundeigen, freieigen,
ludeigen* für allodial an; der letzte ausdruck ift dunkel.
im Babenhaufer w. ftehet *lotheigen* (auch ift die mark
lotheigen), *loteigen* Meichfner 2, 869; im Burgjoffer w.
von 1451 *lutereigen* und das fcheint richtiger (lauter
eigen, mere proprium) wo nicht jenes entftellung aus
alodeigen? *rechtes freies lediges eigen* häuft eine urk.
von 1385. MB. 12, 210. *rechtlich eigen.* Oberurfeler w.
Bibrauer w.

15. für *echtes eigen*, welcher benennung fich die heu-
tigen germaniften füglich bedienen, habe ich keinen al-
ten beleg, doch kann es vorkommen, weil fonft echt
und recht verbunden werden und in niederd. urkunden
*echtwort, echtwert* (achtwort bei Wenk 2 nr. 286 a.
1322) fteht, worüber Haltaus 251-253 und das brem. wb.
1, 281-291 nachzufehen.

16. wichtigfte unterfcheidung des grundeigenthums ift die
in *getheiltes* und *ungetheiltes;* von letzterem hebe ich an.

## B. *Gefammteigenthum. Mark.*

1. fippe und nachbarfchaft ftifteten das natürliche band
unter freien männern, aus ihnen entfprang erbrecht,

---

\*) -aht ift bloße ableitungsfilbe (torficht); daher Dreyer irrt,
wenn ein compofitum aus torf und fach annimmt.

blutrache, gegenſeitiger ſchutz und friede, gleiches recht und gericht, aus ihnen kann man auch die älteſte gemeinſchaft des grundeigenthums leiten. Nur darf dieſe nicht zu viel ausgedehnt werden. In der vermehrung und ausbreitung der familien liegt zwar ein bindendes, zugleich aber auch trennendes princip; je mehr nächſte verwandte geboren werden, deſto weiter ab rücken die fernen, jeder ſohn, der ſeinen eignen haushalt beginnt, ſtrebt nach abſonderung. jede erbſchaft zwiſchen gleich berufnen zieht theilung der habe nach ſich, und eben weil die fahrende getheilt werden muß, wird auch die liegende der gemeinſchaft willig entbunden. Ich nehme darum ſchon in dem früheſten Deutſchland zwei gleich nothwendige richtungen an, die eine geht auf erhaltung der genoßenſchaft am grundeigenthum, auf deſſen vereinzelung die andere.

2. in dieſen widerſtreit greifen grade noch zwei verſchiedene triebe ein. Das volk lebt von *viehzucht* und *ackerbau* und auf ſie bezieht ſich alle weſentliche arbeit. nun iſt es einleuchtend, daß dem hirten an der ganzheit des landeigenthums gelegen ſein muß, dem bauer an der vertheilung. Jener braucht unveränderliche triften, wieſen und wälder zu weide und maſt, gleich ſeiner herde gedeiht die mark nur durch zuſammenhalten. dem ackermann liegt die flur recht, welche ſeinen hof umgibt und die er durch zäune vor allen nachbarn einfriedigen kann; ſein pflug fährt einſam, das gelingen ſeiner wirthſchaft hängt von verſuchen ab, die er auf eigne hand anſtellt. Beider des viehzüchters und pflügers verhältnis hat dieſelbe naturnothwendigkeit, nur daß geſchichtlich jenes vorausgieng, dieſes nachfolgte.*) wir treffen alſo ungetheiltes eigenthum und getheiltes nebeneinander an, das ungetheilte alterthümlicher und veraltender; im verlauf der zeiten weicht der wald dem acker, das vieh dem getreide. Für unſer rechtsalterthum hat die betrachtung des geſammteigenthums offenbar höheren zeiz.

---

*) aus Tacitus läßt ſich ſeine anſicht nicht beweiſen; aber ſeine dunkle ſtelle über der Deutſchen feldwirtbſchaft Germ. 26. vgl. mit Caeſar B. G. 6, 22 beſteht überhaupt nicht vor der aus vielen gründen wahrſcheinlichen annahme, daß ſchon damals unter den Deutſchen feſtes und geregeltes grundeigenthum galt. die agri ab univerſis per vices occupati, die arva per annos mutata ſind kaum anders zu erklären als durch gemeinland.

3. um den begriff der mark feftzuftellen, gehe ich wieder einige benennungen durch.     Das *land* überhaupt zerfällt in *gaue*, der gau in *marken*; dies find die gewöhnlichften ausdrücke. gleichbedeutung mit goth. gavi, ahd. kouwi, gouwi, gewi, das der agf. und altn. mundart mangelt, ift agf. *fcire*, altn. *herad*. ein anderes ahd. wort des felben finnes fcheint *eiba*, erhalten in den zufammenfetzungen wetareiba cod. lauresb. nr. 2911-3030. fpâter wedereiba Schannat vind. 1, 41 (a. 1024), endlich verderbt in wetterau; wingarteiba, benennung eines odenwalder gaus (acta pal. 7, 29) und hierher rechne ich die langobardifchen anthaib, banthaib, wurgonthaib bei Paul. Diac.; ferner das ahd. *pane*, niederd. bant, in den compof. trabant, teifterbant; bloß in alam. urk. findet man *pâra*, z. b. Albunes para u. a. m.     *Marka\*)* ift bei Ulf. limes, fo wie das agf. *mearc* fignum, terminus, *mearcland* confinium, das ahd. *maracha* confinium. Diut. 1, 499ᵇ 515ᵃ, marca T. 10, 1. marcha N. 73. 17; extra marcham vendere, lex alam. 47, 1 gleichviel mit extra terminos oder extra provinciam. ibid. 46, 1. 48, 1; fines vel marcas. Neug. nr. 124 (a. 796); es bezeichnet alfo örtliche abgrenzung, ohne nothwendig den begriff von gemeinfchaftlichem grund und boden zu enthalten. So heißt es in Eccards Fr. or. 1, 674 circumducere marcham (fines) wirziburganenfium; felbft der gau hat feine eigne mark, z. b. trad. fuld. 1, 72 in pago falagewe et in marcu falagewono.     Gewöhnlich aber liegen im gau mehrere einzelne marken, z. b. im genannten Salagewi fanden fich die villae Wintgraba und Hrannunga, darum wird gefagt: in wintgrabono marcu, in hrannungero marcu. tr. fuld. 1, 14. 15. 16. 20; in pago falagewe, in villa kizziche et in marcu ejus.     Nicht in allen deutfchen gegenden fcheint der name gangbar. alamannifche urkunden, oftfränkifche und wetterauifche gewähren ihn allenthalben, vgl. herichun maracha, chezinwilare marca, hafinchavarro m., chuchelebacharro m., forahero m., cilleflatarro m., keberates wilarro m., cozzofovarro m., chezelincheimarro m., eilikovarro m., Neugart nr. 348. 380. 512. 554. 568. 631. 657. 671. 683. 693.     bairifche diplome hingegen (die ftatt des alam. villa lieber locus fetzen) reden felten von marken, oft von

---

\*) vgl. lat. margo (imperii, fluminis, terrae); das roman. marca, marque (fignum) ftammt aus dem dentfchen wort.

*commarchien*, wie auch fchon die lex bajuv. 11, 5. 16, 2. 21, 11 vom commarchanus; alii commarcani Meichelb. nr. 129. tradimus commarchiam noftram in loco qui dr. Ried nr. 14 (a. 808); haec funt nomina eorum, qui cavallicaverunt illam commarcam. id. 20 (a. 819), mehr das wort für die fache, als örtlicher name, weshalb kein genitiv vorausfteht; es deutet auf gemeinfchaft hin, kann aber auch was unfer heutiges gemarkung ausdrücken. tannaro marcha hat Meichelb. nr. 837.

4. natürliche, ältefte grenze war aber der *wald* und in eichen wurde das zeichen gehauen. ungeheure waldungen erftreckten fich durch die meiften theile des landes, an mancher ftelle lief das eichhörnchen fieben meilen über die bäume.*) Zwifchen den wäldern auf dem gefilde fiedelten leute an. Darum nähert fich der ausdruck marca von felbft dem begriffe filva: ego trado terram, filvam et illam *marcam* ficut eft mea. trad. fuld. 1, 5; in villa pleihfeld *marcam* in filvis juxta ripam fluminis moins. eaed. 1, 14; de filva apud Selem fita, quae vulgariter *marcha* vocatur. Wenk 2, 160 (a. 1261); in communem filvam civium, vulgariter vocatam *holtmark.* Vogt mon. ined. p. 572; Haltaus 1316 hat mehrere belege gefammelt, worin marcha geradezu für wald fteht, ich erinnere an die filva marciana. Völlig entfcheidend ift das altn. *mörk* (gen. markar), das nicht mehr terminus, fondern eben filva, nemus bedeutet. Da nun bis auf die letzte zeit die überbleibfel alter gemeinfchaft an grund und boden vorzugsweife *marken, markeinigungen, markgenoßenfchaften* heißen, fo kann über den fchicklichften ausdruck für das verhältnis des gefammteigenthums kein bedenken walten.

5. es war nicht der einzige. Altn. fagte man *almenningr* für communitas überhaupt, dann auch für fundus communis. Gulaþ. 450-455, in den fchwed. gefetzen *allmänning* pafcua aut filvae communes, *almennings mörk* filva publica. Gulaþ. 454; *almennings vegr* via publica. Dem finne nach: allra manna mörk**), vegr, aller leute weg, wald, ähnlich dem þiodvegr (volksweg.) In Schwaben und in der Schweiz heißt nun *all-*

---

*) volksmäßige umfchreibung hier in Heffen für einen großen wald; in fchwed. volksliedern häufig *trettimila* fkog 1, 6. 9. 19. *tolfmila* fkog 1, 116.
**) aldra Götha mark. Veftg. mandr. 12.

*mende*, *allmeinde* ebenfalls compaſcuum und via publica,
welches mehrere, z. b. Friſch 1, 17ᵇ 19ᵃ vielleicht richtig
mit dem namen der Alamannen in verbindung bringen.
es iſt nur ſonderbar, daß wir in alam. urkunden keinem
alamannida begegnen, erſt aus dem mittelalter finden ſich
belege: communio, quae vulgariter *almeinde* dicitur.
weisth. von Wetter (a. 1239); die form *almein, almeinde*
(Stald. 1, 96) führt auf eine ganz andere herleitung von
gemein, ſo daß es gemeintrift, gemeinweide bedeutete,
wozu auch das niederſächſ. *meente* (brem. wb. 3, 147.)
und dietmarſiſche *meenmark* ſtimmt\*); vgl. Haltaus 18.
19.     Den Angelſachſen hieß *læſo*, læfu (gen. læſve)
paſcuum, on *gcmænre læſe* in communi paſcuo. leges In.
41. Edg. ſuppl. §. 17.; gramm. 2, 735 habe ich das ca-
laſneo der lex bajuv. 21, 11 in *calaſueo* emendiert, wel-
ches dann genau dem commarcanus entſpräche, Graff
hat bei ſeiner vergleichung Diut. 1, 338 dieſes wort
überſehen.

6. *was gehört nun zu der mark?*

wald, flüße und bache durch den wald, viebtriften und
ungebaute wieſen in ihm und um ihn her gelegen, wild,
gevögel und bienen.     Nicht in ihr begriffen ſind aber
*wohin pflug und ſenſe gehet* (oben ſ. 36), ackerland,
gärten, obſtbäume, der an den wohnungen liegende
wiesgrund, die häuſer ſelbſt. Oft iſt die grenze zwiſchen
mark und acker ſtreitig und was bald dahin bald dorthin
gerechnet werden ſollte war ohne zweifel in verſchied-
nen gegenden ſehr abweichend beſtimmt. Dazu kommen
mehrfache benennungen einzelner beſtandtheile, deren
ſinn und gebrauch nach ort und zeit noch nicht gehörig
unterſucht worden iſt; andere pflegen ſo allgemein zu
gelten, daß ſie zu mark oder zu acker gerechnet wer-
den dürften. ich will hier nur die ausdrücke *heide*,
*feld*, *anger* und *aue* anführen. Wie hätte wohl Ulfi-
las verdeutſcht, was die lex Viſig. X. 1, 13 unterſchei-
det, *ager*, *campus*\*\*), *ſilva?* unbedenklich die bei-
den erſten *akrs* und *haiþi*, wie ihm der wald hieß
wißen wir nicht, ſchwerlich marka; den ἀγρός des N.
T. gibt er ſehr richtig bald durch akrs Matth. 27, 7, 8.

---

\*) gilt die benennung almende auch in Baiern? Schmeller
und Höfer haben ſie nicht, wohl aber Weſtenrieder.

\*\*) campus vacans oder *apertus* Viſig. VIII. 3, 9. 4, 26 iſt die
altn. iörd ỏunnin oc ỏſkin, auch *opin*. Gulaþ. 285.

Luc. 15, 25; bald durch land Luc. 14, 18; bald durch
haiþi. Matth. 6, 28. 30. Luc. 15, 15. 17, 7. Irre ich
nicht, fo hat *heide* ftets den begriff von unbebautem
land, worauf gras und wilde blumen wachfen (Walth. 75,
13), *feld* ift allgemeiner und kann auch urbarem lande
zukommen; beide feld und heide ftehen dem wald entge-
gen (heide u. walt. Walth. 35, 22. 42, 20. 22. heide,
walt u. velt. ib. 64, 13-16. in felde joh in walde O. I.
1, 123. ze velde u. niht ze walde. Walth. 35, 18. Lampr.
Alex. 4966.) *Anger* fcheint grasbewachfen, wie die heide,
nur geringeres umfangs; das altn. *engi* (pratum) das
felbe; vielleicht ftehen beide mehr in anbau und pflege,
als die wilde heide. Das altn. *vángr* foll ein gehegter
weideplatz fein, ihm entfpricht das alam. *wang* in vielen
ortsnamen, z. b. affaltrawangun, nur lehrt fchon diefes
beifpiel, daß der wang mit obftbäumen angepflanzt
wurde. Auf das getheilte eigenthum würde ich daher
acker, wang und anger, auf das markverhältnis wald
und heide, auf beide nach umftänden feld und wiefe
beziehen. Den markgerichten ftehen waldgerichte und
in Weftphalen auch heidengerichte zur feite. In der
Wetterau wird das markgut in *boden* und *fchar* unter-
fchieden. Meichfner 2, 725. 932; manfus qui *fcharhube*
dicitur bei Gudenus 1, 760 (a. 1277); vergleicht man
*fcara* in den oben f. 317. 318 beigebrachten urkunden,
fo erhellt zwar beziehung auf wald und mark, aber
nicht die verfchiedenheit vom *boden;* follte letzterer den
eigentlichen wilden grund, fchar den theil der mark
ausdrücken, welchen einige pflege und arbeit (z. b. be-
pflanzung mit jungen ftämmen) zu theil wird? Eben-
fals in wetterauifchen marken finde ich abgefteinte äcker
und wiefen unter dem namen *fchutzband, fchutzbann*
der mark entgegengefetzt. Meichfner 2, 688. 692; mit
fchutzbann foll landfiedelgut gleichviel fein. ibid. 917.
918; es haben die Gröfchlag eigen *fchutzbann* außer
der mark abgefteint, aber in der mark nichts das abge-
fteint fei. ibid. 2, 895; die fchöffen antworten: was
*mark* u. *wald* fei, das wollen fie handfeftigen und hel-
fen es halten, was aber *fchutzband*, als wiefen und
äcker feien, da wüften fie in märkergericht nicht ant-
wort über zu geben. ib. 2, 690; holz fei *mark*, aber
äcker u. wiefen fei *fchutzband*, folches mög einer dem
andern zu kaufen geben. ib. 2, 706; es fei die brücke
*mark*, denn das waßer und boden, darüber die brücke
gelegt, mark u. nicht *fchutzbann* fei. id. 2, 891; das

waßer ſei *mark*, ergo auch die brück. ib. 2, 894; es
werde dieſe wieſe ein *markgut* genant, denn es daſelbſt
um die wieſen her allenthalben mark und ſtehen auch
etliche bäum uf der wieſen, die mark ſeien. ibid. 2, 691;
verum, denn es gerings umb die wieſen lauter *mark* iſt,
wie man auch von bäumen, ſo daruf ſtehen, nicht hol-
zen darf u. dieſelbige für wald gehalten werden. ib. 2,
692; es treiben alle der ſechs flecken marker u. inwoh-
ner ihr vieh daruf, wann das gras darvon ſei u. werde
rings umb und oben für *mark* gehalten, wie auch die
bäum u. geſträuch, ſo uf der mark ſtehen, *mark* ſeien.
ib. 2, 697; es werde ſolche bach, die Gerſtprenz, auch
das *markwaßer* genant u. zur mark gehörig und habe
comes in ſolchen waßern uf die untage zu ruegen, zu
gebieten u. zu verbieten. ib. 2, 880; der acker ſei in der
mark gelegen und *mark.* ib. 2, 896; daß ſie *vier ſtemme*
in der weid hegen ſollen, als in der mark, u. ſoll man
inen die weid hegen gleich andern *almen;* were, daß
*acker darin würde*, deſſen ſollen die gemeinen marker
ſich gebrauchen, gleich als in der mark, iſt inen auch
ſolchermaßen beſteckt u. beſteint. ib. 2, 725. Alle dieſe
angaben betreffen die Babenhäuſer mark und beruhen
auf zum theil unklarer zeugenausſage, doch lehren ſie
unverkennbar, daß die märker außer dem bach und der
brücke darüber auch noch mit waldbäumen bepflanzte
wieſen und einzelne von der mark eingeſchloßne äcker
für ſie in anſpruch nahmen. Was hier ſchutzbann,
hieß in Weſtphalen *heemſnaat* (von ſnaat, grenze).
Strodtmann hannov. anz. 1753. p. 10: außer der gemei-
nen mark hat jedes dorf ſein proprium, das heißt heem-
ſchnaat, worauf die gemeine bauerſchaft ihr vieh nicht
treiben darf. Wenn ich auf dieſe weiſe geſtrebt habe,
einen ſcharfen begriff der mark zu gewinnen und ſie im
ſtrengern ſinn auf das geſammteigenthum an wald und
weide einſchränke, ſo iſt gleichwohl einzuräumen, 1. daß
in gewiſſen fällen die gemeinſchaft der mark ſich auf
einzelnes, urbar gewordnes ackerland erſtreckt haben
kann; 2. daß die markgeſellſchaft auch über das ver-
theilte haus und ackereigenthum ihrer mitglieder eine
gewiſſe oberherſchaft behauptete, welches namentlich
aus der geführten aufſicht über die erbauten häuſer (nr.
13, *β*), aus der geforderten were (nr. 11) und aus der
behandlung fremder wegen ihrer äcker in der mark
(nr. 13, *ζ*) hervorgehen wird. Es ſetzt alſo beinahe jede

*waldmark* eine *weitere gaumark* oder *feldmark* voraus, die mit ihr zufammenhängt.

7. es ift fchwer die einrichtung der alten markvereine zu fchildern; unfere gefetze enthalten nur fparfame andeutungen, das recht bildete fich zwar nach dem herkommen aber autonomifch fort. erft als das mittelalter vorüber war wurden markweisthümer aufgefchrieben und von ihnen ift wahrfcheinlich nur ein geringer theil erhalten und bekannt gemacht. Zu diefer armuth der quellen tritt geographifche unficherheit. niemand hat unterfucht, wie viel und welche markgemeinfchaften denen an feite gefetzt werden können, die wir aus den weisthümern erfahren, niemand nach kennzeichen geforfcht, an welchen fie vielleicht noch zu errathen wären. Es ift weder glaublich, daß in jeder unterabtheilung der gauen, welcher alte urkunden den namen marca beilegen, auch gemeines waldeigenthum gegolten habe, noch daß es in gegenden, die folcher benennung entbehren, völlig unbekannt gewefen fei. in jenem fall kann marca fehr oft nichts als grenze ganz vertheilter grundftücke bezeichnen, oder wenigftens oft den unter 6 entwickelten weiteren finn neben dem engeren haben. Von befonderm nutzen müfte fein, wollte jemand alle ausgemachten marken auf einer landcarte zufammenftellen; unfehlbar zeigen fich die meiften in Weftphalen, am Rhein, in der Wetterau und im nördlichen theile Frankens.

8. wefentliche grundlage jeder folchen mark ift ein *wald*, nehme ich an. die meiften großen waldungen Deutfchlands, die hernach von den fürften als regal behandelt wurden (oben f. 247. 248), mögen früher gemeines markgut gewefen fein, denn ihre austheilung in privatbefitz ift nicht wohl denkbar und würde, wenn fie eingetreten wäre, ihre fpätere regalität unmöglich gemacht haben. Ohne zweifel gab es auch in frühter zeit fchon vertheiltes waldeigenthum, zumal in den händen der edeln und vieler freien, wie zahllofe urkunden darthun, worin wälder veräußert werden. In der lex Vifig. laßen fich die worte: filvae dominus VIII. 4, 27. filvam alienam VIII. 2, 2. de filva fua VIII. 3, 8. 5, 1. nicht misverftehen; auch de alterius filva in lex bajuv. 21, 11, in filva alt. l. fal. 8, 4. eben fo wenig; filvula aliorum poteftate fegregata. Neug. 554 (a. 885). Allein der gegenfatz bleibt nicht aus, diefem alterius filva folgt: nifi *commarchanus* fit; in filva *com-*

*muni* feu regis heißt es lex rip. 76; filvam *communem.*
Caroli breviarium (Bruns p. 67.); filvae *indivifae.* Vi-
fig. X. 1, 9. portio *confortis.* X. 1, 6. *confortes* VIII.
5, 2 (aber in territorio in quo confors non eft. X. 1, 7.)
Bedeutend heißt es im Altenhaflauer w.: auch weifet
man im gerichte *niemand keinen eignen wald.* (oben
f. 82.) Das Guledingsrecht p. 368. kennt fowohl eine
mörk annars (filva alterius) als einen fkogr *at úfcipto*
(filvam indivifam) vgl. 366: at úfciptri iördo; und Gu-
talag cap. 25 fkogr *ofchiptr,* myr (moor) *ofchipt,* cap.
32 aign *ofchipt.* merkwürdig ftellt Saxo gramm. lib. 10.
p. 186 die feeländifchen und fchonifchen gemeinwälder
dem jütifchen nach familien vertheilten eigentbum ent-
gegen, fo fabelhaft fein mag, daß könig Sveno die wäl-
der verkauft habe, um fein löfegeld daraus zu bereiten:
Scani ac Sialandenfes *communes filvas* publico aere
comparaverunt, apud Jutiam vero non nifi familiis pro-
pinquitatis ferie cohaerentibus emptionis communio fuit.
Vgl. Veftg. fornäm. 2, 6 über theilung der *gemeinwälder.*
9. die gefammteigenthümer der mark heißen *märker,*
*inmärker* (entgegengefetzt den fremden ausmärkern),
*mitmärker, markgenoßen,* weftph. *markgenote;* oft
auch bloß: die *nachbarn,* die *männer,* z. b. im Rhein-
gau, *menner* im Nortrupper markgeding, die *manns*
im Gegner holzgeding. Sie nennen in den weisthümern
ihr gebiet *die freie mark* (Banfcheuer w.) und ihr
rechtes eigenthum: weifen, daß die mark der obgefchr.
dörfer und merker *rechtlich eigen* fi. Oberurfeler w.;
wir wifen uf unfern eid Biger mark, walt, waßer und
weide, als wite als fie begriffen hat, den merkern *zu*
*rechtlichem eigen* u. han die von niemand zu lehen
weder von könige oder von keifer, noch von burgen
oder von fteden, dan fie ir *recht eigen* ift. Bibrauer w.;
item theilen wir alle auf den eid, als es vor hundert
jaren herkommen von unfern eltern, unfern herrn für
ein oberften marker durch alle wälde und niemand
mehr, *auch ift die mark lotheigen.* Babenhaufer w.
Diefer herr ift nicht wahrer eigenthümer der mark, der
fie damit beliehen hätte, er ift bloßer mitmärker, dem
fie durch freie wahl den vorfitz in der mark und im
markgericht einräumen oder der durch herkommen ein
erbrecht auf diefe ftelle hat. meift pflegte ein edler, def-
fen burg zunächft der mark (oder in der gaumark) lag,
gewählt zu werden, auf der burg ruhte das recht und
gieng mit deren befitz hernach auch in die hand fern

gelegner edler oder fürſten über. Er hieß *herr* oder *vogt* der mark, *oberſter märker*, *oberſter markrichter*, in Weſtphalen auch *holtgreve.* oberſter herr und waldbote der Oberurſeler mark war z. b. der herr von Epſtein und zwar ein geborner. Wir wiſen min herren von Falkenſtein fur einen rechten *gekoren foid*, *nit vor einen geboren foid*, die wile . das er den merkern recht u. ebin tut, ſo han ſie in lieb u. wert, dede er aber den merkern nit recht u. ebin, ſie mochtin einen andern ſetzen. Bibrauer w.; er (zeuge) halte comitem (hanovienſem) für keinen *erkieſten* ſondern einen *gebornen* markerherrn (der babenhauſer m.) von ſeinen uralten hero. Meichſner 2, 895. Große marken, die ſich wohl aus mehrern kleinen zuſammengezogen hatten, erkannten oft zwei herrn und vögte über ſich, mit gleichem rang oder verſchiednem; ſo waren viele marken gemeinſchaftlich zwiſchen Heſſen und Naſſau. Unter gewählten vögten blieb die markverfaſſung im ganzen freier, als unter gebornen, die wahl fiel nicht einmal immer auf edele, ſondern auch auf bloß freie; zuweilen kor man zwei vögte neben einander, einen aus edelm ſtand, den andern aus dem der freien: item iſt zu Bellersheim brauch u. alt herkommen, daß jedes jahr *einer vom adel* von den gemeinen markern gezogen werden ſoll und hinwiederumb, daß die von adel einen aus *den gemeinen markern* zu ziehen macht haben, welche *beide markermeiſter* das jahr alle ſachen handeln. Bellersheimer w. In den weſtphäliſchen marken blieb die gewalt mehr bei den gemeinen markern, eine wetterauiſche wird man nicht leicht ohne herrn und vogt aus dem adelſtand finden. Unter den markern ſelbſt genoßen nicht alle gleiches befugnis, welches zwei urſachen hat. einmal wurden kleinere und ſchwächere marken in den verband größerer aufgenommen und den theilhabern jener nicht alle rechte dieſer bewilligt. dann erforderte die aufſicht und das gericht jeder mark gewiſſe ämter, die nur einer auswahl der markgenoßen zufielen und mit vorzügen begleitet waren. Däher *markmeiſter, holzmeiſter, förſter, holzweiſer* \*), *ſchützen, markſcheffen*, auch

---

\*) dieſen namen meine ich ſchon in einem liede meiſter Alexanders zu erkennen:
    ſêt, dô liefe wir ertbern ſuochen
    von der tannen ze der buochen

bleß *weiſer*. So finden wir in Weſtphalen zwiſchen
dem holtrichter und den eigentlichen markenoten foge-
nannte *erſexen* (erbäxte), denen ein erbliches recht holz
zu fällen gebührt; ſie trugen vermuthlich zum zeichen
ihrer würde holzäxte, oder hatten ſie in ihren häuſern
hängen\*), daher die benennung.\*\*) Piper p. 83 erklärt:
*erſexen*, denen die axt, das recht bauholz in der mark zu
fällen, angeboren und angeerbt iſt; Lodtman de jure
holzgrav. p. 233: *erbexae*, quae in ſingulis fere marcis
occurrunt, eminentiore jure prae ceteris gaudentes, hinc
inde illimitatum, alibi jus reſtrictum habent ligna caedendi,
qua de re nomen derivatur. Sie ſcheinen anderwärts auch
anerben, ganerben zu heißen: der wermeiſter wiſet op
*waltſeißen* (waldſaßen) ind op *anerſen* ind op *vorſter*.
Ritz 1, 144.

10. Ich habe ſchon ſ. 233 eine ähnlichkeit zwiſchen der
markverfaßung und der des volks überhaupt geltend
gemacht. Die mark hatte *gekorne* oder *geborne vögte*
wie das ganze reich gekorne oder geborne könige und
die unmündigen gekorne oder geborne vormünder; es
gab marken ohne vogt, wie altdeutſche volksſtämme ohne
könig. In dieſen grundzügen ſcheint mir die *markein-
richtung uralt* und durchaus nicht der öffentlichen
nachgebildet, umgekehrt, was die freien märker in ih-
rem engen befang, das thaten eben darum die freien
männer des volks im lande nach. Auch der könig in
älteſter zeit war nicht eigner des landes, bloßer pfleger,
richter, anführer; erſt im verfolg warf er ſich, wie der
oberſte märker in den wäldern, zum ſtrengern gebieter
auf. Iſt aber das hohe alter der marken keine täuſchung

---

　　　　über ſtoc u. über ſtein.
　　　　der wile, daz diu ſunne ſchein.
　　　　dô rief ein *waltwîſer*
　　　　durch diu rîſer:
　　　　wol dan kinder unde gêt bein!
　　\*) im Norden heißt *bolöx* (oben ſ. 65) ein großes, beſonders
geformtes waldbeil, von bol (truncus); in Schweden findet es ſich
bei allen großen gütern *zum zeichen* ihrer berechtigung holz im
wald zu fällen.
　　\*\*) nach einer bekannten figur, wie die Franzoſen pique,
lance, die Spanier lanza für ſpeerträger, ſoldat ſetzen, und im 16.
jh. 60 glavien 60 landsknechte bedeuten; Möſer 1, 18 (welchem
Eichhorn privatr. §. 157. p. 408 folgt) hat eine unſtatthafte ety-
mologie von erbecht erſonnen; das richtige ſtehet ſchon im brem.
wb. 1, 327.

fo verbürgt es zugleich den alterthümlichen grund man-
cher rechtsgebräuche, die faſt nur in ſpät aufgeſchriebnen
markweisthümern erhalten worden ſind.

11. jeder theilhaber der mark, ſcheint es, muſte zu-
gleich in der gaumark, worin die waldung lag, privat-
eigenthum beſitzen, d. h. ein *gewerter, begüterter, an-
geſeßner* mann fein, eigen feuer und rauch in der ge-
meinde haben: wer in der mark *gegutet* iſt und eignen
rauch hat; die ſn der mark wonhaftig ſind u. eigen
rauch darinnen haben. Rodheimer markw.; markenote,
de in der marke ſit unde *ware* beſetten heſt. Kindl. 3,
378 (a. 1335.) Man unterſchied den *vulwarigen* (voll-
werigen) von dem *halfwarigen*, den *vulfpennigen*
(vollfpänner) von dem *halffpennigen*. Einzelne leute
ohne haus und hof, *unwerige*, wurden nicht in ge-
meinſchaft gelaßen. auch wiſen wir, daꝛ der *einleſtiger*
kein recht enſal han in der marke, dan witer er gnade
von den merkern hat. Bibrauer w.*). Dieſem privat-
vermögen war vermuthlich eine nach zeit und ort ab-
weichende größe vorgezeichnet. wir wiſen me, daß ein
iglicher *gewerter* man, der gewert wil ſin, der ſal han
*ꝛwene* und *drißig morgen* weſen u. eckir, eine hobe-
ſlat u. uf die hobeſtat mag er bauwen hus u. ſchuren,
bakhus, gaden und einen wenſchopp (wagenremiſe), ob
er iꝛ bedarf u. mag ſinen hof befreden *uß der marg*,
als er ſich truhit dinne zu behalden; auch wiſen wir,
das ein *gewert* man in ſime hofe mag han *ꝛwei u.
drißig* ſchafe u. ſal die triben vor ſinen rechten jarhir-
ten; wir wiſen dem *gewerten* man, wan ſoleckern iſt,
*ꝛwei u. drißig* ſwine zu driben vor ſinen rechten jar-
hirten, wer iꝛ aber nit foleckern, wie dan die merker
zu rade wurden, alſo ſulde man iꝛ halden. Bibrauer w.
Das Riedweiſth. bewilligt jedem nachbarn *ꝛwanꝛig*
ſchafe u. ihre jungen, *vier* alte gänſe u. einen ganſer.
Oben ſ. 290 wurde dargethan, daß die theilnahme an
freiem volksrecht überhaupt, alſo auch außer dem en-
geren markverhältnis, bedingt war durch grundeigen-
thum, deſſen minimum verſchiedenartig beſtimmt wurde.

---

*) die Schweinheimer mark ꝛählte nach ihrem weisth. 42 we-
ren: da wiſeten die ſcheffen daꝛ *ꝛwo und vierꝛig were* da ſin, der
mit namen XXI zu geboren gein Sweinheim u. zum Goltſtein u.
ouch befaget u. beweret wart, daꝛ der XV were gehorten zum Golt-
ſtein u. VI were dem Arberger gute u. 1 were Clas Schrimpfen
von Sweinheim; ſo gehorten die andern XXI were den von Nider-
rade u. ꝛun guden luden.

Merkwürdig ift das maß in Weftgothland *attunda lot attungs* (achter theil des achtels) Veftg. kirk. 2, 1. iord. 9, 4. 5. bygd. 5, 4. weil es an die hube vor fieben fchuhen und die fcythifchen *achtfüßler* (f. 291) erinnert, wer unter diefem maß begütert war, hatte kein volles markrecht: fi quis fundum in pago habeat et folidum in terra et pratum fex vehum foeni et octavam partem octavae fundi, . . . poteftatem probandi habet diftributionem partium agri et *filvae* et legitimae in ea lignorum caedis, prout partes poffeffionis ejus admittunt. fi quis non plus poffideat, quam octavam partem octavae fundi, non habet poteftatem caedendi filvam, fed folia folum et gramen et cremialia ligna. Veftg. iord. 9, 4. 5 (nach Loccenius überf.)

12. eintheilung der bäume.

Edelfter baum der mark find *eiche*\*) und *buche*, weil fie das befte holz, dem vieh die reichfte maft geben. fie heißen *hartholz*, alle übrigen *weichholz*, vgl. marb. beitr. 5, 56. 59. hartholt: eken, efchen, böken. weekholt: ellern, barken, hafeln. Rugian. 97. 98. wekholt: elfen, berken, hageboken, widen, âne eken u. boeken. Kindl. 3, 383 (a. 1335.); wohlgewachfner weicher baum. Sandweller göding (oben f. 105.); *hartira* eih, quercus gl. monf. 365. In den weftph. marken wird für hartholz *blumware*, für weichholz gefagt *duftware*.\*\*) Möfer 1, 17. 18. Piper p. 160; cum una *warandia* dicta *florum* et tribus minutis *doftwar*. Niefert abth. 2. p. 125 (a. 1241); cum libera habitatione et plenum jus in noftris et comitis juribus prope Nortbrokesmarke et aliis fcilicet crefcentibus eine *bloemwar*, drie quateer *duftwar*. ibid. p. 126 (a. 1249.); mit einem weddewagen *duftholtes*. Welterwalder w. *duft* bedeutet fonft ftaub, was hier auf das kleine (minutum) unterholz, ftrauchwerk, fpäne und kehricht bezogen wird;

---

\*) agf. *ûcerfpranca* (agri ftirps). Lye im fuppl.; eine gewiffe gattung eichen hieß *eisbäume.* marb. beitr. 5, 59; eichen von 80. 90. 100 jahren *oberbäume*, von 30-50 jahren *angehende*, noch jüngere *vorftänder* und fo ftufenweife herunter *fommerlatten* und *lafereifer.* ibid. 5, 60. In den franz. contumes wird die ältefte eiche genannt großvater, die alte vater: *perot*, chêne, quand il a deux aages de la coupe et *tayon*, quand il a les trois aages. cout. de Montroeul art. 56. d'Amiens art. 83. 119; chefne, qui foit *tayon* ou *perot*, ceft a favoir tayon de trois coppes et de trois aages. cout. de Boulenois art. 11.

\*\*) über *ware* eine anm. unten buch IV. I, 6.

*blume* wahrſcheinlich hier die eßbare frucht (eicheln und eckern)\*), vgl. die arbor *glandifera* major et minor, die arbores majores vel *glandiferae.* lex Viſig. VIII. 3, 1, 4, 27., das portat eſcam, portant fructum der lex bajuv. 21, 2. 3 (gegenſatz: de minutis ſilvis 21, 3) und das altn. *aldinbær* (glandifer, fructifer) von aldin: omnes arborum fructus edules, ſp. glans fagea; eine urk. von 1493. 1497. *fruchtber* und *ſlacholt* (wovon man früchte ſchlägt?) Kindl. hörigk. pag. 633. 638. Niederrheiniſche und niederländiſche marken nennen das duſtholt oder weekholt *doufholt, doufhout.* Bondam 1, 545ᵇ (gegenſatz bardhout), Kilian erklärt doofhout lignum carioſum; de jure foreſtariorum nemoris dicunt ſcabini, quod foreſtarii jurati ligna, quae in vulgo vocantur *doufhout*, ſecare poſſunt de jure in nemore, quantum comburere poſſunt in feodo ipſorum. w. van Sueſteren. *doufholz* und berrunge, birrunge, beringe. Ritz 1, 134. 135. 136. 149. In den ſchwed. geſetzen heißt unfruchtbares holz (was nicht eiche und buche) *gallvid* Oſtg. bygn. 31 und *dödvid* Upl. vidherb. 14, d. i. taubes und todtes, *undirvid* Veſtg. iord. 9, 5 kleines buſchwerk und reiſich; womit das mhd. *urholz* ſtimmt: de arboribus, quae fructiferae non funt, quae in vulgari *urholz* appellantur. Fichard 2, 90 (a. 1193); *ohrholz*, unfruchtbare bäume, z. b. birken, eſpen. Lennep p. 500 (a. 1539). Eine alam. urk. von 905, bei Neug. nr. 653 nennt *ſterilia* et *jacentia* ligna, die lex burg. 28, 1 ligna *jacentiva* et *arbores ſine fructu;* vgl. oben ſ. 404 urholz und *ligendes.*

Holz, das *der wind gefällt* und gebrochen hat, kommt unter folgenden namen vor: *gefäll, wintfall,* wintwerf, windbläſe, windſchläge, windbrüchte, windbrüde, windwehung, windbraken, winddürres, windbläſiges holz; es heißt auch bloß wetterſchlag, ſturmwetter. Wenn es mehr kleine abgeſchlagne dürre äſte ſind oder ſpäne, die beim hauen der ſtämme liegen bleiben: *afterſchläge, afterzagel, zagel \*\*), zeil, zagelholz, abholz, endholz, ſprokware, gipfel* und *wipfel, ſtecken.*

---

\*) etwas anders iſt in Oberdeutſchland *blumbeſuch* (hernach nr. 14.)

\*\*) und mag man hauwen biß an den Goltſtein, das der *zagil* in den grabin fallit. Sweinheimer vogtßr.

13. *holzverbrauch* in der mark.

α. jeder volle markgenoße hat freies holz für *brand* und *bau.* Bodm. p. 478. in Weftgothland durften aber die geringeren grundbefitzer (vorhin f. 506) nur laub, dürres reifich und abfall nehmen: tha a han ei vitu til fkogs utan til löfs ok lök ok undervidhu hugga. iord. 9, 5; in Weftphalen find einzelne genoßen nur zur blomware, andere nur zur duftware gewert, jene heißen blomwarige, diefe duftwarige. Speller wolde ord. vgl. Möfer 1, 17. Ich weiß nicht, ob das verbot, *grüne* blumware zu hauen in der f. 82 angeführten Oftbeverner formel allgemein alle markgenoßen ausfchließen foll oder nur einzelne (die diefleits der Ah)? Erbäxte, förfter, markmeifter, holzgrafen, vögte und ihre beamten haben höhere anfprüche. Kein holz foll jedoch aus der mark geführt und verkauft werden: item der merker hat auch geweift, hätte ein merker holz gehauen u. woll das unterftehen aus der mark zu führen und daß er dan die *deiffel zum fallardhor ußkere,* fo fei er brüchig vor 5 mark, fo oft das gefchehe. Foffenhelder w.

β. über *bauholz.* auch haben die merker folche freiheiten und rechte, daß fie mögen hauen zu ihrem bauen *zwei theil* des holzes hinter dem berg und das *drittheil* hier vorwärts. Altenhafl. w.; wir wifen auch, welch merker buwen wil, der fal laub bidden. gibit man ime laube, fo mag er zu walde gen u. mag hauwen buweholze, alfo daz iß zimmerlich fi u. fal iz *binne eim mande* nider hauwen, *binne eim mande* ußfaren, *binne eim mande* ufflahen u. *binne einre jarfrift* decken, wer daz nit endede, der hette der merker recht gebrochen. Bibrauer w.; item, es liegen dri holzer da, die gehören zu dem obg. dorfe u. guten zu Zelle u. fonft in kein andere mark, mit namen die Hart, das ander das Urlos u. das dritte der Corelnberg, und wo man einem *buholz* daruß gebe, der foll es darnach in den nechften *vierzehen tagen* verbuen oder foll das ungefehrlichen büßen. Zeller w. Das Speller wolde ordel verwilligt holz für *twe fak* huifes (zwei gefächer); das Ofterwalder markprotoc., wenn ein markgenoße verunglückt und im krieg abgebrannt ift: dem follen die mahellude u. holtknechte fo viel holtes wifen, dat he *ver vak* huifes u. ein kemerken wedder bouwen kann; vgl. das vorhin f. 505 angezogne Bibrauer w. *Nothholz* und *fchwellen* wurden nicht geweigert. nach

dem Dreieicher wildbann darf der hübner aus dem holz
haus und hof bauen, in der noth fie verkaufen und
von neuem bauen: u. fol das zwirnt thun, zu dem drit-
tenmal foll der hübner ein *fchwell* hauen, da ein thor
ufgehe und foll dasander (? holz) in der erden ftecken
und ein erlin firftbalke uf zwo feulen. nach dem Büdin-
ger w. foll ein ieglich geforft man hauen zu feinem fe-
delhaus vier *fchwellen*, vier pfeden (? niederd. paat,
junger weidenftamm), zwei firftfeule u. einen firftbalken,
welcherlei fie wollen und was er drüber darf von po-
ften u. von banden, die foll er hauen aus den zeilen u.
von urholz. ein protocoll von 1620 bei Dahl Lorfch
p. 65 ordnet, das *ftammrecht* (vgl. hernach f. 511) folle
aufhören, nothhölzer und fchwellen aber den leuten um-
fonft geliefert werden. Ich bin unficher, ob die nach-
folgenden auszüge über bauholz reines markrecht oder
fchon mehr hofrecht enthalten: item alle, die zu Pei-
tigo fitzent, die mugent wol holz hauen, wes fi fein
durfen, *daß der told felt* gen Preifenberg an den purk-
graben. Peitigauer ehehaft §. 35; die huber, die uf dem
eigen fitzen, hant reht in dem walt, wer bowen wil, zu
howende zu eime hufe *fünf* große *böme*, zu einer fchü-
ren alfe vil, zu eime fchopfe drige *böme*, zu eime korbe
(? in der müle) eine füle, zu einre mulen einen wendel-
bom u. zwene grundböme. Capeller dingrotul; welcher
einen bau machet, der einen giebel hat, der foll davon
einen baufchilling geben dem förfter u. wer einen back-
ofen macht u. darzu holz hauet zu eiden (?) u. einen
fchoppen daruber macht, der keinen giebel hat, der fol
einen halben fchilling geben. Kirburger w.; item dici-
mus, quod dom. abbas debet dare unicuique oppidano
novam domum aedificanti 7 ligna, ad horreum novum
4 ligna et ad reftaurationem veteris domus 3 ligna. Stei-
ner Seligenftadt p. 585 (a. 1329); volenti aedificare do-
mum novam *feptem* ligna, horreum novum *quinque*
ligna, ad reftaurationem veteris domus *tria* ligna abbas
gratis dabit. atteftatio jurium monafterii in Seligenftatt
a. 1293 (Weinkens Eginhartus p. 118-124) vgl. Kindl.
hörigk. p. 421 (a. 1339) wo auch nur vier ligna zur
fcheuer.\*). Gehauenes bauholz follte der märker *binnen*

---

\*) wegen diefes aus der mark bezognen bauholzes fteht den
märkern *aufficht über die erbauten häufer* zu, daß fie gehörig
unter dach und fach erhalten werden: die förfter rüegen alle

*jahresfrift* verarbeiten, f. Bibrauer w. (f. 508) innerhalb
*einem jahr* u. *einem tag* verbauen, Hofftetter w. und nicht
länger unberührt im wald laßen, aber er durfte es *um-
wenden* und dann wieder ohne gefahr *liegen laßen*:
wer das angewiefene bauholz nicht verbaut über die be-
ftimmte zeit kann es umwenden auf die ander feiten u.
dann wieder fo lang liegen laßen. Altenftatter w.; auch
were es, daß derfelbe man das holz in einem jahre
nicht verbauet, fo er dan dasfelbe holz *eins im jahre
umbgewandt*, fo fol man ihn nicht büßen. Altenhafl.
w. (a. 1461); wer bauholz abhauet u. in einem jahr
nichts verbauen kann, dem foll man es ein ander jahr
fchützen, er foll aber folches *einmahl im jahr umb-
wenden* oder geftraft werden bei verluft des holzes. Al-
tenhafl. w. (a. 1570.) merkwürdige einftimmung mit dem
norwegifchen gefetz: tîmbr oc fiallvidr mâ *liggia*, ef
þefs þarf vid, *innan tôlf mânada* î allmenningi; enn
ef vidr fâ verdr tekinn innan tôlf mânada, er âðr var
fcilt at liggia mâtti, þâ fekizt fâ er tôk fex aurom filfrs
vid konong. Gulaþ. p. 455. 456. Eigenthümlich ift die
f. 59 nr. 28 mitgetheilte auskunft über das *liegenlaßen*
des gefpänten holzes.

*γ. brennholz* und was zu andern zwecken gefällt ift
muß hingegen fofort aus dem wald gefchafft werden.
enn um allt annat, þâ fê þat eina î höggit at or komi
*at aptni*, ella fê öllom iam heimölt. Gulaþ. p. 455; und
was er den tag gemacht, das foll er *des abends* auf
feinem hals heraustragen. Büdinger w. Auch beim
hauen des buchenholzes zur feuerung die bekannte vor-
fchrift für das *ftehen* und *reichen* (oben f. 71 nr. 18[b]).
*Eldividr* (feuerholz) im gemeinwald ift jedermann zu
hauen befugt; Gulaþ. p. 369. und fo viel, als er für
feine hausleute bedarf (vida at hiuna tali), nach dem
rechtsfpruch: þviat hiun þurfa eldîngar enn eigi iörd.
Gulaþ. p. 358. Die weisthümer beftimmen aber zuwei-
len, wie viel: auch han fi gewifet ieder were (jedem
gewerten märker) VIII fuder holzes, die fullen die

---

*lücken auf dächern*, dadurch es auf poften, balken, riegel, kep-
per, huinen regnet u. zählen fie in häufern u. fcheunen. doch nicht
an freihäufern; folche freiheit haben alle bäue, fo nit aus des
kirchfpiels *gemeinem wald*, fondern aus des manns eignem gehölz u.
baumen, fo in feinen eignen becken gewachfen fein, gebauen wor-
den. Winden und Weinährer w. feltfame formel des Hofftetter w.
oben f. 93. vgl. Reinhard de jure foreft. p. 167. vifitatio aedium
intra marcam fitarum.

ſcheffen ſchetzen, daʒ ſie als gut ſullen ſin als XII fu-
der holzes, der man ie einen mit *IV noßern* gefuren
moge u. ieder were LXXX gebunde phele, und ſulle
iglich holz u. phale *ein ſtam* ſin und keins me dan eins
in zwei gehauwen und ſulle man die ungebunden heruß
füren und die afterſlege laßen liegen. Sweinheimer w.;
mit einem weddewagen duſtholtes tor vüringe, des ta-
ges ein voder und die *rungen* nicht hoher to ſein, dan
die rhader. Weſterwalder w. (a. 1530); und ſoll auch
der hubner . . . hawen einen baum, der ungekerbt in
die *rung* gehe. Lorſcher w. (a. 1423); in des gerichts
waldung haben die inwohner des ziegelhauſes die gerech-
tigkeit im wald, daß ſie mit eiher *handheppen* hauen
u. auf dem reff heraustragen dorfen. Altenhaſl. w. (a.
1570); þriu löſs vidar oc tvâ ſcaps (drei laſt holz und
zwei laſt reifich.) Gulaþ. p. 344. Beſtimmung über das
laden des *rechholzes* oben ſ. 93. Tali uſu ſilvatico, ut,
qui illic ſedent, ſterilia et jacentia ligna licenter colligant.
Neug. nr. 653.

δ. *vorrechte.* wenn keine maſt iſt gebühren dem *holz-
greven* zwen bäume, einer *bei laube*, einer *bei reiſe;*
zu maſtzeiten gebührt ihm nur allein ein baum, doch
ſoll er ausſuchen. Gümmerwalder holzgeding (a. 1674);
dem cloſter ſint zu erkant jährlich zwei bäume, 1 bei
*loffe* und 1 *bei riſe* u. die telgen und ſpone müßen
ſie zu der ſtelle laßen. Großenmünzeler holzger.; der
*abt* hat zu nehmen einen wagen mit *vier rädern* und
zu ieglichem rad einen knecht und *vier ungeſäumter
füllen* und mag fahren in der Salzbacher forſt u. ſoll
laden *ſchwer und viel* (vgl. ſchwer und ful, oben ſ. 93),
doch als dick er bleibt halten, ſo hat er die buß ver-
loren. Solzbacher w.; item iſt ein hof gelegen zu Petter-
weil, der iſt vor zeiten geweſen eines *apts* von Fulda
u. hat recht in der marke ein iegliche wochen auf zwen
tage mit einem wagen holz zu holen, *under der han-
buchen* und anders nirgend. Rodheimer w.*); auch wi-
ſeten ſie . . . . gauch gukte und nit lenger (oben ſ. 36)
und da ſulde der *apt* VI tage vorhauwen mit VI
knechten mit *exen* oder *hepen* und daʒ auch zu ſlode

---

*) aber nicht einmal eine ruthe von hartholz hauen durfte des
*abts* von Prüm diener in der Goarer mark: erkennet man dem
abt von Prüm, ob es ſach wäre, daß er käme geritten durch S.
Goars wälde, ſo möchte ſein ſaumerknechte einer eine ruthe
bauen, die *weder eichen, noch buchen wäre*, und ſeinen ſäumer damit
treiben. S. Goarer w. (a. 1640) §. 12.

uf hauwen u. darnach ein *herre* von Eppinſtein auch
VI tage bevor in ſolicher maße und wilchen tag einer
daʒ ſumete, ſo fulde er daʒ den andern tag nit erholen.
Sweinheimer w.; darnach fragete der *amptman*, waʒ
ime u. eime iclichen amptmanne zu gehorte zu den drin
gerichten von rechts wegen? da deilte der ſcheffin, dru
ding fuder holzes die ſal der amptman hauwen zu ie-
dem gericht dri tage ie ein fuder holzes in den welden,
die hauwenlichen ſin, die zu dem gerichte horent, ieder
wain mit *vier ackerpferden*, als ſi den pflug ziehen u.
gezogen han. wanne der wain geladen iſt, ſo ſal her
anefarn u. anetriben *eines*, *zwirnt*, blibet her zu dem
*drittenmale* halden u. mag nit furbaʒ gefarn, ſo ſin
*waine* u. *perde verlorn*\*) u. ſin der nachgebore u. der
gemeine. auch hant die ſcheffen geteilet, wan der ampt-
man daʒ holz wil hauwen, ſo ſal der *merkermeiſter*
derbi ſin, mochte der nit derbi geſin, ſo ſal her ſine
gewalt derbi ſenden und ſchicken, und waʒ *blibet ligen
von eſten*, wer darzu komet der nachgebure, die han
dazu recht; auch han ſi gewiſet, wan her ane tribit zu
dem *drittenmale* und fert für ſich glich uʒ u. nit be-
halt mit den vier perden u. komit in die vier geleiſe
des riches (d. i. aus der mark heraus), ſo mag her hal-
den u. mag furſpannen als vil perde als her wil u. ge-
haben mag; dut her das nit und ledet abe u. lichtet den
perden, waʒ her abe wirfet, daʒ iſt der nachgebure u.
ſin niht. Berger w.; anderwerbe zu iglichen den drien
faudesgerichten ſi den *ſcheffen* ſchuldig der herren
ſchultheiß zwene wagen holzes zu füren, der ſal *einer
grüne* ſin unde *der ander wintdürre*. Crotzenburger
w.; auch theilen wir den herrn von Groſchlag, nach
unſerm herrn von Hanau, *oberſten märker*, der hat
jährlich zu weinachten mit feinen landſiedelen zu holen
ein weinachtholz. w. bei Meichſner 2, 933; iſt der
*oberſte märkermeiſter* in der mark geſeßen, ſo ſoll man
ihme geben alle wochen ein trockenen wagen voll holz,
urholz. Altenſtetter w.; ein *geforſter* brödeman mag
hauen ein *buchen*, die *hol* iſt, als fern als er von der
erden mit feiner axt gereichen mag und mag hauen ein
buchen, die *zwene grüne eſte* hat u. *anders dürre* iſt.
Büdinger w.; item, of et gefelle, dat einen *ſchulten* des
von nöthen were, ſo mag hei in dat Konigſundern ſo

---

vele unfchädliches holtes hauen u. verkopen, dair hei
ein *verdel* of ten hogften ein *half* vat botteren* vor fine
gefinde mede kopen mag und niet mehr. Brakeler ge-
rechtig. Diefe letztere beftimmung lefe ich auch in
dem Loener hofrecht (ed. Niefert p. 109): hie (de hof-
man) mach houwen tot behoef fines timmers ende to
behoef ein fchepel faetes eder ein *vierden deil botteren*
tkopen.

*ε.* wem gehört der *windfall?*

dem *förfter* gehören von amtswegen gipfel, wintfäll
und *was die rinde läßt*, dürres und grünes, das *dann*
(nieder) *gelegen* ift (die ligna *jacentia, jacentiva* f. 507.)
MB. 17, 368 (a. 1482); item die *forfter* habent die recht,
was afterfleg ift, die fullen fie felbe auswurken mit der
hant und was fturmwetter oder wintwerf ift, die gehornt
an das *gotteshaus.* Altenmünfterer vogtr.; den *förftern*
gehöret doufhout u. watertelgen (oben f. 71. nr. 19.);
item, fwetig paum, die nit gut fint zu einem zimmer
oder türre päum oder apfterfleg oder wintwerfen, die
der forfter nit auswirken wil mit der hant, diefelben
päum fullen die *purger in der mark* hacken zu pren-
holz, ob fie des bedurfen. Altenmünfterer vogtr.; item,
wann ein windwehung oder groß gefell im walde ge-
fchähe, foll ieglich *markmeifter* ein wagen mit holz
haben, das ander der *mark* zu gut kommen. Bellers-
heimer markgeding; was die buttner u. fchindelmacher
von afterzegel machen, foll man zu klafter hauben u.
den *unterthanen* geben. Benshaufer holzordn. 1569;
und follen die Sunnern auf f. Stephansabend zween wa-
gen mit holz windfchlege holen u. follen ihre wagen
ifenbeißel (beile) und fchlägel mitbringen und finden fie
der windfchläg nit, fo follen fie unholz (?urholz hauen,
*als andere merkere.* Banfcheuer w.; der windfall im
wald fteht an manchen orten dem *pfarrer* zu, der da-
für dem fchulz und fchöffen auf Martini den tifch
decken, ein weiß und rockenbrot auflegen und den
pferden rauhfutter geben muß. Cramer wezl. nebenft.
5, 123; da die wind holt umweide, das zur zimme-
runge müge, daffelbe mogen die befitzer des haufes
Söglen als *holzgreve* zu fich nehmen u. gebrauchen.
was aber von holz niedergefallen, fo zur zimmerunge
nicht müge, wer von den *markgenoßen* folches ehr ge-
funden u. zeichnet, der foll es mächtig fein. Sögler
holzgeding; wem die windbrüchte in der mark zufallen?

refp. was mit der wurzel umbgewehet, gehöre denen *holzgraven*, was aber oben abgefchlagen, den *mahlleuten*. Jegger mark §. 10; wem die markgenoßen die wintbrüde, fo fich zutrügen, geftändig? eingebracht: wenn ein baum mit der wurzel uß der erden umbweie, gehöre der baum dem *holzgreven*, der pott aber den *markgenoßen*. Geyener holzger. §. 9. p. 108; item dicunt fcabini quod ramos, qui per impetum venti dejiciuntur, qui wintbraken appellantur, tollere poffunt, in feodo ipforum comburere et non vendere. Suefterner w. Endlich darf der markgenoß auch für feine *kindbetterin* urholz und liegendes holen (oben f. 403. 404.)

ζ. verhältnis der *ausmärker* oder der *fremden*.

Die Burgunden geftatteten jedermann, weichholz oder duftware für fein bedürfnis in dem wald eines andern zu *hauen*, nicht aber hartholz oder blumware: fi quis Burgundio aut Romanus filvam non habeat, incidendi ligna ad ufus fuos de *jacentivis* et *fine fructu arboribus* in cujuslibet filva habeat liberam poteftatem, neque ab illo cujus filva eft repellatur. fi quis vero arborem *fructiferam* in aliena filva non permittente domino fortaffe inciderit, per fingulas arbores, quas incidit, fingulos folidos domino filvae inferat. quod etiam de pinis et abietibus praecipimus cuftodiri. l. burg. 28, 1. 2. was der privateigenthümer duldete, ließen fich die markgenoßen in jener zeit der dichten wälder wohl noch eher gefallen. Lautet ja ein viel fpäterer fpruch:

> dem rîchen walt lützel fchadet,
> ob fich ein man mit holze ladet. Freiged. 1807.

Dürren *abfall* und *afterfchlag*, eine *faumlaft lefeholz* bewilligen urkunden (Haltaus 1261) und auch die weisthümer dem ausmärker (oben f. 70. nr. 16.) einige fogar *hartes holz*, er mufte es nur offen *bei lichtem tage hauen*, ruhig aufladen und abfahren, gehauen liegendes holz durfte nicht ungeftraft weggebracht werden. die merkwürdige alte formel ift fchon oben f. 47 ausgehoben. ich füge fie hier auch noch aus dem Fifchbacher w. hinzu: wird einer im wald über holzhauen betroffen, fo foll er beiden herrn (dem pfalzgrafen und abt von Hornbach) 5 fchill. 2 pf. ftrafe zahlen, doch wenn er während dem hauen *ruft*, während dem laden *peitfcht* und dann unentdeckt *von der ftelle fährt*, foll ihm die buße erlaßen fein. Auf der ftelle felbft konnte er noch gepfändet werden, nicht wann er *angefahren* war; dies erkennt

das Sulzbacher w. ganz deutlich: weil auch die mark an
andere märker ſtoßet, wer es denn ſach daß die ſchützen
ausmärker finden, die in der mark uf dem ſcheidewege
gehauen u. das holz aus der mark genommen hetten, ſo
ſollen ſie *pferde* und *reder des wagens, die gegen der
mark ſtünden*, nehmen u. gen Sulzbach unter die linden
führen u. darauf trinken. wann aber die ſchützen kom-
men, als der ausmärker *angefahren* hat u. der *hinterſte
wage kommt, da der forderſte geſtanden hat* (vgl. oben
ſ. 347.), ſo ſollen ihn die ſchützen nicht pfänden, aus
urſach: (die formel.) Das Melrichſtädter fährt nach an-
führung der formel weiter fort: ſo er komt über die
ſtraß, mag er ihme ein pfand geben oder laßen; fähret
aber einer in einem *gehauen holz* (gegenſatz zum geheg-
ten wald) und komt der des (es) iſt, mag er *nachfolgen
bis hindern herde* u. im wege, wie er will, doch ſoll er
wißen, daß das gehauet holz ſein ſei. Das Hernbreitin-
ger: mer, ſo einer iemants holz, ſo abgehauen, ent-
pfrembdt u. hinweg führt oder trägt, ob man es für ein
dieberei? oder aber glich als viel, als ob er es von
dem ſtamme gehauen rechen folle? (hierauf die formel)
urteil: gehauen holz genommen iſt ein dieberei, das un-
gehauen, wie vorſtet (d. i. nach der formel), aber *huf-
holz*, das einem auf feinem erb (auf feiner eignen hube)
gewachſen iſt, dem mag einer *nachfolgen bis in eines
andern hof*.

Allein dieſe freigebigkeit zeigt ſich nicht in allen mar-
ken, namentlich nicht in den weſtphäliſchen, welche
nachfolge, pfändung und ſtrafe wie bei privatwäldern
verordneten. Ich führe zuvor die verfügung der lex
Viſig. VIII. 3, 8 an: ſie quis aliquem comprehenderit,
dum de *ſilva ſua* cum vehiculo vadit, et *circulos ad
cupas* aut *quaecunque ligna*. ſine domini juſſione aut
permiſſione aſportare praeſumſerit, et *boves* et *vehicu-
lum* alienae ſilvae praeſumptor amittat et quae dominus
ſilvae cum fure aut violento comprehenderit indubitanter
obtineat. Soe wanner iemantz unberechtiget ut ſinen
huſe umb *bloemholt* to hauwen geit, vorbört he *van
ideren tredde, bis he uf den ſtam kumt*, vif ſchillinge
und wanner he dat holt gehouwen heft und daraver
befunden werd, mag der befinder dem ſelven houwer
*ſine rechter hand uf den ſtum leggen u. afhouwen*
oder he mote handloſunge doen u. ſo he uf der daet
nicht befunden würde, ſo *manigen tredde*, als he

tuifchen finen hufe u. den ftamme wedder *to rugge
geit*, fo mannichmal broeke he dem herren vif mark u.
den woltmarken van den bloemholte eine tunne beers.
Linger bauerfprache. Zwei ähnliche ftellen oben f. 105.
nr. 3. 1554 wurde im Alberger holtding über einen,
der als *unbewahrter mann*, eine *eiche* gehauen hatte
erkannt: derhalven fall he den holtrichter, u. nicht der
hoicheit, gebroken hebben einen *olden fchild*\*) u. den
buren eine tunne beers u. dit allent nach olden gebruik
u. markenrechte. Kindl. 2, 382. Item, es mogen de
Nortruppermenne fambt u. befonders dem holte oder
funften anders wes, fo ut erer marke gehouwen u. ent-
foret wert, na holtinges recht, *bi der dridden fonnen
folgen* und dar fe fulchs befinden, up ein recht penden.
Nortrupper markged. §. 9.     Item foe wie befonden wort
met *groenen hout* in der marken gehouwen, is IV
pont. item fal die bofchhierde hem dat groene holt ne-
men end wroegen hem op der Lottinge mit der broeke
voerfz. end wolde hy oek des to *markenrecht* ftaen,
zal men hem *markrecht* laten wedervaren. merkenr.
van Dieren. Die fchwerfte ftrafe trifft den bei *nächtli-
cher weile* hauenden: meer, weer fake, dat men wen
vunde *nachtweife bloomwaere* to hauwen, den geenen,
alfo befunden, fall men medenehmen und den *ftam*,
daer he an gehauwen heft, u. brengen den man u. ftam
under die linde te Spelle und *hauwen den hauwer op
den ftamme fein havet af* bi enem blafe (auf einen
hieb? einen athemzug?) Spellerwolde ordele. Folgende
weisthümer find aus anderer gegend: daß die merker
iren ußmerker, der holz gehauwen hette in der mark,
daß fie deme *nachfolgen* mögen *als ferre die grave-
fchaft* (Diez) *gehet* u. bliebe da iemands tod, daß fie
den nicht wettebrüchig fullen fein. Kaltenholzhaufer w.;
wäre es fach, daß ein *ausmann* auf der that betreten
würde, der hätte *verloren wagen* u. *pferd*. Obercle-
ner w.; *ausmärker*, die der mark fchaden thun, darf
der märker greifen u. fahen u. mag ihnen *nachfolgen*
zu Main u. zu Rhein. Dieburger w.; item weifen die
märker, ob ein *ausmärker* hiebe in der marke Rod-
heim, daß man dem mag *nachfolgen* bis uf den Rhein
u. bis uf den Heffenfurt, und fo man in begreift, fo

---

   \*) eine geldmünze, vgl. Kindl. 2, 383 pene van vif olde ˙
fchilde.

hette er verloren ein *helbeling* und *zwanzig pfund* u.
dazu *wagen* und *pferde*, die pferde weren der märker
und der wagen der förſter. Rodheimer markerged.:
queme aber he uf eine *ſleifen\**), da man den wald
usgefürt hette, der *ſleifen* mag he *nachfolgen* bis an
die porten der vier riches ſtette (in der Wetterau;
Frankfurt, Wezlar, Friedberg, Gelnhauſen), und hette
he ſchedelich gehauwen, ſo mugen ſie in pfenden, was
uʒwendig der pforten were. Büdinger w.; item hat der
merker vor ein recht geweiſt, das man den *ſtemmen*
und *ſchleifen* uß der mark *nachfolgen* ſoll und was
merker beſtimmen mögen ſoll er ruegen und wer es zu
Limburg an der ſtadt uf der brücken. Foſſenhelder w.;
ein ausmärker, der ein *aichenſtamm* freventlich ab-
hauet, ſoll geben 10 pf. heller. ein inmärker, der ein
ſtamm freventlich abhauet, ſoll geben 5 pf. heller. ein
ſtamm, *den man tragen kann,* 5 ſchilling. ein aſt, der
grün iſt, 3 ſch., ein dorr aſt 1 tornes, ein gebund ger-
ten 3 alb., ein gebund wiede 1 tornes, ein gebund grün-
holz 1 tornes, ein gehegt gebund dorr holz zwölf pfen-
ning. Bellersheimer merkergeding; auch hat der mar-
ker geweiſt, wer *endholz* hauet, der ſol der märker
gnad erwerben. Kirburger w. Aus Sudhermannalagh
bygn. 15 mag noch hier ſtehen: hogger man *eek* i ſkoghe
annärs minnä, *än i ſiughur klyvä ma* kleiner als man
in vier ſpalten kann), böte III. örä, hogger tha i ſiughur
klyvä ma, ſva *at axul ämni nyter af göra loti hvarium,*
böte VI örä.

*Pflug* und *wagenholz,* für augenblickliche nothdurft,
darf in jedem fremden wald ſtraflos gefällt werden.
beweisſtellen ſtehen ſchon ſ. 402, hier noch andere:
auch were ihrer einem not zu ſeinem wagen eine *achſe*
oder eines *pflugheubten,* das mag er hauwen und *binden
uf ſeinen wagen;* bunde er es aber *under das ſeil* und
funde einen der furſter, ſo wäre er pfandbar um zehen
pfennig. Erbacher w.; wann einem eine *pflugweide*
bricht in anderer feldmark u. er ruthen hauen muß von
der weiden, der ſoll *die alten pflugweiden wieder in die
ſtätte hängen,* da er die ruthen hauet, damit man ſiehet,
wozu ſie gebrauchet iſt. Wendhager bauerrecht. auch
aus dem altn. recht: breſtr *axul* a gatu eþa annat raiþi,

---

*) enger weg zum ſchleifen des holzes? (vgl. oben ſ. 368)
oder vielmehr die traha ſelbſt?

þa haggi faclauſt i annars aign, en hann ai ſielfr a ſo
ner, et han ſia (ſehen, videre) ma oycvagn eþa rus oc
kerru.   Gutalag. cap. 35; aker madher gönom ſkogh
mans, bräſter *axſul* mans ellar *andurſtang*, huggi at ſak-
löſa badhi.   Veſtg. fornäm. 4; enn höggva må madr ſer
til *plôgs* oc til *ards* î hvers mans mörko, er hann vill,
þoat hann bidi eigi leyfis til.   Gulaþ. 360.; engi ſcal
högga î annars mans mörko, nema umferdarmenn farar
greida bôt, hvart ſem heldr bûar at ſlæda eda ſcipi eda
til eldneytis, ef ûti byr um nætr fakir î ſama ſtad.  Gulaþ.
p. 369. 370.

fremde, die ohne in der mark anſäßig zu ſein, acker-
land in ihr erworben hatten, durften, um es zu beſtel-
len, nicht mit dem pflug in die mark fahren, ſondern
muſten ihn *ſchleifen*, ſo ſtolz waren dieſe märker: auch
weiſen ſie vor ein alt herkommen recht, wäre ein mann,
der güter in Altenſtätter gemark hätte und *ſäße nicht
in der mark* und wolte ſolche güter ſelber ackern und
bauen, ſo mag er ſeinen *pflug ſchleifen* und ſein *vieh der-
ſelben ſchleife nachtreiben* und mag ſich der gemein ge-
brauchen, alſo lange er da zu ackern gienge; und das
vieh, das er nicht an dem pflug hätte, das ſoll er treiben
unter die gemeine heerde . . . und wan er ſeinen acker
bereit, ſoll er ſeinen *pflug* wieder *ſchleifen* u. ſein vieh
wieder ſeiner ſchleifen nachtreiben u. die märker unge-
irret laßen.   Altenſtatter w.

η. *alterthümliche ſtrafen* der markfrevel.

Des *enthauptens* und *handabſchlagens auf dem ſtamm*
iſt ſo eben gedacht worden; gleichharte drohen die weis-
thümer dem *waldbrennen* und *baumſchälen*.   aber des
vorſters reht iſt, ſwen er uf dem walde vindet *burnen
kolen* von grüneme ſtandeme holze, den phendet er vor
ein phunt.   iſt das er der phenninge nit mac han, ſo ſol
er ime die *hand uf dem ſtumpfe abeſlahen*.   Sigolz-
heimer hofesrecht 369ª; wär es auch, das man einen
*eſchenbrenner* *) oder einen der den *wald brennte* begriffe,
den ſal man nemen und ſaln in eine wanne binden u. ſall
ihn ſetzen gemeiner fuhren (?gen eime fure), da ſollen
ain fuder holz an ſein, und ſoll ihn ſetzen *neun ſchuhe
vor dem feuer barfuß* u. ſol in *laßen ſitzen, biß ihme
die ſohlen von füßen fallen*.   Lorſcher wildbann a. 1423;
auch ſol er (der faut der mark) wehren *eſchenbornen*,

---

*) d. i. aſchenbrenner, äſcherer (cinerarius) Friſch 1, 38ᵇ· ᶜ·

wer das thete u. begriffen würde, dem ſoll ein forſt-
meiſter binden ſin hende uf ſinen rucke u. ſin bein zu
hauf u. einen pfal zwiſchen ſin bein ſchlagen u. ein
*ſcuer vor ſin fuße machen, biß im ſin ſolen verbren-
nen von ſinen füßen* u. *nit von ſinen ſchuhen.* Dreiei-
cher wildbann; und ob der *wald* von jemand frefent-
lich *angeſtocken* wird, dem ſoll man hände u. füße bin-
den u. zu *dreienmalen in das größeſt und dickiſt
feuer werfen*, kompt er dan daraus, ſo iſt der frevel
gebüßt. Oberurſeler w.; auch weiſt man, wer die *mark
freventlich anſteckt* u. *verbrennt*, denſelben ſoll man
in eine *rauhe kuh* oder *ochſenhaut* thun u. ihn drei
ſchritt *vor das feuer, da es am allerheftigſten bren-
net, legen*, bis das feuer über ihn brennet u. das ſoll
man zum zweiten und drittenmal thun an dem ort, da
es am heftigſten brennet, und wenn dies geſchehen u.
bleibt lebendig oder nicht, ſo hat er gebüßet. Alten-
haſlauer w.; auch weiſt man, wer einen *ſtehenden
baum ſchelet*, den ſol man aufgraben an ſeinem *nabel*
und ihn mit einem hufnagel *mit dem darme* an die
flecke anheften, da er hat angehoben zu ſchelen und
ihn, ſo lang bis er dasjenige bedeckt, das er geſchelet,
*um den baum treiben* und ſollte er keinen darm mehr
haben, ohne gefehrte. Altenhaſl. w.; item, es ſoll nie-
mand bäume in der mark *ſchelen*, wer das thäte, dem
ſoll man fein *nabel* aus ſeinem bauch ſchneiden u. ihn
mit dem ſelben *an den baum nageln* u. denſelben
baumſcheler *um den baum führen*, ſo lang bis ihm ſein
gedärm alle aus dem bauch um den baum gewunden
feien. Oberurſeler w.; auch abe imant einen baume
*ſchelete*, wird der betreden, ſo ſal man ime einen
*darme* uß finem libe ziehen u. den *an den baume bin-
den* u. ine *umb den baume füren* ſo lange der darme
ußgeet. Oberurſeler w. (a. 1401); und wo der begriffen
wird, der einen *ſtehenden baum ſchälet*, dem wäre
gnad nützer dan recht u. wann man deme ſol recht
thun, ſoll man ihm ſeinen *nabel bei ſeinem bauch*
auffchneiden u. ein darm daraus thun, denſelbigen na-
gel an den ſtamm u. mit der perſon *herumgehen*, ſo
lang er ein darm in ſeinem leib hat. Eichelberger mark-
ordn.; wann einem eine paat (brem. wb. 3, 299.) weide
würde *abgeſchellet*, was dem ſeine ſtrafe ſein ſoll, der
es thuet? antw. dem ſoll man den bauch auffchneiden
u. nehmen ſein *gedärme* u. laßen ihn den *ſchaden be-*

*winden*, kann er das verwinden, fo kann es die weide auch verwinden. Wendhager bauernr.

Frage, wenn die holzgefchworen jemand befunden, der en fruchtbaren baum truttelde, was feine ftrafe fei? antw. foll mit feinen dermen nach ufgefchnittenem bauche umb den fchaden gebunden und darmit zugehelen werden. Fr. wenn jemand einen fruchtbaren baum abhauete und den ftamm verdeckete dieblicher weife, was feine ftrafe fei? antw. der folches thut, dem foll feine rechte hand uf den rucken gebunden u. fein gemechte uf den ftammen genegelt werden und in die linke hand ein axe geben, fich damit zu löfen. Schaumburger altes landr., angeführt von Funk zu den XII taf. p. 198.

Strafen folcher art begegnen bei dem ausgraben der grenzfteine und noch in andern fällen; im fünften buch werde ich darthun, daß von ihrer wirklichen vollziehung in Deutfchland*) durchaus kein gefchichtliches beifpiel nachzuweifen ift. defto unverwerflicheres zeugnis legen fie ab für den uralten, lange jahrhunderte fortgeführten inhalt der markweisthümer.

*9. handwerker* in der mark.

Geduldet wurde dagegen von den märkern, daß aus holz und rinden geräthe verfertigt, lohe für das leder bereitet oder fich des holzes zum brennen irdener töpfe bedient würde. Wäre es fach, daß ein inmärker *lind gefchlißen* hett u. hett *feiler* daruß gemacht**), folche feiler foll he nit aus der mark tragen. Altenftatter w.; item die *lindfchleißer*, die feile u. ftrenge machen u. aus der mark tragen. Rodheimer w.; auch foll er (der faut) wehren *rindenflißen*, an (praeter) einem *fchuchart* (fchuhmacher), die in der mark fitzet, der fol fie flizen von ftücken unter feinem knihe oder von zimmerholz, das er oder feine nachbarn gehauen hetten zu buwe, davon foll er fein leder lowen, daß er davon feinen nachbarn fchuh mache. Dreieicher wildb.; *fecatores facientes fcutellas, lignipedes* . . . quicquid de

---

*) bloß die altn. Niala enthält cap. 158. p. 275, daß im jahr 1014 in Irland und nicht wegen markfrevels einem gefangnen die eingeweide um einen eichbaum gewunden worden feien: reift á honom qviðinn, ok leiddi hann um eik ok rakti fvá or honom þarmana. ok dó hann ecki fyrr enn allir voro or honom raknir.

**) vgl. oben f. 261.

tali opere fecerint, debent facere *juxta truncum* et non devehere ad domus eorum. Kindl. 1, 21 (a. 1316); item *weiſt man der herſchaft* zu Covern einen *wehenner* (wagner) u. einen *dreſſeler* uf die hohe welde ſich zu fueren. Polcher w.; item, die *ſchmide* zu Rodheim ſollen ieglicher im jahre zwei kole haben, im lenzen ein wagen volle u. im herbſt zween wagen volle, darumb ſol ir ieglicher einem *märkermeiſter ein pferd neube-ſchlagen* an allen vier füßen u. ſoll auch langen mit dem haugk mit einem ende auf den pfhole under den hanbuchen.*) Rodheimer w.; item ſollen die *eulner* eulen mit *keinem grünen holze*, ſondern mit *dürren windbläſigen* holze, item ſollen die eulner einem ieglichen inmärker, der döpfen umb ſie kauft, in fein haus zu gebrauchen, zwei pfenningwert vor ſiben ſchilling geben u. nicht hoher; item ſoll ieglich eulner dem ſchloß in Rodheim alle jahr machen *zwei hörner auf die wachte.* Roth. w.; die *euler* in der mark mögen alle jahr u. eines ieglichen jahrs dreizehenmal (d. i. alle vier wochen) eulen ihre döpfen oder eulen u. nicht mehr u. ſollen die eulen mit *liegendem urholz;* u. können ſie die dan nit verkaufen in der mark, ſo mögen ſie die uf ihr geſchirr, wagen oder karn laden u. ſollen verfahren gen Helmelshauſen und ſollen da rufen: ein dreiling umb ein helbling! können ſie die da nicht verkaufen, ſollen ſie fahren gen Altenſtatt under die linden und da rufen: ein dreiling umb ein helbling! u. ſ. w. Altenſtatter w.

14. *wonne und weide* (vgl. Haltaus 2126-29.)

Wonne, ahd. wunna iſt das goth. vinja, νομή, welcher griech. ausdruck dem lat. nemus nahverwandt ſcheint. nemus, die *weidetrift* **) im wald, dem ſilva, ύλη, d. h. den bäumen entgegenſtehend, führt daher wieder auf den begriff der deutſchen mark. In der Schweiz, in Baiern und andern gegenden Oberdeutſchlands bis nach Heſſen findet ſich die wohl ſehr alte benennung *blueme, blumbeſuch* für grasweide zu der jahrszeit, wo der wald voll gras und blumen ſteht, im gegenſatz zu der maſtungsweide im herbſt, vgl. Stalder 1, 188. 189.

---

*) der letzte ſatz mir unverſtändlich, etwa: der hacken, womit er buchenäſte abreißt, muß unten auf einem pfahl ſteben?

**) compaſcuns ager, relictus ad paſcendum communiter vicinis. Feſtus.

Schmeller 1, 236 und Cramer wezl. nebenſt. 23, 104;
trib und *blumbſuch.* MB. 9, 306 (a. 1493.) blumbeſuch
u. holzſchlag Lori Lechrain p. 311 (a. 1543); denkt man
an die weſtph. blumware, ſo möchte blumbeſuch grade
umgekehrt die maſtweide unter eichen und buchen be-
zeichnen. Das agſ. *læſo* und alamanniſche *almende*
gelten vorzugsweiſe von weideplätzen im oder am wald.
Die norwegiſchen geſetze haben *ſetr* für ſommerweide,
fetr â ſömu, fetr î almenníngi für compaſcuum. Gulaþ.
404. 405. 454; *úthagi* für paſcuum a domo remotum. ib.
368. 452. Weſentlich gehört zum begriff gemeiner mark-
weide\*), daß *ſichel und ſenſe nicht darauf dürfen,* ſie ſol-
len bloß vom vieh abgeäßt werden.\*\*) Auch zu *heuen*
iſt verboten: item ſo man gras ausgibt, ſol niemand kei-
nes dorren; ob imand gras dorret, als vil neue heller,
als gebund er dorret, ſoll er den markern geben. Bel-
lersheimer w. Der ſchafhirt durfte ſich mit ſeinen ſcha-
fen und ziegen dem wald nur bis auf beſtimmte ferne
nähern; die formel oben ſ. 60 nr. 42. Beſtimmungen
über die anzahl der graſenden rinder und des ſchmalviehs
werden nicht gefehlt haben, vgl. ſ. 505.

Die hauptſorgfalt der märker war darauf gerichtet, wann
es *eckern* gab†), zu ordnen, wie viel ſchweine jeder
genoße in die maſt treiben durfte. S. Goarer w. §. 14
(a. 1640) twelf ſwine u. een beer. Speller wolde ordele.
auch hier waren die beamten, obermärker und vögte
mit einer größern zahl begünſtigt.††) formeln oben ſ. 106
nr. 8. 9; ſelbſt der bäume umfang nach den ſchweinen
beſtimmt, oben ſ. 82. nr. 1. Einige märker hatten nur
rindviehtrift, nicht die maſt, z. b. Goarer w. §. 10 (a.
1640.). Den ſcheffen wurde zuweilen das beſte maſt-
ſchwein geliefert: item dicunt, quod *melior porcus,* pui
provenit *de paſtu* porcorum, ſcilicet vedema, eſt ſcabi-
norum. w. van Sueſteren. Ausmärker durften, gegen

---

\*) ſweliche wiſe iſt gemeine
    der gras iſt gerne kleine. Friged. 10ᵇ.

\*\*) uſum herbarum (des graſes), quae concluſae non fuerant,
conſtat. eſſe *communem.* lex Viſig. VIII. 5, 5.

†) frucht an eichen und buchen; goth. akran überhaupt
frucht.

††) darzu theilen wir demſelben Groſchlag (dem zweiten ober-
ſten märker) daß er treiben mag ſeine ſchwein, ſo er zeubet auf
ſeiner miſt, als andere märker thun. Meichſner 2, 933.

vergütung an die mark, ihre fchweine in die maft ge-
ben, wahrfcheinlich vor alters gegen verabfolgung des
*zehnten* thiers, worauf ich den ausdruck beziehe: die
fchweine zur maft *dechen, dechmen**), im angeführten
Goarer w., wofür fpäter eine abgabe, genannt *dechgelt,*
dechsgelt gezahlt wurde. Hierher gehören die *decimae
porcorum* der lex Vifig. VIII. 5. Wer tempore glan-
dis fchweine in feinem wald antraf, durfte zuerft den
hirten pfänden, das zweitemal ein fchwein tödten, das
dritte mal fie decimieren. Si vero aliquis fub *pactione
decimarum* porcos in filvam intromittat alienam et usque
*ad brumas* (bis zu mittwinter, zur fonnenwende) porci in
filva alterius paverint, *decimas* fine ulla contradictione
perfolvat. nam fi *poft brumae tempus* porcos fuos in filva,
quam conduxerat, noluerit (? voluerit) retinere, *vicefimum
caput*, ficut eft confuetudo, domino filvae cogatur exfol-
vere. man dürfte fchon die ftelle, die (wie I. In. 49) nur
von privatwald redet, als allgemeineres gewohnheitsrecht
zugleich auf die mark beziehen; beftimmter wird aber in
folgender ausdrücklich letztere gemeint: fi inter *confortes*
de glandibus fuerit orta contentio, pro eo quod unus ab
alio plures porcos habeat; tunc qui minus habuerit liceat
ei fecundum quod terram dividet porcos ad glandem in
portione fua fufcipere, dummodo aequalis numerus ab
utraque parte ponatur. et poftmodum *decimas* dividant,
ficut et terras diviferunt. Vgl. auch Caroli capit. de vil-
lis §. 6.**)
Außer den eicheln und bücheln werden holzäpfel, fchle-
hen, hainbutten und hafelnüße zur mark gerechnet.
Goarer w. §. 14. Über die vorgefchriebene ftellung der
füße beim eckern fchlagen oben f. 71. nr. 17. Die
fchwed. gefetze erlauben dem fremden, welchen fein
weg durch den wald führt, *nüße in den hut bis ans
hutband* oder in den *handfchuh bis an den däumling*
zu pflücken: nu far man at finum rättum vägh ginum
aldinfkogh älla nutafkogh, häntir i hatt til hattabands
äller i want til thumulfinger, vari faklös. Oftg. bygd. 41.
taker mera än han giter i handafka finum burit, böte
III. öra. Sudherm. bygn. 28. (oben f. 401.)

---

*) dehemen geben, verdehemen. Raftädter hoferecht p. 275.
277. 280; deichtem (zehnte) bei Ritz.

**) weisthümerformeln über die menge der fchweine, die ge-
trieben werden dürfen, oben f. 106. nr. 8. 9.

15. *widerſtreit der mark und des ackers.*

α. die mark lichten, bäume vertilgen und den boden
urbar machen, was Plinius *interlucare* nennt, heißt in
der lex Viſig. X. 1, 9 *cultura ſilvarum, ad culturam
ſcindere, culturam facere;* in der lex Burg. 13. (vgl.
41, 1. 54, 2) *exartum facere;* in der lex Bajuv. 16, 2
*exartare, mundare;* franzöſ. *eſſarter* (Roquef. 1, 530ᵇ)
wahrſcheinlich vom lat. ſarrire, jäten; im capit. de vil-
lis §. 36. *ſtirpare* f. exſtirpare. Das deutſche wort iſt
*riutan, reuten* (bûwen u. riuten Parc. 3484. mit bûwe
u. geriute der wilden welde pflegen. troj. 6257. riutâre,
cultor. fragm. bell. 4080); ein *geriute, niuriute, niu-
lende, neubruch,* iſt das exartum, die terra novalis;
tres laboraturas ſilvae, quod nos dicimus *thriu rothe.*
trad. fuld. 2, 80; in loco qui dicitur: az *riute* (wie
ſonſt az waldiu, az reode, az holze.) Meichelb. nr. 59;
ſpäter ſagte man *rotten,* roden und *rottland.* Altn.
*rydja mörk.* Häufig geſchah es durch niederbrennen
der ſtämme, daher ſolche grundſtücke altn. *ſvidjur* (von
ſvîda, adurere) heißen, ſchwed. *ſvedjor,* tractus ſilvae
caeſae et aduſtae. Noch eines ahd. ausdruckes *ſuentan*
habe ich gramm. 2, 528 erwähnt. — Sobald nun ein
waldſtück gerottet war, wurde es der kirche *zehnt-
pflichtig* (rotzehnten, decimae novalium), verlor alſo
dadurch ſeine alte freiheit. eccleſia praetaxata decimas
percipiat novalium, ſi qua in arbuſtis Vrikenhuſen nunc
coluntur. Wenk 3. 100 (a. 1218); et ſi dicta ſilva ex-
colitur et novatur, ut fiat frugifera, medema (?wedema)
nobis cedat. ibid. 3. 172 (a. 1282); anno 1353 am tage
mauritii haben ſich dechant u. capitel zu Frizlar mit
landgr. Henriche u. junker Otten ſeinem ſohne umb die
*rottzehnten* dermaßen vertragen: was von ackern aus
den *holzen* u. *ſtreuchen,* die *gemeine marken ſeien*
u. zu den dorfern, darüber der ſtift den veltzehenden
hat, gehoren, gerodet, das doran der ſtift den rottze-
henden haben u. behalten ſolle; was aber aus den ge-
fürſteten welden u. holzen (d. i. den ſchon regaliſierten)
hochermelter fürſten gerodet, dorvon ſoll der rodzehent
iren fürſtl. gn. pleiben. Ziegenh. repert. Niederheſſen
nr. 641. So haben die Thenner (einwohner des dorfes
Thann) ein orts feld an der Haarbrückner feld, desgl.
vil ecker am Kulm und auf den Rödern gelegen, dar-
auf wir den zehenden haben u. wo die Thenner und
Haarbrückner etwas *roden,* oder *wüſt ecker,* deren ſie vil
haben, und *mit holz angepflogen ſeind,* mit *dem pflug*

*umbreißen*, in der mark unſerer zehenden gelegen, davon
müßen ſie alsbald den zehenden geben. Gruner ber. der
coburg. topogr. Cob. 1782. p. 33. vgl. eine ſtelle vom jahr
1219 in Rommels heſſ. geſch. 1. anm. p. 293.

*β.* dieſes reuten und rotten bedrohte den verband, die
gewohnheiten und rechte, wohl auch die freiheit der
markgenoßen. nichts war natürlicher, als daß ſie ihm
entgegenſtrebten, wo und ſo lange ſie ſich ſtark genug
dazu fühlten. Hierher gehören folgende auszüge aus
den weisthümern, welche darthun, daß die verwand-
lung der mark in cultur auf alle weiſe gehindert und
ſelbſt hube oder urbarer grund, wenn er eine zeitlang
verlaßen blieb\*), wiederum mark wurde. aus einer
wieſen darf kein acker gemacht werden. Meichſner 2,
697. auch ſoll er (der vogt) weren alles raden, alſo lang,
es ſeien wieſen oder ecker, bis daß einer ſinen *zehen-
den driwerbe* davon *gegibt*, alſo (dann erſt) mag er
den acker geren mit dem pfluge u. die wieſen gemehen
mit der ſenſen. Dreieicher wildbann. Im zeugenverhör
der Babenhauſer mark wurde articuliert: da die wieſe
wiederumb *mit bäumen* von neuem gar *überwüchſe*\*\*),
ob zeug alsdann den platz für mark oder ſchutzband
halte? (Meichſner 2, 699.) es wird überwiegend für
mark bejaht (703. 708. 709. 710. 712) und nur von ei-
nigen verneint (707. 711.) Die *wichtigſten formeln*
ſind ſchon oben ſ. 82 nr. 2; ſ. 92. 93 mitgetheilt worden.
Auch ſtünd ein holz, eichen oder büchen, zwiſchen den
zweien waßern Art und Dürſt, uf weme (auf weßen
grund) das ſtünd, *das der hepen* (ſarpa) *entwachſen
wäre, ſoll mark ſein* u. bedurft ein merker des zu
hauwen und künde das abhauen ſunder ſchaden des
manns, da (auf deſſen grund) es uf ſtünde. Banſcheuer
w. Was ſich alſo auf dem gerotteten feld von bäumen
über ſtrauches höhe erhob, wird wieder markmäßig.\*\*\*)

---

\*) herrnlos liegen, *treiſch* u. *bewildert* werden. Stadoldendor-
fer hegegericht. mir hât gemachet ein riſe mine *huobe* zeiner
*wiſe.* Iw. 4463.

\*\*) campos de ſilva increſcere non permittant. capit. de vil-
lis §. 36.; ſtat begriffen von ruwen walde. Cronberg. ded. p. 98.

\*\*\*) der grundeigenthümer ſeiner ſeits durfte den ihm zu
nahe wachſenden wald wegräumen: wachſen einem die hagen zu
nahe, ſo ſoll man die *barte trocken wetzen, durch eine zwiebel
ziehen* (d. h. recht beißend ſcharf machen) u. dann wegräumen
bis auf den alten ſtamm. Wendhager bauernrecht.

γ. ungetheiltes eigen leidet keinen *zaun.* l. In. 40. 42.
Gutalag 25, 11; es dürfen bloß zäune in die mark hinein
vertheidigt werden.

δ. *obſtbäume* werden von den märkern feindlich ange-
sehen und nicht gelitten. Johann Schmidt auf die ge-
meine *apfelbäume* geſetzet, welches ihm die markge-
noßen nicht geſtehen. Piper p. 241. Dagegen ſind die
markgenoßen an einigen orten (ich ſinde es nur in
Weſtphalen) verpflichtet, an die stelle gehauner eichen
junge ſtämme zu pflanzen: die markgenoten, ſo oft ſie
einen alten baum fällen, ſind an einigen orten gehalten,
einige junge dafür zu ſetzen und *in das dritte laub*
zu liefern (drei jahre lang zu hegen). Piper p. 92; ſal
een ider nu voortaen ſine geſettede *poten* ofte *heſters*
wachten en waeren, en *in dat derde blad* leveren.
Linger holtings inſtructie; u. welchem alſo ein ſtücke
zimmerholz zu ſeiner notdurft angewieſen, ſoll zu rech-
ter zeit des jahrs mit *dreien* tüchtigen *potten* den
ſtamm wieder bepflanzen u. wenigſtens *ins dritte laub*
liefern. Oſnabr. holzordn. p. 102; womit die markge-
noßen jährlich die mark beßern? in alten zeiten muſte
jeder *fullſpennige* jährlich *drei potten* ſetzen. Lippink-
hauſer holzd.; widers verkort und verabſcheidet, dat
jarlichs ein jeder *erfmann up der wahr* (ein gewerter
genoße) *vif eiken* oder *boeken telgen* in de marke pot-
ten ſoll. Horſeler holting; item, ein *vulwarich* erve
ſal alle jaer ſetten u. ein ieder bi ſinen ende to ſetten
plichtig ſein, up einen dag wan gude planteltid is, *vif*
gude unſtrafbare *eikentelgen* und ein *halfwarig* erve
*dre telgen*, alles to verbeterunge der mark. Nortrupper
markgeding §. 20.

16. *grenzrecht der mark.*

Als vorzüglich wichtiges zeugnis für das höhere alter-
thum der markeinrichtung betrachte ich die eigenthüm-
liche art und weiſe, ihre grenze auszumitteln. Inwendig
ungeſchieden, ungezäunt, ein wahres latifundium arci-
finium im ſinne der alten, hatte die mark nur einfache
und natürliche ſcheiden gegen außen nöthig. Der grenz-
bezeichnung durch baumeinſchnitte und mahlſteine nach
ausmeßung mit ruthe, ſtange und ſeil, wobei auf die
lage der grundſtücke gegen die vier ſeiten des himmels
rückſicht genommen wurde, iſt, ſcheint es, eine ältere,
freiere beſtimmung vorausgegangen, welche ich *ham-*

*mertheilung* nennen will. Sie gründet fich auf den axt oder hammerwurf. Prüft man nun die f. 55-63 mitgetheilten auszüge, fo ergibt fich, daß die meiften aus markweisthümern entnommen find und eben davon die rede ift, wie weit fich der boden und das gebiet der mark in die übrige feldflur hinein erftreckte und behaupten laße, oder wie viel von der mark an den einzelnen privatmann abgetreten werden folle. Der vogt und markherr wirft aus der mark in den ftrom (nr. 2. 3. 4. 5. 33. 34. 35) oder ins feld (27. 36); der fifcher der mark in das feld (52). umgekehrt, der urbar machende feldbauer wirft in die mark (12. 13. 20. 46. 48)*); der hirte in den wald (42. 43); der imker in die mark (50. 51). gerade fo werden im Norden byr (fundus) und allmanning (compafcuum) durch den wurf gefchieden (30. 44.) Da nun auch beifpiele aus dem Orient angeführt worden find (f. 68), der gebrauch unferer marken aber weniger auf fortdauernde ausübung als auf treu bewahrte unausgeübte tradition geftützt wird, fo darf man diefe hammertheilung für ein denkmal des älteften deutfchen rechts, zu dem faft keine gefchichte hinauf reicht, halten. Hierzu habe ich noch eine beftätigung aus der fchwed. gefetzgebung aufgefpart. Uplandsl. vidherb. 1. heißt es: by liggr *i hambri* ok *forni fkipt*, landzlag bygn. 1: by ligger i *forno fkipt* och *hambre;* und Sudherm. bygd. 11. all *hamarfkipt* vari aflagd. Den gothländifchen gefetzen mangelt alles diefes. Jene worte überfetzt Loccenius: pajus jacet in veteri divifione et afperitate foli ac defolatione quadam, dem Verelius folgend, welcher 106ᵇ hamar terra fcopulis et arboribus confita, hamarfkipt filvae divifio, by liggr i hambri incultus et defolatus fundus (åkren igen vuxen och bya öde) die worte des füderm. gef. aber überträgt: fkogsdelning emellan grannarna år forbuden. Ihre hat hamarfkipt gar nicht aufgenommen. ob nun gleich hamar allerdings einen felfenftein bedeutet (ich zweifle, einen baumbewachfnen); fo ift doch eine theilung (fkipt) des grund und bodens durch felfen, die

---

*) zuzufügen aus dem Rietberger landrecht §. 30: wie weit eines von feinem lande die gemeine market (l. mark) verthätigen könne? R. fo weit einer mit feiner rechten hand unter dem linken beine her mit einem langen pflugeifen werfen kann, fo er den einen fuß im graben haltet, kann er die market mit torf u. plaggemath *verthätigen* (d. i. behaupten, für fich gebrauchen.)

fich nicht einmal in allen gegenden vorfanden, kaum ge-
denkbar und was foll hier die afperitas foli ac defolatio
quaedam? hamar ift ebenwohl malleus und da in dem
upländ. gefetz felbft *kafta hambri* zu einer örtlichen be-
ftimmung dient (f. 55. nr. 1), da in dem oftgothl. gefetz
*kafta fkapti* gerade zur theilung von byr und almånning
verfügt ift; fo ftehe ich gar nicht an, *hamarfkipt* für
*hammertheilung* im finn unferer markweisthümer zu neh-
men. Merkwürdig heißt aber diefe hammertheilung die
*alte*, welche das füdermanl. gefetz ausdrücklich *abfchafft*
und an deren ftelle *fonnentheilung* (fôfkipt) eingeführt
werden foll: dela tve um tompter, havi then vitzord
*folfkipt* vil hava, vari al *hamarfkipt* aflagd ok havi engin
vitzord. Von der fonnentheilung wird noch unten gehan-
delt werden.                                    ◆

Das jütifche recht 1, 53 beftimmt die grenze des waldes
nach dem *überhang der äfte* und dem *lauf der wurzeln*:
mötes een manns fcogh oc annen mans mark, tha a hin,
ther fcog a, fua langt ens limå lutå oc root renner. Nach
dem *fchattenfall* wurde fie oben f. 57 nr. 16 und f. 105
nr. 6 ermittelt.

Wo waldung, bäume u. geftråuche fich wenden und wo
baugüter und wiefen wieder anfangen (Meichfner 2, 908),
d. i. wo mark und privateigenthum aneinander grenzen,
braucht fich nicht jene zu *verzäunen*, fondern diefes: item:
fo *eigenthumb* u. *allmen* im feld zu hauf ftoßen, ob das
eigenthum dem allmen foll frid geben oder das allmen
dem eigenthum? hat der bergfchöff geweift, derjenige
der eigenthum auf das allmen ftoßen hat, foll fein eigen-
thum befriden; fo er das nit thete, nehme er den fcha-
den, foll ihme niemand kehren noch pflichtig fein. Er-
felder w.

17. *gefellfchaftliches verhältnis.*

Bisher ift mehr die rede gewefen von dem was die mark
felbft angeht, als von dem gefelligen verband unter den
theilnehmern, der, gegründet auf fo wefentliche bedürf-
niffe, wie holznutzung und viehzucht, in früheren zei-
ten kräftig und belebt gewefen fein muß, im verfolg
aber, nach fteigender ausbreitung landesherrlicher rechte,
immer fchwächer wurde. Doch das wefentlichfte ele-
ment diefer genoßenfchaft*), die *märkergerichte*, kann

---

*) ich halte mich an den engern begriff von *markgenoßen-
fchaft*, wie er aus dem gefammteigenthum des waldes hervor-

zuſammenhängend erſt im ſechſten buche dargeſtellt wer-
den. Die feierlichen dingtage wurden zur wahl oder
beſtätigung der vögte und amtleute\*), verleſung der
weisthümer, anbringung und erledigung der rügen ſo
wie zur einnahme der bußen verwendet, gewöhnlich
mit *fröhlicher zeche* und *gelag* beendigt. Welcher
märker ſeine pflicht verſäumte, ſei es, daß er ohne
ehaften ſich dem gebot nicht ſtellte, oder nicht lieferte,
was ihm zu liefern oblag, der wurde aus der gemein-
ſchaft geſtoßen, das hieß, *aus der mark verwieſen*,
*geſagt*, *verſchalten.* welcher marker ußbleibt, der ſoll
der mark darafter *entweiſt* ſein. Foſſenhelder w.; wäre
der mark *verſchalden.* Oberurſeler w.; item hant die
merker geweiſt, wurde ein merkergeding beſcheiden u.
die inmerker und ußmerker verbotet an das merkerge-
ding, und welche da ußbliben, den hant ſi der marken
*verweiſet* u. ſoll furter kein recht mehr in der marken
haben. Erbacher w.; verſehen mit irem fleieſch u. ihren
fladen u. eiern, ſo ſie herlichſt können und welcher das
nicht enthete unter den merkern, den *ſagt* man *aus
der marke.* Erbacher w. *Verbrecher* und *ſchmäher*
wurden nicht geduldet: der verbrecher ſoll der mark
nicht genießen, bis er ſich wieder eingedungen. Deh-
mer w.; wäre auch ein märker, welcher die mark
ſchmähete mit worten oder mit werken, der ſoll der
märker gnad erwerben. Kirburger w. Härteſte ſtrafe
wider einen ungehorſamen märker war, daß ihm ſein
*brunnen gefüllt* und ſein *backofen eingeſchlagen* wurde:
de gemeinen bueren erkennen, ſo we dem holtinge
alhie ungehorſam wer u. nicht erſchenne, demſelven
ſollen de gemeinen bueren den *baikaven inſlaen* u.
de *pütten diken* u. ſoll daerto ſiner gerechtigkeit in
der marke ein jaer verluſtig ſin. Linger bauerſprache,
von 1562. vgl. Piper 179.; wann nun einer in dieſer
bauerſchaft erfunden würde, der nicht thäte, was ſich

---

geht, und möchte ihn nicht verwiſchen mit dem viel allgemeinern
von *geſamtbürgſchaft* (ſ. 291), der das freie volk überhaupt umfaßt,
ohne rückſicht auf ungetheiltes grundeigenthum. Der gaugenoße
(pagenſis), markgenoße (marcanus), centgenoße iſt darum noch kein
markgenoße in dem hier verhandelten ſinn.

\*) und wan ſoid u. meiſter beſtediget ſin, ſo ſal *der walt acht
tage fri ſin*, biß die förſter zukommen, welcher nit zu enqueme,
den mochten die andern *virdrinken* vor drißig ſchillinge als dicke
als iz not dut.

eignet und gebühret, was die bauerſchaft thun ſoll daß
er wieder zum gehorſam gebracht würde? antw. dem
ſoll man einen *graben vor dem thore aufwerfen*, das
*thor zupfahlen*, den *eimern über dem brunnen weg-
hauen*, den *backofen zumachen* u. kein *feuer leihen*,
kuh und ſchweinehirten verbieten u. in ſolche noth
bringen, daß er thun muß, was recht und gemäß iſt.
Wendhager bauernr. Hierbei fällt jedem die röm. *in-
terdictio tecti, aquae et ignis* ein\*), ſo wie das ver-
weiſen aus der mark eine ademtio civitatis war. wahr-
ſcheinlich aber gilt von dieſer ſtrafe die ſ. 520 ge-
machte bemerkung, ſie war bloß im rechtsglauben
vorhanden, ſie wurde gedroht, nie vollführt; ich
werde buch V zeigen, daß eine ſperrung des thors
und löſchung des feuers noch in andern fällen, außer
dem markverhältnis, vorkommt. Wurde der oberſte
vogt und markrichter läßig befunden, ſo erklärten die
märker *die mark offen* und *alle bußen ab*, namentlich,
wenn einem einzelnen erbetenes gericht verweigert war:
mehr, ſo weiſete auch der märker einmütiglich u. un-
gezweiet zum rechten, wann m. obgen. herrn gn. oder
ſeine amptleute ſich nicht wollen begnügen laßen an
ſolchem gebotenen\*\*), deren man den überkäme und
überführe die und auch das, des die merker zum rech-
ten geweiſet hetten, ſo *ſtünde die mark offen* und weren
auch alle bußen ab, als lang bis man ein märkerding
hätte u. die mark mit gebot beſtellte ohn gefehrde.
Dieburger w.; ſie weiſten auch, daß man einem iegli-
chen märker, er ſei arm oder reich, wann ers begeh-
ret, ein märkerding machen ſoll ungefährlich, u. wo man
das nicht thäte, ſo folte die *mark offen* u. *alle bußen abe
ſein.* ibid.

### 18. *verkauf und näherrecht.*

An dem wald ſelbſt hatte jeder märker nur *ideellen
antheil*\*\*\*), wir haben jedoch oben ſ. 505 geſehen, daß
auch ſein haus, hof und acker zu der mark in weiterem

---

\*) *aqua et ignis* interdici ſolet damnatis, . . . . videlicet, quia
hae duae humanam vitam maxime continent. Feſtus.   Der ehrloſe
darf bei niemand feuer anzünden, ſeines heerdes *flamme erliſcht.*
O. Müller Dorier 2, 223.

\*\*) dieſe ſtelle iſt verderbt.

\*\*\*) zielt auf ihn in den alten urkunden die formel: quidquid
in illa marca proprietatis viſus ſum habere? ich glaube nicht.

finn gefchlagen wurden. Wollte er beide verkaufen oder
abtreten, fo durfte ers nur in der mark und allen mark-
genoßen ftand *näherrecht, marklofung* und *abtrieb* zu.
Item, fprechen wir auf den eid, was man der wälde,
in diefer mark befchloßen und begriffen, verkaufen je-
mand wolte, der fol fie ufgeben und bieten in dem
märkerdinge. Meichfner 2, 953; der merkerfcheffen hat
zu recht geweift a. 1441, daß kein marker *kein mark-
gut*, es fei *boden* oder *fchare*, beklagen oder nirgend
anderftwo vergiften oder wehren foll, dann am mar-
kergeding. ib. 2, 725; kein *markgut*, es fei *bodem* oder
*fchar\**), foll nirgend anders verklagt, vergift, verge-
ben oder gewehrt werden, dann am markergericht zu
Bobenhaufen. ib. 2, 932. Auch der vogt der mark hatte
*nach* den markgenoßen den vorkauf vor fremden: wenn
der graf (zu Hanau) die wälder, fo feil werden, nicht
kaufen wil, fo mögens die Gröfchlag thun. Meichfner
2, 893; item teilen wir, das das *holz* niemand kaufen
mag oder fol, dann die *marker gemeinlich und keiner
befonder;* were auch das fie das nicht thun wolten, fo
fprechen wir vor recht, das den wald niemand billicher
kauft und behelt, dann der graf, wolte fein auch der nit,
fo hette der Grofchlag, nach unferm herren u. feinen
herren, recht zum kaufe. ibid. 2, 932; item wifen wir,
wenn die märker in und auswendig des gerichts ire
güter und höfe zu verkaufen noth angienge, die ein-
wohner und leut in dem gericht feßhaft die nechften
u. zu allen zeiten ein ewigen *abtrieb* hergebracht. Al-
tenhaff. w.

19. ich will am fchluß die züge zufammendrängen, die
aus der markeinrichtung als befonders alterthümlich her-
vorleuchten: der gekorne oder geborne vogt (f. 504),
die hammertheilung (f. 527), die rückkehr des überflu-
ges zur mark (f. 525), der laute ruf der holzaxt (f. 514),
die wegräumung des bauholzes binnen jahr und tag
(f. 510), die decimae porcorum (f. 523), die fchwere
ftrafe des markfrevels (f. 516. 519) und die interdictio
aqua et igni (f. 530); das fechfte buch wird zeigen, daß
fich auch ein gottesurtheil (durch waßer) in der tradition
der markgenoßen forterhalten hat. —

---

\*) follte *boden* den wald, *fchar* den acker im wald bedeuten?
fchar erinnert wörtlich an theilung, divifio.

C. *Sondereigenthum* an grund u. boden.

Sondereigen nehme ich hier für getheiltes (ager privatus),
im gegenſatz zur mark, wiewohl es auch allod bedeuten
könnte, im gegenſatz zum lehen (vgl. Triſt. 5623 lêhen u.
ſunderlant.) In drei abſchnitten werde ich I die grund-
verhältniſſe, II übergabe und gewer, III das unvollkommne
eigenthum abhandeln.

I. *Grundverhältniſſe.*

1. *Vertheilung.*

Um auf die eintheilung der felder und äcker zu gelan-
gen, muß wieder von der des landes überhaupt (gawi-
mez gl. Jun. 219.) ausgegangen werden. ein germani-
ſches centeſimalſyſtem, das auch in andern rückſichten
waltete (bei wahl der krieger und der gefährten des
princeps: *centeni* ex ſingulis pagis ſunt; centeni ſingu-
lis ex plebe comites, conſilium ſimul et auctoritas ad-
ſunt. Tac. cap. 6. 12), laßt ſich hier erkennen. Das ge-
biet der Semnonen zerfiel in hundert bezirke, welche
Tacitus pagi nennt: centum pagis habitant (codd. habi-
tantur). Germ. 39. diefe pagi könnten nun das fein,
was wir in alam. urk. *huntari* genannt finden, und
zwar deutlich als unterabtheilung größerer landſchaften,
nämlich der *gaue*, zu latein heißen ſie bald pagi, bald
pagelli, einigemal centenae und marchae: in pago Hal-
tenhuntari Neug. 107 (a. 789); in pago Munterihes hun-
tere. id. 585 (a. 889); in pago Turgaugenſi, quod tamen
ſpecialiter dicitur Waldhramnis huntari. id. 318 (a. 847);
in pagello Suercenhuntare. id. 356 (a. 854); in pagello
Goldineshuntare. ibid.; in pago Albunespâra, in centena
Ruadoltes huntre. id. 283 (a. 838); infra marcha illa,
quae vocatur Muntharihes huntari. id. 118 (a. 792). Im-
mer ſteht der gen. ſg. eines eigennamens voraus, wel-
cher den vornehmſten beſitzer oder den erſten anbauer\*),
vielleicht den gravio, judex des huntari (centenarius)
anzeigt.\*\*) Wie verhalten ſich huntari und marcha?
in dem letzten beleg ſcheinen ſie gleichbedeutig, allein

---

\*) etwa wie beim röm. fundus? Niebuhr 2, 392. 393; aber es
iſt noch ununterſucht, ob die deutſchen namen veränderlich waren
oder lange dauerten.

\*\*) vgl. den ausdruck *miniſterium* Frumaldi, Karamanni comitis
etc. Neug. nr. 191. (a. 817.); der centenarius heißt ſelbſt *hunteri*
T. 201, 1 (goth. hundaſaþs.)

vor marcha fteht gewöhnlich der gen. fg. eines ortes
oder gen. pl. der ortsbewohner (oben f. 496), marcha
wäre alfo mehr die örtliche, dauernde benennung, hun-
tari mehr adminiftrative, vorübergehende\*)? Paffender
wird aber huntari anders gedeutet und nicht für den
hundertften theil des ganzen, fondern felbft für ein gan-
zes, welches hundert villae oder praedia in fich begriff,
genommen. Hierzu ftimmen das altn. hundari und agf.
hundred. *Hundari* war nach Verelius 128ᵃ, ett härat,
fom beftod af hundrade hemman, nach Ihre 1, 821. 930
dicebatur, quia centum villas continebat. der name fin-
det fich meines wißens nur im upländ. gefetz und nach
diefem (kong. 10) zerfällt es in *fiardhungar* und *åttun-
gar* (viertel und achtel), folglich beftand das viertel aus
25, das achtel aus 12½ villis.\*\*) da nun ein gewerter
eigenthümer wiederum mindeftens ⅛ des åttungs be-
fitzen follte (oben f. 506), hätte das $\frac{1}{8\cdot7}$ des ganzen be-
tragen, was fich mit den hunderteln nicht recht ver-
trägt, vielleicht auch nur gothländifch, nicht fchwedifch
war. Der gothländ. åttung wurde in *tolftungar* (zwölf-
tel) zerlegt (Stjernhook p. 262), acht åttungar würden
96 zwölftel bilden, d. h. eben fo viel, als ohne den
bruch die zwölf villae des åttungs ergäben. das verhält-
nis des hundari zum herad ift noch unermittelt, Ihre
hält beide für gleichviel, doch mag herad dem hochd.
gau entfprechen. Den Angelfachfen hieß der unferm
gau vergleichbare bezirk eine *fcire* (engl. fhire), was
kirchliche anordnung verräth\*\*\*), *hundred* bildete wie-
der die unterabtheilung, dergeftalt, daß es zehn zehntel,
jedes einzelne zehntel (*teoding*) zehn tûnas, d. i. villen

---

\*) ein chuningesbuntari nicht bloß im Rheingau (kunigeshuntra,
kunigefundra), auch in Weftphalen: dat konigfondern (oben f. 512),
welches Haltaus 1697 ganz anders nimmt.

\*\*) Upland felbft bildet (nach kongab. 1) drei *folkland:* 1. tiun-
daland (zehntland) 2. attundaland (achtland) 3. fiadhrundaland
(viertland, von fiadhur, fiädhur, altfchwed. vier). Nach Olafs
helga faga cap. 76. zerfällt Sviþiod überhaupt in fünf landfchaf-
ten: 1. fudrmannaland, 2. fiadhrundaland = Veftmannaland, 3.
tiundaland = Upland, 4. attundaland, 5. fialand.

\*\*\*) eine beftätigung des auch im innern Deutfchland unzwei-
felhaften zufammenhangs der gemeintheilung mit der kirchlichen.
*fcire* negotium, procuratio, in folchem finn auch provincia, paro-
chia (wie noch jetzt franz. *cure* pfarrei); ahd. *fcira*, vgl. gl. ker.
25. fcira habet, procurat (Diut. 1, 148 fehlerhaft fcerco habet),
fcirono negotiorum. ibid. 279.

in fich vereinigte. Wie alfo das agf. hundred hundert
tûnas, das altn. hundari hundert praedia, fo enthielt
höchft wahrfcheinlich auch das alam. oder ahd. huntari
hundert weiler (*wilari*). der gau aber begriff mehrere
huntari, die fcire mehrere hundredu, in unbeftimmter
anzahl. Zugleich hieß das agf. zehntel *tûnfcipe*, fein
rector *tûngerêfa*, villicus, der vorfteher des hundreds
*hundredesealdor*; beide find offenbar der *tunginus* und
*centenarius* der lex fal. (46, 1. 49, 1. 53, 2.), es muß
demnach auch der altfränk. ausdruck für villa, praedium
tûn gelautet haben und er war ein fehr paffender.

*Tûn* (engl. town) ift das ahd. *zûn*, nhd. zaun, und be-
zeichnet ein durch weidengeflecht eingehegtes, gefrie-
digtes grundftück, praedium, villa; grade wie das altn.
*gardr* zugleich fepimentum und praedium urbanum.*)
Im altn. hat *tûn* die bedeutung von pratum und oppi-
dum; ahd. mundarten bieten *zûn* nur für das einfrie-
digende, nicht für das eingefriedigte dar, letzteren be-
griff drücken fie aus durch *wilari* (villare), *heim*, *hû-
fir, dorf, ftat* u. a. wörter, welche fämmtlich von *bewohn-
ten* grundftücken und angehäuften wohnungen zu verftehen
find, fo wie villa und town zuletzt auch in die hentige
bedeutung von ftadt übergiengen.

Abgezogener fcheint die benennung *fors* für praedium,
territorium, d. h. urfprünglich der durch loß ermittelte
theil eines grundftücks. lex Burg. 84, 1. Vifig. X, 1, 14.
2, 1. VIII. 5, 5; das goth. wort wäre *hluts* (altn. hlutr),
und es ift auch in bairifchen urk. zu treffen: territorium,
quod vulgo dicitur Einanhluz (l. dicunt einan *hluz*.) Mei-
chelb. nr. 311; de pratis unum quod dicimus *luz*. id. nr.
493 (a. 826); unum *luzzum*. id. nr. 500; unum *hluzzum*.
id. nr. 508. ob es von *beftimmter* größe war? kaum, da
lat. diplome jener zeit den ausdruck *fors* überhaupt für
antheil und befitzthum gebrauchen, gleichbedeutend mit
*portio*. Neug. nr. 130. 155 (a. 797. 805.)

Geregeltes, wiewohl fchwankend geregeltes landmaß
zeigen *huoba* und *manfus* an, welche beide meiften-
theils zufammenfallen, daher auch manfus durch huoba
gloffiert (florent. 989[a] Lindenbr. 997[b]) und noch das

---

*) curtem cingere. lex bajuv. 11. 6, 2. fortem concludere.
Vifigoth. VIII, 5, 5. curtem tunimo (f. tunino) munire, interclu-
dere. Bruns beitr. 69. 71. 72. 74; in Bunahu talem feptum, qua-
lem ibi habuimus. tr. fuld. 2, 79.

hufe des Sſp. vom lat. überſetzer ſtets durch manſus ge-
geben wird. Die entſprechendſte lat. benennung wäre
*fundus.*

*Huopa,* altſächſ. *hôva,* mhd. huobe, nhd. hufe (ſ. hube)
bedeutet ein gemeßnes und gehegtes landſtück; es man-
gelt der agſ. und altn. mundart, ſeine abkunft iſt dun-
kel.*) alamanniſche urk. des 7. 8. 9. jh. (zuerſt bei
Neug. nr. 4. a. 680) geben hoba d. i. *hôba,* die trad.
fuld. *huoba,* das ſtrengahd. *huopa* erhellt aus einer wie-
ner gl. huopa (manſus) Denis I, 1, 147 und aus widam
huopo (domum primitiae) monf. 373.**) Gemeßen ſein
muß die hube, denn es heißt hobam *plenam* Neug. nr.
554 (a. 885); hobas III *pleniter emenſas.* ib. nr. 394
(a. 861) und unam hobam *pleniter emenſam.* ib. nr.
485 (a. 875). Beſtimmungen beigefügt ſind in folgenden
ſtellen: hobam 1. hoc eſt XL jugera. Neug. 646 (a. 904);
unam hobam et XIX jugera. id. 530 (a. 882); una hoba,
quod eſt XXX jugera terrae aratoriae. tr. fuld. 2, 14
(Schann. nr. 61. a. 779); ad unamquamque huobam
XXX jugera. tr. fuld. Schann. nr. 580; alſo in Alaman-
nien 40, in Buchonien 30 jugera; die volle hube betrug
im Rheingau, Lahngau, Lobdengau 30 morgen, ander-
wärts anders. Bodm. 726. 728. Übrigens konnte ſie in
der flur und in wald liegen; duas hobas, unam in cam-
pis, alteram in ſilvis. tr. fuld. 2, 83; meiſt war es acker-
land: hobas tres de arativa terra. Neug. 84 (a. 783) und
von einem colon bewohntes: hobam, quam Perehtinc
incolebat. Neug. 554 (a. 885) una hoba cum ſervo in ea
ſedente. id. 557 (a. 885.) trado ſervum meum cum hoba
ſua. id. 150 (a. 805) Richolfum cum hoba ſua. id. 70
(a. 778) ſervum unum cum ſua hoba. tr. fuld. 2, 133;
zuweilen wird die *area* domus***) oder die *arealis* von
der hube unterſchieden: unam arialem cum ſua ſtructura
et ad illam pertinentem hobam. tr. fuld. 1, 23. duas
huobas et tres ariales. I, 26. hobas et unam aria-

---

*) ans goth. hôha (aratrum) darf nicht gedacht werden, dies
würde ahd. huoho lauten, wovon wirklich huobili (aratiunculas)
monſ. 329 Doc. 220ᵃ herſtammt; eher verwandt ſcheint das altn.
hôf, modus.

**) einmal findet ſich *hobones* Neug. 496 (a. 876) und *hobun-
nae* (coloniae) tr. fuld. 2, 26 (Schann. nr. 98) 2, 27 (Schann.
nr. 78) wofür 1, 13 (Schann. nr. 177) *haſtunnae* geleſen wird.

***) *hovaſtat,* area, curtis von hof (domus, aula), wörtlich mit
huoba gar nicht verwandt.

lem. 1, 31. Saßen unfreie auf der hube, fo hieß fie
*huoba fervilis* (? fcalches huoba): duas hobas ferviles.
tr. fuld. 2, 79; duas huobas fervi. ib. 2, 73 hobones
ferviles V. Neug. 496 (a. 876.) es konnten aber auch
freie fein und beide führen den namen *hubarii, hübner*.
Ererbtes land wurde bis in neuere zeit *althubiges* (altge-
meßenes) genannt, vgl. oben f. 185. 186.*)

*Manfus* hat fich aus dem fränkifchen reich in das
übrige Deutfchland und durch das ganze mittelalter ver-
breitet; doch finde ich es nur unter den Carolingern
und in den capitularien, nicht in den älteren gefetzen.**)
Bei Neugart zuerft nr. 52 (a. 773) und auch da ftehet
es zufällig, die echtalam. diplome gebrauchen hoba, die
königlichen manfus, namentlich nr. 191 (a. 817.). mit
größter wahrfcheinlichkeit wird es von *manere* geleitet,
da die coloni auf dem grundftück zu wohnen pflegten;
die franzöf. provinzialmundarten haben es in *mas, mes,
meis, meix* verwandelt (Roquef. 2, 149^b 164^a) gerade
wie aus manfio mefon, maifon gebildet†); fo ift auch
das franz. maifnil, mefnil, mênil aus manfionile, man-
file.††) Die manfi find, gleich den huben, gemeßnes
land, über die abweichungen des maßes vgl. Ducange
4, 436 und Huydecoper l. c. pag. 495; es gab *integri*
und *dimidii*; gleich den huben begreifen fie zuweilen
haus und hof, zuweilen werden fie der curtis oder area
entgegengeftellt. In der regel hatte jeder manfus feinen
befitzer (*manfuarius*, oben f. 317.), man fehe die bei-
gefügten genitive in den dipl. bei Neug. nr. 191., die be-
bauten hießen *veftiti, culti*, die ungebaut liegenden
(aber doch fchon vermeßenen und vertheilten) *abfi* †††),

---

*) wie in Oftg. bygd. 28. *büga byr* ∞ *hedno byr;* Veftg. bygn.
6. hoga byr oc af hedna bygdr, d. i. fundus tantae vetuftatis ut
jam tumulorum aetate et in gentilifmo fint culti.

**) form. Marc. 1, 22 manfoarii; 2, 36. manfum, manfellum.

†) Huydecoper op Melis Stoke 2, 590-613 verfchwendet ge-
lehrfamkeit um darzuthun, daß der name nicht aus dem particip
von manere, fondern aus dem von metiri gebildet fei, manfus
für menfus ftebe.

††) zu welcher zeit verfchwindet die benennung manfus in
Deutfchland? fie findet fich noch häufig in dem regiftr. feudorum
ofnabr. von 1350 bis 1361 (bei Lodtmann acta ofn. 1, 161 ff.)

†††) Ducange 1, 66; vineas cultas et incultas *feu abfas;* man-
fos duos *penitus abfos* et omni cultura deftitutos, pafcuis folum.

eigen. liegendes. landvertheilung.

*nudi, inculti;* letzterer war weit die geringſte zahl,
ein breviarium (Bruns beitr. p. 65) rechnet auf 1427 ve-
ſtitos 80 abſos.    Beide konnten nach dem ſtand ihrer
beſitzer entw. *ingenuiles* oder *ſerviles* ſein.    In Deutſch-
land abgefaßte urk. nehmen nicht ſelten manſus für den
bewohnten theil des grundſtücks (für area, curtis), und
ſetzen ihm die dazu gehörige hube, als ackerland gegen-
über: VIII manſos et hobas ad ipſos pertinentes.  cod.

---

modo animalium aptos; territorium, quod nunc jacet *abſum;* de-
ſtructum et ſicut dicitur *abſatum;* abſare beißt alſo mettre en
friche, brach liegen laßen.  der *abſurius* hatte von dem ihm ver-
liehenen land eben ſo wohl zins und heerſchilling zu entrichten,
als der manſuarius veſtitus, nur geringeren: manſionarius 5 ſol.,
abſarius 30 den., bunatarius 15 ſuppleant. (conſt. Caroli craſſi? de
feudis); er nutzte das grundſtück wahrſcheinlich zur viehweide.
Aus abſens oder gar abſum, dem praeſ. von abeſſe, kann dieſer
romaniſche ausdruck nicht erklärt werden; ich habe ans franz.
àbas (herunter) ital. abbaſſo, ſpan. abaxo, port. abaixo und an die
verba abaiſſer (altfr. abaſſir) abaxar, abaixar gedacht, abſus für
abaſus wäre ein im bau heruntergekommnes, verfallenes grund-
ſtück, nämlich man findet auch in alten gloſſen, bei voller und
verkürzter form, abaſa, abſa, abaſo, aboſo, abſo, abbaſo für do-
mus infirma, mit der unwahrſcheinlichen deutung: quaſi ſine
baſe.  Ducange 1, 12. 32.  Indeſſen müſte erſt ein manſus abaſus
ausdrücklich nachgewieſen werden. — Eichhorn zeitſchr. 1, 152
hatte *veſtiti* für die mit einzelnen perſonen beſetzten, *abſi* für die
nicht beſetzten genommen, allein beſitzer und inhaber kommen
beim abſus, wie beim veſtitus vor, was ſchon der name abſarius
zeigt und die unterſcheidung in ſervilis und ingenuilis, nachdem
ſein beſitzer unfrei oder frei war.    Späterhin wurde rechtsg.
§. 84[b] das weſen des abſus nicht in die abgehende cultur, ſon-
dern in die art der verleihung geſetzt: *veſtiti* ſeien die nach hof-
recht beſetzten, *abſi* die auf lebenszeit, pachtweiſe oder ſelbſt wi-
derruflich verliehenen.    Beweiſe für dieſe anſicht kenne ich nicht.
eine gloſſe des Caeſarius zum regiſtr. prumienſe, bei Honth. 662[b]
ſagt: manſi abſi ſunt, qui non habent cultores, ſed dominus eo[s]
habet in ſua poteſtate, qui vulgariter appellantur *wroinde;* dieſe[s]
wroinde wird auch 666[a] hinter abſa eingeklammert und daß der
gloſſator frongüter, herrngüter meint, beſtätigt 673[a]: ſi autem
ipſi iſta et alia jura non fideliter peregerint, abbas feoda eorum
debet *abſare* id eſt *vronen,* nämlich einziehen, zu ſich nehmen,
allein dies widerſpricht dem, was ich vorhin ausgeführt habe,
eingezogne ländereien konnten in gutem bau ſtehen; wahrſchein-
lich verſtand Caeſarius, im jahr 1222, das alte wort nicht mehr.
Merkwürdig heißt es im regiſt. von Prüm ſelbſt 680a: *abſi ho-
mines* (? heruntergekommne leute) ex noſtra familia, qui infra
poteſtatem noſtram *ſine manſis* ſunt, und darauf auch, mit glei-
cher ſchilderung, *abſae feminae.* die abſi homines können keine
abſarii ſein, denn dieſe haben einen manſus abſus, jene ſind ohne
manſen.

lauresham. 1, 312; manſum habentem hobas tres.   ib.
1, 68; V. hobas cum V manſis.  Schannat nr. 580.

Das ganze fränkiſche reich war im neunten jh. nach
manſen eingetheilt, denn bei erhebung öffentlicher *auf-
lagen* dienten ſie zur richtſchnur*) und zwar dergeſtalt,
daß vom manſus ingenuilis mehr, vom ſervilis weniger
genommen wurde, grundherr und manſuarius aber die
laſt zu gleichen theilen trugen.    ann. Hincmari remenſ.
ad a. 866 (Pertz 1, 471): indicta per regnum ſuum con-
latione ad exſolvendum tributum de unoquoque manſo
ingenuili exiguntur ſex denarii, de ſervili tres; iïd. ad
a. 877 (Pertz 501): ſcilicet de manſis indominicatis foli-
dus unus, de unoquoque manſo ingenuili quatuor denarii
de cenſu dominico et quatuor de facultate manſuarii, de
manſo vero ſervili duo denarii de cenſu dominico et duo
de facultate manſuarii.    Noch eine ſtelle in dieſen anna-
len beſtätigt auch das centeſimalſyſtem: de *centum manſis*
unum haiſtaldum et de *mille manſis* unum carrum cum
duobus bobus . . . ad Piſtas mitti praecepit. ad a. 866
(Pertz 481).

Gleichbedeutig mit manſus wird in fränk. urkunden bis-
weilen auch *factus* (d. i. conſtructus, diſpoſitus) gebraucht,
z. b. im polypticus foſſatenſis col. 1389.   factos id eſt
manſos; belege mehr liefert Ducange 3, 299 und 301.
In andern gegenden waren ſicher noch andere namen der
feldvertheilung im ſchwang, z. b. *captura* oder *bifanc:*
pifanc (ſeptum) gl. Jun. 183; unum ambitum, quem nos
bifanc appellamus.    tr. fuld. 1, 33; dimidiam partem
unius capturae. ib. 1, 34; partem capturae meae. ib. 1,
72; *ſcôpoʒa*, ſpäter *ſchuppiße*.   Arx S. Gallen 1, 156;
auch *colonia:* novem trado colonias integras, hoc ſunt
hobunnae. ib. 2, 27; *colonia veſtita* cum mancipiis. Mei-
chelb. nr. 142, was einerlei ſein wird mit huoba veſtita.
der deutſche ausdruck lautete wohl *giuopida*, guopida (gl.
monſ. 368. Doc. 217*), denn uopan iſt colere.  man müſte
die maße wißen.

Die agſ. benennung *hŷd* oder *hŷde* (wenn dieſe genauere
ſchreibung richtig iſt, denn bei Beda finde ich faſt nur
den gen. pl. hida; das engl. *hide* entſcheidet nicht) be-
deutet *haut* und ſcheint ſich urſprünglich auf landmeßung

---

*) das geſamteigenthum der waldungen blieb bei ſolchen an-
läßen unbelaſtet, ſo wie auch die gewöhnlichen zehnten nur das
ackerland trafen.

mit riemen bezogen zu haben (oben f. 90. 91.), fo viel
landes als mit einer haut riemen gemeßen wird; fpäterhin
ein pflug landes, vierzig morgen.

Altn. bedeutet *bôl* praedium, villa und Andr. Sun. 4, 1
vergleicht es ausdrücklich dem manfus: funiculi dimen-
fione tota villa in aequales redigitur portiones, quas
materna lingua vulgariter *boel* appellant et nos in latino
fermone *manfos* poffumus appellare, earum fundis inter
fe praediisque inter fe fundis ipfis adjacentibus adae-
quandis. Nachftdem heißt altn. *töpt*, dän. toft, fchwed.
tomt, tompt was in unfern urkunden area, ahd. hova-
ftat, nämlich der fundus, worauf die wohnung fteht
und die altfchwed. gefetze ftellen die regel auf: *tompt
är ackers* (tegs) *modhir*, area mater eft agri, d. i. nach
der theilung des tomt richtet fich die des ackerlands.
Verelius 253ᵇ 257ᵃ Ihre 2, 922. vgl. Falck jüt. gef. p. 82.
*tegr* (Suderm. bygn. 11) ift das altn. *teigr* (arvum, tractus
terrae).

## 2. *Ausmeßung.*

Nach aufhebung der alten *hamarfkipt* wurde im Nor-
den *folfkipt* (fem.) oder folfkipti (neutr.) gehandhabt,
wovon nur in den fchwed. und dän. gefetzen die rede
ift, nicht in den norwegifchifländifchen. *Solfkipt* (Upl.
vidherb. 1. landsl. bygn. 6.) erklärt Verelius 239ᵃ: agri
fecundum folis et coeli regiones collocati divifio, ut
fundus ad meridiem fitus meridionales, ad feptentrionem
collocatus feptentrionales portiones habeat ac fic in re-
liquis; Ihre 2, 696: terminus legalis, refpiciens illam ve-
terum fanctionem, ut in villa, ubi plures funt coloni,
illi qui verfus orientem aedes fuas habent, etiam orien-
tales plagas inter dividendum fundum nancifcantur, qui-
que verfus occidentem occidentales. *foldragen* by (Dalal.
bygn. 24) wird eine auf folche weife abgetheilte villa
genannt. nu är by til iamföris kumin ok til rättri
*folfkipt*, tha är tompt ackers modhir, tha fkal aker
äpte tompt läggiä ok ändakarli gödhning givä, fiät fran
fughla ren, tu fran gangu ren ok thry fran allmanna
vägh, fum ligger mällän kirkiu ok kiöpunga . . aker a
ängi tilfighia, ängtegher fkogteghi, fkogtegher rörteghi,
rörtegher a vatn a varpum *fkipta*. thär fum äi gita
ftena lighat, fva at fea ma, fkili thär ftang ällä ftokker
rörtegha funder. Upl. vidherb. 7. d. h. ift ein land zur
gleichftellung und rechten fonntheilung gelangt, fo ift
das wohngrundftück (tompt) des ackers mutter, da wird

der acker nach dem tompt abgetheilt und dem angren-
zer (ándakarl, anterminus) vergütung gegeben, einen
fuß vom vogelrein, zwei fuß vom gangrein und drei
vom heerweg, der zwiſchen kirche und markt liegt.
der acker beſtimmt den wiestheil, der wiestheil den
waldtheil, der waldtheil den rohrtheil, der rohrtheil
ſcheidet das waßer nach den netzen, da wo ſteine nicht
ſo liegen können, daß man ſie ſieht, ſoll ſtock oder
ſtange den rohrtheil theilen.      Faſt gleichlautend Veſt-
mannal. bygn. 14. Landslag. bygn. 6.; fugla rên iſt der
ſchmalſte rand am feld, worauf ſich die vögel fetzen,
gangurên der fußpfad.      Auch das jütiſche geſetz 1, 55
(von *folſkift*) ſpricht den grundſatz aus, daß nach dem
toft alles übrige feld acker und wieſe getheilt werden
ſoll.      Im innern Deutſchland ſcheinen alle grundſätze
der alten landtheilung nach ſonne und himmelsgegend
verloren.      Erwäge ich aber den zuſammenhang der
*folſkipt* mit der altrömiſchen *limitation*\*), ſo blicken den-
noch einzelne ſpuren durch, die richtung *gegen morgen*
bei dem ſonnenlehn (f. 254), bei der einweihung des her-
zogs (f. 254) und, wie das ſechſte buch zeigen ſoll, die
einrichtung der gerichtsplätze.\*\*)
Werkzeuge zur theilung waren *feil* (rieme) und *ſtange.*
jenes heißt altn. *reip*, altſchwed. *rêp* (reif), repa iord.
Veſtg. til reps fik biuda. Oſtg. bygd. 1. vgl. Jüt. 1, 39;
altn. *álburdr* (feilführung) von *ál* (lorum) und *taum-
burdr.* nach Gulaþ. p. 286. 287 wird das land mit *ſcapt*
und *álburdr* getheilt.      fünfellenlanger ſtangen gedenkt
Oſtg. bygd. 2, 1: taka *fämalna ſtang* ok leggia tvar a
attung.

---

\*) *decumanus* appellatur limes, qui fit *ab ortu ſolis ad occa-
fum*, alter ex transverſo currens appellatur *cardo.* Feſtus.   eigent-
lich lag der cardo als hauptlinie zu grund, die von dem decu-
manus durchſchnitten wurde.   Niebuhr 2, 386.   Der augur ſchaute
bei der feldmeßung nach den himmelsgegenden, wie bei der in-
auguration des königs und conſuls.   Niebuhr 2, 384. 385.   Die
limitation und agrimenſur als gegenſatz zur arcifinalität des ge-
meinlandes vergleicht ſich überraſchend unſerer ſonntheilung im
gegenſatz zu dem hammerwurf der marken.

\*\*) vielleicht die theilung des kampfplatzes *bei duellen* nach
der ſonne. Sſp. 1, 63.: die *ſunnen* ſal man in gelike delen, alfe
irſt to ſamene gat; ſchwäb. landr. 386, 18: die *ſunnen* ſol man
in gelich tailen, als ſie erſt zeſamen gant; poema del Cid. 3623:
forteabanles el *campo*, ya les partien el *ſol;* vechten zwiſchen
zwo ſunnenſchinen. cod. pal. 132.

Des *funiculus* hereditatis, wonach die Vandalen grund-
ftücke theilten, ift f. 479 meldung gethan. Der langob.
könig Liutprand, berichtet das chron. novalicienfe 3, 1,
foll fo lange füße gehabt haben, daß fie das maß eines
ellenbogens erreichten; nach feinem *fuß*, deffen vier-
zehn auf *ftange* oder *feil* eine *tabula* (ruthe) ausmach-
ten, maßen die Langobarden ihre äcker. meßfeile aus
ahd. urkunden habe ich mir nicht angemerkt, fie reden
von *ruthen* und *ftangen:* tres virgas hovafteti. tr. fuld.
2, 80; terra ad *perticam* menfurata. Neug. 106 (a. 788);
was bedeutet de pratis duodecim *worpa?* bei Meichelb.
nr. 295.
Höchft eigenthümlich ift die altwallifche weife land zu
meßen, die man bei Probert p. 177. 187. 241 nachlefen
kann; fie geht aus von der größe des gerftenkorns (oben
f. 103.)*)
3. *Grenze.* war die größe eines landes, entw. durch
außerordentliche mittel oder durch gewöhnliche meßung
beftimmt, fo mufte fie *bezeichnet* und für die fortdauer
gefichert werden. Wo die grenze *endete* u. *wendete***)
wurde das zeichen gefetzt. Scheide zwifchen völkern
machten felten *flüße*, gewöhnlich waldung oder hohes *ge-
birge.* beifpiel eines flußes nehme ich aus der Edda:

    Ifing heitir â, er deilir með iötna fonom
    grund oc með goðom;
    opin renna hon fcal um aldrdaga,
    verðrat ís â â. Sæm. 33ᵃ

---

*) hält man einrichtungen, formeln und ausdrücke der römi-
fchen *agrimenforen* zu unfern deutfchen, fo ergibt fich ähnlich-
keit, obgleich noch niemals für die fache gefammelt worden ift,
viele begriffe und wörter entftellt und verdunkelt find. die röm.
meßer wandten z. b. auf die geftalt der berge die des menfchli-
chen oder thierifchen leibs an, daher vertex, caput, fupercilium,
collum, jugum, dorfum, fura, pes und andere mehr von beiden
gelten; ebenfo fagen wir noch heute gipfel, rücken, fuß des bergs,
fuß des markfteins. das möchte nachgeahmt fcheinen, aber im
altn. findet fich auch fialls brún, fialls öxl, fialls bak, fialls nes;
ahd. hnol, hnollo (vertex), mehrere berge heißen horn, elnboge,
rück (hundsrück, katzenelnbogen) und die gleichftellung der berge
mit riefen ift in der deutfchen fabel wenigftens eben fo eigen-
thümlich begründet, als in der griechifchen. Andere benennun-
gen werden von haus und hausgeräth entlehnt, z. b. bergftuhl,
fchwelle (Stalder 1, 315. trüfchhübel) fcamnum. vgl. die formeln
f. 36. 84.
**) technifche ausdrücke für das grenzrecht; man fagte auch
*keren* und *wenden* und *ftoßen.*

nie gefriert er, die trennung zwifchen beiden völkern
dauert beftändig fort. Ein großer wald, Eyðafkôgr, fon-
derte Vermaland ab von Gautland. Har. hârf. cap. 15;
filva, quae Polonos et Ungaros fejungit. Otto friſing.
7, 21; ein fels am Rheinſtrom Burgund und Rhätien.
Gaue und kleinere bezirke wurden fchon öfter durch
flüße und bâche*), noch häufiger durch wälder gefchie-
den; privatgrundſtücke muften, wo nicht waßer, wald oder
ein landweg zu hülfe kam, durch zäune, hügel, graben,
furchen, pfäle, ſteine begrenzt werden. Die auserfehenen
felfen, ſteine und bäume erhielten eingehaune oder einge-
fchnittne zeichen, auf ahd. *mahal*, *hlâh*, vielleicht auch
*marcha* genannt. In Rothars gefetzen 242. 243. 244. 245
*theclatura* und *finaida*, jenes fcheint taliatura (einfchnitt)
diefes fignata, fignatura**); et deinde per ipfa via decur-
rentes per arbores *teclatas* habentes literas omega. charta
Deſiderii regis in bullario caſinenſi 2, 14. In der lex
Viſig. X. 3, 3 (vgl. VIII. 6, 1) und daraus lex Bajuv. XI.
3, 2: figna vel notae in arboribus, quas *decurias* (das
zeichen X) vocant; *evidentia figna* (fva *at fia ma*. Upl.
vidherb. 7.) in arboribus, montibus, fluminibus. lex Bajuv.
11, 5.

*Grenzſteine.* lex Viſig. X. 3: *aggeres***) terrae ſive
*arcas*, quas propter fines fundorum antiquitus apparue-
rit fuiſſe conſtructas atque congeſtas, *lapides* etiam, quos
propter indicia terminorum *notis evidentibus* conſtiterit
eſſe defixos. eine urk. von 1155 bei Neug. nr. 866 ent-
hält folgende merkwürdige ſtelle: inde ad Rhenum, ubi
in vertice rupis *fimilitudo lunae*, juſſu Dagoberti regis
ipfo praefente fculpta cernitur, ad difcernendos terminos
Burgundiae et curienfis Rhetiae. Bei dem altfchwed. *ra*
oc *rör* war es hauptfächlich an der zahl der ſteine ge-
legen; die deutlichſte ſtelle iſt Upl. vidherb. 18: thât ǎr
*rör*, fum fâm ſtenar ǎru, fiurir utan oc ein i midhiu.
fiuri ſtenar ok thrir ſtenar mughu *rör* heta. äi mughu
fâri ſtena bolſtadha fkiäl heta. fâm ſtena fkulu i hvarium

---

*) Hafslækr (ein bach) rêd þar landamerkum at fornu fari.
Egilsfaga p. 711. 736.

**) fo fcheinbar ähnlich das ahd. *fneida* iſt, und gerade bei
grenzen vorkommt. trad. fuld. 2, 9.

***) in Schlefien: *koppitzen* aufwerfen und die grenze beſtätigen.
Schweinichen 3, 179. *kupfen* 3, 287. vom poln. kopiec, böhm.
kopec, hügel. auf deutfch heißt ein folcher hügel *rein*.

tompta *ra* liggia. i farvägx *ra* mughu thre ſtena liggia,
ſva ok i urfiälds ra. i akra ſkiptum ok tegha thär ma
tve ſtena *ra* kalla. ſtaka ok ſten ma *ra* kalla. ben ok
ſten ma *ra* kalla. enum ſteni gifs ängin vitzord. hieraus
ergibt ſich: *ein* bloßer ſtein hat keine beweiskraft, doch
*pfahl und ſtein* oder *bein und ſtein* heißen ra, *zwei
ſteine* ebenfalls; ein fahrweg und ein urfiäld fordern
*drei ſteine;* jeder winkel des tompt *fünf ſteine. fünf
ſteine* ſo geſtellt, daß einer in der mitte, vier außen
um ihn herum liegen, heißen rör, auch *vier* und *drei
ſteine. ra* iſt das altn. râ, ſchwed. dän. vrâ, *winkel* \*),
ſoll aber nach Ihre auch pfal bedeuten; *rör* erklärt er
ſtein, röra ſteinigen, verwandt ſcheint das altn. reira
(oder reyra?) bei Biörn ligare, vincire. Auf Island und
in Norwegen werden die grenzſteine *lirittar* genannt,
nach Biörn: bodones, lapides ſacri, *tres lapides*, limi-
tum indices; andere ſchreiben lyrittar, lærittar, es wer-
den ſehr verſchiedene herleitungen gegeben, deren keine
befriedigt. merkwürdig iſt, daß ein von drei männern
abgelegter eid bei dem iſländ. gericht lyrittar eiðr hieß,
ihr zeugnis bewies gleich den drei markſteinen (Arne-
ſen p. 258-260.); *markſteina* ſcal þar nidr ſetia oc
grafa, ſem menn verda âſâttir, oc leggia ſhiâ þria
*ſteina* oc ero þeir kalladir *lyrittar.* Gulaþ. p. 286. \*\*)
Auch im innern Deutſchland herrſcht die *dreizahl* der
grenzſteine vor, eine urk. bei Kindl. 3, 639 gedenkt der
*drei ſteine* beieinander; das Winterbacher und Plüders-
hauſer untergangsrecht (Fiſcher erbf. 2, 261. 274) hat
vier oder fünf: wann wir *ein ſtein* ſetzen, hawen wir
ein *creutz* daran und *legen vier ſteine darzue* zue ai-
ner zeugnus und *verſchlagen* die ſtein, das ſie ſich
wider zuſammen ſchicken und wann zwen nachburen
ein ſtein ſetzen wöllen zwiſchen zwen ſtein, ſetzen wir
inen auch ein ſtein, das iſt unſer brauch. Rugian. 156
ſtehet: under den *ſcheidelſtein* gehören kohlen, glas u.
*geſammelte ſteine;* und im Monjoier w.: weiter wird
gefragt, es iſt ein fenn (moor) gelegen zwiſchen m. gn.
h. und den herrn von Burgonie, geheißen das *mark-
venn*, in demſelben venn ſoll man finden (einen) *reinen*

---

\*) ſteine in den winkeln der limites. Niebuhr 2, 383.

\*\*) eine variante fügt hinter þria noch *adra* (alias), wonach
die lyrittar die den markſteinen *zugelegten* ſteine wären.

u. *genägelten ſtein.* Eine gehörig beſtellte grenze heißt: *verſteinel* u. *vermalet.*

*Grenzbäume.* es wurden *kreuze* eingehauen*) und *nä-gel* eingeſchlagen, inciſiones factae in arboribus, clavi fixi. Ducange ſ. v. arbor und crux. Haltaus 213. 214, gewöhnlich auch *ſteine* daneben geſetzt. in vallem, ubi *cruces in arbore* et lapides ſubtus infigere juſſimus, *cla-vos* in arboribus figere. Bouquet tom. 4. nr. 4 (a. 528); ubi in duabus arboribus *evidentia figna* monſtrantur. Ried nr. 26 (a. 830). Die inciſion hieß ahd. *lah*, wel-ches genauer zu ſchreiben ſein wird *hláh**), eine lau-reshamer urk. von 770 (bei Eccard Fr. or. 1, 610) be-ſagt: terram et ſilvam, quae eſt in illa marcha de Bir-ſtat, ſeu in eo fine, de eccleſia ſancti Nazarii ad partem meridianam inter partem ſancti Petri per Agilolfum et ſuos conſortes *pro figno inciſa;* et inde ad partem orientalem usque in fluvium dictum Wisgoz, ubi marcha de Baſinheim conjungit, et de ipſo rubero (robore) ad partem aquilonis, ſicut ipſa *inciſio arborum* in ipſa die facta fuit, quae vulgo *lachus* appellatur ſive *diviſio;* et ſic ad illam ligneam crucem, quae eſt poſita juxta illam viam, quae venit de Birſtat et inde ad partem aquilonis (?oc-cidentis), ſicut illa *inciſio arborum* ſive *lachus* in ipſa die facta fuit, usque ad illum monticulum, usque in dictum Wisgoz, ubi marcha de Baſinheim conjungit; quicquid intra illam *inciſionem arborum* ſeu *lachum* ſive diviſionem usque ad marcham de Baſinheim de dote Angilae vel de qualibet parte Cancoris ibidem videbatur eſſe portio ſive poſſeſſio vel dominatio. In einer andern grenzbe-ſchreibung trad. fuld. 2, 49: et ſic per noſtra figna, id eſt *laha.* ***) Die langobardiſchen theclaturae ſind an

---

*) eingehauene *wolfsangel* in einer urk. von 1557 bei Haltaus 1300; gehörte ſie ins wappen der herrſchaft? oder erinnert ſie an die *wolfsklauen, bärenklauen* auf grenzſteinen? (agrimenſores ed. Rigaltius p. 315. 316.)

**) â folgere ich aus dem ſpäteren o, *hl* aus dem weſtphäl. *hlac*, in dem Hlacbergon der freckenhorſter urkunde. unſer leck (für lech) rimoſus, ſpaltig, rißig und lechzen, vor dürre riße be-kommen, erklären ſich ſo leichter, als auf dem gramm. 2, 27 nr. 300 verſuchten wege.

***) die ſpäteren formen lochbaum, lochſtein, lochen (inci-dere) bei Oberlin; loch (foramen) iſt gar nicht verwandt. Dahl Lorſch p. 86 hat: bi den alten undergengen, *glachen* u. markſtei-nen bleiben.

*bäumen* im wald angebracht; nach der lex Vifig. X, 3, 3:
fi haec figna (aggeres, arcae, lapides) defuerint, tunc in
*arboribus* notas quas *decurias* \*) vocant convenit obfervari,
fed illas, quae antiquitus probantur *incifae.* Man wählte
*eichen, buchen, tannen:* in pago Salagewe et in marcu
Salagewono partem capturae meae de illis arboribus,
quae nuncupantur *lahbouma.* tr. fuld. 1, 72; usque ad
arborem *lachbuocha* dictam. Freher orig. pal. 1 app.
p. 43; mark (fignum) das geflagen ift in die *tanne* un-
der dem ftein. MB. 1, 440 (a. 1341); die *heiftere* ift
gehowen mit eim *krütze.* Kindl. 3, 682 (a. 1537); ind
vort van eime fteine to dem andern ind van eime *mal-
bome* to dem andern, wente up dat hogefte an de *boken,*
dar fteit de rechte hovetftein ind dar fteit *kruce* an die
*boken* ind *berken* gehowen. Kindl. 3, 639. 640 (fec. 15);
termini et fines per lapides terrae infixos ac figna vide-
licet *crucem* et cervi cornu (wappen der grafen von Rein-
ftein) arboribus infculpta. Delius Elbingerode p. 16. 23
(a. 1483); an den *baum* zeichen und unter den graben
gefetzte fteine. Rugian. 156. Außer *lachbaum* loch-
baum gelten die benennungen *mahlbaum* (malbom. Halt-
aus 1299. 1300. Sfp. 2, 50. Ölrichs rig. recht p. 82.
Delius Elbingerode p. 25. 26. 31.) *fcheidelbaum* und in
Niederdeutfchland *fnaatbom*, nach dem brem. wb. 4, 891
von fnaat für fnede, fchneide, fchnitt (vgl. heemfnaat oben
f. 500).

Die legung der grenzzeichen gefchah *feierlich*, zumal
wenn fie für ganze örter, marken und gaue eintrat, in
gegenwart des volks und beiderfeitiger nachbarn. *kin-
der* wurden zugezogen und in die *ohren gepfetzt* (f.
144) oder erhielten *maulfchellen*, damit ihnen zeitle-
bens die erinnerung des vorgangs eingeprägt bliebe. in
manchen gemeinden war der gebrauch, knaben auf die
neugefetzten fteine zu *ftauchen.* Mone bad. arch. 1, 272.
Jährlich oder von zeit zu zeit wurden die marken be-
gangen, befichtigt und erneuert. Die grenzlegung und
begehung heißt in den alten urkunden *circumducere,
peragrare*, auch *cavallicare* (man beritt weit ausge-
ftreckte marken): circumducere marcham Wirziburga-
nenfium, *optimates* et *fenes* fines circumducunt et

---

\*) die *kreuzform* der decurien und ohne zweifel des lachus
kann uralt vorchriftlich fein; fie erfcheint ja bei durchfchneidung
des röm. cardo. Niebuhr 2, 386.

praeeunt juramento aftricti, ut juftitiam non occultarent,
fed proderent. Ecc. Fr. or. 1, 674; terminationem per-
agrare, demonftrare et affignare. Meichelb. nr. 1256; haec
funt nomina eorum qui audierunt rationem iftam et *ca-
vallicaverunt* illam commarcham et fuerunt in ifta pi-
reifa. Ried nr. 20 (a. 819.); deutfch, außer *pireifa* (be-
reifung), *lantleita* (Haltaus 1168. 1169), *underganc,
umbeganc.* landleitung u. fcheide ziehen; die marke un-
dergehen; ein undergang gegangen u. *befteinct* haben.
Dahl Lorfch p. 93 (a. 1431); undergenge die *beftockt*
u. *befteint* find. id. p. 86 (a. 1474); de *fneide* getogen,
fe togen de fneide. Delius Elbingerode p. 24. 26. 31;
umbgang. Kindl. 3, 681 (a. 1537); mit den gemeinden
einen *gemeinen gang* um die mark gehen, kauten (gru-
ben) fchlagen u. große eichenpfäl in die kauten. Gärtes-
hecken w.; anno 1490 in die Viti haben die burger
u. underfaßen des gerichts zu Homberg uf der Ohm
ein *landfcheidung gegangen* zwifchen dem landgrafen
und denen von Schenk zu Schweinsberg . . . u. haben
diefelbige angefangen zu gehen bei der wuftenunge Fin-
kenhain u. fo vortan gangen bis an das Genfeholz u. fa-
gen, wie das gen. Genfeholz u. das gericht zu Homberg
fo nahe zufammen ftoßen, als wan ein *wagen mit vier
pferden* nach Finkenhain aus dem Genfeholz am ende
(l. anwende, kehre), fo follen die *furderften zwei pferde*
im gericht zu hoen berg ftehen. Ziegenh. repert. vol. 8.;
am S. Georgstag (23. apr.) werden zu Treifa vom bur-
germeifter, zwei vorftehern, den *jüngften* bürgern, *fchul-
knaben*, feldhütern u. hirten die grenzen der ftadtgemar-
kung und zwar jährlich ein theil derfelben *begangen.*
Kulenkamp Treifa p. 140.

Solche fteine und bäume waren *heilig* und *unverletzlich,*
von den bäumen durfte nicht laub, nicht zweig ge-
hauen werden.*) volksfagen gedenken verwünfchter gei-
fter, die als irwifche auf den feldern fchweifen, weil
fie bei ihrem leben die markfteine verrückt haben. Auf
*ausackern der mahlfteine* fetzen die weisthümer grau-

------

*) *antemiffae* arbores dicuntur, quas nunnulli inante poffeffio-
num fuarum fines dimittere folent intactas, ex quibus neque
frondem neque lignum neque cremium caedant, ut magnitudine
ceteras antiftent et fic obfervationem finium praeftent. Rigault
zu den agrimenforen.

fame ftrafe\*): man fpricht, es fi ein recht, daß man denfelben full graben in das loch, dan der malftein geftanden hait in die erden biß an finen görtel unde full dan *mit eime pluge unde vier pferden ober en faren*, das fi fin recht. Frankenb. gewonh. bei Schminke 3, 746; wer einen grenzftein verfetzt, dem foll der *hals mit dem pflug abgefahren werden*, indem man ihn in die erde gräbt bis an den kopf. da foll der enke nicht mehr geahren und der pflughalter nicht mehr den pflug halten\*\*) u. ihm nach dem hals ahren. Knichen de fuperior. territ. cap. 4. n. 375; wer wißentlich rein, ftein und markung ausgrebt, der hat fein unrecht. forter: was fein unrecht fei? denfelben fol man in die erden graben bis an den hals und fol dan *vier pferde, die des ackers nit gewon* find, an einen *pflug, der da neu ift*, fpannen und follen die *pferde nit mer gezogen* u. der *enke nit mer geern* u. der *pflughabe nit mer den pflug gehalten haben*; und fol man im als lang nach dem hals ern, bis man im *den hals abgeern* hat. Hernbreitinger Petersgericht; auch ob iemants fi vermeßen, der markftein auß öer oder gröbe, was der vermacht? daruf weift der fcheffen: man foll innen gleichs dem gurdel in die erd graben u. foll ime *mit einem ploich durch fein herze fahren*, damit full ime genöch u. recht gefchehen fein. Niedermendiger w. Vgl. was f. 520 von dem alterthum und der unwirklichkeit\*\*\*) folcher ftrafen gefagt worden ift; die alten gefetze verfügen zwar anfehnliche, immer aber verhältnismäßig weit geringere geldbußen, die langob. 80 fol. (Roth. 242), die vifig. (X. 3, 2) 20 fol., die bairifchen (XI. 1) 26 fol. per fingula figna vel notas, der Sfp. 2, 28 dreißig fchill. Näher fteht die wallififche verordnung:

---

\*) gefchah es unabfichtlich, fo mufte bloß in gegenwart der nachbarn der grenzftein hergeftellt werden: fi quis, dum arat, terminum *cafu non voluntate* (altn. af vada oc ei med vilia, oben f. 31) convellat, vicinis praefentibus reftituat terminum. Vifig. X. 3, 2.

\*\*\*) foll heißen: gehalten haben, wie das folgende w. lehrt; pflug, pferde, knecht u. pflüger dürfen zum ackern noch nicht gebraucht worden fein. vgl. Heinecc. elem. 2, 303.

\*\*) volksfage erklärt ein bei Nordheim auf der landftraße eingehaunes kreuz für eine pflugfchar, weil dort einem frevler, der einen pflug vom felde geftolen, der kopf abgepflügt worden fei. Spiels archiv 1, 64.

wer grenze abpflügt, deſſen ochs, pflug und ſchar ver-
fällt dem könig. auch ſoll dem könig der werth von des
pflügers rechtem fuß und des treibers linker hand ent-
richtet werden. Probert p. 193. 194.

*Grenzſtreit*, wenn die bezeichnung unſichtbar und zwei-
felhaft war, ſchlichtete das alterthum durch gottesur-
theile. hierher zähle ich auch den *lauf* der männer und
thiere (f. 85. 86). das bairiſche geſetz 11, 4 und das
alamanniſche 84. verordneten *zweikampf* unter beſondern
feierlichkeiten. Im mittelalter pflegten oft *ſieben* ſchieds-
männer zu entſcheiden: ſind die vom adel um ſcheiden
zwiſtig, der älteſte lehnmann machet die ſcheiden ſelb-
ſiebende mit vier vom adel und drei bauern. Rugian.
156; noch ein beleg folgt ſogleich.

### 4. *Anfchutt* und *abtrieb* (alluvio, avulſio).

der ſtrom kann einem grundeigenthümer *land* oder *ſand*
(*waſen* oder *grieß*) anſchütten\*) und abtreiben. ein
merkwürdiges weisthum über anſchot iſt f. 184-186 mit-
getheilt. MB. 22, 348. 349 geben eine urk. von 1367
über den grenzſtreit zwiſchen Möringen und Hauſteten;
*ſieben alte bauern* ſprachen recht, ſie *ritten* nahen
ein meil auf bei dem Leche u. do hin wider dan auf daʒ
Lechvelt zu einem groʒen ſtain u. ſprachen; und wurd
mit recht auʒbracht, daʒ der *Lech* ie dem man, *als
daʒ ruder gat*, geben u. nemen mag, ganzer *waſen
weis* oder *grießweis*. Die ſpätere bair. landesordn. von
1516 (Haltaus 41) unterſcheidet gerade zwiſchen waſen
und grieß, wurzhafter *waſen* verbleibe dem, von deſſen
grund er abgebrochen ſei, der *grieß*anſchutt gehöre
dem, deſſen boden er ſich anſetze. Nach dem Ruhr-
recht von 1452 darf der eigner des abgebrochnen grund-
ſtücks, ſo lange es noch in der flut los umhertreibt,
ihm folgen und ſich ſeiner wieder zu bemächtigen ſu-
chen: wem dei twiflot van ſinem lande afgebroken, dei
mag em ouch, als ſin land *werdt* u. *wendt*, dar ein
fülx afgedreven u. entflotten, *volgen* u. ſich des under-
nemen, wan hei darbi komen könne. hat es aber an
eines andern boden angetrieben, ſo gehört es dieſem und
jener darf nicht mehr folgen, wogegen ihm zu ſtatten

---

\*) bei der *anfchüt*, als die Tunaw *gefchüt* hat. MB. 12, 203.
266. 18, 250.

kommt, was ſich an ſein behaltenes noch ſo kleines ſtück ſetzt. der text iſt ſ. 80 ausgezogen. *)

5. *Tropffall, zaun, überhang.*

it ne mut nieman ſine *oveſe* **) hengen in enes anderen mannes hof; nulli licet ſtillicidium aedificiorum ſuorum immittere fundo alieno. Sſp. 2, 49; daʒ traef (l. *tröufe*) und *tropfſtal*, traufe u. tropffall. MB. 19, 66 (a. 1394); eine lebendige hecke hat an des nachbarn grunde einen *tropfenfall* von 1½ fuß, weil ihr anpflanzer ſo viel von ſeinem eignen grunde liegen laßen muß, daher er auch, vor dem zaun ſtehend, ſo weit er mit *ellenlangem bardenhelf darüber reichen* kann, befugt iſt, wegzuhauen; bei ſetzung einer todten hecke braucht er dem nachbarn nichts zu reichen, darf aber auch keinen tropfenfall verlangen. Delbrücker landr. p. 24; ein ieglicher mann, der haus und hof hat, der hat gewalt u. friede, *als ferne ſeine traufe fället*, daß da niemand gehen noch gefahren mag wider ſeinen willen. Freiberger ſtat. (Walch. 3, 179); an welchem ort einer den *drüppelfall* hat, muß nach ſtadtrechten demſelben drittehalb fuß gewichen werden. Unner ſtat. (v. Steinen 2, 1080); nû ſâ madr er ſetr hûs vid eng annars manz, þâ ſcal hann gera *droparúm* um hverſis af ſînu oc ſetia ſvo vid gards lîd eda þiodvegh, at hann geri veg eigi ôfœran. nû ef madr ſetr hûs hiâ akri mans eda ſvo nær nauta tûni oc gerir eigi *droparúm*, þâ fœri îfrâ oc bæri mörk ſilfrs, hâlfa konongi enn hâlfa eiganda. Gulaþ. p. 433.

*Zäune.* ſepem rumpere. lex ſal. 10. 8; conciſa vel ſepes ib. 19, 4. conciſa aliena. ib. 37, 5; tres virgae unde ſepes ligata eſt. ib. 37, 1; retortae cambortae. lex rip. 43; ſepes mentonalis. ib. 70, 3; eʒiſczûn, etarchartea (eʒiſc iſt ſeges, etar ſepes) lex bajuv. 9, 11; de ſepibus et palis. lex burg. 27; derzon (ederzûn), ſepes aſſiata, ſtantaria. Roth. 290. 91. 92; ſepes texta vimine. Roth. 308;

---

*) dem limitierten land bei den Römern fehlte alluvion. Nieb. 2, 391. auch bei uns ſcheinen die wichtigſten vorſchriften über den anſchutt von gemeinland ausgehend.

**) *oveſe* das goth. ubizva, ahd. opaſa, altn. ufs, ups, agſ. efeſe, engl. eaves (ſg., kein pl.) und Weber (bilder des Sſp. taf. 8, 2) hätte es nicht für *obſt* (ſächſ. ovet) nehmen ſollen. aber ſchon der verfaßer des ſchwäb. landr. verſtand das wort nicht, indem er ein ſinnloſes *hoffache* daraus machte 378, 2 Schilt. 92 Senkenb. Auch altſchwed. opſädrup (ſtillicidium) Veſtg. bygd. 2 und nnl. ooedruip.

de ſepibus inciſis et incenſis, de palis ſepium. lex Viſig.
VIII. 3, 6. 7; von zäunen. Gutalag cap. 32. 33. 34. 35.
Gulaþ. p. 350. 380-385; griſa ſmuga (oben ſ. 94); nu ár
gilder garder, ſum mąn bār medh allum folkvapnum,
ſva högher ſum *laghliker madher taker* annan vāgh
*a iord* medh *alna langu ſkapte.* Oſtg. bygd. 14; ben-
ken herbſtzune und meizune. Sweinheimer vogtr.; ſve
ſo tünt, die ſal die eſte keren in ſinen hof. Sſp. 2, 50;
angeſtelt, ſo jemand wieſen auf dieſe weide ſtoßen hette
u. die verzeunen ſoll, wie feſt er den *frieden* ſoll
machen? iſt geweiſt, daß der *friede* ſoll gemacht wer-
den alſo hoch und feſt, daß *zwei geſpannte pferde
nit können darüber kommen.* Riedweisth. von 1509; ein
*wall* um einen zuſag (?zuſlag) oder kamp, worauf eine
todte hecke geſetzet wird, muß wenigſtens 3 waſſen und 2
*ervezaun* hoch und dermaßen ſtark ſein, daß er *von ei-
nem ſtarken manne drei fußſtöße aushalten* könne.
Delbrücker landr. p. 24.; ſo einer einen zaun zwiſchen
erbland machen muß, wie weit er über den zaun das
erbland verthätigen könne? R. ſo weit er mit einer
*bardenhelft einer ellen lang,* ſo er vor den zaun ſteht,
*über den zaun lungen kann,* kann er das zaunholz ver-
thätigen (oben ſ. 66.), große bäume ausbeſchieden. Riet-
berger landr. 31; wie hoch ein wahrhafter zaun ſein ſoll?
R. wen man eine *barde mit dem heft einer ellen lang*
nehmen u. *über den zaun auf die erde reichen* könne.
auch ſoll er ſo ſtark ſein, daß *ein gewafneter mann drei-
mal mit einem fuß dagegen laufen* könne, da er das aus-
ſteht iſt er ſtark genug. ibid. §. 36; andere formeln über
die *ſtärke des zauns* oben ſ. 72. nr. 27. ſ. 94. 106. nr. 11;
mit den nachbarn hebt man den zaun auf. Agricola
ſprichw. 589.

*Ueberhang* und *überfall.* wem die eicheln zugehören
ſo von des nachbarn baume, deſſen zweiger auf des an-
dern nachbarn grund hengen, fallen? R. *der den böſen
tropfen genießet, genießet auch den guten.* Rietber-
ger landr. §. 35; item, dar twee te hope tünen, ſollen
ok te hope leſen. item der allene tünet, ſall ok allene
leſen, dar die boeme *overhangen* thut. Benker heidenr.
§. 18. 19; item Jaſper Struck leit fragen eins rechten
ordels, oft ein boem ſtonde up eins anderen mans ſtucke
oft lande, oft up dei marke, wem de *overfall* tokome?
darup wort gewiſet vor recht: iſſet ſake, dat de gemei-
nen buren eme gewiſet hebbet u. togelaten, dat he dat

moge toflaen, fo fall he den *overfall* einlene beholden,
is dat nicht, fo follen de buren den overfall intfamet
gebruken. Letter markenprotoc. von 1522. (dies ent-
fcheidet bloß den letzten der in der frage geftellten bei-
den fälle, wenn der baum auf die gemeine mark über-
hängt; haben die märker dem eigenthümer des baums
verftattet, fein angrenzendes grundftück einzuhegen und
zu verzäunen, fo behält er den überfall, fonft aber genießt
deffen gemeine mark); die früchte gehören dem, auf
deffen grund fie gefunden werden, auch beim *holz-
fall* nicht nur die abgefallnen äfte, fondern der baum
felbft, wie weit er des nachbars grund rührt, folgt den
enden, muß alfo auf der fchnatfcheidung durchfchnitten
werden; fällt ein gehauner oder umgefchlagner baum
auf gemeinen fahrweg, fo eignet fich der landesgograf
zu, was *zwifchen wagenfpur und nabel* (nabe) befunden
wird. Delbrucker landr. p. 25; mer, fo zwen baum zwi-
fchen iren gütern hetten, u. das obs, es were zam oder
wilde, *auf den andern fiele*, wie der fich darmit hal-
den foll? urtheil: wo baum uf einem felde ften, was
dan uf einen iden felt, das fall im folgen. wo fie aber
in garten ftehen, was alsdan uf den andern fellet, das
obs fol er dem andern dem ftamme nach halb wieder
geben. Hernbreitinger Petersger.; *abhauen des über-
hangs*, oben f. 70; der *überhang* 'foll zwifchen dem
herrn des baumes u. dem nachbarn gleich getheilt wer-
den. Frankenhaufer ftat. von 1558 (Walch 1, 349); *han-
get ein baum* auf eines andern mannes gut, was des
obftes ift, das über fein gut hanget, das ift fein, die-
weil er will, will er aber fein nit, fo mag er dem vogt
wol klagen u. foll das der vogt tuon *abhauen*, was
über fein gut hanget, welcher hand baum das ift. Augsb.
ftat. 283 (Walch 4, 286); welch man hot bi finen nacke-
bern einen baumgarten legen, was denne obir des an-
dern gewen (? gewere) kompt mit finen eften u. mit fi-
nen erften zwigen, wer denne den ftam adir die wur-
zil in finer gewere hot, der zihe fich der irfte zwige
an u. grife denne, fo her vefte moge, was im denne
volgit, das ift fin, das do nu adir nicht gevolgin mag,
das fal ienes fin. Schlef. landr. (Böhms beitr. 1, 4. p. 48);
welch man had ein garten bi fim nachkebur legende,
was dann zwelgen hangen in fins nachkeburs hof, di
zihe, der den ftam adir di worzeln in finer gewere had,
zu em, fo er meift mag, waz em danne nicht gevolgen
en mag, daz ift jenis. wann nimandes boime hangen

fullen in fins nachkeburs hofe, eȝ gefche danne mit fim
willen.   Caffeler hf. eines rechtsbuchs 3, 22.*)
Wann ein *baum* zwifchen zwei nachbarn *in der zaun-
ftätte* ftünde, foll ieglicher eine fcharfe axen nehmen u.
den baum *auf beiden feiten anhauen,* dem er dann zufällt,
der kann ihn brauchen.   Wendhager bauernr.; dies hauen
gilt auch von andern bäumen, außer dem grenzverhältnis:
item es ift zu wißen, ob der herfchaft man einer u. des
von Staingaden mann einer an einen pawm koment, fo
mugen fi *pede hawen ieder ȝu einer feiten;* u. auf wel-
chen tail der pawn felt, fo foll der ander davon gen.
Peitingauer ehehaft §. 52.

6. *Weg.*

*Straße* ift der öffentliche heerweg, diotwec, chuningis
wec, helwec**), fchmälere, engere wege heißen *pfad,
fteg*, ahd. *ftigilla* O. II. 4, 17. mhd. *ftigele* MS. 2, 228ᵃ,
*ftigel* (oben f. 106).   Formeln über *wegbreite* oben f. 69.
104; hier noch andere: wie weit ein gemeiner *hellweg*
mit zäunen u. graben zu räumen fei?   R. der foll fo
weit und fo breit fein, daß ein mann *mit einem wefe-
baum dadurch reiten* kann.   Rietb. landr. §. 40; wie
weit ein weg fein foll, dadurch man korn und heu
fährt?   R. er foll fo weit fein, daß drei *pferde voraus*
und *ȝwei hinten* mit einem knecht unbefchädigt durch-
gehen können.   daf. §. 41; item ein *nothweg* foll fo weit
fein, fo da ein *todter leichnam* auf einem wagen oder
karren käme gefahren und deme eine braut oder andere
*frau mit einer heiken* begegnete, daß die unbefleckt
dabei herkommen könne.   Bochumer landr. §. 26; le *che-
min figneurial* fera large et devra l'être deux verges
à navets (twee raeproyen) et chaque verge à navets
fera large 19½ pieds de mouton. rec. de Nyel §. 36;
nach dem Wefterwolder landr. follen *likweg* u. brücke
6, *kerkweg* 12, *jokweg* 16, die *herftrate* 32 fuß breit
fein; ein feldweg: doit eftre large pour y paffer avec
herfe et rouleau. rec. de Nyel; dem *landwege* gebört twe
vullekamene *wagenwege* u. drei *vorftige;* dar de eine
menfche be dem andern, wenn de wagen wedderein-
ander fik möten, kan hengan, wit to finde.   ein wagen-
weg hölt VI vot u. ein votftig III vot, de landweg

---

*) nach allen diefen ftellen vom überhang (wobei ich die
markweisthümer den ftatuten vorausgefchickt habe) ift mein auf-
fatz in Savignys zeitfchr. 3, 349-357 zu erweitern.
**) helvius five ftrata publica. Ritz 1, 19 (a. 890).

XXI vot. Rugian. 10; dar en *düngelweg* twischen tween erwen herget, fo fall men foiren, dat auf jeder feiten des erfes twe rader gan u. dat ftellperdt in der foir. Benker heidenr. §. 7; item, wer fein land düngen will u. hat dazu keinen *düngweg*, der foll klimmen auf fein *achterste haus* oder *bergfrid* und fuchen den *nähesten weg*, den *minften fchaden* und belegen den weg mit garben. Bochumer landr. §. 31; alles fol dem *mistwagen* raumen, funder der *kolwagen*, welcher aber am besten geraumen kan, der fol es thun. Hernbreitinger Petersger.; ein *jukweg* (jochweg) ofte *drefweg*, dar men henne driven u. miften fal, fal wefen VII. voet wit. Schwelmer veftenr.; ligger *vägher* ginum akra, han fkal vara fva bredher, at *twe vägni moghu mötes* a hanum. ligger *ren* ginum akra, the man ridher at, hon fkal fva bred vara, at twe moghu mötes a hänni. Sudherm. bygn. 10.; zehn ellen breit. tha ma vaghn vaghne möta. Oftg. bygd. 4.

Schöpfenweisthümer des Eltviller oberhofs an die gemeinden Erbach u. Mittelheim von 1374 verordnen, wer feinen feldwegs antheil nicht unterhalte, folle zahlen was die obrigkeit andern für deffen herftellung bedingt, und halb fo viel als ftrafe. Bodm. p. 624, der dies auch aus holländ. deichrechten nachweift und von den röm. colonien herleitet. Mazocchi tab. Heracl. 2, 345. Fr. C. Conradi parerga 3, 352.

7. *flur* und *feldrechte*; *feldfchaden.*

Ich reihe einzelne alterthümer an, die auf feld und ackerbau bezug haben und fich hierher fügen; magere überbleibfel aus der fülle des alten landlebens und gewis einer menge von zufätzen fähig.

In einigen fällen kann *über fremden acker gefahren* werden, f. vorhin das Bochumer landr. vom düngweg; im herbst darf ein nachbar mit einem krautkeßel über den andern faren. Walch 2, 177; gefchieht es ohne recht fo wird die buße *nach den wagenrädern* ermeßen: fwe fo unrechten wech fleit over gewunnen land, vor iewelk rat fal he geven 1. penning. Sfp. 2, 27; nu akär han ivir aker ällar äng, rinder innan hiul, giäldi firi öra, rinder i annat, gialda firi tva öra, rinder i thridia, böte threa öra, rinna i all fiughur, böte fiax ora ok ater fpiällin. Oftg. bygd. 18, 1. womit man oben f. 105 die ftrafe nach dem *umgehen der räder* vergleiche. Sonderbar ift der gebrauch, in Vermandois,

einer picardifchen landfchaft, daß *umgeworfne wagen*
nicht ohne erlaubnis des gutsherrn aufgerichtet werden
follen: dominus rex praecepit, quod quaedam mala con-
fuetudo, quae eft in quibusdam partibus Viromandiae
amoveatur, qua quis *quadrigam* fuam, quando verfatur,
*non audet levare*, nifi de affenfu domini, cujus eft fun-
dus ipfius terrae, et fi aliter levet, folvet fexaginta fol.
ipfi domino. ch. a. 1257. Carpentier f. v. quadriga, 3.
*Feldfchade* wurde fchon bei den Vifigothen durch die
nachbarn gefchätzt. VIII. 3, 13. 15. unter nachbarn,
um vermeidung willen der eide, mähet man das ftroh, das
vom *fchaden* nachgeblieben ift, bindet es in garben und
legt gute garben deffelben in die ftätte. Rugian. 153.
Auf zugefügten schaden an pflugthier und ackergeräth
ftand zur frühlingszeit im Norden höhere buße, â
*varsdegi* (tempore verno) Gulaþ. p. 358. vgl. Gutalag
cap. 10 über *varfriþr*, lenzfrieden.

*Drei äpfel* mochte ein vorübergehender ungeftraft an
fremdem baume brechen, *drei rüben* auf fremdem acker
graben (oben f. 209.); ob ein *traubenfchneider* ein böse-
wicht? hat er *dri* oder *fiere in fine hant* gefniden
u. die geßen, darumb ift er nit ein bofewicht. hette er
aber *in finen bufen*, in fine erme, in finen fchoiß oder
in fine kogeln druben gefniden, daʒ fich daʒ an deme
fchutzen erfunde (durch den feldfchützen wahrmachen
ließe), fo were der beclaget ift dem andern umb die
worte (daß er ihn böfewicht gefcholten hat) nicht fchul-
dig u. were dan der ander defte beßer nit. Bodm. 672.
So wies im 15. jh. der rheingauer fchöffen, ohne die
einftimmende vorfchrift des langob. gefetzes zu ahnen:
fi quis *fuper tres uvas* de vinea aliena tulerit, compo-
nat fol. VI., nam fi *usque tres* tulerit, nulla fit ei culpa.
Roth. 301. Wie viel einer *nüße* pflücken darf, oben
f. 523. Die Griechen verftatteten von fremdem obft fo
viel zu nehmen, daß es nur kein $\dot\alpha\nu\delta\varrho\alpha\chi\vartheta\acute{\epsilon}\varsigma$ (altn. mans-
byrdi) ausmachte: $\dot{\epsilon}\varkappa\ \tau o\tilde{v}\ \dot{\alpha}\lambda\lambda o\tau\varrho\acute{\iota}ov\ \chi\omega\varrho\acute{\iota}ov\ \varkappa\alpha\varrho\pi\grave{o}\nu\ \dot{\alpha}\nu$-
$\delta\varrho\alpha\chi\vartheta\tilde{\eta}\ \mu\grave{\eta}\ \dot{\epsilon}\pi\iota\varphi o\varrho\tau\iota\sigma\acute{\alpha}\tau\omega$. legibus Laurentium fancitum
eft, ne pomum ex alieno legatur in armum, id eft, quod
*humeri onus* fit. Feftus f. v. armata. das ift unfer: in
den bufen, in die erme, in den fchoß fniden.

II. *Uebergabe und gewer.* fobald grundeigenthum aus
einer hand in die andere übergehen foll, find beftimmte
formen der auflaßung, übergabe und übernahme zu be-
obachten.

1. der alte ausdruck für übergeben war *ſaljan\**), ahd.
agſ. ſellan, altn. ſelja; die tradition ſelbſt hieß ahd. *ſala*,
*ſalunga*, in der überſ. des cap. von 819 legitimam tra-
ditionem: wizzetahtia ſala \*\*); andere beiſpiele bei Halt-
aus 1583; mit ſale geben. Parc. 14767. Es gab zweier-
lei ſala, eine die bloß zwiſchen dem alten und neuen
eigenthümer des grundes ſtatt fand, und eine wozu mit-
telsleute gebraucht wurden. beide konnten hintereinan-
der eintreten. Die mittler hießen *ſalaman* (ſalmänner).
Haltaus 1584—86; und was per manum ſalamanni ge-
geben war (mit ſalmans hand, freilich und ganzlich. MB.
3, 178. a. 1291; 5, 41. a. 1361) ſalmaniſch eigen (MB.
4, 188). Die frage wäre, ob ſalilant, ſelilant zuweilen
hierauf, nicht auf ſal, curtis (oben ſ. 493) bezogen wer-
den dürfte? Zu ſalmännern wurden verwandte, erben
freunde und angeſehne leute erwählt, ſie bezeugten,
billigten, bekräftigten das *durch ihre hand gehende* ge-
ſchäft.†)

2. aber noch ein anderes wort bezeichnet den förmlichen
act der übergabe, ahd. *werjan*, in lat. urkunden *veſtire*,
inveſtire; *giweri, giwerida* iſt *inveſtitura.* identität
beider ausdrücke bezeugen vorerſt folgende ſtellen: item
teſtes, qui *veſtitionem* viderunt. tr. fuld. 1, 91; et iſti
ſunt teſtes, qui hoc audierunt et viderunt *giweridam.*
ibid. 1, 92; der ſatz des capit. von 819 et coram eis
rerum ſuarum traditionem faciat et fidejuſſores *veſtiturae*
donet ei, qui illam traditionem accipit, ut *veſtituram*
faciat lautet verdeutſcht: inde vora hin ſachano ſinero
ſalunga gedue inde burigun theru *geweri* geve himo,
ther thia ſala infahit, *geweri* gedue. Aufs genauſte ent-
ſpricht hier der deutſche dem lat. ausdruck, ahd. war-
jan, werjan iſt nämlich das goth. *vaſjan* veſtire ††), *ga-*

---

\*) das goth. ſaljan hat zwei bedeutungen, die intranſitive
von manere, divertere, die tranſitive von dare, tradere, vendere.
dieſe iſt ſämmtlichen übrigen mundarten erhalten, jene erloſchen,
obgleich ſal (manſio) ſalida, ſelida (diverſorium) goth. ſaliþva
fortdauern. andere wörter beſtätigen die verbindung beider be-
griffe, des einkehrens und gebens, z. b. thun, das ſowohl ire be-
zeichnet als dare.

\*\*) legaliter tradere, oben ſ. 152; donare legaliter, ſ. 196.

†) erinnert an die freilaßung durch die hände mehrerer.
oben ſ. 179. 332.

††) uralte wurzel, die auch im ſanſkrit *ras* lautet und wozu
*ἐσθής* (für *ἐσθής*) gehört.

*vafeins* ift veftitio, *vafti*, veftis *), auch die agf. mund-
art kennt verjan (veftire) und die engl. wear; altn. heißt
ver induvium. *gewer* drückt alfo die förmliche einklei-
dung in den befitz des grundftücks aus, der abtretende
wird *exutus*, der antretende *indutus*, *veftitus* **);
manu veftita poffidere. Neug. 23 (a. 758); de veftitura
S. Galli per vim abftulerunt. ib. 189 (a. 816). Diefes
veftire wird nun wiederum bald fynonym mit tradere
genommen, z. b. es heißt fowohl veftire per feftucam,
per wafonem als tradere, bald aber auch für einen von
der tradition verfchiednen, ihr nachfolgenden moment,
vgl. oben f. 174 tradere atque inveftire; igitur ne hujus
traditionis aliquid imperfectum remaneret, juffit prae-
dictus Efic comes illarum rerum fieri confignationem et
*manus veftituram*, Falke trad. corb. p. 266; configna-
vit, juffit et *manus* veftituram inde fecit. ib. 271; tra-
didit atque *manus veftituram* de ea fecit. ib. 477; *ma-
nus veftita* l. bajuv. 17, 2; *inveftire* et *disveftire*. Georg-
gifch 1262. 1263. Der purigo deru kiwerî (gewermann)
kann fich wohl mit dem falaman berühren?

3. einen neuen ausdruck für wiederholung und vollendung
der tradition lehrt das bair. recht, nämlich *firmare*, fo wie
in urkunden dem tradere ein *confirmare* traditionem eo-
dem ordine, ein fubfequenti die *firmare* (oben f. 131) hin-
terher folgt. zu deutfch *fuirôn* lex bajuv. 15, 11 und *far-
fuirôn* injufte firmare 17, 1, wobei mir das fchweizer.
fchwirre (pfal) Stald. 2, 366 und oben f. 370 einfällt. †)

4. von dem abtretenden gelten ferner: *abdicare, ab-
negare, renuntiare, werpire* ††), *exutum* fe *werpire,
aufgeben, auflaßen*, fich *quit, ledig* und *los fagen*;

---

*) *vafjan*, gavafeins wird ahd. zu werjan, kiwerî (wie nafjan,
nafeins zu nerjan, nerî); aber auch das von jenem ganz ver-
fchiedne *varjan*, prohibere, kann ahd. nur lauten werjan (an
letzteres ift bei entwickelung unferes begriffs gar nicht zu den-
ken, noch weniger an *vairan*, wêrên praeftare, wovon buch IV),
*reftire* fcheint mir baare übertragung des deutfchen worts und
nicht aus röm. formeln entlehnt, in welchen es kaum gebraucht
wird, denn die oben f. 137 berührte ift wohl unecht.

**) vgl. manfus *reftitus* (kiwertiu huoba?), land mit einem
colon befetzt; *were, ware* ift grundbefitz (oben f. 505.)

†) fehr falfch ift es, inveftire aus dem deutfchen feft zu leiten
und es dann diefem firmare zu vergleichen; die begriffe find, die
worte gar nicht, verwandt.

††) Eccards angebliche forafmitio (von fmiten!) Fr. or. 1, 572,
als einem traditionis complementum, ift misverftand.

von dem antretenden: *fich underwinden* Parc. 35ᵇ, *fich anwinden.* Haltaus 50.

5. tradition, veftition und firmation erfolgten, wie es fcheint, unter denfelben formen, nur zu verfchiedner zeit, an verfchiednem ort und in gegenwart anderer männer. Ich glaube, daß jede viftitio und firmatio, nicht aber jede förmliche fale vor gericht zu gefchehen brauchte. Das capit. von 819 zeigt, daß fie fogar außerhalb lands vor zeugen vorgenommen werden konnte. Allmählich wurde aber auch die handhabung der fymbole, die urfprünglich nur unter den parteien, wenn fchon vor gericht, ftatt hatte (f. 201), durch den richter oder gerichtsboten vollzogen.

6. die auf grundeigenthum anwendbaren fymbole find im vierten cap. der einleitung abgehandelt. einige gehen zugleich auf beide eigenthümer, den alten, wie den neuen, jener reicht den wafen, halm, aft; diefer empfängt fie. andere betreffen bloß den antretenden, z. b. der ftuhl, auf dem er in das gut rutfcht, der wagen, womit er es befährt, das feuer, welches er darauf zündet. Das wichtigfte unter diefen ift die *dreinächtige feffion* (f. 190), wofür ich hier noch eine urk. aus Neugart nr. 45 (a. 766) anführen will: et pofthac nos exuti de omni re paterna noftra reveftivimus Wolframmum monachum et miffum ipforum monachorum *per tribus diebus* et per *tribus noctibus.*

7. urfprünglich gehörte es nicht zur vollftändigkeit der tradition, daß darüber ein *fchriftliches inftrument* verfaßt würde. die geiftlichkeit und der einfluß römifcher notare führte es aber fchon feit dem vierten, fünften jh. bei verfchiednen deutfchen völkern ein, im fiebenten, achten erfcheint eine menge fränkifcher, alamannifcher, langobardifcher traditionsurkunden. Dabei wurde es nun fitte, die zur übergabe verwandten fymbole fämmtlich *auf das befchriebene pergament niederzulegen* und während der gerichtlichen handlung emporzuhalten; das hieß *cartam levare;* ja man fetzte feder und dintenfaß mit auf die urkunde. Beweife hierfür bieten die veroner formeln bei Canciani 2, in welchen auch eine wichtige, oben f. 196 überfehne ftelle vom andelang enthalten ift; 474ᵃ: mitte atramentum (l. atramentarium) fuper cartulam; 476ᵃ levent cartam de terra cum atramentario; 476ᵇ levant cartam de terra cum omnibus, que fuperius diximus; 474ᵃ: fi eft Roboarius

(Ripuarius), ſi eſt Francus, ſi eſt Gothus vel Alemannus venditor, pone cartam in terra et ſuper cartam mitte cultellum, feſtucam nodata, wantonem, waſonem terre et ramum arboris et atramentarium et Alamanni *wandelabc* (l. wandelanc) et levet de terra et, eo cartam tenente, dic tradictionem, ut ſupra diximus, et adde in iſtorum carta et Bajoariorum et Gundebaldorum, nam in Gundebalda et Bajoaria non ponitur inſuper cultellum; 475ᵇ: ſi Salichus et cetera (l. ceteri) elevent atramentarium tantum ſupra pergamena de terra, ſi non tribuunt eis terram, ſi vero tribuunt, tunc elevent cultellum et cetera, exceptis Bajoariis et Gundebaldis; 477ᵇ: carta in terra poſita, et ſuper calamario, cultello, feſtuca nodata, wantone, cleba, ramo arboris donatio ſalicha ita ſit, carta cum omnibus ſupra ſcriptis rebus ſurſum levata ad (l. a) donatore teneatur et orator dicat etc. Hierher auch eine urk. bei Lami 3, 162 (a. 1079): ſecundum legem ſaligam cum atramentario, pinna et pergamena manibus meis de terra levavit . . . et tradidit per waſonem terrae et fiſtucum nodatum ſeu ramo arborum atque cultellum et wantonettonem ſeu *andilaginem.* Baiern und Burgunder legten alſo die ſymbole nicht auf die charta, wohl aber thaten es Franken, Gothen*), Alamannen. merkwürdig iſt die beſondere beziehung des wandelanc auf Alamannen, was ich doch für unrichtig halte, da die ſ. 196. 197 ausgezognen diplome meiſt fränkiſche, burgundiſche und langobardiſche ſind und bei Neugart grade kein einziges mal andelanc oder wandelanc angetroffen wird.

8. der beſitz des *ererbten* echten eigenthums brauchte durch keine feierlichkeit erworben zu werden, ſondern gieng von ſelbſt über (ſ. 481); anders bei dem unvollkommnen eigenthum, in welches ſich der erbende vaſall und colon erſt von dem lehns und gutsherrn einſetzen laßen müßen. In der mitte ſteht die inauguration des erblichen königs in ſein reich (ſ. 234. 237.) und des ſonnbelehnten in ſein gut (ſ. 278. 279); beide leiten ihr eigenthum von keinem andern, als dem erblaßer ab, treten es aber, in bezug auf ihre untergebnen, förmlich

---

*) ? Weſtgothen; dann gienge die abfaßung der formelſammlung mindeſtens ins 7. jh. hinauf, was doch aus andern gründen zu leugnen iſt, vgl. Cancianis anm. 1. p. 472ᵃ; ein theil Südfrankreichs (Septimania) hieß noch ſpäter Gotbin.

an. Wahre ausnahme des obigen grundfatzes gilt als-
dann, wenn ein fremder echtes eigenthum in dem gau,
deſſen genoß er nicht war, erbte; dieſer muſte ſich ge-
richtlich einweiſen laßen. ich habe keinen älteren beleg
als folgenden: item, hette ein *ußwendig* man erſſchaft,
ſal er entphangen vur einem vaide u. ſchultißen, dabi
ſollent auch ſin ſcheffen. der ſchultiß ſal eme *den halme
lievern* u. geben, der vaidt ſal eme banne u. freden ge-
beden, die ſcheffen ſollen den man beſcheiden, wat er
darumb liden ſolle. Retterather w.

9. *erfitzung* durch bloßen zeitverlauf ſcheint ungerma-
niſch und erſt durch das röm. recht herbeigeführt.
(Eichh. rechtsg. §. 59. 200.) Das decr. Childeberti
(Georg. 474) kennt eine praeſcription von 10. 20. 30
jahren, ebenſo capitul. lib. 5. cap. 389 (Georg. 1509);
die lex Burg. 79 von 15 und 30 jahren; die lex Roth.
230. 231 von fünf jahren und Liutpr. 6, 1. 16. 24. 62
von 30. 40. 60; die lex Viſig. X. 2. von 30 und 50 jah-
ren. de iſta parte *triginta et uno anno* fere amplius
ſemper exinde fui *veſtitus.* form. vet. Bign. p. 143 vgl.
oben ſ. 224; beſitzen: pei nutz u. pei *gewer* dreizich
jar u. mer in gutem gericht, in ſtille u. ru u. reſt, on
alle anſprach. MB. 24, 101 (a. 1355). Unter dem
*ſchreijahr* (annus reclamationis), deſſen ablauf den be-
ſitzer am gut *hebendig* macht, verſteht man 1 j. und 6
w. Bodm. p. 673. vgl. oben ſ. 222. Im Norden wurde
ein gut, das 60 jahre in einer familie bleibt. ôðal: ef
iörð liggr undir ſama ættlegg ſextigi vetra eða leingr,
þá verðr þeim er hefir ſu iörð at ôðali. Gulaþ. p. 284.

### III. *Unvollkommnes, abgeleitetes eigenthum.*

Desjenigen grundbeſitz iſt eingeſchränkt und unvollkom-
men, der ihn von dem fortbeſtehenden obereigenthum
eines andern ableitet. kennzeichen dieſer ableitung ſind:
auf dem gut laſtende dienſte und zinſen, widerruflichkeit
der verleihung, unveräußerlichkeit, unvererblichkeit.

Die älteſten deutſchen namen für ſolche landverleihun-
gen kennen wir nicht. *colonus* wird ahd. uobo, lant-
púwo, accharpikengeo überſetzt, allein dieſe ausdrücke
bezeichnen allgemein den bauer, landbauer, ohne rück-
ſicht auf das verhältnis, in welchem er ein feld beſtellt.
Aber ſchon zu Tacitus zeit (oben ſ. 350) wurde den
knechten, als *colonen,* land, das ſie ihrem herrn ver-
zinſten, überlaßen. Die lex. alam. 22. 23 (vgl. 8. 9.),

indem fie von den hörigen der kirche redet, denen land
verliehen ift, unterfcheidet *fervi* ecclefiae und *liberi*
ecclefiaftici, *quos colonos vocant*; in gleichem finn
fcheint auch lex bajuv. 1, 14 den *fervus* und *colonus*
ecclefiae zu nehmen. Es konnten alfo damals liberi,
ihrer freiheit unbefchadet, abhängiges eigenthum be-
fitzen. Die lex Vifig. X. 1, 11-13 fagt: terram *ad
placitum canonis* dare und fufcipere und zwar per
*precariam* epiftolam; die verleihung konnte auf be-
ftimmte jahre gefchehen, nach deren Ablauf das grund-
ftück völlig in das echte eigenthum des herrn zurück-
kehrte. *precarium* oder *precaria* (epiftola), *precariae*
(epiftolae) findet fich nicht in den altfränkifchen gefetzen,
defto häufiger in den capitularien (Georg. 491. 544. 605.
1173. 1409. 1451. 1612. 1832) in fränk. und alam. ur-
kunden.*) Es gibt zwei arten des precariums, die eine,
wenn der echte eigenthümer fein grundftück einem an-
dern precario verleiht und felbft oberherr bleibt; die
zweite, wenn er es dem andern unter der bedingung
abtritt, daß er damit precarifch beliehen werde. bei-
fpiele der zweiten gattung, die fehr häufig zu gunften
der kirchen und geiftlichen ftifte vorkommt, find die
precariae Batonis und Managolti bei Neug. nr. 55. 77
(a. 773. 779.) Ratprahti tr. fuld. 1, 24; Hartwici in
Bruns beitr. p. 65. 66. In diefem letzten fall find beide
theile nothwendig aus dem ftande der freien. ob im er-
ften fall precarifches eigenthum auch einem unfreien
verliehen werden durfte, weiß ich nicht und bezweifle
es. geht es nicht an, fo bezog fich das precar über-
haupt nur auf freie colonen, nicht auf verleihung der
grundftücke an leibeigne und knechte. aber die letztere
fand unbedenklich ftatt und fogar früher, als erftere;
unbekannt, unter welchem namen.

Gegen das neunte jh. ift im fränkifchen reich die ein-
theilung alles baulandes in manfen gangbar (oben f. 536);
manfi *ferviles, litiles* (im reg. Prumienfe lediles) und
*ingenuiles* **) hießen die einem fervus, litus oder in-

---

*) es kommt auch *praeftaria* vor: pro beneficio in cenfum
praeftare, in cenfum vel beneficium praeftare, in cenfum repraæ-
ftare. Neug. nr. 134. 135 (a. 797. 798).

**) ingenuiles konnten aber auch heißen die unhofbörigen
manfi im echten eigenthum einzelner freier; es gab alfo zweierlei
ingenuiles, folche die mit vollem recht und folche, die mit abge-
leiteten befeßen wurden, nur von letzteren ift hier die rede.
ferviles und litiles weifen ftets auf abgeleitetes eigenthum.

genuus mit unvollkommnem eigenthumsrecht verliehnen hufen, manſus *dominicus*, *indominicatus* (terra ſalica) hieß das dem echten eigenthümer ganz verbleibende grundſtück, zu welchem jene *gehörten*, von dem ſie *abhiengen:* van thes meiras hûſe ende van then hôvan (hufen, manfis), *the tharin hâred.* Freckenhorſter heberolle; habet in Floriaco unum manſum indominicatum, *ad quem reſpiciunt* manſi XIX. polyptychus Foſſatenſis. Auf dieſem manſus dominicus lag die wohnung, der *hof* (curtis, aula, auch der ſal, fronhof, edelhof, dinghof) des gutsherrn, um ihn herum jene *hofhörigen* manſi ſerviles und ingenuiles. Die verleihbedingungen waren ohne zweifel ſehr ungleich und abweichend, entw. auf beſtimmte jahre, oder auf lebenszeit, allmälich erſt auf vererbung; daß dieſes die benennungen *abſi* und *veſtiti* nicht angeht, habe ich ſ. 537 vermuthet. In den polyptychen *) oder heberollen wurden die einzelnen dienſte und zinſen genau verzeichnet und hiernach ergeben ſich noch andere eintheilungen, z. b. die manſi *carroperarii* und *manoperarii.***) Von der natur der leiſtungen habe ich im erſten buch gehandelt; im ganzen waren die ingenuiles geringer belaſtet (Eichhorn zeitſchr. p. 161) und ihre arbeiten weniger knechtiſch, z. b. debet etiam (manſus ing.) de ſuis diebus fimum ducere in campum et expandere de ſuo carro, et ſervilis manſus debet levare fimum ſuper carrum; das aufladen iſt beſchwerlicher, als das führen und abladen. Dagegen trug auch von öffentlichen ſteuern der manſus ſervilis nur halb ſo viel wie der ingenuilis (oben ſ. 538.) Wenig auskunft gewähren ſolche regiſter über die befugniſſe des colonen, d. h. bis zu welcher ſchranke er mit dem grundſtück ſchalten und walten darf; ſicher herrſchte hier große verſchiedenheit, manches enthalten ſpätere weisthümer.***)

Füglich hat man die beſtimmung dieſes verhältniſſes zwiſchen gutsherrn und ſeinen hofhörigen *hofrecht* (jus

---

*) πολύπτυχος, vielgefaltetes pergament, wie ſpäter gerolltes; z. b. der polypticus monaſterii Foſſatenſis bei Baluze II, 1887.

**) eine ſammlung, vergleichung und erläuterung aller ſolcher alten regiſter iſt bedürfnis und würde vieles aufhellen.

***) im Twenter hofrecht heißt es z. b.: ende die eigene of hofhörige man ofte wif en mogen die eigene of hofhörige guederen niet beargen, nog dat getimmer van den hove breken nog eikenholt van den ſtamme houwen, dan mit orlof eres heeren.

curtis) genannt; nur fcheint es mir misbrauchen ei-
nige*) namen und fache, wenn fie daraus unfere ganze
alte güterverfaßung herleiten wollen.   offenbar ift die
hofhörigkeit verglichen mit der markgenoßenfchaft,
nehme man diefe allgemein von dem zufammenleben
aller begüterten freien, oder enger bloß von dem un-
getheilten wald und weideeigenthum, etwas neueres.
Zugegeben, daß fich unter den hofhörigen nicht allein
leibeigne, fondern auch dem ftande nach wahrhaft freie,
denen fogar die ausübung einzelner dem gute anhan-
gender gemeinde und markrechte**) übergeben war,
befunden haben; fo dürfen fie immer nicht den voll-
freien, die zugleich echtes, ungehemmtes eigenthum im
fchutz des volksrechts befaßen, an feite geftellt werden.
Man hüte fich, hobarii d. i. hübner, manfuarii im weitern
finn, für einerlei mit hofsleuten zu nehmen: fie können
hofhörig fein oder nicht.

Mit der zeit entfprangen mannigfaltige gemifchte ab-
ftufungen des grundeigenthums unter den namen
*meiergüter*, *vogteigüter* †), *landfiedelrecht* und andern
mehr ††), welche ich hier nicht berühre. Indem fich die
lage der unfreien milderte, verfchlimmerte fich zugleich
die der gemeinen freien und beide ftände liefen auf ge-
wiffen puncten in einander über.   Die höchfte fpitze
echtes eigenthums hatte in den augen der ärmeren
menge des freien volks minderen werth, als der breite
fchatten, unter dem fichs im fchutze des mächtigen

---

*) z. b. Niefert in der einleitung zum recht des hofes zu
Loen. Coesfeld 1818. p. 1-36.

**) das fetzen ftellen der weisthümer in gewisheit: item fo ift
des *hovesmans* recht, dat he uf der gemeinden mach hauwen,
was he wilt u. zu marct voeren u. den ftock außer der erden
graven, umb das he zu bas feinem gerechten beren dienen mag.
waldw. bei Ritz 1, 149.

†) *vogtei* (advocatia, protectio) ein vieldeutiger ausdruck;
wir haben f. 503 gefehen, daß die fchutzherrn der freien mark,
denen gar kein obereigenthum zuftand, *vögte* heißen. geiftliche
gutsherrn pflegen diefen namen zu führen; für kirchvogtei war
die ältere benennung *kirchfatz*. Haltaus 1089; fie quedent, dag in
dero marchu fi iegiwedar joh *chirihfazza* fancti Kilianes, joh frono
joh friero Francono erbi. Ecc. Fr. or. 1, 675.

††) in Baiern und Oeftreich fcheint während des 12. 13. 14.
jh. der ausdruck *inwert aigen*, inwerts aigen das obereigenthum
befonders der geiftlichkeit zu bezeichnen; vgl. Haltaus 1033 und
MB. 2, 3. 4 (a. 1343) 2, 9 (a. 1355) 3, 181 (a. 1295).

ruhte; daher freie theils durch darbietung ihrer güter,
theils durch übernahme verliehener, endlich durch un-
vermerkten misbrauch oder misverſtand zu hörigen wur-
den. Während urſprünglich die ſtandesverhältniſſe auf
grund und boden eingefloßen hatten, geſtalteten ſich
ſpäterhin güterverhältniſſe unabhängig vom unterſchied
der ſtände, welchen ſie abſtumpften. es iſt daher bei ein-
zelnen dienſtleiſtungen ſehr ſchwer zu ſagen, ob ſie
für knechtiſch oder nur dem gut anklebend erachtet
wurden.

Ganz ähnlich den verleihungen der bauergüter waren
die *beneficien* (agſ. bôcland), womit der könig oder
landesherr den miniſterialen adel belohnte und aus wel-
chen hernach die beſtimmtere form der *lehen* (feuda)
hervorgieng. auch hier erſcheinen *vergabte* (data) und
*dargebotene* (aufgetragne, oblata) *) lehen und der
lehnsherr verhält ſich zum vaſallen wie der hofsherr
zu dem manſuar, nur daß die laſten und leiſtungen an-
ders beſchaffen, hauptſachlich auf huldigung und kriegs-
dienſt gerichtet waren. Den adel beeinträchtigen ſie
aber ſo wenig, als die verpflichtungen des hofhörigen
freien deſſen freiheit. Die *inveſtitur* bei übertragung
der lehen erinnert an die alte veſtitur bei dem echten
eigenthum; daß auch für verleihung der manſen an den
colon eine form galt, wenigſtens ſpäter, nachdem ſich die
*erblichkeit* mehr geſichert hatte, iſt wahrſcheinlich, aus
der benennung manſi *veſtiti* aber nicht zu entſcheiden.
Neuere weisthümer enthalten genug beiſpiele förmlicher
veräußerungen, die der colon „na hovesrechte" vorzu-
nehmen berechtigt iſt, vgl. die oben ſ. 97 ausgezogenen
ſtellen; zu Recklinghauſen übergab der h rige ſeinem
nachfolger das gut noch bei lebzeiten: derōinhaber des
hobshörigen guts muß ſich außerhalb des guts und ſei-
ner grundſtücke begeben und in gegenwart des hobs-
gerichtſchreibers, des hobsfronen und zweier hobsge-
ſchwornen ſeinen willen erklären. ſodann, nachdem ſie

---

*) burglehen wurden mit der formel aufgetragen, daß der
vaſall dem herrn ſeine burg *üffnen* oder *offen halten* wolle (feu-
dum aperturae, aperibile); ich finde auch die formel: von grund
auf bis zur höchſten thurmſpitze; darumbe han wir unſerm her-
ren von Triere ufgetragen und ufgegeben daz *hüſte von dem
turne* uf der burg zu Virneburg *von grunde auf.* Günther 3, 250
(a. 1339); daz *aldeſte dach der oberſten burg* Kirburg. id. 4. p. 115
(a. 1406.)

aufs gut zurückgekehrt find, überreicht er feinem nach-
folger torf und zweig, durch deren annahme diefer be-
fitz ergreift, das alte feuer wird ausgelöfcht, ein neues
entzündet, das vieh berührt u. f. w. trat der fall ein,
daß nicht ein alter, lebensmüder, fondern ein rüftiger,
ftarker mann unerwartet von fchwerer krankheit be-
fallen wurde und die gefahr den gipfel erreichte, fo
wurde der fterbende in leintüchern, decken und betten
aufgepackt und eilends vom hof getragen, um die her-
kömmliche feierlichkeit zu vollziehen; oft gab er den
geift vor beendigtem gefchäft auf, zuweilen ließ man den
wirklich todten noch die rolle des lebenden fpielen.
Rive p. 229-231. Jene formen gleichen denen bei über-
gabe und antretung des echten eigenthums; vielleicht
aber erft nach fpäterer anwendung. denn an fich bedür-
fen nur echte verhältniffe ftrenger feierlichkeit, das volle
eigenthum, wie die volle ehe; befitz nach hofsrecht oder
nach lehnrecht fteht fo wenig im fchutze des volksrechts,
als das concubinat (oben f. 438) und bei den römern
prätorifches eigenthum.

## CAP. II. FAHRENDES EIGEN.

*Fahrende* habe, im gegenfatz zu der liegenden, ift die
von ort zu ort bewegliche, fahren in der alten weitern
bedeutung von ire, moveri genommen; *varende* gut,
häufig im Sfp., andere belege bei Haltaus 442., gewis
eine lang hergebrachte benennung, die auch den mhd.
dichtern geläufig ift, z. b. *varnde* guot. Walth. 8, 14;
*varnde* guot u. eigen id. 60, 35; fo wie er fagt: *varnde*
bluomen unde blat 13, 23. entw. im wind bewegliche
oder lieber vergängliche; *fahrende* beute gebraucht
Anshelm 3, 16 von folcher, die fortgefchleppt werden
kann. Späterhin heißt es *fahrnis*, aber das particip ift
alterthümlicher, denn die Friefen fagten in gleichem
finn *drivanda* a. *dreganda* (oben f. 12), treibendes und
tragendes gut, was getrieben und getragen werden kann;
das fchwäb. landr. 268 Senkenb. 161 Schilt.: fahrende
habe ift, die man getrieben u. getragen mag; pfand,
die man tragen und treiben möge. Gemeiner regensb.
chr. 2, 14 (a. 1342), wofür auch *farendes* pfand (Halt-
aus 442); dreghet ether drift. brem. ftat. p. 56., andere
belege oben f. 11. 12; *fliegendes* erbe, heritage *volant.*
Oberl. 397; pand, dat men flotten u. foren mag. ftat

verdenf. b. Pufend. app. 1, 92. 96; wat he achter lete,
*veltvlegende* ende *veligande.* Kindl. hörigk. p. 383 (a.
1324.) *rührende* habe (rorende have, oben f. 483) gleich-
viel mit fahrender.

Treibendes ift *vieh* und weil in vieh hauptfachlich der
reichthum der vorzeit beftand, wird auch diefer aus-
druck für geld und fahrende habe insgemein gebraucht*):
quorum verborum frequens ufus non mirum, fi ex pe-
coribus pendet. cum apud antiquos opes et patrimonia
ex his praecipue conftiterint, ut adhuc etiam *pecunias*
et *peculia* dicimus. Feftus f. v. abgregare; *pecus* buch-
ftablich das goth. *faihu,* ahd. *vihu.* Das goth. maiþms
(donum) verglichen mit dem altf. mêthmas, altn. meid-
mar (res pretiofae) führt auf das ahd. meidan (f. mei-
dam) equus, armentum; das frief. *fket* fcheint das ahd.
fcaz, goth. fcatts (numus, pecunia) bedeutet aber vieh,
der vierfüßige fchatz ift das vieh, merkwürdig ftimmt
das flav. *fkot* (Ewers 269. 273); vgl. auch κτῆνος
und altn. *gripr, naut.* Im jütifchen gefetz 2, 103
wird unterfchieden *quikfä,* thet yvàr dorthârfkild
ma gangà (das über die thürfchwelle gehen kann)
alfo wiederum das fahrende, treibende, von *athälbit*
(al. otelbyt, ich denke ôðalbŷ, dem praedium) thet ài
ma fiâlf ut at dyr gangà; vgl. Falck p. 155. Dem agf.
*cvicfeoh,* altn. *qvikfê* (pecora) entfpricht das niederländ.
*queckenoot* (Huyd. op. St. 2, 556) und das tyrolifche
*lebvieh, lebwaare; blodige* have. Haltaus 176; über-
haupt dachte man fich die bewegliche fache *belebt,* die
unbewegliche todt, daher Biörn unter daudr auch *dau-
dir* aurar, res immobiles anführt.**) Das agf. *yrfe,*
altfchwed. *orf* (pecus) fcheint fahrendes gut, im gegen-
fatz zu erfe, arf, dem liegenden erbe (fpan. heredad)
auszudrücken (oben f. 467). Im fterbfall wird dem hö-
rigen colon das werthvollfte ftück feiner fahrenden habe,
das *beftehaupt* (f. 364) weggenommen. Altn. *laufafê,*
fchwed. dän. *lösöre,* lofe, fahrende habe, altn. *aurar,
eyrir,* fo wie unfer *gelt* früherhin nicht nur münze,
fondern auch anderes bewegliches gut war, z. b. Wi-
gal. 5296.

---

*) die bilder zum Sfp. bezeichnen fahrendes gut durch vieh
oder durch frucht u. vieh. taf. 27, 10. 30, 6.
**) warum den Griechen die res mobilis ἀφανης, die immobilis
φανερα hieß (Meier u. Schömann att. proc. p. 490) weiß ich nicht,
denn fcheinbar ift das bewegliche allerdings, ja fcheinbarer.

Außer diefen benennungen, die an fich fchon zu er-
kennen geben, was unter einer res mobilis rechtlich zu
denken fei, kommen ausdrückliche beftimmungen dar-
über vor, theils im allgemeinen, theils für befondere
fälle der anwendung. Zu jenen gehört das fprüchwort:
was die fackel verzehrt ift fahrnis. Eifenh. p. 189. Bei-
fpiele der andern art: wan der win in den zober kom-
met, daʒ korn in daʒ feil, fo ift iʒ *farende hab.* Bodm.
p. 672; wanne getreide oder fame uffe den ackir ge-
worfen wirt unde eʒ di eide (eggide, egge) beftrichet,
fo fal iʒ *varnde habe* fin.   Erfurter ftat. von 1306 bei
Wafch 1, 120; was uf lengute ftet, daʒ der wint bubet
(bauet fcheint unpaffend, vielleicht bewet, bewehet) u.
di funne befchinet, daʒ ift *varnde habe.* Salfelder ftat.
b. Walch 2, 29.   Manche von natur bewegliche fachen
werden als zubehör von grundftück und haus für un-
bewegliche genommen, was *erd* und *wand*, *band* und
*mauer*, *niet* und *nagelfeft* ift; erdfeft und pfalfeft.
Im Gulaþ. p. 345. 346 heißt das: þat er *greiping* he-
fir *numit* oder *naglat* undir bita eda bialka; *nagla-
faft* vordit.
*Hausvieh*, *waffen* und *kleider* waren im alterthum die
hauptgegenftände des beweglichen vermögens (vgl. bo-
ves, equus, fcutum, framea, gladius oben f. 427. 428);
es mag unterfcheidungen nach claffen gegeben haben,
deren gepräge fich fpäter verwifchte, die aber auf die
förmlichkeit des erwerbs und das recht der vererbung
einfloßen.   Spuren einer folchen eintheilung wird das
folgende buch beim kauf angeben, weil fie theilweife
auch auf liegendes eigen bezogen werden muß.   Eine
andere gehört ganz hierher, ich werde zuerft von
ihr und dann von dem eigenthumsrecht an thieren
handeln.
I. wichtige, unferm recht eigenthümliche unterfcheidung
eines theils der fahrenden habe ift die in *heergewäte*
und *gerade.*   Ihre frühefte fpur wird aus der lex An-
glior. et Werin. beigebracht werden, die übrigen ge-
fetze fchweigen, namentlich lex Saxonum, obgleich faft
nicht zu zweifeln ift, daß beide fchon damals in Alt-
fachfen im fchwang waren.   Sagenhaft erfcheint, was
Gobelin Perfona aet. 6 cap. 47 behauptet und fpätere
wiederholen*), daß Heinrich der vogler das heergewäte

---

*) et mandavit, quod fenior inter fratres quoscunque deberet
effe in exercitu regis, et propter hoc ipfe folus tolleret patris

zuerſt eingeführt habe. *Heergewäte* bedeutet kriegs-
rüſtung und kann von nichts anderm abgeleitet werden,
als von wât (veſtis), die ſächſ. form herwede *), d. i.
herwêde von wât, wie der lat. ausdruck *veſtis bellica.*
lex Angl. et Werin. 6, 5 auſer allen zweifel ſetzt. die
verſion des Sſp. gibt es durch *res expeditioriae*, ahd.
form wäre herigiwâti**), mhd. hergewæte. an wette
(pignus) ſächſ. wedde iſt nicht zu denken (vgl. oben
ſ. 204) und die ſchreibung hergewette, hergewedde ver-
werflich.***) Mehr ſchwierigkeit macht *gerade*, im
Sſp. *rade*, im lat. *ulenſilia*, was auf geräthe (appara-
tus) führt, nur iſt dieſes ein neutrum (ahd. girâti, mhd.
geræte), gerade hingegen unumgelautetes fem. und we-
der ein ahd. girâta, râta noch mhd. gerâte, râte nach-
zuweiſen, wohl aber findet ein hochd. maſc. rât, in der
bedeutung des heutigen vorrath ſtatt. auch irrt das rh
in dem augenſcheinlich identiſchen *ornamenta mulie-
bria*, quod *rhedo* dicunt, der lex Angl. et Werin. 7, 3;
man hätte einen ſchreibfehler anzunehmen für *redho*
und zwar rêdho (nom. pl.)? kurzes a und die verglei-
chung des goth. fem. raþjô (numerus, ordo) ahd. reda
ſcheint unpaſſend, das hochd. gereite (ebenfalls appara-
tus, aber nicht muliebris) kommt gar nicht in betracht.
ich entſcheide mich alſo für die ſchreibung râde, gerâde
und die bedeutung des hochd. maſc. rât (ſupellex); ſpä-
tere niederdeutſche urk. brauchen auch gerade neutral.
*radeleve*, was zuweilen vorkommt (Haltaus 661. 1499.),
bedeutet hinterlaßenſchaft an gerade und iſt wie buleve
(ſ. 365) gebildet (genau geſchrieben râdelêve, hochd.
râtleibe.

Wie ſich nun der ausdruck râde als beſonderheit der
ſächſiſchthüringiſchen ſprache darſtellt, weiſen auch die

---

*ezuvias*, inter quas arma maxime reputabantur. et inde vulgo
*herewede* adhuc nominantur. Botho im chr. pictur. ad a. 907: de
keiſer ſatte, dat de öldeſte ſone ſcholde in dat here varen unde
ſatte, dat de *herewede* ſcholde vallen an den öldeſten ſone efte an
den negeſten mach van der ſchwerdhalven.

*) in ſpätern urk. auch: das *geherwede*. Kindl. hörigk. nr. 197.
218ᵃ. ᵇ. und in verſchiedenen der hernach folgenden auszüge.

**) agſ. herevæd oder -væde ſteht Beov. 143. Jud. 11; altn.
hervodir (arma protectoria.)

***) was ſich Kindl. hörigk. p. 129. 131 und nach ihm Nieſert
Loen p. 51 von *löſen* und *wedden* des heergewätes einbilden, hat
gar keinen grund.

befchreibungen beider des heergewätes und der gerade
immer auf Sachfen *) und Weftphalen, felten auf Thü-
ringen, kaum auf Friesland.    Den Franken, felbft den
Angelfachfen · find fie unbekannt;   das nordifche recht
weiß nichts davon.    In Hochdeutfchland hätte die be-
nennung hergewæte keinen anftoß und für râde könnte
das mafc. rât oder das neutr. geräete gelten.    herwede
fchreibt das Sfp. felbft 1, 19 den fchwaben zu,    rade
findet fich erwähnt im fchwäb. landr. cap. 258 (Sen-
kenb.):   von des priefters gut nimmt man keinen *rate*,
die ungeraten tochter teilet nicht den *rate* und cap. 287
(Senkenb.) erbe, hergewatte oder *ratt*.    allein der Schil-
terfchen ausg. mangeln diefe ftellen fämmtlich, fie fchei-
nen bloß aus dem Sfp. entlehnt.    Dagegen andere, zwar
eben daher geborgte ftellen den echtfchwäb. ausdruck
*totleibe* (hinterlaßenfchaft analog jenem radeleve) für
hergewæte haben, cap. 270. 273.    Senkenb. 27. 369.
Schilt. vgl. 413. Senk. 270. Schilt.   Auch kommen in
einigen fchwäbifchen oder bairifchen ftatuten u. verord-
nungen (Mittermaier §. 395, 4) beftimmungen vor, die
der fächf. einrichtung gleichen,   doch meift ohne den
namen oder mit anderm (vgl. Schmeller 1, 77. *end und
gebend);* offenbar find fie nicht fo volksmäßig wie in
Niederdeutfchland.

*Heergewäte* ift die fahrende habe, welche fich auf be-
waffnung und rüftung des mannes, *gerade*, die fich auf
fchmuck und zierrath der frauen bezieht; fpäter wur-
den zu beiden andere geräthfchaften, die fich für den
friedlichen bürger und landmann fchickten, gerechnet.
Beide begreifen nicht das gefammte fahrende gut, fon-
dern nur auserlefne ftücke deffelben.   Ihr wefen befteht
darin, daß fie ein außerordentliches erbrecht gründen
(oben f. 479), heergewäte geht nur auf mannsftamm und
fchwertmage,   gerade nur auf frau,   frauenftamm und
fpillmage über.

Ins *heergewäte* gehört urfprünglich pferd, fchwert und
kriegsgewand des erblaßers.   diefe ftücke, wenn ein held
gefallen war,   wurden heimgefandt (klage 1288);   fie

---

*) und was von fächfifchem recht abhängt, Meifen, Laufitz,
Schlefien, Pommern, die brandenb. Mark; in Heffen kennt
fie bloß der theil von Niederheffen, der den fächfifchen gau
bildete.

eignete fich, nach des vafallen tode, der lehnsherr zu *),
nach dem des hörigen, wenn er waffenfähig war, auch
der grundherr.**) Wo aber das nächfte blut das her-
gewäte erbt, da ift perfönliche freiheit. †) Folgende
ftelle ift die ältefte: ad quemcunque hereditas terrae per-
venerit (dies kann nur einer aus dem mannsftamm fein),
ad illum *veftis bellica*, id eft *lorica*, et ultio proximi
et folutio leudis debet pertinere. lex Angl. et Wer. 6, 5;
iewelk man von ridders art erft twier wegene, dat
erve an den neften evenbürdigen mach unde it herwede
an den neften fvertmach. Sfp. 1, 27; fve fo herwede
vorderet, die fal al ut von fverthalven darto geboren
fin. id. 3, 15; fvar de fone binnen iren jaren fin, ir
eldefte evenburdige fvertmach nimt dat herwede alene
unde is der kindere vormunde daran, wante fe to iren
jaren komet, fo fal het in weder geven. id. 1, 23; fvar
tvene man oder dre to eneme herwede geboren fin, de
eldefte nimt dat *fvert* to voren, dat andere delet fe
gelike under fik (das fchwert galt alfo für das befte
ftück.)††) id. 1, 22; zum herwede gehört: en *fverd*, dat
befte *ors* oder *perd* gefadelet unde dat befte *harnafch*,
dat he hadde to enes mannes live, do he ftarf binnen
finen weren, darto en *herpole*, dat is en bedde unde
en küffen unde en lilaken, en difchlaken, twei beckene
u. ene dvele. dit is en gemene herwede to gevene unde
recht, al fettet die lüde dar mangerhande ding to, dat
dar nicht to ne hort. id. 1, 22. Was andere noch dazu
fetzen, ergeben die nachftehenden auszüge: dar ein man
verftorven is, fine hern, fine fründe oder fine maghe,

---

*) außer den oben f. 373. 374 und bei Haltaus 883. 884 an-
geführten belegen gehört hierher eine ftelle über die lehen der
abtei Werthen: poft mortem vafalli minifterialis cedit domino
abbati Werthinenfi herwædium, vulgo hergeweide, quod prae-
fentabitur abbati binnen fechs wochen u. drei tagen a die mortis
defuncti. eft autem herwadium *equus*, in quo defunctus in vita
fua infedit, una cum *armis bellicis*, i. e. barnifch, panzer, fchild,
kurrutz, fchwert, glavige, lerfen oder ftiefeln, fporn u. ganz
gerüfte zu dem pferde u. perfon; hat der vafall dergleichen im
leben nicht gehabt, fo vertragen fich die erben darüber mit dem
abt um eine fumme gelds. Weftphalia 1824. p. 133.
**) eine äbtiffin zu Effen ftellte das in ihrem ftift ab; die
urk. bei Kindl. hörigk. nr. 86 (a. 1338).
†) der Sfp. 1, 27 fchränkt berwede auf ritterbürtige ein, aber
unrichtig.
††) daher auch der bildner auf taf. 16, 7. hergewäte mit dem
*fchwert* ausdrückt.

dei fin herwede in rechte hebben follen, dei nemen
fin hofen en fchoe u. alle fine *fchapene* (gemachte) klei-
der *), darto fin tafche, gordel u. mes up der fiden,
finen ftoel, fin küffen, fin bret under finen voten, ein
watervat, ein twelen, einen fack, ein fekelen (fichel),
ein flegel, dar he mede gedrofchen hevet, einen preen
(pfriem) dar he mede gefurvet (? gefuwet, genäht) hevet,
einen wann, ein warpfchuvelen, fin müdde (fcheffel,
modium) u. finen bom (ftreichholz?), fine lerfen (ocreas)**)
u. fine fporen, fin *fwert* u. einen kaften *dar met* (man
es) *inne befliiten kunde*, einen pott, *dar een hoen inne
feede*, einen ketel, *dar ein fchulder vleifches van einen
vullwaffen fwin inne feede*, ein buck (caprum) u.
ein bere (verrem), finen offen u. wedder (arietem)
u. alle fine getointen (?) fchape, die twifchnit (zweimal
gefchnitten?) fin, flas up den balken, *dat dei trate*
(brem. wb. 5, 102 treite) *unbegaen hevet* (d. i. flachs,
der noch nicht in der breche war), flas van der heke-
len, dat in einen kloven gefchlagen is u. nicht inge-
fteken is, kloven dei ane holl gewunden find. vort fall
men geven finen *fadel* und finen *beften pagen* (equum),
finen vorderplochtowe, finen vorderen wagen, fine
halfteren u. fine wage (deichfelwage), wat vleifch in
wedem (wiem, brem. wb. 5, 259) gehangen is, fin
*bedde*, wal togemaket. vort fall men geven fin heer-
bilen (ftreitaxt), fine barden, dar he fine roden mede ge-
howen heft, fine bilen, dar he fine wagen u. fwengele
mede gehowen heft, eine harken, dar he mede in dem
berge is geweft, ein garlin (?kleinen fper) dar he mede
to velde ut jagede, ein büdel, dar fie fin brod inne ge-
boden (?geboren getragen) hevet, fin ftaff, dar he mede
gegan hevet, fin hund, des hei *fo lendich* (? für levendich,
keck oder *bendich* kirre) fi, *dat ein unbekant man ne-
gen vote funder widerwere ute deme hove liede* (einen
hund, vor dem jeder fremde neun fchritt aus dem hofe
weicht). wat der alle dar is, dat fal men geven, wes
dar nicht is, des darp me nicht kopen. mitgetheilt aus
einer hf., angeblich des 14. jh., in Trofs Weftphalia
1824. nr. 27. p. 134.***) — Merkwürdige beftimmungen

---

*) altn. *fkapat klädhe.* Oftg. vins. 1. Veftg. thiuv. 22, 4. frief.
cláthar makad. Br. 175.

**) leerfe f. *lederfe.* Limburger chron. p. 18. 44; *lerfner* leder-
hofenmacher.

***) der alte fchreiber fügt hinzu: haec inveni in antiqua cedula
de verbo ad verbum.

über heergewäte aus dem Witzenmühlenrecht §. 21 find
f. 107 ausgehoben, es kommt darin auch noch vor: ein
*poll* (pfühl), *dar he up liggen könde, wen de fruwe
in den weken is*, entw. weil fie ihm dann das bett
einnimmt, oder gar fpur der alten, weitverbreiteten fitte,
daß der ehmann fich niederlegt, wenn die frau kindes
entbunden wird.\*) — Ein urtel, was in das heer-
geweide gehöret? antw.: das *befte pferd* mit fattel, zaum
u. *fchwert*, alle *kleider* die zu des mannes leib gehöret
u. *gefchnitten* find, en keßel, wo man mit *einer fpo-
ren eintreten* \*\*) kann, ein pott, da man *ein huhn in
braten* kann, eine kifte, da man ein *fchwert in hueten*
kann, ein bette mit küffen, laken u. all feiner zube-
hörung, ein fack, eine fickel, darnach alle gereitfchaft, die
zu eines mannes hande gemach ift nach gelegenheit fei-
ner hande, ein hausmann feine zaunholzbarde u. ein
kötter feine fegede. Marienfelder hausgenoßenr. — In
ein heergeweth eines mannes gehörig: ein difch, darop
man *ein fchwein kan fchlachten* u. eine twehle darup,
einen fack u. eine natel darin, fein ftuel, darauf ein
küffen, dat in feinem *brutdage* to finen ehren heft ge-
ftandeu tom hövede, und fine kleder. wenn nun der
bröder oder fründe mer is den einer, fo mag de oldefte
broder dat befte kleid vor af nehmen u. tom andern
hören fe alltofamen gelik. fin *befte perdt*, fo it ein
*hengftperdt* is, ein *mäerperdt* gehöret nicht darin,
(vgl. oben f. 368). ftefel u. fporen, ein *fchwerdt*, eine
büffe eder ein fpeitt, eine halfftöveken kanne. ein voer-
wage, ein . . . im ploge u. eine vorkge. ein ruderftock,
ein pott darinnen man *ein hoen feden* kan, einen ketel,
darin man mit *fporen kan treden*, eine exe, eine barde,
ein *hövetpöel*, ein overbedde u. ein laken. zu Fallers-
leben a. 1607. Spiels archiv 3, 153. 154. — Das heer-
gewedde gehöret dem älteften ledigen unverheiratheten
fohne und begreift: des mannes kleider zu feinem leibe,
das *befte pferd* mit fattel u. zaum, fofern es vorhanden,
ein bette mit zubehör im falle mehr als eines vorhan-
den, eine fichel, einen fack, eine barde, eine fage, eine

---

\*) vgl. Aucafin et Nicolete bei Méon 1, 408; Laborde itinner.
de l'Efpagne 2, 150 (von Biscaya u. Navarra); nachr. aus Suri-
name. Görliz 1809. p. 252. 253; und was Beckmann lit. der ält.
reifebefchr. 1, 80 anführt.
\*\*) formel bei Hoffmann p. 601: keßel, darin einer mit ftiefel
und fporn *waten* kann.

kifte, *darin ein ſchwert liegen kann*, einen keßel,
darin einer *mit gewehrtem fuß treten* kann, einen
pott, worin man *ein huhn ſieden* kann, ochs und bär.
Rietberger landr. §. 10. — Under brödern hefft dat
heergewehde des vaders keine ſtede, aver ſin dar bröder
u. bröder kinder u. de ſtervet, leevet nene föhns, de
broder nimpt dat heergewehde vor den brodern kin-
dern, idt is ok fri van allen ſchulden, he mag dat neh-
men u. laten dat erve under wegen. dat heergewede
in Ruigen is des varſtorvenen *beſte hingſtpferd*, idt ſi
klein edder grot, ſadel, thoem, ſpieß u. ſchwerd, edder
ſin *beſte meſſer*, dollich u. *beſte rock*, dat ſeegel u.
ſignetsring. in diſſem hefft nemand alleine de oldeſte
broder u. vedder recht, is ok aller dracht fri. Rugian.
73. — Des haushern ſtuel, görtel, meſſer, beutel oder
taſche, das gelt, da er fein *bedeſart* mit halten wolte,
alle die kleidere zu feinem leib gehörig, die ſeve (ſieb),
wanne, das ſcheppel, darein ein ſack, ein klüggen mit
einer nathelen, darnach eiſchet man die axe, *und heu-*
*wet ſie in einen ſtäpel* (vgl. oben ſ. 97.) und leßet man
ſie auf der wehr (auf dem gut), alle eggethauwe (ſpitzige
werkzeuge) exen, bilen u. barten, efferbor (bohrer),
item fein *harniſch, meſſer, ſchwert*, de zu feinem leib
gehoret hebben, fein efferſpieß, armbruſt, büſſen u.
alle gewehren, item ein bedde zu feinem *harpolle* (heer-
pfühl), *dat ſall man unter den arm nemmen u. tra-*
*gen van der wehr*, af men kan, item ein keßel, *dar*
*men mit einer ſporen eintreten* kan, ein pott, darin
man *ein hun brüten* kan, ein kaſten, dar man ein
*ſchwert in beſchließen* kan, dan eiſchet man einen
achterſilden (hintergeriem, ſonſt ſille. Friſch 2, 277ᶜ) und
ein *pferd* negſt dem beſten etc. (ſchon oben ſ. 107. aus-
gezogen); item alle ſpeck dat in den widden henget.
landr. des amtes Hamm, bei Steinen 1, 1804. 1805.
Eine andere aufzeichnung lautet: wann ein mann ver-
ſtirbt im amte Hamm, darvan fället to heergeweide, iſt
er fri ſinen nächſten agnaten, is er eigen, ſinen herren,
wie folget: fein ſtoel mit einem küſſen bekleidet, fein
gordel, taſche u. meſſer daran gehangen. alle kleider to
ſinem live gehorig u. gemaket, dat *bedde* nechſt dem
beſten mit ſiner tobehorung geſpreiet u. gerüſtet, ohne
die beddeſtede, die nit erfolgt. ſin kaſte, da er täglichs
to geit u. in beſchluit gehatt heft. ein koppern ketel,
darin ein man *mit ſtevel u. ſporen intredden* u. ein
eernen pott, darin *ein hoen gebraden werden* kan.

alle *wapen* u. gewehr‚ utgefcheiden ein harnifch blift
bi der wehr. alle eggetauw, utgefat eine exe blivet bi
der wehr. dat befte *pferdt* mit dem zillen u. die mol-
lenkare, wer dei dar nicht, alsdan den beften vorwa-
gen. Steinen 1, 1808. — Dat *befte pferd*, den vür-
wagen, ein pott, dar men *ein hoen in brett*, ein keßel,
dar ein mann *mit einer fporen in trett;* alle fein ege-
ften (äxte), fein dar zwei, dan gehet eine in das gerade,
fo mit zwei fchuten; dat *bedde* negft dem beften, das
*poell*, fo dar ein ift, ein hovetküffen, fo dar ein ift,
twee laken, fo dar zwei feint, eine decke dar fie ift;
alle *kleider* die zu feinem leibe gehorich, ein ftoel mit
einem küffen, dar ein ift; fein gordel, feine tafche; fein
paternofter, fo dar ein ift u. alle fein gewehr, ausbe-
fcheiden fein harnifch. hofsr. zu Pilkum (a. 1571) bei
v. Steinen 4, 657. — Item, wo ein geherwede utge-
langet fal werden: ein *bockeler* (fchild), ein *fwerd*, ein
ftoel, ein ftoelküffen, ein tafel, ein tafellaken, ein quarte
kanne darop, det befte *bedde* neft dem beften, to ge-
makt, als men daroppe flapen fal, averft dei weir (die
were, das gut) behelt dat befte, ein handfat, ein legen-
becken, eine handdwele, alle gefneden kleder dei ge-
fcheirt fin to des mans live, alle fin handgetowe aller
dele ein, einen ketel, dar men *mit einem fpoer in-
tredt*, eine kifte, dar men *ein fwert inlegt* u. dat
*ftellperd* helt men vor dat befte, einen vorderen wa-
gen, eine marketkar, fin tafche, al fin getroffet gelt,
dar hei fine *bedefart* mede gain wolde. zu Hagen. b.
v. Steinen 3, 1525. — Dit gehöret dem heergeweth:
item dat *befte pferd* gefadelt. ein fuderwagen. all des
doden mannes fchapene gewand, dat to finem live hort
u. mit finem live fchlieden (fliten, zerreißen) folde u.
al datjene, dar hei mede plegte arbeiden u. to gebruken.
ein ketel, dar in man mit *einer fporen kan intreden.*
ein pott, dar man ein *hoen konne inne brügen oder
braden.* ein bedde, is dar gein bedde, mag man mit
einem *poele* betaelen, be feven foet lang ift. twee laken.
eene twele. en dislaken. gericht Lüdenfcheid, v. Steinen
2, 83. — Folget wat in een geheerweide gewift moet
werden u. vri op de köninklike ftrate geftalt. dit is des
richs geheerweide, dat bort de alfte fon van der fwert-
fiden. ten erften, des mans tafche und gordel met dem
gelde dat daerin ift, daer de man fin *bedefart* mede
gaet. een wan u. fchepel met eenem facke u. een kloin
gardens (garns) met een neinatel, daer hi in fteckt u.

toe neihet. waet daer gewift wert. item dar mot gewift
werden alles wat des mans live gehort heft, *harnis,
fchwert* u. geweer, daer hei finen heeren mede gedient
heft. item ein kettel daer men *met eene gefpoorden
voet in tredden* kan. een pott, daer *een hoen in ge-
braden* kan worden. item alle bow u. egde getouw,
feiffen, figden u. bilen, dar dei reifchap mede gemakt
wert, uterhalf de fleßbile (fleifchbeil) u. exe dar men
dat vuerholz met hoit, dat ift vri vant utwifen. item
dat *ftellperd* met finer treckreifchap (ziehgeräthe) u.
den *halven wagen*, dar men dat perd in fpannen kan.
item een *heerpüll* met twe laken u. een decke met een
kifte, dar men een *fwert in leggen kan* u. den rink
dar de fruwe hem mede getruwet heft. item alle des
mans kleeder, waren daer kleeder vor der make u.
gefchneden de moten gelooft u. geleevert werden; dit
moet vri ane genige fchult van der weer gelebbert wer-
den. Wefthofer freiheit b. v. Steinen 1, 1567. 1568. —
Geherwede in der ftadt zu Unna: dei gevet alle ge-
fchapene kleider, dei to des verftorvens live gehören.
item alle *wapene* u. wehr, utbefcheden die beften wa-
pen, dei to des verftorvens live gehören, dei bliven
in der wehr. einen kaften, dar hei taglichs to gehet.
item einen *fchuldermate* ketel (fchultermaßigen, der
eine fchulter vom fchwein faßt. brem. wb. 2, 764). item
ein *bedde*, ein *poll* u. ein küffen allernegeft dem beften.
eine tafel u. darauf ein laken gedecket. item einen ftoil,
u. ein küffen darauf. it. eine handdwelle. it. ift der ver-
ftorvener ein zimmermann geweft, fo gevet hei ein win-
nelbor (al. wemmel) u. ein handbeil. item ift hei ein
fchmid gewefen, fo gevet hei ein fchortfell, einen hoef-
hamer, ein hoeftange u. ein neitifern (nieteifen) indem
dat it dar ift. item wei dit fall geven, dei eget (hat)
veirtein nacht to einem berade, fo wanner dei ümme
kommet, fo fall hei feine recht doen, fo ferne dat ge-
eifchet werd. und dar en geet keine beweifunge boven.
v. Steinen 1, 1793. 1794. und beinahe wörtlich über-
einftimmend in der ftadt Hamm. ibid. 1, 1800. vgl. Hä-
berlins anal. med. aevi p. 475. 476. — Geherwede in
dem amt Unna: item die fraue fall to dem geherwede
ires mans geven fein *fchwert* ofte deggen. dat *befte
pferd* gefadelt ofte dat ftellpferd. einen halven ifern
wagen, alle eggegetaw. einen ketel negeft dem beften.
einen pot negeft dem beften. dat befte *harnifch*, dat
hei hadde u. to feinem leib horde, do hei ftarf u. dei

wehr die hei hadde. alle feine kleider. darnae fall fie
geven oire *haerpoele*, dat is ein bedde negſt dem beſten,
ein küſſen, ein laken, ein diſchlaken. twe becken u.
twe dwelene. dit is ein gemeine geherwede to geven u.
is recht, doch fetten dei luide dar manig dink und recht
to, dat dar nicht to gehort. v. Steinen 1, 1795. — item,
weret dat ein man ſtorve in dem ampte, de hienrecht
hedde (oben f. 305), daer hefft min heer anne herweide
u. wes ſin recht is u. die hof ſin (d. i. des hofes) vor-
deel, alle ſine kleder u. alle ſin ſchapene wanth, ſin
handgetouwe u. dat derto horet u. ſine kiſte, dar he
ſelven den ſlottel to drecht. Loener hofsrecht §. 11.
item ſtorve ein man, die amptsrechte hedde, he gift ein
herweide, dat is ſcapene wand, u. ſin handgetouwe,
eine bile, einen wiemel (vgl. vorhin wemmel, bohrer)
die (nämlich die eiſenwerkzeuge) *men mit einer hand
dregen mach* und eine kiſten, als vorgeſcreven is, u.
anders nicht. ib. §. 13. — Ein *pferd* geſattelt u. ge-
zäumet, ſo zum krieg gebraucht oder ſolch pferd mit
10 fl. zu löſen, und nicht wagen oder karnpferde, ein
*ſchwert*, der beſte rock, hoſen, wambs u. leibrock,
als der verſtorbene *an einem feiertage getragen**), *
item ein herzfüel (l. *herpfüel*) d. i. ein bette, ein küſ-
ſen, ein leinlach, ein tiſchtuch, eine handquele, ein
handbecken, ein keßel mit keßelhacken; ſilberwerk, do
das vorhanden, ſechs loth; ein taſchenbeutel oder
wetzſchker, gürtel, hut, kappen u. handſchuh. Alten-
burger ſtat. von 1555 b. Walch 3, 90-92. — Das
heergewette d. i. des mannes beſte *pfert* geſattelt u. ge-
zeumet, ſein *ſchwert* u. *ſchilt*, ſein beſter *harniſch*
den er gehabt hat zu ſeinem leibe, ſeine tegliche kleider
u. ein *heerpfül*, d. i. ein bette neheſt dem beſten, ein
küſſen, zwei leilach, ein tiſchtuch, zwei becken oder
ſchüßeln, ein handquel, ein keßelin oder fiſchkeſſel u.
ein keßelhacken oder holring. Leipziger ſchöpfenurteil. —
Ein der witwengerade analog ſtehendes *witwersheer-
gewäte* iſt inſofern undenkbar, als der ehmann vor
dem tode der frau eigenthümer ſolcher ſachen war und
es nachher bleibt. Wohl aber kann, wenn die frau
ein abgeſondertes vermögen beſaß, aus ihrer verlaßen-

---

*) formeln bei Hoffm. p. 429: mannsgeräthe, wie er *zum
fiſchmarkt* gehet; p. 745: kleider darinnen der mann auf den
fiſchmarkt gehet.

ſchaft dem überlebenden mann ein gewiſſes *voraus* zu-
ſtehen (Mittermaier §. 391).    Hiervon werden hernach
in den geradeformeln beiſpiele vorkommen, die für den
vater betttuch, tiſchtuch und handtuch aus der gerade
vorbehalten.   Einige frieſiſche rechte, denen ſonſt das
eigentliche heergewäte fremd iſt, ſcheinen ein ſolches
praecipuum zu gewähren: item wan einer der eltern
mit den kindern verſtirbet und die güter zu theile
gehen, lebet dann der *mann*, ſo gebühret ihm *voraus*
ſein brautbett, ſein ſtuhl mit den küſſen, darauf ſoll er
ſeinen beſten rock hängen und ſothane kleider, damit er
ehrlich durchs land gehen mag, dazu ſein gewehr u.
eine dwele, ſo längſt den tiſch recket, mit den küſſen
ſo bei dem tiſche auf der bank liegen.   Wurſter landr.
b. Pufend, app. 1, 69; der überlebende mann zieht,
bevor zur erbtheilung geſchritten wird, *voraus*: das
brautbette mit dem zubehör, ſeinen ſtuhl mit dem küſ-
ſen, ſeinen beſten rock u. ſolche kleider, worin er ſich
anſtändig kleiden kann, ſeinen *bogen* und einen *langen*
*ſpieß* und eine *ſehne*, ferner ein tiſchtuch das den gan-
zen tiſch bedeckt mit den küſſen, die bei dem tiſch auf
der bank liegen.    alles übrige geht zur theilung.  plattd.
umarbeitung des Aſegabuchs (Wiarda p. 319. 320.)

Die *gerade* (wiverade, frauenrade) begreift den weib-
lichen ſchmuck, *ornamenta muliebria*, was ſie in ihrer
kiſte beſchließt (*kiſtenwand*, kiſtengeräthe. Haltaus 1091),
in einer brem. urk. von 1206 *muliebres reliquiae* (br.
wb. 3, 459.)  Man unterſcheidet eine doppelte, die
welche *nach des mannes tod* die witwe aus der ver-
laßenſchaft erbt oder für ſich behält (*wiverade* im en-
gern ſinn) und die welche *nach der frauen tod* von
der tochter und den weiteren ſpillmagen geerbt wird
(*jungfrauengerade*, *niftelgerade*, *mumengerade*.  Halt-
aus 1730).  bloß von letzterer redet die älteſte, der ge-
rade meldung thuende ſtelle: mater moriens dimittat fi-
liae *ſpolia colli*, id eſt murenas, nuſcas, monilia, in-
aures, veſtes, armillas vel quidquid ornamenti proprii
videbatur habuiſſe.  lex Angl. et Werin. 6, 6.  Späterhin
wurde noch anderes geräthe und einige hausthiere zu-
gefügt. Der Sſp. zählt folgende gegenſtände 1, 24 auf:
allet dat to der rade hort, dat ſin alle ſcap unde genſe
unde kaſten mit upgehavenen leden (ciſtae ſuperius gib-
boſae, in der lat. überſ. columnatae), al garn, bedde,
pole, küſſene, lilakene, diſchlakene, dvelen, **badelakene**,

beckene, lüchtere, lin u. alle wiflike kledere, *vingerne*,
*armgolt*, tzapel, faltere u. alle *böke*, die to godes de-
nefte horet, die *vrowen pleget to lefene*, fedelen (ci-
ftae parvae), lade, teppede, ummehange, rüggelakene
unde al gebende. dit is dat to vrowen rade hort. noch
is mangerhande klenode, dat ihn gehort, al ne nenne
ik is nicht funderliken, als borfte, */chere\**), fpegele.
unde al laken ungefneden to vrowen kleidere unde golt
u. filver *ungewercht* dat ne hort den vrowen nicht.
Hiermit ift die etwas ausführlichere, die benennung rade
vermeidende aufzählung im fchwäb. landr. 270 Senkenb.
27 Schilt. zu vergleichen. — Aus dem Witzenmülenr.
§. 21 hebe ich aus: ein kettel, *dar men ein kind inne
baden kan*; dat flas, dat up dem felde fteit unde *fo
lang is, dat it de wind weiet* (p. 35 aber heißt es:
alles ungeknochet flachs, flachs das im felde fteht, das
der wind wehen kann, fo gehöret es nicht darin), flas
dat under dem kinne knaket is (richtiger p. 35. flachs,
das unter dem knie geknochet ift); garn *dat nicht wa-
fchen is*, dat linnewand, *dar keine fchere inne wefen
is* (?macht keinen beftandtheil der gerade). tom jun-
ferngerade gehöret, wat fe anne heft, wen fe fik ge-
fchmücket heft, *ob fe mit einem in danz gan* wolde. —
Alle die kleider, die zu einer frauen leib gehöret u.
*gefchnitten* feind, bettewand, linnewand oder linnen-
tuch u. alles *was die fcheere begangen* hat, das flachs,
linnen, hanf, gördel, *gefchmiedet \*\**) gold u. filber,
ein bette mit feiner zubehörung, kaften u. fchrein u.
was darin verfchloßen ift, darnach fie ift von handwerk,
ihr gereitfchaft, braubodde u. hole fäßer, einer neier-
fchen nadeln, *fcheere*, fpillen, verfel, bündel. Marien-
felder hausgen. r. — 1 ftoll u. 1 küffen daruf, 1 difch
worauf eine frowe wafchen kan u. 1 dwelle druf, 1 fack,
1 natel, 1 *fcheer*, 1 bedde, 1 underbedde, 1 pöll, 1 par
laken u. ehre befte laken, das *im bruttage uf dem
bette gelegen*, fo es noch da ift, ehre kleder, mantel
u. die kifte, darein die kleder *am bruttage* gelegen, 1
ftanden, 1 kopfatt, 1 botteremmer, 1 botterfat, 1 mehle,
1 fchußel, 1 lepfel, 1 flöete (?laßeifen, flitte, brem. wb.

------

\*) mit der fcheere fymbolifiert der mahler taf. 16, 7. 27, 7
die gerade.
\*\*) fonft auch: gewercht, gebogen, gebeuget; altn. giort gull
ok filver. Oftg. vins. 1.

Grimm's D. R. A. 3. Ausg.         O o

1, 413), 1 haſpel, 1 garenwinde, 1 heckel, 1 dortapfe,
1 ſchußelkorf, 1 büdde, warein ein taphel (zapfe) iſt,
offen garne u. was uf den ſpillen iſt offen flas, dan
(? das) baven nicht zu geknuppet iſt; das flas van rein
line, das rein lin gehort auch darein, linewand *das uf-
geſchnitten iſt*; 1 lepelbort, 1 ſchlef, 1 degel, 1 ketel
*darin man ein kint baden kan*, 1 halb ſtubichenkanne,
1 ſpille, 1 werfel, 1 heſpe, 1 brake (flachsbreche), 1
ſchwingelbret und 1 ſchwinge. Fallersleben a. a. o. —
Zum gerade einer frouwen gehört: imme, ſchape, genſe,
alle weibliche kleider, alle ſilber u. golt das *gebeuget*
(gebogen, verarbeitet) iſt, alle döſinge (gürtel, vgl.
Schuirens teutoniſta ſ. v. duyſynk), vatinge, worpel, hals-
bende, ringe, vorſpanne, ſchruven, wallien, natelen,
eine kleiderkiſte, alle kiſten mit ufgehobenen ledden, eine
ſchrien, alle laken das *die ſcheere begangen* heft, bed-
delaken, tafellaken, vorlaken, handlaken, umbhänge-
laken, dweelen, rüggelaken, banklaken, gardinen, alle
federwerk, ausgeſagt ein bette mit ſeiner zubehörung
bleibt bei der wehr, alle ſtoelküſſen, alle pluemküſſen,
außerhalb eine uf des husherrn ſtuhl u. eine unter ſein
hövet; alle geboget flachs, alles garn u. lin, handfaß,
lövelbecken, ein keßel *dar man ein kind in baden kan*,
ein kinderbehrpott, borſten, ſpiegel, ſcheeren, perlen-
ſchnör, geebe deelen (?), alle ſilberne fchalen, lepel,
forken, gürtel u. büdel, viftige (?) weiße hoſen (?),
fchue, ſchloßen, trippen, alle laden u. alle böker, *dar
die frouwe in leſt.* wegen gerades im wiegbold (weich-
bild) wird nachfolgendes gezogen: alle weibskleider, ſo
ſie zu ihrem leibe hat machen laßen und getragen, es
ſei wüllen oder linnen; ein bette mit feinem zubehör,
als bettelaken, pfüle, küſſen u. decken; tiſchlaken u.
handtuch; linnentuch ſo verſchnitten zu weiblichen klei-
dern, welche frauen zu tragen pflegen; alles gewürkte
ſilber und gold zu frauenkleidern; eine kiſte u. ein
ſchrein, darin die frau die kleider geleget; ein keßel
*darin man ein kind baden* kann; ein pott darin man
*ein huen ſieden* kann; ein klein pöttchen, darin man
ein warmbier machen kann; eine zinnerne kanne; alles
gebeugte flachs oder hanf; geſponnen garn geſotten oder
ungeſotten, ſo die frau gedachte zu ihrer nothdurft zu
zeugen u. in ihrer gewehr gehabt; immen u. ſchafe *ſo
die frau zu ihrem manne gebracht*; eine bibel, poſtille
u. betebuch. Lodtmann acta ofnabrug. 2, 172. 172. —
Der frauen kleider, kleinodien, alles ſo *die ſcheere be-*

*fcheeret*, imme, fchafe, flachs, wachs, filber u. gold
*fo gebogen*, ein bette mit feiner zubehör, fo mehr als
eins vorhanden, ein keßel, ein pott. Rietberg a. a. o. —
Soll man nemmen den frawen ftuel oder *fettel, daran
ein gurtel;* ihr meffer, ihr beutel u. alle ihre ge-
fchmeide, kleidere u. clenudien, die zu ihrem leib ge-
horet haben darob nichts ausbefcheiden. item ein fack,
ein klüggen u. ein natel darein, ein *fchere* u. *alle dat
die fchere begehet.* alle fchäpe, immen, alle flas das
gebraket ift. item alle dat laken, das auf dem ftelle ift,
alle garden (garn) das gewunnen (gewunden) ift, dar
halle (?) ein fein. ein pott, dar fie täglichs pflegte mus
oder gürten (grütze) in zu feiden, ihren kramdiegel, alle
holzerne väßer, alle kiften. ein bedde negft dem beften,
ihren hafpel u. was dazu gehört. item fechs göfe, ein
gante, zwölf hoener, ein hane. amt Hamm b. Steinen
1, 1806. Vollftändiger lautet eine andere aufzeichnung
ebendaher: wann eine frau ftirbt in dem ambte von
dem Hamme, darvon fellet to gerade, is fie frei ihren
nächften anverwandtinnen von der fpillfeiten, is fie aber
eigenhörig ihrem herren, als folget: ihre *ftoel* mit ei-
nem küffen darup, mit ihrem *gordel u. büdel daran
gehangen* u. ihren *fpinnrocken dafür gefetzt.* alle
kleider u. rüftung to ehren live gehörig u. gemacht. dat
befte bedde mit finer tobehorunge gefpreiet u. gerüftet,
ohne die beddeftede, die nicht erfolget. ihre kaften darin
ihre kinder (l. kleider) in befchlotten gewefen u. ein
fchrein, darin ihre mauen (ermel) kragen u. doeken ih-
res lives behalden worden.*) alle holle vette, als büd-
den, tonnen, becken, küven, leppel u. fchüttelen, uit-
gefat ein fchenkbiervat blift bei der wehr. ein hane u.
twelf hoener, eine gante u. fes göfe. alle immen, fchape
u. leinengewand, *wat die fcher gegangen heft.* alle un-
gebraket flas. v. Steinen 1, 1807. 1808. — Dis ge-
hört zu einem gerhade von einer frauwen, die dar hört
in den hof zu Pelkum. ein ftoel, ein küffen, ein rocken-
fpinde, ein hafpel, ein bedde, negft dem bedde ein poel,
ein küffenziehen, fchlafelachen, ein fchluen (?) **) u.

---

*) irrthümlich folgt hierauf in einer abfchrift der kupferne
keßel u. eberne pott (wie oben f. 572) aus dem heergewäte.
**) vielleicht fchalunen? *fchalune, fchalaune* in andern gera-
deverzeichniffen häufig, bei Hoffmann p. 738 auch fcharlaune
(aber fchauleuenlepte Hoffm. p. 45. Regner p. 68 ift in fchalaunen,

alle dat lachen dat die *fcher begaen heft*, die fchafe,
die dar af gefchoren fint, zwölf höner, fechs genfe,
alle holde, veßer, das fchüßelfchap mit den fchüßelen
(hier folgen wieder keßel und pott aus dem heerge-
wäte), alle dat flas dat geboket (gebaucht, geröftet?) is,
alle die kleider die zu ihrem leibe gehört haben, ein
kafte, fo dar zwei fein, ein fchrein mit den doeken, ein
gördel negft dem beften, ein büdel, ein paternofter, ein
reppe mit tennen (riffel mit zähnen. brem. wb. 3, 482)
v. Steinen 2, 656. — Ein fpeigel, ein kam, ein fchrein,
der frawen handgetaw, all eir kenodie tot eirem live,
der frawen ringe, umbgehenge; alle bede, utgefcheden
dat befte behald dei weir; decken, küffen, dwelen, flap-
laken, tafellaken, alle *gefcherde* kleder, ein wafcheketel,
ein wafcheringel, ein degel, dar men *ein fupen inne
feide*, ein pot, dar men ein *hoin inne feide*, eine
kanne, alle gefcheirt linnenwand to huisgerade, garne-
winde, alle gewunden garne, flas *dat dei fappe* (jauche,
röfte?) *begangen* heft; der frawen handgetauwe, darmit
fei fich heft genert, eir klederkifte, alle getroffet geld,
dar fei eir *bedefart* mit gain wolde. v. Steinen 3, 1525.
— Dit gehöret in dat gerade. item ein fack u. eine na-
del, daer man fein dings in packe, alle dat to eren live
gehoret u. mit eren live fchliten folde u. dat er to ge-
füget were. alle gefchneden laken to frawenklederen alle
bedde, utgefcheden ein bedde fall man *dem manne* to
maken u. twee laken darauf decken u. twee an den
fchacht hangen, de man wedder uflege, wanner dat
man de erfte wefchet; u. ein hovetpoel under fin hovet
u. eine uf fine voete, ein twel uf fin tafel u. eine an
finen fchacht, dar er fine hande an droget *) ; u. wat
dar enboven ift gehöret to gerade als garn, fpiet, line-
laken, difchlaken, linekleder, twelen, beddelaken, be-
brecken lin, vingerlinge, alle *boke* to godesdienfte u.
*frauen plegen to lefen*. fedelenlaken. kapóte umbhange.
rüggelaken. fpegel. bürften. *fcheren*. ein kettel, dar men
mede büke oder brogede. u. alle kaften die der frauen
to gefüget fein u. alle holle vätte mit einem boden. zu
Lüdenfcheid. v. Steinen 2, 83. 84. — Folget wat in

---

tepte zu beßern; vgl. Hoffm. p. 132. 632). es fcheint ein zu Cha-
lons gewebter ftoff. Frifch 2, 158c.
    *) formel bei Hoffm. p. 387: was dem *vater* den *tifch bedeckt*
und das *handwaßer behängt*.

een gerade gehört. daer wert gewiſt alle der vrouwen
kledinge vant hooft bet tot den voeten u. alles daer de
vrouwe mede omgaen heft, als hare craempott, de wa-
ſchekettel, hare brutkiſte u. ſchrein, een *ſcher*, nainatel,
vingerhoet, alle gewunden garden, alle wulle ſo bi der
vrouwen leven geſchoren is, gepakt flas ok flas *dat de
ſuppe begaen* heft, der vrouwen ſtoel met een küſſen.
item, wan de vrouwe een webbe hedde ſcheren laeten,
dat moet van den wever volgen, alle gebeikt laken, dat
*de ſchere begaen* heft, alle de bedde, ſo up der weer
ſin, uterhalf dat beſte bedde, dat moet ſo geſpreiet
werden, als *de man met ſin vrouw darop geſlapen*
heft, met een par laken op dat reck bi dat bedde. item
een tafellaken, een handtwelle, een küſſen op den ſtoel,
die grotſte pott u. grotſte kettel blift op der weer. voert
wert gewiſt alle halle vette, dei leddich ſin, keerne
(handmüllen?), becken, düppen, haſpelen, rocken, ſpin-
delen, bracken, ſchwingen, heckelen. item der frouwen
paternoſter, hare ſilveren u. gülden ringe, ook den daer
haer man ſe mede getrouwet heft. item haren gördel,
büdel u. dat geld ſo darin iſt, daer ſie hare *bedeſart*
mede gaen wolde; ook wan daer kleeder vor dem ſchni-
der waren tot der vrouwen live gehorig, die fall men
loſen u. vri ſtellen op de köninclike vrie ſtrate, fleiten
u. faren laten, ſonder eenige ſchulde of beletſel. Weſt-
hofer freih. b. Steinen 1, 1571. — Item wer fall geven
ein gerade, die fall geven alle *ſchapene* kleider mit alle
dem geſchmidde, dat darto gehoirt u. darto geveſtet iſt
u. dat beſte gulden ringerlein, dat beſte bedde mit dem
beſten polle, mit dem beſten laiken, mit den beſten
decken u. mit dem beſten hovetküſſen u. dat beſte küſ-
ſen op dem ſtoil. oik wer dar ein umbhank den ſold
men geven u. alle die ſtickede huven und ein *boich,
dar ſie teglichs ut leſet*, den beſten kaſten, ein beerle-
gelen, ein ſchenkbeerslegelen, ein paternoſter, ein gordel
u. ſchrein, dar ihr klenodie als huven u. ſtrickede in
beſchlotten plach to weſen. u. dis gelt alſo binnen der
ſtad Hamm. v. Steinen 1, 1801. und Häberlin anal.
p. 475. — Item ſtorve en frouwe, de des ampts recht
hadde u. hedde ſie ene dochter, *de men mochte hören
dor ene eikene planke*, de en geve noch erve noch
gerade, mer hedde ſie gelt oft buntwerk ofte buckene
ſcho ofte ſidenwand, dat geve ſie to recht. und enhadde
ſie gene dochter, ſo gift ſie ein gerade den hove ſin
or el, ör kleidunge u. *wat dic natel begaen.* heft ſie

einen man achter gelaten, die beholt fin bedde u. als
folk darto horet, men let fie ören echten man nicht
achter, alfo* dat fie voir ör doit was, fo nimpt men dat
alink, als von einen einlück wive. Loener hofr. §. 12. —
Zu gerade gehören alle fchaf, genfe, enten, kiften, ka-
ften, laden u. truhen, darinne de frawen ir gezierde
und gefchmeide befchließen, alles garn rohe u. gefotten,
lein, flachs, leinwat gefchnitten u. ungefchnitten, alle
betten, pfüle, küffen, leilach, tifchlach, handquelen,
fchlöier, kittele, badekappen, die die frawen tragen u.
in ihren geweren haben, decklache, badelache, rink-
lache, fürhenge, umbhenge, fperlachen, kultern, tep-
picht, fchalaunen, becken, leuchter die nicht angenagelt
oder anhangen u. ein wafchkeßel, ein brawpfanne die
man ausmietet und nicht eingemauret ift, milchgefeße,
weibliche kleider u. gezierde, fürfpan, ringe, fingerlein,
heftlein, gefelfchaft (?), halsband, ketten filbern u. gül-
den, berlen, krenze u. berlenbendlen, karellen (korallen),
u. andre fchnüre die die frawen tragen, filbern gürtel
und feiden borten mit golde oder filber befchlagen, pa-
cifical (gehenkelte thaler) fo die frawe an ir getragen,
der rollwagen, darauf die frawe gefaren, alle weibliche
gebende, gerethe, fcheren, fpiegel, weifen, bürften und
wirkremen. Leipziger fchöpfenurteil. — Gerade in der
ftadt Unna bei v. Steinen 1, 1794., im amt Unna 1797.,
in Riga (gerede) bei Ölrichs p. 86., in Altenburg b.
Walch 3, 92. 93; vgl. die auszüge bei Haltaus 661.
1499. — Dem oben f. 576 aus friefifchen rechten bei-
gebrachten *voraus* des mannes fteht zur feite: lebet
dann die frau, fo gehöret ihr *voraus* ihr brautbette, ihr
ftuhl mit dem küffen, darauf foll fie legen eine *netze*
(frauenkleid, Wiarda wb. p. 278) nicht die befte fondern
die nächfte der beften mit den filbern knöpfen; die übri-
gen güter gehen alle zur theilung. Wurfter landr.; die
den mann überlebende frau nimmt von der erbtheilung
zu fich: eine *netfe* mit den fülveren knopen, fo to den
mouwen (ermeln) hören. plattd. Af. buch.

*Anmerkungen* über heergewäte u. gerade.

a. reichliche mittheilung der verfchiedenen angaben *)
fchien unerlaßlich, theils um das übereinftimmende und

---

*) abfichtlich habe ich lauter folche gewählt, die den haupt-
fchriftftellern über diefen gegenftand *fehlen:* Gottfr. *Barth* von

abweichende fichtbar zu machen, theils der einzelnen
ausdrücke wegen, die fich oft nur in wiederholungen
durcheinander erklären. So unmöglich es ift, überall
das fpätere von dem früheren zu fondern, weift doch
die grundlage der meiften beftimmungen über die zeit
hinaus, wo der Sfp. abgefaßt wurde. namentlich zähle
ich dahin die ihm großentheils abgehenden, in den übri-
gen verzeichniffen aber fo oft wiederkehrenden *poeti-
fchen wendungen.* ferner ftimmt anderes in die fitte
des frühen mittelalters, z. b. daß nicht bei dem herge-
wäte, wohl aber bei der gerade von *büchern* die rede
ift; bekanntlich konnten im 13. jh. felbft die feiner ge-
bildeten ritter nicht lefen, fogar die meiften dichter
nicht, während unter den frauen diefe fertigkeit ganz
gewöhnlich war.*) So hoch hinauf reichen auch die
*betfahrten* (rogationen, proceffionen) vgl. Parc. 108ᵇ.
109ᵃ. Trift. 13690. 13731. Friged. 3702; der geiftlichkeit
lag daran, daß das von männern und frauen für diefen
zweck beftimmte geld gefondert bliebe und auch von
dem erben in heergewäte und gerade dafür verwendet
würde.

b. leitende idee war, aus der allgemeinheit fahrender
habe alle ftücke abzufcheiden, die von dem erblaßer
(oder bei der witwengerade von der ehfrau felbft fchon)
*gebraucht*, *getragen* und *verwendet* waren, feien es
nun waffen, kleider, fchmuck, haus und hofgeräthe.
felbft bei den thieren, die zu heergewäte oder gerade
gefchlagen wurden, kam es darauf an, daß der mann
auf dem pferd geritten, wahrfcheinlich daß die frau die
hüner und gänfe gefüttert, die fchafe gefchoren, der
bienen gewartet hatte.**) So bildete fich der begriff

---

gerade u. heergeräthe. Leipz. 1721. 4.; Gottfr. Aug. *Hoffmann*
ftatuta localia d. i. befchreibung der gerade u. des heergeräthes.
Ff. u. Lpz. 1733. 2 theile in 4.; Joh. Chriftoph *Regner* handbuch
von der gerade u. dem heergeräthe. Lpz. 1781. Bei aller breite
u. ausführlichkeit fehr unbefriedigende bücher, die faft nur den
oberfächf. gebrauch, weniger den niederfächf. und noch weniger
den weftphälifchen verzeichnen, der mir der alterthümlichfte u.
wichtigfte fcheint. Hoffmann liefert das meifte material. Regner
hat ihn ausgefchrieben aber durchaus nicht nachgefammelt; ob-
gleich ihm fchon beinahe alle von mir genutzten quellen offen
ftanden.

    *) Lichtenfteins frauendienft. p. 14. 31. 33. 48.
    **) nach der aus Lodtmann angeführten ftelle werden die von
der frau *eingebrachten* bienen und fchafe gemeint; fonft aber ift
gerade von eingebrachtem gut unterfchieden.

gleichſam eines vertrauteren, privateren vermögens, wo-
für auch eine engere nachfolge gelten ſollte. was ein-
mal im nähern beſitz von männern geweſen war, gieng,
wie grundeigenthum, nur auf männliche verwandten
über; was frauen beſonders gehört hatte, blieb unter
der hand weiblicher. heergewäte war bloß jenen, gerade
bloß dieſen vollſtändig brauchbar und ſollte beiden für
den bedarf geſichert werden. Es liegt aber in dieſer
eintheilung der ſachen in *männliche* und *fräuliche*
vielleicht noch nachwirkung der ſtrengeren ſcheidung
beider geſchlechter im alterthum.*) aus einer bloßen
vorſorge für hilfloſe witwen oder töchter läßt ſich die
gerade nicht erklären, wie hätten ſöhne einer begün-
ſtigung durch heergewäte bedurft? Zwiſchen vater und
ſohn, zwiſchen mutter und tochter beſtand ein ſtärkeres
band, welches auch den für das deutſche recht über-
haupt bedeutungsvollen unterſchied in *ſchwert* und
*ſpillmagen* veranlaßt hat.

c. ausnahmsweiſe können zu h. oder g. gerechnete ſachen
ihre eigenſchaft wieder verlieren und die natur des ge-
wöhnlichen erbes annehmen, z. b. wenn unter lebendigen
etwas aus dem h. an frauen, etwas aus der g. an männer
geſchenkt oder verkauft wird.

d. wer zu heergewäte u. gerade berechtigt iſt, erbt ſie
in der regel auch ſchon *unmündig*; nach dem Sſp.
nimmt dann bloß der älteſte ſchwertmage das heerge-
wäte in empfang und iſt dem kind darüber vormund;
nach dem Loener hofrecht erbt das durch die planken
ſchreiende mädchen die gerade. An einigen orten war
aber der unmündige ausgeſchloßen: *blötlinge*, das iſt
eine tochter unter zwölf, ein ſohn unter vierzehn jah-
ren, haben kein gerade noch heergewette u. können
auch das nicht erben. Hammer verordn. von 1636 bei
v. Steinen 1, 1803.

e. misbrauch ſcheint, wenn in ermanglung der ſchwert
und ſpillmagen, oder gar der ſöhne und töchter, die

---

*) den männern im heergewäte wurden *männliche thiere* (oben
ſ. 571), den weibern in der gerade *weibliche* zugetheilt. zwar iſt
das nicht in allen ſtatuten ſtreng beachtet und den ſechs gänſen
oft ein ganſert, den zwölf hünern ein han beigegeben z. b. oben
ſ. 579; andere aber beſtätigen deſto mehr die regel, z. b. Regner
p. 123. 124. 142. 143 ausdrücklich: ſchafe weiblichen geſchlechts;
gänſe, enten, nicht gänſriche, entriche, truthüner nicht häne.

*gutsherrschaft* heergewäte und gerade nahm. fie hatte nur ein recht auf das beftehaupt oder die befte wat (oben f. 364 ff.), felbft wenn kinder vorhanden waren. weil aber die gegenftände des mortuariums und die des heergewätes (feltner die der gerade) oft diefelben fein konnten, erftreckte man erfteres durch anmaßung auf alle beftandtheile des letztern. In einigen gegenden verabfolgte man heergewäte u. gerade nicht an auswärts wohnende erben: gerade und hergewät *gehen nicht über die brücke.* Haltaus 662. Einzelne landschaften und ftädte retorquierten widereinander. fo ließen z. b. die Niederheffen u. Paderborner h. und g. gegenfeitig nicht über die Diemel folgen. die Altenburger ftat. a. a. o. 88. 89 verordnen: ftirbet ein mann oder weib und laßen im weichbilde keinen fchwert oder fpillmagen, fo foll heergeräthe oder gerade von wegen der ftadt auf das rathhaus zu beßerung des gemeinerí nutzes nach altem herkommen gefordert u. genommen u. aus der ftatt keineswegs gegeben werden. Billiger hätte in folchem fall heergewäte auf die vorhandnen fpillmagen, gerade auf die fchwertmagen übergehen, d. h. beides die natur des gemeinen vermögens wieder annehmen follen.

f. es wurde davon ausgegangen (f. 568), daß diefe befondere erbfolge auf Sachfen und Weftphalen hauptfächlich zu befchränken fei; wegen Friesland und Scandinavien erörtere ich aber hier noch einiges. Die älteren frief. gefetze gefchweigen der einrichtung völlig; ein folches fchweigen ift freilich nicht entfcheidend. in dem landr. von Wedde ende Wefterwoldingeland §. 44. (pro excol. IV. 2, 50.) findet fich: item weert fake, dat een man hadde een dochter und hadde anders geen kindt u. die vader ftorve, fo fal die dochter des vaders *kleder* u. *herwede* beholden u. fullen bliven op den herde, daar fie ghetuget fint u. desgeliken ofte die moeder einen fone hadde unde die moeder ftorve, fo folde die fone der moeder *kleder* u. *gerade* u. *klenodie* up den herde bliven. offenbar erfcheinen hier die ausdrücke herwede u. gerade; man könnte aber fagen, in ihrem natürlichen finn, nicht im technifchen, denn wozu wäre fonft nöthig, kleder und klenodie beizufügen? fodann wird hier gegen den fächfifchen grundfatz der tochter das herwede des vaters, dem fohne die gerade der mutter zugefichert, mit ausfchließung der fchwert u. fpillmagen. es mag alfo bei den Weftwoldingern ein analoges verhältnis, für den fohn vorrecht auf das heergewäte, für die tochter auf die gerade, in ermangelung der bevorrechteten aber gewöhnliche erbfolge gegolten haben. Des voraus, welches einige halbfächfifche landrechte Frieslands überlebenden ehgatten bewilligen, ift f. 576 und 582 gedacht. Was den Norden betrifft, hat Schildener (beitr. zum germ. recht. 1, 84-100) neulich einige ähnlichkeit des gothländ. *hogfl* und *iþ* mit der gerade nachgewiefen; inzwifchen fcheinen doch die quinna lutar (feminarum fortes), wofür Gutalag cap. 21. §. 22 erbfolge der töchter und fpillmagen anordnet, verfchieden von hogfl und iþ §. 20. und es fehlt an aller näheren angabe der einzelnen gegenftände diefes vermögens, woraus man ihre einftimmung mit der gerade beurtheilen könnte. §. 29 deffelben cap., aber für ganz andern fall, nämlich die ausftattung unechter kinder, werden fachen aufgezählt, die dem hergewäte und der gerade gleichen; warum hätte fich das gefetz diefe aufzählung bei dem hogfl und iþ erfpart?

II.  Bestimmungen über *eigenthum an thieren.*

1. die fahrende habe beftand hauptfächlich aus vieh; *hausthiere\*)* gaben daher nicht nur den *preis* an, um welchen andere fachen erhandelt wurden, fondern auch oft die zu entrichtenden *bußen* und *zinfe.* die alten wergelder waren in vieh angefchlagen und konnten, als fchon die münze herfchte, immer noch in vieh abgetragen werden, weshalb l. rip. 36, 11 und l. Sax. 19 eine reduction des geldes auf vieh (und waffen) anführen. Urkunden des 7. 8. jh. nennen *pferde* als kauf oder taufchpreis: unde conftat me a vobis . . . accepiffe in precium unum *cavallum* et una fpada. Neug. nr. 15 (a. 761); unciam auri et *caballum* unum valentem libram unam. id. nr. 185 (a. 816); pro hoc acceperunt *caballum* unum et aliam pecuniam. Meichelb. nr. 552; vgl. oben f. 343. das beifpiel aus dem trad. fuld. Von dem viehzins ift gehandelt worden. Bußen wurden häufig noch in vieh entrichtet\*\*): condemnavit (Otto I.)

---

\*) man könnte das hausvieh, wie die bäume in majores et minores (f. 507), eintheilen in *majus* (pferde, rinder) und *minus* (fchafe, ziegen, fchweine), vgl. l. burgund. addit. 2. und l. Vifig. VIII. 3, 15 capita *majora* et *minora*. Die förmliche vindication (nachher nr. 3.) fcheint doch hauptfächlich nur vom majus zu gelten.

\*\*) Feftus f. v. multam.

Everhardum centum talentis aeſtimatione *equorum.* Witech. corb. p. 23.; einzelne in vieh abzulegende ſtrafen und bußen haben ſich bis in ſpäte zeiten erhalten, namentlich für jagdfrevel. und wer einen hirz fienge, der ſoll in antworten uf die nechſten wildhube, der hubner ſoll die vier ſtück das heupt u. die hut antworten zu hof, thete er das nit, ſo ſoll er büßen ſechzig ſchilling geber pfenninge u. einen helbeling u. einen *falen ochſen mit ufgerachten hörnern* \*) u. mit einem *zinnelechten* \*\*) *zaile;* wer es aber ein hinde, ſo ſoll er geben ein *fale kue mit ufgerachten hörnern* u. mit einem *zinnelechten zaile* u. 60 ſch. pf. u. einen helbeling; vor ein reh ſoll man geben 60 ſch. pf. u. e. h. und eine *fale geiß;* iſt es ein bock, ſo ſoll er geben einen *falen bock,* 60 ſch. pf. u. e. h.; wer da fehet eine bermeiſen, der ſoll geben eine *koppechte* \*\*\*) *hennen* und *zwölf hinkeln* und 60 ſch. pf. u. e. h. Dreieicher w. Und wo auch einer jagte auf dem büdinger wald, der nicht drauf jagen ſoll, der ſoll büßen von einem hirſchen einen *bunten ochſen* u. zehen pfund pfenning und jedem förſter fünf ſchilling pfenning und von einem hafen drei pfund pfenning und iedem förſter 20 pfenning. Büdinger w. Auch wer in dem vorg. waldbann einen hirzen fienge, der ſal unſerme herrn einen *falen ochſen* geben u. hait zwo mark verbrochen zu frevel, u. wer eine hinde fienge, der f. u. h. geben eine *falbe kuwe* und hait auch zw. m. v.; wer ein rehe fienge, d. ſ. u. h. g. eine *falbe geiß* u. h. a. z. m. v.; und wer eine kolemeiſe fienge mit limen ader mit ſlagegarn, d. ſ. u. h. g. eine *falbe henne* mit *ſieben hünkeln* u. h. a. z. m. v. zu frevel. Rheingauer w. Bodm. p. 285. Wär aber iemand anders der in dem wildbann jagte ane des biſchofs laube von Mainz u. fienge dar ein hirſch, der iſt ſchuldig für den hirſch dri pund pündiſcher penninge u. einen *zindelſtin ochſen mit offrichten hörnern* und für eine hinde ein *kuhe* u. drei pfund des vorg. geldes dazu, und für ein rehe ein *geiß* u. d.

---

\*) bovem *cornutum,* videntem et ſanum, vaccam cornutam, vid. et ſanam. l. rip. 36, 11; *patalem* bovem Plautus appellat, cujus cornua diverſa ſunt ac late patent. Feſtus. three bullocks whoſe horns are as long as their ears. Probert p. 133.

\*\*) auseinander gekämmt; Maria 102.

\*\*\*) *haubicht;* im Reinaert de vos heißt die henne *coppe.*

pf. d. v. g.; vor ein bock ein *bock* u. d. v. g. 3 pf.
dazu und vor ein baummeife*) ein *hubenrechte henne*
mit 12 hinkeln u. 3 pf. p. p. dazu. Lorfcher wildb. von
1423. Schon die höhe der hier angedrohten ftrafen zeigt,
daß fie, nach art der weisthümer, unpractifch waren:
defto alterthümlicher fcheinen fie. warum immer *fahles*
oder *buntes* vieh (vgl. das weißgraue pferd f. 185. den
fehen ftier f. 254. not.) geliefert werden foll? weiß ich
nicht genügend zu erläutern; erhöhte die feltenheit diefer
farbe den werth?

2. die hausthiere wurden als wefentlicher beftandtheil
des haushalts und der wohnung betrachtet; vorzüglich
*hund*, *han* und *katze*, die dem menfchen am gefelligften
find. acht zufammen und der *hund der neunte*, heißt es
Froftedingsl. 3, 22; wer fich wo niederläßt, nimmt hund
u. han mit:

> han tager med fig baade *hund* og *hane*,
> han agter der länger at väre. D. V. 1, 175.

ein burgund. edelmann, in einer urk. von 1251, verbindet
fich die burg Arconciel im frieden mit einem knecht
(cliens), einem *han* und einem *hunde* (catulus) zu hüten.
Joh. Müller Schweiz 1, 482. wird ein ganz ohne haus-
gefinde lebender mann nach der nachtglocke mörderlich
angefallen u. tödtet den frevler, fo nimmt er *drei halme*
vom ftrohdach, feinen *hund* vom feil (oder die *katze* vom
heerd**), den *han* von der hünerftange) mit vor den
richter, fchwört und ist des todfchlags fchuldlos (im glau-
ben, daß ihn gott lügen ftrafen könne durch die kleinste
creatur. id. 3, 258. ***)

3. wie hier in gegenwart der thiere gefchworen wird,
fo mufte bei *vindication* des entfremdeten hausviehes
der fchwörende eigenthümer es *mit hand und fuß* be-

---

*) daß, wie Dahl meint, unter der baummeife ein auerhan
oder feldhun zu verftehen fei, bezweifle ich, vgl. die kolmeife
(fringilla) und bermeife (bergmeife?) der andern weisthümer.

**) *katze* fchläft am heerd. Bon. 43, 40. 67; weder *kunt* noch
*hane* vernemen. Eilb. Trift. 4716; då ne kræt diu *henne* noch der
*hane* (alles ift ausgeftorben u. öde) MS. 2, 229ª.

***) in der alten fitte war mehr naturgefühl. gekaufte haus-
thiere wurden feierlich über die fchwelle eingeführt und an feft-
tagen gefchmückt; an einigen orten, wenn fich eine hochzeit oder
ein todesfall im haufe zutrug, behieng man die bienenftöcke mit
rothen oder fchwarzen tüchern.

*rühren.* Dies fcheint fchon das ripuarifche conjurare
cum dextera armata et *cum finiftra* ipfam *rem tenere.*
l. rip. 33, 1; wiewohl da von jeder beweglichen fache,
nicht bloß von vieh die rede ift. das ganze verfahren
erläutert Rogge (gerichtswefen p. 227); fpäter kommen
dabei die ausdrücke anefähen, verfähen, widerfähen und
fchieben technifch vor. Schilter im gloff. 720. 721 bringt
aus dem augsb. ftadtr. (vgl. Walch 4, 148) folgende
ftelle bei: fwa ain man fin diupiges oder fin raubiges
vih vindet, es fi *ros* oder *rint* oder *ander vih,* das
fol er *anvahen* mit des richters boten. mag er des rich-
ters boten nicht gehaben, fo fol er es felb *anvahen*
unz an den richter u. fol man das vih antwurten in
des richters gewalt u. fol es fur gerichte furen u. fol
es *vervahen* als recht ift. dem recht ift alfo, das er im
*grifen* fol *an das zefin ore* u. fol ze den hailgen be-
reden, das es im diuplich verftolen fi oder geraubet.
darnach fol er es *fchieben* hinz dem in des gewalt er
es funden hat. der fol es denn auch *widervahen* mit
gelerten worten: ich widervah das ros oder rint u. tun
es dahin dannan es mir komen ift, ob ich mac. Der
Sfp. 2, 36 kennt zwar auch den ausdruck *anevangen*
(vindicare) aber nicht die berührung des rechten ohrs;
die gloffe fügt hinzu: hie fagen etliche leut, wenn fich
einer etwas unterwindt, fo foll er im *tretten auf den
rechten fuß* und es *nehmen bei dem rechten ohre,*
obs viehe ift, da kere dich nicht an.*) Andere fächf.
rechtsbücher wißen allerdings davon, namentlich das
magdeburger (Gaupp p. 250. vgl. 288): he fal *mit fime
rechten voze* deme *pherde treten uffe den linken voz
vorne* und fal *mit finer linken hant* dem pferde *gri-
fen an fin rechte ore;* vgl. weichbild art. 133. ferner
das lüneburger (Dreyer nebenft. p. 381. 382): he fchal
gahn dem perde an die vordern halve u. fchal finen
*lüchtern voet fetten up des perdes vordervoet* u. fchal
aver (über) dat pert taften u. nemen *mit der lüchtern
hant dat perd bi dem lüchtern ore* u. leggen de vor-
dern hant up de hilligen u. fweren, dat it pert fin
were, do he it left fege. *fo vake alfe one dat entrücket
den voet edder dat ore,* fo vaken weddet he 8 fs. (vgl.
ein protoc. von 1632 in Dähnert pomm. bibl. 3, 23.);

---

*) am rande: mos livonicus (in Oelrichs rigifchem r. uner-
wähnt).

desgleichen auf der infel rügen: he trett *mit dem rech-
tern vote up den luchtern des vehes* u. *lecht em twei
finger ut der rechtern hant up dat hövet*, fweret, it
fi fin. Rugian. 91; fo mag de here des vehes mit *finem
rechtern vote treden up den luchtern* des vehes u.
leggen dem vehe *de hand up dat hövet* u. bedüren
mit finem lifliken eide etc. ibid. 166. Iſt iʒ aber ein
phert daʒ ein man anfprichet, daʒ ime abgeftolen oder
geroubet fi, da fol her fich mit rechte zuzien alfus: her
fol mit fime *rechten vuʒe* deme *pherde* treten *uffe den
linken fuʒ vorne* u. fol mit finer *linken hant* deme
pherde *grifen an fin recht ore* unde fol geren der hei-
ligen unde des fteberes unde fol uffe den heiligen deme
pherde uber deme houbete fweren, daʒ daʒ phert do
fin were u. noch fin fi. Schott 1, 65. 66. Er foll *grei-
fen* mit *der linken hand* dem pferd über feinen hals
*an fein ohr* u. foll *treten mit dem linken fuß* (auf
des pferdes rechten) u. foll fchwören mit der rechten
hand. Freiberger ftat. (Walch 3, 207); beim anfangen
der *kühe* thut man wie mit den pferden, allein foll er
*nehmen die kuhe mit dem feil in die linke hand* und
foll fchwören mit der rechten hand. (ibid. p. 210). Ku-
mert man aber *phert* oder *ander vihe* vor diepftal,
daʒ fal kein ander gerichte tun dan daʒ waldpodenge-
richt. fo fal der kleger dem pherde treten *mit feinem
rechten fuße* des phertes *linken fuß* u. fal mit *finer
linkan hant* dem pherde *grifen an fin rechtes ore* u.
fal die rechten hant uf die heiligen legen u. fal fchwö-
ren daʒ das vih oder phert fin geweft fi, daʒ er mit
handen anrure. Mainzer waldpodenrecht bei Gudenus 2,
498 und Siebenkees beitr. 1, 53. Diefe berührung
des gerichtlich angefprochenen thiers und während ge-
fchworen wurde fcheint vom höchften alterthum. fie
gleicht dem anrühren der erde oder des wafens bei dem
ftreit über ein grundftück (oben f. 115. 120); wie grund
und boden felbft mufte auch das hausvieh leiblich mit
in den rechtshandel gezogen werden; man glaubte, nach
der merkwürdigen ftelle des lüneburger rechts, durch
ftillhalten des ohres und fußes beftätige, durch weg-
rücken entkräfte das vieh den geleifteten eid, denn der
fchwörende follte für jedes entrücken (er durfte alfo
von neuem anfaßen) wette zahlen. Auch die ftellung
der hände und füße ift bemerkenswerth. mit der rech-
ten wurde das fchwert gehalten (dextera armata) oder
das heilthum gefaßt; mit der linken hand an des thiers

rechtes ohr gegriffen, zugleich mit dem rechten fuß auf
fein linkes vorderbein getreten. der fchwörende ftand
folglich an der linken feite des thiers. einige laßen mit
dem linken auf den rechten fuß treten, dann ftellte fich
der vindicierende dem thiere rechts und griff ihm über
den hals ans ohr. Beide ftellungen müßen denen bei
dem hammerwurf (oben f. 65. 66) verglichen werden
und fcheinen defto alterthümlicher. Der brauch mag
durch ganz Deutfchland geherrfcht haben, wiewohl die
angeführten belege nur für den Rhein, Schwaben und
Sachfen zeugen; denn ich finde ihn auch im Norden
und in Wales*), eine unabweisliche beftätigung feines
alters und feiner verbreitung. Eriks feeländ. gefetz 5,
15 verordnet: wer fein *ros* oder *rint* verloren (und
wieder gefunden) hat, foll dazu gehn und *feine hand
auf des viehs hals legen* und ein andrerer manñ foll ihm
gegenüber treten und feine *rechte hand* in des eigen-
thümers *rechte hand über den hals des viehs legen*
u. der eigenthümer gott u. feine heiligen anrufen, daß
fie ihm helfen, fo wahr er des viehs rechter eigenthü-
mer fei und der andre mann, der mit ihm die hände
hält, foll bezeugen, daß er einen rechten aufrichtigen
eid fchwöre. Wotton leg. Walliae lib. 3: cap. 2. §. 39
p. 215: fi animal vivum fub juramento vindicat, *auri
animalis dextrae finiftram manum imponet* et manum
dextram fuper reliquias, et reus *dextram auri finiftrae
animalis* imponet, et tunc per reliquias actor jurabit,
animalis nullum dominum praeter fe. auch bei der vin-
dication unbelebter fachen mufte fie der fchwörende mit
der linken berühren. Probert p. 215. 216. Eigenthüm-
lich ift, daß nach nordifchem recht auch der eideshelfer
die hand über des thieres hals in die des fchwörenden
eigenthümers legen, nach wallififchem aber der, gegen
welchen vindiciert wurde, der beklagte, während dem
der kläger fchwur, mit feiner rechten hand des thiers
linkes ohr ergriff. Das ift früher vielleicht auch in
Deutfchland fo beobachtet worden.

4. in den hofsinventarien wird die art und anzahl des
hausviehs beftimmt, das beim räumen des hofs zurück-
gelaßen werden muß, z. b. in einer urk. von 1338. bei
Kindl. hörigk. p. 414: in qualibet curte remanere debent

---

*) nach Mähren (acta liter. Moraviae 1, 47) könnte er aus
Schlefien und Sachfen gedrungen fein.

aedificia, fepes, ftramina, paleae, duo currus, una biga
vulgariter ftortcare, unum aratrum, quatuor trahae (ege-
den), *quinque equi*, von meliores nec pejores, de his
qui fuerant in ipfa curte, *duo tauri*, *duo apri* (zahme
eber), duo fervi, una ancilla, tres lecti, prout fervi et
ancilla in illis dormire folebant, una olla, unum menfale,
unum manutergium, *unus canis*, *duo catti*. Wer uf
demfelben hofe fitzet büwelich u. heblich u. fin eigin
rouch hat, der fol han *fiben ziehender vihes houpt*.
daz fibend vihes houpt fol er darumb han, ob im eines
hinken würde, daz im fin buwe furgienge. diefelben
ftuck vihes follent betfrige fin, doch fol er damit un-
ferm gn. h. fronen alfo ein ander armer man, der hin-
der im gefeßen ift. er fol ouch han *vier kuege* u. *fes
fwin*, die follent ouch betfri fin. was er übrigens hat,
das fol er verbeten, als ein ander unf. h. armman.
Raftädter hoferecht. Der gutsherrliche hof hielt die zur
fortpflanzung nöthigen *fafelthiere*, welche in der ge-
meinde flur große freiheit genießen: das capitel zu Aich
muß halten in jeder nachbarfchaft im veldgeleit im land
Monjoye einen *neudoll* oder *ftierren* u. zhwein *widder*
einen *weißen* u. einen *fchwarzen*, womit nachbaren
zufrieden fint. dafür hat capitel den zehnten im ganzen
lande. Conzer w.; auch fullen die nachbern uf diefem
hofe han ein *farne*, ein *wedel*, ein *eber* u. wen fie das
nit finden, fo mogen fie grifen zu diesem hofe, als lange
bis genug gefchieht. Niederfteinheimer w.; den *farren*,
den *eber* und den *fterren* zügen u. halten. Hanauer ded.
gegen Bernsdorf p. 71 (a. 1393); *varre*, *beer* u. *fcha-
pebock*. Herdicker w.; holden ein *rynsperd* mit einem
manne daruppe, einen *bullen*, *beren*, *hanen* u. *kater*
u. alle dat kloet (teftikel) heft. Spilcker 1, 287.; und
hette der *fchel* (admiffarius) darmit nit gnug zu eßen,
fo foll er fahren uf des widemguts acker einen, weder
uf den beften noch uf den böften, u. alda fol er den
*fchel* weiden. Geifpolzheimer dinkrodel.; auch fo hat
bemelter mair die macht, wan ein *ochs* abfpilt *), hat
er den in den flor zue flagen (auf der flur zu weiden)
u. wan der ochs durch das falter kumbt, hat ine kainer
weiter zu treiben, dan aus feinem acker oder wismad
uber den negften rain. Köfchinger ehhaftd.; wenn einem

---

*) fpiln, lafcivire, coire (fpilohfe, taurus), abfpiln remittere
ardorem coeundi?

ein *bulle* oder *bähre* (aper) im korn gienge, der foll fie
fürder (d. h. aus feinem feld) treiben, wolte der andere
fie nicht leiden, der foll es eben fo machen, auf daß fie
ihre nahrung haben oder er treibe fie in den ftall u.
gebe ihnen fatt zu eßen. Wendhager bauernr. — Zucht-
vieh oder hausvieh, das von dem hofsherrn oder von dem
pachter · beftändig erhalten, d. h. nach dem tod alsbald
wieder durch ein gleiches ftück erfetzt werden mufte\*),
hieß *eifernes, ftählernes, ewiges. eifern vieh ftirbt nicht.*
es ift zu wißen, daß der Sibotinhof zu Raftetten fol ge-
ben dem dorf zu Raftetten ein *ftehelin rint* und daʒ fol
*bluotrot* fin. und fol ouch daʒ felb rint in dem dorf gen,
winter u. fumer, u. fol der hofman daʒ felb rint nieman
weren u. fol an dem wege gen u. fol frige fin u. fol
fchrigen much much! u. welcher burger kem ab der
Rinouwe u. fuert ein rint an einer kauwen (?), der hof-
man fol im nit weren u. fol in daʒ rint laßen bruchen
nach der notdorft. Raftedter hoferecht. *immerkue, im-
merrint* (vaccae perpetuae) MB. 10, 500 (a. 1346) 11,
45. 46 (a. 1253); *ewigkuh.* Haltaus 416.; belege über
*eifern* kuh, eifern vieh. Haltaus 310. vergleichbar
fcheint das dän. *halʒfä, holdsfä* (Kolderup-Rofenvinge u.
Homeyer §. 60.)

5. wer fonft fremdes vieh in gewahrfam hatte, fei es
der hirte oder ein dritter, dem es aus andern gründen
übergeben worden war (mittere in tertiam manum, in-
tertiare); der mufte, wenn das thier ftarb, deßen *kopf
und haut vorzeigen.* diefe alte rechtsfitte ift fchon aus
der l. rip. 72, 6 darzuthun: fi animal intertiatum infra
placitum mortuum fuerit, tunc ille . . . fuper quem in-
tertiatur, *corio cum capite decorticato* in praefentia
judicis auctorem fuum oftendere debet. lex Roth. 348
von dem der ein fremdes pferd auf feinem felde gefun-
den hat und es in gewahr behält: et fi mortuus fuerit,
*figna de corio confervet,* ut cum venerit certus do-
minus habeat quod ei oftendat \*\*) formel b. Canciani

---

\*) wie der ägyptifche Apis und der Dalailama in Tibet.
\*\*) ähnlich ift, daß bei den Angelfachfen fleifcher zwar der
üblichen förmlichkeit beim einkauf des fchlachtviehs überhoben,
dafür aber angewiefen warcn, *kopf und haut* der gefchlachteten
rinder u. fchafe drei tage lang zu bewahren: nân man hryđer
ne fleá buton he habbe tvegra tryvra manna gevitneffe, and he
bealde III nibt *hŷde and heáfod*, and fceapes eall fvâ. Concil.

2, 468ᵇ: aut *oftendat fignum de corio* aut juret. lex
Bajuv. 14, 1. 3: tamen ratio eſt, ut praebeat ſacramenta
ille qui commendata (animalia) ſuſceperat, quod non per
ſuam culpam neque per negligentiam mortua conſumpta
fint, et *reddat corium.*\*)      Auf den bildern zum Sſp.
taf. 15, 1. iſt dargeſtellt, wie das *fell* des umgekommnen
thiers, und taf. 16, 2. 3. wie der *leichnam* und·das *fell*
gebracht wird.   hier wuſte der bildner mehr, als ihm
ſein text angab, denn Sſp. 2, 48. 54. 3, 5 enthalten
nichts davon.   Wohl aber andere ſächſ. rechtsbücher,
z. b. das Hamburger ſtadtr. von 1497 (Walch 6, 78):
ſtervet *perd* efte *quik* dat geborget is,  de man *bringe
de hut vore* u. weſe ledig; Ölrichs rigiſches r. p. 136:
ſtervet *perde* edder *vee*, de börgen *bringen de hut* unde
bliven leddich; Rugian. 169: der wenner muß das *fell
des geſtorbnen lamms* überbringen.     Auch das altnord.
recht kennt den gebrauch, der hirt muß für das vom
wolf geraubte vieh buße zahlen, geht ihr aber ledig, wenn
er *ein ſtück des zerriſſenen thiers vorzeigen* kann. Veſtg.
rätl. 8, 4. 5.   Geräth ihm ein vieh in den ſumpf und
kommt um, ſo ſoll er ſeinen *ſtab dabei ſtecken*, ihm ſeinen
hut oder die kappe unters haupt legen oder reifer unter-
legen, zum zeugnis, daß es ohne ſeine fahrläßigkeit ge-
ſchehen iſt (ligger fâ i dya döt, tha ſkal hirdingi ſtaf ſin
hos ſtingä, hatt ſin undir hovod läggiä ellar kapu, ellar
ris undir brytä; ther ſkulu vitni bära, at vangömſlä hans
gek ther eigh at.) Veſtg. rätl. 8, 6.   Der miether ſoll
die *haut* des geſtorbnen *pferds bringen*.     Erichs ſchon.
geſetz 6, 4.

6.  die weisthümer enthalten einige merkwürdige beſtim-
mungen darüber, wie weit die *hausthiere recht* haben,
d. h. freiheit zu gehen und zu fliegen.   ene *ſchneewitte
faſelſugge* mit ihren ſeven ſchneewitten jungen beer-
ferken wiſen ſie, dait ſie recht hebben, war ſie kombt.
Benker heidenr. §. 14 (vgl. oben ſ. 261.)  Wo aber einer
ſein hof ziemlich befriedete vor kühen u. pferden, flüge
alsdann ein *gans* hinüber, die ſtünde ihr ebenteuer.
Hernbreitinger w.; ich frage, wie lange ein *gans* ge-

---

Vanetung. §. 16 aus dem anf. des 11. jh. (Wilk. p. 118. Canciani
295ᵇ) vgl. Phillips p. 151, der des Wilkins ſinnloſe überſ. richtig
verbeßert hat.

   \*) zuſatz zur l. Viſig. V. 5, 1 aus welcher die bairiſche ver-
fügung ſonſt entlehnt iſt.

rechtigkeit im felde hat? antw. nicht länger als von ei-
ner bohnen bis zur andern, d. i. wenn die bohnen wer-
den eingeführt und wiederum ausgefäet; wird fie fonften
auf dem felde bei dem korne angetroffen, fo foll es dem
die gänfe gehören ein oder zweimal gefagt werden; wo
er fie denn nicht in acht nimmt u. weiter angetroffen
wird, fo foll man fie todtfchlagen*) u. die oberfte ahr-
ruthe zwifchen feinen nachbarn ausziehen u. ftecken
der gans den kopf darunter und werfen ihr den ars
über den zaun, fo fie fich denn löfen kann, fo hat fie
ihr leben errettet. Wendhager bauernr.; *göfe*, da fie
betreten werden, da fie *fchaden***) don, fall man ne-
men enen ftock u. fpliten den an einem ende entwe u.
fteken der gos den kop tüfchen den ftok u. fteken den-
felben ftok in die erde. kan fei fik los maken, fo mag
fei .wier weg loupen, dar fall wieter keine frake over
gan. Benker w. §. 21; item, of daer *ganfe* gingen in
ein mans koren, dat fal men den ghenen kundich doen,
den fie to horen, ofte hi des nicht en achtede, foo
mach men die *ganfen* bi den voeten uphangen, dat dat
hovet moge an der erden hanghen und die *aendt* fal
men uphangen aen einen kloveden ftock u. fperen oer
den beck up u. fie daer nicht van to nemen funder or-
loff. Wefterwoldinge landr. p. 110.; item, de *ende*, wat
fe durch den tun mit dem fchnavel kan winnen u.
werfen (werben), wider heft fei kein recht. Benker w.
§. 22; wie weit ein *ente* gerechtigkeit hat von ihres
herren hof zu gehen? antw. nicht weiter als unter dem
fchratftaken (l. fchnatft.) Wendh. bauernr. Wie weit
ein *hun* macht hat feine nahrung zu fuchen? antw. ein
*hun* foll macht haben, über einen neunehrden zaun
feine nahrung zu fuchen, wanns aber todt gefchlagen
wird, foll der todfchläger demjenigen dem das hun ge-
höret, (es) über den zaun werfen und fo viel kräuter
dabei, daß es könnte einem edelmann zu tifche getragen

---

*) auch die gefetze von Wales verordnen über folche paupe-
ries: qui *anferes in fegete fua ceperit*, virgam excidat a cubito
ad digiti minimi extremitatem pertingentem cujuslibet craffitudi-
nis et anferes in fegete fua ifta virga interficiat licet. Si anferes
frumentum horreo vel area inclufum per crates corruperint, *de-
primatur vimen* aliquod *cratis in colla eorum* et ibi maneant dum
moriantur. Wotton l. wall. II. cap. 10. §. 70. 71.

**) in Schwaben fagt man: die gans *lauft fchaden, fliegt fcha-
den.* vgl. Wagners köftliche fatyre: madame Juftitia. Heilbronn
1826. p. 25.

werden.\*) ebend.; item, fo wife ik ok vor recht, dat
en *hoen* nicht mehr recht heft, als ein guet man mit
bairvoiten vorth ein oft tween tunftaken ftünde u. worfe
twifchen den benen hin. Benker w. §. 23.; item, inden
*hoenderen* in ander mans lande fchade doen, dien fal
men mogen dodtflaen, als die here eins vermaent is, die
nicht en wil fturen. Wefterwold. landr. p. 110 vgl. die
oben f. 61 beigebrachten formeln.  Item, den *duven*
wirt ihr freiheit gewift, fo fei op enem heke fete u. ge-
fchoten würde, felt fei buten hufes, fal fei dem, fo fie
gefchoten, up to nemen verfallen fin, felt fei in dat hus,
dem gefallen, in deffen hus fei fallen wird. Benker w.;
eine *taube* hat nicht weiter gerechtigkeit, als auf der
hecke. wird fie todt gefchoßen u. fället ins haus, fo ge-
hört fie dem der fie gehabt hat, fällt fie aber heraus, fo
mag fie hinnehmen der fie gefchoßen hat. Wendhager
b.; angeftalt, wer *tuben* halden foll u. wie viel er hal-
ten foll? urteil: fo manch pferd fo einer hat an dem
acker gehn, als viel *paar tuben* mag einer halten, helt
aber einer tuben, der kein pferd hat, der fte fein eben-
ture, als (ob es) die herrn liden. Hernbreitinger w.

7. *Bienen.* lex Vifig. VIII. 6, 1: fi quis *apes* in filva
fua aut in rupibus vel in faxo aut in arboribus invene-
rit, faciat *tres decurias*, quae vocantur characteres
(oben f. 542) unde potius non per unum characterem
fraus nafcatur. et fi quis contra hoc fecerit atque alie-
num *fignatum* invenerit et irruperit, duplum reftituat.
lex Roth. 324: fi quis de *arbore fignata*\*\*) in filva
alterius *apes* tulerit, componat fol. VI. nam fi fignata
non fuerit, tunc quicumque invenerit jure naturali ha-
beat fibi, excepto de *gaio*\*\*\*) regis. et fi contigerit, ut
dominus, cujus filva eft, fupervenerit, *tollat mel* et
amplius non requiratur ei calumnia. lex bajuv. 21, 8-
10: fi *apes*, id eft examen alicujus ex apili elapfum
fuerit et in alterius nemoris arborem intraverit et ille
*confecutus fuerit*, tunc interpellat eum cujus arbor eft,

---

\*) von alterthümlichen bußen für getödtetes hausvieh unten
buch 5. cap. 2.

\*\*) vgl. Petri except. legum Rom. 3, 45 (Savigny rechtsg 2,
860), wo auch vom *zeichnen der bäume*, deffen Juftinians inftitut.
II. 1, 14 nicht erwähnen.

\*\*\*) l. *gahajo*. Bruns beitr. p. 116; vgl. *kaheio* l. bajuv. 21, 6;
unfer *gehege*.

et cum *fumo* et *percuſſionibus ternis de transverſa
ſecure*, ſi poteſt, ſuum ejiciat examen, veruntamen ita
ut arbor non laedatur. et quod remanſerit, hujus ſit cu-
jus arbor eſt. Si autem in capturis, quae ad capiendas
apes ponuntur, id eſt, vaſculis apum, ſimili modo in-
terpellat eum cujus vaſculum eſt et ſtudeat ſuum ejicere
examen. veruntamen vaſculum non aperietur nec lae-
detur. ſi ligneum eſt, *ternis vicibus* lidat eum terris.
ſi ex corticibus aut ex ſurculis compoſitum fuerit, *cum
pugillo ternis vicibus percutiatur* vaſculum et non am-
plius, et quos ejecerit, ſua erunt et quae remanſerint,
ipſius erunt cujus vaſculum eſt. Si autem dominum ar-
boris vel vaſculi non interpellaverit et ſine illius con-
ſcientia ejectum domino reſtituerit et ille cujus vaſculum
fuerat eum compellaverit, ut ex ſuo opere vel arbore
res tuliſſet et ad reſtituendum compellaverit, quod *unt-
prut* (al. unterprut) vocant, et ille alius ſi negare vo-
luerit et dicit ſuum conſecutum fuiſſe, tunc cum ſex
ſacramentalibus juret, quod ex ſuo opere ipſum examen
injuſte non tuliſſet nec illud ad judicium reſtituere debe-
ret. Schwäb. landr. 356 Schilt. 374 Senkenb.: u. flie-
gent *binen* uz u. vallent uf einen baum u. er in inner
*dri tagen nachvolget*, ſo ſol er jenem ſagen, des der
baum iſt, daz er mit im gange u. im ſin *immen* ge-
winne. ſi ſullen mit einander dar gan u. mit *exten* (al.
mit *axtes örten*, nicht mit der ſniden) *an den baum
ſlahen* u. mit kolben u. mit ſwiu ſi mugen. ſwaz der
binen herab fellet, die ſint ſin u. ſwaz daruf belibet, die
ſint jenes, des der baum iſt. Witzenmülenrecht p. 29:
wann ein ander käme u. *jagte* einen *ſchwarm* u. wolte
ſagen, der wäre von ſeinen *immen* geflogen u. der
ſchwarm hätte ſich in ein ander *gehege* geſetzet, ſo ſoll
derſelbe der *nachjaget* des ein beweis bringen, das
ihm der ſchwarm entflogen iſt, oder *den ſtrauch mit
ſich bringen*, da der ſchwarm auf geſeßen hat. Helfan-
ter w.: würde auch ein *beie* in unſers ehrw. herrn
wälden gefangen, ſo gehört derſelbe unſerm ehrw. herrn
zu. Weſterwold. landr. p. 78-82. art. 85-91: item, of
jemant vonde ein *ſworm* u. *volgede* hem u. ein ander
*in den weghe* were, dat hem die ſworm overvloge,
die mach oik den ſworm *volgen half to holden*, mer
wie *van der ſyd* ankomt, die heeft daer nicht an. item,
wie einen *ſworm* vindt in den velde of op enen bome,
die ſal daer een *teeken bi laten*, al eer hi wederkompt,
anders hoort hie den vinder toe, die hem leſt vint.

item, of daer een *fworm* vloge op eins andern mans
holt of grund, fo mach men daer einen *penning bi leggen*
u. laden (locken) den fworm fonder broke, wanner he
*volget*, is finen fworm. item, of daer ein finen eigen
*fworm volgede* van finen *immen* und hie dat bewifen
konde u. *volgede* in eins ander mans immen, daer fal hi
den erften *fworm* weder hen ut hebben, of wer dat genen
*fworm* en hadde, fo fal dat wefen *half u. half.* item,
daer enfal nemant ghene *lockhuven* (lockekorb, agf. hyfe,
engl. hive, alveare) fetten in dat moer of in dat velt of
in dat broek, bi finen halfe, wie fie vint mach fie den
richter fien laten. item, wie daer *navolget immen*, alfo
lange als hie hem volget, foe hoort hi hem to, wer hi
hem vint in wes boome of ftede. Suefterer w.: dicunt
etiam, fi *examen apum* in *trunco* alicujus *arboris* inventum
fuerit, hoc foreftarii ad aures dominorum perducant. fi
dominis placuerit, ut *illa arbor deponatur* ad acquiren-
dum illud examen, rami illius arboris foreftariis cedunt
de jure. fi vero arborem illam non fuftinent deponi, exa-
men apum in arbore ftante ad ufus dominorum permane-
bit. fi etiam foreftarii aliqua *examina apum* in *frondibus*
feu in *ramis* arborum invenerint, illa tollere in ufus eo-
rum de jure licebit. Veftg. fornâm. 13: fi quis reperiat
*apes* (koppofund) in alterius prato vel communi poffeffione,
indicabit hoc in pago quibus velit et qui pratum poffi-
dent. fi inter eos conveniat, *dimidium* capiet, qui alveare
apum invenit, *dimidium* poffeffores prati. fi inter fe dif-
fentiant, ille cujus eft pratum, probabit cum duodecim
virorum juramento et duorum virorum teftimonio, quod
alveare controverfum *prius fignarit*, ideoque illius poffeffio
ipfi non alteri debeatur. fi quis inveniat *apes* in proprio
fuo fundo omnes ipfe poffidebit. fi ille reperiat apes,
qui legitimam partem in filva poffidet, omnes habebit, et
*tantum ex arbore*, *quantum in ea occuparunt apes*, et
arbor in ejus parte computabitur; non autem *quercus*
*fuccidetur* absque vicinorum venia. Jüt. gefetz 3, 40:
findet jemand *bienen* in einem wilden walde, der auf der
feldmark weder land noch holz hat, und ift ihnen nie-
mand *gefolget*, fo gehören fie dem, der fie am erften fin-
det. findet einer bienen in eines andern mannes gehölz,
da fie in einen baum geflogen wären, da mag er fie nicht
wegnehmen, hat auch kein theil daran, es wäre dann,
daß fie aus feinem hofe entflogen u. er ihnen *gefolget*
wäre, bis an die ftätte da fie fich fetzen, fo gebührt ihm
davon der *dritte theil.* fobald einem *immen aus den*

*augen entfliegen*, gehören fie dem, der fie am erften findet.
S. Louis eftabl. 1, 165 : fe aucun a *es* (apes, Roquef. 1,
487ᵃ) et elles fenfuient, et cil à qui elles feront les en
voye aler et il les *fuit toujours à veue et fans perdre* et
eles faffieent en aucun lieu el manoir a aucuns preudhons,
et cil, en qui propris elles font affifes, les preigne avant
que il viegne et cil die apres, *ces es font moies*, et li
autres die, *je ne vous en croi mie;* hierauf gehen fie vor
gericht und der erfte fchwört, daß es feine bienen; et
par itant aura les *es* et rendra à lautre la *value du
vaiffel*, ou il les a cueillies. Die *theilung* der bienen
zwifchen eigenthümer, finder und herrn des baums, an
den fie fchwärmen, gleicht der des obftüberfalls (oben
f. 551) und beruht auf ähnlichem grund.

# VIERTES BUCH.

## GEDINGE.

### I. *Benennungen.*

1. dem römifchen ausdruck *obligatio* (überfetzt: oblie-
genheit, verbindlichkeit) entfpricht kein altdeutfcher von
gleichem finn. *Pflicht* (ftammwort pflegen) nehmen
wir jetzt mehr im fittlichen, als im rechtlichen und das
mittelalter brauchte es für confuetudo, communio, com-
mercium Haltaus 1486, wiewohl ahd. auch fchon die
bedeutung von auflage, mandatum galt. N. 102, 18. vgl.
flihtland 49, 8 und inphliht (cura) 134, 4., dem Sfp.
3, 85 ift *plichtich* rechtlich verbunden. wie fich
die begriffe umgang und vertrag begegnen, lehrt z. b.
συναλλαγή. *Fordern*\*) hieß poftulare, accufare, agere,
*fordrung* würde mehr die aus der obligation entfprin-
gende actio, als das verhältnis zwifchen creditor und
debitor bezeichnen, allein recht der forderungen klingt
noch undeutfcher und fteifer, als jus actionum unlatei-
nifch. Unfer gewöhnliches *vertrag* für conventio ift
auch nicht in der älteren fprache, vertragen bedeutete
eigentlich ausföhnen, nach dem ftreit ruhe und frieden
herftellen, wie freilich pactum und pax einander nahe
liegen. Allgemeiner gebrauchte man wohl *einunga*
(ἁρμονία, unio) oder *gixumpht* (pactum), übereinkunft.

2. älteſter name für pactum, rechtlich genommen, fcheint
*gidinc*, agf. *geþing*\*\*), für pacifci ahd. *gidingôn*, agf.
*geþingjan*, langob. *thingare*, und wiederum mit der
nebenbedeutung conciliare, weil dinc zugleich caufa,
concilium ausdrückt. \*\*\*) Diefe benennung wähle ich

---

\*) die fchlechte form *fodern* läßt fich etwa durch köder f.
kerder vertheidigen: wer fie aber und das lächerliche *befüdern*
fchreibt, um unfere fprache weicher zu machen, könnte auch
mörder, fchwerter, härter, wörter, örter, erörtern und wie viel
anderes? verderben wollen.

\*\*) mhd. *gedinge brechent lantrecht.* Bon. 72, 48. Eifenh. p. 1.
mit gedinge (vertragsmäßig) Bon. 72, 11. 93, 18.

\*\*\*) ähnlich *mahal, mâl* concilium, caufa, fermo und dann auch
fponfio, gelübde; befonders auf den heiratsvertrag bezogen (oben
f. 433), aber jeder vertrag ift gelöbnis und beredung.

für die ganze claſſe, weil ſie leicht verſtändlich und durch
das angrenzende beding, bedingen geläufig iſt, ja *bedingen*
heißt uns noch im vertrag feſtſetzen und *dingen* hat ſich
für das miethen der dienſtboten und löhnlinge erhalten.
In der frühern ſprache bedeutete gedinge zugleich hof-
nung, was man erwartete, in der ferne ſah\*), worauf
man ſich rechnung machte, anwartſchaft (oben ſ. 203), ſo
wie obligatio nicht bloß das bindende verhältnis aus-
drückt, ſondern auch das bedungene, die künftige lei-
ſtung. Beide Bedeutungen ſondert aber meiſtens gram-
matiſche form und conſtruction (eines dingen, ſperare;
einez dingen, pacifci.)

3. gleich alt iſt das ahd. *wetti* (gen. wettes), agſ. *ved*
(gen. veddes), mittellat. vadium, woher das franz. gage;
zwar mit der ſpeciellen bedeutung pignus, aber auch
der allgemeinen von pactum, ungefähr wie ſ'engager
überhaupt heißt ſich verpflichten, obligare ſe, wir
noch heute wetten für ſpondere brauchen. Daher ahd.
wetti compoſitio, mulcta, gâpun wetti, dederunt manus,
agſ. veddjan ſpondere, pacifci, veddung pactio, ved
healdan pactum ſervare; mhd. ein wette hân (ein ge-
dinge behaupten) Walth. 110, 31. wette (fem.) iſt uns
jetzt eine beſondere, vom pfand verſchiedne, vertragsart.

4. *kauf* wird früherhin oft allgemein für vertrag genom-
men, für den handel, der das geſchäft ſchloß und ſo
könnte ſelbſt das kaufen der ehfrau (oben ſ. 421) bloß
vertragsmäßigen erwerb bezeichnen; vgl. frið caupa.
Sæm. edda 83ᵇ. Im altn. ſprachgebrauch kann *kaup*
geradezu pactum überhaupt bedeuten, z. b. Gulaþ.
p. 329; der kaupmalabalkr des upländ. und ſüdermanl.
geſetzes umfaßt zugleich die vorſchriften über darlehn,
pfand, miethe, ebenſo im Guledings geſetz der kaupa-
bolkr. im oſtgothiſchen heißt dieſer titel vinsordabalkr,
im weſtg. mangelt er ganz, doch wird einiges dahin ge-
hörige im thiuvabalkr 22 vorgetragen.

5. auf ähnliche weiſe ſcheint auch *gelt* bald enger das
darlehn (mutuum), bald allgemeiner die durch den ver-
trag begründete leiſtung auszudrücken, und *geltære*
kann, ungefähr wie das lat. reus, beides den haftenden

---

\*) ſpes zu ſpecio (unſer altes ſpihu, ſpähe), ſpecto, exſpecto,
wie erwarten zu warten, ſeben.

creditor und debitor bezeichnen, obgleich meiſt der letz-
tere darunter verſtanden wird.  *gelten* heißt die pflicht
des eingegangenen vertrags erfüllen, ſve icht borget oder
lovet, die falt *gelden.*  Sſp. 1, 7; alle ſcult mot man wol
*gelden.*  ibid. 1, 65.  *gläubiger* iſt erſt ſpät dem lat. cre-
ditor nachgebildet worden, *ſchuldner* für debitor älter,
die frühſte ahd. form lautet *ſculo* (reus), goth. *ſkula.*

6.  *leiſten* bezeichnet die eingegangene verbindlichkeit er-
füllen, eigentlich folgen, der ſpur folgen, folge thun,
folge leiſten, goth. laiſtjan, agſ. læſtan, altſ. lêſtan, frieſ.
lêſta (Br. 15) ahd. leiſtan; goth. galaiſta, der folger, agſ.
lâſt veſtigium.  Im ſchwur von 842: oba Karl then eid,
then er ſinemo bruodher Hludhwige geſuor, geleiſtit.
Daher ſteht es häufig dem *gahaitan*, geheizan (ſpon-
dere) gegenüber; er leiſtet iedoh alſer gehiez W. LI, 23;
geleiſtet werde famo geheizan iſt. LXVIII, 17; triuwa
u. genâda leiſtan LH, 3. 4.  vgl. Haltaus 1258.  ſpäter-
hin wird leiſten beſonders von der verbindlichkeit der
bürgen gebraucht.

7.  etymologiſchſchwieriger iſt das ſich mit gelten und
leiſten berührende, aber doch davon unterſchiedne mhd.
*wërn, gewërn*, nhd. gewähren: leiſten, ſichern, erfül-
len; gelter und gewer (leiſter und bürge) ſtehen z. b.
MB. 20, 92 nebeneinander.  Leſern des Sſp. iſt bekannt,
wie ſich in dieſem rechtsbuch mehrfache begriffe von
*were* und *gewere* mengen, vgl. Homeyers regiſter p.
209. 210.  es ſind dreierlei wörter, welche grammatiſch
und ihrem ſinne nach nichts gemein haben: *α. wern*,
goth. *varjan*, prohibere, defendere; davon were, arma,
munitio (Homeyers a), ein unjuriſcher begriff.  *β. wern*
(veſtire) goth. *vaſjan*; davon were, gewere (Hom. d. e.
f. g.), welcher begriff ſchon oben ſ. 555 erörtert worden
iſt; der lat. text des Sſp. hat dafür poſſeſſio, poteſtas,
clauſura; es wird dadurch zuweilen auch beſitz ohne
feierliche auflaßung verſtanden.  *γ. wërn* (praeſtare), wo-
von wëre, gewëre praeſtatio, cautio, was aber die über-
ſetzung gibt durch *waranda, warandatio* (Hom. b. c.).
Bloß dieſes letztere gehört hierher in die abhandlung
der verträge; der vocal ë (während *α* und *β* ein e,
umgelautetes a haben) wird durch die mhd. gedichte,
in welchen das wort häufig und ſtets auf -ër, nie auf
-er reimt, außer zweifel geſetzt \*); ahd. form ſcheint

---

\*) übele gewërt. Nib. 94, 2; ſò habt ihr übele gëltes mich ge-
wërt.  Nib. 2309, 1; wol gewërt.  Walth. 82, 22; ich bin gewërt.

wĕrên, wĕrêta, da fich gl. emm. 392 giwĕrata fecit (= giwĕrêta) findet, obgleich monf. 323. 354 giwĕran, nicht giwĕrên, facere; W. LXVIII, 20 wĕret (dat, praeftat) aber W. fchreibt auch habet f. habêt; auf gothifch müfte es *vairan*, vairaida lauten\*); die bedeutung ift: thun, leiften, gewährleiften, verbürgen, und von ihm ftammt das franz. *garantir*, engl. *warrant*\*\*), der ahd. *wĕro* (?), mhd. *wĕr* ift der franz. garant, engl. warranter. Im Sfp. hat man folglich die beiden begriffe were (poffeffio) und wĕre, gewĕre (praeftatio, cautio) forgfam zu fcheiden; were (gavafeins) ift immer etwas factifches, wĕre hingegen ein abftracter rechtsbegriff; manchmal ftehen fich beide wörter dicht zur feite, z. b. 1, 9 §. 5: fve ok dem anderen gut in finer *were* let, ir het ime up late, he fal ine in der *gewĕre* vorftan, de wile het ime nicht up gelaten ne hevet, fvenne he finer *wĕrfcap* bedarf. der lat. text ift hier deutlich, der deutfche, wenn man jene unterfcheidung vernachläffigt, kaum zu faßen.\*\*\*)

II. *Form des gedinges.*

1. kein zweifel, daß im alterthum alle wichtigen verträge, namentlich die, welche abtretung von grund und

---

fragm. 22ᵃ; wĕr mich. Parc. 4581; bât er mich gewĕrt vil wol. Parc. 4591; finer vrôude wĕr. Wh. 2, 126ᵇ; ftrites wĕr. Parc. 1105; endes wĕr. Parc. 4730. 4786; min wĕr. Parc. 16315. 16735; des bin ich mit der volge wĕr. Pârc. 16442. Das mhd. wĕrn hat den acc. der perfon und gen. der fache bei fich (wie Sfp. 3, 77.); das nhd. gewähren den dat. der perfon und acc. der fache.

\*) es fehlt auch im altn. und agf.; oder follte das være gelæftan bei Lye, da es auffallend zu unferm gewer leiften ftimmt, für vere gelæftan fteben? være ift fonft foedus, fides, ahd. wâra? være brecan fidem frangere. Beov. 84. alfo være læftan was fidem facere (lex fal. 53, 3.)

\*\*) daß die romanifchen wörter ein a haben, kann nicht irren; wurde doch auch wĕrra (feditio, bellum) den Engländern zu war, die Franzofen behielten guerre. übrigens findet fich *warens* f. guarant, wĕrêntêr fchon bei den fpätern Langobarden, Georg. 1269. 1270.

\*\*\*) wenn in der urk. von 1241 (oben f. 506) der alte notar *warandia* florum richtig für blom*ware* fetzt, fo hätte man darunter die *gewährung*, das recht auf hartholz zu verftehen; were (poffeffio) fcheint hier bei bäumen des gemeinwalds nur dann denkbar, wenn man es auf die were der markenoten (f. 505) beziehen und blomwarige (f. 508) für vulwarige nehmen wollte. dann wäre aber warandia tadelhaft. Vgl. auch leb*ware* oben f. 565.

boden oder auch werthvoller gegenſtände der fahrenden
habe enthielten, feierlich geſchloßen wurden. Dieſe feier
beſtand nun theils in der anwendung von ſymbolen,
theils im gebrauch gelehrter worte, theils in der zu-
ziehung von zeugen.

2. da ſich bei bedeutenden verträgen zwei momente er-
geben, das der eingehung und das der vollziehung des
geſchäfts, iſt oft ſchwer zu entſcheiden, welchem von
beiden das angewendete ſymbol gebührt, z. b. beim eh-
vertrag, ob dem verlöbnis oder der heirath. Gedinge
über grundſtücke pflegt erſt im augenblick der tradition
ſeine feierlichkeit zu zeigen.

3. das merkwürdigſte ſymbol auch für verträge über
fahrende habe iſt der *halm* (ſtipula, feſtuca); beiſpiele
ſeiner anwendung beim verkauf von knechten, pferden
u. a. ſachen ſind f. 123. 130 gegeben. meine anſicht, daß
auch die römiſche ſtipulation früher mit halm, nicht
bloß mit mund (ore et calamo) eingegangen wurde,
gewinnt nun auch aus dem indiſchen brauch beſtätigung.
Indiſche an alter ſitte haltende bergbewohner *brechen*
bei ſchließung ihrer verträge einen *ſtrohhalm* zwiſchen
beiden theilen*); wahrſcheinlich geſchieht es noch ander-
wärts in Aſien und die gemeinſchaft einer rechtsform
unter Indern, Römern, Deutſchen, deren ſprache und
ſage in ſo viel einzelnem zuſammentrifft, kann nicht
überraſchen. Urkunden des mittelalters gewähren den
ausdruck *ſtupfen*, geloben und ſtupfen, von feierlicher
befeſtigung des gedinges. Haltaus 1762. Oberlin 1592,
das dürfte wörtlich auf ſtipulari gezogen werden, näm-
lich *ſtupfe* heißt genau ſtipula, nhd. ſtopfel, ſtoppel.
allein dieſes ſtupfen wurde, wenigſtens ſpäterhin, bloß
mit den fingern, *ohne halm*, vorgenommen, wie ſo-
gleich unter 4 angegeben werden ſoll, und ich kann
nur vermuthen, nicht beweiſen, daß es wirklich mit
der frühern feſtucation zuſammen hieng; vielleicht iſt das
*verſtoßen* (oben f. 125) nicht in verſchoßen zu ändern?
Endlich erinnert das *frangere* und *jungere* der ſtipula
bei Iſidor an die ſitte der *kerbhölzer*. Haltaus 1082. **)

---

*) aſiatic reſ. vol. 15. Serampore 1825; vgl. gött. anz. 1828.
p. 18.

**) den Serben heißt das kerbholz *raboſch*, die hälfte, welche
der gläubiger behält, *kvotzka* (gluckhenne), die andre *pile* (küch-
lein). Vuk im wb. 695. 302. 555.

Nach verſchiedenheit des materials und der anwendung konnte ſich ein und daſſelbe ſymbol leicht auf abweichende weiſe äußern, die feſtuca oder ſtipula bald geworfen werden, bald gereicht, bald gebrochen.

4. das ſtipulari *manu* iſt f. 138 berührt; unſer *handſchlag* könnte gothiſch ſlahs lôfin\*) heißen, was aber Ulfilas für alapa gebraucht, ahd. ſinde ich *hantprutto* für contractus (Diut. 2, 40 farſliʒʒana hantprutten, reſciſſo contractu, l. farſliʒʒanu hantprutten) von prettan ſtringere, rapere. In lat. urk. fides *manu* data, *manufirmatio.* Altn. ausdrücke ſind *handſal, handaband, handfeſti;* im verbo handſelja oder handſala, handleggja. ſættir handſaladar Nial. cap. 51. heita med vitni ok handfeſti Ol. Tr. 2, 129. Noch heute wird bei feierlichen verträgen und gelübden *hand in hand geſchlagen.* früher geſchah auch die form durch berühren oder *anſtoßen mit den fingern* (fingerſpitzen) oder dem bloßen daumen. das hieß *ſtupfen,* ſtüpfen, ſtipfen, aufſtupfen. Haltaus 68. 69. und es wäre möglich, daß die gebärde von der alten feſtucation herrührte.\*\*) Hiervon iſt noch die interjection *topp!* übrig, welche unſerm *ſchlag ein!* gleichgilt und *topſchilling* für handgeld. Haltaus 1794.\*\*\*)

5. das ſtipulari *ore* (mit gelehrten, gemeßenen worten) bezeugen formeln genug. grundregel war, daß die feierliche antwort der feierlichen frage entſprechen und eine runde bejahung enthalten muſte. häufig ſchließen daher die formeln mit der partikel *ja* (z. b. oben f. 126.) Unterholzner im arch. für civ. prax. 9, 430. 431 hat die ähnlichkeit eines gedinges zwiſchen ſchleſiſchen bergleuten u. dem ſteiger (einer locatio operis) mit der ſtipulation hervorgehoben. der ſteiger muß jede einzelne

---

\*) man würde es wagen, lôfa (manus) altn. lôfi mit unſerm geloben zuſammenzuſtellen, hinderte nicht die unvereinbare abweichung der vocale. richtiger ſcheint alſo *geloben* das *ore laudare* der alten urkunden, z. b. Lindenbrog. privil. hamb. nr. 33.

\*\*) ſtüpfen iſt tupfen, einſtippen, eintippen, vgl. oben f. 148-151 das greifen, taſten, tupfen in den hut und die redensart des Sſp. 1, 3. 1, 17 ſik to der ſibbe *geſtuppen* (durch tupfendes zählen); dupet an den lif. Wigands feme p. 232. vgl. riʒ vel *ſtuph* (apex) emm. 409.

\*\*\*) etwa gründen ſich auch die benennungen συμβάλλειν, contrahere, pangere (wovon pactum) urſprünglich auf ſymbole, die ſich nur nicht beſtimmt nachweiſen laßen. Freilich in faſt jedem abſtracten wort ruht ein alter concreter ſinn.

frage mit den worten fchließen: feid ihrs zufrieden?
und der gefragte ein beftimmtes *ja* antworten; die zu-
fage in geftalt einer antwort macht den befchluß, da die
annahme fchon in der vorhergehenden frage liegt. Feier-
lichftes *ja* ift, wenn der antwortende das hauptwort des
fragenden wiederholt, fpondesne? fpondeo.*) Diefes ant-
worten mit dem fragwort findet fich in der grammatik
aller fprachen gegründet, bis auf unfer mhd. jâ ich, jâ
er und das altfranz. oïl **) herunter.

### III. *einzelne verträge.*

1. *Schenkung.* fchenken, urfprünglich propinare, mi-
niftrare pocula, bezeichnete fpäter auch largiri, weil der
becher die erfte gabe für den eintretenden gaft war,
vielleicht auch weil wichtige vergebungen durch zutrin-
ken gefeiert wurden; das alte wort für donum ift goth.
*giba,* ahd. kepa, agf. gifu, mhd. gebe und gâbe, noch
im Sfp. wird geven für fchenken gebraucht, z. b. 1, 52.
Den Langobarden hieß *thingare* donare, fo bald es öffent-
lich im thinx gefchah. Roth. 173. 174. 175. Niemand
kann dem andern etwas gegen feinen willen fchenken
(Tieks Lichtenftein p. 115.)

2. *Kauf.* goth. *bugjan* (emere) frabugjan (vendere) agf.
bycgan, höchft wahrfcheinlich mit biugan (biegen,
brechen) verwandt und aus einem dabei gebrauchten
fymbol (des halms?) erklärbar, vgl. gramm. 2, 23. *kau-*
*pôn* ift dem Ulf. πραγματεύεσθαι, muß aber wiederum
finnlicher bedeutung gewefen fein, etwa der von fchla-
gen, denn kaupatjan ift κολαφίζειν. dazu kommt, daß
man altn. */lâ kaupi* vid einn findet, z. b. Ol. Tr. 2,
80 und in deutfchen urkunden *kauffchlagen.* Verkaufen
pflegt agf. durch *fellan,* altn. durch *felja* ausgedrückt
zu werden, das urfprünglich tradere, praeftare, alfo
die vollziehung des kaufgedinges von feiten des verkäu-
fers bezeichnet. Käufer und verkäufer wird Galuþ. 493.
496. 408 umfchrieben durch: fâ er keypti, fâ er feldi.
*Taufch* war in der alten zeit kein befonderes gefchäft,
aller kauf war taufch, fo lang es noch kein beftimmtes

---

*) langob. formeln bei Canc. 2, 465ᵇ: fpondes ita? fic facio
(das franz. fi fais; ital fi); 469ᵇ 471ᵃ vis ei ardire? volo; 476ᵃ
habes launechild? habeo.

**) bedeutete *jâ er*, galt aber dann auch für jâ ich, jâ fi etc.
wie fi fait für fi fais.

geld gab und vieh, frucht oder waffen die ſtelle der
münze vertraten. *)

Verkauf *liegender gründe* u. *ererbter* güter forderte
außer den gewöhnlichen feierlichkeiten oft auch noch
rückſicht auf *erben* und *nachbarn*, die ſonſt ein *näher-
recht* geltend machen und den verkäufer *abtreiben*
durften; de lande wil fellen, de ſchall lude bellen (laut
bellen) heißt es im nordfrieſ. landr. von 1426 (Dreyer
verm. abh. p. 478); hwaſa welle mith ſine londe huerua,
ſa *biude* hit ur ſine eina burar. lit. Rrocm. 89. In Is-
land muſten käufer und verkäufer eine zuſammenkunft
auf das land ſelbſt anſtellen, *merki gánga* (vgl. oben
ſ. 545 das cavallicare marcham), wozu ſich alle umlie-
genden grundbeſitzer einfanden. *málaland* hieß das
grundſtück, worauf jemand vorkaufsrecht hatte. Grâgâs
landabr. cap. 3. 13. vgl. Arneſen p. 338. Nach dem alt-
ſchwed. landsl. iordab. 2. 5 ſoll der verkäufer dreimal in
offnem ding ſeinen freunden vorher das land *anbieten*
(upbiuda), ob ſie es löſen wollen; ähnliche vorſchriften
enthält das norweg. Guledingſl. p. 289. 290. Unfern
markgenoßen ſtand *markloſung* zu (vergl. oben ſ. 531),
weisthümer und hofsrechte enthalten oft darüber be-
ſtimmungen. Gefragt, da ein mann verarmete oder
verbrant were oder ſonſt durch gefängnis mitgenommen
würde u. keinen troſt mehr hätte, ob er nicht ſich zu
retten ſein hägergut *verſetzen* oder verkaufen möge u.
was deshalb recht ſei? gefunden, alsdann mag er in ſei-
ner not mit wißen ſeiner erben ihnen das gut *anbieten*,
wann es die nicht begehrten, mag ers dem hägerſchen
junkern anbieten, wenn ders auch nicht begehrte, mag
ers einem freunde verſetzen u. verkaufen. Hägergericht
§. 30. Wollte jemand ſein gut *verſetzen* oder *verkau-
fen*, dem ſoll der rechte erbe der nechſte ſein und mag
es von ſtücken zu ſtücken *verſetzen* oder verkaufen, mer
der abſpliß (das abgeſpleißte, abgerißne ſtück) ſal wider
gelten in die ſael (ſoll dem hof zinſig bleiben), auf das
die herren dem weisbaum mogen folgen. Schwelmer hofr.,
vgl. Schöplenburger hofr. p. 1401. **)

---

*) vgl. die in Juſtinians inſtit. 3, 23 angeführten verſe aus ll.
7, 472.

**) vom retract überhaupt. Eichh. privatr. §. 99-106. Mitter-
maier §. 196.

*Zuziehung von zeugen* beim verkauf werthvoller
fachen, um dadurch unredlichkeit zu verhindern und
gegen die anfprüche dritter zu fichern, war, ehe der
einfluß der gerichte und gerichtlicher urkunden über-
hand nahm, allgemeine vorfchrift des altdeutfchen rechts;
nur die beftimmungen wichen ab, welcherlei gegenftände
mit oder ohne zeugen verkäuflich fein follten. Bei
grundftücken waren wohl immer zeugen nöthig *), nicht
bei jeder fahrenden habe, nach einigen gefetzen, wie es
fcheint, nur bei *knechten.* quicquid vendiderit homo aut
comparaverit qualemcunque rem, omnia fint firmata aut
per chartas aut *per teftes*, qui hoc probare poffint,
hoc eft, de *mancipiis*, de terra, cafis vel filvis, ut poftea
non fit contentio. l. bajuv. 15, 12; de *mancipiis* quae
venduntur, ut in praefentia epifcopi vel comitis fit, . . .
aut ante *bene nota teftimonia.* capit. a. 779. §. 19; gif
Cantvara ænig in Lundenvîc *feoh* (d. i. hier pecus) ge-
bycge, hæbbe him þonne *tvegen* oþþe þreo *ceorlas* tô
gevitneffe. l. Loth. et Eadr. 16; and nân man ne ceá-
pige bûtan porte ac hæbbe þæs portgerêfan gevitneffe
oþþe *opera* ungeligenra *manna*, þe man gelŷfan mæge.
l. Edov. 1; prohibitum erat, ne quis emeret *vivum ani-
mal* vel *pannum ufatum* fine plegiis et *bonis teftibus.*
l. Edov. confeff. 38. Viel beftimmter find die altn. und
befonders die altfchwed. gefetze, fie unterfcheiden feier-
lichen und unfeierlichen kauf nach den gegenftänden.
feierlich kaufen hieß *med vin ok vitni* kiöpa, in ge-
genwart eines mittlers (freundes, vin) und zweier zeu-
gen. Nach Oftg. vinsord. 1 follen feierlich gekauft und
verkauft werden: knecht, vieh mit horn und huf **)
(nicht hüner und gänfe, hund u. katze), gefchaffnes
kleid, gefchaftetes waffen, gefcheidetes fchwert (fpata
cum fcogilo, l. rip. 36, 11), gewirktes gold u. filber,
mit fchloß und thüre verfehnes haus. ohne diefe form
hingegen: nacktes fchwert, ungefchaffne wat, alles was
in krambuden und auf dem markte liegt. Veftg. thiuv.

---

*) das gefetz des Charondas forderte für die veräußerung von
grundftücken gegenwart *dreier nachbarn*, denen eine kleine münze
zur *erinnerung* gegeben wurde. Meier u. Schömann pag. 522; vgl.
die bairifche aurium tractio.

**) landsl. l. c. fä *hofvat* eller *klofvat* (gehuftes oder geklautes
vieh) was in oberdeutfchen urk. des 16. jh. der *runde* u. der *ge-
fpaltne* fuß heißt (ungulae folidae vel bifidae.)

22, 4. vgl. landsl. kaupm. 1*); ingen man ma köpa
heſt ey ko ey oghxa oc ey ſkapath kläthe oc ey ſatlat
ſverth oc ey ſkaftöxe oc ey hors oc ey unct ſä *udan*
*vin.* Helſingborgr. (b. Koſod Ancher 2, 224); hvervetna
þar ſem menn kaupa iarder eda garda eda ſkiptazt vid
hûſom eda ſkipom eda ödrom *gôdom* gripom, þâ ſkal
kaupa med *handſölom* oh med *vattom.* Gulaþ. 490. 491.

Verkauf der *knechte außer lands* (in England *ofer ſæ*)
war in ſpätern geſetzen oft verboten, aus ſchonung und
milde oder um ſie im reich zu behalten? vgl. oben
f. 343. l. Roth. 222. l. In. 11 (Phillips p. 152. 153); ſie
waren nebſt den pferden koſtbarſte fahrnis und auch
pferde auszuführen unterſagt l. Aethelſt. 1, 18. kehrte
der *zweimal verkaufte knecht* heim, ſo erwachte ſeine
freiheit. l. Viſig. IX. 1, 10.**) Beim verkauf von
knechten, pferden, rindern wurde drei tage (l. bajuv.
15. 9, 2) nach agſ. recht dreißig tage lang (l. In. 56) ein-
geſtanden für gewiſſe nicht gleich ſichtbare *hauptmängel*
(agſ. unhælo, ungeſundheit): nyſte ic on þâm þingum,
betheuert der verkäuſer, *ſúl ne ſácn, ne vácne vom,*
ac hit ægþer väs ge *hál ge clœne bútan älcre ſácne.*
l. Aethelſt. 2. app. §. 9. Der *knecht* ſollte ſanus ſein
und weder ſur, fugitivus noch cadivus (oben ſ. 343);
das bair. geſetz 15. 9, 2: vitium in *mancipio* aut ca-
ballo, coecus, hernioſus, caducus, leproſus. Gutalag
p. 68 nennt neben dem fallenden übel zwei andere la-
ſter. die *pferde*mängel werden in den geſetzen des mit-
telalters verſchiedentlich beſtimmt: ſtetig, ſtarblind, herz-
ſchlechtig (nd. hartflechtig); ſtetig, ſtarblind, unrechtes
anfanges (d. i. geraubt oder geſtolen; über anfang oben
ſ. 589) weichb. 70; hovetſeek, ſtaerblind, unrechten an-
fankes. ſtat. verdenſ. Puſend. 1, 97; mordiſch, buchbleſig,
ſpedig (ſpat, eine pferdekrankheit). frankenb. gewonh.
b. Schminke 2, 752; ſchlebauch. Oldenwälder recht p. 454.
467; bauchbläſig oder ſchlehbäuchig. wirzb. verordn.

---

*) mir ſcheint dieſe unterſcheidung einige analogie zu haben
mit der altrömiſchen in *res mancipi* und *nec mancipi.* grundſtücke,
knechte, die *koſtbarſten* hausthiere müßen mit mancipation, wie
med vin ok vitni verkauft werden. einzelnes weicht freilich ab
und die mancipation iſt eine ganz andere form, aber die *ältere*
form kann in Schweden erloſchen und nun bloß durch die zeu-
gen vertreten ſein.

**) ähnlich die XII tafeln 4, 2 vom ſohn: ſi pater filium *ter*
*venum diderit,* filius a patre liber eſto.

(Schmeller 1, 145); die franzöſ. formel lautet: garantir de pouſſe, morve et courbature. rindvieh ſoll frei ſein von ſchwerer noth, darmfäule, drüſe; das odenwälder recht a. a. o. hat auch: ſchwindelhörnicht. Gutalag p. 68. 69. nennt am pferde drei mängel: en hann ſtarblindr ier, en hann bitz (nicht heißt, was bitr forderte; die alte verdeutſchung hat biſet, das an biſen Schmell. 1, 208 erinnert), en hann frembru ſotum ſparcas; am ochſen zwei: en hann ai dragr, en hann briautr (ſtößt, briota iſt frangere, tundere, Snorraedda p. 62 ein ochſe himin-briotr); an der kuh zwei: en han ſparcas, ſo et ai ma mulca, en han mielcſtulin ier (durch zauberei ihr die milch benommen?); vgl. Froſtedingsgeſ. 12, 43.

Gewiſſe ſachen durften nicht gekauft, noch durfte auf ſie geliehen werden. namentlich *getreide auf dem halm, wein an der rebe* u. *blutige kleidung:* quicunque tempore meſſis vel vindemiae propter cupiditatem comparat annonam vel vinum, verbi gratia de duobus denariis comparat modium unum et ſervat usque dum iterum venundari poſſit contra denarios quatuor aut ſex ſeu amplius, hoc turpe lucrum*) dicimus. capit. 5. a. 806 (Georg. 731) vgl. leg. Langob. 2, 31 (Georg. 1148); ungewundeten (?) traid, genützten zeug u. blutige klaid ſol man nicht kaufen. Salzb. täding b. Walch 2, 166; den juden wird verboten zu leihen auf naße häute, ge-miſchte kelche, blutig heſs und ungereiftes korn. Oberl. 665.

Verkäufe auf *jahrmärkten* wurden frühe begünſtigt, ſie galten, wenn ſie auch ſonſt nicht gegolten hätten, d. h. ohne beobachtung der üblichen förmlichkeiten, Notker im Boethius 58 ſagt: choufliute ſtritent, taz ter chouf fule weſen ſtâte, der ze jârmercate getân wirdet, er ſî reht alde unreht. wande iz iro gewoneheite iſt. Vgl. Phillips p. 151: animalia in foro mercari *ſine plegio* circa S. Martini feſtum.

Verkauf an den meiſtbietenden, *verſteigerung, gant* (aus dem roman. inquantus, incanto, encans) kommt ſchon im 15. jh. vor (Haltaus 585. Oberl. 470.) Mb. 19, 201. 202 (a. 1483), wann aber zuerſt? und wie alt ſind

---

*) ſolche turpia lucra galten im mittelalter oft weniger für unrechtlich als für unſittlich und gottlos; dahin gehört auch das *dinges* (auf geding) *geben* inz jâr umbe tiuwerrez, wogegen Berthold predigt. ſ. 69. 224. 289. 418.

die hin und wieder dabei beobachteten feierlichkeiten?
der zuſchlag erfolgte z. b. in dem augenblick, wo ein
angezündetes lichtende erloſch \*) oder das ins licht ge-
ſteckte geldſtück beim herunterbrennen zu boden fiel.

3. *Darlehen* (ahd. analêhan, altn. lânfê). wie tauſch und
ſchenkung bilden im alterthum commodatum und mu-
tuum nur *ein* geſchäft, leiben ſchon bei Ulf. *leihvan*
(mutuare), ahd. lihan, die geliehene ſache lêhan (goth.
laihvan?) wovon wieder das verbum lêhanôn, lehnen
abgeleitet iſt; beide verba ſind für den geber und em-
pfänger gerecht, ſoll das verhältnis des erſtern hervor-
gehoben werden, ſo heißt es *antlihan*, entlihen. Iw.
7143. 7165. Auf das gelddarlehen beziehen ſich in en-
germ ſinn die ausdrücke *ſkuld* (debitum) *ſkula* (debi-
tor) ſchuldner, mhd. *geltære* (gewöhnlich debitor, zu-
weilen creditor), nhd. *gläubiger* (creditor), glauber,
gleuber hat Haltaus 726. Ulfilas braucht faihuſkula und
dulgisſkula für debitor χρεωφειλέτης, dulgahaitja für cre-
ditor, δανειστής; dieſes *dulg* (debitum) ſcheint un-
deutſch und altſlaviſch. da haitan rufen, fordern, die
ſchuld einfordern bedeutet, entſpräche *dulgahaitja* voll-
kommen dem ahd. *ſculthaiʒo*, das ich aber nicht im
ſinne von creditor, nur in dem von judex, der freilich
auch zu erfüllung eingegangner verbindlichkeiten mahnt,
kenne. Gulaþingsl. umſchreibt wiederum gläubiger
durch: er ſculd â at *heimta* 478; ſchuldner durch: er
ſculd â at *gialda* 479. 484. oder: er *luka* â. 478. *gild*
iſt bei Ulf. allgemein tributum, *gildan* tribuere, *fra-
gildan* retribuere, altn. gefa ok *gialda* (Sæm. edda
112ª); und ſo kann auch das ahd. *kelt*, geld auf jede
zahlungs und leiſtungsverbindlichkeit gehen, mhd. findet
man häufig *gelten* allein, z. b. Iw. pag. 262, oder *gel-
ten und wider geben* für bezahlen, ſchuld abtragen,
z. b. Friged. 3156. Lſ. 3, 451. Suchenw. 42, 173; oft
auch *vergelten*. Iw. 7146. 7158. Walth. 100, 25. 32.
MS. 2, 256ᵇ; *geltære* bezeichnet den debitor, zuweilen
den creditor, z. b. im augsb. recht bei Schilter gloſſar
352ª. capital hieß im gegenſatz zu den zinſen *houbet-
gelt*, houbetſtuol, die uſura *urbor; borgen*, zeinem bor-
gen, ſteht mhd. von dem debitor, gegenüber dem ent-
lihen, Iw. pag. 262. Walth. 100, 29; ze borge tuon iſt

---

\*) vgl. geſta Roman. cap. 96 und 98.

mutuo dare. grave Rudolf C, 15; heute gebrauchen
wir borgen von debitor u. creditor; urfprünglich fetzt
es ein mit bürgfchaft gefchloßnes darlehn voraus. Noch
bemerke ich die alten redensarten: eine fchuld *verebnen*
(unverebenet lân. Walth. 16, 20) alfo wieder die idee
von fühnen und fchlichten, die bei benennung des ge-
dinges überhaupt waltet (oben f. 609.) Haltaus 1843.
*gleich* machen (componere) *abtragen* (wie: einen berg
abtragen, ebnen), *wett* machen; und die fprichwörter:
fchulde *ligent* u. *fûlent nit.* Trift. 5462. *) fchulden
*wachen* auf. Schweinichen 1, 323 (wie heil und fchade
wachen oder fchlafen, oben f. 5.)

Für unfere rechtsalterthümer ift bei dem darlehen haupt-
augenmerk die ftrenge behandlung der *böfen fchuldner.* **)

*α.* fie verloren ehre und guten ruf, der gläubiger durfte
fie vor aller welt *fchelme fchelten* Im mittelalter war
es fitte, treubrüchigen, meineidigen leuten ehrenrührige
*fcheltbriefe* zu fenden oder fie öffentlich anfchlagen zu
laßen: die zwen edleut fchlugen fcheltbrief aneinander.
öftr. chron. in Senkenbergs fel. 5, 248. Abgefchloßne
verträge enthielten häufig die formel, daß den wort-
brüchigen ein folches fchelten treffen folle, wie noch
heutzutage unter dem volk die betheuerung: du follft
mich einen *fpitzbuben heißen,* wenn ich das nicht
thue, gewöhnlich ift. Joannes Rufo verfpricht im jahr
1276 feinen gläubigern, fe nunquam discedere velle de
Kylo niſi prius folviſſet omnibus, quod deberet, ſi au-
tem recederet, omnibus *fur* in debitis illis debeat eſſe.
Weftph. mon. ined. 3, 638: quandocunque in his vio-
laverimus fidem noſtram, reputabimur et erimus ipfo
facto infames, quod vulgariter dr. *erlos* u. *rechtlos.*
Gudenus 1, 565 (a. 1240); obligans me quod ſi contra
aliquam praedictorum fecero, extunc ſim exlex, quod
in vulgari dr. *erlos* u. *rechtlos.* Ludewig reliq. 2, 222
(a. 1237); were aber dat fache dat wir einige wis hier-
wider deden, fo folin wir *trewlos, erlos* u. *meineidig*
fin. Gudenus 3, 291 (a. 1336); fo wir die ftücke nit in-
heldin, fo mag man uns haldin we *meineidig, truwe-*

---

*) ähnlich im alten Guledingsgefetz kaufb. 6: *i falte ligge* fok,
e. fokkénde duga.

**) der bœfe geltære. MS. 1, 8ᵇ. Iw. 7164.

*los* u. *erelos*, ibid. 2, 1037 (a. 1327.) Daß das fchelten
nicht erft durch diefe formel bedingt wurde und daß
es hauptfächlich gegen treulofe fchuldner ergieng, bedarf
keiner ausführung. Iw. 7163 werden die *fcheltære
bæfer geltære* fo genannt, daß man annehmen muß,
der gläubiger habe fich eines feiner leute oder eines ge-
richtsboten bedient, um die fchande des fchuldners öf-
fentlich zu verkündigen. fcelta ift fchon in ahd. gloffen
ignominia, oft fteht auch fchelten bloß für rufen,
fprechen, z. b. quit fchelten bedeutet losfprechen, in
dem fchelten der urtheile hingegen liegt widerfpruch
und tadel. Man vergleiche mit dem fchelmfchelten den
altn. gebrauch, einem zu hohn und fchimpf die *neid-
ftange* aufzuftecken, oder die fitte der *fchandgemählde*
im mittelalter.*)

β. zahlungsunfähige fchuldner geriethen in *knechtfchaft*
der gläubiger. Aus einer marculfifchen formel läßt fich
das nicht geradezu beweifen, 2, 27: neceffitati meae fup-
plendo folidos veftros mihi ad beneficium praeftitiftis.
ideo juxta quod mihi aptificavit, taliter inter nos con-
venit, ut dum (folange bis) ipfos folidos de meo pro-
prio reddere potuero, dies tantos in unaquaque hebdo-
mada *fervitio* veftro, quale mihi vos aut agentes veftri
injunxeritis, facere debeam. quod fi exinde negligens
aut tardus (nämlich in leiftung diefer dienfte) apparuero,
licentiam habeatis, ficut et ceteris *fervientibus* veftris,
difciplinam corporalem imponere. denn hier gibt fich
gleich beim empfang des darlehns, bis zu deffen rück-
erftattung der fchuldner in mäßige dienftbarkeit, aus
welcher er alfo, im falle der infolvenz, nicht wieder
frei ward. Da aber nach einer gleich darauf folgenden
formel 2, 28 (oben f. 327. 328) auch bei andern veran-
laßungen unvermögende leute fich ihren wohlthätern
oder wem fie compofition fchuldig waren**), als *knechte
hingaben*, fo ift zu vermuthen, daß felbft ohne aus-

---

*) Philolaos verordnete in Böotien die ehrlos machende ftrafe
des korbs gegen infolvente fchuldner: Βοιωτῶν ἔνιοι τοὺς χρέος οὐκ
ἀποδιδόντας εἰς ἀγορὰν ἄγοντες καθίσαι κελεύουσιν, εἶτα κόφινον
ἐπιβάλλουσιν αὐτῷ. ὃς δὲ ἂν κοφινωθῇ ἄτιμος γίνεται. Nicol.
Damafc. p. 3853 Gronov. Vgl. Meier u. Schöm. a. a. o. p. 512.
**) l. bajuv. 2, 1: componat fecundum legem. fi vero non
habet, ipfe fe *in fervitio* deprimat et per fingulos menfes vel an-
nos quantum lucrare quiverit perfolvat cui deliquit, donec debi-
tum univerfum reftituat.

drückliche verabredung ungetreue fchuldner dem gläu-
biger verfielen und von ihm als *hörige*, *leibeigne* oder
*gefangne* behandelt werden durften, bis fie zahlungs-
mittel ausfindig machten oder von ihren verwandten
und freunden gelöft wurden. Zwar fchweigen die alten
gefetze und der ausdruck *tenere* im capit. von 744, 17
fi quis contempto fidejuffore debitorem fuum *tenere* ma-
luerit (Georg. 1497.) redet zu unbeftimmt; man kann
aber nicht wohl annehmen, daß fich fpäterhin eine
größere ftrenge hervorgethan habe, deren ganzer cha-
racter vielmehr auf das alterthum zurückdeutet. Das
mittelalter, in dem alle harte knechtfchaft beinahe er-
lofchen war, kannte noch ein *flöcken* und *blöcken* der
fchuldner, die ihren gläubigern *zu hand und halfter*
überantwortet waren. Wichtigfte verordnungen hier-
über find folgende: fve fo fcult vor gerichte vorderet
up enen man, der he gelden nicht ne mach noch bur-
gen fetten, de richtere fal ime den man antwerden vor
dat gelt. den fal he halden *gelik finem ingefinde* mit
*fpife* unde mit *arbeide*. wil he ine *fpannen mit ener
helden* *), dat mach he dun, anderes ne fal he ine
nicht pinen. Sfp. 3, 39; ebenfo im fchwäb. landr. 133
(für helde fteht *eifenpant*); im magdeb. recht (mit einer
*helden* oder *vezzeren*) Schott 1, 76; in den brem.
ftat. 120; in Ölrichs rigifchem recht p. 141; im lübi-
fchen r. 1, 3; judices debent eundem debitorem cufto-
diae praeconis deputare per duas hebdomadas fervan-
dum et in illo tempore a praecone *modice pafcendum*,
et poft duas hebdomadas judicium tradet eundem in
*manus et poteftatem* illius, cujus debitor eft, ita quod
eundem *arctare* et *vinculis conftringere* valeat, *non
vexando corpus* fuum aut *ut egrediatur anima de
corpore* ipfius, dabitque fibi (d. i. ei) *panem et aquam*,
tam diu illum tenendo donec fecum componat et debi-
tum perfolvat aut remittatur eidem. rotulus jurium op-
pidi Miltenberg (fec. 13). Bodm. p. 644. vgl. 637; der
infolvente fchuldner wird dem gläubiger *bei dem geren*
überantwortet. caffeler ftat. von 1384 und urk. von 1444
bei Kopp nr. 13. p. 32. Es fcheint, daß einer folchen
verhaftung keine zeit gefteckt war **), fondern fie fo

---

*) ahd. ífanhalta, mhd. ífenhalte, compes, nervus.
**) bloß die vorausgehende haft beim praeco währte *vierzehn
tage* und davon fcheinen die *acht tage* zu verftehen, die im fchwäb.
landr. erwähnt find.

lange dauerte, bis zahlung geleiftet wurde oder der gläu-
biger, um der hut und beköftigung des gefangenen über-
hoben zu fein, ihn wieder entließ. let he ine oder unt-
lopt he ime, dar mede nis he des geldes nicht ledich,
die wile he ime nicht vergulden ne hevet unde he dat
nicht vulbringen ne han, fo is he immer fin pand vor
dat gelt. Sfp. 3, 39; der gläubiger durfte fich feiner im-
mer wieder bemächtigen. Das ganze verfahren erinnert
an die *altrömifche fchuldknechtfchaft*. Wie nach dem
miltenberger landr. der verurtheilte fchuldner erft vier-
zehn tage dem praeco in haft gegeben, dann aber fei-
nem gläubiger in hand und halfter zugefprochen und
auf waßer und brot gefetzt wurde, um zahlung zu er-
zwingen; fo kam zu Rom dreißig tage nach rechtskräf-
tigem fpruch der fchuldner auf fechzig tage lang in die
gewalt des gläubigers, der ihm fchwere feßel anlegen
und täglich ein pfund korn zu feinem unterhalt geben
mufte (fecum ducito, vincito aut nervo aut compedibus
quindecim pondo ne minore, aut fi volet majore vincito.
fi volet fuo vivito, ni fuo vivit, qui dum vinctum ha-
bebit libras farris in dies dato, fi volet plus dato.)*)
Der fchuldner follte nach deutfchem wie nach römifchem
recht gequält werden, in erwartung, daß er oder die fei-
nigen auf mittel der zahlung finnen würden.

*γ*. allein das römifche verfahren hat einen beftimmten
erfolg. In der deutfchen gefetzgebung liegt etwas un-
befriedigendes und unvollftändiges; wenn der fchuldner
ftandhaft blieb oder keine mittel erfchwingen konnte,
erlangte er zuletzt wieder die freiheit, der gläubiger
gieng leer aus, und diefe möglichkeit konnte auf das
benehmen des verhafteten einwirken. Der römifche,
einmal zugefprochne fchuldner (addictus) hingegen er-
langte, wenn keine zahlung gefchafft wurde, die frei-
heit niemals wieder; dem gläubiger, nach verlauf der
fechzig tage und nach *dreimaligem ausruf* der fchuld,
ftand es zu ihn zu *tödten* oder zu *verkaufen* (poftea
de capite addicti poenas fumito, aut fi volet uls Tibe-
rim**) venum dato.) Konnte er ihn in fremde fcla-
verei verkaufen, fo durfte er ihn auch in eigner knecht-
fchaft behalten und daß diefer mildefte fall gerade der

*) zwölf tafeln 3. Niebuhr 2, 311. 312.
**) wie oben f. 343 foras marcas, extra provinciam, in partes
transmarinas.

häufigſte war, hat Niebuhr dargethan.  Sollte nicht auch
in älterer zeit den deutſchen gläubigern befugnis zu-
geſtanden haben, ihre in hand und halfter ſitzenden
ſchuldner nach verlauf einer geſetzten friſt zu *tödten*,
zu *verkaufen* oder als *knechte* zu behalten?

*δ.* ein ſolches recht über tod und leben folgt vorerſt
ſchon aus einer weiteren merkwürdigen einſtimmung.
Si pluribus addictus ſit, ſagen die zwölf tafeln, tertiis
nundinis *partes ſecanto, ſi plus minusve ſecuerunt,
ſe fraude eſto*, d. h. haftete der verurtheilte mehrern
gläubigern, ſo durften ſie ihn nach dem uncialverhältnis
ihrer ſchuldforderung zerhauen, hieb einer mehr oder
weniger ab, alles ohne gefährde.  Jeder einzelne war
befugt ſeine rache zu kühlen und unerbittlich zu ver-
ſtümmeln, den die mitſchuldherrn als werthloſen ſclaven
nicht am leben erhalten konnten. *)  Dieſem grauſamen
recht begegnen nun alte bis ins mittelalter fortgepflanzte,
aber ſo verſchieden davon geſtaltete ſagen, daß ſie noth-
wendig aus anderer quelle hergefloßen ſein müßen.
Eine findet ſich in dem um 1378 geſchriebenen peco-
rone des Giovanni fiorentino (giorn. 4. nov. 1) und faſt
ebenſo in der deutſchen bearbeitung **) der geſta Ro-
man. (Augsb. 1489 cap. 67), wiewohl mit abweichenden
namen.  Die zweite geſtaltung der fabel hat ſich, ſo viel
bis jetzt bekannt iſt, nur in einem Bamberg 1493 gedruck-
ten meiſtergeſang unter dem titel: kaiſer Carls (des
großen) recht erhalten. ***)  Beide ſagen, ſo weſentlich
ſie ſich in nebenumſtänden entfernen, treffen darin über-
ein, daß ein jude geld unter der bedingung darleiht,
im fall der nichtbezahlung dem ſchuldner ein feſtgeſetz-
tes gewicht fleiſches irgendwo aus dem leibe ſchneiden
zu dürfen, hernach aber durch den richterlichen aus-
ſpruch, daß er bei verluſt ſeines eigenen kopfes *nicht
mehr und nicht weniger ſchneiden* ſolle, zu ſchanden
gebracht wird.  Offenbar iſt hier alles grundverſchieden
von dem röm. geſetz, das die sectio corporis ohne vor-
hergegangne ſtipulation, nur für den fall mehrerer gläu-

---

*) die geſunde auslegung dieſes geſetzes hat Niebuhr 2, 313.
314 wieder geſichert.

**) nicht in dem lat. text; aber auch deutſche, dem alten
druck um 50 jahre vorausgehende handſchriften haben die erzäh-
lung; Shakſpeare ſcheint aus dem pecorone entlehnt zu haben.

***) Docen im altd. muſ. 2, 279-283.

biger geltattet und das mehr oder minder hauen für
*unfträflich* erklärt. Es fcheinen alfo einheimifche volks-
märchen, die ich für urfprünglich deutfch halte, weil
fie in Deutfchland und in der Lombardei zuerft auftau-
chen. Hierzu kommt ein bedeutender umftand. das nor-
wegifche Guledingsgefetz, von den zwölf tafeln wie von
jenen fpätern fagen abfeits liegend, enthält im leyfings-
balken*) cap. 15 nachftehende vorfchrift: erweift fich
ein fchuldner muthwillig gegen feinen gläubiger und
will er nicht für ihn arbeiten, fo darf diefer *ihn vor
gericht führen und feinen freunden entbieten, ihn
von der fchuld zu löfen.* wollen ihn die freunde nicht
löfen, fo habe der, welcher den fchuldner bei fich hat,
macht, *von ihm zu hauen was er will, oben oder
unten.* Der infolvente fchuldner gerieth alfo in gefan-
genfchaft des gläubigers und wurde von ihm zu knech-
tifcher arbeit angehalten, wie nach Marculfs formel;
das führen vor gericht gleicht dem röm. *ausbieten tri-
bus nundinis,* blieb es erfolglos, fo konnte der gläu-
biger den fchuldner tödten oder verftümmeln und zwar,
wie in den volksfagen, er allein, ohne daß zur aus-
übung diefes rechts mitgläubiger erforderlich gewefen
wären. Und an die nord. gerichtsführung, an die röm.
production (trinis nundinis continuis ad praetorem in
comitium producebantur quantaeque pecuniae judicati
effent praedicabatur) knüpft fich endlich eine für meine
meinung faft entfcheidende ftelle des falifchen gefetzes,
die zwar nicht von dem darlehnsfchuldner, fondern dem
wergeldsfchuldner handelt. war er nämlich infolvent,
war fchon die förmlichkeit der chrenecruda vorgenom-
men und konnten auch feine dadurch verpflichteten
verwandten nicht zahlen: tunc illum, qui homicidium
fecit, ille qui eum in fide fua habet (der zum wergeld
berechtigte, alfo der gläubiger) *per quatuor mallos
praefentem faciat;* et fi eum *nullus fuorum* per com-
pofitionem *voluerit redimere,* de vita componat (dann
durfte ihm der gläubiger *ans leben gehen*). l. fal. 61.
Das ftückhafte der gefetze des mittelalters über die be-
handlung gefangner fchuldner kann man fich aus diefer
analogie des falifchen rechts, aus jenen erzählungen, aus
dem nordifchen und röm. rechtsalterthum im geift er-

---

*) nach der ältern ungedruckten (nicht nach der neueren ge-
druckten) recenfion; daher ich nur dem Paus folgen kann.

ganzen; bloß fagenhaft gewefen fein mag aber der
frevel des zerhauens fchon zur zeit unferer älteften ge-
fetze, deffen fie mit keinem worte gedenken. *)

4. Darlehn gefchahen oft auf bloße treu und glauben
ohne weitere ficherheit, oft aber wurden fie durch pfand
und bürgen verfichert. **)

*Pfand* wurde ahd. *wetti*, agf. und altn. *ved* genannt,
bald aber diefer ausdruck mehr allgemein gebraucht, fo
daß mhd. felbft gefagt werden konnte: daȝ *pfant ftât
wettes* Friged. 2754 für das pfand fteht verhaftet. *pfan-
des ftên* heißt zu pfande ftehen, verpfändet ftehen;
*pfandes verftên*, über die beftimmte zeit hinaus †), daß
das pfand dem inhaber verfällt. Lohengr. p. 80. *ver-
ftanden pfunt*. MS. 2, 219b; pfant *fetzen*, pignus
conftituere. Das pfand ift *gœbe* Wh. 2, 22ª 1, 15b Lo-
hengr. p. 70. 127. tauglich, gut, unverwerflich; *nôtpfant*
Iw. 7220, wenn es gewaltfam gefordert ††), nicht frei-
willig gegeben wird. Ein verftandnes, verkäufliches
pfand nannte man: *fahrendes* Haltaus 442; ein in le-
bendigem vieh ausgefetztes: *eßendes* †††), *zehrendes*,
im gegenfatz zum *liegenden kiftenpfand*: ein *legenig
pfant* fal man dem armman zu gut halten vierzehen
tage. gefragt, wie man fich halten folle, fo es ein *eße-
nig* phant were? urtheil, fo lange fo das pfant eßens,
trinkens enpern kan, fo lang fal man das inhalden.
Hernbreitinger petersger. vgl. Haltaus 414. Stehende
oder verftandene pfänder werden *gelöft*, *erlöft* MS. 2,
219b; *phantlœfe* bezeichnet aber im mittelalter häufig
das geldgefchenk, welches geringe, arme reifende oder
diener empfiengen, um damit ihr in der herberge ver-
fetztes pfand einzulöfen. Parc. 19471. 19495. MS. 2, 4ª
93ª vgl. Ben. zu Bon. 446. *Pfandœre* kann fowohl

---

*) vgl. oben f. 516. 519 über andere graufame ftrafen, deren
nur die fpäten weisthümer, nicht die alten gefetze erwähnen.

**) entlîhen âne bürgen unde âne pfant. Iw. 7145. dort dâ
er pfant noch bürgen hât. Walth. 16, 21.

†) pignora omnia *decident* poft novem dies, praeter haec tria:
cultrum, cacabum et fecurim lignatorum. haec nunquam decident,
licet oppignorentur. Wotton II. 4, 46.

††) vgl. das agf. *næme* l. Cnut. 18 (Phillips p. 142. Kolderup
Rofenv. p. 48.) altn. nâm, ahd. nâma, eigentlich captio, captura,
von niman, wie das fpan. prenda von prehendere.

†††) prenda que *come*, ninguno la tome. refran.

den inhaber des pfandes MS. 2, 256ᵇ als den pfänden-
den gerichtsboten bedeuten; diefer pflegte an einigen
orten dem, für welchen er gepfändet hatte, eine keule
ins haus zu bringen, *pfandkeule.* Haltaus 1473. Ge-
richtliche *(hinter das gericht gelegte)* pfänder wurden oft
noch nach der veräußerung eine zeitlang öffentlich gehütet
in erwartung der auslöfung: die (an die gerichtsfeul ge-
lieferten) pfand follen der cleger u. der keufer hüten den
tag über *an der faulen* u. warten ob iemand komme, der
die pfänder löfen oder mehr darumb geben wolt und zu
undergang der fonnen foll der richter die pfänder wieder
*von der feulen* in gerichts bewarnus nemen (bis 14 tage
fpäter das verfahren wiederholt ift.) Kremer cod. dipl.
ardenn. p. 592.

Wer für feine eigne verbindlichkeit einfteht, heißt *felp-*
*fcolo*, mhd. *felbfchol;* wer für die eines andern *pu-*
*rigo*, mhd. *bürge* (praes, vas, fidejuffor). allgemeinern
finn gibt der mhd. ausdruck *ficherbote*, ficherheit leiften-
der, a. Tit. 164. Parc. 22165; im fchwäb. landr. 46
Schilt. 319 Senkenb. für pfleger, vormund. An den
bürgen wird fich, in entftehung des hauptfchuldners ge-
halten, *bürgen foll man würgen*: Eifenh. p. 356. Wei-
fens drei erznarren p. m. 421 und fchon bei Freidank
1241 darumb hât man *bürge* daʒ man *die armen*
*würge.* *)

Der *geifel* (obfes) unterfcheidet fich vom bürgen darin,
daß diefer nur durch gedinge, er aber leiblich haftet
und fich in die gewalt des gläubigers bis zur zahlungs-
leiftung begibt; ahd. kifal, agf. gifl, langob. gifil l. Roth.
172, mhd. gifel Nib. 189, 3. 249, 2 (mafc.) Parc. 9639
(neutr.) fich ze gifel geben MS. 1, 151* Wigal. 4145.
gifel u. ficherheit. Iw. 6364. gifelfchaft Trift. 9983. Aber
auch außer dem privatrechtlichen verhältnis bezeichnete
gifel, wie fchon die angeführten ftellen lehren, den ge-
fangnen, der dem fieger ficherheit leiftet oder der von
volk an volk zur bekräftigung des gefchloßenen bundes
überlaßen wird. Im alterthum fcheint unter der geifel-
fchaft auch die ingenuität des bürgen gelitten zu haben,

---

*) die armen, geringen leute, die von den vornehmen dazu
gebracht werden für fie gut zu fagen u. an die fich der gläubiger
hält, während die herrn aus der fchlinge fchlüpfen. bürge ift in
diefer ftelle nicht das mafc. fidejuffores, was bürgen fordern
würde, fondern das fem. fidejuffionem, vgl. 2195 bürge machen,
cautionem.

da fich ein freier fo wenig verpfänden als verkaufen
laßt, durch freiwilligen verkauf oder verpfändung aber
der freiheit felbft entfagt. Das capit. de part. Saxon.
verbietet ein folches verpfänden: ut nullatenus alterum
aliquis *pignorare* praefumat (Georg. 583); ein andres
capit. von 803 geftattet es; liber qui fe loco *wadii* (pigno-
ris) in alterius poteftatem commiferit etc. (Georg. 661
und 1353), feine vorher (usque dum in pignus exftiterit)
gezeugten kinder bleiben frei.

Im mittelalter war das *einlager*, *obftagium* (f. obfida-
gium? altfranz. oftaige) fehr gewöhnlich.  Hauptfchuld-
ner, oft auch feine bürgen, verpflichteten fich, in eine
beftimmte ftadt, burg, wohnung, herberge als *geifel
einzureiten* oder *einzufahren* (zu *leiften* Frifch 1, 604ᵉ)
und bis zur befriedigung des gläubigers da zu verharren.
Die urkunden des 13. 14. jh. find voll davon, im 15.
nimmt die verderbliche, mit dem geifte des ritterthums
engverwebte fitte ab.  belege bei Grupen in Spangen-
bergs beitr. p. 90-96., bei Haltaus 620. 621. 1259; die
bürgen follen *infaren* in ein kuntliche herberge u. *lei-
ften* iglicher mit eime knechte u. mit eime pferde.  Wenk
2. nr. 315 (a. 1331); MB. 8, 244 (a. 1346); in geifelweis,
als laiftens recht ift. ibid. 15, 410 (a. 1360). auch der Sfp.
2, 11 gedenkt diefes gelobens: *in to ridene*.  Da die
meiften ritter im einlager verfchwenderifch lebten und
ihre befuchenden freunde bewirteten, entfprang das
fprichwort: *geifelmahl* köftliche mahl.  Eifenh. p. 402
und Keifersb. bei Oberl. 553.  Die ältefte bekannte ur-
kunde, worin obftagium vorkommt, ift eine franz. vom
j. 1134*); Grupen a. a. o. behauptet ein weit höheres
alter, allein niemand bezweifelt, daß geifeln, leiblich
verpfändete bürgen in früherer, ja der frühften zeit nach-
gewiefen werden können, das einreiten (introire civitatem
fidejufforio more) vor dem 12. jh. hätte er nachweifen
follen.  Übrigens mufte der gläubiger für fpeife und trank
der eingerittenen männer (nicht ihrer gäfte) und für futter
ihrer pferde forgen, auch den fchaden erfetzen, der diefe
am ort des einlagers felbft traf: wenne der leifter leiftet
mit pferden, die pfert ften uf den man leiftet, *zwifchen
der krippen* und *rechter trenke*.  Schlef. landr. 2, 20. (diefe
formel fchon oben f. 37.)

---

*) Jung de pacto obftagii p. 11.

5. *Wette*, außer der allgemeinen bedeutung von ſpon-
ſio und der beſondern von pignus, hatte auch die noch
eingeſchränktere, heute allein übrig gebliebene von
alea*); die dingenden ſetzen gut, freiheit und ſelbſt das
leben auf ungewiſſen erfolg, der von einem ſpiel,
von einem laüf (wettlauf, vgl. Nib. 914, 3), von vollen-
dung einer arbeit oder von andern umſtänden abhieng.
es war nicht nöthig, daß beide theile daſſelbe ſetzten,
einer durfte höheres, der andere geringeres verwetten.
Eine hierher gehörige ſtelle des Tacitus iſt ſ. 327 ange-
führt. In den ſagen und liedern kommen viele fälle
vor, Vilk. faga cap. 21 wetten Velent u. Amilias, wer
von ihnen das beſte geräth ſchmieden könne und ſetzen
ihr haupt zu pfand; Loki wettet um ſein haupt mit dem
zwerg Brockr über die verfertigung von drei koſtbar-
keiten, als Loki verliert und der zwerg den vertrag er-
füllen will, begegnet ihm jener mit der einrede, daß er
das haupt, nicht den hals habe**), worauf ihm Brockr
den mund zuſammennäht. Snorraedda p. 130-133. Auch
um geſang und liederweisheit wurde gewettet: haufdi
veþja um geþſpeki. Sæm. edd. p. 33ᵇ. Morolf beim
ſchachſpiel mit der königin ſetzt ſein haupt, ſie aber
dreißig mark goldes dagegen. Mor. 13ᵃ. Es iſt zeichen
der ſittenmilderung, daß ſchon unſere älteſten geſetze
keinen anlaß finden, der gefährlichen wetten zu erwäh-
nen; zu der zeit, wo es den treubrüchigen ſchuldner
das haupt koſtete, mag es dem wettefälligen ſpieler an
den hals gegangen ſein.

---

*) ſponſionem, quam Longobardi gaudias (l. guadias) vocant,
Placentini ſumma codicis. Mogunt. 1536. p. 129.
**) ähnlich der gegen den fleiſchſchneidenden juden geltend
gemachten, daß er nur fleiſch, nicht das blut habe.

# FÜNFTES BUCH.

## VERBRECHEN.

Wie aus gedinge kann auch aus unerlaubten handlungen schuld und verbindlichkeit erwachsen. Wer sich vergreift an leib, gut und ehre des andern, *höhnt* *), schmälert, schädigt ihn u. die seinigen. Hohn und schmach duldete kein freier auf sich, ungehindert durfte er mit seiner freunde beistand gegen den beleidiger fehde erheben, rache nehmen oder sühne **) erzwingen. Größe dieser sühne hieng vom erfolg und der willkür des siegers ab. Gezügelt wurde die ausübung des fehderechts durch das volksgesetz, welches für jede verletzung *bestimmte* buße ordnend in des verletzten wahl stellte, ob er sich auf selbstgewalt einlaßen, oder die angewiesne vergeltung fordern wollte. Forderte und erhielt er sie, so war alle feindschaft niedergelegt. ***) Zweck also des volksrechts konnte weder sein zu drohen noch vor ungeschehnen beleidigungen zu sichern; die kraft roher freiheit sittigte es und wollte nichts anders als *aussöhnung* der geschehnen that. Weil aber die verletzende handlung zugleich den gemeinen frieden brach, eignete das volk sich einen theil der buße zu, der anfänglich in der vergeltung mitbegriffen, hernach von ihr gesondert, endlich die natur einer öffentlichen strafe annahm.

---

*) will man absehen von der jetzt sehr eingeschränkten bedeutung des wortes hohn (spott, ironie) u. erwägen, daß das ahd. gihônan, ags. gehŷnan viel allgemeiner hieß: kränken, schädigen, erniedrigen, unterdrücken; so werden die ausdrücke des fries. rechts *hâna* (Br. 46. 70. 71. 75) für den verletzten, *hâne* (Br. 15) für den verletzer, schuldner, bezeichnend erscheinen. jenes ahd. hôno, dieses hôni? ags. heâna und hŷne? goth. hauna u. bauneis? ahd. hônida crimen, macula.

**) *sühne* (expiatio) ahd. suona, suana, altn. sôn, übergehend in den begriff von ju icium; warum aber Ulf. Marc. 10, 45 saun (λύτρον) schreibt und nicht sôn?

***) das alterthum hatte feierliche *sühnformeln*, beispiele oben s. 39. 53.

*Strafen* für gewiſſe ſchwere verbrechen, inſofern ſie weniger den einzelnen verletzten als das gemeine volk, müßen gleichwohl auch ſchon für die früheſte zeit behauptet werden. Der gang der geſchichte iſt nun, daß ſtufenweiſe die idee von bußen ſchwächer, die von ſtrafen ſchärfer wird, daß auch verbrechen, die früher nicht öffentliche waren, ihren privatcharacter aufgeben und daß manche bußen, an deren ſtelle ſtrafen treten, gänzlich verſchwinden.

Ich werde in vier capiteln von den verbrechen ſelbſt, dann von den bußen und ſtrafen, zuletzt von buß und ſtrafloſen miſſethaten handeln.

## CAP. I.  EINZELNE VERBRECHEN.

Kaum jahrhunderte hergebracht iſt die benennung *verbrechen* (infractio, violatio legis) und auf die älteſte zeit bezogen ungenügend, da das geſetz nicht ſowohl die unerlaubte handlung verbot, als für den fall ihres eintritts eine gerichtlich forderbare buße verfügte. den ſpätern Angelſachſen hieß *lahſlite*, *lahbryce* (ruptio legis) entrichtung für den friedensbruch, ähnlichen ſinn einer mulcta, *brüchte*, hat das altſchwed. *lagſlit.* Upl. manh. 23. Suderm. manh. 11. Indeſſen fehlt es an einem andern den begriff von delictum genau füllenden wort. *Schuld* und *ſache* (altn. ſök culpa), obgleich ſie auf ſculo (ſchuldiger) und ſacho (auctor) wie res auf reus führen, ſcheinen zu allgemein, in allen ſolchen wörtern rührt der allgemeine ſinn an einen ſchärferen beſonderen. Der echtdeutſche ausdruck goth. *fairina* (Matth. 5, 32 für das milde λόγος und Marc. 15, 26. Joh. 18, 38. 19, 6 (für αἰτία) ahd. *firina* (ſcelus) altn. *firn* (flagitium) agſ. *firen* (cauſa, crimen) iſt längſt verloren, wiewohl unſer heutiges gefährde (dolus, fraus) und gefahr (periculum) derſelben wurzel angehören; das ahd. *mein* (ſcelus, perverſitas) agſ. *mân*, altn. *mein* (noxa) nur noch in meineidig übrig. Alt ſind auch die zuſammenſetzungen goth. *miſſadêds*, *vaidêds*, ahd. *miſſitât*, *ubiltât\**), *meintât*, *firintât*, wovon ſich miſſethat, übelthat erhalten haben, gelten aber mehr für das bibliſche ſünde (goth. fravaurhts, verwirkung) und

---

\*) maleficium iſt l. ſal. 22. rip. 88 zauberei.

drücken den begriff bloß negativ aus. Eben dies thun
das altn. *misgörd*, das franz. *forfait* (mittelalt. foris-
factura), *forfactus* l. rip. 67 entſpricht dem ahd. partic.
*firtân* (reus, ſchuldig, verurtheilt), ein ahd. ſubſt. firtât
kenne ich nicht, wohl aber *fratât* (ſcelus), wie jenes
fravaurhts. Im mittelalter brauchte man *ungerihte* (Sſp.
und Haltaus 1937), *unfride* für verbrechen und frie-
densbruch. *Laſter*, ahd. laſtar iſt crimen im ſinne von
vorwurf, calumnia; *frevel* (vgl. markfrevel, jagdfrevel,
feldfrevel) ahd. fravali (temeritas, protervia) geht bloß auf
geringere muthwillige vergehen.

Ein *verbrecher* hieße goth. fairineis? Ulf. braucht vai-
dêdja; ahd. ſindet ſich firinari und ubiltâto; übelthâter,
miſſethâter nennt noch das heutige peinliche recht den
verurtheilten armen ſünder. Üben mehrere zuſammen
ein verbrechen aus, ſo wird der *auctor facti* (lex rip.
64), *urheber*, *anſtifter*, (ahd. ſahho?), ille qui in capite
fuerit, l. Roth. 285. von dem bloßen *theilnehmer* u. *ge-
noß* (z. b. diebsgenoß, þiofsnautr) unterſchieden. vgl.
Sſp. 3, 46 über *that*, *rath* und *hülfe*. die erſt nach dem
mittelalter aufgekommne benennung *rädelsführer* (Halt-
aus 1500) ſcheint aus dem kreiß oder rad zu deuten,
welches ausrückende bewaffnete haufen bildeten.*) Die
żahl der theilnehmer wuſte das alterthum gleich durch
beſondere namen für jede bande oder rotte auszudrücken,
vgl. oben ſ. 207 ff. *Dolus* und *culpa* laßen ſich zwar,
erſteres durch das ahd. fâra (goth. fêrja, inſidiator) mhd.
vâr, geværde, nhd. gefährde und *argliſt* (die lat. ge-
ſetze haben zuweilen *malum ingenium*, altfranz. engin,
liſt), auch durch das ahd. feidhan (fraus) agſ. fâcen;
letzteres durch das goth. fairina***), ahd. ſahha und
ſculd genau verdeutſchen, ſind aber keine techniſchen
begriffe unſeres alten rechts. In den ſchwed. geſetzen
erſcheinen als ſolche *vili* (dolus, vorſatz, böſer wille)
und *vadhi* (caſus), *vadaverk* Gulaþ. p. 161.; den Frie-
ſen heißen *wrwalda* dêda Br. 182 unvorſätzliche, über
menſchliche gewalt gehende.

Alle verbrechen verletzen entw. an leib oder an gut
oder an ehre und nach dieſer ordnung ſollen hier die

---

*) erläuternd iſt hier das ſlav. kolo (rad); ſ. Kopitar wien.
jb. XXX, 202.

**) ſirina und fâra im ablautsverhältnis. gramm. 2, 56. nr. 573.

wichtigſten für das rechtsalterthum, nicht aber alle ein-
zelnen hervorgehoben werden. Beſchädigungen an gut
betreffen zumeiſt die fahrende habe, obgleich auch einige
die liegende, z. b. gewaltſamer einbruch, mordbrand, feld-
frevel. Fleiſchliche verbrechen, ehbruch und unzucht
taſten zugleich leib und ehre an.

1. *Todfchlag.* man unterſchied offenen und heimlichen,
jener, das eigentliche homicidium, hieß ahd. *ſlahta,*
*manſlahta,* agſ. flege, altn. *vîg* oder *drâp,* mandrâp *);
der heimliche hingegen goth. *maurþr,* ahd. *mordar*
(ſpäter mord), agſ. morđor, engl. murther, franz. meur-
tre, altn. morđ. Für den bloßen interfector diente außer
dem namen *ſlaho,* manſlecco, agſ. ſlaga auch ahd. *pano,*
agſ. bana, frieſ. bona, altn. bani (genau das gr. φονεύς);
für den heimlichen goth. *maurþrja,* ahd. murdrjo,
franz. meurtrier. wir ſagen *meuchelmörder,* weil
mord allgemeinern ſinn erhalten hat, ahd. iſt mûh-
heo latro, graſſator, mûhhilſuert ſica (gramm. 2, 471);
altn. ſindet ſich *fluga* für aſſaſinium.**) Die alten
geſetze legen aber den begriff der heimlichkeit
nicht ſowohl in den anfall, als in das verbergen †) des
leichnams: in *puteum* ††) aut ſub *aquam* mittere, de
*hallis* (dürren reiſern) aut de *ramis* cooperire aut in-
cendere. l. ſal. 44, 2. 5; interfecerit et eum cum *ramo*
cooperuerit, vel in *puteo* ſeu in quocunque loco *celare*
voluerit, quod dicitur *mordridus* (clam interfectus, goth.
maurþriþs von maurþrjan?) l. rip. 15; ſi quis liberum
occiderit *furtivo modo* et in *flumen* ejecerit vel in ta-
lem locum, ut cadaver redire non quiverit, quod Baju-
varii *murdridam* (ein weibl. fubſt. murdarida, mur-
drida?) dicunt. l. bajuv. 18, 2; ſi quis hominem occide-
rit et abſconderit, quod *mordritum* vocant. l. Friſion.
20, 2; ſi quis hominem occiderit quod Alamanni *mord-*
*tôto* (mordtodt, vgl. Graff Diut. 1, 334) dicunt. l. alam.

---

*) die norwegiſchisländ. geſetze brauchen *vîg,* die ſchwedi-
ſchen *drap.*
**) eine art des mords bezeichnet *würgen,* ahd. wurgen (ſtran-
gulare, ſuffocare) emm. 399. 412; frieſ. *werga* Br. 181. *Nächt-*
*licher* todſchlag galt für mord.
†) bera i ſiälſtr. Oſtg. edz. 25.
††) lîk hans þeir drôu â leynigötu,
    ok brytiuđu ſ *brunn* niđr
    dylja þeir vildu. Sæm. edd. 128ᵇ.

49, 1; ſi quis *morttaudit* barum. ibid. 76; ſi *mortum-
totum* (al. murdrum) quis fecerit. 1. Sax. 2, 6; þat er
oc nîðîngs vîg ef madr. *myrðir* man (clam interficit).
Gulaþ. p. 135; homecide eſt quant home eſt tué en apert
devant la gent en meſlée, *murtre* eſt fait *en repos.*
aſſiſes de Jeruſal. cap. 91. 94. So nehmen auch die ge-
dichte des 13. jh. *mort* für ehrloſen todſchlag, z. b. hie
wirt mort getân. Gudr. 3551; ich hân chein *mort* be-
gangen. Karl 127ᵇ daz geſchach unmortlîche. ib. 128ᵃ;
für die ſpätern geſetze hat Haltaus 1364 belege geſam-
melt. Auch im Sſp. 2, 13 ſind *mordere* ſicarii, *doden*
aber iſt occidere 3, 84 und im rigiſchen recht wird der
*morder* vom *ſlachtigen man* unterſchieden. Ölrichs
p. 301. Im Norden muſte der todſchläger, wollte er für
keinen mörder angeſehen werden, ſich öffentlich zu der
geſchehnen that bekennen, *vig lŷſa:* ef hann lŷſir eigi
ſvâ vîgi, þâ er hann morðingi rêttr. Gulaþ. p. 152;
vgl. *liuſa.* Upl. manh. 12, 8. Nach dieſem bekenntnis
tritt dann die buße ein, welche *ſporgiäld* hieß und
vom *morgiäld* unterſchieden war. Upl. manh. 9, 2. 12, 2.
16, 2. Sudherm. manh. 23. — Der den todſchlag râth
und ſtiftet, hieß agſ. *rædbana* (altn. râdbani), der ihn
verübt *dædbana.* 1. Cnuti ed. Kold. Roſ. p. 15. Dieſe
ausdrücke finden ſich noch näher im altſchwediſchen:
kumu *tiu* män äller ſlere dräpa en man, *thri* af them
*banamän* heta, en *radhbani,* annär *haldbani* ok thridhi
*ſander drapare* (erſchlagen zehn männer oder mehr
einen mann ſo heißen drei von ihnen tödter, einer der
râth, der andere der hält, nämlich den erſchlagenen,
daß er ſich nicht wehren kann, der dritte der wirkliche
tödter) Suderm. manh. 24; vgl. landſl. drapm. med. vi-
lia 20, wo nur der *halsbani* (cooperans) und *ſanbani*
(verus auctor) unterſchieden ſind. Merkwürdige einſtim-
mung mit dem *contubernium* der I. ſal. 44. 45. und rip.
64, das gleichfalls aus zehn männern (nicht aus dreien,
wonach oben ſ. 208 aller zweifel aufhört) beſteht. nur
ſonderten die Franken den auctor facti von den *drei
erſten,* die nächſt ihm bußfällig wurden und nahmen
dann noch zwei abſtufungen, wiederum jede von drei
theilnehmern an, während jene ſtelle aus dem ganzen
haufen nur drei zur buße zieht und unter ihnen den
auctor (ſandbani) ſelbſt begreift. Ohne zweifel fehlte es
auch den Saliern und Ripuariern nicht an deutſchen
namen für jede claſſe der theilnehmer, wer ſtellt ſie aus
den verzweifelten malb. gloſſen her? Später im mittel-

alter hieß der râdbani *mortræte* Trift. 12727. 12877.,
in Wales: die *blutige zunge* (Probert p. 204), wie man
den ausführenden die *blutige hand* nennen dürfte, vgl.
Haltaus 176.

Die verwandten des erfchlagenen pflegten den *leichnam*
folange nicht zu begraben, bis fie rache oder fühne er-
halten hatten, vgl. Parc. 12ᶜ; auch muften fie ihn beim
gericht, wenn fie klagten, vorweifen (der *fchein*, der
*blickende fchein*, corpus delicti. Haltaus 1607.) Später
wurde die bloße abgefchnittne *hand* fymbolifch ge-
braucht und nach erlangung des wergeldes zu dem leib
beerdigt (die *todte hand*, das *leibzeichen*), zuletzt reichte
das *blutige kleid* hin. Haltaus 1248. 1791. vgl. Bodm.
p. 627 und Wigands archiv I. 4, 111. Bei todfchlag
(oder auch bloßer blutrunft) kam es oft auf die *rich-
tung des kopfs und der füße* des gefallenen\*) an,
theils um auf der grenze zweier gerichtsgebiete die be-
hörde, welcher buße verfiel, theils um ftraflofigkeit oder
ftattfindende buße überhaupt darnach zu beftimmen. Je-
nes wird in vielen wetterauifchen weisthümern gewahrt:
gefchähe ein todfchlag in diefem gericht und fo daß *das
haupt hinaus fiele*, fo fiele das beftheupt auch hinaus,
*bliebe aber das heupt hierinne*, fo bliebe das befthaupt
auch hierinne. Salzfchlirfer w.; da auch fifchens wegen
gezenk in der bach entftünde u. fie fich fchlügen, *ge-
fiele dan* der oder die *auf diefe feiten* gegen Roden-
ftein, fo were der frevel den junkherrn zu Rodenftein
verfallen; *gefiele er aber auf jene feiten,* fo were er
der gravefchaft Erbach verfallen. Crumbacher w.; Dar-
auf weifete der landmann, das m. gn. junkern von Ep-
ftein gerichtsherrlichkeit hebe an oben an Caftell und
wäre es, das fich zween fchlügen in den graben, die
umb Caftell gehend u. *fiele ihr einer heraus auf diefe
feiten* gen dem landgericht, der folt das m. gn. j. v.
Epft. büßen; *fiele er aber auf jene feiten* des grabens
zu Caftell zu, der follte m. gn. h. von Münze büßen,
*fielen fie mitten* in die graben, fo follen fie beiden
herrn bueßen, alfo fei es von alter herkommen. Mech-
telnshaufer w.; Auch wifen wir, were iß fache, daß
fich zween fchlugen uf dem gefcheide, *wo dann der
mann hinefiele*, da fiele auch die buße hin. Geinshei-
mer w.; Item wurde iemants plutrünftig geruget in dem

---

\*) worauf auch das epos achtet, vgl. Sæm. 219ª. ᵇ.

dorf u. fchlugen fich bis in die Heinbach, diefelbige
feien zuvorderft verfallen dem hern zu Epftein mit 60
fchill. meinzer wehrunge u. hern Hanfen von Cronberg
auch mit 60 fchill.; weren aber die geruegten *gefallen
in die Heinbach*, fo follen fie beiden herrn bueßen;
*fallen fie uf die feiten zu Epftein zu*, fo feien fie
dem hern von Epft. allein verfallen u. ftehen ime allein
u. fonftet niemants zu ftrafen. Ickftadter w.; Er weifet
auch, wer es fach, daß zween hinaus giengen u. zwei-
ten oder zankten fich an der fteinbrücken, reißen fie
kolbe oder fchwert, *fiel der kopf auf die feiten* gegen
Weinheim zu, gehört auf m. gn. h. zent auf Starken-
berg, *felt er auf die* (ander) *feiten*, fo gehet es auf
m. gn. h. Öppelbacher zent. Virnheimer w. Aber auch
in Pommern: würde einer dod geflagen up einem land-
wege edder feldfcheide u. bleve beligen, *dar des doden
vöte werden gefunden*, dar is de grundbröke gefallen.
Rugian. 49.    Im Norden, bei gewaltfamem hausein-
bruch, wenn der thäter erfchlagen wurde, blieb fein
tod ungebüßt, fobald die füße innerhalb, das haupt
außerhalb des hofzauns fielen; fielen aber die füße außen-
hin, das haupt innenhin, fo mufte buße gezahlt werden,
denn es wird angenommen, der kopf fällt dahin, wo
die füße ftanden: nu än ther agas vidher i gardslidhi ok
*falla fötär innan ok huvdh uthan* a thöm hemfokn
giorde, vari ogilt. *falla fötär uthan ok huvdh innan*,
vari gildär, thy at thädhan fiöll huvdh, fum fötär
ftodhu. Oftg. edhz. 1, 4. Diefelbe vorfchrift in der ruf-
fifchen pravda: wenn ein dieb erfchlagen ift und man
findet *die füße innerhalb des hofs*[*]), fo ift er (unge-
ftraft) erfchlagen; findet man aber die füße außerhalb
des thors, fo zahlt man für ihn. Ewers p. 309.

2. *Leibsverletzung*. Die alten gefetze unterfcheiden
vulnera und debilitates, lax fal. 20 und 32, wunde und
lähmung; beide arten find in ihnen genau nach allen
gliedern verzeichnet[**]), am genauften in dem falifchen,

----

[*]) vo dvorje; dvor" ift das nord. gardslid und die lesart vo
dverje fchon deshalb verwerflich, weil der local von dver' lauten
würde dveri.

[**]) lex fal. 20. 32; rip. 5; alam. 59-65; bajuv. 3, 5; burg. 5.
11. 26. 48; Angl. et Wer. 2-5; Sax. 1; Aethelb. 33-71; Aelfr.
40; Rothar. 45-128; Frifion. 22. addit. 3; Af. 177-185; Br. 188-
204; Fw. 339-389; Wefterwoldinge landr. 201-231; Gutalag

alam. langob. und friefifchen, weniger in den nordifchen, am wenigften in dem burgund. und vifigothifchen. Jede verletzung hat technifchen namen und es wäre hiervon, von ihrer eintheilung, meßung und der darauf gefetzten buße eine vergleichende abhandlung zu wünfchen; hier befchränke ich mich darauf nur einiges hervorzuheben. Der ftreich oder fchlag heißt *plaga, colpus*, den Langobarden auch *ferita*, goth. *flahs* (ictus) ahd. *flac*, altn. *drep;* geht blut danach, fo wird auch wohl plaga (franz. playe) gebraucht, gewöhnlich vulnus, zuweilen livor, die deutfchen ausdrücke find goth. *vundufni*, ahd. wunta, altn. und; goth. *bani* ($\varphi\acute{o}\nu o\varsigma$) ahd. penni? agf. benn, altn. ben; ahd. *tolc* \*) (livor) agf. frief. dolg; ahd. *fēr* (verfehrung, dolor) agf. fār (dolor vulneris) altn. fār (vulnus). Gefchahen auch mehr fchläge und wunden, fo wurden doch nur *drei* berückfichtigt: usque ad tres colpos, ter percutere (oben f. 209) l. fal. 20, 7. 9. rip. 19, 1; tres plagae vel amplius. fal. 45, 3. 46, 3' fi amplius quam tres plagas fecerit, non numerentur. l. Roth. 46. 61. Eine knochenverletzende wunde hieß mhd. *beinfchræte*, fpäter beinfchrötig, es kam wieder auf *drei* fplitter an (l. fal. 20, 5. Roth. 47) und auf im fchild hallende (oben f. 77. 78.) \*\*); floß nur blut, fo war die benennung ahd. *pluotruns* (blutfluß) fpäter blutrunft, auch blutronne, *fließende, blutfließende* wunde, frief. blôdrifene, das blut mufte aber zu boden tröpfeln (ut fanguis terram tangat) l. alam. 59, 2 (vgl. oben f. 94. 95) wenn eine beftimmte buße ftatt haben follte. *bogende wunde*, *bog*wunde fcheint gleichviel mit fließender (Haltaus 177. Schmeller 1, 158.) vielleicht die bloß *gliedwaßer* (liduwâg, humor aquofus) gibt? frief. *cladolg*. l. Frif. 22, 35. addit. 3, 44.; *meifelwunde*, die meifels und heftens bedarf (MB. 23, 228 wo waiffels f. maiffels. Haltaus 1337.) meißelwunde. Günther 4, 373 (a. 1437); wonde die man wyken muß (Bodm. 622. a. 1387), wozu wiche (charpie) nöthig ift, medicamento aut firico ftupare. l. alam. 59, 7. In den altfchwed. gefetzen *fullfæri* (volle wunde), er thorf

---

p. 26-34; vgl. Ewers ruff. recht 265-267. Probert p. 239. 240. Wie mager fchon Sfp. 1, 68. 2, 16.

\*) noh *tolc* noh *tôt houpit* gituon, weder verwunden noch tödten. Wackernagel Weffobr. p. 70.

\*\*) *kampfbare* wunde. Haltaus 1065.

vidher lin ok lâker, ſpik ok ſpiâr (wozu man bedarf
linnen und arzt, ſalbe und inſtrument) Oſtg. vadham. 6.
lin ok lâkirsgiâf. Upl. manh. 23, 7. Niala cap. 136. 142.
143 werden heilundar ſâr eđa holundar eđa mergundar
(hirn, hohl und markwunden) genannt. Trockne *)
ſchläge ohne ſcharfe waffen (eggetouwe, ſcharfe ort)
ahd. *pûliſlac*, mhd. bûlſlac, beulen; *braun und blau*
ſchlagen, dagegen beulen und blut: *blau und blutig*
Haltaus 170; krovav" ili ſin'. Ewers p. 265. Meßbare
wunde, · frieſ. *metedolg.* Br. 194. Fw. 376. Auf be-
ſchaffenheit der *narbe* (altn. ſârs höfud, wundenhaupt),
ob ſie viel oder wenig entſtelle, wurde ſorgſam geachtet,
cicatrix depreſſa, *ſpido.* 1. Friſ. add. 3, 34. Roth. 55;
die entſtellung hieß den Sachſen *wlitiwam* (vultus ma-
cula, von wlit antlitz und wam naevus) 1. Sax. 1, 5.
Angl. et Wer. 5, 10. agſ. *vlitevam* 1. Aethelb. 56, wo-
nach das verderbte witilitiuam 1. Friſ. add. 16 zu beßern,
im Aſ. 179 *wlitiwlemmelſe.* Allen geſetzen gemein iſt
dabei die rückſicht auf das augenfällige oder das be-
decken der narbe durch haar und kleid: plaga in facie,
quam *capilli* vel *barba* non operiant. 1. alam. 65, 3;
cutica quam *capilli* cooperiunt. Roth. 46. 103; vulnera
quae *veſtibus* conteguntur. 1. burg. 11, 2; werſâ hit ne
mey nauder *hêr* ni *halsdôk* bihella. Br. 194 vgl. 205;
liklawen, de noch *kleid* noch *haar* bedecken kann u.
ſtede anſchierende is, dat het *wlitewlemelſa.* oſtfr. landr.
3, 1; vardher man hoggin i anliti ſit, folgher lyti ſva,
at thet ſynis *ivir thvärt thing* (wie oben ſ. 78 defor-
mitas, quae de *duodecim pedum longitudine* poſſit
agnoſci) ok hyl hvarke *hatter* äller *huva.* Sudherm.
manh. 5; ma er eþa licvan ſia *yfir þvera gatu*, ſum
ai *hyl hattr* eþa *hufa* millan barz eþa brunar. Gutal.
p. 27; hyliâ meth *hufä* oc meth *har.* Jüt. 3, 20. Die
bair. und alam. lähmungsformel iſt oben ſ. 94 angeführt,
man kann in dem ut pes ejus ros tangat, *tautragil*
weder tau, ros (für rorem) noch tangat (wie: ut ſan-
guis terram tangat, ut medicus cervella tangat) verken-
nen. aber die ſchreibung *dragil*; dregil (Diut. 1, 335.
337) verdient den vorzug und ſcheint aus dem goth.
þragjan **) (ahd. dragjan?) erklärbar. Bei den Frieſen

---

*) *durſlegi* der 1. Friſ. 22, 3 aus dürre ſiccus zu erklären, iſt
gewagt; doch ſcheint es einerlei mit *duſtſlek* Fw. 339. 347, wel-
ches an *duſtware* (oben ſ. 506) gemahnt.

**) þragjan iſt dem Ulf.. das buchſtäblich identiſche τρἰχων,
currere; hlaupan aber ſalire, ſpringen.

finde ich *ſtrichalt* (ſtricklahm) *ſteſgenſa* (ſtabgängig) und
vom arm naut *homerhaldande* (wenn er keinen hammer
halten kann) Br. 210.

3. *Waßertauche.* ein verbrechen, das im alterthum
häufig, ſpäterhin ſelten war und darin beſtand, daß ei-
ner unverſehens ins waßer geſtürzt wurde, aber mit
dem leben davon kam. Si quis hominem in *puteum*
aut in *vipida* jactaverit et vivus inde evaſerit ut ad ca-
ſam ſuam poſſit accedere. l. ſal. 44, 3 (malb. gl. chalip
ſub dupio, chalip deutlich vivus, das folgende ſub aber
lateiniſch, ub, goth. uf, wäre deutſcher und zu dem dupio
paſſend, worin der begriff von tauchen zu liegen ſcheint.
vielleicht chalips ubdupio?); ſi quis hominem in *puteum*
jactaverit et is eundo vivus evadit, ſimili modo, qui in *pe-
lagus* hominem impinxerit et exinde evaſerit. ibid. 11. 13;
ſi quis alium de ripa vel de ponte in *aquam* inpinxerit,
quod Bajuvarii *in unwan* dicunt. l. bajuv. III. 1, 2. in un-
wân, in unwâni iſt: lebensgefährlich, in deſperationem
vitae, vgl. ibid. IX, 4. III. 1, 3. 5.; ſi quis alium de
ponte vel navi vel ripa in *flumen* impinxerit et ille
evaſerit. l. Sax. 1, 9; ſi quis alium juxta aquam ſtantem
impinxerit et in aquam ita ut ſubmergatur projecerit.
l. Friſ. 22, 83; qui alium in flumine vel in qualibet
aqua in *profundum* impinxerit, ut pedibus terram tan-
gere non poſſit, ſed natare debeat. addit. 3, 66; thiu
*hâgera wepeldêpene*, jef him hêr and halsdôk wet
(naß) werthat, thiu *legere*, werſa him ſîne clâthar wet
werthat. Br. 207; das jus vet. friſ. conſt. 14 erwähnt
der *ſubmerſio* id eſt *wapeldêpene* und Aſ. p. 94 there
*hâgoſta wapuldêpene*, ohne ſie näher zu ſchildern, deſto
umſtändlicher ſind die ſchon oben ſ. 49 aus Fw. und
Emſ. angeführten formeln, worin der ausdruck *in on-
wad* weter an den bairiſchen erinnert; *fliveswerp* Fw.
347. 348. *wapeldrank* 390; *wapuldêpene* iſt aus dêpa,
agſ. dŷpan immergere und wapul, wepel, agſ. vapul
(ſcaturgio, πομφόλυξ) zu erklären, dem weſterwold.
landr. §. 233 fehlt ſchon der techniſche ausdruck, er re-
det bloß von ſtoten in ein *grope* of in einen diepen
*ſlyk* ofte in *water*. Im nordfrieſiſchen aber hat ſich
die benennung *quabeltrank* erhalten. Dreyer verm.
abh. p. 205-360, vgl. brem. wb. u. quabbeln = wab-
beln. Und bis nach Oberheſſen kann qich ſie aus dem
mittelalter nachweiſen, das Wetterer w. von 1239 han-
delt de *wapele:* item quicunque impigerit concivem

ſuum in *wapele.* Der ſache, ohne den namen, geſchieht
in einem mhd. gedicht erwähnung:

> dô wart der arm gôz (?)
> geworfen *in den mülbach*
> daz man im kûme daz houbet fach.

Diut. 2, 89. Lſ. 3, 413; im j. 1480 wurde zu Bern ver-
ordnet: daß fürohin ſollte abgeſtellt ſin das werfen der
jungfrauen *in die bäch.* Anſhelm 1, 227; ein vater läßt
ſeinen ſohn zur drohung mit angebundnem ſeil *in die
bach,* zieht ihn aber nachher wieder aus. Bodm. p. 703.
Im Norden heißts: rinda *â kaf, kaf ſtöyling* Gulaþ.
p. 177. 180. 186 von kaf (profundum), das mit quab
verwandt iſt, wie das ſchwed. *qvaf, kvaf* lehrt.

4. andere leibliche *gewaltthätigkeiten*, die nicht ver-
fehren. dahin gehört, was das alterthum durch *fang,
ſchwang, griff* und *band* bezeichnet, z. b. das agſ.
feaxfang, beardfang, frieſ. faxfang, berdfang, weil es
ſchimpflich war einen mann an haar und bart zu be-
rühren oder gar zu ziehen. vgl. Gutalag p. 31. 32. Un-
züchtige griffe. 1. ſal. 23. rip. 39. bajuv. 7, 3. 4. 5. Friſ.
22. 88. 89. Gutalag p. 47. 48. aus der höhe der bußen
geht gerade die größere zucht des zeitalters hervor,
einer freien frau wider ihren willen die hand oder nur
den ſinger anzurühren (ſtringere) war gegen die ſitte;
ſi homo ingenuus feminae ingenuae *digitum* aut *ma-
num* ſtrinxerit, XV ſol. culpabilis judicetur, ſo viel als
z. b. für den diebſtahl eines jährigen ochſen gezahlt
wurde; tacr þu cunu um *bauglíþ,* byt half marc. Gu-
tal. p. 46. Paul. Diac. 3, 30 erzählt von Theudelind:
deinde cum Authari, quem ſuum eſſe ſponſum neſciebat,
porrexiſſet, ille poſtguam bibit ac poculum redderet,
ejus *manum* nemine advertente *digito tetigit,* dex-
tramque ſuam ſibi a fronte per naſum ac faciem pro-
duxit. illa hoc ſuae nutrici *rubore perfuſa* nuntiavit. cui
nutrix ſua ait, iſte niſi ipſe rex et ſponſus tuus eſſet,
te omnino *tangere non auderet.* Noch im ſpätern mittel-
alter weigert ſich eine frau zu berühren, was vorher
die hand eines mannes angefaßt hatte. Parc. 124°. De
*ligaminibus.* 1. ſal. 35. rip. 41. bajuv. III. 1, 7. burg. 32.
friſ. 22, 82. Br. 143. 144. 145. *benda.* Aſ. p. 276. Gu-
laþ. p. 179. Die meiſten geſetze handeln von der *weg-
irrung;* 1. ſal. 16, 4. 34, 1. 4. rip. 80 de *via lacina*
ahd. wegalâgî?, lâgôn iſt inſidiari, auflauern, wozu die
lat. ausdrücke ſtimmen: migrantem reſtare facere, viam

claudere, viam obſtare, de via obſtare; viam contradi-
cere. l. alam. 66. obviare ſe in itinere 58, 1; de *vego-
veri*, al. *wegworfin*. l. Roth. 26. 27. 376 in via ſe an-
teponere, viam anteſtare; in via manus injicere, viam
contradicere. l. Friſ. addit. 4, 1; *weiwendene* Hunſ.
landr. *weiſchettinge, weimeringe*. Fw. 398; *wegwen-
dung.* brem. ſtat.; einer hat auf den andern *gewegelagt*.
Kopp nr. 117; vgl. *wegewern*, ſich ûf den wec legen.
Walth. 26, 19. 20. wer irret uns den wec? Parc. 29ᵇ.
Altn. ſitja fyrir, fyrirſâtt. Niala cap. 71. 72; *vegþvera*,
takr riþandi man i baizl eþa gangandi man i acſlar.
Gutal. p. 34.

5. *Nothsucht.* per virtutem (mit gewalt) moechari. l.
ſal. 15, 2; den namen *nôtzucht* kann ich nicht aus der
älteren ſprache darthun, *nôt* und *nôtnumſt* bedeuten
allgemeiner vis oder raptus l. Friſ. 8., ſtehen aber auch
insbeſondere für frauenraub und nothzucht. Parc. 29ᵉ
und Sſp. 3, 1. Haltaus 1427; der Sſp. 3, 46 ſagt: an va-
rendeme wive unde an ſiner amien mach die man *not
dun* (vim inferre), of he ſi ane iren dank beleget. Der
frieſ. ausdruck iſt *nêdmond*. Br. 106. Es fällt auf, daß
die alten geſetze der im mittelalter allgemeinen regel,
die genothzüchtigte ſolle zum beweis der that alſogleich
mit *zerrißenem gewand* und *ſtruppigem haar lautes
geſchrei erheben*, gar nicht gedenken. Wif oder ma-
get, die *not* vor gerichte klaget, die ſollen klagen *mit
gerüchte* durch die hanthaften dat u. durch die *not*,
die ſie dar bewiſen ſolen. Sſp. 2, 64. vgl. das bild bei
Kopp 1, 87.; es ſoll ein elich frau, die *genotzogt* wird,
wenn ſie aus ſeinen henden u. aus ſeiner gewalt kommt,
mit *zerbrochnem leib, flatterndem haar* u. *zerrißnem
gebend* zu hand hingehend laufen, das gericht ſuchen
u. ir laſter weinend und ſchreiend klagen. jus bavar.
vetus (Heumann opuſc. p. 69.); *nodighet* en man en
wif, wil ſe dhat beclagen, dhat ſchal ſe don *an dher
ſtunde* the it ir beſchen is, vrowen unde mannen, we
that ir begeghenet, alſo dhat ſe betughen moghe. brem.
ſtat. p. 33; die *notzwungen* jungfrau ſoll mit *zerfall-
nem haar* u. *traurigem anſehen*, wie ſie von im iſt
gangen u. zu dem erſten menſch, ſo ſi zukommen mag,
desgl. zu dem andern, denſelben ir ſchmach u. unwird
anzeigen. Walch 2, 159; wo eine *genothsucht* würde,
ſo ſoll ſie laufen mit *geſträubtem haare*, ..... ihren
*ſchleier an der hand* tragen, allermenniglich wer ihr

begegnet umb hülfe *an/chreien* über den thäter, ſchweigt
ſie aber dismal ſtill, ſoll ſie hinfür auch ſtill ſchweigen.
Melrichſtadter w.; vgl. Dreyer zu Rein. vos 67. 68 und
Bodm. p. 629. Aus dem frieſ. recht gehört hierher:
hwerſama nimth êne frowa *mith wald* and *mith unwilla*
and breith hia inur dura and inur dreppel and hiu thet
*birôpe.* Br. 106; alia (cauſa) eſt, ubicunque matrona ac-
cipitur *lacrimans* et *clamans* et ſequitur eam ſcultefus
cum plebe, quidquid ei factum fuerit eſt notorium. jus
vet. frieſ. (Aſ. p. 22); hweerſoma ên wîf an *nêde* nimpt
end ma hia befint binna doram ende binna drompel end
ma hia dêr ût wint, mit lioda tuangh ende mit frâna ban
ende hio *wopen rôpende* is.    Fw. 198.; wan men ein
frouwesperſona *vorkreftiget*, dat ſe */chriet*, *ropt* u. dat
*wapengerüfte* folgt, de luide hoeren id u. de richter u.
dat volk ſe reddet, wat oir den geſcheen is openbair u.
darto darf man nene tuigen. oſtfr. landr. 1, 62. Aus
dem nord. recht: verþr cuna *ſchiemd i /cogi* oc til ſymnis
*noyd,* eþa annan ſtaþ, þa laiþi mann *miþ opi*, en han ai
vil ſcam þulâ oc fari þengat eptir ſum hann far firir.
Gutal. p. 46; þat er enn ôbôtamâl, ef madr *tekr kono
naudga*, ef þar ero tvö löglig vitni til, at þat er ſatt.
nû ero eigi löglig vitni til, enn hun ſegiz *naudog tekin,*
oc ſegir hon þat */amdögris* (denſelben tag) u. ſ. w.    Gulap.
140; qui feminam ſtuprare tentaverit, ſi *auxilium concla-
mantis* vox audiatur, *caroque nuda* apparuerit aut *veſti-
mentum laceratum* appareat, ſupplicio capitali ſubjacebit.
Chriſtian 5. dän. geſ. 6, 13. Auch ein beleg aus Frank-
reich: ſi puella dicit, ſibi fuiſſe *violentiam* illatam ab
aliquo in tali loco, ubi potuit *clamare* et audiri ab ali-
quibus, ſi non *clamaverit*, non debet ei credi. ſtat. Belle-
villae (a. 1282) Achery ſpic. 3, 612.    Wirnt im Wigal.
p. 78. 79:

> dâ hôrten ſi eine ſtimme
> klagelîche u. grimme
> in dem walde bî einem ſê
> vaſte ruofen wê wê wê!
> als daʒ dâ fürhtet den tôt.

6. *Raub* (agſ. reáfleác) war ſo wenig als todſchlag im
alterthum ſtets entehrende handlung, man kann ihn,
wie todſchlag dem mord, dem heimlichen diebſtal entge-
genſetzen und hauptſächlich letzterer galt dem alterthum
ein verbrechen. Nur ein übermaß von gewalt oder an
wehrloſen, abweſenden, verübte gewalt machte den

raub unrechtlich; wer in offener fehde, mann gegen
mann ſiegte, durfte *beute* (*herihunta* gl. jun. 219) neh-
men, der held durfte feinen erlegten feind berauben
(*ſpolia* detrahere), das hieß ahd. *hrêoraup* (mhd. rê-
roup) *walaraup, heriraup*, agſ. válreáf, herereáf, ja
die urbedeutung von raup, reáf ſcheint keine andre als
veſtis franz. robe) zu fein und das lat. rapina unver-
wandt. Buße ſteht im bair. geſetz 18, 3 auf wegnahme
der walaraupa (veſtitus mortuorum) und l. Roth. 16 auf
einem beſondern fall des rhairaub (f. hrairaub), der an
Wigalois p. 197. 198 erinnert. Für ehrenvoll galt auch
im Norden das *nesnâm* (küſtenraub): nâmu nesnám ok
hiuggu ſtrandhögg. Egilsſ. p. 81.; im ahd. mhd. iſt *nâma*
(praeda) fem. Haltaus 1405 und wird häufig neben prant
genannt, z. b. die armen lude mit brande und *name* be-
ſchedigen. ded. vom Joßgrund nr. 33 (a. 1473), ſo auch:
*roub* u. brant erheben. Karl 9ᵇ rouben mit dem brande.
Gudr. 36ᵃ. Früh veraltete das ahd. *rahan* (ſpolium)
altn. rân, wovon noch im Hild. birahanen (ſpoliare)
altn. ræna. Vom ahd. *ſcáh* (praeda) iſt ſcâhhari (prae-
dator), unſer ſchâcher; frieſ. *ſcâcráf* Br. 70; von ſtruot
(ſilva) *ſtruotari?* waldräuber, ſtrauchdieb, doch ſtimmt
nicht das u im agſ. ſtrudan (ſpoliare) *ſtrudere* (graſſa-
tor); eine urk. von 1395 bei Gudenus 3, 609 hat *ſtru-
der* u. fußräuber, *ſtruderie* und rauberie, vgl. Haltaus
1757. 1758 und die *ſtrudis* der l. rip. 32. 51. In l.
Roth. 5 muß *ſcamera* raub oder räuber bedeuten, dieb-
ſtahl oder dieb, die gloſſen geben furtum und furo; er-
läutert wird es durch eine ſtelle bei Jornandes (Lin-
denbr. p. 142): abactoribus *ſcamaris*que et latronibus
undecunque collectis, und bei Eugippius cap. 10: latro-
nes, quos vulgus *ſcamaros* appellabat. *) Menander (fragm.
bei Höſchel de legation.) hat σκαμάρεις. Ulfilas kennt
zwar biraubôn (ſpoliare) braucht aber *vilvan*, fravilvan
für rapere, *vilva* für raptor, *vaidêdja* für latro, wie in
den capitularien (Georg. 1316) latrones und malefactores
zuſ. ſtehen.

7. *Diebſtal*, ein pleonaſmus, das agſ. *ſtalu* für ſich
drückt ſchon furtum aus, *dieb* fur und das altn. *þauf*
actus furtivus. altfrieſ. *thiubda*, agſ. *þeofd.* die wörter

_____

*) die Langobarden nennen *walapauz* (al. gualapauz, walapaoz)
wenn ſich einer latrocinandi animo das geſicht entſtellt u. diebs-
gewand anzieht, wie noch heutzutage räuber larven vornehmen
und ihr antlits ſchwärzen. l. Roth. 81.

dieb und ftelen geben durch alle deutfchen mundarten,
doch gilt in der gothifchen dicht neben *þiubs* u. *ftilan*,
*hliftus* und *hlifan* (Matth. 6, 19. 20) offenbar κλέπτης
und κλοπεῖν. unfere lat. gefetze brauchen *furari* und
*involare*; ein kleiner dieb heißt altn. *hvinn*. das mhd.
*diube* (furtum und res furtiva) Trieft. 12298, fpäter
*deube* erhielt fich bis ins 15. jh. Haltaus 221. 222. Wie
bei dem todfchlag unterfcheiden die alten gefetze den
dieb und feine helfer: thrir aru thiuvar, en radher, an-
nar ftial ok thridi taker vidh. (*drei find diebe*, einer
räth, der andere ftilt, der dritte hebt auf) Oftg. vadham.
32, 7. Veftg. thiuf. 1. Jeder helfer heißt *diebsgenoß*,
altn. *þiofsnautr*. Nial. cap. 48. p. 75. Gulaþ. p. 417; agf.
þeofðe *gevita*. In. 7: *collega furis* Roth. 271. fur aut
*collega furis*. l. Ottonis 2 (Georg 1269.); *furti confcius*.
Vifig. VII. 1, 3. Saxon. 4, 8; über *fieben* theilnehmer hin-
aus nahmen die Angelfachfen keine diebe an (oben f. 213.)
Stelen und *fack aufheben* (taka vid, recipere, beithun) ift
eines wie das andere. Eifenh. p. 458; der *heler* ift wie
der *fteler*. Eifenh. p. 456 fchon bei Berthold p. 422: der
dô *verhilt* der ift ein dieb als wol, als iener der dô *ftilt*,
und in einem ungedruckten Stricker p. m. 168:

> fwelich dieb den andern hilt,
> ich weiz niht welicher mê ftilt.*)

*Viehftiebftal* (abigeat) und *getreiderieþftahl* waren vor
alters die wichtigften und verrufenften (Veftg. thiuf. 1, 3).
daher fie auch in den gefetzen zumeift ausgeführt wer-
den, z. b. lex fal. 2. 3. 4. 5. 6. 7. 9; *majora* furta be-
treffen knechte, pferde und rinder (letztere heißen ani-
malia. l. fal. 3); *minora* porcum, berbicem, capram,
apem. l. burg. 70, 2. roffedieb und bienendieb erfcheinen
als gangbare epitheta. gramm. 2, 532.**) in den fchwed.
gefetzen heißt der abigeus *gorthiuf* (Landsl. tiuf. 2), es
fcheint fchimpflich, vom fchlachten und ausnehmen der
thierdärme (gor); wer getreide auf dem acker ftielt,
*agna bak* (Upl. manh. 49. Suderm. manh. 34) d. i.

---

*) auch wer fahrende habe *findet* und nicht anzeigt, wird dem
dieb gleich geachtet. die Schweden haben die Sprichwörter: *hitta-
balken och tiufa balken ftå näft* ihop (Verel. 119b); tiufver *hitter
gierna, fom klokare kalken* (Stjernhook p. 375. der dieb findet
fo leicht, wie der glöckner den kelch.) Lex Rotb. 265 verordnet:
fi quis aurum aut veftem aut quamlibet rem in viam (via) *in-
venerit, et fuper genuculum levaverit* (d. h. mitnimmt) et non mani-
feftaverit aut ad judicem non dixerit, nonum reddat.

**) Roftiophus Saxo gr. p. 44. heftetyv danfke vif. 2, 45.

ſpreurücken, weil ihm die ſtoppeln von dem wegge-
tragnen korn auf dem rücken hängen, dän. *avnebag.*\*)
Den *kühen die milch* ſtelen, machte erlos: ef madr
leggzt undir kŷr manna ok dreckr, ſâ madr â engann
rêtt â ſer. Gulaþ. p. 543. Ein hauptunterſchied beſtand
ferner zwiſchen *tagdieb* und *nachtdieb.* Sſp. 2, 13 und
die gloſſe dazu; holzentwendung bei tag und mit lauter
axt war kein ſtiebſtahl (oben ſ. 47 und 514), wohl aber
ſtille baumabbrennung: *fŷr biđ þeof.* l. In. 43. und es
iſt bemerkenswerth, daß, wie nur drei wunden, nicht
die weiteren gebüßt werden (oben ſ. 629), nach dieſem
agſ. geſetz der waldfrevler nur die *drei erſtgehaunen
bäume,* nicht die übrigen, ſeien ihrer noch ſo viele,
zu zahlen hat. Endlich kommt darauf an, ob der dieb-
ſtal ein *offenbarer* (furtum manifeſtum) war oder nicht
(nec manifeſtum). *offenbarer* dieb. agſ. *open* þeof, *æbere*
þeof, hieß der auf *friſcher that* (ἐπ' αὐτοφώρῳ) be-
tretene, der tentus in furto, ſupra furtum tentus, lan-
gob. *fegangi* l. Roth. 258. 259. 296. 375 (vielleicht der
mit dem vieh, d. i. der fahrenden habe gehende, der
ambulans in furto? vgl. l. Roth. 266; doch leſen andere
fegandi, figandi), wurde aber nur angenommen, wenn
die geſtolne ſache usque ad decem ſiliquas werth war.
Die rechtsalterthümer verlangen hier erörterung zweier
puncte, des *bindens* offenbarer diebe und der *haus-
ſuchung,* deren erfolg offenbarem diebſtal gleich geachtet
wurde.

Im mittelalter muſte, wie beim todſchlag, beim diebſtahl
der *blickende ſchein* vor gericht gebracht werden, man
*band* dem in *friſcher that* ergriffnen diebe das ge-
ſtolne tragbare gut *hinten auf den rücken.* Der Sſp.
2, 64 ſagt bloß, daß die *handhafte that* vor gericht
zu bringen ſei, deutlicher iſt das bild (bei Kopp 1, 87.);
und ſal ime die *hende hinder ſinen ruke binden* u. *die
diube darauf* u. ſal in alſo gebunden u. mit geſchrei
vor den richter vueren. Mülhauſer ſtat. (Grashof origg.
mulh. p. 236); wereth dath ein mahn den andern be-
grepe mith duve, des were lüttich edder vele u. be-
holde ehme darbi, den ſchal men vangen u. gebunden
vor dem gerichte bringen u. ſchal ehme *de duve up
den ruggen binden.* Lüneb. ſtat.; andere belege bei
Kopp p. 90 und Dreyer zu R. d. vos p. 124. 155. Der

---

\*) qui frugem aratro quaeſitam furtim mox pavit ſecuitque, ſi
pubes eſcit, ſuſpenſus Cereri necator. XII. tab. 7, 4.

gebrauch, obgleich ihn die älteſten lat. geſetze nicht er-
wähnen, muß höher hinauf reichen, da er ſich auch
im Norden zeigt und bei den Angelſachſen. Dieſe nann-
ten einen ſolchen offenen dieb *bäcberend* und der ge-
genſatz war: clæne bāc habban (reinen rücken haben.)
Nû ef þiofr er fundinn, þâ ſcal *binda fôla*\*) *â bak
hönum*, ok fœra umbodsmanni bundinn. Gulaþ. p. 533;
thiuf *a bake bindạ* ok til things förạ. Veſtg. thiuf. 6, 5.
wodurch bloß die bindung des ergriffnen diebs geſtattet
wird. Nach andern nord. geſetzen ſollen dem ſchweren
dieb die hände *rückwärts*, dem geringeren *vorwärts*
gebunden werden, vgl. das *manus dare ad ligandum*
l. Roth. 32. 33. Härtere behandlung galt wohl für er-
tappte felddiebe an frucht oder ackergeräth, den rohen
ſcherz weſtphäliſcher weisthümer will ich nicht vorent-
halten, da er ſehr alt ſein könnte: ſo iemand *garben*
entfrembdt werden u. der thäter *uf ſcheinender that*
betreten würde, ſtraft he dan denſelben, dat he ihm nit
na enliepe, ſall he denſelben *up de entfrombdede gar-
ven entwers leggen*, dar ſall wider keine frake (rüge)
over gahn. ſo de thäter betreten, de den *wagenrep* von
dem wagen entfrömbden thäte, ſall derjenige, dem de
rep gehörig denſelben deme, ſo ihme den zu entfrömb-
den vorhabens, *umbden hals binden* u. *mit dem wa-
gen fortfahren*, ſtrukelt hei dann, ſo ſall glickwohl her-
over keine frake gahn. ſo de theter betreten, de dem
wagen des *lünſes* to entfrömbden vorhabens, mag hei
dieſes *theters finger in des lünſes platz inpfählen* und
*fortfahren*, ſtrukelt hei darover, dar ſall glikwohl keine
frake over gahn. Benker heidenr. §. 3. 4. 5. Item ein
dieb, der einem manne ſein *herſtells nagel* abſtielet und
er in darüber bekäme, ſo ſoll er über das herſtell mit
ſeinem leibe gehen ligen u. ſtecken ſeinen *eilften dau-
men*\*\*) vor das ſtell, bis ſo lange er bei einem ſchmid
kommt und ſtellel einen andern nagel davor, ohne des
fuhrmanns ſchaden. item ein dieb der *garben* ſtielt, u.
der ihn darüber kriegt, ſoll ihn von dem ſtück gehen
laßen und *ſchlagen* ihn *dreimal* mit einem klüppel
vor die ſcheenen und rufen wapen! daß ihm die nach-
barn zu hülf komen u. bringen ihn an den amptman.
item ein dieb, der einem die *lünſe* vor dem wagen her-

---

\*) *fôli*, res furtiva, verwandt mit unſerm *fühlen*, berühren,
greifen.
\*\*) der eilfte vinger. fragm. 41ª, 284.

ſtielet, dar man ihn over kriegt, ſoll ſeinen *eilftem daumen* vor das rad ſtechen, bis ſo lange er bei einen ſchmid komt und ſtellet einen andern nagel davor, außer des fuhrmanns ſchaden. Bochumer landr. §. 48. 49. 50.

War man einer geſtolnen ſache auf der ſpur, ſo durfte der ſonſt heilige hausfriede gebrochen werden, das hieß ahd. *ſaliſuochan* lex bajuv. (Georg. 330) mhd. *heim-ſuochen*, ſpäter auch *hausſuchen*. Haltaus 851. 868. 69. Entw. geſchah es nach einer durch geſetz und ſitte ge-billigten form und dann galt, wenn die diube im haus vorhanden war, der diebſtal für einen offenbaren, es brauchte aber auch, wenn nichts gefunden wurde, keine buße erlegt zu werden; dieſer form geſchweigen unſere alten geſetze, worin ſie beſtand, läßt ſich bloß aus den nordiſchen ahnen. Oder es wurde dazu einſeitige ge-walt gebraucht, dann waren wiederum zwei fälle mög-lich. fand der heimſuchende ſein entfremdetes gut, ſo durfte ers nehmen oder den ſchuldigen darum belangen, ohne buße zu entrichten, ſchwerlich aber wurde der dieb gleich einem offenbaren angeſehen. fand hingegen jener nichts, ſo zahlte er dem hauseigenthümer buße, und dieſen letztern fall, wie es mir ſcheint, allein be-handelt lex bajuv. 10, 2: ſi quis in domum per violen-tiam intraverit*) et *ibi ſuum nihil invenerit*, cum ſex ſol. componat. et poſtquam intraverit et ſe cognoverit reum, injuſte quod intraſſet, *det wadium* domino do-mus, et ſi ille de fuiſſet, *mittat ipſum wadium ſupra liminare*, et non cogatur amplius ſolvere quam tres ſolidos. welches ich ſo verſtehe: der nichts findende heimſucher ſoll 6 ſchill. büßen; erklärt er jedoch gleich beim eintritt ins haus, daß er unbefugt komme und bie-tet dem hausherrn ein pfand oder legt es, in deſſen ab-weſenheit, auf die ſchwelle nieder, ſo verbricht er nur drei ſchillinge (und verliert dazu das pfand, das begreif-lich weniger betrug als die drei außerdem mehr zu zah-lenden ſch.)**) Offenbare ähnlichkeit mit dieſem ver-

---

*) gewaltſamer einbruch in ein fremdes haus, ohne rückſicht auf diebſuchung, hieß den Langobarden: in curte aliena aſto animo intrare, curtis rupturam, quod eſt *oberos* facere. 1. Roth. 282. 283. 376; quicunque alienam domum violenter diſturbaverit et domus ſi pro firmamento *iberus* habuiſſe probaur. 1. ſal. 13, 3.

**) lex ſal. 40. rip. 47. burg. 16 reden de veſtigio minando, de inquirendis animalibus, ohne eine förmlichkeit der hausſu-chung anzugeben; gewaltſame ſoll gebüßt, erbetene bei ſtrafe

fahren hat das in einem ſpäteren rechtsbuch der haus-
ſuchung vorgeſchriebene: will einer was ihm weggekom-
men iſt in eines andern haus oder hof ſuchen, ſo *legt
er fünf mark auf die ſchwelle* und ſucht; findet er die
ſache nicht, verliert er die fünf mark, findet er aber, ſo
nimmt er ſeine fünf mark und verklagt den ſchuldigen um
die ſache. Rugian. 215.  Item ſi quis a domino domus
petierit, ut exploret in domo ejus de furto, negante hoſpite
(weigert ſich der hausherr) non praeſente exactore (und
iſt keine gerichtsperſon zugegen), III *marcas in limine
ponat* et domum intret; ſi adſit exactor, nihil ponat; ſi
ingreſſus domum furtum non invenerit, *pecuniam in limine
poſitam amittat.*  jus ſleſvicenſe antiq. 6, 21 (in Koſod
Anchers farrago.)  Die hinlegung des gelds auf die ſchwelle
ſcheint mir nur einzelnes überbleibſel einer alten feierli-
chen hausſuchung.

Die altn. rechtsförmliche hausſuchung heißt *ranſak* (von
rann domus, goth. razn) und wird in den ſchwed. ge-
ſetzen folgendermaßen geſchildert: der hauseigenthümer
ſoll haus und hof aufſchließen, der beſtolne mit noch
einem andern eintreten, *badhir* ſkulu ther *ivirlöſir*
(?ivinlöſir, altn. ofanlauſir) värä ok *lösgiurdir* ok *bar-
fötter, bundit brokä vidh knä* ok ſva ingangä. ther
ſkulu letä i them huſum. (beide ſollen oben los, d. i.
barhaupt ſein und losgegürtet und barfuß, die hoſen
ans knie zurückgebunden und ſo eingehen und in den
häuſern ſuchen.) Veſtg. thiuf. 6, 3; ſidhän ſkulu *thrir*
män inganga.  the ſkulu *lösgiurdir* ok *ivinaxladhir*
(obengeachſelt, d. i. den mantel vom kopf über dië ſchul-
ter zurückgeworfen)*) vara ok fyrra letas, at ther äi
bondanum abyrd giörin. Upl. manh. 47, 1 und beinahe
wörtlich ſo Sudherm. thiufn. 12.; das weſtmanniſche ge-
ſetz manh. 96 hat *ovoaxlade,* das helſingiſche ibid. 31.
the ſkulu *uthan kapu* ok *bälti* inganga; varder ſtulit af
bonda, thä ſkal han thet fore ſinom grannom lyſa, hvat
han hafver miſt. nu hafver han vän ä, hvart thet är
kommit, thä ſkal han thijt fara medh *fyra* mannom
och bedhas laghlika at *ranſaka,* thä mä ei honom ran-

---

der ehrloſigkeit nicht *gewœigert* werden.  quod ſi in domo fuerit
et ei *ſcrutinium* cujus eſt domus contradixerit *ut fur habeatur.*
Vgl. lex bajuv, de popular. leg. 14 (Georg. 830.)

    *) *axla* hetto äller hatt heißt die kappe vom haupt über diø
achſel zurückfallen laßen. Ihre 1, 1014.

ſakan ſönias. thâ ſkulo the tvâ män til taka hvar thera
ſin. tha ſkal han ſighia ſom ranſakan bedhis, hvat han
hafver miſt eller hurudant, thâ ſkal hin ſighia hvat inne
är fore them. thâ ſkulo the *lösgiorde* ingânga och ſvâ
ranſaka at bonde hafver ei vâdha af them. Landsl. tiufv.
13.; cuma menn manni til garz oc baiþas at *ranzſaki*,
þa man engin ranzſaka ſynia. vil han granna ſina viþr
hafa, þa ſcal biþa þaira, en ai vill manni oſchiel biauþa,
nemmi ſin mann huar in at ganga. *lausgyrtr* ſcal in at-
ganga oc *capulaus*, ſiþan ranzſaka ſcal. þa en mandr
ſyniar aþrum ranzſakan, *þa iru ohailig dur hans* oc
ſar enga bot firir, þauet ai hittis ſuli inni. Gutalag p. 71.
72. Die meiſten dieſer geſetze fordern noch andere vor-
ſichtsmaßregeln, z. b. es ſoll nachgeſehen werden, ob
keine öffnung in der wand oder unter der ſchwelle iſt,
wodurch der fôli heimlich hätte ins haus geſchafft wer-
den können. — Das norweg. recht ſtimmt mit dem
ſchwed. überein: nû er madr ſtolinn fê fîno oc ſer hann
manna farveg liggia frâ gardi, þâ ſcal hann gera eptir
heradsmönnom ſinom oc lyſa torreke fîno oc ſer lids
til eptirferdar oc ſpyria til garz manz. þâ ſcolo þeir ſitia
uttan gardz oc gera einn man til hûs oc ſegia til erin-
dis oc æſta *ranzſaks.* ef hann (der hausherr) bydr þat.
þâ gangi hann eptir grönnom ſinom, þâ eigo þeir at
ganga î *ſcyrtom einom* oc *lausgyrdir* (im bloßen hemd
und gürtellos). Gulaþ. p. 539. 540. Eine umſtändliche
beſchreibung des ranſaks aus der iſländ. Graugans fin-
det ſich bei Arneſen p. 345-47, es ſollen vier männer
eingehen und ſuchen, aber daß ſie nacket und entklei-
det ſein müßen, iſt in dieſem rechtsbuch ſchon weggge-
laßen. man vgl. auch Eyrbygg. p. 56. 58, wo eine haus-
fuchung verweigert wird.

Die identität des ganzen gebrauchs mit dem griech. und
röm. alterthum leuchtet ins auge. Beim φωρᾶν ſollte
der ſuchende γυμνὸς καὶ ἄζωστος eintreten, oder ohne
oberkleid, im bloßen χιτών.*) Das altröm. furtum *per
lancem et licium conceptum***) iſt neuerdings durch
Gajus und eine turiner Inſtitutionengloße deutlicher ge-
worden. Feſtus ſ. v. lance et licio ſagt bloß: qui fur-
tum ibat quaerere in domo aliena, *licio cinctus* intrabat

---

*) Ariſtoph. νιϙ. 497-99 und die ſcholien dazu, βατϙ. 1402;
Plato de legib. 12, 7.; Meier u. Schöm. p. 485.
**) Gellius N. A. 11, 18. 16, 10; concipere iſt faßen, fangen.

*lancemque ante oculos tenebat* propter matrumfam. aut
virginum praeſentiam.\*)      das *licium* gürtete nur die
lenden, Gajus nennt dafür *linteum:* hoc ſolum praece-
pit, ut qui quaerere velit, *nudus* quaerat *linteo cinctus,
lancem habens*, qui ſi quid invenerit, jubet id lex fur-
tum manifeſtum eſſe.  quid ſit autem linteum quaeſitum
eſt, ſed verius eſt, *conſuti* genus eſſe, quo neceſſarias
partes tegerent.  Quae lex tota ridicula eſt, nam quem
veſtitum quaerere prohibet, is et nudus quaerere prohi-
bitus eſt, eo magis quod ita quaeſita res inventa majori
poenae ſubjiciatur, deinde quod *lancem* ſive ideo haberi
jubeat, ut manibus occupantis nihil ſubjiciatur, ſive ideo,
ut quod invenerit ibi imponat, neutrum eorum procedit,
ſi id quod quaeratur ejus magnitudinis aut naturae ſit
ut neque ſubjici neque ibi imponi poſſit.  certe non du-
bitatur, cujuscunque materiae ſit ea lanx, ſatis legi fieri.
3, 192. 193.  Den letzten unweſentlichen punct beſtimmt
die turiner gloſſe auch: ita enim fiebat, ut is qui in
alienam domum introibat ad requirendam rem furtivam
*nudus* ingrediebatur *diſcum fictile* (fictilem) *in capite
portans    utrisque    manibus    detentus*  (?detentum). \*\*)
Ich habe des Gajus ganze ſtelle hergeſchrieben, weil ſie
zeigt, daß ſchon er den alten gebrauch misverſtand und
verſpottete.   die naktheit und  das  emporhalten einer
ſchüßel mit beiden händen auf dem haupt (vor den au-
gen) ſollte verſichern, daß der hausſuchende nichts un-
term gewand noch in den händen mit ſich hineintrage,
was angeblich vorgefunden den hauseigenthümer ver-
dächtigen könne, wie es in den nord. geſetzen ausdrück-
lich heißt, at bonde hafver ei vådha af them, at ther
äi bondanum abyrd giörin, und bei dem griech. ſcho-
liaſten, *Ϊνα μὴ τὶ ὑπὸ τὰ ἱμάτια κρίψαντες λάϑωσιν,
ἢ ἵνα μή τι ὑπὸ ἔχϑρας λάϑωσιν ὑποβαλόντες τὸ ζη-
τούμενον.*   Auch ſcheint es mir nicht, daß die naktheit
bloß die heimſuchung erſchweren und ſeltner machen
ſollte, indem ſich niemand gern dazu verſtehen würde, ein
fremdes haus auf ſolche weiſe zu betreten; dieſer grund
ſchickt ſich nicht für die alte, nur für die verfeinerte

---

\*) da die fünf letzten worte ſich nur auf licio cinctus be-
ziehen, die formel aber ſtets lance et licio, nie licio et lance lau-
tet, ſo ſchließt Hugo mit grund, daß umgeſtellt werden müße:
lancem a. o. t. licioque c. i. p. m. a. v. p.  Doch handelt auch
Gajus erſt vom linteum, dann von der lanx.

\*\*) Savigny rechtsg. 3, 716. vgl. 667.

zeit, welcher überhaupt das ganze gefetz nicht mehr
zufagte. Daß ein dem unfchuldig befundnen hausherrn
verfallendes pfand auf die fchwelle gelegt werde, ent-
hält weder die nordifche noch die griech. u. röm. fitte.

8. *Schelte.* ich bediene mich diefes alten wortes (ahd.
diu fcelta) weil es kürzer ift als läfterung und viel beßer
als das unbeftimmte lat. injurie. zwar ift die f. g. real-
injurie nicht darin begriffen, allein unfer altes recht
rechnet thätliche befchimpfung lieber zu den unter 4
abgehandelten gewaltthätigkeiten. *) *Scheltworte* Maria
152 *(fnöde, verkorn wort*, altn. *ordlak, firnar ord,
klækis ord, ôqvædis ord, ἀπόῤῥητα*) find nun alle folche,
welche die ehre des freien mannes angreifen, fie mögen
allgemein gefaßt fein oder einen befonderen vorwurf ent-
halten, der fich auf ftand, geburt, fitte oder handlung
richten kann. Nicht jede fchelte zog gefetzliche buße
nach fich, noch allerwärts, noch zu jeder zeit.

a. allgemeine fcheltworte: du bift *ehrlos, rechtlos! böfe,
fnöde! ellende! böfewicht* (oben f. 554)! *fchelm!*
altn. *mannfÿla!* Nial. cap. 37. 51. *boefeʒ ås!* Herb.
63c 90d. ir ungetriuwer *hunt!* Parc. 20725. ftinkender
*hunt!* Herb. 63c. *canis, cauda canis!* jus tremonenfe.
Dreyer p. 419; *bikkiu hvalp.* Veftg. rätl. 10, anderwärts
*grey* und *greybaka.* tumber *gouch!* MS. 2, 3a; leige
*fnipfenfnapf!* ib. 10a, vgl. altn. fnâpr. Dunkle fchimpf-
wörter der älteren fprache hatten vielleicht beftimmtere
beziehung, z. b. du *flúch!* du *giudel!* fragm. 16b. c.
*fnuedel!* Maerl. 2, 240.

b. vorwurf leiblicher misgeftalt; oft zu ganzen redens-
arten ausgefponnen, z. b.: wolle ein fuberlicher antlitze
in ein unflech (? unfchlitt) grifen. Bodm. 702.

c. vorwurf der unfreiheit. *knecht! fchalk! müedinc!
fauler knecht! lazze!* (vgl. oben f. 308. 309.) Im Nor-
den nannte man die knechte *vândr* (nequam): þrællinn
mælti, *vândr* hefi ek verit, en aldrei hefi ek þiofr ve-
rit. Nial. cap. 48; *vândr* munk heitinn Sigurðr með
feggjom. Sæm. 178a; þræll faftr â fôtum! Nial. cap. 17.
Auch das vorhalten knechtifcher verrichtungen befchimpfte,
vgl. oben f. 351.

d. vorwurf unehlicher geburt. vgl. oben f. 476. *huren-
fohn!* fpan. *hideputa* (das oft bloße interj. admirantis);
ahd. *merihún fun, zagúnfun.* monf. 330 (equae, ca-

---

*) unter *injuria* zählt die l. alam. 12-16 außer fuftare felbft
mancare u. occidere; freilich ἀδικία und zugleich ὕβρις.

niculae filius) *merhen ſun, zohen ſun.* augsb. ſtat. 196;
quicunque alteri dixerit *fili meretricis!* judici dabit 60
den., de *filio caniculae* tres ſolidos. ſtatr. zu Ens von
1212 in Kurz Albrecht I. pag. 256, wo die deutſche
überſ. *hurrenſun* und *huntinſun.* kueſertinſun? hunt-
ſertinſun? *merhenſun.* jus bavar. bei Hofmann obſ. jur.
germ. p. 122. min mutter ſelge ſolle *nicht fromme* ſin
u. ſolle ein *koccæe* ſin u. ich ſolle ein *koccsinſon* ſin.*)
Kopp. nr. 110 (a. 1458); *kotzenſun*, hurenſun. ſtat. v.
Gera (Walch 2, 96); *horenſone, dytherenſonc.* jus tremo-
nenſe l. c. *ſchökenſone.* Bruns beitr. 193. 222.

e. ehrenrührigſter ſchimpf im alterthum war vorwurf
der feigheit.**) Goth. *arga!* ahd. *argo!* der ſi doh
nû *argôſto* Oſtarliuto! Hild. mic muno Aeſir *argan*
kalla! Sæm. 72[b]; *args* aþal. ib. 63[a] ſi quis aliam (l.
alium) *argam* per furorem clamaverit. 1. Roth. 384.
quod me eſſe inertem et inutilem dixeris et vulgari
verbo *arga!* vocaveris. Paul. Diac. 6, 24.†) Im mittel-
alter wird gewöhnlich *zage* geſcholten, wohl auch noch
*arge* daneben: biſtû niht ein *zage.* Iw. 562. ich wil
des iemer ſîn ein *zage.* Iw. 869. des lîbes ein *zage.*
Iw. 4914. ein *rechter zage.* Friged. 298. er ſi ein *zage!*
MS. 1, 120[b] *bœſer zage* phî! amgb. 32[a] dû biſt ein
*zage bœſe!* Karl 55[a] dû *arger zage!* Karl 74[b] dû *bœſe
zage!* troj. 6592. *zage bœſe!* Gudr. 76[b] denſelben *ar-
gen zagen.* m. Stolle 149[b] MS. 2, 164[b] *bœſe zagen.*
Lampr. Alex. 85. 141. *zage* ungetriuwer! Rav. 390.
*dietzage!* Herb. 90[d] nû wizzet ir wol, daz ez ein
ſchentlîch wort iſt, der zuo eim andern ſprichet: dû
biſt ein *rechter zage!* Berth. p. 123; nach der redens-
weiſe oben ſ. 29: der ellenhafte, *niht der zage!* Wh. 2,
73[a]. Der feige, nach dem furchtſamſten thier, hieß auch
*haſe* ††), ſchon l. ſal. 33, 4 ſi quis alterum *leporem*
clamaverit; *lepore* timidior. Pertz mon. 1, 389. Aus-
führung dieſes vorwurfs iſt aber die beſchuldigung der
flucht aus dem kampf, des ſchildwerfens, der wunden

---

*) umgekehrt pries man durch die mutter; in den gedichten
häufig: fælec diu muoter, diu in gebar!
**) *feige* ſelbſt war der alten ſprache nie timidus, ſondern
morti deſtinatus, fate obnoxius.
†) das froſchgeſchrei *arg, arg!* könnte man doch hieraus
beßer erklären, als mit Rogge ſ. 255 aus vargus!
††) aus mehrern gründen ſcheint das ahd. *zago*, mhd. *zage*
ſlaviſch; ruſſich „zajatz", böhm. zagic heißt der *haſe.*

im rücken: ſi quis homo ingenuus alio (i. e. aliï)
improperaverit (improbraverit), quod *ſcutum ſuum
jactaſſet* \*) et fuga lapſus fuiſſet. l. ſal. 33, 5; *ſcutum
reliquiſſe* praecipuum flagitium, nec aut ſacris adeſſe
aut concilium inire, ignominioſo fas. Tac. Germ. 6.; iak
ſa, at thu rant en firi enom ok hafdi *ſpiut a baki!*
Veſtg. rätl. 10, 3; quam fortiter ſaepe feceris, quas fu-
giendo declinaſti, cicatrices indicant corporis. Liutpr. 5,
2.; er zage, ſwer hie *den rücke flühtic wende!* MS. 2,
9b. \*\*) Eine andere umſchreibung der feigheit liegt in
dem vorwurf kein herz zu haben, es nicht auf der
rechten ſtelle zu haben: ecki hiarta hafa. Sæm. 78a. þû
hinn mikli madr, þer *i brioſti liggr hâlmsviſk* (ſtrohwiſch)
þar er hiartat ſkyldi vera. Ol. Tr. 2, 208. thu år *ai
mans maki* ok ai madher i bryſti. Upl. in fine. *madr, at
verri!* Gulaþ. 204. Auch wird der feige *weib, altes weib*
und *memme* geſcholten; *óneis ſem kattar ſon.* Sæm. 151b.
f. andern *laſtern* folgten beſondere ſcheltnamen, z. b.
dem meineid, verrath, geiz, der trunkenheit, unkeuſch-
heit, lüge, untreue. *ſubdulum* clamare. l. alam. add. 21:
*cinitum* (cinaedum), *falſatorem, concacatum* aut *vul-
peculam* vocare. l. ſal. 33, 1. 2. 3. wer von ſeinem gras-
überfluß nicht mittheilte, hieß *gräsſpari* (graminis par-
cus) Veſtg. bygd. 7. Vom ſchelten *böſer ſchuldner*
oben ſ. 612.

g. vorgeworfne verbrechen waren ſchwere ſchelte; ge-
wöhnlich werden bezeichnende oder erhöbende epitheta
zugefügt: *mörder!* vatermörder, muttermörder (ναϱα-
λοίας, μητϱαλοίας); *räuber! mordbrenner!* altſchwed.
*kaxnavargr* (von kaxn, kaſn, feuerzunder) Oſtg. edz.
31. Upl. vidh. 25. Gutal. 77; *dieb!* bediuben u. dieb
heizen. Tröltſch 1, 86. *gorthiuf* und *agnabak* (oben
ſ. 636), *fidelndieb.* Fries pfeifergericht p. 130 (a. 1388).
Hierher auch beſchuldigungen der zauberei, ketzerei,
des umgangs mit elfen und geiſtern: *vâlant! werwolf!*
ahd. *ſcînleih* (portentum, monſtrum) agſ. ſcínlâc; ketzer,
unchriſt, heide. Si quis alterum *chervioburgum,* hoc
eſt ſtrioportium clamaverit, aut illum qui inium (aeneum)
dicitur portaſſe, ubi ſtrias (ſtriae) concinunt. \*\*\*) l. ſal.

---

\*) griech. ὀψασπίς. Meier u. Schöm. p. 365. 482.
\*\*) ein held heißt daher flaugtraudr Sæm. 154a altraudr flugar
157a flôttatraudr 163a und auf runſteinen findet ſich die inſchrift:
er floh nicht im kampf. Bautil 1169. 1172.
\*\*\*) chervioburgum (al. chereburgum, hereburgum. Diut. 1,
331) emendiere ich in *chverioburgum*, chverioburium d. i. keßel-

67, 1. Skarpheðinn wirft dem Floſi vor: *þû ert brûdr Svînfellsdſs* ſem ſagt er hverju ina niundu nôtt at hann geri þik at konu. Niala cap. 124.

h. für frauen gab es eine menge eigner ſchimpfwörter: ker-linga *örmuzt!* Vigagl. p. 158. (wie manna armaztr. Iomsv. p. 47) *vergiörn!* (manntolle) Sæm. 62ᵃ 63ᵃ 72ᵃ. *hure! eh-brecherin!* böſe ſnode hur! Frieſ. l. c. 121. hurſack, peckin, hutinne. ſpeiriſche ſtat. §. 37. *böſe haut.* Berth. 253. 359. 384. diebſche hure! Bodm. p. 907 (a. 1511.) *hexe! zaube-rin! vâlandinne! wettermacherin! nachtreiterin!* Si quis mulierem ingenuam *ſtriam* clamaverit aut *meretricem.* l. ſal. 67, 2. *ſtriga,* quae dicitur *maſca.* l. Roth. 379. *ſtrigam* quod eſt *maſca* clamare, *fornicariam* aut *ſtrigam* clamare. ibid. 197. 198. vgl. *ſtria* aut *herbaria.* l. alam. addit. 22; kono, iak ſa, at thu reet a quigrindu lösharädh ok i *trolsham,* tha alt var iamrift nat ok dagher (frau, ich ſah dich auf einer zaungerte reiten, die haare gelöſt und in einer hexe gewand, als es war gleich zwiſchen nacht und tag) Veſtg. râtl. 10, 5.; andere frauenſchimpfnamen ſind *firigärä kona, ko* und *hortutu* (proſtibulum). ebendaſ. das letzte wäre ahd. huorzuʒa.


## CAP. II. BUSZEN.


A. *Begriffe.* das natürliche gefühl nach empfangner beleidigung war rache, vergeltung, ſühne; der flecken ſollte getilgt und abgewaſchen *) werden, dem beleidiger eine wenigſtens gleich hohe oder höhere ſchmach wider-fahren, es entſprang offene fehde und feindſchaft. **) Auch die *bußen*, welche das geſetz ſtatt der ſelbſtrache

---

träger, der den hexen den keßel in ihre küche getragen hat. agſ. hver (engl. ewer) altn. hver (lebes), mithin altfränk. chver und burjo. buro (träger); ahd. form wäre hueraporo, altn. hver-beri? die goth. kaum hvairus, hvairis, weil ſonſt altn. hviör ſtünde; darf ich kühner rathen *ahvaris?* (von abva) waßergefäß, lat. aquarium, franz. aiguiere und hver = hvari entſpränge durch aphäreſis aus ahvari?

    \*) am deutlichſten bei der mordſühne: morth môt ma mith morthe *kêla* (kühlen). Af. 21; vitam cognati quaero peremti. Waltharius 698 ut caeſos *mundet* vindicta ſodales. ib. 923; nunc ardete, viri, fuſum *mundare* cruorem, ut mors *abſtergat* mortem, ſanguis quoque ſanguem, ſoleturque necem ſociorum plaga ne-cantis. ib. 947.

    \*\*) inimicitias pati. l. Friſ. 2, 2.

erlaubt zu nehmen und zwingt zu entrichten, ruhen
auf dem grundfatz der vergeltung, die aber in Deutfch-
land niemals ftrenge talion\*) war, fondern zurückfüh-
rung des fchadens auf geld und geldeswerth. Dadurch
*erleichtert* es das volksrecht beiden theilen; dem ver-
letzer, indem es die · feinem haupt oder feiner ehre
drohende gefahr abwendet und in ein übel verwandelt,
das bloß fein vermögen trifft; dem verletzten, weil es
ihm für die unfichere rache eine fichere genugthuung
fchafft, welche zugleich feine gekränkte ehre herftellt
und fein gut vermehrt. Den erlittenen fchaden, info-
weit er erfetzbar ift, erfetzt die buße völlig und nicht
felten gewährt fie überhin; bei unerfetzlichem verluft,
namentlich todfchlag des verwandten oder leiblicher ver-
unftaltung, läßt fich nicht leugnen, hat die ausgleichung
der buße etwas unedles und widerftrebendes, das auch
fchon im alterthum von einzelnen menfchen gefühlt \*\*),
für die menge durch allgemeinheit der fitte gemildert
wurde und endlich nach dem fortfchritt unferer ausbil-
dung die abfchaffung folcher bußen verurfachte. Roherer
zeit waren fie heilfam und unentbehrlich.

Zweierlei ift alfo wefentlich bei jeder buße, daß fie den
ausbruch der fehde unterdrückt †) und die freiheit des
verbrechers fchützt. Will der beleidigte feine rache
hintanfetzen und buße nehmen (nicht hefna, fondern
vid bôtum taka); fo bleibt dem beleidiger nichts übrig
als fich mit geld zu *löfen* (die haut zu löfen, leben und
friede zu *kaufen*), aber nachher war er frei und ficher:
alle Frifa mugun hiare feitha mith thâ fia câpja. Af. 20.
Kann oder mag ††) er die buße nicht zahlen, fo erwacht

--------

\*) wie fie nach mofaifchem und altröm. recht für todfchlag
und leibsverletzungen galt; feele um feele, auge um auge, zahn
um zahn, wunde um wunde. Exod. 21, 23-25; fi membrum rup-
fit, ni cum eo pacit, talio efto. XII. tab. 7, 9. Unter Deutfchen
war dies nur im fehdezuftand möglich, d. h. wenn der beleidigte
keine buße forderte, oder der beleidiger die geforderte nicht
zahlte.

\*\*) ich will meinen todten fohn nicht im geldbeutel tragen,
fagt ein vater, das gebotene wergeld verfchmähend. Müller faga-
bibl. 1, 844.

†) componatur ceffante faida. 1. Roth. 45. 78.

††) in den nord. fagen kommt der zug mehrmals vor, daß
raube männer aus grundfatz gar keine buße zahlen wollen, z. b.
Hrafnkel. Müller fagabibl. 1, 104.

die fehde und er wird der gewalt des beleidigten und
feiner freunde preisgegeben. *)

Neben der vom verletzten bezogenen *privatbuße* er-
fcheint fchon in der älteften zeit für die meiften ver-
brechen noch eine *öffentliche*, welche der könig, das
volk und das gericht, wegen des gebrochnen friedens,
in empfang nahm. Sie ift bald unter einem allgemeinen
namen der buße mitbegriffen, die dann nur nach ver-
fchiednen quoten unter kläger, volk und richter ver-
theilt wird, bald aber auch durch befondere benennun-
gen ausgezeichnet. Man muß aber doch in diefer öffent-
lichen buße, fo alt fie ift, immer etwas fpäteres,
dem eigentlichen begriff der buße hinzugetretenes an-
nehmen. denn in der ausübung des fehderechts, wel-
ches mord mit mord galt und gefetzliche buße unnöthig
machte, lag ebenwohl friedensbruch und ftörung, aber
weder der rächer noch auch in diefem fall der beleidi-
ger verfielen in ein fredum. Die öffentliche buße zeugt
alfo von einer milderen zeit, in welcher fehde felten,
compofition bereits regel **) geworden war und der fchuld-
ner fich in die nothwendigkeit fügte, mehr zu zahlen,
als er gefchadet hatte; es war ein anhang zur buße,
keine ftrafe. Unter *ftrafe* (poena, pein) verftehe ich
eine vom volksgericht ausgefprochne verurtheilung an
leib, leben und ehre des verbrechers, die nichts gemein
hat mit der ftets in geld und geldeswerth beftehenden
buße. Geldftrafen, in diefem genaueren finn, hat das
alterthum nicht. Zufammenhang beider, der bußen und
ftrafen, mit altheidnifchen *opfern* können wir vermuthen,
nicht mehr nachweifen.

## B. *Benennungen.*

1. Tacitus braucht, wo er von abbüßung geringerer
verbrechen redet, paffend *mulcta:* pars mulctae regi
vel civitati, pars ipfi, qui vindicatur (dem frief. hâna)
vel propinquis ejus exfolvitur. Germ. 12; bei erwäh-
nung des todfchlags aber *fatisfactio:* luitur enim ho-
micidium . . . recipitque fatisfactionem univerfa domus.

---

*) dann fteht die rache offen und gleiches darf mit gleichem
vergolten werden: giäldi tha lif gen livi, lim gen limi; aber:
giäldi ok ängin thän lif fori lif, ällä lim gen limi, fum botum
orkar ällär borghan til fuldra bota. Upl. manh. 31, 2. 3.

**) fonft könnte fchon Tacitus nicht den **nutzen** der compo-
fition in anfchlag bringen: quia periculofiores funt inimicitiae
juxta liberatem. Germ. cap. 21.

ib. 21. *mulcta, mulctare* findet fich verfchiedentlich in
deutfchen gefetzen, z. b. rip 34, 3. 35, 1. 39. 52. 54, 2;
burg. 33. 38. 45. Angl. et Wer. 7, 1; Saxon. 11. 12. 14;
feltner *fatisfactio*, Vifig. VIII. 1, 1. 3, 13; tripla fatis-
factione l. burg. 75, wofür aber überall das den finn
unferes rechts noch bezeichnendere *compofitio* fteht,
auch z. b. bei Greg. turon. 9, 19. *) *componere* kann
auf beilegen der fehde bezogen werden oder auf das
verebnen der fchuld (oben f. 612). *emenda* und *emen-
dare* fcheint erft fpäter in den capitularien vorzukom-
men (Georg. 783. 1145. 1461), und l. Saxon. 11, 1. er-
reicht aber die bedeutung des deutfchen *buße* und *büßen*
am allernächften. *Bôtjan* heißt goth. juvare, prodeffe,
gabôtjan refarcire **) und ift ablaut von bat (batizô, me-
lius), folglich *beßern*, das fubft. bôta kommt nicht vor;
ahd. puoʒa (emendatio) puoʒan (emendare); agf. bôt und
bêtan, altn. bôt und bœta; mhd. buoʒe, büeʒen. mhd.
zuweilen in gleichem finn *wandel* (reparatio) Parc. 8565.
23858. Wh. 2, 72ᵇ gr. Ruod. Gᵇ, 24. Sfp. 2, 28. Haltaus
2026 und *wandeln*, auch *kêre* und *kêren* (reparare, re-
ftituere). Haltaus 1083. 84.

2. *Schuld* (culpa, debitum) ift bußfälligkeit, die fränk.
gefetze fagen noch häufiger als componat, mit beifügung
der verwirkten geldfumme, *culpabilis* judicetur, die
agf. fŷ he *fcyldig* = gebête. So auch l. alam. 36, 3
und Roth. 271 *culpabilis* fit und 263. 272 pro *culpa*
componere. Selten fteht *noxius* ftatt culpabilis. rip.
34, 1.

3. noch ein fehr allgemeiner ausdruck für die begriffe
genugthuung, zahlung, erfatz ift *geld* und *gelten*, zu-
mal drückt das altn. *giald* (pl. giöld) und *gialda* luere,
pendere, folvere, reparare aus; den Friefen heißt *jeld*
jede buße. Häufig erfcheint in den alten gefetzen *gel-
dum* oder *geldus* mit vorgefetzten zahlen, als: duos
geldos, novem geldos, wovon hernach noch. Wie oben
f. 611 beim gedinge *gelten* und *widergeben* (folvere et
reftituere), fo wird in den agf. gefetzen bei büßung der
verbrechen *âgifan* (ahd. arkepan) und *forgildan* red-
dere und perfolvere verbunden, z. b. Cnut. 60. 64; fca-
den *gelden*. Sfp. 2, 28. 46. 47. Hierher gehören nun
auch viele beftimmtere compofita, altn. *fêgiald* Nial.

---

*) compofitionem componat. l. fal. 46, 3.; für *compofitio* hat
der altn. und agf. dialect *fœtt* und *fœht.*
**) den bruch herftellen, fi rupfit . . . *farcito.* XII. tab. 7, 2.

cap. 75. 81 (gleichviel fêfætt, cap. 124), *manngiald*
Nial. cap. 56. 146 (p. 250), *brôdrgiald* Eigla p. 312, *fo-
narġiald* ib., *naudgiald* Snorra edda p. 137. nefgiald
Sæm. 150ᵇ; in den altfchwed. gef. *mordgiäld, fpor-
giäld*; ahd. *werigelt* und *widrigelt*; agf. *vergild, cy-
negild, leodgild*; neuer sind die benennungen *blutgeld,
löfegeld.*

4. *löfen* (folvere) drückt ebenfalls, wiewohl feltner, den
begriff von büßen und gelten aus, der büßende entbin-
det sich von der fehde und der leiblichen ſtrafe; daher
in den alten gesetzen: *de vita componere*\*), *die haut
löfen* (leyfa hûd. Gulaþ. 532), *redimere* fe, *animam
redimere* (Roth. 285) und altn. *fiörlaufn* Snorraedda
p. 135. Sæm. 180. agf. *lŷfing* (λύτρον), löfegeld.

5. *Werigelt* ist compofitio homicidii, grammatisch ge-
nau wërigelt (also nicht wehrgeld, was auf wehren pro-
hibere abführt); das ë zu behaupten, weil in den älte-
ſten denkmälern nie *wari* erscheint und weil nicht fel-
ten *wiri* gefchrieben steht, z. b. wirigelt, wirgelt Diut.
1, 334. 337. wiregildum l. alam. add. 22. wirigildus Georg.
836. 837. wirgildum, wirgildi. ib. 839. 1429. 1461. 1463,
ja das i in weri könnte bloß durch die affimilation wiri
entfprungen fein und das einigemal vorhandene *wera-
gelt* älteſte form. ein goth. vairagild ist zu vermuthen,
agf. findet fich *vergeld*, virgeld, häufig aber auch das
unzusammengefetzte mafc. *vere* (gen. veres; ahd. wëri,
wiri?) mit derselben bedeutung. die altn. gesetze haben
weder compofitum noch fimplex, außer Gutal. p. 19—21
*vereldi*, es könnte dahin aus Deutschland gedrungen
fein, wie vermuthlich nach Rußland, wo es *vira* lau-
tet \*\*); neue beſtätigung des ë. Im fal. gefetz wird
weregeldum nur ein einzigesmal gelefen 54, 2, wo es
noch dazu interpoliert fcheint, dem finne nach entbehr-
lich fehlt es auch der andern textrecenfion. Die lex rip.
hat *wergildus* (masc.) 36, 11. 46. 63. 64. 67; die l. alam.
29. 34. 45, 1. 2. 46, 2. 49, 2. 50. 51, 2. 54, 3. 76. 103:
die l. bajuv. VII. 1, 1. 2. 1. 19, 3. XVIII. 2; die l.
Frif. 1, 10. 3. 7, 2. 9. 15. 20. add. 10; die lit. Br. ha-
ben das einfache *jeld* f. wergeld, vgl. 47. 54. 63. 71.

---

\*) vgl. das frief.ſſtonde oppa finne bals. Br. 70. 189. 180; das
ubſt. *hôvedlĉfen* (redemtio capitis) Af. 100. 189.

\*\*) in einer nowgoroder hf. des Neſtor (Ewers p. 213. 219.
275); die ſerb. benennung iſt *krvnina*, blutgeld. Vuk. p. 338.

73. 110. 111. 131. 148. 182. 186. 190. 219. Im Sſp.
*weregeld* (lat. verſ. *werigeldus*,) vgl. Haltaus 2081.
Unverſtändliche abſtraction war ſchon im 10. jh. weri-
geldum, wie die gloſſe zeigt, welche ich oben ſ. 1 mit-
getheilt habe; andere gloſſen verdeutſchen ſchief damit
das lat. fiſcus. zwetl. 122ᵃ doc. 243ᵇ, beßer braucht es
N. 93, 2 für pretium: fuderunt precium ſuum, ſie guz-
zen ûz, daz iro heiliga werigelt; bibant precium ſuum,
ſie trinchên iro werigelt. Es iſt wirklich der preis des
erſchlagnen *mannes*, das wort wër (homo, lat. vir,
litth. wyras, lett. wihrs, goth. vair, altn. verr) hatte
ſich aus der ahd. mundart frühe verloren. Daß aber
wergelt mit nichts anderem zusammengeſetzt iſt, geht aus
vielem hervor. in der edda heißt es einmal ausdrücklich:
*ver* (maritum) veginn *gialda*. Sæm. 233ᵃ, die analogie
des altn. manngiald (mulcta homicidii), des ſpäteren
mangeld (Haltaus 1304), des agſ. manbôt (luitio homi-
nis) und vollends des alten liudi, agſ. leodgeld entſchei-
det. Zwar ließe ſich an wërên (praeſtare, oben ſ. 603)
denken und der begriff von währung, werthung anneh-
men, allein die allgemeinere bedeutung thut ſich erſt
ſpäter hervor und die ältere iſt durchaus capitis aeſti-
matio. *) Noch weniger darf man werigelt, wirgelt für
abkürzung des freilich gleichbedeutigen und ſelbſt als
lesart damit wechſelnden widrigelt halten. Der rechts-
gebrauch trug ganz dazu bei, den ſinn von werigelt
unbeſtimmt zu machen. unter allen bußen der geſetze
war die capitis aeſtimatio weit die bedeutendſte, jeder
menſch nach ſtand, geſchlecht und alter hatte ſeine taxe
und dieſe taxe regelte mehrere geſchäfte des lebens,
ſelbſt die buße anderer verbrechen, die gar kein tod-
ſchlag waren. ſo konnte für gewiſſe verſtümmlungen
das ganze oder halbe wergeld gefordert werden oder
der fredus in dem wergeld (des thäters) beſtehen (l.
Friſ. 3, 2) oder auch ſich einer durch gedinge verbin-
den, im fall einer nichtleiſtung, eines nichterfolgs, ſein
wergeld zu entziehen, ein doppeltes, dreifaches: ob-
noxius duorum werigeldorum. Neug. nr. 87 (a. 784);
res redimere cum weregeldos tres. ib. 97 (a. 786); res
cum weregeldo redimere, cum alio weregeldo, ſimiliter

---

*) wie wenn umgekehrt wërên aus wëri (aeſtimatio, pretium
capitis) abſtrahiert ſein könnte und wërt (goth. vairþe) dignus
aus pretioſus, aeſtimatus?

cum weregeldo. ib. 193 (a. 817); cum duobus weregel-
dis redimere. ib. 303 (a. 842); tradiderunt propriae he-
reditatis filvam . . . et pro hoc acceperunt caballum 1.
et alia pecunia wergeldum reddendum. Meichelb. nr. 552.
Da ein theil der buße für den erfchlagenen dem richter
oder dem oberherrn zufiel, begreift es fich, warum we-
rigelt auch für fifcus genommen wurde und da es den
preis des lebens überhaupt ausdrückt, wie auch von
einem wergeld der frauen, ja der vögel und thiere (Sfp.
3, 51) die rede fein konnte.

6.  gleichbedeutend mit wergeld in feinem urfprünglichen
finn ift die nicht weniger alte benennung *leudus*, *leu-
dis:* leudus ejus jacet finitus, id eft weregildus. Bruns
beitr. p. 40. leudem folvere. l. fal. 38, 7. mediatate leodis
ejus componat 44, 16. de ipfo leudi. 56, 1. usque ad
leudem, de leude. 76; auch die malb. gloffe gewährt
deutlich *leudi* 19, 9. 22, 1. 44, 1. 4. 6. Die rip. alam.
bair. gefetze haben diefen ausdruck nicht, fondern da-
für werigeld, wohl aber die capitularien: liudem ipfam
Georg. 737.  de fua leode 783. 784 usque ad fuperplenam
leudem liberi hominis. 673. leudem interfecti. 905. 1229.
leudum ipfum. 1180. Die l. Frif. 2 mehrmals tertiam
portionem leudis componat. 14, 5 folvat leudum occifi *);
die Angelfachfen *leode* (mafc.): ealne leode forgeldan,
healfne leode. I. Aethelb. 22, 23, gleichbedeutend mit
*leodgeld.* ib. 7. 21. Diefer leudis, agf. leode, altfränk.
leudi (ahd. liuti? ift abgeleitet aus leod (populus, aber
auch homo, civis, comes) gerade fo wie der vere aus ver.
Warum heißt aber in einem langob. gefetze Carls d. gr.
(Georg. 1153) der Friefe und Sachse *leudes* im gegenfatz
zum Salier: excepto fi leudes id eft Saxo aut Frifo Salicum
occiderit? man lefe unbedenklich mit einer andern hf.
excepto leudem; fi Saxo aut Frifo etc.

7.  die langob. gefetze haben nie werigild, vielmehr *wi-
drigild*, *guidrigild* l. Roth. 9. 11. 198 formeln bei
Georg. 1198. 1255—1269 oder das lat. pretium und ap-
pretiare. Roth. 48. 54. 63; diefes widrigeld erfcheint

---

*) in diefen beiden titeln braucht die lex Frif. leudis, in den
übrigen, alfo weit häufiger, weregildus; die ausdrücke find aber
fynonym. denn was Rogge p. 6 anm. 7 fagt, halte ich für einen
irrthum; die compofition des falfchfchwörenden heißt nicht we-
regild, fondern befteht darin, daß er fo viel entrichten foll, als
*fein* weregild beträgt.

auch hin und wieder bei den Franken, eine var. zu l. rip. 63 gewährt *wedregildo*, das decr. Childeberti widrigildum. Georg. 475. 476 und einzelne capitularien widrigildum, widrigildus. Georg. 661. 906; desgl. l. alam. 4. und *withirjeld* Af. p. 20. wederjeld. ib. 73. Die ähnlichkeit mit werigeld fcheint zufällig, es ift aus der partikel widari, widri zu erklären (vgl. guidrebora, widrebora. Roth. 233) und drückt recompenfatio aus, wiedervergeltung; ein in der alten fprache auch außer dem rechtsgebrauch gar nicht feltnes wort: gulten widergelt (retribuerunt) Lampr. Alex. 4374, widirgelt Diut. 1, 13 fonft widerlôn, itlôn, agf. edgild, edleán, das aber auch in gutem finn remuneratio bedeutet.

8. einfache buße hieß *volle, ganze: pleniter* componat l. fal. 44, 16. *tota* leude. l. fal. 44, 16; *ealne* leode (acc. fg.); *totum* werigeldum. l. Frif. 22, 58 l. alam. 102. 103; agf. *fulbôt; fuperplena* leudis. Georg. 673; mit *fulle* jelde. lit. Br. 63; *fulbôt*, fuljeld. ib. 182 mit *vulleme* weregelde gelden. Sfp. 3, 48; cum *uno* weregildo folvant. l. alam. 45, 1; *fimpla* folutione. l. burg. 4, 2. Vifig. VIII. 3, 13. *énbêt* Fw. 341. Den gegenfatz bildet die *halbe: medietate* leudis. l. fal. 44, 16 compofitionis *medietas* 45, 3. Vifig. VII. 2, 4; *medietas* weregildi l. rip. 46; *medium* weregildum l. alam. 102. *medium* pretium. ib. 103; *medietas* pretii. Roth. 48. 68. 140; *dimidium* weregildum. l. Frif. 22, 58; agf. *meduman* (dimidio, nicht moderato, wie Wilk. überfetzt) leodgelde. l. Aethelb. 7. 21. *healfne* leode. ib. 22. 23; mit *halvem* weregelde. Sfp. 3, 48; *halfom* bôtom. Nial. c. 56; *half* jeld. Br. 186. 190.*) Vervielfachungen: *dupla* compofitio l. Vifig. VI. 2, 9. l. bajuv. II. 20, 1. *tvifcyldig* l. In. 3. in *duplo* reftituat. l. Frif. 3 und add. 10. *duos* geldos. Georg. 783 mith *twiujeldum*. Br. 73. *twigeld*. Af. p. 326. liggi i *tvcbôte*. Upl. manh. 11, 4. *tväbôtis* drap. Sudherm. manh. 26; in *triplo* componere. fal. 66, 2. *tripla* compofitione 66, 1. *triplici* wergildo. rip. 63. 64. alam. 29. *tripliciter* reftituat. alam. 34. in *triplum* folvat. burg. 4, 3. *tripla* fatisfactione. burg. 75. *tripla* folutione, addit. 14. in *triplum* componat. l. Angl. et Wer. 7. *triplo* damnum

---

*) *twedejeld* 2/3 Br. 141. 143. *thrimnejeld* 1/3 Br. 185. 210. der beweis Af. p. 20. vgl. thrimne further, 1/3 mehr. Br. 128. 190. 194; *fiardan* dêles jeld 1/4 Br. 188. 192. vgl. quartam partem pretii l. Roth. 54. 68. fextam partem. ib. 63.

farciat. Angl. et Wer. 8 *triplo* componatur. Georg. 1461.
agſ. *þrygild.* bœta *þrennum* manngiöldum. Nial. p. 250.
mit *thrium jeldum.* Br. 47. 71, 157. *thribête* tô bê-
tande. ib. 50. 52. 59. *thriujeld* ib. 148; *threbötis* drap.
Sudherm. manh. 26. *þrigilda* (tripliciter componere)
Gulaþ. 359. *Sextupla* compoſitio l. Viſig. VII. 1, 1. 2,
6. 23; *ſexies* puellae pretium exſolvat. l. burg. 12, 1.
In Rothars geſetzen wird häufig *octogilt* (eine alte hf.
hat immer *actogild,* nach Blume) angetroffen, z. b. in
octogilt reddere 252. 268. 320. 321. 322. 345. 346. 347.
375. in octogilt componere 288. 293. 352. 363, aber daß
dieſes achtgeld dem neungeld anderer geſetze identiſch
ſei, folgt ſchon aus 9—1 (oben ſ. 215) und wird durch
den zuſatz einer hf. zu lex 346 octogilt, id eſt *ſibino-
num* beſtätigt. *ſibinonum* reddat. l. 258. 259. 260. bedeu-
tet alſo gleichviel mit in octogilt reddat. *ſibinonus* iſt
ein germaniſmus und will ſo viel ſagen als *ſelbneunte*
(gramm. 2, 950), der fatz und acht andere dazu; ge-
rade ſo wie l. rip. 66 *ſibiſeptimus* ſtudeat conjurare
heißt ſelbſiebente, nämlich mit ſechs eideshelfern ſchwö-
ren, und l. burg. 8, 1 *ſibiduodecimus.* *Novem* were-
gildos componat hat lex alam. 45, 2. 49. 50. ſecundum
legitimum weregildum *novem geldos* ſolvere 76. 99, 15.
16. *novempliciter.* 5, 1; *niungeldos* ſolvat id eſt *novem*
capita reſtituat. l. bajuv. I. 3, 1; in *novigeldo* ſecundum
pretia cönſtituta ſolvere. l. burg. 8, 2. 9; *novies* compo-
nat. l. Sax. 4, 8; in fredum *novies* componit weregel-
dum ſuum. l. Friſ. 7, 2. 17, 2. *novem* weregildos 20;
und ſo auch bei den Angelſachſen *neunſache* buße. l.
Aethelb. 4., bei den Viſigothen *novecupla* compoſitio,
VII. 1, 1. 11. *novies* reſarcietur. VIII. 1, 9. Ein acht-
zehengeld zeigt l. alam. 49, 2 *octodecim* weregeldos,
womit das langob. *duplum octogild* Liutpr. 6, 6 eins iſt,
häufiger erſcheint das ſiebenundzwanziggeld: *tres novi-
geldos* alam. 7, 1. 27. *ter novigeldos* componat. 32;
*trimniungeldo* ſolvat, hoc eſt ter novem reſtituat. ba-
juv. I. 3, 3; *tripla novigildi* ſolutione. burg. 75; und
auch altn. *threnni niu* markar. Veſtg. rätl. 1. Außer
dieſer doppelung und verdreifachung des neungeldes \*)
begegnen keine multiplicationen der buße weiter und alle
bußen zeigen, neben dem einfachen und doppelten an-
ſatz, nur den 3. 6. 9. 18 und 27 fachen; man vgl. die

---

\*) die vielen 26 (oben ſ. 218) ſcheinen 27—1.

drei und neunfache erhöhung des falifchen wergeldes
(oben f. 272), die fechsfache des bairifchen (f. 273). Eine
merkwürdige übereinftimmung unferer alten gefetze *),
wodurch die im Norden entfchieden waltende heiligkeit
der dreizahl und neunzahl vollkommen beftätigt wird.

9. *Zurückgabe*, jenes agf. âgifan, ift bloß auf die durch
raub oder diebftal entfremdete perfon oder fache an-
wendbar. daher reden die fränkifchen gefetze nur bei
diefen verbrechen, nicht bei todfchlag, wunde oder
lähmung, von *capitale*. Die bedeutung kann nicht
zweifelhaft fein, nach dem was in der decretio Chlotarii
II. fteht: *capitale* qui perdiderat recipiat; *capitale* ei
qui perdiderit reformare feftinet et latronem perquirat.
Georg. 477. 479; *capitale* in locum reftituat. l. fal. 13,
2; namentlich gilt es von knechten, die für fachen an-
gefehen werden: *capitale* in locum reftituat. l. fal. 29, 6.
*capitale* domino reftituat. 30, 1. 3. Der ausdruck felbft,
fcheint es, ift von *caput* (houbit) hergenommen ur-
fprünglich nur auf geraubte frauen (l. fal. 14), manci-
pia und pecora bezüglich, vgl. *capita* l. bajuv. L 3, 1;
nachher aber auch für erftattung leblofer fachen, z. b.
des holzes. l. fal. 8, 4. gebraucht. In den übrigen ge-
fetzen verfchwindet diefe benennung, das langob. fetzt:
*mancipium* (manahoubit) reftituat et aliud fimile fub
aeftimatione pretii componat. Roth. 275. 276. 277; das
vifigoth.: duos *cum eodem* (fervo) paris meriti domino
reformare. IX. 1, 5; ejusdem meriti *cum eo* (bove) alium
domino reddat. VIII. 4, 9.**) Die falifche und ripua-
rifche compofitionsformel verbindet insgemein *capitale*
und *delatura*. Delatura ift was der melder (anzeiger,
proditor, i. e. certus indicator. l. Roth. 260) für die an-
gabe der entfremdeten fache empfängt, wie viel? konnte
befonders ausgemacht werden (eine alam. urk. bei Goldaft
2, 55 fagt: occulte fibi pactum fieri petiit de pretio duo-
rum librarum *pro delatura*, ut haec *patefaceret*), ein
folches gedinge aber nur den beftolnen, nicht den dieb
binden, dem die gefetze geregeltes anbringegeld aufer-

---

*) ich möchte darum die vifigothifche *quadrupli* fatisfactio VIII.
1, 9 (in quadruplum. ed. Theod. 109) *feptupla* VII. 2, 6. 23 und
*undecupli* compofitio VIII. 1, 10 für ungermanifch halten.

**) die erftattung des viehs heißt in den fchwed. gefetzen
*filafylli* (gleichfam füllung des zaums). Helf. viderb. 28. Üpl. vi-
derb. 28. Dalal. bygn. 57. Suderm. bygn. 32.

legten. In der l. Vifig. VII. 1, 4 heißt es *merces in-
dicis*, agf. *meldfeoh*: fe þe hit ofyfprað, he âh þat
mehdfeoh. l. In. 17; friefifch vermuthlich *onbring, on-
brinfe*. Fw. 341. 342. 344. 347 vgl. die anm. f. 342.
Delatura erftreckt fich jedoch weiter als capitale und
kann auch beim homicidium eintreten. l. fal. 79, 1. Das
wort ftehet außer dem fal. u. rip. gefetz l. Angl. et Wer.
7, 2. 3 und Georg. 479.

10. *Fredus* hieß was dem könig oder volk alfo dem
fifcus *für den gebrochenen frieden* entrichtet wurde,
er begleitet nicht jede privatbuße: fi quis puer infra
XII. annos aliquam culpam commiferit, *fredus ei non
requiratur*. l. fal. 28, 6. quod quadrupedes faciunt *fre-
dus* exinde *non exigitur*. l. rip. 46. l. Roth. 331 *) und
gerade fo noch bei den fpätern Friefen: alle wrwalda
dêda, diares dêda, fpildêda, alle becwarda dêda full jeld
and fulle bôta and *nenne fretha*. Br. 182; desgl. im
Norden: falle niðr frændbœtor oc *rêttr konongs*. Gu-
laþ. p. 190. Der fredus kann aber umgekehrt auch ohne
eigentliche compofition vorkommen: quod fi fervus fer-
vum percufferit, nihil eft (braucht weder der herr des
thäters zu zahlen, noch kann der des gefchlagenen et-
was fordern), fed tamen *propter pacis ftudium* 4. den.
componat. l. rip. 23. In der regel tritt er neben der
compofition ein, foll aber erft nach deren berichtigung
erhoben werden. rip. 89. Die Alamannen fcheinen den
fredus durch die Franken kennen gelernt zu haben,
fonft hätten fie ihn wohl fridus genannt, jenen ausdruck
(l. alam. 3, 3. 4. 32. 36, 3) fand daher fchon ein glof-
fator des 10. jh. antiquiert (oben f. 1.) Aus den capitu-
larien ift Georg. 479. 781. 783. 1462 zu vergleichen.
Bei den Angelfachfen finde ich *friðesbôt* Cnut. 8; die
l. Angl. et Wer. 7, 2. 3. und 8 unterfcheidet *fredum*
von compofition und delatur, ebenfo l. Frif. ad partem
regis pro *fredo* 3, 2; pro *freda* 8, 16; die fpätern
frief. gefetze haben *frethe* (mafc.) Br. 148 fretho Af.
236. thene frethe fella Br. 64. enne frethe refza 209. tô
fretha. 44. 45. 59. Af. 189. thrê frethar Br. 71., nur
daß ihn ftatt des königs wieder das volk empfängt, da-

---

*) vielleicht l. Saxon. 13 (fo wie 12, 5) excepta faida zu
beßern in *excepta freda* (doch fcheint auch im langob. gefetz faida
zuweilen fredus auszudrücken); und excepta bedeutet hier *absque*,
nicht, wie in der fränk. formel excepto capitali *praeter*.

her *liudefrethe* Br. 133 und *liodeſkeld* Aſ. 20, welche nicht
mit dem unter 6 abgehandelten leudis zu verwechſeln
ſind.

11. *Bannus, bannnm,* die von dem richter zu beziehende
buße (Haltaus 94, c); *bannos* exigere hat ſchon Greg.
tur. 5, 26 aber nicht für richterliche ſtrafe, auch die al-
ten fränk. geſetze ſchweigen davon unter dieſem namen.
In den capitularien und den ſpätern langob. geſetzen er-
ſcheint er häufig. Georg. 672. 1230. 1260. 1262 ff. 1429.
1462, desgl. in den frieſiſchen: l. Friſ. 17. de banno;
lêſte thet *bon.* Br. 51. thi biſcop nime ſine *bonnar.* Br.
54. vgl. das gothl. *banda* vereldi. Gutal. p. 22. Mehr
hiervon buch VI.

12. den Angelſachſen hieß der fränkiſche fredus und
bannus mit einem worte *vite* (neutr.), was eigentlich
poena, ſupplicium bedeutet und auch in der ahd. form
*wîʒi,* mhd. *wîʒe* dieſen ſinn hat, nicht aber den von
buße, geldbuße. Die agſ. geſetze ſtellen vîte dem vere
gegenüber: gebêtan ſvâ be *vere* ſvâ be *vîte.* Cnut. 46.
48, d. h. ſowohl den leudis als den fredus des fränk.
rechts entrichten; geſylle ſe ſlaga *vere* and *vîte.* l. Aelfr.
26. Zuſammenſetzungen bezeichnen die art des vîte, als
blôdvîte, flitvîte, legervîte, mulcta effuſionis ſang., rixae,
concubitus. Spätere geſetze brauchen für vîte: foris-
factura, overſevenniſſe, overhyrniſſe (ungehorſamsgeld.)

13. *Wette,* urſprünglich pactum, pignus (oben ſ. 601)
drückte im mittelalter häufig den begriff des agſ. vîte
aus, mit welchem es wörtlich unverwandt iſt. Der Sſp.
ſtellt *gewedde* der bote (die lat. verſion *mulcta* der
emenda) entgegen; 1, 53. 3, 53. Andere belege bei
Haltaus 202. 2089. 2090, in denen aber oft wette dem
lat. compoſitio oder emenda gleichgeſtellt wird; emendae
quae dicuntur *wethe* hat auch eine urk. bei Wenk 3.
nr. 182 (a. 1289).

14. endlich heißt die dem richter zu zahlende buße in
ſpäterer zeit *bruch, brüchte* (fractio legis und mulcta de-
licti) Haltaus 188; den Frieſen *breſæ* Br. 54 oder *brecma*
B. 71. So ſteht auch *frevel* bald für das vergehen, bald
für deſſen buße, vgl. oben ſ. 587 was außer der buße zu
*frevel verbrochen* wird.

*Anmerkung.* nach zeit und ort ſchwanken dieſe namen,
laufen ineinander über oder beſtimmen ſich eigenthüm-

lich; die älteſte einfachheit faßte alle arten unter einem
worte zuſammen, wie Tacitus unter mulcta, und ſo
ſcheint im Norden alles bôt oder giald zu heißen, das
beſondere durch vorgeſetzte ſubſt. herausgehoben zu wer-
den.   Die bôt wird zwiſchen kläger (malsâghande) kö-
nig und gau (hundari) vertheilt, Sudherm. manh. 23. 26.
27. Upl. manh. 14., wie nach Tacitus.  Hauptſächlich
kommt es auf unterſcheidung der vom verletzten und
von der obrigkeit bezognen buße an.   jene heißt compo-
ſitio, ſatisfactio, emenda, werigeld, leudi, vere, widrigeld;
dieſe fredus, bannus, vîte, wette, brüchte.  Zuweilen iſt
aber wergeld und buße im engern ſinn zweierlei, nämlich
jenes eigentliche entſchädigung,  buße die dem beſchä-
digten außerdem gebührende genugthuung.   So in der
Lombardei: *widrigeld* ſolvere, et victori ſecundum legem
*emendare.*  Georg. 1265; in Friesland *jeld* und *bôte* Br.
182 und im Sſp. 3, 45 *weregeld* und *bote* (werigeldus et
emenda), beide für den verletzten und beide außer der
obrigkeitlichen buße (bannus, frethe, gewedde, mulcta).
das weregeld iſt in dieſem fall bedeutend höher als die
buße; dieſe im Sſp. für den freien 30 ſchill., jenes 18
pfund, folglich 360 ſchill.  Des gloſſators zu 3, 45 an-
ſicht, mit buße werde dem mann ſelbſt, mit wergeld
dem, des der mann iſt, gebeßert, hat gar keinen grund.
Warum aber nach dem Sſp. die laten etwas höhere buße
haben als die biergelden und lantſeten, denen ſie im we-
regeld nachſtehen, weiß ich nicht zu erklären.

## C.  *Standes- und geſchlechtsverhältniſſe.*

auf größe und leiſtung der bußen (wie der ſtrafen, ſ. das
folg. cap.) hatten einfluß ſtand, alter und geſchlecht des
verletzenden ſowohl als des verletzten; geſichtspuncte,
die unſerm heutigen peinlichen recht faſt alle fremd ge-
worden ſind.

## 1.  rückſicht auf den *thäter.*

Die meiſten geſetze unterſcheiden ſorgſam, ob das ver-
brechen einem unfreien oder freien zur laſt fällt, einige
auch zwiſchen den ſtufen der freiheit.   Hauptſächlich
in betracht kommt der diebſtahl, der herr des knechts
muß zwar den ſchaden erſetzen, wie wenn ein freier
geſtolen hätte, aber die fernere buße iſt verſchieden und
ſie pflegt mit in leibliche ſtrafe überzugehen; auch den
todſchlag verübenden knecht trifft ſtrafe, lebensſtrafe

handabhauen, prügel (bei den Burgunden centum fuſtes, bei den Viſigotben centum flagella). Dagegen iſt die compoſition und der fredus oft ſchwerer für den freien als den knecht, ab ingenuo *novies* reſarcietur, a fervo *ſexies*. Viſig. VII. 2, 13. 14. VII. 1, 1; liber ſit culpabilis in curte regis ſol. 20., ſervus aut aldſus ſol. 10. lex Roth. 248; der liber ſegangi componiert 80 ſol., der ſervus ſegangi 40 (beide aber geben neunfach zurück) Roth. 258. 259. Nicht überall; bricht ein ripuariſcher knecht einem freien den knochen, ſo hat der herr 36 ſol. zu zahlen, was auch der freie thäter zahlt. l. rip. 3 und 22; bei verletzung an leib und leben ſcheint ſich die taxe nach dem verletzten, bei der an vermögen nach dem verletzenden zu richten. Man vgl. über verbrechen der knechte l. ſal. 13. 29, 3. 6. 38, 1. 43; rip. 17, 2. 22. 24 bis 29; burg. 2, 3. 4, 2. 25, 2. 26, 4 und noch an andern ſtellen; Viſig. VII. 2; ſaxon. 11; friſ. 1, 13-21. 3, 5-7. 9, 17. 12, 1. 20, 3. Ähnliche verſchiedenheiten will ich nun auch für die freien ſtände nachweiſen: novies componat, quod abſtulit, et pro fredo, ſi *nobilis* fuerit 12 ſol., ſi *liber* 6, ſi *litus* 4. lex Saxon. 4, 8; ſi *liber et inferioris loci perſona* eſt, pro duobus capitibus (viehſtücken, die auf eine fremde wieſe gelaßen ſind) tremiſſen unum reddat, ſi vero *major perſona* eſt, ſolidum unum, beide müßen den werth des heus außerdem erſtatten. l. Viſig. VIII. 3, 12; ſi quis expellenti de frugibus pecora excuſſerit, ſi *honeſtior* eſt forte *perſona*, det ſol. 5 et duplum dampnum, quod fuerit aeſtimatum, cogatur exſolvere. ſi certe *humilioris loci perſona* fuerit (componat ſolidum, ſollte es ungefähr heißen, et ſi) non habuerit unde componat, 50 flagella ſuſcipiat et duplum dampnum exſ. compellatur. ead. VIII. 3, 14. Es gab verbrechen, die man *knechten* oder *frauen* gar nicht aufrückte. ſo ſcheint es die ehre eines freien nicht zu rühren, daß ihn ein knecht ſchalt, darum heißt es l. ſal. 33, 5: ſi quis *ingenuus* alteri improbraverit; eine frau brauchte gewaltſamen einbruch nicht zu büßen: mulier curtis rupturam facere non poteſt, quod abſurdum eſſe videtur, ut mulier libera aut ancilla, quaſi vir, cum armis vim facere poſſit. Roth. 283. das wurde ſpäter doch abgeſchafft, vgl. Rogge p. 16. 17. Über die zurechnungsfähigkeit *unmündiger kinder* gelten grundſätze, die den noch heute beſtehenden gleichen.

### 2. rückſicht auf den *beſchädigten*.

Beſchädigungen an leib und leben wurden nach ſtand und geſchlecht der beſchädigten geringer oder höher gebüßt. Concubitus mit einer bloßen ancilla koſtete 15 ſol., mit einer ancilla regia 30 ſol. l. ſal. 29, 1. 2.; genauer noch bei den Angelſachſen, mit einer magd des königs 50 ſcill., mit einer malmagd 25, mit einer dritten rangs 12, mit der ſchenkmagd (pocillatrix) eines bloßen freien 6 ſcill., mit der zweiten und dritten rangs 50 oder 30 ſcáttas. lex Aethelb. 10. 11. 16. Si quis hominem ingenuum innocentem ligaverit et hoc ingenuus fecerit, inferat ei, quem ligaverit, ſol. 12 et mulctae nomine ſol. 12; ſi libertum ligaverit, ſol. 6 et m. n. ſol. 6; ſi ſervum lig. ſol. 3 et m. n. ſol. 3. l. burg. 32. Si quis feminam ingenuam colpo percuſſerit, ſolvat ſol. 2, ſi lita fuerit ſol. 1$\frac{1}{2}$, ſi ancilla fuerit ſol. unum. l. alam. 95. Wer einen freien Franken band, zahlte 30 ſol., wer einen Römer, nur 15. l. ſal. 35; wer einen freien caſtrierte, 200, wer einen antruſtio, 600 ſol. ibid. 32.; wer einem knecht den knochen brach, 9 ſol., wer einem freien Franken, 36 ſol. l. rip. 3. 21.*) Vorzüglich bei den wergeldern tritt die verſchiedenheit hervor, todſchlag eines ſervus, litus, ingenuus, nobilis wurde ungleich componiert; ebenſo eines manns oder einer frau, eines pfaffen oder laien. Die näheren angaben ſind bereits im erſten buch gebraucht worden und von compoſition der weiber handelt das zweite ſ. 404-406. Ich muß hier einiges hinzufügen und berichtigen. Wenn auch die alten Frieſen mann und weib gleichſtellen (ſ. 405 unten), findet doch ſpäterhin unterſchied ſtatt, die lit. Br. geben der frau $\frac{1}{2}$ *höhere* buße: wifcaſe on thrimne further. 72. thâ wîf thrimne further. 181. delefel ſex penningar, there wîve niugen. 206. there wîve thrimne further. 207; nach Fw. 347 is her bôte dâ *fiarda penningh mâra*. Über das wergeld der pfaffen

---

*) Die zwölf tafeln, welche ſonſt talio für leibliche verſtümmlung (oben ſ. 647), aber geldbuße für zahnausbruch anordnen, *unterſcheiden* dabei gleichfalls *zwiſchen knecht und freiem:* ſi oſſa fregit ex genetali (d. i. gingiva. Feſtus ſ. v. genitalis) libero 300, ſervo 150 aeris poenae ſunto 7, 10; beſtätigt durch Gajus 3, 223: poena autem injuriarum ex lege XII. tab. propter membrum quidem ruptum talio erat, propter os vero fractum aut colliſum 300 aſſium poena erat, velut ſi libero os fractum erat, at ſi ſervo, 150; vgl. moſ. et rom. leg. collatio 2, 5.

(f. 274. 275) ift wahrfcheinlich noch viel zu fammeln; in einem ungedruckten Stricker (p. m. 113) heißt es:

> fwer einem pfaffen nimt den lîp,
> eʒ tuo man oder wîp,
> der fol die buoʒe dar tragen
> fam er *fiben leien* habe erflagen.

fo viel bewilligten die alten gefetze noch nicht; der monachus follte nach dem bair. I. 8 und alam. 15 mit dem doppelten wergeld feines geburtsftandes, der bairifche clericus mit dem einfachen, der alam. mit einem nur um das drittel erhöhten gebüßt werden.

D. *Wergeld.* unter allen bußen*) ift die capitis aeftimatio die wichtigfte und nach ihr wurden viele andere bußen beftimmt, für welche man entw. den einfachen fatz oder verminderung und erhöhung des wergelds annahm. So beftand die compofition des ehbruchs in dem wergeld des beleidigten ehmannes. l. bajuv. 7, 1. Daß die *bafis* des wergeldes in dem anfatz des *freien* mannes zu fuchen ift, lehrt deutlich der epilog des frief. gefetzes: haec omnia ad liberum hominem pertinent, nobilis vero hominis compofitio ... tertia parte major efficitur, liti vero ... mediatate minor eft, quam liberi hominis. bloß ein anderes verhältnis, aber diefelbe regel, enthalten die judicia Saxmundi, addit. 3, 71-73. Hier will ich das freienwergeld nach den verfchiednen völkern zufammenftellen. höchfter anfchlag findet fich bei den Vifigothen, 300 fol. (VIII. 4, 16), ja nach einer andern ftelle fogar 500 (VII. 3, 3) was ich nur durch einen fchreibfehler erklären kann, man lefe trecentos und CL mediatatem homicidii. Dann folgen die Sachfen mit 240, Franken (falifche und ripuarifche) 200 (l. fal. 14, 6. 19, 6. 44); Angelfachfen (In. 33 und foedus Aelfr. 2) Angeln und Weriner auch 200. letztere fcheinen früher 160 zu haben (oben f. 289. 405); 160 war anfatz der Baiern und Alamannen. Das burgundifche wergeld betrug 150, wenn minor ausgemacht der freie ift (oben f. 269. 273); zur zeit ihres gefetzes war für vorfätzliche tödtung bereits alle geldbuße abgefchafft, für

---

*) eine vergleichende zufammenftellung *aller* bußen, nicht bloß des wergelds, nach verfchiedenheit der völker, zeiten und münzverhältniffe, kann nur in einer befondern fchrift geleiftet werden.

unvorfätzliche aber das alte pretium zur hälfte beibe-
halten. Mit diefen 150 ftimmt wahrfcheinlich die lan-
gobard. taxe, ich kann fie nicht aus den gefetzen, aber
aus einer gloffe des cod. cavenfis beweifen: guidrigild
CL folidos. Geringfte compofition ift die friefifche, nur
53⅓, inter Fli et Sincfalam fogar 50.*) Im mittelalter
fchlägt der Sfp. das wergeld des freien auf 18 pfund an,
was, jedes zu 20 fchill. gerechnet, 360 fchill. ergäbe,
die fich nicht ficher den alten 240 fol. vergleichen laßen,
aber doch damit zuf. hängen, weil 360 eben die drei-
fache fachfifche *ruoda* (120 fol.) beträgt; über den aus-
druck ruoda werde ich nachher eine vermuthung wa-
gen. Die altn. preife bedürfen näherer ausmittelung,
als ich fie zu geben vermag. Auf Island galt der freie
100 (unzen) filbers, denn 50 machten ein halbes wer-
geld (Müller fagab. 1, 96), 200 ein doppeltes (Niala cap.
43). inzwifchen wurden für vornehme freie 200 als ein-
facher fatz gezahlt, das hieß ein gutes wergeld: fyrir
vîg þorvallz geri ek CC filfrs: þat þôtti þâ gôd mann-
giöld (Nial. cap. 12. p. 22) und in diefer beziehung be-
trägt ein doppeltes 400, ein dreifaches 600 (ib. cap. 146
p. 250) ein vierfaches 800 (ib. p. 251). Wie die isländ.
100 und 200 filbers auf marken oder fchillinge zurück-
zuführen find, weiß ich nicht ficher, 8 unzen auf die
mark gerechnet, beträgen die 200 filbers 25 mark, folg-
lich die mark zu ⅔ pfund angenommen, 333⅓ fchillinge.
Das gothländ. vereldi macht 3 mark goldes, = 24 mark
filbers, wozu aber noch 12 mark bandavereldi treten,
folglich 36 mark. Gutal. cap. 15. 16; das fudermanland.
fporgiäld 40 mark, ebenfoviel das oftgothländifche, das
veftgoth., wie es fcheint, 39 mark filbers, das upländi-
fche aber 140 mark (pfenninge), das jütländifche 54mark
pfennige ohne giörfum, d. i. zubuße, mit giörfum 108.
Jüt. 3, 21.)

Die *erlegung* und *austheilung* des wahren wergeldes,
d. h. des für einen todfchlag fchuldigen (nicht des andere
geldbußen beftimmenden oder gar conventionellen) hängt
mit dem band der verwandtfchaft zufammen. Alle
fchwert- und fpillmage, die an der fehde theil hätten

---

*) der frief. litus galt 26 2/3, inter Fli et Sincf. nur 25; der
nobilis galt gewöhnlich 80, inter Fli et Sincf. 100, inter Laubachi
et Wifaram 106 2/3, nämlich beide letztere landfchaften gaben dem
edeln doppelten fatz, die übrigen blofs anderthalben.

nehmen müßen, waren zum wergeld mitverbunden und
mitberechtigt, sie heißen altn. *bauggildismann*; ad
quemcumque hereditas terrae pervenerit, ad illum veſtis
bellica et *ultio proximi* et *ſolutio leudis* debet perti-
nere. I. Angl. et Wer. 6, 5. es war gemeinſchaftliche,
heilige verpflichtung, ganze geſchlechter konnten da-
durch verarmen oder wohlhabend werden. Ueber die
zuziehung der einzelnen verwandtſchaftsgrade geben uns
die geſetze nicht hinreichende auskunft.

Von *entrichtung* des wergeldes iſt eine hauptſtelle lex
ſal. 61 (oben ſ. 111); der todſchläger, wenn ſein vermö-
gen nicht hinreichte, zog durch ein feierliches ſymbol
ſeine verwandten, erſt die nächſten, dann ſtufenweiſe die
ferneren *) in zahlungsverbindlichkeit; wer ſelbſt unver-
mögend war, konnte wieder auf einen andern chrene-
cruda werfen. Fand ſich die ganze verwandtſchaft un-
fähig, die buße zu erfüllen, ſo haftete der thäter mit
leib und leben, es trat dann das oben ſ. 617 geſchilderte
verfahren ein. Ein vermögender todſchläger brauchte
ſchwerlich auf ſolche art ſein geſchlecht aufzufordern,
es kam ihm von ſelbſt zu hilfe; das recht hatte er aber
auch dann, glaube ich, deſſen theilnahme zu begehren.
Die altn. ſitte wird Nial. cap. 124 erläutert, von einem
ſymbol iſt keine˘ rede; als die gerðarmenn die buße an-
geſetzt (gert) haben, erbieten ſie ſich ſelbſt die hälfte
herbei zu ſchaffen, ja das umſtehende volk wird er-
mahnt etwas beizutragen (nû er þat bœnarſtaðr minn
till allrar alþýdu, at nokkurn hlut geſi til, fyrir guds ſa-
kir. því ſvörudu allir vel). Schnell wird der geldhaufen
zuſammengebracht.

Den *empfang* des wergelds für den erſchlagnen ver-
wandten könnte man eine art erbrecht nennen, doch
nach anderer folge, als ſie in gewöhnlicher erbſchaft
ſtatt findet. denn der nächſte erbe, ſcheint es, ſchloß
nicht geradezu die entfernten aus, ſondern das ganze
geſchlecht**) machte ſofort ſeinen anſpruch, wenn auch
auf ungleiche theile geltend. Das war höchſt billig, da
auch die fehde und rache, ſo wie die bezahlung der
geldbuße auf allen verwandten laſtete. Die altſchwed.

---

*) man vergl. die ordnung mit der beim empfang des reipus,
l. ſal. 47.
**) wie ſchon Tacitus ſagt, recipit ſatisfactionem *univerſa
domus*.

gefetze unterfcheiden daher erbenbuße und gefchlechts-
buße, *arfvabot* und *ättarbot*. Veftg. drap. 1, 3. Nach
dem alten Guledingsl. zog der fohn 12 mark, der bru-
der 6, der vaterbruder 4; die austheilung des wergelds
unter die verwandtfchaft handelt auch die 5. 6. 7. 8.
abtheilung des Froftedingsl. Die l. Frif. 1, 1. bewilligt
dem heres occifi zwei theile, den dritten den ver-
wandten.

E. *Tödtung durch hausthiere.* die frief. formel
*pferdes* huf, *rindes* horn, *fchweines* zahn, *hundes* biß
(oben f. 48) fchimmert durch in den worten des langob.
gefetzes: fi *caballus* cum *pede*, *bos cornu* damnum fe-
cerit, vel fi *porcus* cum *dente* hominem intricaverit
aut fi *canis momorderit*. l. Roth. 331. Dem herrn des
thieres wird ganzes oder halbes wergeld auferlegt, fre-
dus aber ausdrücklich erlaßen (oben f. 656), einige ge-
fetze haben fehr eigenthümliche beftimmungen. Die l.
Vifig. VIII. 4, 16. Roth. 331 legen *ganzes* wergeld, die
fränkifchen nur *halbes* auf und für die andere hälfte
foll das quadrupes dem zum wergeld berechtigten *hin-
gegeben*\*) werden: fi quis *quadrupes* hominem occide-
rit, ipfe quadrupes, qui eum interfecit, in medietatem
weregildi fuscipiatur et aliam medietatem dominus qua-
drupedis folvere ftudeat. l. rip. 46; fi quis homo a qua-
libet *pecude domeftica* fuerit occifus; . . . medietatem
compofitionis dominus ipfius quadrupedis cogatur exfol-
vere, ipfum vero quadrupedem, qui eft auctor criminis,
pro medietate compofitionis reftituat (donet) requirenti
l. fal. 38; wahrfcheinlich damit die verwandten des ge-
tödteten das verhaßte thier umbringen könnten, mit def-
fen lebendigem befitz ihnen gewis nicht gedient war. \*\*)
Merkwürdig ift die *antiqua calumnia*, welche das bur-
gund. gefetz aufhebt, und wofür es bloße *hingabe* des
thiers, ohne wergeld, verordnet: fi quodcunque animal
quolibet cafu aut *morfus canis* homini mortem intulerit,
jubemus etiam inter Burgundiones antiquam exinde ca-
lumpniam removeri, quia quod cafus operatur non debet
ad damnum aut inquietudinem hominis pertinere. ita ut

---

\*) die röm. *noxae datio:* fi quadrupes pauperiem fecerit, do-
minus noxae aeftimationem offerto, fi nolit, *quod nocuit dato.*
XII. tab. 7, 1 und bei den Griechen: κύνα δακόντα παραδοῦναι
κλοιῷ τριπαπήχει δεδεμένον. Plutarch im Solon.
\*\*) vgl. das *noxae dare* im edict. Theoderici 109. 117.

fi de animalibus fubito *caballus* caballum occiderit aut *bos* bovem percufferit aut *canis* momorderit, ut debilitetur, *ipfum animal* aut canis per quem damnum videtur admiffum, *tradatur* illi, qui damnum pertulit. l. burg. 18, 1. Das alam. gefetz bewilligt, wenn pferd, rind oder eber tödten, *ganzes* wergeld: fi *caballus, porcus* aut *bos* hominem occiderit, totum werigeldum (dominus ejus) folvat; fi fervus (occifus) fuerit medium pretium folvat. l. 103. Hinfichtlich des hundes aber heißt es: fi *canis* alienus hominem occiderit, *medium weregildum* folvat (dominus ejus). et fi *totum* weregildum quaerat (heres occifi), omnia *oftia fua claudantur et per unum oftium femper intret et exeat, et de illo limitare novem pedes fufpendatur* (canis) *usque dum totus putrefcat et ibi putridus cadat et offa ipfius ibi jaceant et per alium oftium non intret nec exeat.* et fi canem inde jactaverit aut per alium oftium intraverit in cafam, ipfum weregildum medium reddat. l. 102. Sicher eine verfügung des höchften alterthums. der verwandte des getödteten foll fich mit halbem wergeld begnügen, fordert er das ganze, fo wird ihm (für die andere hälfte, wie bei den Franken) der hund ausgeliefert, den er aber über feine hausthür aufhängen muß und, bei verluft des in geld empfangnen halben wergelds, nicht abnehmen noch zu einer andern thüre aus und eingehen darf, bis das thier verfault und die knochen herunterfallen. geftank und widriger anblick, die ihm das ganze haus verleidet haben würden, follten den betheiligten im voraus bewegen, feine forderung bei der hälfte bewenden zu laßen. Was aber das wichtigfte ift, der alamannifche rechtsgebrauch hängt fichtbar mit einem altnordifchen zufammen, wefentlicher verfchiedenheit beider ungeachtet. nämlich die rede ift nicht von tödtendem hund, fondern von tödtendem knecht, mancipia gelten jedoch den thieren gleich, und was fpäter für diefe recht ift, kann es früher für jene gewefen fein; ferner, dem herrn des knechts liegt verbindlichkeit ob, das ganze wergeld (40 mark) zu zahlen, zahlt er nicht, fo foll, und dies ift die hauptabweichung, *ihm* der knecht an die hausthüre gehangen werden, bis er fault und abfällt: haut er ihn herunter, fo zahlt er die 40 mark. des gefetzes worte lauten: nu vil egh bondin böta firi han i thingum, tha fkal dom a thingi taka til thäs, at *taka ekevidhiu ok binda um hals thrälinum ok uphängia vidh lidhftulpa bondans.* hugger för

nidher, än vidhian rutnar, hätte (? böte) vidh fiuratighi
markum. Oſtg. drap. 13, 2. Daß dem buße weigernden
herrn der fervus noxius vor die thüre gehängt wird,
ſcheint weit natürlicher, als daß der canis noxius dem
zuviel fordernden heres occiſi; beinahe möchte man eine
verwirrung der alamanniſchen tradition vermuthen. Das
aufhängen von thieren über die thür ſoll noch im fol-
genden capitel (unter A. 1.) erläutert werden. Bei der
pauperies ſchreiben auch die nord. geſetze noxae tradi-
tio vor: enn ef *þior* verðr manni at bana, þâ ſcal er-
fingi beida ût hans, enn eigandi *leggi band á oc fái
hönom i höndor.* enn ef *hundr* bîtr mann, þâ ſcal ſâ
beidazt hunds er bitinn var, enn eigandi *leggi band á*
oc fœri hönom î hendor er bitinn var; ebenſo ef *heſtr*
eða ros bîtr eða lyſtr mann eða *naut* ſtângar eða ſvin
höggr. Gulaþ. 190. 191.

### F. *Alterthümlicher bußanſchlag.*

bisher iſt von den bußen unter vorausſetzung der geld-
münze gehandelt worden; daß aber vor zahlung und
zuwägung des geldes, als noch das vermögen haupt-
ſächlich in vieh und getraide beſtand, *eigenthümliche
gebräuche* die entrichtung der bußen regelten, läßt ſich
erwarten. einige derſelben wurden ſelbſt in ſpäterer zeit,
nachdem längſt die verwandlung in geldbußen eingetre-
ten war, für beſondere fälle, ganz oder theilweiſe, wirk-
lich oder nur noch formelhaft, beibehalten. Alle ſpuren
ſolcher bußen zeugen von hohem alter. Characteriſtiſch
pflegt dabei zu ſein theils die erſchwerung der buße
durch ſeltenheit der zu leiſtenden ſache, theils die er-
mittlung des betrags durch einen gewiſſen ſinnlichen be-
zug auf das corpus delicti.
1. alterthümlich in letzterer hinſicht ſcheinen daher auch
verſchiedne geldbußen, namentlich für *feld* und *wald-
ſchäden*, wobei auf das leibliche verhältnis des frevelnden
den und gefrevelten geſehen wird. So richtet ſich die
buße nach den *ſchritten* des gehenden (oben ſ. 105. 515),
nach dem *umdrehen der räder* oder nach ihrem ein-
ſchreiten (ſ. 553), ſo werden die ſchillinge nach *furchen*
und *zaunſtecken* gezählt. Frankenb. gew. (Schminke
2, 746.) alſo dick als ſie da *ufwendeten* uf dem mark-
lande, alſo dick hetten ſie 10 pf. verloren den förſtern.
Camberger w. Beſteht die buße nicht in geld, ſondern
in fachen, ſo pflegen dieſe dem gegenſtand des ſchadens
*gleichartig* zu ſein, ihn aber zu *überbieten;* ein bei-

ſpiel 1. burg. 27, 10: ſi quis ingenuus vomerem furto
abſtulerit, *duos boves cum junctura et adparatu aratri* do-
mino tradere compellatur.

2. der alten *viehbußen* \*) iſt ſ. 587 meldung geſchehen,
es mußte oft mit ſtücken von ausgezeichneter *färbung* \*\*)
und größe vergolten werden, vielleicht weil es ſo alt-
hergebracht war, ungefähr wie geldſtrafen in veralteter,
ſeltner münze vorkommen. Einen beleg, wie die zahl
des viehs nach dem vergehen ſinnlich ermeßen wird,
gibt Dietmar von Merſeb. 2, 22: ob haec Caeſar augu-
ſtus maſcule ſuccenſens Alberto per epiſtolam mandavit
epiſcopo, ut *tot* ſibi *equos* mitteret, quod duci campanas
ſonare vel quot lucernas accenderi praeceperit. in dieſem
beiſpiel freilich nur übertreibende, unausführbare formel.
Bei einigen gerichten erhielt ſich lange die abgabe von
*ſchweinfüßen* oder *hünern* als einer mulcta; ſcultetus
de planis et ſimplicibus emendis recipiet *duos pedes por-*
*cinos* vel *duos pullos* . . . quicunque juramento expur-
gandus fuerit et relaxationem juramenti ab actore aſſe-
cutus fuerit, ſcultetus vero relaxare et ſupportare ipſum
gratis noluerit, reus *duos pedes porcinos* ei dabit vel
*duos pullos.* Liebe nachleſe zur hiſt. Henrici illuſtr.
marchion. miſn. (a. 1256); von ſchlechten u. einfeltigen
bußen ſol er (der ſchultheiß) *zwei hüner* oder *zwehn*
*ſchweinfüße* oder davor einen neuen groſchen nehmen.
ch. a. 1470 bei Haltaus 1665.

3. vorzüglich merkwürdig ſind die *getraidebußen.* Auch
ſie dauerten bis in ſpätere zeit für einzelne beſtimmte
fälle, namentlich war in Sachſen hergebracht, daß frauen
leichtere vergehen mit einem *ſack voller haber* abbüßten:
wo ſich nun weibesperſonen mit einander ſchelten,
ſchmähen oder ſchlagen würden, die ſollen hinfüro u.

---

\*) der zuſammenhang der buße und ſühne mit dem *opfer*
läßt nicht zweifeln, daß auch beziehungen zwiſchen den ſühn
und opferthieren der Griechen oder Römer und unſern wergeldern
in vieh oder getraide vorhanden ſind. Der unvorſätzliche tod-
ſchläger muſte z. b. den ſöhnen einen *widder* zur ſühne darbringen:
ſi quis hominem liberum dolo ſciens morti duit, paricida eſto, ſi
imprudens ſe (ſine) dolo malo occiſit, pro capite occiſi et natis
ejus in concione *arietem* ſubigito. XII. taf. 7, 13.

\*\*) mulcta pro injuria regi illata: reus ſolvat centum vaccas
pro qualibet centuria et cum ſingulis centenis unum taurum *au-*
*ribus rufis* praeditum cum virga aurea ejusdem cum rege longi-
tudinis, magnitudine digiti ejus minimi et craſſitudine unguis
aratoris, qui per novem annos araverit. Wotton 1. Wall. 1, 6.

künftig dem rathe einen *ſack voll hafer mit einem
ſeidenen bande zugebunden* zur ſtrafe geben. Eiſenber-
ger ſtat. (Walch 2, 249); ſchlagen ſich weibsperſonen,
ſo ſollen ſie an das halseiſen treten oder jede einen *ſack
voll hafer mit einem rothen bande zugebunden* zur
ſtrafe vor den rath bringen, wovon die hälfte gn. obrig-
keit zu liefern. ſtat. von Teichel (Walch 5, 175); es iſt
gemeinlich was frawen ſache belangen, es ſei ſlahen,
ſchelden oder blutruſt ein *ſack vul habern* ihre bruche.
protoc. a. 1599 bei Pufend. obſerv. 2, 228; wan ein
weib einen andern ſchilt oder eine frau oder magd einen
andern raufen, ſchlagen oder ſchelten u. keine wunden
werden, ſoll die frau einen *neuen ſack* von 6 ellen u.
*ein malter habern* nebſt einem *rothen ſeidenen band*
von 2 ellen, womit der ſack wird zugebunden, ſtrafe
geben. hannover. landgerichtsartikel §. 63 bei Pufend.
a. a. o.; ſo ſollen dieſelben ſchuldig befunden mit einem
*newen ſacke* u. *ein malder habern* dazu zur ſtrafe ver-
fallen ſein. Leinenberger landger. ordn. §. 41 bei Gru-
pen diſcept. for. p. 835.*)

4. allein dieſen haber bezogen bloß die gerichte, nicht
der verletzte theil. Wichtiger iſt daher der folgende
alterthümliche gebrauch.    In ſächſiſchen bauerweisthü-
mern hat ſich eine buße erhalten, welche der eigenthü-
mer für ſeinen *getödteten hund* zu fordern berechtigt
iſt: ich frage, wann ein hausmann einen guten hund
hätte und würde ihm todt geſchlagen muthwilliger weiſe,
womit derſelbe ſoll gebeßert ſein? antw. den *getödteten
hund ſoll man bei dem ſchwanze aufhangen, daß
ihm die naſe auf die erde ſtehet und ſoll mit rothem
waizen begoßen werden, bis er bedeckt iſt*, das ſoll
ſein beßerung ſein. Wendhager bauernr. p. 200; Peter
Harmens von Oldershauſen klagt, daß Henneke Make
des küſters ſohn von Bardowigk ihme ſeinen hund auf
der hofſtedte erſchoßen. hierauf haben die gerichtsleute
verfunden und eingebracht: ſei ein recht daß man *den
erſchoßenen hund bei dem ſchwanze aufhange, daß
er mit dem maule an die erde rüre, und müße der
theter ſo viel rotes weizen umb den hund gießen*,

--- -- --

*) ſpätere verwandlung dieſer gerichtsbuße: die ſcheltenden
weiber ſollen dem rath ein rieß gutes *ſchreibpapiers* und für einen
ſchilling *grün ſiegelwachs* ſelbſteigen aufs rathhaus bringen. Blan-
kenburger ſtat. b. Walch 5, 87. Um *drei neue kornſäcke* ſtrafen.
Haltaus 1124.

*daß er bedauchet oder behufet werde* und dem kleger
ein jahrlang den hof bewachen\*) und der herren wil-
len machen (d. i. dem landesherrn noch einen fredus
erlegen). Lüneburger marfchrechtsprol. von 1602 (annal.
der braunfchw. lüneb. kurlande 8, 140); *flöge edder
huwe einer den andern fine jagthunde edder winde to
dode* — de olden feden: he fcholde den *windhund* mit
*weten* edder *roggen*, den *jagthund mit hafern*, *up
den kop gefettet* u. *in de höge dat de fwans ein
quartier blot bleve*, *begeten u. bedecken* u. to bote
geven. dat erfte hebbe ik höret erkennen, dat ander feg-
gen. Rugian. cap. 93.; du folt aber wißen, daß das nar-
rentheidinge find, welches etliche fagen, daß wer des
andern hund todt fchlegt, muß ihn feinem herrn mit
*fo viel weizen* gelten, *daß man ihn befchütten mög*,
alfo daß er *nach der länge von der erden aufgehan-
gen* fei. gloffe zu Sfp. 3, 49. In folgender ausfage fcheint
diefe tradition verwirrt, da fie ftatt auf den getödteten,
auf einen fchaden thuenden hund bezogen wird: clege-
rin fagt es fei ein alt Hollerrecht, welches allzeit fo ge-
funden werde, wie fie von alten leuthen berichtet wor-
den, das wer einen hund hat, fo fchaden thuet u. ie-
mand gebißen hat, der fchal denfelbigen *bei dem
fchwanze aufhangen u. mit weizen begießen, das
men nichtes von dem hunde fehen kan* und fothaner
weize u. hund gehor darnach dem befchedigten zu. Hol-
lerlander gohgräfenprot. von 1604 (Gildemeifter beitr. 2,
259. 260.) Ein lebendiger hund würde fich nicht fo be-
fchütten laßen und die annahme, daß man ihn vorher
getödtet, dann befchüttet und fammt dem getraide dem
befchädigten zugetheilt habe, ift völlig unwahrfcheinlich,
weil für den biß des hunds diefe buße viel zu hoch
wäre. Das wird auch durch die überrafchende einftim-
mung fremder rechtsgebräuche, die nur von verbüßung
des getödteten thiers reden, beftätigt: *fi quis felem* hor-
rei cuftodem vel occiderit vel furto abftulerit, *felis
fumma cauda fufpendatur, capite aream mundam
et planam attingente, et in eam grana tritici effun-
dentur, usque dum fummitas caudae tritico cooperia-*

---

\*) diefer zug findet fich auch in den fchottifchen ftatuten
könig Davids 2: fi quis injufte et contra legem alterius canem
interfecerit, vigilabit et cuftodiet ejus fimarium per annum et
diem. Skenaei reg. majeftas Scotiae p. 51. Den *mifthaufen* heißt
was den hof bewachen, vgl. *miftbella* gramm. 2, 434.

*tur.* Wotton leges Walliae 3, 5, der bemerkt, daß
nach ſpätern verordnungen in England wer einen
*ſchwan* getödtet ihn *beim ſchnabel aufhängen und
mit korn beſchütten* muſte. Seetzen verzeichnet fol-
gende rechtsgewohnheit nomadiſcher Araber: hat einer
des andern *hund* getödtet, ſo nimmt der eigenthümer
vor dem ſcheik (oberrichter) den hund, *hält ihn am
ſchwanz* dergeſtalt, daß die ſchnauze genau den boden
berührt, *in die höhe* und der thäter muß nun ſo lange
*gerſte* oder *korn aufſchütten*, *bis die letzte ſpitze
des ſchwanzes zugedeckt iſt.* Zach monatl. correſp.
1809. band 19 p. 130. Und wie in dieſen beiſpielen der
werth des hundes, des ſchwans, der katze durch *be-
ſchüttung* ermittelt wird, ſo findet ſich im Norden eine
ganz analoge ſchätzung durch innere *ausfüllung* der
abgezognen thierhaut: der balg eines geſtolnen *ochſen
mit mehl gefüllt* wird dem beſchädigten zur buße ge-
geben (belgr hans fullr af miöle, ok ætla ek þer þat í
uxaverdit.) Brandkroſſa þáttr ed. B. Thorlacius 1816
cap. 2. vgl. Müller ſagabibl. 1, 296.

5. alles führt aber noch weiter. nicht bloß für *erſchlagne
thiere**\*),** auch für *menſchen* kannte unſer alterthum
ein ſolches wergeld, ſtatt des *rothen waizens* läßt die
fabel *rothes gold* aufſchütten über den leichnam. Zwar
die eddiſche ſage, welche hierher gehört, geht auch
noch von einem menſchen in *thiergeſtalt* aus. Hreid-
marr hatte drei ſöhne Fäfnir, Otr und Reginn. Otr
wandelte ſich in die geſtalt einer otter, wie ſchon ſein

---

*\*) es lag ganz in der anſicht des alterthums, nicht nur
*knechte* wie *hausthiere*, ſondern auch *hausthiere* wie *knechte* zu
behandeln, dem thier alſo gewiſſe menſchliche rechte, nament-
lich in art und weiſe der buße und des wergeldes einzuräumen.
In einem fall wurde ſogar das thier gleich dem freien ſelbſt ge-
büßt, nämlich *das pferd, auf dem ſein herr ritt.* wer ihm wun-
den ſchlug, muſte ſie bei den Alamannen componieren, als wä-
ren ſie dem herrn geſchlagen: ſi quis homo in equo ſuo caballi-
caverit et aliquis eum ſuper ipſum plagare voluerit et dum illum
plagare voluerit, caballum ejus plagaverit, ita plagam caballi
componat, quemadmodum componere debuit, ſi dominum ejus
plagaſſet. lex alam. 71. Dies iſt auch ins ſchwäb. landr. überge-
gangen: ſitzet ein man uf ſinem roſſe u. wil riten an ſin ge-
ſchefte, ein ander man ritet gen im u. ziuhet ſin ſwert uz u.
wil in ſlahen u. triffet daz ros daz (eg) ſtirbet, nach künig
Karles reht (d. i. der alten lex alam.) ſol er im buegen, als ob
er in ſelben troffen hete; daz iſt davon geſetzet, daz er imz het
gemeint, daz er dem ros tet. Schilt. 321. Senkenb. 234.*

name zeigt, ftieg in den fluß und fing fifche. eines
tags faß er am ufer und verzehrte blinzäugelnd einen
lachs, als drei wandernde Afen Odinn, Loki und Hoe-
nir des weges kamen, Loki fah die Otter fitzen, griff
einen ftein und warf fie todt. froh ihres fangs ftreiften
fie dem thiere die haut ab und zogen weiter. Aber am
abend nahmen fie herberge. grade in Hreidmars haus
und zeigten, nichts von Otrs verwandtfchaft wißend,
den waidfang vor. Alsbald erkannten Hreidmarr und
feine föhne den balg, legten hand an die Afen und be-
gehrten *fiörlaufn* (löfegeld), welches darin beftehen
follte, daß der ganze balg inwendig *mit rothem gold
ausgefüllt, aufgerichtet* und auswendig wieder *mit
gold zugehüllt* würde (at *fylla* otrbelginn með gulli ok
*hylja* útan með raudo gulli. Sæm. 180; at *fylla* bel-
ginn af raudu gulli oc fvâ *hylja* hann allann. Snorri
p. 136.) In der gewalt ihrer feinde, mußten fich die
Afen den anfatz gefallen laßen, fandten Loki aus, das
gold herbeizufchaffen und begannen, als er es gebracht
hatte, zu füllen und zu hüllen. Aefir trâdo upp otr-
belginn ok *reifto â fætr*, þâ fcyldo þeir hlaða upp
gullino ok *hylja*. Als fie gehüllt hatten, gieng Hreid-
marr zum goldhaufen und befchaute ihn, er fah ein ein-
ziges unbedecktes barthaar hervorragen und verlangte,
daß es noch gehüllt würde. das gold war aufgegangen,
Odinn mufte einen koftbaren ring hergeben, den er gern
behalten hätte und mit ihm das haar zudecken. Diefer
mythus, in beiden edden auf verfchiedne weife erzählt,
auch bei Sämund nur in profa, aber in folcher, die
nothwendigen finn zwifchen liedern ergänzt, fcheint
mir uralt und bietet die merkwürdigften beziehungen
dar. Er hat fogar poetifche namen des *goldes* herbei-
geführt, das die fcalden *otrgiöld* nennen oder *Afa
naudgiöld*. Jene weisthümer reden bloß vom begießen,
bedecken, d. i. *hüllen* des hundes, die ftelle aus Brand-
kroffaþâttr umgedreht bloß vom *füllen* des ochfenbalgs;
hier beim Otr erfcheinen beide weifen verbunden, erft
*füllen*, dann *hüllen.* \*) Beim hüllen laßen alle andern
ftellen das thier am fchwanz nehmen und die fchnautze
den boden berühren, hier wird die otter auf die füße
und der kopf nach oben gerichtet (reifa â fætr), daher

---

\*) die *hülle und fülle*, noch heute formel; mhd. *behüllet* und
*erfüllet.* Maria 188.

iſt dort die *äußerſte ſchwanzſpitze*, hier das *äußerſte granhaar* zu decken. Es iſt ein bloß epiſcher ausdruck, daß nach Vollendung des goldhaufens noch ein köſtlicher ring, gleichſam als *zugabe*, oben darauf gelegt werden muß.   Gerade ſo wirft Niåll auf den vollen haufen (rûga) des entrichteten wergelds zuletzt noch ſeidentücher und leerſen (tôk þâ ſilkiſlædur ok bôta ok lagdi â rûguna ofan) Niala cap. 124, um jede einrede abzuſchneiden, und dies iſt der grund aller *zugaben* im alten recht.   *Waize* und *gold* vertreten einander ſehr natürlich und beide haben ſelbſt in den formeln daſſelbe epitheton.*)   Nach der edda iſt das *gold* nicht bloß *mehl*, ſondern auch *korn* und *ſame*.

6. dem *gold* und *geld* begegnen wir daher auch und nicht dem waizen in andern deutſchen ſagen, die ausdrücklich das *menſchliche*, nicht das thieriſche wergeld angehen; die bedeutendſte**) ſtelle findet ſich bei Fredegar († um 658) oder dem ungenannten verf. der angeblichen excerpte aus der chronik des Idatius († 468) cap. 60 (Bouquet 2, 463): der weſtgothiſche könig Alarich und der fränkiſche Chlodowig wollten nach langem zwiſt friede ſtiften.  bei einer verabredeten zuſammenkunft erſchienen die Gothen gegen den vertrag heimlich bewafnet (fraudulenter uxos***) pro baculis in manibus ferentes), Paternus der fränkiſche botſchafter ſah darin einen mordanſchlag auf Chlodowig und die Franken und führte beſchwerde.  man kam überein, dem oſtgothiſchen könig Theodorich die entſcheidung des handels anheimzuſtellen.   Dieſer: talem inter eosdem judicium termenavit, ut difficile Gotthis, quos Alaricus regebat, hujus culpae compoſitio ſuppleretur, ut veniret legatarius Francorum *ſedens ſuper equum, contum erectum tenens in manum* ante aulam palatii Alarici et tam diu Alaricus et Gotthi *ſuper eum ſolidos jactarent, quousque legatum et equum et cacumine conti cum ſolidis cooperirent*.   Hier wird auf einen bloßen anſchlag fabelhaft die volle buße angewandt; es wäre eben ſo unthunlich, den zu pferd ſitzenden lebendigen reiter

---

*) der waize heißt auch der *goldne*, agſ. *goldhvæte*. Beov. 228; darum glaube ich noch nicht, daß πυρός non πῦρ ſtamme, denn dieſes hat kurzen vocal, jenes langen.

**) zuerſt von Hudtwalker (zeitſchbr. 2, 137) nachgewieſen.

***) äxte oder meſſer? vgl. Ducange ſ. v. uxus.

mit gold zu bedecken, als den lebenden hund mit wai-
zen. Aimoin 1, 20 wollte die ſage wahrſcheinlicher
machen, wenn er ſich ausdrückt: Theodoricus, utrius-
que partis agnita cauſa, ſtatuit ut legatus Francorum
equo aſcenſo ante fores palatii regis Alarici ſtans eleva-
tam teneret haſtam manu, ſuper *quam* Alaricus et Go-
thi eo usque copiam jacerent nummorum argenti, quo
usque ſummitas operiretur conti, quorum ſumma ſoli-
dorum ad dominium deveniret regis Francorum. Es
läßt ſich eher denken, daß bloß um die von dem reiter
gehaltene lanze ein haufen geldes aufgeſchüttet werde.
Nichts deſtoweniger iſt eine ſolche deutung falſch und
die wahrheit, Theodorich mag nun den ausſpruch ge-
than haben oder dieſer völlig ſagenhaft ſein, bricht aus
der ſache hervor. Ich bezweifle nicht, daß es bei den
Gothen in früher zeit rechtsbräuchlich geweſen, den
leichnam des erſchlagnen helden, auf ſeinem (getödteten
oder lebendig feſtgebundnen) pferde errichtet, mit edelm
getraide zu beſchütten *) und ſo zu verbüßen. Der dem
todten in die hand gebundne hohe *ſpeer* bezeichnete
dann den *gipfel des bergs* (wie bei den thieren die
ſpitze des ſchweifs oder des ſchnautzhaars) und der ſo
gethürmte hohe waizenhaufen muß ein ſtattliches, der
wohlhabenheit des alterthums angemeßenes wergeld ge-
bildet haben. Ehe ich noch einen waizenberg aus dem
recht des mittelalters zur beſtätigung anführe, iſt einer
andern ähnlichen ausmittelung des wergelds zu er-
wähnen.

7. in liedern und chroniken geſchieht es nicht ſelten,
daß die dargebotne vergeltung und ſühne ermeßen wird
*nach dem gewicht* des todten, gefangnen oder kranken,
ja dies verfahren gilt auch für einzelne glieder. Hier-
her gehört ſchon das griech. χρυσῷ ἐρύσασθαι Il. 22,
351 das einige für aufwägen, andere für loskaufen neh-
men, es erinnert auch an bedecken (vgl. ἔρυμα, decke);
in einem ſpaniſchen volkslied (ſilva p. 223):
   ſi tu lo tienes preſo, *a oro lo peſaran.*

---

*) *füllen* wäre an menſchen nur denkbar, inſofern die kleider
des todten mit gold ausgeſtopft würden, wobei mir eine ſtelle
aus Wippo (Piſtorius 3, 472) einfällt: ibi rex Chuonradus maxi-
mam munificentiam in quendam ſauciatum teutonicum more ſo-
lito oſtendit, cui pes cum magna parte ſupra talum in pugna
penitus abſcindebatur, cujus *ocreas* de corio factas rex afferri
praecipiens utramque *nummis juſſit impleri* et ſuper grabatulum
ſauciati militis juxta illum poni. Eine alterthümliche gliederbuße.

Im gedicht von den Haimonskindern erbietet sich Carl
dem Haimon, seinen erschlagnen vetter Hugo *neunmal
mit gold aufzuwiegen;* hernach als Reinold des kö-
nigs eignen sohn Ludwig getödtet hat, bietet er an,
ihn *neunmal an gold zu zahlen* und außer andern
bußen und stiftungen, einen *goldnen mann so groß
als Ludwig gewesen,* machen zu laßen, was zu der
*neunfachen* geldbuße (oben s. 654) stimmt. Pf. Chuon-
rat 4383:

> vil gewis soltu des sîn,
> der dich *mit golde wâge,*
> daz ich ez dâfure nine nâme;

wat vergoeding wy den hertog sullen doen? men sal
hem presenteren syn soons lighaam *met goud* en koste-
like gesteentens *op te wegen even swaar.* Margar. van
Limburg cap. 51. 52; dum autem ista et alia nonnulla
hujusmodi litigando prosequerentur, insinuabant, ut nisi
*auro argentove,* quantum sui *corpus aequa lance pen-
sitaret,* redimeret, non fore dimissurum. chron. novalic.
ap. Muratori col. 764; Chararicus könig der Sueven,
deßen sohn erkrankt war, von der wunderkraft der
gebeine des heil. Martinus hörend, *pensato auro argen-
toque ad filii sui pondus* transmisit ad venerabilem lo-
cum sepulcri. Gregor. turon. de mir. S. Mart. 1, 11.*);
ein vatermörder soll sich mit so viel *golde,* als er selbst
schwer ist, mit so viel *silber,* als ihn zweimal aufwie-
gen könnte, lösen. Micrälius Pommern 2,41 ad a. 980;
si quis episcopum occiderit, fiat *tunica plumbea* secun-
dum statum ejus, et *quod ipsa pensaverit, auri tan-
tum* donet, qui eum occidit, et qui aurum non habet,
donet aliam pecuniam, mancipia, terram, villas, vel
quicquid habet usque dum impleat debitum. et si non
habet tantam pecuniam, se ipsum et uxorem et filios
tradat ad ecclesiam illam in servitium usque dum se re-
dimere possit. l. bajuv. I. 1, 11. Diese letzte stelle setzt
die rechtsgewohnheit leiblicher abwägung des lösegelds
außer zweifel, für den höchsten geistlichen sollte sie fort-
dauern, nachdem schon alle übrigen wergelder in geld
fixiert waren.

------------

*) Ruinart bemerkt hierzu, daß ärmere leute *wachskerzen* zu
opfern pflegten, deren schwere das gewicht des kranken, oder
deren höhe die seiner gestalt gerade austrug. So wurden auch
*hände* und *füße* in *wachs* den kirchen dargebracht.

8. zuweilen ift endlich, ohne die idee von hüllung oder abwägung des leichnams, bloße *erfüllung* eines bezeichneten *raums*\*) oder dazu aufgefchlagnen *gerüftes* das, was den betrag des löfegelds ermittelt. Hierauf möchte ich das bild eines dichters des 12. jh. ziehen (Maria p. 37):

> fwer dir, hêrre, mæʒe
> difen irdifken gibel
> hôhe ûf unz an den himel
> mit *rôtguldinen fpelten,*
> der enmöhte dir daʒ kint niht vergelten.

was *fpëlte* genau ift, weiß ich nicht, es muß aber ein werkzeug, brett oder ftange fein, vgl. a. Tit. 85 und das goth. *fpilda* (tabula); an folche fpelten, glaube ich, wurde das wergeld befeftigt oder aufgehangen. Der Sfp. 3, 45 bewahrt uns folgende merkwürdige angabe: der dagewerchten weregelt is en *barch vul weites* von twelf *ruden,* alfo iewelk *rude* von der anderen fta enes vedemes lang, iewelk *rude* fal hebben twelf *negele* upwart, iewelk *nagel* fal von dem anderen ftan als en man lang is bit an die fculderen, durch dat man den *barch* geboren moge von nagele to nagele, iewelk *nagel* fal hebben twelf *büdele,* iewelk *budel* twelf *fchillinge.* Sicher ein uraltes wergeldsgerüfte\*\*), innerhalb ausgefüllt mit weizen, fein umfang beftimmt durch zwölf ruthen in fadenweitem zwifchenraum und jede ruthe zwölf nägel hoch, jeder nagel mannslang über dem andern; ein folcher *getraideberg* muß noch den übertreffen, der auf den reiter zu pferd gefchüttet wird. es follen aber noch zwölf beutel an jedem nagel hängen und in jedem beutel zwölf fchillinge fein. Rechnet man bloß diefe fchillinge in 1728 beuteln an 144 nägeln fo find ihrer 20736, und es liegt am tage, daß ein folches, das wergeld des freien mannes beinahe 60 mal über-

---

\*) Atabaliba verhieß dem Pizarro zum *löfegeld* fo viel goldes aufzubringen, als das gemach, worin fich der gefangne könig befand, *fo weit er mit feiner hand in die höhe reichen könnte,* faßen würde; hiernach ward an der wand ein rother ftrich gezogen und die Peruaner trugen gold, krüge, becher und gefäße von allen feiten her. Näheres in Francifco Lopez de Gomara hift. general de las Indias. Amberes 1554. 8. cap. 114. fol. 151 und in Happel rel. cur. 3, 759.

\*\*) das fchon die zeichner des Sfp. in keinem bild anfchaulich zu machen wagten.

steigendes dem taglöhner, der noch unter dem laten
steht, spottweife geboten wird. er empfängt es, das
heißt, er empfängt gar keins. Aber auf Eiken von Rep-
gowe muß die tradition des alten, sonst in keinem
einzigen gesetzbuch enthaltenen waizenbergs gelangt sein
und vermuthlich hatten noch spätere sächsische schöffen
davon einige kundschaft. In dieser beziehung scheint es
mir wichtig anzuführen, was einzelne glossen beibringen.
eine bemerkt, daß man sich einen haufen unausge-
droschen, noch im geströhde steckenden waizens zu den-
ken habe; eine andere sagt: vernimm (wie ich es denn
in einem *sehr alten buch* ausgelegt gefunden hab), das
diese *nagel* sind gewest *ruten* uber quer gelegt über
eine schicht weizens, erstlich von der erden auf, *als
lang der man bis an die schuldern gewest ist* *) u.
denn wider weizen darauf gelegt worden, so hoch als
der man lang gewest u. denn aber *ruten* uberquer die
uber den weizen heraus gereicht u. an ider *ruten* ein
beutel gehangen als an einem nagel. Ob diese vorstel-
lungen richtig sind, laße ich dahin gestellt, bedeutender
scheint es wahrzunehmen, daß in der alten l. Saxonum
2, 1 gerade beim wergeld der technische ausdruck ruthe
gilt: *ruoda* dicitur apud Saxones CXX sol. et in prae-
mium CXX solidi. alle diese zahlen sind duodecimale
120, 240, wergeld des edeln 1440 (120 × 12), des
freien im Ssp. 360 (120 × 3) und jene 144 nägel des
bergs wiederum das zwölfquadrat oder das zehntel der
composition des nobilis. Zusammenhang hierin ist unver-
kennbar.

Es lag in der sinnesart unserer vorfahren, für gewisse
feierliche handlungen *bühnen* oder *gerüste* aufzurichten
und sie mit schmuck zu behängen. **) Ich kann noch

---

*) bestimmter als das: en man lang, im texte des Sfp. und
wieder auf ein maß nach dem todten leichnam weisend.

**) namentlich gehört dahin die sitte der *leichenbühne* (mittel-
lat. cadafalus, altfranz. cadefaut, span. cadabalso, ital. catafalco)
und des spätern *paradebettes*. man vgl. die anordnung des *schei-
terhaufens* der Brynhild Sæm. 225[b], die *strava* auf dem grabe
Attilas bei Jornandes p. m. 132, die pira *equinis fellis* constructa,
ibid. p. 122, und vor allem die beschreibung Herodots 4, 71. 72
von dem σῆμα der *scythischen könige*, das aus halben *wagenrädern*
und den ausgestopften leichnamen getödteter *pferde* und *knechte*
künstlich errichtet wurde. Diese todten aufgestellten reiter erin-
nern vollkommen ans gothische wergeld.

ein beiſpiel aus dem büdinger weisthum geben. die *höchſte buße*, welche dem forſtmeiſter zu entrichten iſt, ſoll beſtehen in einem fränkiſchen *fuder weins* und *auf jeden reif einen weißen becher;* bei vollſtändiger aufzählung werden auch ſchillinge in jedem becher vorgekommen ſein, wie durch ein andres weisthum (oben ſ. 381) beſtätigt wird. Dieſe becher auf den reifen und ſchillinge in den bechern gleichen den ſächſiſchen nägeln, beuteln und ſchillingen. Bemerkenswerth ſcheinen endlich hier die verſe, in welchen Angantyr ſeinem bruder Hlödr zwar nicht buße, ſondern einen theil der erbſchaft anbietet (Hervararſ. p. 192):

> ek mun bioda þer ítrar veigar
> ok fiöld meiđma, ſem framaſt tiđir;
> tôlf hundrud gef ek þer manna, 1200 mara,
> 1200 ſkalka þeirra, er ſkiöld bera.
> manna gef ek hverjum margt at þiggja,
> mey gef ek hverjum manni at þiggja;
> *meyju ſpenni ek hverri men at hâlſi,*
> mun ek *um þik ſitjandi ſilfri vela,*
> *enn gângandi þik gulli ſteypa,*
> *ſvâ â alla vega velti baugar.*

man erkennt auf welche weiſe im alterthum *gezahlt* wurde, mit knechten, mägden, halsbändern, gold und ſilbergeräth und rollenden ringen.

## G. *Scheinbußen.*

Unfreie, unehrliche, verächtliche leute haben auf gar keine genugthuung anſpruch, oder nur auf ſpöttiſche und ganz geringe; ſie waren im grunde rechtlos, jeder durfte ſie ungeahndet beleidigen. Solche ſind: pfaffenkinder, huren, gaukler, ſpielleute, kempfen (im land herumziehende kunſtfechter), ſchwerer verbrechen überwieſene. *campionem* (ſine compoſitione occidere licet). l. Friſ. 5, 1. Welches wergeld den *dagewerchten* geſetzt war, iſt vorhin verhandelt worden, ihre buße ſind: *twene wüllene hantſcho* unde en *mesgrepe.* Sſp. 3, 45. Ferner ebendaſelbſt: *papenkindere* unde die *unecht* geboren ſin, den gift man to bote en *vuder houwes alſe twene jarge oſſen getien mogen. ſpelluden* unde alle den, die ſik to egene geven, den gift man to bote den *ſcaden enes mannes. kempen* u. iren kinderen den gift man to bote den *blik von eme kampfſcilde jegen die ſunnen. twene beſmen* u. en *ſchere* is der bote,

die ire recht mit düve oder mit rove oder mit anderen
dingen verwerken. Uebereinſtimmend hiermit das ſchwäb.
landr. 305 Schilt. 402 Senkenb., mit näherer ausführung:
ſpillüten u. allen den, die gut für ere nement u. die ſich
ze aigen geben hant, den git man ains *mannes ſchaten
von der ſunnen*, daz iſt alſo geſprochen, ſwer in iht
laides tut, daz man in bezzern ſol, der *ſol zu ainer
wende ſtan*, *da diu ſunne an ſchinet* u. ſol der ſpil-
man dar gan oder der ſich ze aigen ergeben hat, u.
ſol den *ſchaten an der wende an den hals ſlahen*,
mit der rach ſol im gebezzert ſin; nach einer andern
hſ: oder ſwaz ich im tun, daz ſol er minem ſchaten
tun. Vom *blinkenden ſchild* oben ſ. 74; der geſchlagne
ſchatten gemahnt an eine ſtelle in Luthers tiſchreden
cap. 9, wo eines von kaiſer maximilian gemilderten to-
desurtheils erwähnung geſchieht: wenn man den übel-
thäter zum richtplatz bringe, ſolle ihm die *erde* (?) *ſei-
nes ſchattens weggeſtochen* oder weggeſtoßen und er
darauf landes verwieſen werden; das heißt ein *gemähl-
ter tod.* Eigenthümlich ſind die altſchwediſchen bußen
für den todſchlag der ſpielleute: nu varder *lekare* drä-
pin, tha böte arva hans *thriggia iämlanga gambla
qvighu* ok köpa hanum *nyia handſka ok nyia ſkoa
ok ſmyria badhe.* tha ſkal han taka qvighuna ok *ledha
up a högh ok halan i hand arva* lekarans ſätia. tha
ſkal bondin *til hugga medh giſl thre hugg. far han
haldit, havi at botum ſinum,* ſlipper hanum qvighan,
tha ſlippe hanum alder faghnadher. Oſtg. drap. 18, 1;
vardher *lekari* bardär, thet ſkal e ugilt värä. vardher
*lekari* ſarghadher then ſum medh gigu ganger ellar
medh fidlu far ellar bambu, tha ſkal *kuigu* taka otamä
ok *flytia up a bäſing.* tha ſkal *alt har af roppo rakä*
ok ſidhän ſmyria. tha ſkal hanum *fa ſko nyſmurdä,*
tha ſkal lekarin taka kuiguna um roppo, madher ſkal
*til hugga medh huaſſi geſl; giter han haldit, tha
ſkal han havä then goda grip* ok niutä ſum hunder
gräſs; giter han eigh haldit, havi ok thole thet ſum
han fek ſkama ok ſkadä. bidhi aldrigh haldär rät än
huskonä hudſtrukin. Veſtg. bard. 7. Da es unmöglich
iſt, mit friſchgeöltem handſchuh den glattgeſchornen
ſchweif einer jungen, ungezähmten, den hügel herab
gepeitſchten kuh feſtzuhalten, ſo wird niemals ein ſpiel-
mann auf dieſe buße anſpruch gemacht haben. Auch
in den walliſchen geſetzen, aber bei anderer veran-
laßung, begegnet der nämliche zug, nämlich wenn ein

bräutigam feine braut nicht reine jungfrau findet: fed
fi illa feipfam purgare noluerit, camifia ejus inguinum
tenus dilacerabitur et *jnvencus anniculus, cauda prius
uncta, in manus ejus tradetur,* quem fi per caudam
tenere potuerit, pro parte dotis fuae accipiet, fin autem
detinere nequiverit, nihil accipiet. Und dann: fi *tauri
trimi caudam detonfam et febo inunctam, per ja-
nuam vimineam immiffam, pedibus limini innixis,
manibus prehendens* detinere potuerit, licet taurus *a
duobus hominibus utrinque ftimulis urgeatur,* pro
'fuo habebit in compenfationem ob infamiam violatae pu-
dicitiae; fin aliter, habebit tantum febi, quantum mani-
bus adhaeferit. Wotton 2, 42. 43. vgl. Probert p. 132.
133. *Scheinbuße* ift ferner das, was in gewiffen fällen
für den todfchlag deffen entrichtet werden foll, den
man zu tödten berechtigt ift; ein folcher hieß altn.
*ôbôtamadr* (impune necandus) Egilsf. 737. So darf der
hausherr den in fein haus einbrechenden frevler, der
ehmann den auf der that betretenen ehbrecher, der
verwandte den in bann gethanen, vogelfreien mörder
feines magen ungeftraft todfchlagen. Zum fchein *legt*
er eine *geringe münze* oder einen *hanenkopf auf den
leichnam* u. weiter kann keine genugthuung gefordert
werden. Item, is ift ein landrecht, wer es, das der
fchedelich man verzalit were mit füer u. mit brant, fo
enmochten dan alle magen des doden, binnen achter
fufterkinder, den misdedigen man flan, u. flugen fi ine
doit, fi mochten fich des enweren mit *vier pfening* u.
mit dem *wapen,* domite fi in flugen u. fulen *die pfe-
ninge u. die wapen legen off fine borft;* hetten fi der
pfeninge nit, fi mochten *phant daroff legen,* die alfe
gut vor weren u. weren des quit, ledig u. lois, als die
funn offget u. der wint wait u. der regen fpreit. Bodm.
627. 628; desgleichen wer in feinem haus überfallen
die hausfucher erfchlägt, zahlt bloß *vier pfennige* für
einen jeden. daf. 628 art. 72; fo jemand bei nachte ei-
nen in feinem haufe würde finden, dem he nicht be-
fcheden hedde u. des hufes befitzer denfelben alfo vort
darover ftraffen wurde, dat he im nit na enliepe, mag
de hushelder *en hoel unter die foelen* deffelvigen hu-
fes untergraven u. *unter der foelen hertreken* u. *legen
ihme enen cruzpfening op fin borft,* darup fal wieder
keine frake gahn. Benker heidenr. §. 25; den der einem
gewalt thut auf dem feinen foll der hauswirt todfchlagen
u. *unter dem fülle ein loch graben* u. *ziehen den*

*thäter darunter durch* u. legen ihm einen *dreier auf
die bruſt*, oder kann er den nicht haben, ſo *hauc er
dem hanen den kopf ab u. lege ihm denſelben auf
die bruſt*, damit ſol er gebeßert ſein. Wendhagner
bauernr. 200; mos in comitatu atrebatenſi receptus, quo
ab occiſione banniti ſeu proſcripti immanis erat inter-
fector, modo *illius capiti*, quem intra limites comitatus
occiderat, *denarium argenti ſupponeret:* par la cou-
tume notoire de ladite conté d'Artois cellui ou ceulx,
qui treuvent bannis es mettes de ladite conté, et les
mettent à mort, ſont et doivent eſtre de ce quittes et
tenuz paiſibles, *en mettant un denier dargent ſoubz
la teſte du banni mort.* Carpentier 1, 453.

## CAP. III. STRAFEN.

Buße greift das vermögen, ſtrafe leib und ehre des
verbrechers an. wo ſtrafe eintritt, findet keine buße
ſtatt: ſvar die düdeſche man ſinen lif oder ſine hant ver-
wercht, he loſe ſe oder ne du, dar ne dar he geven
noch gewedde noch bote to. Sſp. 3, 50. Der *benennun-
gen* ſind begreiflich weniger für die ſtrafen als für die
bußen, weil gewöhnlich gleich die einzelne ſtrafart ſelbſt
genannt zu werden pflegt. Doch verdienen folgende
allgemeine namen erwägung:

1. die lat. geſetze brauchen *poena* ποίνη, das gar nicht
mit φόνος verwandt ſcheint) und *punire*; aus dieſem
fremden worte iſt das ahd. *pina* (bei N. pína und bína)
mhd. pîne, nhd. pein gefloßen, das uns noch jetzt den
begriff von tormentum, marter hat; vgl. *pina* Aſ. 20.

2. *caſtigare*, züchtigen, ahd. *reſſan*, was urſprünglich
verberare, mit der ruthe ſtrafen ſcheint, denn *reſſan*
hat neben der abſtracten bedeutung von increpare, ani-
madvertere, corripere auch noch die ſinnliche von per-
cutere, ſo wie *raſſunga* geradezu virga gloſſiert. Ich
halte darum reſſan (früher hreſſan?) genau für ξανίζειν,
es kommt aber auch ein reſſan *mit worten* (verbis in-
crepare) vor und die lex alam. 38, 2 da, wo ſie dem
unfreien ſchläge zuerkennt, verordnet dem freien bloße
dreimalige correption: *corripiatur* usque ad tertiam
vicem.

3. *ſtrafe* und *ſtrafen* ſind zwar ſchon mhd. (vgl. ſtrâ-
phin Diut. 1, 8. ſtrâfen Nib. 2186, 4. klage 426. Geo.
3578. Lohengr. p. 57) aber unhäufig und faſt nur mit der

bedeutung reprehenfio, reprehendere, corripere (vgl. Haltaus 1752. 1753), in ahd. denkmälern hab ich fie noch nicht gelefen, auch mangelt ein agf. ftræpan oder altn. ftrâpa; das fchwed. dän. und felbft ifländ. *ftraffa* ift offenbar aus dem hochdeutfchen entlehnt.

4. das ahd. *wiʒi*, mhd. wîʒe ift fupplicium und höllen-ftrafe hieß hellawîʒi, altn. helvîti, das im fchwed. hel-vete, dän. helvede jetzt den bloßen begriff von hölle ausdrückt. daß der agf. *vite* außer fupplicium auch den finn von obrigkeitlicher buße hat, ift f. 657 gezeigt.

5. eine verbreitete benennung war ahd. *haramfcara*, altf. harmfcara, agf. *hearmfceare*, das ahd. verbum *haramfcarôn* fcheint faft fynonym mit reffan und heißt gleichfalls percutere, flagellare. fcara ift auflage, herrn-auflage, frohne (oben f. 317), harmfcara folglich was zur pein und qual (von der obrigkeit) *auferlegt* wird. Auch die fränk. capitularien kennen das wort: aut illum bannum perfolvant aut aliam *harmifcaram* fuftineant. Georg. 1428. 1822; andere lat. urk. geben *armifcara*, die langob. gefetze Lothars 43. *harnifcara*. Im 12. 13. jh. kommt der ausdruck zwar noch vor, fängt aber an felten zu werden: wette dem kunige fine *harnfcar* cod. pal. 361. 39ᶜ; der tiuvel hât in der geraht mir ze einer *harmfchar*. Gregor 1123; der herre mit der *harnfchar*, dem die rotte zu tragen auferlegt war. Trift. 13177. Einige fpätere belege, namentlich ein cölner *harfcharengericht* führt Haltaus 824. 825 an, der nur auf die ganz falfche ableitung von haar und fcheren ver-fallen ift. Man darf fich unter harmfchar keine be-ftimmte ftrafe denken, es kann von jeder gelten, ob-gleich es einzelne urkunden vorzüglich auf die geifelung und das hund oder fatteltragen beziehen.

6. *feme* (genauer *fëme*, nach einem reim zu urtheilen) fcheint zuweilen ftrafe, zuweilen ftrafgericht zu bedeu-ten; die ftellen, wo diefes wort feit dem 12 jh. vor-kommt, finden fich gefammelt in Wigands femgericht Weftphalens p. 308 und in deffen archiv I. 4, 114. 115. II. 1, 108. 109.

7. ahd. *anado*, anto (zelus) ahndung, *andôn* fculde (pu-nire) N. Bth. 58.
Wie bei den bußen kommt bei den ftrafen *ftand*, *ge-fchlecht* und *alter* in betracht. Den *knecht* treffen härtere als den *freien* und er wird zuweilen geftraft, wo der freie bloß büßt. Einzelne ftrafen gelten aus-

ſchließlich für *männer*, andere für *frauen*, z. b. galgen,
landesverweiſung geht nur männer an. Dem *unmün-*
*digen* können gewiſſe ſtrafen nicht zuerkannt werden.
Endlich richtet ſich auch die art einzelner ſtrafen nach
dem verbrechen (diſtinctio poenarum ex delicto. Tac.
Germ. 12). Alle ſtrafen beziehen ſich entweder auf leben
oder auf leib oder auf ehre oder auf landesrecht.

A. *Todesſtrafen*, d. h. die an das leben gehen, des
lebens berauben; in den alten geſetzen oft allgemein
ausgedrückt, morte puniatur, occidatur, tradatur ad
mortem, vitae perculo feriatur und ſelbſt das capite pu-
niatur (l. Saxon. 2, 10. 3, 1. 4) das ſanguinis effuſione
componat (l. burg. 2, 3) iſt nicht gerade auf enthauptung
zu beziehen, ſo wenig als das heutige: es ſoll ihm den
kopf koſten, an den hals gehen.*) Auch die nord. ge-
ſetze brauchen zuweilen drepa (occidere) ohne beſtim-
mung der todesart: voro þat lög at þann mann ſkyldi
*drepa*, er vægi mann î konûngs herbergi. Ol. Tr.
cap. 171; oder es heißt: *ſê feigr* (moriatur), varin
badhin *fegh*. Upl. manh. 13, 2. Veſtm. manh. 28. Ein-
zelne *grauſame* ſtrafen, wie das todtpflügen, exenterie-
ren, das fleiſchhauen vom ſchuldner, das fleiſch freßen
von der bruſt waren alte rechtsſage, wurden aber niemals
vollſtreckt.

1. *Hängen*, goth. hahan, ahd. hâhan und hangan.
die alte poeſie iſt reich an bildlichen ausdrücken für
dieſe allgemein verbreitete todesart: in der luft reiten,
die luft über ſich zuſammenſchlagen laßen, den *aſt*
bauen, den *dürren baum* reiten; vgl. die formeln f. 41.
42. Durch alle deutſchen mundarten die benennung
goth. *galga*, ahd. galgo, altn. gâlgi (vgl. ἕλιξ und ἕλκω,
vom aufwinden, aufſchnellen, aufziehen); daneben *wi-*
*zipoum* (arbor ſupplicii) gl. jun. 242 oder bloß *baum*,
ûf einen boum hâhen (gr. Ruod. E^b, 27) wie hinûz
hâhen an den galgen. Berth. 86; proditores et transfu-
gas *arboribus* ſuſpendunt. Tac. Germ. 12. Sicher aber
wurde nicht der erſte beſte baum im wald dazu erleſen,
ſondern es waren beſtimmte *laubloſe* bäume**), an be-

---

*) vom *leben zum tode bringen*, *entleiben*, mnl. *ontliven*. Rei-
naert d. vos 1997; ſtrafen *von der ſcheitel biß auf die ſolen*.
Reutter kriegsordn. p. 70.
**) an einen *dürren* baum hängen u. *an keinen grünen*. Reut-
ters kriegsordn. p. 74. 75. hânga *vindga meidi* å Sæm. 27^b.

ſtimmter ſtelle, oder wenn dieſe ausſtarben, eingeram-
melte ſtämme und pfähle. *) Spätere weisthümer ſchil-
dern des herbeifahren, eingraben und errichten des gal-
gens aufs genauſte. Über die ſtelle gibt das frieſ. recht
einige auskunft, es heißt Aſ. 21. bi thâ *wie* hongath,
am wege, alſo an *offener heerſtraße*, und Br. 147. oppa
enne *northhaldne bâm*, auf einen nordwärts gerichte-
ten; mitternacht war die ſchauerliche ſeite, der north-
halda bâm gleichſam die *arbor infelix* der röm. formel.
Cic. pro C. Rabirio cap. 4. vgl. Macrobius ſaturn. 3. cap.
ult. Bekannt iſt, daß galgen an *wegſcheiden* gebaut
wurden: an daʒ *gewicke*, da die erhangen und erſla-
gen ligent. Berth. 291. Das ſal. geſetz braucht für
galgen die ausdrücke *bargus* und *furca*. 44, 9. 69, 3. 4;
*palus* 44, 10. Die ſchwed. geſetze unterſcheiden *galge*
und *ſtegl*, letzteres ſcheint palus cum rota, nämlich
oben am pfahl wurde ein rad befeſtigt, worauf die
leichname der hingerichteten zur ſchau lagen, Ihre 2,
764 erklärt *ſtegel* durch furca, Biörn *ſtegla* durch rota.
Ich finde *ſteil* auch in deutſchen weisthümern: füret
man in (den miſſethäter) aus zu dem gericht auf den
berg, genant Exenbuwel, alda ſol ein *ſteyl* ſtehen *mit
einem arm*, dann ſoll die gemeinde dem miſſethätigen
den ſchlopf in (? an, um) den hals thun *unter einem
mantel* und das ſeil gengt u. gemeinlich zuſammen
überziehen u. das ſeil um den *pal* winden, der unterm
ſeile (? ſteile) ſtehen ſoll u. alſo den miſſethätigen würgen
laßen. Dreyßer w. Was hier *ſchlopf* (ſchlupf) heißt
iſt der *ſtrang* oder *ſtrick* (die *leine*), die dem ver-
brecher zum aufwinden und erwürgen um den hals ge-
legt werden; das einfache alterthum drehte ſtatt der
hänfenen ſeile *zweige von friſchem*, *zähem* (eichen
oder weiden) *holʒ*, daher die formel: *ekevidhiu* (altn.
eikiviðju) binda um hals. Oſtg. drap. 13, 2 **); lata a
*galgha* ok *gren*. Upl. manh. 38, das altn. *grein* (ra-
mus), und hiernach iſt der *ramus* ubi incrocatur l. ſal.

---

*) die lat. wörter *furca, crux, patibulum* (von pati? oder von
patere, am offnen wege ſteben?) werden in lat. geſetzen und
urk. gleichgültig gebraucht. ich finde nichts darüber, ob der äl-
teſte galge die geſtalt des T oder Π hatte? glaublich letztere,
denn ſo erſcheint er in bildern des mittelalters. Im Reinaert von
wird das galgengeräth ſo beſchrieben: hets êne *line* (ſeil) ende
ên *vorſt* (firſtbalke) en twê *micken* (zwei gabelbalken) 3141.
**) binda með boga ſtrengjom, â gålga feſta. Sæm. 272ª.

69, 4 (pendus et encroés au vent, oben f. 22) zu ver-
ſtehen. Mhd. *ris* (ramus), *wit* (lignum), *wide* (vinculum
ligneum, *retorta*):

> man verteilte imʒ leben u. ſinen prìs
> und daʒ man *winden* ſolt ein *ris*,
> daran im ſterben wûrd erkant
> âne bluotige hant.   Parc. 128[b]

im wære alze ſenfte *ein eichìn wit umb ſìnen kragen.*
Walth. 85, 13. *eichen wied* und *hagedorn knebel* (oben
f. 41) vgl. Friſch 446ᵃ; hâhen an ein *wit*. Ecke 251;
lœſen von der *wide*. MS. 2, 164[b]; gebieten bî dem halſe
u. bî der *wide* (bei ſtrafe des ſtrangs) cod. pal. 361, 60[d].
Walth. 12, 19. mit der *wide*. Am. 16[b] Parc. 127[c]; rich-
ten mit der *weden* (aufhängen) Sſp. 2, 28; da *holtena
witta* ſandâ hals ſpannen. Fw. 114. Servi cum *torqui-
bus vimineis* circa collum. Wippo p. 473 (Piſt.) Franzöſ.
gedichte des mittelalters haben die gleichbedeutige *hart*
(retorta, lien de fagot): pendre à une *hart;* ſur le *hart*
(ſub poena ſuſpendii.) *)

*Verhüllung des antlitzes* ſcheint uralte ſitte. ſchon in
jenem von Cicero angeführten cruciatus carmen: *caput
obnubito,* arbori infelici ſuſpendito, und nach den zwölf
taf. 7, 15 qui parentem necaſſit, *caput obnubito* coleo-
que inſutus in profluentem mergitor. Die Frieſen nann-
ten es das *ſchwarze tuch:* hi âch bî riuchte thene
*ſwarte dôc* and thene *northhalda bâm,* alle liudem
jelde te thonke, thi ther honget. Hunſing. landr. p. 44.
Noch heute verbindet man bei vielen hinrichtungen mit
einer *binde* die augen. In einer femgerichtsformel heißt
es: einen der die geheimniſſe der feme verrâth, ſoll
der freigrafe greifen laßen unverzaget u. binden ihm
feine hände zuſammen, *ein tuch vor ſeine augen,*
werfen ihn auf feinen bauch und ziehen ihm feine
zunge zum nacken heraus, thun ihm einen *dreiſträn-
gigen ſtrick* um feinen hals u. laßen ihn *ſieben fuß
höher* henken denn einen andern dieb. Dies höherhän-
gen war ſteigerung der ſtrafe und für die überlebenden
verwandten ſchimpflicher, es ſind die ſ. 42 aus einem
gedicht beigebrachten *fünfzehn ſchuh.* ghawi, en hang-

---

*) die grauſamkeit, kinder an ihren ſehnen aufzuhängen, war
keine gerichtliche ſtrafe: pueros per nervum femoris ad arbores
appendentes crudeli nece interfecerunt. Greg. tur. 3, 7.

hene *ſo hoghe*, dats lachter hebben al ſine vrient. Rei-
naert v. 1960.

Eine andere erſchwerung der ſtrafe war, daß man *wölfe*
oder *hunde* dem armen ſünder *zur ſeite hieng*. Das
weiß noch ein dichter des 13. jh., der ſich böſer weiber
zu entledigen räth. Lſ. 2, 531:

> ſwer ein übel wîp habe
> der tuo ſich ir enzît abe,
> enpfelhe ſi dem ritten
> u. lege ſi ûf ein ſlitten,
> u. kouf ir ein beſtli
> u. heng ſi an ein eſtli
> und *henge dabî*
> *zwên wolve oder drî.*
> wer geſach ie galgen
> mit wirſern balgen?
> ez enwære, ob man den tiuvel vienge
> u. in ouch dazuo hienge.

Bis ins 14. 15. jh. wurden verbrecheriſche *juden* wirk-
lich *zwiſchen hunden* (mit unterwärts gekehrtem haupt)
aufgehängt, z. b. 1462 zu Halle ein jude wegen dieberei.
Dreyhaupt 2, 512; a. 1499 comes de Hanauw judaeum
propter furtum ſolenniter *inter duos canes*, *capite
transverſo*, ſuſpendi fecit apud Dörnicum. Herp. annal.
francof. (Senkenb. ſel. 2, 26); a. 1374 ward ein jude
diebſtals halben zu Baſel an einen baum gehenkt und
*ein hund zu ihm*. Münſter coſmogr. cap. 98.; den ju-
den *zwiſchen zwaien wütenden* oder *beißenden hun-
den* zu der gewonlichen richtſtat ziehen oder ſchlaifen
mit ſtrang oder ketten, bei feinen füßen an einen be-
ſondern galgen zwiſchen die hund, nach verkerter maß
henken. Laienſpiegel Augsb. 1511. bl. 216.; doce me
quaeſo, quibus legibus romanogermanici imperii ſanci-
tum ſit, ut *cum judaeis* noxiis ex patibulo *canes*
ſuſpendantur? didici illud olim ex famoſiſſima hiſtoria fu-
rum, qui . . . tabulam auream apud Lunaeburgenſes . . .
immani furto abſtulerunt. Giſb. Cuper epiſt. 9 ad Zach.
Götzium oſnabr. Deutſche reichsgeſetze werden das frei-
lich nicht enthalten, die ſitte geht aber viel höher hin-
auf und herrſchte auch im Norden. Saxo gramm. lib. 8
(Steph. p. 155) erzählt von Iarmerich: quorum (Slavo-
rum) quadraginta captos, *applicatis totidem lupis* la-
queo adegit, quem ſupplicii modum *olim* parricidis de-
bitum ob hoc circa hoſtes peragere voluit, ut quantae

in Danos rapacitatis exſtiterint ex ipſa atrocium belluarum communione videntibus perſpicuum foret. es war aber wieder nicht dieſes ſelbſt mythiſchen Iarmerichs erfindung, ſondern althergebrachte gewohnheit. Auch ein könig Frode *) ſoll das geſetz gegeben haben: furem in furcam agi juſſit, tum praeterea *lupum vivum juxta eum alligari*, qui cadaver varie dilaceraret. Torfaeus hiſt. norv. 1, 355, wiewohl hier der lebendige, zerfleiſchende wolf ungenau erſcheint und Suhm (nord. fabelz. 2, 181) das geſetz richtiger ſo faßt: ein dieb ſoll mit eiſernen, durch die arme geſchlagenen nägeln und *ein wolf an ſeine ſeite* gehangen werden, anzudeuten, daß ſie beide an raubgier einander gleich ſind. Wir werden unten ſehen, daß der verurtheilte rechtloſe einem *wolf* (vargr) oder *hund* gleichgeachtet wurde. Ich habe geleſen, daß man im mittelalter neben wilddieben *hirſchgeweihe* zur bezeichnung ihres verbrechens aufhängte. Wölfe oder hunde aufzuhängen lag den gebräuchen der vorzeit auch bei andern gelegenheiten nahe, ſo *über der hausthür*, wie vorhin ſ. 665 gezeigt wurde. Es iſt noch jetzt ſitte der landleute und jäger, ſchädliche erlegte raubthiere, *eulen* und *habichte*, an das ſcheunenthor oder über die hausthür zu nageln. Nach der edda ſoll ſogar in Odins (des hångatyr) himmliſcher wohnung vor der weſtthüre ein *wolf* und darüber ein *adler* hången:

> *vargr* hångir for veſtan dyr
> ok drûpir *örn* yfir. Sæm. 41[b]

worunter keine lebenden zu verſtehen ſind, wie das verbum drûpa zeigt, das auch anderwärts vom ſchweben am galgen gebraucht wird.

Zu voller genugthuung ſoll nach einem langob. geſetz der verbrecher nicht an baum oder galgen, ſondern auf dem grab des ermordeten ſeine ſtrafe erleiden: ſervus regis *ſuper foſſam ipſius mortui* appendatur, ut in eo vindicta detur. Roth. 373; vermuthlich gibt es ſolcher beiſpiele mehr. **)

---

*) nach Suhm der ſiebente; aber man ſchrieb alle alten rechtsgebräuche einem könig Frode zu und ſicher einem fabelhaften. P. E. Müller om Saxos kilderne p. 66.

**) in lichtenſteins frauendienſt p. 265 wird gedroht, einen über das fenſter zu henken.

Es war *gegen die ſitte* des alterthums *frauen aufzu-*
*hängen,* und wo für männer dieſe ſtrafe ausgeſprochen
iſt, wird für frauen eine andere todesart, verbrennen,
ertränken, ſteinigen beſtimmt, z. b. qui furabitur per
collum ſuſpendatur et, ſi ſit mulier, in igne combura-
tur. So erkennt CCC, 159. 162 den männern hinrich-
tung mit dem ſtrang, den frauen mit waßer. den dieb
ſoll man henken u. die hur ertränken. Eiſenh. p. 459;
äi ma kona ſtäghla allär hängia a gten. Upl. manh. 49, 4;
madhrin undir ſtäghl, kunan undi griut. ib. 13, 2; den
man ſtäghla, die frau ſtenka. Oſtg. edhz. 17; der mann
an den galgen, die frau unter den ſtein. Suderm. manh.
27. In einem ſchwed. volkslied 2, 190:

> herr Redevall den ſkall jag låta hänga i qviſt,
> och dig ſå vill jag låta ſteka på ſpett.

Indeſſen kommen beiſpiele vor, daß ſchwere verbreche-
rinnen auch gehängt werden: femina Lemovici damnata
à eſtre et morir *pendue.* Carpentier 2, 492 (a. 1414);
einen viel älteren fall haben ann. fuld. ad. a. 899 (Pertz
1, 414): femina quoque Radpurc, quae ejusdem ſceleris
(kaiſer Arnulf zu vergiften) auctrix deprehenſa certa
examinatione inveniebatur, *in patibulo ſuſpenſa* in-
teriit. Odyſſeus hatte die mägde zu enthaupten geboten,
ξίφεσιν ταννύκεσιν, aber Telemach, den reinen tod ihnen
misgönnend, hieng ſie auf. Od. 22, 465-73.
Überhaupt war die ſtrafe des galgens *ſchimpflicher* und
*härter,* als die der enthauptung. ein nachtdieb wurde
gehängt, cin tagdieb bloß enthauptet. Sſp. 2, 28. Kopp
heſſ. ger. 2, 19. die kinder und freunde eines zum gal-
gen verurtheilten bitten, daß man ihn begnade u. ihm
das ſchwert gebe. Kindl. 1, 417 (a. 1531.) vgl. Dreyer
zu Rein. vos p. 184. In früherer zeit ſcheinen *knechte*
*gehängt,* edele enthauptet zu werden: auctores conju-
rationis partim gladio caeſi, partim *patibulis ſuſpenſi.*
ann. Einhardi ad a. 792 (Pertz 1, 179); 140 capitis
amputatione plecteret, 14 *patibulo penderet,* innumeros
membrorum praeciſione debiles redderet. ann. bertin. ad
a. 842 (Pertz 1, 439); adprehenſum ſervum crudeliter
caeſum truncatis manibus et pedibus *patibulo* damna-
verunt. Greg. tur. 7, 47; ein herr, dem zwei diener
entflohen waren, ſagt: ſi invenirentur, unum *patibulo*
*condemnari* et alium gladiorum ictibus in fruſta diſcerpi
juberem. Greg. tur. 3, 15, ohne zweifel, weil einer der-
ſelben, Leo, von geringer, der andere, Attalus, von vor-
nehmer abkunft war.

2. *Rädern;* ahd. radaprehhôn? mhd. *radebrechen* Lampr.
Alex. 3623 *radebraken* Sſp. 2, 13. Der leib wurde mit
einem rad zerſtoßen, hernach zwiſchen die radſpeichen
geflochten und damit in die höhe auf einen pfal (oder
den galgen) geſtellt: *mit dem rade zerbrechen* u. dar
ûf *binden.* Walth. 85, 15; parrochianis omnibus convo-
catis, judicio habito, ſententia datur in eum (in) *rota
confringendi* eum . . . inde circa radios rotae tortore
membra colliſa volvente . . . eum *rotae* pro voto *im-
plicitum in altum erexit.* viſio Godeſchalki (a. 1188)
bei Häberlin anal. p. 597. 598; iſt dem ſcharfrichter be-
fohlen, der ihm ſine beid arm vor u. hinter den ellen-
bogen, auch ſine beide bein unter u. ob den knüwen,
dazu ſinen rücken inmitten, *mit einem rad zerſtoßen,*
demnach ihn *in das rad flechten* u. *damit uſrichten,*
auch einen galgen uff das rad machen u. ihn mit einem
ſtrick an den galgen ſoll henken. Glutzblozheim p. 458.
Infofern das altn. *ſtegla* von hengia unterſchieden wird,
ſcheint es zu bedeuten, daß der leichnam auf den pfal
oben geſteckt wurde. Gewöhnlich heißt es bloß: einen
zum *rad* verurtheilen, einem daʒ *rat* erteilen. Eilharts
Triſt. 3354. Frib. Triſt. 3149, einen aufs rad ſetzen:
fetten op ein rath. Goſl. erkenntn. bei Bruns p. 193.
Das rad war *neunſpeichig* oder *ʒehnſpeichig* (oben ſ. 35.)

An dem hohen alter dieſer ſtrafe iſt nicht zu zweifeln,
Audoenus' in der vita S. Eligii (der in der erſten hälfte
des 7. jh. lebte) 2, 31 erzählt: hoc apud regem obtinue-
rat, ut omnia humana corpora, quae vel regis ſeveritate
vel judicum cenſura perimebantur ſive per civitates ſive
per villas, licentiam haberet et de bargis (vorhin ſ. 683)
et *ex rotis* et de laqueis ſepelire. Ich ſtelle mir vor,
daß das zerſtoßen mit einzelnen rädern erſt ſpäter in
gebrauch kam, urſprünglich die tödtung durch *fahrende
wagen* vollzogen wurde, wie es noch jetzt in Indien
ſitte iſt, freiwilligen tod *unter wagenrädern* zu ſuchen.
Wie wäre man ſonſt darauf verfallen, das einfache rad
als marterwerkzeug zu verwenden. Hierzu ſtimmt eine
ſtelle des Greg. tur. 3, 7: aliis vero ſuper *orbitas via-
rum* extenſis ſudibusque in terram confixis, *plauſtra
deſuper onerata tranſire fecerunt,* confractisque oſſibus
canibus avibusque eas in cibaria dederunt. Man vergleiche
das *inligare in currus* bei Livius (hernach unter 8.)
Ixion wurde, nach griech. mythe, mit ſchlangen auf ein
geflügeltes rad gefeſſelt.

Auch die ſtrafe des rads galt *nur für männer;* der
mann gerädert, die frau ertrenkt. CCC. 130, die aus
Triſtan angeführten ſtellen erkennen ihm das rad zu,
der Iſot die hurt. eine ausnahme berichtet gleichwohl
ſchon Greg. tur. 6, 35: alias (maleficas) *rotis,* oſſibus
confractis, *innectit.* Rädern war noch ſchwerer und
ſchimpflicher als hängen, von könig Ludwig dem from-
men erzählt die kaiſerchronik cod. pal. 361, 92[b]: er ge-
bôt gotes vride, nâch dem ſcâhroube erteilte man die
wide, nâch dem morde daz *rat,* ganz vride dô wart.

3. *Enthaupten, decollare, capite truncare,* ahd. auch
*inthalſen* N. 41, 1. Die alte ſprache liebt aber um-
ſchreibungen: *höfdi ſcemra lâta* (einen um der kopf
kürzen) Sæm. 54ᵃ 191ᵃ; *des houbetes* er dâ *kürzer
wart.* Wh. 2, 52ᵃ *) und ſo findet ſich noch im Sim-
pliciſſimus mehrmals: einen *des kopfes kürzer machen,*
z. b. 2, 213. es war aber auch gerichtsformel: mit dem
ſchwert gerichtet und *kopfs kürzer gemacht* werden.
Wertheimer ded. nr. 97 (a. 1601). Noch ſinnlicher iſt:
*zwei ſtücke aus einem* machen, Spiels archiv 4, 42. *an
zwei ſtücken* da liegen (enthauptet). Kindl. münſt. beitr.
3, 702 (a. 1582), genau wie in ſerb. volksliedern: *dvo-
jitzu od jednog* graditi. Vuk 2, 113 z. 209. *Haupites
pilaoſit.* gl. hrab. 960, einen *houbetlôſen* tuon. Biter 7[b];
agſ. heáfde beſleán.

Die enthauptung geſchah vor alters mit *barte* und
*ſchlegel,* der verurtheilte legte ſeinen hals auf einen
block, die barte (das beil) wurde darüber gehalten und
mit dem ſchlegel ein ſchlag gethan: ez wurde ſin ſtrâfe
der *ſlegel* u. diu *barte.* Lohengr. p. 57; ſie müezen
mîner *barten* weiz got nû gebîzen. Martina 7[b]. Nach
dem ſächſ. weichbild art. 8 wird ein könig mit *goldner
barte* enthauptet. Seit wann iſt das *ſchwert* zur ent-
hauptung eingeführt? in England erfolgt ſie noch heute
mit dem *beil.* Das ſchwert ſcheint *kriegeriſcher* **)

---

*) manic zunge müeze kürzer ſin (ausgeſchnitten werden)
Friged. 2980.

**) alte und edle ſtrafe *für krieger,* gleich dem heutigen er-
ſchießen, war das *ſtoßen zwiſchen die langen ſpirße;* der fähn-
rich ſchlägt die fahne zuſammen und ſteckt ſie mit dem eiſen in
die erde, die landsknechte *bilden eine gaße,* in welcher der miſſe-
thäter dreimal auf u. nieder geführt wird, urlaub zu nehmen
u. um verzeihung zu bitten, dann laßen ſie die ſpieße nieder

und edler, die gefangnen Jomsvikinger werden mit dem
*ſchwert* hingerichtet und bemerkenswerth iſt, daß ihnen
nicht das haar abgeſchnitten, ſondern mit einem ſtäbchen
zuſammengewunden wird, *ſnúinn vöndr í hár.* Jomsvík.
ſaga cap. 15. p. 46.

Dem holzdieb wurde das haupt auf dem angehaunen
ſtamme abgehauen (oben ſ. 516), alſo mit dem holzbeil.

Alte ſitte ſcheint es, daß das gefallene haupt *in die
höhe gehoben* und dem volk gezeigt wurde; auch das
*ſtecken auf einen ſpeer* und umhertragen mag, gleich
der aufrichtung des geräderten, dieſen ſinn haben: cu-
jus amputatum caput et *conto defixum elevant in
ſublime.* Greg. tur. 3, 6.

Ich finde ein *halsabſtoßen* als beſondere ſtrafe: wirt ein
man begriffen an der waren tat, daʒ her eine frouwen
oder eine maget notzoget, man ſal ihm *den hals abe
ſtoʒen* mit einer winbrechen dele. Saalfelder ſtat. b.
Walch 1, 13. die winbreche diele verſtehe ich nicht,
vielleicht windbreche (oben ſ. 507)? Von des ſtrafe des
*halsabpflügens* für grenzſteinfrevler oben ſ. 547.

4. *Ausdärmen* (exenterare) galt für baumſchäler und
pflugräuber (oben ſ. 519. 520); man vergl. noch Win-
kelmanns heſſ. chron. p. 139 und Emmerichs frankenb.
recht bei Schminke 2, 755: man ſoll ihm den bauch
aufſchneiden, ihn an eine ſeule binden und mit den där-
men darum treiben, bis er keinen mehr in ſich behält.

5. *Fleiſchſchneiden* aus der bruſt*), ſtrafe des böſen
ſchuldners (oben ſ. 616); ſie erinnert an eine ſtrafe des
burgund. geſetzes für den *habichtdieb:* ſi quis accepto-
rem alienum involare praeſumpſerit, aut *ſex uncias
carnis acceptor* ipſe (l. *ipſi*) *ſuper teſtones**) comedat,*
aut certe ſi noluerit, ſex ſolidos illi cujus acceptor eſt,

richten die ſpitze gegen den armen ſünder, der fähnrich kehrt
den rücken gegen die ſonne und nun erreichen die ſpieße die
bruſt des verurtheilten. Dieſes ſpießrecht, nach hergang und
formeln, beſchreibt ausführlich Andr. Reutter (Cöln 1595) p. 61-
67 und daraus Schottel de ſing. jur. cap. 27.

*) das *herzausſchneiden* iſt nur in den liedern und ſagen, z. b.
Sæm. 247ᵃ; le cuer do ventre li ota. Garin le loherens.

**) *teſtones* kann nichts anderes ſein als das franz, *tetons*, ob-
gleich nicht têtons, teſtons geſchrieben wird, vgl. ital. tetta, ſpan.
teta (zitze).

cogatur exſolvere. tit. 11. d. h. dem dieb ſollen ſechs
unzen fleiſch, womit der habicht gefüttert wird, auf die
bloße bruſt gelegt werden und der raubvogel ſie von da
wegfreßen. Der gefahr, daß der habicht hierbei auch
in die bruſt hacken könne, ſetzte ſich niemand aus, ſon-
dern bezahlte die ſechs ſchillinge.

6. *Pfälen.* die vita Ludgeri 1, 26 (ed. Brower) erzählt:
ferebant autem veraciſſimi viri de diſcipulis ejus, quod
quodam tempore, dum ad comitatum pergens per pro-
vinciales, qui Haſſi dicuntur, iter ageret, per orationes
ejus homo mortuus revixerit; qui ſcilicet *propter fur-
tum caballorum* Widukindi Saxonum ducis huic morti
adjudicatus ſit, ut in campo ad ſtipitem ligatus *jactatis*
in eum *ſudibus acutis* et lapidibus necaretur.\*) Auch
die folgenden ſupplica für den nothzüchtiger und die
kindsmörderin ſind aus Heſſen, wobei aber der ſpitze
pfal nicht geworfen, ſondern ins herz geſchlagen wird:
man ſoll einen *dürren eichen pfal ſpitzen* und dem
nothzüchtiger *auf ſein herz ſetzen*, den erſten, an-
dern und dritten ſchlag darauf ſoll die genothzüchtigte
thun, die übrigen der henker. Emmerichs frankenb.
recht a. a. o.; noch Philipps verordn. von 1554 be-
ſtimmt: die ſo kinder gehabt u. gefehrlich umbbracht
hetten . . . die ſol man lebendig in ein grab, ein dor-
nen heck uf ihren leib legen, ſie mit erde beſchutten u.
ir *ein eichnen pfol durch ir herz ſchlogen*. Dieſes pfälen
wurde auch bei den hexen angewendet.

7. *Adler ſchneiden.* eine im alten Norden herkömm-
liche todesart, die ich nicht beſtimmt als ſtrafe nach-
weiſen kann; dem beſiegten feinde wurden einſchnitte,
in geſtalt eines adlers, auf den rücken gemacht, das
hieß *örn riſta.* Der grund dieſer grauſamen ſitte iſt
noch unaufgeklärt, ließ man früher die dem tod ge-

---

\*) quod dum factum eſſet, corpus exanime in campo relictum
eſt. veniens autem Ludgerus ſecus locum et comperto, quod
chriſtianus fuerit, mittens ad Widukindum impetravit veniam ad
humandum corpus. der heilige bringt nun den leichnam wieder
zum leben. ſtat adhuc in eo loco lapidea crux in monumentum
miraculi ejus ab incolis erecta et ex nomine ejusdem viri, qui
Buddo vocatus eſt, campus ille *Buddonfeld* usque hodie nomina-
tur. Dieſen erfolg führe ich an, weil ſchon vorhin (ſ. 688) das
beiſpiel des heil. Eligius lehrt, daß ſich angeſehne geiſtliche die
leichname der hingerichteten zur beerdigung erbaten.

**X x 2**

weihten durch raubvögel zerfleiſchen und ſollten ſpäter
deren biße wenigſtens bildlich dargeſtellt werden?

nû er *blôdigr örn* bitrom hiörvi

bana Sigmundar *â baki riſtinn.* Sæm. 185

þâ geck Einar iarl til Hâlfdanar, hann *reiſt örn â bak*
hönum við þeima hætti, at hann lagdi ſverdi â hol
við hrygginn oc reiſt rifin öll ofan allt â lendar oc drô
þar ût lûngun, var þat bani Hâlfdanar. Har. hârf. ſaga
cap. 31. Man ſchnitt auch die figur einer *eule* oder
andere linien in die rückenhaut, vgl. Biörn ſ. v. *blôd-
refill* und *blûdugla.*\*)

8. *Viertheilen* ſchreibt noch die CCC, 124 vor; es
hieß im mittelalter *zerliden* (zergliedern, zerſtücken).
Walth. 85, 14. vgl. Stalder 2, 171. Häufig geſchah es
im alterthum ſo, daß einzelne glieder des miſſethäters
an den *ſchweif eines* wilden *roſſes* gebunden und zer-
ſchleift oder daß *arme und füße an mehrere pferde*
befeſtigt und dieſe nach verſchiednen ſeiten hin getrieben
wurden. ich wære wert, daz mich *zevuorte* ein phert!
Herbort 53ᵇ; puellas ita interfecerunt, ut ligatis brachiis
ſuper *equorum cervicibus* ipſique acerrimo moti ſtimulo
per diverſa petentes diverſas in partes feminas diviſerunt.
Greg. tur. 3, 7. Brunechild wurde, nach Fredegar, mit
ihrem haupthaar, arm und bein an den *ſchweif eines
pferdes* geknüpft, calcibusque et velocitate curſus mem-
bratim disrupta. Brunechildem indomitorum *equorum
caudis ligatam* miſerabiliter vita privavit. Jonas vita
S. Columbani cap. 58; vgl. chron. moiſſiac. b. Pertz 1,
286. Carpentier ſ. v. adulterium führt aus den ann.
victorianis ad a. 1314 als ſtrafe der verführer königlicher
töchter an: excoriati coram populo, eorum virilia am-
putata, poſtea *ad caudas equorum* diſtracti, in patibulo
ſuſpenſi. In den gedichten und vorzüglich des kerlingi-
ſchen fabelkreiſes wird dieſe ſtrafe oft verhängt. nach-
dem durch ein gottesurtheil des zweikampfs Gannalons
verrath offenbar geworden war, juſſit illum Carolus
*quatuor equis* ferociſſimis totius exercitus alligari et ſu-
per eos quatuor ſeſſores agitantes contra quatuor plagas
coeli, et ſic digna morte diſcerptus interiit. Turpinus
cap. 26. Beim pfaffen Chuonrat heißt es:

---

\*) Ragn. Lodbr. ſaga cap. 21 ed. Biörner läßt Ivar dem könig
Ella marka *orm â bake*; es iſt aber *örn* zu leſen. vgl. Rafns kämpe
hiſtorier 1. 3, 246. und Suhms fabelzeit 2, 362.

Genelûnen ſie bunden
mit fuoʒen unde mit handen
wilden roſſen zuo then zagelen;
thurh thorne unde thurh hagene,
an theme bûke u. an theme rucke,
brâchen ſie in ze ſtucken.

Daß die Römer dieſes ſupplicium kannten, zeigt Livius 1, 28: deinde (Tullus Hoſtilius) duobus admotis quadrigis in currus earum diſtentum inligat Mettium, deinde in *diverſum iter equi concitati* lacerum in utroque curru corpus, qua inhaeſerant vinculis membra portantes.

9. *Zertreten von pferden.* Sæm. edda 265ᵇ 269ᵃ:
ſyſtir var yckur Svanhildur um heitin,
ſû er Iormunrekr iom um traddi
hvîtom ok ſvörtom, â hervegi,
grâm gângtömom gotna hroſſom.

auf den *öffentlichen heerweg* wurde ſie gelegt und die roſſehufe traten ſie todt, gerade wie in der ſtelle ſ. 688 mit wagenrädern über die ſuper orbitas viarum extenſas gefahren wurde. Hierdurch wird meine erklärung des räderns beſtätigt. Von anbinden an die ſchweife der pferde redet die edda nicht, Jornandes aber läßt Sonilda nicht zertreten, ſondern ſchleifen: rex furore commotus, equis ferocibus illigatam incitatisque curſibus per diverſa divelli praecepit. cap. 24. Das iſt die unter 8 von der fränkiſchen Brunechild berichtete todesart. Snorri erzählt, gleich den liedern: þa ridu þeir â hana oc trôdu hana *undir heſta fôtum* til bana. p. 143; und die Volſûngaſaga: ſidan var hon bundin î *borgar hlidi* (in porta publica) ok *hleypt heſtum* at henni; mit dem ſchönen zuſatz: enn er hon brâ ſundr augum, þâ þordu eigi heſtarnir at ſpora hana. Saxo gramm. lib. 8. p. 157: reginam firmiſſimo nexu humo aſtrictam *equinis obterendam calcibus* praebuit. hanc tantae fuiſſe pulcritudinis fama eſt, ut ipſis quoque jumentis horrori foret, artus eximio decore praeditos ſordidis lacerare veſtigiis. ſie wird auf das geſicht gelegt, in hunc modum collocatum reginae corpus adactus jumentorum grex crebris alte veſtigiis fodit.

10. *Steinigen*, mhd. *ſteinen.* cod. pal. 361, 7ᵈ 27ᶜ; altſchwed. *ſtenka.* Oſtg. edhz. 17; altn. *berja grioti* î hel oder auch *grŷta.* Sæm. 272ᵇ:
brend mundu â bâli oc barid grioti âðr. 262ᵃ.

Der miſſethäter wurde an einen ſtamm oder pfal gebun-
den und mit ſteinen nach ihm geworfen, vgl. das bei-
ſpiel von dem pferdedieb ſ. 691; andere bietet die fränk.
geſchichte: tunc caedentes eum pugnis, ſputisque perun-
gentes, vinctis poſt tergum manibus ad columnam *lapi-
dibus obruunt.* Greg. tur. 3, 36; multos ex eis poſtea
*lapidibus obrui* praecipiens. id. 4, 49; vinctus ad ſtipi-
tem *lapidibus* eſt *obrutus.* id. 10, 10. Nach den nor-
wegiſchen geſetzen hingegen wird der verbrecher nicht
angebunden, ſondern vom volk *eine gaße gebildet,*
durch die er laufen muß, während jeder mit ſteinen, torf
oder andern dingen auf ihn wirft. altes Guled. diebsb. 1.
Froſted. 15, 37.

11. *Lebendig begraben* war noch bis ſpät ins mittelalter
(neben verbrennen und erſäufen) gewöhnliche todes-
ſtrafe der frauen für die verbrechen, um derentwillen
männer gehängt oder gerädert wurden, z. b. nach dem
baireuther ſtadtbuch (Langs Baireuth 1, 85); ein bei-
ſpiel aus dem 16. jh. beſingt Hans Sachs II. 3, 192ᵃ.
Ward bei den Dietmarſen eine jungfrau geſchwängert,
ſo ſtand nichts im wege, ſie mit dem rath und beiſtand
der geſchlechtsfreunde *lebendig unter der erde* zu ver-
bergen oder unterm eiſe. Neocorus 2, 547. In ſchwed.
volksliedern 1, 67:

> falſke tärnan ſkall *ſältas lefvande i jord.*
> och ſätten henne *qvick i jord.* 1, 147.
> låt ſatta falſka tärnan *qvicker i jord.* 2, 19.

Drivende meghede (kupplerinnen), de andere vrowen
verſchündet, ſcal me *levendich begraven.* ſtat. brunſv.
Leibnitz 3, 439. Schärfung war dabei ihnen einen *pfal*
durch die bruſt zu ſtoßen und *dornen* aufs grab zu le-
gen (vorhin ſ. 691). Indeſſen wurden auch männer auf
dieſe weiſe hingerichtet: ſwer notnunft begat en megden,
an wiben oder an varnden wiben, wirt der gevangen
an der hantgetat, ſo iſt reht, daz man in *lebendic be-
graben* ſol. Augsb. ſtat. cap. 112. Nach einigen fran-
zöſ. gewohnheiten begrub man den mörder *unter* den
ermordeten, wie er bei den Langobarden über dem
grab des ermordeten aufgehängt wurde (vorhin ſ. 686):
homicida ſepeliatur *ſubtus mortuum.* ſtat. fori morla-
nenſis art. 31. 32; interfector *ſub mortuo vivus ſepe-
liatur.* charta comitis bigorenſis a. 1238. Ducange 6, 389.
Eine art des lebendigbegrabens iſt das *einmauern,* das
nicht unmittelbar tödtete. Zu Zürich wurden 1489 zwei

männer eingemauert: daß ſie ſonn und mond nie mehr
ſehen u. kein luftloch ſei, als um ſpeiſe herein zu rei-
chen. Joh. Müller 5, 403; vgl. das ſerb. volkslied die
erbauung Skutaris.

Noch alterthümlicher iſt die beſtrafung *feiger männer,*
ſie wurden in *koth* oder *ſumpf* geſenkt und *dornge-
flecht* darauf geworfen: ignavos et imbelles et corpore
infames *coeno* ac *palude, injecta inſuper crate,* mer-
gunt. Tac. Germ. cap. 12.\*) Davon weiß noch das
mittelalter und ſelbſt das ſpätere ſprichwort:

> man ſprichet wer von *vorhten ſtirbet,*
> daʒ der im ſelber daʒ erwirbet,
> daʒ man in ſol *in mel*\*\*) *begraben.* Bon. 32, 27.
> dann welcher *ſtirbet* gleich *vor ſchrecken,*
> den ſoll man *mit kukat bedecken.*

in Fiſcharts flohhatz 36ª und mit abweichungen ander-
wärts. Auch für frauen galt dieſe ſtrafe: ſi qua mulier
maritum ſuum, cui legitime juncta eſt, demiſerit, *nece-
tur in luto.* lex burg. 34, 1 und in Herberts troj.
krieg 97ᶜ:

> ich wil, daʒ Pentheſileam
> frezʒen die hunde,
> oder *in einen ſülen grunde*
> werde *geſenket,* als ein hunt.

12. *Vom felſen ſtürzen.* dieſer todesart iſt oben ſ. 486
erwähnt. Lamb. ſchafnab. ad a. 1066 erzählt, wie der
comes Diedericus dem biſchof von Trier habe auflauern
laßen: ipſumque captum traditumque in manus carnifi-
cum *de rupe altiſſima praecipitari* et ſic interfici
juſſit.

13. *Mülſtein aufs haupt fallen* laßen. eine bloß my-
thiſche ſtrafe, deren in kindermärchen (1, 240) aber
auch in der edda gedacht wird: at hann ſkal fara upp
yfir dyrnar, er hon gengi ût, oc *lâta qvernſtein falla
i höfut* henni. Snorri p. 84. Ähnlich iſt die tödtung
durch eine *überfallende wand:* quem in carcere poſi-
tum nocte extrahi juſſit, ligatumque juxta parietem an-

---

\*) auch bei den alten Römern: novo genere lethi, dejectus
ad caput aquae ferentinae, *crate ſuperne injecta,* ſaxisque congeſtis
mergeretur. Liv. 1, 51.

\*\*) *mel* iſt hier ſtaub, melm, kehricht (gramm. 2, 54. nr. 360);
in der Schweiz mehlbürſte, ſtaubbeſen. Stald. 2, 204.

tiquum, ipſum parietem ſuper eum elidi juſſit. Greg.
turon. 2, 20.

14. *Ertränken.* ſtrafe vorzüglich der frauen und zaube-
rinnen. Gerberga, filia quondam Willelmi comitis tan-
quam venefica *aquis praefocata* eſt (a. 834.) Aſtro-
nomus bei Ducheſne, 2, 312; adprehenſam per co-
mam capitis puellam in terram conlidit et diu calcibus
verberatam juſſit ſpoliari (entkleiden) et *piſcinae im-
mergi.* Greg. tur. 5. 38; *in baſterna poſitam,* indo-
mitis bobus conjunctis, eam *de ponte praecipitavit.*
Greg. tur. 3, 26; ſororem Bernardi ſanctimonialem *in
cupa poſitam* in Ararim *demergi* fecit. ann. bertin. ad
a. 834 (Pertz 1, 428). In altfranz. liedern: *en une eaue
noiée.* Ein beiſpiel aus der ſpäteren deutſchen geſchichte
iſt Agnes Bernauerin; die CCC. verordnet ſtrafe des er-
tränkens art. 131. 133. 159, noch im 18. jh. wurden
verbrecherinnen erſäuft. hannöv. mag. 1797. nr. 11. 12.
Seltner männer: Jehan de Champin ravi et priſt à force
Jehanne de la Broce, pour lequel fait il a eſté noyé.
Carpentier ſ. v. ſubmergium.
Das ſchwimmen der ertränkten zu verhindern, band
man ihnen *ſteine, mülſteine um den hals:* Gundobal-
dus Chilpericum fratrem ſuum interfecit gladio uxorem-
que ejus, *ligato ad collum lapide aquis immerſit.* Greg.
tur. 2, 28; quem *ligato ad collum molari ſaxo* in flu-
minis gurgitem ſaevitia impulit paganorum. id 1, 35; umb
ir keln ein *ſwæren ſtein.* Wh. 2, 50ª vgl. unten ſchluß-
anm. h. Ein rührendes beiſpiel in der ſage von den Hai-
monskindern, wo dem ros Bayart erſt ein mülſtein um
den hals und dann vier an jeden fuß gebunden werden.
Gleiche abſicht hatte das ſetzen in den *wagen* oder in
die *kufe,* ſo wie das *einnähen in einen ſack,* das für
*elternmörder* und verwandtenmörder verordnet war:
ſwer ſinen gebornen mage ertœtet, man ſoll im machen
einen *liderin ſack* u. ſol in *darin verneigen* u. ſol in
verſenken in einen *wage* (aquam), der ſi reine oder un-
reine u. ſol in als tief ſenken, daʒ im daʒ haupt u. al-
ler ſin lip an dem grunde lige; man ſol in in dem waʒ-
ʒer lan ligen einen halben tag, iſt er nit tot, ſo laʒʒe
man in langer darinne ligen. daʒ iſt davon geſetzet, daʒ
ſin lichnam des nit wert iſt, daʒ weder liute noch ſunne
noch mane, noch tag noch naht ſinen tot nit ſehen ſu-
len. ſchwäb. landr. 340 Schilt. 235 Senkenb. So rihtet
man mit dem *ſack,* daʒ man einen *ertrenket,* ſagt Kei-
ſersperg (Oberlin 1344.) Der Sſp. weiß nichts hiervon,

die gloſſe zu 2, 14 aber noch mehr, nämlich ſie ſagt: elternmörder ſoll man erſt laßen ſchleifen u. darnach *nehen in ein haut* mit einem *hunde* u. mit einem *affen* u. mit einer *natern* u. mit einem *hanen.* Auch iſt dieſe todesart wirklich ausgeübt worden, noch im jahr 1734 wurde in Sachſen eine kindsmörderin mit *hund, katze* und *ſchlange im ſack* ertränkt.*) Das rügiſche recht berichtet von kindern, die ſich an ihren eltern vergreifen: men let ſe dot hungeren, edder men brende ſe, · edder *ſackede ſe in einem wilden ſtrome,* edder men raderde ſe van under up. Rugian. 131. Die ganze ſtrafe ſcheint aber beinahe undeutſch, ſie läßt ſich beſtimmt aus dem röm. recht nachweiſen, XII. taf. 7, 15: qui parentem necaſſit, caput obnubito *coleoque inſutus* in *profluentem mergitor;* Dig. XLIII. 9, 9 (Modeſtinus libro XII pandect.): poena parricidii *more majorum* haec inſtituta eſt, ut parricida virgis ſanguineis**) verberatus deinde *culleo inſuatur* cum *cane, gallo gallinaceo* et *vipera* et *ſimia,* deinde in mare profundum culleus jactatur. hoc ita ſi mare proximum ſit, alioquin beſtiis objicitur; Inſtit. IV. 18, 6: neque gladio neque ignibus neque ulla alia ſolemni poena ſubjiciatur, ſed *inſutus culeo* cum *cane* et *gallo gallinaceo* et *vipera* et *ſimia* et inter eas ferales anguſtias comprehenſus, ſecundum quod regionis qualitas tulerit, vel in vicinum mare vel in amnem projiciatur, ut omnium elementorum uſu vivus carere incipiat et ei coelum ſuperſtiti et terra mortuo auferatur. Paulus rec. ſent. 5, 24 hat bloß: hi etſi antea *inſuti culleo* in *mare praecipitabantur,* hodie tamen vivi exuruntur vel ad beſtias dantur und auch Cicero pro Roſcio 25. 26 erwähnt des ſackens, nicht der thiere: qui (majores noſtri) quum intelligerent nihil eſſe tam ſanctum, quod non aliquando violaret audacia, ſupplicium in parricidas ſingulare excogitaverunt, ut quos natura ipſa retinere in officio non potuiſſet, ii magnitudine poenae maleficio ſummoverentur. *inſui* voluerunt *in culeum vivos,* atque ita *in flumen dejici.* o ſingularem ſapientiam! nonne videntur hunc hominem ex rerum natura ſuſtuliſſe et eripuiſſe, cui repente coelum, ſolem, aquam terramque ademerint, welche letzten worte, gleich denen der Inſtitutionen, an

_____

*) J. Chr. Piſtorius de proceſſu crim. Tub. 1764. p. 4. Beyer ad CCC. art. 131. poſ. 12.

**) frutex ſanguineus, der hartriegel, mit blutrothen ſtielen und zweigen, vgl. Popowitſch wb. p. 185.

den ſchluß der ſtelle aus dem ſchwäb. landr. gemahnen
(vgl. oben ſ. 49 die frieſ. formel der waßertauche.) *)
Aus Iſidors orig. 5, 27 konnte die römiſche rechtsge-
wohnheit ſchon vor dem mittelalter in Deutſchland be-
kannt ſein: culleus eſt parricidale vaſculum in quo rei
cum gallo et ſerpente in mare praecipitantur. gl. Lin-
denbr. 994; culleus eſt ſaccus, in quo parricidae incluſi
cum ſimia, ſerpente et gallo mergebantur in mare. gl.
Jun. 340. Gleichwohl wage ich nicht entſchieden über
ihre undeutſchheit abzuſprechen.    Der affe iſt fremd-
artig und ſchickt ſich nicht in ein deutſches geſetz, da-
her ihn auch die ſächſiſche praxis mit einer katze ver-
tauſcht; aber *hund und hahn* ſtehen oft zuſammen
(oben ſ. 237. 588) und das *mitverſenken* von thieren
erinnert an die mitgehängten wölfe und hunde (ſ. 685),
das *vernähen in die haut* an einen unleugbar deut-
ſchen gebrauch, wovon hernach unter 15 die rede ſein
wird. Auch könnte man die thiere, deren zumal die
meiſten deutſchen verordnungen hier nicht erwähnen,
aus Iſidor und dem röm. geſetz herleiten und doch die
vernähung des vatermörders in den ſack und die ver-
ſenkung in den ſtrom als ein analoges urdeutſches recht
behaupten.    Das *ertränken im ſack* war entſchieden
eine ſtrafe des mittelalters, von thieren kommt dabei
nichts vor und ſie galt noch für andere fälle als das
parricidium.    In Reutters kriegsordn. p. 70 lautet die
formel zur hinrichtung einer diebiſchen, ehrloſen weibs-
perſon: der nachrichter ſoll ſie hinaus führen bei das
nächſte waßer u. ſie *in einen ſack ſtoßen*, darnach in
das waßer, wo es am tiefſten iſt, verſenken und nicht
herausziehen, biß ſie vom leben zum tode gebracht iſt.
ein ſpruch teichners aus dem 14. jh. (Lſ. 3, 434) nennt
*geſecket* neben erſtocken und erhenget, ohne das ver-
brechen; die älteſte bearbeitung des ſchwäb. landr. reicht
nicht über die zweite hälfte des 13. jh. zurück. Höher
hinauf würde eine erwähnung bei Wolfram gehen,
wenn ſie ſich auf die ſtrafe des ſackens beziehen ließe,
Wh. 2, 84ᵃ:

> des rîches gebot u. urteil
> tet kunt, *ein ſac u. ein ſeil*
> wære ſchiere *ûf gebunden.*

---

*) vgl. Plautus in fragm. Vitulariae, Juvenal. 3, 8. 5, 13. Do-
ſitheus grammat. ſent. Hadrian. lib. 3 (der auch eines mit ſchwar-
zen ochſen beſpannten wagens dabei erwähnt.)

kann das heißen, *feige* dem aufgebot ſich entziehende
krieger, ſollen ſchimpflich ertränkt (wie nach Tacitus
in den ſumpf getaucht) werden? oder enthalten die
worte gar keine ſtrafdrohung, ſondern das bloße ſymbol
des heeraufbruchs? aber dienen aufgebundner ſack und
feil ſonſt zum zeichen der heerfahrt? Spelman hat ſ. v.
brochia folgende ſtelle aus Bracton: ſi quis teneat per
ſervitium inveniendi domino regi, certis locis et certis
temporibus, unum hominem et unum equum, et *ſac-
cum cum brochia* pro aliqua neceſſitate vel utilitate
exercitum ſuum contingentem. brochia (franz. broche) iſt
ein haken, heftel zum befeſtigen.

15. *Verbrennen.* *) die lex Viſig. beſtraft mit dem feuer-
tod *knechte* für ehbruch und hurerei mit freien frauen
und für beraubung der gräber, doch ſoll auch die eh-
brecherin verbrannt werden: adulter et adultera ante
judicem publice fuſtigentur et *ignibus concrementur.*
III. 2, 2; ſervus comprehenſus a judice *ignibus concre-
metur.* III. 4, 14; ſervus ducenta flagella ſuſcipiat et
inſuper *flammis ardentibus exuratur.* XI. 2, 1. Einen
freien gothen konnte dieſer tod nicht treffen. Auch in
den gedichten des mittelalters trifft er vorzüglich eh-
brecherinnen; dem Triſtan wird rad, der Iſot die *hurt*
erteilt (vorhin ſ. 689), doch bei Ulrich 2721 heißt es:
*er unt diu küneginne fuln brinnen ûf eime rôſte. Hurt*
iſt das reisholz (crates); *brennen ûf einer hürde.* Eracl.
4095; nd. op ein *hord bernen.* Oelrichs rig. recht p. 116.
*verbernen* op de *hort.* Maerlant 1, 184. Ketzer, zau-
berer und giftmiſcher wurden auch verbrannt: in Teu-
tonia multae haereſes deteguntur et haeretici *flammis
puniuntur.* ann. Godefridi monachi ad a. 1232; ſwelk
kerſtenman ungelovich is unde mit tovere ummegat oder
mit vergiftniſſe, den ſal men upper *hort bernen.* Sſp.
2, 13. Andere belege bei Haltaus 959. Bei Herbort
87ᵃ: ich wære wert, daʒ man mich *wurfe in einen
hert* u. verbrente darinne. Mordbrenner ſollen von un-
ten auf gerädert, weiber und unmündige *ins feuer ge-
worfen* werden. Rugian. 241. Der ſcharfrichter ſoll ihn
(den der vermiſchung mit thieren überführten) an ein

---

*) bei den Römern häufige ſtrafe, z. b. in den zwölf tafeln
7, 8: qui aedes acervumque frumenti ad aedes poſitum dolo ſciens
incenſit, vinctus verberatusque *igni necator.* wie bei den Gothen
giengen verbera voraus.

ſtud ſchlahen, in und ummuren u. ſin fleiſch u. blut *zu
äſchen u. pulver brennen.* Glutzblozheim p. 457. *Im
feuer* ſoltu *reiten,* das haar dem *rauch,* den leib dem *feuer*
(oben ſ. 41.)

Eigenthümlich iſt die beſtimmung der markweisthümer
(oben ſ. 518. 519), den übelthäter nicht auf das feuer,
ſondern *nebenhin* zu fetzen, *mit entblößten,* gegen die
flamme gekehrten *fußſohlen.* Hervorgehoben werden
muß hierbei das *einnähen* des miſſethäters in eine
*rauche ochſenhaut* (ſ. 519), wie ſie auch bei anderm
anlaß wiederkehrt, z. b. in herzog Ernſts ſage 35ª, es
ſcheint genau das römiſche *inſuere culleo* (vorhin ſ. 697)
da culleus gloſſiert wird ταύρειος ἀσκός, corium bovi-
num.   In der edda läßt könig Geirröðr einen verdäch-
tigen fremden mann namens Grimner, den kein hund
anzugreifen wagt (vgl. oben ſ. 570), gefangen nehmen
und weil er auf alle fragen ſchweigt: pína til ſagna ok
ſetja î milli elda tveggja.   ſchweigend ſitzt Grimner
acht tage zwiſchen beiden feuern, bis es ihm ſo nahe
rückt, daß ſein mantel anfängt zu brennen, da bricht
er in worte aus und beſpricht die flamme. Sæm. 40.
Auf ſolche weiſe wurde Croeſus gebunden *ans feuer*
gelegt: ὁ δέ (Κῦρος), ξυννήσας πυρὴν μεγάλην, ἀνε-
βίβασεν ἐπ' αὐτὴν τὸν Κροῖσόν τε ἐν πέδῃσι δεδεμένον.
Herod. 1, 86.

Nordiſche ſagen erzählen verſchiedentlich, daß einem
das *haus* über dem kopf *angezündet* wird und er in
den flammen umkommen muß.   Quod cum Chlothario
regi nuntiatum fuiſſet, juſſit eum cum uxore et filiabus
*igni conſumi,* incluſisque in tugurio cujusdam pauper-
culae Chramnus ſuper ſcamnum extenſus orario ſuggil-
latus eſt et ſic poſtea ſuper eos *incenſa caſula* cum
uxore et filiabus interiit. Greg. tur. 4, 20.

16. *Sieden.* die ſtrafe in ſiedendem waßer zu tödten
ſcheint an ketzern vollſtreckt worden zu ſein; im wel-
ſchen gaſt (cod. pal. 389, 194ª) wird erzählt, der herzog
von Oeſtreich laße ketzer *ſieden* und *braten,* damit
ſich der teufel nicht die zähne verbeiße.   In früherer
zeit kommt erſtickung in *heißen dampfbädern* vor: hic
vero (Theodadus rex) cum didiciſſet quae meretrix illa
(Chlodovei regis ſoror) commiſerat, qualiter propter ſer-
vum, quem acceperat, in matrem exſtiterat parricida,
*ſuccenſo* vehementer *balneo* eam in eodem cum una
puella includi praecipit.   quae nec mora inter arduos va-

pores ingreſſa in pavimento corruens mortua atque con-
ſumpta eſt. Greg. tur. 3, 31. es galt für ein turpe ſup-
plicium.

17. *In ein ſteuerloſes, leckes ſchiff ſetzen.* dieſer ſtrafe,
welche nicht unmittelbaren tod zur folge hat, ſondern
noch den zufall walten läßt, wird in den liedern und
ſagen gedacht, eine reimchronik des mittelalters erzählt
von Ovidius:

> ein ſchif wart in kurzem zil
> bereit, dar ûf ſatzt man dô
> den meiſter Ovidiô;
> ân ſegel, ân ruoder, ân ſtiure
> muoſt er varn ungehiure
> hin ûf des meres fluot.

Ich finde aber auch in den rechtsüberlieferungen, daß
man diebe und mörder, deren hinrichtung vermieden
werden ſollte, *in einem ſchiff ohne ruder rinnen ließ.*
M. B. 2, 507 (a. 1462.) Noch ein beiſpiel unten ſchluß-
anm. h. Die ſitte ſcheint um ſo alterthümlicher, da zur
heidniſchen zeit todte leichname auf ſchiffe ohne führer
geſetzt, dem ſpiel der winde und wellen überlaßen wur-
den, von welchem gebrauch ich anderswo umſtändlicher
handeln werde.

18. *Thieren vorwerfen,* feris objicere, dare ad beſtias.
von dieſer bei den Römern häufigen todesart hat das
deutſche recht kein beiſpiel, wohl aber die ſage. So
werden die Volſungen im wald an einen ſtamm gebun-
den (ſettir í ſtok), ein *wildes thier* kommt nachts und
verzehrt ſie nach einander. Volſ. cap. 9. Gunnarr wird
in einen wurmgarten (ormgard) gelegt und von den
*ſchlangen* tod gebißen, Sæm. 224[b] 243[a]; ebenſo ſtirbt
Ragnarr Lodbrok, cap. 16. Des beſtreichens mit honig,
um in brennender ſonne den ſtichen der *fliegen* preis-
gegeben zu werden (Plutarch im Artaxerxes; Anton.
Liberal. metam. 2, 17. von Polytechnos) gedenken auch
neuere ſagen (Decamerone 2, 9. Koſegarten legenden 2,
233. Olger danſke p. m. 178); ſelbſt ein cölner erz-
biſchof ſoll auf dieſe weiſe einen grafen von Berg ums
leben gebracht haben. Fiſcharts Gargantua p. m. 207[a].

B. *Leibesſtrafen.*

die bloß leib und glieder verletzen, verwunden, ver-
ſtümmeln oder zuſammenziehen und belaſten (wie feßeln),
aber nicht das leben nehmen; geringſter grad iſt geifeln

und haarabſchneiden, wovon es in allgemeiner formel
heißt: die ſtrafe geht zu *haut und haar*, richten to
*hut* u. to *hare* Sſp. 2, 13 (*hût* u. *hâr* abeſlân Berth.
62; wê ir *hiuten* u. ir *hâren*! Walth. 24, 13); *ſchern*
und *villen* (tondere et verberare); ſi quis furtum fecerit,
*corium* ſuum et *pilos* redimat. Kindl. hörigk. p. 231
(a. 1109.) Härter iſt das abſchneiden einzelner glieder.

1. *Scheren.* wie ſehr auf den ſchmuck des haars und
der locken geachtet wurde, hat das erſte buch gewieſen
(ſ. 239. 283. 339.) Es galt für ſchimpf und muſte ge-
büßt werden, wer einem nur an locken oder bart griff,
weit ſchwerer, wer ſie abſchnitt, vgl. lex burg add. 1, 5.
Doch nicht in allen fällen war es ehrenrührig, eine
locke zu verlieren, dahin gehört das *ſymboliſche* ſche-
ren (oben ſ. 146) und haar ausreißen, zeugen zur er-
innerung wurde ein wenig haar ausgerupft, wie das
ohr gezupft: puero capillos pauliſper excuſſit. charta a.
1122 (zu Saumur) Carpentier 1, 788; die frau bricht
dem ritter heimlich eine locke aus. Tieks Lichtenſtein
p. 17. Beiſpiele der ſtrafe: juſſit *tonderi* comam capitis
ejus. Gregor. turon. 6, 24; *dimidio capite tonderi*,
poena ſervorum et latronum. capit. a. 809. cap. 11; *ton-
dere* in crucem, in modum furis. ch. a. 1273. Car-
pentier ſ. h. v.; der locke u. der hâre *ſtümmeln*. Diut.
1, 458; τὸν δὲ μέγιστα ἀδικήσαντα ὁ βασιλεὺς κελεύει
κείρασθαι, ὡς ἐσχάτης οὔσης ταύτης ἀτιμίας. Nicol.
Damaſc. Gron. 3853.

Gewöhnlich kommt es mit dem fillen verbunden vor,
auch mit noch härteren ſtrafen: luminibus orbatus, vir-
gis caeſus, *detonſus*. Lambertus ad a.` . . . (Krauſe
p. 139); alios *capillis* et cute detracta expulerunt. ann.
fuld. ad a. 879 (Pertz 1, 393); ad palum vapulet et
*tondeatur.* Georg. 843; virgis verberabitur et *crines*
ejus *abradentur.* Kindl. 3, 55 (a. 1165); *tollantur*
corium et *capilli*, cute et *capillis* priventur. Wenk
3. nr. 49 (a. 1024); ſi aliquis deprehenditur cum furto,
quod valet dimidium fertonem, ſuſpenditur. ſi minoris
valoris eſt, ſcopis punitur et buccas uritur et crines ſui
per *medium caput* ſuum *tondentur.* jura tremonenſia;
conſpirationis adjutores *capillos ſibi viciſſim detondeant*,
nares ſibi invicem praecidant. Georg. 698. 1347; *crini-
bus turpiter abſciſſis* virgis excorietur. Kettner ant.
quedlinb. p. 168 (a. 1968); corium et *capillos* amittat.
Schannat hiſt. wormat. 2, 41 (a. 1014); gangar annârs

mans kunu a bulſtar ok bleo i annarä kunu ſiäng, tha
miſſe *lokkä* ſinä ok örun ſin ok näſar ok hete ä horſtakka.
Upl. ärfd. 6.

Zuweilen wurde das haar nicht abgeſchoren, ſondern
*mit der haut abgezogen.* die gloſſe zum Sſp. 2, 13 er-
klärt das haut u. haar folgendermaßen: das man einen
zu der ſtaupen ſchlegt u. *windet im die haar mit einer*
*kluppen oder knebel aus dem heupt.* Das ſcheint das
*decalvatus*, turpiter decalvatus der l. Viſig. III. 3, 9. 10:
*decalvare* et fuſtare. Liutpr. 6, 88. Den Angelſachſen
hieß hŷdan oder behŷdan, behêdan (behäuten) capillos
cum ipſa capitis pelle detrahere. lex Cnuti 27. (hettian
bei Kold. Roſ. p. 63 gewährt keinen ſinn).

2. *Geiſeln*, flagellare, verberare, virgis caedere, fuſte
ferire (XII. tab. 7, 8.), fuſtigare; goth. *bliggvan*, ahd.
pliuwan, nhd. bläuen; ahd. *villan*, fillan, mhd. villen
(von fel, cutis); mhd. *bern* mit gerten oder mit ruoten;
mhd. *beſemen* (läʒe man uns beſemen ûf dem creiʒe.
Herb. 108ª) mit beſemen villen. Lampr. Alex. 1037:
nhd. *ſtäupen* (ſtaupenſchlag), mit ruthen *ſtreichen* oder
*hauen* (ruthenſtreich), *prügeln*, *ſchwingen*, auch der
agſ. ausdruck iſt *ſvingan* und ſving ictus, ſvingle fla-
gellum. Die ſtreiche wurden öffentlich mit ruthen oder
riemen auf den nakten rücken gegeben und in beſtimmter
zahl, die meiſt nach dem *decimalſyſtem* von 50 auf
100, 150, 200, 300 aufſteigt: rumpatur dorſum ejus
*quinquaginta* percuſſionibus. bajuv. 6, 2. *quinquaginta*
verbera ferat. viſig. III. 4, 15. *centenis* flagellorum icti-
bus verberetur. viſig. III. 3, 9. *centum* fuſtes accipiat
burg. 5, 5. *centenos* fuſtium ictus. burg, 4, 6. *centum*
verbera ferat. viſig. III. 4, 15. *centum quinquaginta*
flagella ſuſcipiat. ibid. burg. 30. *ducentos* ictus flagello-
rum extenſus publice accipiat. bajuv. 8, 6. 11, 5. *ducen-*
*tos* in conſpectu omnium publice ictus accipiat flagello-
rum. viſig. III. 1, 3. *trecentos* fuſtium ictus. burg. 4, 4.
*trecentenis* flagellis publice verberatur. viſig. III. 4, 17.
Bloß das ſaliſche geſetz hat auch hier *duodecimalzah-*
*len*: ſervus ipſe aut 120 ictus accipiat, aut 120 den.
cogatur perſolvere. 29, 6; ſervus 120 ictus accipiat ten-
ſus. 42, 3. (der pactus leg. ſal. hat hier einigemal CXX.
einigemal CXXI, mit der zugabe von 1); der caſtration
ſtanden 240 ictus gleich. 43, 7. Die lex alam. 38, 2
ſpricht unbeſtimmt: ſervus vapuletur fuſtibus. Vom kö-
nigsmalter (32 ſchlägen) im folg. buch cap. I. unter A, 21.

Der ſträfling empfieng die ſtreiche entw. auf eine bank
oder einen kloben (folterbank) ausgeſtreckt, oder an ei-
nen pfal gebunden: extenſum ad *trocleas* loricis (l. *lo-
ris*) *triplicibus* caedere. Greg. tur. 6, 35; juſſit eos ad
*trocleas* extendi et fortiſſime caedi. id. 7, 32; ad *ſtipites*
extenſos graviſſime caeſos. ib. 10, 15. Genauer das ſal.
geſetz: et qui repetit (der kläger, der beſchädigte) *vir-
gas* habeat paratas, quae in ſimilitudinem minimi digiti
groſſitudinem habeant, et *ſcamnum* paratum habere
debet et ibi ſervum ipſum extendere debet. 43, 4. ſuper
*ſcamno* tenſus ictus accipiat. ib.

Es war eine *knechtiſche* ſtrafe; was freie in geld büß-
ten, muſten unfreie mit ihrer haut bezahlen, zuweilen
war ihnen wahl gelaßen, das geld zu entrichten oder
die ſtreiche zu dulden. Ein freier, mit dieſer ſtrafe be-
legt, verlor ſeine freiheit, careat ingeniutatis ſtatu. l.
viſig. III. 3, 1. Aber nicht nur leibeigne, auch coloni
wurden gehauen: eſt aliquis qui contradicit epiſcopo
aut ejus miniſtris, ne *coloni* aut ſervi pro commiſſis cri-
minibus *virgis nudi caedantur.* Burchard. wormat.
interrog. 73.

Wie lang iſt bei den ſoldaten die ſtrafe des *ſpieß-
ruthenlaufens* hergebracht? es wurde (wie beim ſpieß-
recht f. 689 und bei der ſteinigung f. 692) *eine gaße
gebildet,* durch welche der verbrecher dreimal auf und
niedergehend von jedem ſeiner kriegsgeſellen einen ru-
thenſtreich auf bloßen rücken empfieng. ſchwed. *gat-
lopp,* curſus per ordines militum virgis caedentium.

3. *Schinden,* Walth. 85, 14 von ſcint, altn. ſkinn (co-
rium) excoriare, écorcher, die haut aufreißen, abziehen,
daher oft gleichbedeutig mit *fillen* (von fel) weil ruthen-
ſtreiche die haut ablöſen; agſ. *fleán,* befleán (praet. flôh)
engl. flay, mnl. vlaen, glubere, decorticare. Hierher
gehört auch das *decalvare,* das wegnehmen des haars
mit der haut (f. 703.) Außerdem war aber im alter-
thum noch ein beſonderes *riemenſchneiden* aus der
haut als ſtrafe bekannt, die vielleicht mit dem örn *riſta,
refil riſta* (ſ. 694) zuſammenhängt. Totila, könig der
Gothen, befahl: epiſcopo *a vertice ad calcaneum cor-
rigiam tollere* et tunc caput ejus amputare. dial. Gre-
gorii magni 3, 13. Im Reinaert vos wird Brune dem
bär geſchnitten.

>   *van ſinen rugghe* èn *velſpot* af
>   voets lanc en voets brêt. 2840.

diese ſtrafe war auch im Orient üblich, nach dem geſetz
der Perſer wurde einem, der unreine kleider berührt hatte,
die *haut vom gürtel an* in die breite gelöſet. Vendidad,
fargard. 3. (Kleuker 2, 312.).

4. *Hand u. fuß abhauen.* der mancus heißt goth. *hanfs*,
ahd. *hamf* (vocab. S. Galli 198); der claudus goth. *halts*,
ahd. *halz.*\*) *Manuum* ac *pedum* abſciſſione mulctatur.
Greg. tur. 7, 20; ſleá mon him *hand* of oþþe *fôt*. In. 37;
þa loyſi undan *hand* eþa *fot*. Gutal. 42; detruncare reis
inhoneſto vulnere nares, iſte *pedem* perdit, perdit et ille
*manum*. verſus de Thimone comite b. Meichelb. nr. 23;
herz. Ernſt 17ᵃ:

> ſwen man begreif, der muoſt ein pfant
> den vrechen lâzen ſâzehant,
> die *hende* oder die *füeze*
> daz ſint der Beiger grüeze. \*\*)

Es pflegt aber in liedern und ſagen der *rechte arm* und
das *linke bein* genannt zu werden, weil ſie höhern werth
haben, als der linke arm und das rechte bein:

> der *zeſwe arem* u. daz *winſter bein*
> zebrach von dieſem gevelle. Parc. 71ᵇ;

Laurin fordert von allen, die ſeinen roſengarten zertreten
haben, den *linken fuß* und die *rechte hand;* lui trencha
le *pied gauche* et lui coupa le *bras droict*. Geoffroi de
Mayence cap. 17; danſke viſer 2, 45:

> hans *höjre haand* og *venſtre fod*
> han og tillige afhugge lod;
> jeg vil ikke have anden bod
> end *höjre haand* og *venſtre fod*. 4, 252.

ein ſpaniſches volkslied (ſilva p. 4):

> cortenle el *pie del eſtribo*, la *mano del gavilan*.

In Reutters kriegsordn. p. 56 heißt es: ich verbanne u.
verbiete die bank, das mir keiner in das recht ſprechen
ſoll bei verbußung der *rechten hand* u. des *linken fuß;*
und p. 76 dem verbrecher peinliche ſchmerzen zuerken-
nen als mit der zungen und *rechten hand* oder *linken
fuß*. Aus dieſem grund wird auch beim hammerwurf
(oben ſ. 65) mit der *rechten hand* unter *dem linken bein*
her geworfen.

---

\*) halts iſt wörtlich claudus; hanfs verwandt mit καμπτός,
καμπύλος (krumm).
\*\*) wer ſich an den heimbürgen vergreift, der *iſt um ein hand
u. um ein fuß*. Meddersheimer w.

Der vorzug der rechten hand iſt einleuchtend, fie führt
das ſchwert, ſchwingt den ſpeer, bált den falken; darum
nennt fie das ſpan. lied mano del gavilan (ſperberhand),
darum heißt bei Aeſchylus (Agam. 118) χερὸς ἐχ δορι-
πάλιου nichts als e manu dextera. Den höheren werth des
linken fußes begründet aber, daß der reiter mit ihm in
den ſtegreif tritt (pie del eſtribo) Triſt. 7046:

> daʒ er den linken fuoʒ geſtieʒ
> wol vaſte in den ſtegereif.

zu verwundern iſt, daß die alten geſetze der rechten hand
und dem linken fuß keine höhere buße beilegen, so sorg-
fältig fie den verſchiednen werth einzelner finger angeben.
Erſt in dem ſpäteren frieſ. geſetz finde ich eine folche
beſtimmung, die *rechte hand*, neidam dat hio da feininga
ſchil duaen tojenſt da quade gáſt, wird mit 28 enzen (un-
zen) verbüßt, die linke mit 26; der *linke fuß*, neidam dat
hi den inſtap duaen ſchil, mit 28, der rechte nur mit 27
enzen. Fw. 375. 376. Für den linken fuß iſt ganz jener
grund angeführt (weil er den inſtap thut, in den ſteig-
bügel tritt), für die rechte hand der chriſtliche, weil fie
gegen den teufel fegnet.

Auch wenn bloß von dem abhauen der hand, nicht des
fußes die rede iſt, wird die rechte genannt oder ge-
meint: qui ſolidos adulteraverit, ... fi ſervus fuerit,
judex eidem *dextram manum* abſcindat. l. Viſig. VII.
6, 2; fin *fora hand* op dae thingſtapele of tho flaen. Fw.
144; einem heckenjeger die *rechte hand* abſlagen, ei-
nem luiſer den *rechten daumen*. Dreieicher w.; *pollex
dexter* auferatur. l. rip. 59, 3. Folgende beiſpiele nen-
nen fie nicht: de falſa moneta jubemus, ut qui eam
percuſſiſſe comprobatus fuerit, *manus* ei amputetur.
Georg. 497; fi monetarius reus fuerit, *manus* ejus ab-
ſcindatur, quacum reatum commiſit, et affigatur fabricae
monetae. l. Aethelſt. 14; fi quis fine juſſione regis au-
rum figuraverit aut monetam confinxerit, *manus* ejus
incidatur. l. Roth. 246; fi quis chartam falſam ſcripſerit
aut quodlibet membranum, *manus* ejus incidatur. ib.
247; fi quis res eccleſiae igne cremaverit per invidiam
more furtivo in nocte, fi ſervus fuerit, tollatur *manus*
ejus et oculi. l. bajuv. 1, 6; fi ingenuus ſciens fugitivo
(ſervo) literas fecerit, *manus* inciſione damnetur. l. burg.
6. 11; hi qui fignum adulterinum ſculpſerint vel impreſ-
ſerint, minor perſona *manum* perdat per quam tantum
çrimen admiſit. l. Viſig. VII. 5, 1; fi inventus fuerit

quis chartam falfam fecifle aut falfum teftimonium dixifle,
*manum* perdat aut redimat. Georg. 673; fi quis ferro
acuto quempiam vulneraverit, manu privabitur. ftat. fu-
fat. Häberlin p. 508; non debet *truncatio manuum* in
pueris fieri, qui nondum XII annorum aetatem impleve-
runt. ftat. colon. a. 1083 (Möfer 2, 258.) Abhauen des
daumen kommt häufig in den waldweisthümern vor: der
einen hafen fähet in dem büdinger wald u. drumme, der
verwirkt feinen *rechten daumen.* büdinger w.; welches teils
jeger uber die hochftraße keme u. die hunde nit vor uf
bünde, mag der ander teil den jeger vahen u. im den
*dumen* uf dem fellbein abhowen. Schöpflin nr. 1364 (a.
1459.); da erteilten die ritter, were das iemand wild oder
vogel fieng, on ir wißend u. on ir wort, das der einen
*daumen* verloren folte han oder den löfen folt umb fie.
ch. a. 1381.

Verbreitet war auch die ftrafe, das mefler *durch die
hand zu fchlagen,* die es gezückt hatte: enn konongs
umbodsmadr fkal taka knif þann, er hann lagdi med oc
keyra par â þingino *igegnom hönd* þefs er lagdi. Gulaþ.
p. 165; tüt en man en metfet, ether en ander wapen upp
enen borghere em mede to fchathende binnen ufen
wicbelethe, wert he thes vortucht mit twen borgheren
umberopen eres rechtes men fchal eme *that metfet dhor
fine hant flahn.* brem. ftat. p. 34; und von welchem
knechte die überfahrung gefchähe, fo daß er ein mefler
zücte, folte man in *mit der thätigen hand an das thor*
zu Löwenftein *nägeln,* machte er aber einen blutrüftig,
mit welcher hand er das gethan hette, folte man ime ab-
löfen. Kopp nr. 108 (a. 1466.)

*Durchschneiden der fußfehnen* begegnet in nord. fagen,
z. b. Sæm. 136[a] und An bogfv. faga cap. 14. bei Völundr
u. Ivar.

5. *Blenden.* der verluft *eines* auges galt zuweilen für
geringere ftrafe als der der nafe: de latronibus praecipimus
obfervandum, ut pro prima culpa *unum oculum* perdat,
de alia vero nafus ei truncetur. Georg. 498. 1145. 1155.
Indeffen fetzt lex rip. 5, 2. 3 auf auge und nafe gleiche
buße, lex fal 32, 12 auf das auge fogar höhere. Häufig
werden *beide augen* zerftört: *oculi evulfi.* ann. nazar.
ad a. 786 (Pertz 1, 42); decernens (Carolus) quod hii,
qui potiffimum in hac conjuratione devicti funt, honori-
bus fimul ac *luminibus* privarentur. ann. lauresh. ad

a. 786; auctores conſpirationis contra regem partim morte,
partim *coecitate* et exilio damnantur.    Pertz 1, 350;
*luminibus orbatus* Lamb. ſchafnab. p. 139; dô man ût his
*eágan*. l. Cnut. 27; et ſi pietatis intuitu a principe illi
fuerit vita conceſſa, *effoſſionem* perferat oculorum. l. Vi-
ſig. II. 1, 7; operatricem criminis hujus (des kindermords)
publica morte condemnet, aut, ſi vitae reſervare voluerit,
*omnem viſionem oculorum* ejus non moretur extinguere.
l. Viſig. VI. 3, 7.

6. *Naſe abſchneiden*. truncatis manibus auribusque et
*naribus* variis funt mortibus interempti.    Greg. tur. 8,
29. auribus *naribus*que amputatis.   id. 10, 18; conſpira-
tionis adjutores ... *nares* ſibi invicem praecidant.   Georg.
698. 1347; *naſus* truncetur. ib. 498. 1145; *naribus ab-
ſciſſis* ... lugebunt facinus ſuae praeſumptionis. l. Vi-
ſig. XII. 3, 4; detruncare reis inhoneſto vulnere *nares*.
verſus de Thimone comite; ceorſe of his *noſu*. l. Cnut.
27; andere beiſpiele b. Ducange 2, 1404.   Nach dem
alten Gulad. diebsb. 7 wurde ſtehlenden knechten die
*naſe* abgeſchnitten, es ist von dieſer knechtiſchen ſtrafe
ſchon oben ſ. 339 gehandelt.

7. *Ohren. auris unius* inciſione mulctatur.   Greg. tur.
5, 48; ceorſe his *eáran*. l. Cnut. 27; *oron* af hanom
ſkeria. Sudherm. thiufn. 2; tha miſſe lokkä ſinä ok *örun*
ſin ok näſar.   Upl. ärfd. 6; qui fanum effregerit et ibi
aliquid de ſacris tulerit, ducitur ad mare et in fabulo,
quod acceſſus maris operire ſolet, *finduntur aures* ejus
et caſtratur et immolatur diis, quorum templa violavit.
l. frieſ. add. 12.   Morgenländiſche und ſlaviſche ſagen
erzählen oft, daß miſſethätern die ohren abgeſchnitten
undd in die hand gegeben oder in die taſche geſteckt
wer en.

8. *Lippen*. Florus 4, 12 von den Deutſchen, die ſich
nach der niederlage des Varus an den römiſchen fach-
waltern rächten: aliis oculos, aliis manus amputabant,
unius *os ſutum*, reciſa prius lingua, quam in manu
tenens barbarus, tandem, inquit, vipera ſibillare deſiſte!
Ein beiſpiel dieſes lippenvernähens gibt auch Snorraedda
p. 133: þâ tôk dvergrinn þveng oc knîf oc vill ſtînga
rauf â *vörrum* Loka oc vill *rifa ſaman* munnin, en
knîfrinn beit ecki.   þa mælti hann at betri væri þar alr
brôdur hanns, en iafnſkiott ſem hann nefndi hann, þâ
var þar alrinn oc beit hann varrarnar, *rifjadi* hann
*ſaman varrarnar*.   Abſchneiden der oberlippe war zu-

weilen mit dem der nafe verbunden: ceorfe his nofu
and þa *uferan lippan*. l. Cnut. 27; aliquis produxerit
falfum teftem ... amittat nafum *cum labro* usque ad
dentes. ftat. avenion. a. 1243. cap. 73 b. Carpentier v.
denafatus.

9. *Zunge* ausfchneiden, in jener ftelle des Florus, auch
in den capitul. Georg. 1701: delatori *lingua capuletur.*
Sonft mehr in den fagen, als in den gefetzen.

10. *Wange* durchbrennen, *brandmarken*, genam vel ma-
xillam urere. Gunther in Ligur. 7, 274: *maxilla* fervus
*adufta* vertice detonfo fupponet terga flagello; verfus de
Thimone comite:

> ergo comes veniens cenfet pendere latrones
> furibus et *furvas* femper habere *genas.*

illi, qui hujus audaciae et invafionis dux et princeps fue-
rit, tollantur corium et capilli et infuper in *utraque*
*maxilla* ferro ad hoc facto etiam candenti bene crate-
tur et comburatur. Wenk 3. nr. 49 (a. 1024); auctor
facti cute et capillis privetur et infuper candenti ferro
in *utraque maxilla* comburatur. Johannis res mog. 3,
55 (a. 1037); auf den kaex fetzen u. *zu backen bren-*
*nen.* ftat. colon. a. 1437; op den kaik ftaen ende hem
enen *penningk in fine wangen bernen.* acta ultraj. a.
1480; opten kaec fetten, een oir offniden ende *en flotel*
*in der wange drucken.* ib. a. 1459; brennen durch das
*wange.* MB. 6, 237. mehr beifpiele hat Grupen obferv.
p. 130. 131.

11. *Zähne.* ausgebrochen: enn fâ madr, er mann bîtr,
þa fcal fyflomadr lâta taka þann mann oc fœra â þing
oc lâta *briota framtennor* or höfdi hans. Gulaþ. p. 167.
durchgebrannt: fol man uber in richten mit der fchraiat
u. *durch die zen brennen.* augsb. ftat. (Walch 4, 305.
311.); *durch die zende prennen.* bair. r. bei Heumann
opufc. 1, 63; *dor de tenen bernen* unde to der ftupen
flan. Goflar. gef. bei Leibn. 3, 500; *to den tenen bernen*
oder or affniden. Ölrichs rig. recht p. 54.

12. *Entmannen*, ahd. arwiran (oder arfiuran), agf. âfy-
ran, altn. gelda, engl. geld, altfchwed. fnöpa. Si fervus
furaverit, quod valent 40 denarii, aut *caftretur* aut 240
den. qui faciunt fol. 6 reddat. l. fal. 13, 2; fi fervus cum
ancilla moechatus fuerit et de ipfo crimine ancilla mor-
tua fuerit, fervus ipfe aut *caftretur* aut 240 den. culp.

judicetur. l. fal. 29, 6; si servus cum ancilla moechatus
fuerit, tribus sol. culpabilis judicetur aut *castretur*. l. rip.
58, 17\*); qui fanum effregerit . . . finduntur aures ejus
et *castratur* et immolatur diis. l. frief. addit. 12; *castra-
tionem* virium perferat. l. Visig. III. 5, 7; auch wan ein
waltpode einen juden bei einer christenfrauen oder maide
funde unkeuschheit mit ir zu triben, die mag er beide
halten. da sol man dem juden *sein ding abe sniden* u.
ein aug ausstechen u. sie (die frau) mit rüden usjagen.
Mainzer waltp. r. Gudenus 2, 499.

13. *Feßeln.* man legte bande an hände odar füße (nervo
aut compedibus vincito), auch reife um den leib. Die
sagen wißen vom *schmieden an felsen;* wie bei den
Griechen Prometheus, wurde im Norden Loki grausam
mit den därmen feines kindes auf drei steine gebunden;
jenem frißt ein adler jeden dritten tag die leber, diesem
fallen gifttropfen, so oft ein becken über feinem haupt
davon voll wird, ins antlitz, daß seine zuckungen erd-
beben hervorbringen. Snorraedda p. 70. vgl. Sæm.
66[b] 69.

Im mittelalter war es herkömmlich, unvorsätzliche mör-
der, mit schweren ketten oder ringen um den leib oder
die arme belastet, wallfahrten thun zu laßen. *circuli
ferrei* in poenitentiam ab episcopis aut presbyteris olim
imponi solebant iis, qui crimina enormia commiserant,
qui eos *in brachiis* induebant, nec deponebant, donec
post multas peregrinationes ad sanctorum sepulcra mi-
raculo aliquo solverentur. Ducange f. h. v. hat viele
belege aus schriftstellern und urkunden. Hätte ein kind
unvorsichtiger weise feine eltern ums leben gebracht:
men let den deder *besmeden mit isernbanden umb
hals, arm, lif u. beine,* moste tom lande hinut, sweren
he wolde sik nemand van den banden, ane gottes gnade
alleine, laten helpen, slapen de eine nacht nicht, dar
he de ander geslapen hedde, wandern u. dwalen so
lange, *dat em de bande sülvest afsprungen.* Rugian.
131. hatte er entschuldigungen, muste er sich doch mit
*einem* oder *zwein banden belegen* laßen, wöchentlich
etliche tage bei waßer u. brot fasten, an hohen festen

---

\*) daß noch im j. 1545 ein edelmann in der Wetterau diese
strafe an feinem schalksknecht vollziehen ließ, lehrt Sastrows leben
1, 290-293.

entkleidet u. nacket bis zum gürtel vor der proceſſion
ziehen, in jeder hand eine gebundne ruthe, u. ſich ſelbſt
ſchlagen, daß es blutete, die menſchen mitleiden hätten
und gott für ihn bäten, und die *bande tragen, bis ſie
abfielen.* ebendaſ.

C. *Ehrenſtrafen.* auch die ſtrafen an leib und leben
ſind großentheils zugleich mehr oder weniger beſchimpfend
und der ehre des freien ſchädlich. hier ſoll nunmehr von
ſolchen gehandelt werden, die ohne leib und leben zu ge-
fährden, dem verbrecher ſchimpf zuziehen.

1. gringſter grad dieſer ſtrafen iſt *wörtlicher verweis*
von ſeiten der obrigkeit, ein beiſpiel ſolcher *correption*
aus dem alam. geſetz habe ich oben ſ. 680 angeführt.
Die namen *reſſunga* und *ſträfe* eignen ſich ganz hier-
her, auch das ahd. *itawiz*, ags. *edvit*, goth. *idveit* (op-
probrium, exprobratio.)

2. *Widerruf* und *abbitte.* wer den andern geſcholten,
ihm ein verbrechen vorgeworfen hatte und es nicht be-
währen kann, der ſoll: es ihm als lieb machen, als er
es ihm leid gemacht hat. Hernbreitinger petersger. Der
injuriant muſte ſich öffentlich *auf den mund ſchlagen*
u. ſagen: *mund, da du das wort redeteſt, logeſt du!*
Rugian. 186; *mund, do du dat ſprekeſt, logeſt du dat!*
Pufend. app. 3, 12. 1, 50. In Schweden zahlte der ver-
laumder ein *läppegiäld* (lippengeld) zur buße, *ſchlug* ſich
auf das *lügenmaul* und *gieng rückwärts* aus dem gericht.
Loccenii antiq. p. 70. Formel der griech. παλινῳδία war:
οὐκ ἔστ᾽ ἔτυμος λόγος οὗτος. Platonis Phädr. Bekker
1, 33. Bisweilen geſchah die abbitte *kniend*, auf gebognen
knien.

3. *Schimpfliche tracht.* wie das abſchneiden das haars,
ſo entehrte auch das *kürzen des langen gewandes*, ein
beiſpiel aus der bairiſchen ſage oben ſ. 285; in einem
ſchwed. volkslied 2, 188:

> han *ſkar af* hennes *klüder allt jemt efter knä,*
> förr var du en drottning, gå ock nu vall med få.

Und die frawe (die ein unehliches kind geboren hat)
ſal den ſun umb die kirchen tragen, wollen u. barfuß,
u. ſal man ir har hinden an dem haubet abe ſniden u.
*ir rock hinden abeſniden.* Seligenſtadter ſendrecht.
Verſtegan (reſtitution of decayed intelligence. Lond. 1634.
p. 58) erzählt, aus welcher quelle weiß ich nicht: if

eyther wife or maid were found in dishoneſty, her
*clothes were cut off round about her*, beneath the
girdleſtead and ſhe was whipped and turned out, to be
derided of the people.    Auch in Wales wurde einer
frau, die ihre unſchuld nicht beweiſen konnte, das
hemd angeſchnitten: *camiſia ejus inguinum tenus dila-
cerabitur.*    Wotton 2, 42; let her *ſhift* be *cut off* as
high as her buttocks.    Probert p. 132; icellui Breton
avoit menacé la chambriere, de lui *couper la robe* par
deſſus le cul. (a. 146ᵛ) Carpentier ſ. v. roba. *)  Außer-
dem entehrte das tragen beſtimmter mützen und abzei-
chen, vgl. oben ſ. 339. 340; wer da funten wirt für ein
wucherer, der ſal drie ſuntage geen mit deme wichwaßer
um die kirchen, wollen u. barfuß u. ein *judenhut* uſhan.
Seligenſt. ſendr. a. 1390; einem hinzurichtenden verbre-
cher wird eine *rothe mütze* auf den rock gebunden.  Ar-
noldi beitr. p. 92 (a. 1467); ne autem rurſus fide publica
abuterentur ii, qui ita bonis ſuis cedunt, *pileo viridi in-
famantur*, quod ex uſu factum, non aliqua lege ſtatutum
eſt.    Carpentier ſ. v. ceſſio bonor.

4. *Unterſagung der waffen* und *ritterlichen geräthes.*
habe er als ein dieb an ſeinem herrn leib u. gut ver-
wirkt, ſoll für keinen biedermann mehr gelten, *keinen
degen* ſondern nur ein *abgebrochen meſſer* tragen, in
keine ürthe ſitzen . . . und wenn er ſeinem herrn oder
deſſen kindern begegnen ſollte, *ab dem wege treten* u.
aus den augen gehen.  urphede von Sax, bei Arx S.
Gallen 2, 169.   Ein ehrloſer ritter ſollte *ſtiefel ohne
ſporn* tragen, ein *pferd ohne hufeiſen, ohne ſattel*
und mit *baſtenem zaum* reiten. ſe aucuns hons eſtoit
chevalier et ne fuſt pas gentis hons de parage, ains le
porroit prendre li rois ou li bers, en qui chaſtelerie ce
ſeroit et *trencher ſes eſperons ſeur un fumier.* eſtabl.
de S. Louis 1, 130; es iſt unter Heinrich des eiſernen,
fürſten von Sagan, regierung der adel, ſo etwa einer
ſich nicht rittermäßig gehalten, ſondern was verwürket,
nicht umb geld geſtraft worden, ſondern mancher hat
zur buße mit *barfüßigem pferde*, etliche mit einem,
etliche mit zwei oder drei hufeiſen in die ſtadt reifen,
ihrer viel *ohn ſporn*, item *ohne ſattel* u. dergl., ja
mancher hat auch gar nicht in die ſtadt reiten, ſondern

---

*) der ehrloſe geht *halbgeſchoren* in *geſticktem rock.* O. Mül-
lers Dorier 2, 223.

zu fuße wie ein anderer ochſenpaur gehen u. einher
treten müßen. handſchriftl. chron. von Sagan in Gräters
Idunna 1812. p. 108. So reitet Jeſcute ein *barfuß
pferd, ohne ſattel* mit *zaum von baſt.* Parc. 33ᵃ. ᵇ 61ᶜ.
Man vergleiche Kopps bilder und ſchr. 2, 17. 18 und Du-
cange ſ. v. calcar, wegen des baſtenen zaums aber oben
ſ. 260. 261. Einen von *ſcildes ambet ſcheiden* u. recht-
lôs ſagen. Parc. 15665. Edelleuten, die ſich vergangen
hatten, wurde das *tiſchtuch zerſchnitten* u. das *brot
verkehrt* gelegt: quiconque homme noble ſe fourfaiſoit
reprochablement en ſon eſtat, on lui venoit au manger
*trancher la nape* devant ſoi. Ducange ſ. v. menſale
dividere; ſe aucun chevalier avoit fait trahiſon en au-
cune partie et eſtoit aſſis a table avec autres chevaliers,
ledit roy darmes ou heraut lui doit aller *couper ſa
touaille* devant lui et *lui virer le pain au contraire.*
tract. de officio heraldorum; fecialis *laceravit mantile*
ante poſitum. Will. Heda ad a. 1395; ſupervenit quidam
heraldus *ſcindens* et *dividens menſale* ante jam dictum
comitem. Joh. a Leydis 31, 50.

5. *Symboliſche proceſſion.* die miſſethäter muſten in
demüthigendem anzug, ein zeichen der verwirkten
ſtrafe auf ihrem hals oder rücken tragend, vor ihrem
herrn erſcheinen und eine vorgeſchriebne ſtrecke, ge-
wöhnlich bis zur grenze des gaus durchwandern, gleich-
ſam damit ihre entehrung jedermann im lande bekannt
würde. *)

*α.* die älteſte ſtelle hierüber iſt l. Viſig. VI. 2, 3: ver-
berati et decalvati deformiter *decem convicinas poſſeſ-
ſiones circuire* inviti cogantur. daß ſie barfuß giengen
und einen ſtrick um den hals trugen, wird hier nicht
geſagt. In ipſa nuptiarum ſolennitate Lotharius dux
Saxonum, *nudis pedibus, ſago indutus,* coram omni-
bus ad pedes ejus (Heinrich des 5.) venit, ſeque ſibi
(d. i. ei) tradidit. Otto friſing. 7, 15. **) Folgende ſtellen
laßen unentſchieden, *was* zum ſchimpf getragen wurde:
qui (comes Stephanus, Gerardus frater ejus et Matfri-
dus) venientes juxta Wormatiam, *per milliare unum
ab urbe angarias ferentes,* veniam poſtulantes usque
ad pedes Arnoldi epiſcopi tullenſis, qui apud regem

---

*) vgl. das wandern der eingeſchmiedeten mörder, vorhin ſ. 710.
**) *nudatus pedes* cum duodecim patribus diſcalceatis. Saxo
gramm. p. 175.

(Arnulfum) erat, *ipſas angarias depoſuerunt* et 700
libras argenti pro capitularibus ablatis Arnoldo epiſcopo
reſtituerunt et libertatem civitati ſe ſervaturos jurave-
runt, regis etiam ditioni ſe et ſua tradiderunt. Mabillon
ann. bened. tom. 3. app. cap. 35; Albertus de Harneſten
ex violenta detentione praepoſiti ecclefiaſticam cenſuram
incurrit. tandem ad compoſitionem pro ſatisfactione prae-
poſito praeſtanda ſpontanei devenerunt, ut videlicet idem
nobilis honorificentiam illi et ſibi verecundiam faciendo,
cum ducentis militibus *a loco*, in quo eum captivavit,
*usque ad* civitatem Magdeburg et *per omnes conven-*
*tuales eccleſias portet opprobrium*, quod harmiſcare
vulgariter appellatur. epiſt. Innocentii 3. lib. 13 ep. 135
(a. 1210.)

*β.* edle und freie trugen ein *bloßes ſchwert*, unfreie
den *ſtrang* um ihren hals, zum ſymbol, daß ſie ver-
dient hätten enthauptet oder gehangen zu werden. in
*cilicio* et *nudis pedibus* atque *exertis gladiis*. Wippo
p. 472; *nudatis pedibus*, liberi *cum nudis gladiis*,
ſervi cum *torquibus vimineis circa collum*, quaſi ad
ſuſpenſionem parati. Wippo p. 473; abjectâ veſte, *pedi-*
*bus nudis, exertos ſuper cervices* gladios ferentes. Ra-
devic. friſing. de geſt. Frid. 1, 42; *ſacco indutus, nudis*
*pedibus*, discooperto capite, *furcas ſuper humeros* ſuos
et *laqueum ſuſpenſorium circa collum* ſuum, qui in
ipſis furcis pendebat. Ducange ſ. v. harmiſcara col. 1062;
et qui interfecereat patrem, filium, fratrem vel propin-
quum, ibat *cum corrigia in collo* ad eum, cui talem
injuriam fecerat. chron. modoet. ap Muratori ſcript.
12, 1164. franz. demander grace *la cordè au cou.*

*γ.* miſſethäter trugen auch *ruthen* oder *beſen* in der
hand, zum zeichen des verwirkten ſtaupenſchlags wie
dem ergriffnen, vor gericht geſchleppten dieb *ſchere*
und *beſen* auf den rücken gebunden wurde (oben ſ. 637):
cuncti primarii cives praedictae civitatis (tiburtinae) ad-
ſunt *nudi*, femorabilibus tantum tecti, *dextra gladios,*
*laeva ſcopas* ad palatium (Otto des dritten) praetenden-
tes, imperiali jure ſe ſubactos nil pacifci, nec ipſam qui-
dem vitam, quos digne judicaverit *enſe feriat*, vel pro
miſericordia *ad palum scopis exanimari* faciat. vita
Bernwardi hildeſ. (Brower ſidera p. 25.);

> nû ſulwir in daʒ münſter gân
> mit *blôʒen füeʒen* u. in *hærin hemden* ſtân
> und ſuln alle *beſem tragen.* Lohengr. 11;

praedicti miles et armiger *facient proceſſiones*, quae
vocantur vulgariter *hachées*, unam et primam *a loco*,
in quo dicuntur maleficium perpetraſſe, *usque ad* ſepul-
turam praedicti prioris ... alias proceſſiones facient in
diebus dominicis vel in ſolennibus feſtivitatibus, *nudis
pedibus*, induti braccis et camiſiis de *groſſiſſimo ſacco*,
et praedictus armiger (nämlich der nnfreie, nicht der
freie miles) habebit *in collo ſuo panellum ſuum per-
foratum* et caput ſuum emittet per foramen, et *virgas
deferent in manibus* fuis ..... et dicent ſic alta voce:
nos facimus hoc pro facto, quod imponebatur nobis de
morte Johannis prioris. ch. a. 1246 b. Ducange ſ. v.
harmiſcara. Item, wer da funten wird für ein wuche-
rer, der ſal drie ſontage vur dem ama *geen* mit deme
wichwaßer *umb die kirchen*, *wollen* u. *barfuß* u. ein
judenhut uf han u. *ein beſemhe in ſiner hant* han.
wan he umb die kirchen kompt, ſo ſal er drus ligen
vor die kirchthur u. ſal *die lude obir ſich laßen geen.*
item wer funten wird für ein ebrecher, der ſal drie
ſontage vor deme ama mit deme wichwaßer, *wollen* u.
*barfuß umb die kirchen geen*, *barhaupt* u. *eine be-
ſemhe in ſiner hant tragen* u. wann he umb die kir-
chen kompt, ſo ſal er drus vor der tur ligen u. ſal *die
lude ober ſich laßen geen* u. *ſlagen* (d. h. ihn) *mit
dem beſemhe*, wer will. Seligenſt. ſendrecht a. 1390;
item da ſich zwo ſchelden in der kirche oder uf dem
kirchofe, welche dan unrecht hat, die ſal *den beſemhe
barfuß umb die kirchen dragen* drie ſontage u. ſal vor-
geen u. die ander nachgeen ... u. lachet ſie, die ſal den
beſemen dan dragen. ebend.

δ. edle verbrecher *trugen hunde.* der frühſte beleg,
weil die tuller begebenheit unter könig Arnulf nicht be-
ſtimmt genug erzählt wird, iſt aus der erſten hälfte des
10. jh.: qua praeſumptione rex (Otto I.) audita condem-
navit Eberhardum (Franconiae ducem) centum talentis
aeſtimatione equorum, omnesque principes militum, qui
eum ad hoc facinus (landfriedensbruch) adjuvarant, *de-
decore canum*, quos *portabant usque ad urbem re-
giam*, quam vocitamus Magadaburg. Witich. corb. p. 25;
haec autem fuit pacis conditio, quod venientes Medio-
lanum *tertio ab urbe milliario*, nudis incedendo veſti-
giis, epiſcopus codicem, marchio *canem bajulans*, *ante
fores eccleſiae* S. Ambroſii reatus proprios devotiſſime
ſunt confeſſi. Arnulfus mediol. 1, 6. ad a. 1008; *vetus*

*conjuetudo* pro lege apud *Francos* et *Suevos* inolevit,
ut fi quis nobilis, miniſterialis vel colonus coram ſuo ju-
dice pro hujusmodi exceſſibus (raub und brand) reus in
ventus fuerit, antequam mortis ſententia puniatur, ad
confuſionis ſuae ignominiam, nobilis *canem*, miniſterialis
*ſellam*, ruſticus *aratri rotam\**), *de comitatu in proxi-
mum comitatum geſtare* cogatur. hunc morem impe-
rator (Frid. 1.) fervans palatinum iſtum comitem, magnum
imperii principem, cum decem comitibus complicibus
fuis, *canes per teutonicum miliare* portare coegit. Otto
friſ. de geſt. Frid. 2, 28; und Gunther im Ligur. 5
(Reuber p. 351)

> quippe *vetus mos* eſt, uti, fi quis rege remoto,
> ſanguine vel flamma vel ſeditionis apertae
> turbine, ſeu crebris regnum vexare rapinis
> audeat, ante gravem quam fuſo ſanguine poenam
> excipiat, fi *liber* erit, de *more vetuſto*
> *impoſitum ſcapulis* ad contigui comitatus
> cogatur per rura *canem* confinia ferre;
> fin *alius, ſellam.* cujus diſpendia poenae
> ille palatinae cuſtos ecleberrimus aulae
> non potuit vitare comes, *cunctisque videndus*
> *portavit ſcapulis paſſus plus mille latrantem.*
> hanc quoque tunc alii fimili pro crimine poenam
> ſuſtinuere decem comites, totidemque coacti
> foeda tulere canes generoſo pondera collo.

Der beſtrafung des pfalzgrafen gedenken auch andere
chroniſten, z. b. Dodechinus im appendix zu Marianus
Scotus ad a. 1155\*\*): ubi (zu Worms) Hermannus pal.
comes et Emicho comes de Linengen et Gotfridus de
Spanheim et Henricus de Katzenelnbogen et Conradus
comes de Kirberg, Henricus comes de Didiſſen (Diedes-
heim oder Dietz?) et alii ex parte praedicti Hermanni
*canes portaverunt* et ſic dominus Anoldus epiſcopus ab
excommunicatione eos abſolvit, ex parte vero epiſcopi
*canes portare* quidem coeperunt Ludovicus comes de
Lohim et Guilielmus comes de Glisberg et alii, ſed ob
reverentiam archiepiſcopi ceſſare ab imperatore juſſi ſunt.
Noch ausführlicher der monachus Kirsgartenſis ad a.

---

\*) dieſe drei worte fehlen ed. baſil. 1569. pag. 257.
\*\*) es geſchah zwiſchen weihnachten 1155 und neujahr 1156.
Raumer Hohenſt. 2, 53. vgl. 536.

1181 (Ludewig rel. 2, 103) ex antiquo libro: Frideri-
cus 1. principes in moguntinum injurios Worniatiam
evocavit, ubi in praeſentia totius curiae omnes in faciem
ſuam ed pedes Arnoldi corruentes, in cinere et in ci-
licio ſatisfacientes, poenas tanto facinori congruas dede-
runt, et vindictam, quae vulgo dicitur arreſtara (l. harm-
ſcara) in medio hiemis horrendiſſimi tempore quilibet in
ordine ſuo, ſecundum ſuam dignitatem vel conditionem,
*nudipes, ad terminum iis conſtituum . . . proprio
collo congeſtant.* inprimis palatinus Rheni comes, ſicut
principalis tanti flagitii auctor, *canem per medium lu-
tum* portavit, alii autem *ſellam aſinariam*, alii *ſubſel-
larii inſtrumentum*, atque alii alia, ſecundum ſuam
convenientiam, rigidis plantis algentibusque totius in
conſpectu ferebat concilii. Als im j. 1205 Heinrich,
decan von Magdeburg, ungerechter weiſe überfallen und
geblendet worden war, wurde Gerhard, dem thäter,
außer einer geldbuße auferlegt: ut cum quingentis mi-
litibus *militarem* ei *poenam* perſolveret, id eſt, ut ſin-
guli milites *de loco* perpetrati ſceleris *usque* ad fores
eccleſiae *caniculum deferrent.* Arnold. lubec. chron.
flav 7, 2. Ein noch ſpäteres beiſpiel vom j. 1232 gibt
eine urk. b. Herrgott 2, 241. ad emendationem tanti
ſceleris comes (phirreteuſis) et cum eo miniſteriales et
liberi poenam, quae vulgo harneſcar dicitur, ſuſtinebunt,
quam ante portam civitatis, quae Spalon dicitur, unus-
quisque prout ſui ſanguinis nobilitas ſeu generis con-
ditio et terrae conſuetudo in talibus requirit, aſſumentes
et per civitatem *via publica usque ad valvas baſilicae*
b. Mariae *deferentes* ibi ſe proſternent. Aus der fol-
genden zeit ſind mir keine fälle bekannt, auch bei den
dichtern des 13. 14. jh. habe ich keine erwähnung der
ſitte gefunden; doch erhielten ſich unter dem volk ei-
nige ſprichwörter, die man auf ſie beziehen muß: das
ding wird *den hund haben* (res redibit ad reſtim) Schil-
ter gloſſ. 474ª; *hunde führen bis Buſchendorf* (ein
dorf bei Nürnberg), *hunde führen bis Bautzen*, d. h.
bis zum grenzort des gaus (vgl. n. lit. anzeiger 1807.
ſp. 319.) Was war nun der grund dieſer rechts-
gewohnheit, die bis zum 13. jh. von dem 10. an, und
wahrſcheinlich ſchon früher, herſchte? die deutungen
bei Schilter 473ᵇ ſcheinen unbefriedigend *); ich glaube,

---

*) der hund war ein verächtliches thier: ſchebic als ein hunt.
troj. 11013; *pinguiſſimum* pro munere eis projiciunt *canem.* Witek.

wie der verurtheilte das ſchwert, die ruthe, den ſtrang
um den hals trug, ſollte er auch den hund tragen da-
mit anzuzeigen, daß er werth ſei, *glcich einem hund
erſchlagen* und aufgehängt, *an der ſeite eines hunds
aufgehängt* zu werden, vgl. oben f. 685. Noch in der
ſtiftiſchen fehde warth geſungen duſſe fank (Leibnitz
3, 258);

>     ſe worden gemaket gemeine
>     grot u. cleine,
>     cleine u. grot
>     de mach me alle flan dot,
>     ſi ſint *gemeine ſo ein hunt,*
>     an ön ſchal me nicht breken tor ſtunt.

Mit recht iſt darauf gewieſen worden, daß bei den alten
die kette, welche verurtheilte tragen muſten, nach dem
hund benannt wird, vgl. Pollux f. v. σκύλαξ, Plautus
(im Curculio V. 3, 13 delicatum te hodie faciam, cum
*catello* ut accubes, *ferreo* ego dico; in der Caſina II.
6, 37 tu ut quidem hodie canem et *furcam feras*) und
Lucilius (cum manicis, *catulo* collarique ut fugitivum
deportem). Niemand wird hieraus folgern, daß die no-
biles des mittelalters eiſerne ketten und nicht wirkliche
hunde getragen hätten, noch weniger, daß durch mis-
verſtändnis der ſtelle bei Plautus die ſtrafe des tragens
lebendiger hunde eingeführt worden ſei. Umgekehrt
*könnte* der name σκύλαξ und catulus für kette und das
ſpätere ſymbol der kette auf eine ältere wirkliche κυνο-
φορία zurückdeuten, die ganz zu der altdeutſchen ge-
wohnheit ſtimmte; ſo nahe es auch liegt, jene benen-
nungen bloß von der kette, womit der haushund ge-
bunden wird, herzuleiten. *)

*s.* bloße freie, oder edle die nicht fürſten, nur dienſt-
männer waren, *trugen ſättel,* vermuthlich pferdeſättel,
obſchon jener mönch von Kirsgarten *eſelſättel* meint.
Daß aber auch höhere edle und ſelbſt fürſten den ſattel
trugen, lehren die belege aus altfranz. gedichten, in
welchen des hundetragens nie gedacht wird. Das älteſte
zeugnis für das ſatteltragen reicht ins neunte jh., ein

---

corb. p. 18; einen *hofwart ohne ohren* ſenden. Lohengr. p. 65;
coram omni populo poſteriora *canis* oſculari. lex burg. addit. 10;
zur ſtrafe mit den *hunden* aus ihrem trog eßen. Parc. 15787.

    *) ſelbſt catena ſcheint verwandt mit catulus, catellus.

capit. Ludwig II. vom jahr 867 bei Baluze 2, 360 ſagt:
quicunque caballum, bovem, friſcingas, veſtes, arma vel
alia mobilia tollere auſus fuerit, triplici lege componat et
liberum (? *liber* in) armiſcara, id eſt *ſella ad ſuum
dorſum* ante nos a ſuis ſemotus bis dirigatur et usque
ad noſtram indulgentiam ſuſtineatur; *ſervi* vero flagellen-
tur et tundantur (tondeantur) et eorum domini, quae
ipſi tulerunt, reſtituant. Die ſtellen aus Otto friſ. und
Gunther, welche die *ſella* \*) dem miniſterialis anweiſen,
ſind bereits angeführt; hier die aus altfranz. liedern,
zuerſt aus Garin le loherens:

> en*portera*, ſe vos le commandes
> nue ſa *ſele* à Paris la cité,
> treſtos *nus pies*, *ſans chauce* et *ſans ſoler*,
> la *verge le poing*, come home eſcoupé.
> en *portera* del borc de Saint Denis
> nue ſa *ſele* deci que à Paris
> *nus pies en langes*, come un autre chetis
> *la verge el poing*, ſi come d'ome eſchis.

aus Gerard de Vienne:

> que voſtre *ſelle*, dont bel ſont li arçon,
> *port ſor ſon chef*, *une lieue de randon*,
> *nus pies en langes*, ce ſe femble raiſon. —
> qui devant moi vendra agenoiller,
> *nus pies en langes*, por la merci proier,
> *la ſelle au col*, que *tendra per l'eſtrier*.

aus dem roman du rou:

> quant à Richart vint li quens Hue,
> une *ſelle à ſon col pendue*,
> *ſon dos offri a chevauchier;*
> ne ſe pot plus humelier,
> eſtoit couſtume à cel jour
> de querre merci à ſeignour. und weiter:
> > Guillaume vint à merchi
> > *nus pies*, *une ſelle à ſon col*.

chron. Normanniae b. Ducange 6, 337: Hue prend *une
ſelle* et la met *ſur ſon col* et tout à pied ſen vint à la
porte, où les deux enfans du duc Richard eſtoient et *ſe
laiſſa cheoir aux pieds* de Richard fils du duc, afin
que Richard *le chevauchaſt*, ſil lui plaiſoit. Thomas
Walſingham p. 430: nudis veſtigiis *equeſtrem ſellam*

---

humeris ferret.    Joh. Hocſemius in Hugone cabilonenſi
epiſc. cap. 33 (ad a. 1296): et ipſorum quilibet *nudipes*,
ſola ſupercinctus tunica, nudo *ſuperpoſitam capiti ſel-
lam portavit equinam.*

Als ſinn dieſer demüthigung wird in den ausgehobnen
ſtellen ſelbſt angegeben, daß der verurtheilte ſeinem be-
leidigten herrn ſich gleichſam *zum reiten* darbiete, wie
der unterjochte ſich als ein ackerthier *unter das joch*
gibt.    Auch erſcheint der *ſattel* anderwärts, wo von
keiner ſtrafe die rede iſt, ein ſymbol der unterwerfung:
capellum, lanceam et *ſellam* ſuper altare Petri ad per-
petuam ſubjectionis memoriam offerre. Brompton ad a.
1176.    Weder unſere rechtsgeſchichte noch unſere ſage
kennen aber beiſpiele eines ſolchen bereitens zur ſtrafe
und vielleicht iſt dieſer grund des ſatteltragens ganz
falſch.    Da die ſitte allem anſchein nach in ein weit
höheres alter hinaufgeht, könnte ſie nämlich mit dem
gebrauch der *pferdeſättel bei verbrennungen* (oben
ſ. 676) zuſammenhängen und die verwirkte ſtrafe des
feuertods anzeigen ſollen?

ζ. unfreie *tragen* ein *pflugrad*; einziger beleg hierfür
iſt die ſtelle Ottos von Freiſingen. beziehung auf die
ſtrafe des räderns iſt mir nicht unwahrſcheinlich.

η. frauen *tragen ſteine* um den hals. für dieſen ge-
brauch kenne ich zwar erſt zeugniſſe aus dem mittel-
alter, dagegen ſcheint er in allen theilen Deutſchlands,
in Friesland, Flandern u. im Norden zu gelten.    Ein
frowe, die in peene fellet von worten oder von werken,
git ſie die pfenninge nit, ſo ſoll ſie den *ſtein*, der dazu
gemacht iſt, vom napfe bis an das alte burgethor *tra-
gen*, ane mantel u. unverhenket zwiſchen prime und
ſexte. ſtadtr. v. Speier (a. 1328) art. 1; ſtrafe den *ſchwe-
ren ſtein* zu tragen. Emsdorfer ger. ordn. MB. 24, 239;
la fame qui dira vilanie à autre, ſi come de putage,
paiera 5 ſols, ou *portera la pierre, toute nuë en ſa
chemiſe* à la proceſſion. tabular. Campaniae b. Ducange
4, 52; were id, dat ene lichtferdige fruwesname ener
erliken junkfruwen mid untuchtigen worden ſpreke je-
gen ere êre, der ſchalme bi dem kake *hangen an eren
hals twe ſtene*, de darto denen unde ſchal van den fro-
nen apenbar dorch de ſtad geleit werden unde de fro-
nen ſcholen er *mit hornen vor u. achter blaſen*, er to
hone u. ſmaheit unde ſcholen ſe alſo uter ſtad bringen

u. ſe ſchal de ſtad verſweren. Hamburger ſtadtr. a. 1497 bei Walch 6, 131; ſi duae mulieres rixantur ad invicem percutiendo ſe cum verbis contumelioſis, quae ver- korene wort dicuntur, *portabunt duos lapides per ca- tenas cohaerentes*, qui ambo ponderabunt unum cente- narium, *per longitudinem civitatis* in communi via, prima portabit eos de orientali porta ad occidentalem et alia *ſtimulabit eam ſtimulo ferreo* fixo in baculo, et ambae ibunt *in camiſiis ſuis.* alia tunc *aſſumet eos in humeros ſuos* et reportabit eos ad orientalem portam et prima e converſo ſtimulabit eam. jura tremonenſia b. Dreyer p. 424. Wigand Höxter 2, 219; frauen, ſo ein- ander ſchelten, werden mit der ſtrafe des alten ſchocks belegt u. nach den umſtänden ſoll ihnen der *krötenſtein*, *fiedel* oder *pfeife*, andern zum abſcheu angelegt werden. ſtat. von Schleiz (a. 1625) Walch 8, 78; zu Oſnabrück hatten die beiden *ſchandſteene* die geſtalt einer *flaſche.* Strodtmann; ſtelle des braunſchweiger r. bei Pufendorf 4, 111. vgl. 225.

Iſt ſaeke, dat twee man ſcheltet ende ſpreckan manni- kanderen innaer ſin eere, de vrberth aider twa punt; iſt man ende wif, de man twa punt ende dat wif een punt. ende ſcheldet der twa wif, da ſullen *dreggen de ſtenen um den hals aling der bueren.* Franeker buurbrief van 1417. vgl. Fw. p. 393; ſi mulier mulierem percuſſerit, ſolvet 20 ſol. vel *portabit lapides catenatos a ſua parochia ad aliam.* ch. Henrici ducis Brabantiae a. 1229. bei Ducange 4, 52.

Et quaecunque mulieres invicem corrixantur, juris eſt, ipſas *per vicos civitatis ſurſum* et *deorſum* per col- lum *lapides bajulare.* jus civicum ripenſe in Kofod Anchers farrago p. 259; gör ogift kona hor medh gif- tom manne, böten bådhe … orkar han eigh botum, tå ſkal *ſnära läggias um ſkap hans* ok å hona *ſtad- ſens ſtena* ok ſva ſkal hon han *um ſtaden ledha* ok ſidan ſtaden för ſvåria. ſtadslagh giſtom. 10. Im Biör- köa rätt (jure bircenſi) 15, 2 heißt es: *bära ſtadſins mantol.*

Die ſtrafe des *ſteintragens* ſcheint der des *beſentra- gens*, die geradeſo für ſcheltende weiber galt (ſ. 714), analog*), folglich, wie dieſe den ſtaupenſchlag, ſteini-

---

*) vielleicht iſt auch der *ſack*, den ſie liefern ſollen (ſ. 668), ſtraffymbol?

gung zu ſymboliſieren. Inzwiſchen führt die beſondere
geſtalt ſolcher im mittelalter auf den ſtadthäuſern be-
wahrten ſtraffteine und ihre anwendung für ehbreche-
rinnen in Schweden zu einer andern bedeutung. Ihre 2,
125. 765 hält ſie für in ſtein gehaune priape und der
ausdruck mantol (inſtrumentum viri) ſcheint das zu be-
ſtätigen.

6. *Eſelritt.* eine frau, welche *ihren mann geſchlagen*
hatte, muſte rückwärts auf einem eſel reiten und deſſen
ſchwanz haltend *durch den ganzen ort* ziehen. dieſer
gebrauch herſchte namentlich zu Darmſtadt und in
den umliegenden katzenelnbogiſchen ortſchaften; der
dazu dienende eſel wurde von den herrn von Franken-
ſtein zu Beſſungen*) gehalten und, wenn ſich der fall
ereignete, mit einem boten nach Darmſtadt, Pfungſtadt,
Niederramſtadt u. in andere dörfer gebracht. Hatte die
frau den mann hinterliſtig, ohne daß er ſich wehren
konnte, geſchlagen, ſo führte der frankenſteiner bote
den eſel, war er hingegen in offener fehde von ihr be-
ſiegt worden, muſte er den eſel ſelbſt leiten. Wenk 1,
519 hat urkunden von 1536 und 1588; im 17. jh. er-
liſcht die gewohnheit. Sie galt auch in Oberheſſen, der
amtkeller zu Homburg an der Ohm berichtete 1593
nach Marburg, die frau, welche *ihren mann geſchla-
gen*, müße altem brauch zufolge *auf einem eſel reiten*,
und der mann, der ſich ſchlagen laßen, *den eſel leiten.*
Wenk 1, 521. Ohne zweifel findet ſich dieſe ſtrafe
noch an andern orten und nicht allein für die ſchlagende
frau, ſondern auch für ehbrecherinnen**), ehbrecher,
meineidige. Non ejus ſit memoria, ſet *in aſella re-
trorſum ſedeat* et *caudam in manu teneat.* (a. 1131)
Muratori ant. Ital. 2, 332; contrains et condempnez
(männer, die ſich ſchlagen laßen) à *chevauchier un
aſne*, le viſaige par devers la queue dudit aſne. couſt.
de la ville de Senliz von 1375; andere urk. aus Sain-
tonge u. Dreux von 1404. 1417 gibt Carpentier ſ. v.
aſinus, 3.; praeterea antiquae leges puniunt ſacramen-
tum falſum, ut *ponantur ſuper aſinum cum cauda in*

---

*) die ſtadt Darmſtadt entrichtete jährlich zwölf malter korn
nach Beſſungen, die dem herrn von Frankenſtein als inhaber des
eſelslehens zufielen. vermuthlich war Beſſungen in alter zeit der
ſitz des gaugerichts.

**) vgl. oben ſ. 450. *per vicum* verbere *agit.*

*manu* et quod a parvulis cum ovis\*) lapidentur et *cum tympanis* (wie vorhin ſ. 720 mit hörnern) aſſocient *per civitatem.* Barleta (lebt um 1420) ſermones, fer. 5. hebdom. 3. quadrag.\*\*) Ein gefangner zum ſchimpf *auf dem eſel geführt.* pf. Chuonr. 27ª fragm. bell. 1101. Es kommt auch vor, *hinterrücks auf einen weißen gaul* geſetzt zu werden (Bodm. p. 658), *verkehrt auf ein pferd* (Raumers Hohenſt. 3, 107. a. 1198), *rücklings auf einen ſchwarzen widder* (oben ſ. 453.) Nicol. Damaſc. de mor. gent. (Gronov. 3851) berichtet von den Piſiden in Kleinaſien gerade dieſe ſtrafart: ΠΙΣΙΔΑΙ. ἐὰν δὲ μοιχὸς ἁλῷ, περιάγεται τὴν πόλιν ἐπὶ ὄνου μετὰ τῆς γυναικὸς, ἐπὶ ἡμέρας τακτάς.

7. *Dachabdeckung.* ein mainziſcher amtsbericht vom j. 1666 enthält: es ist ein alter gebrauch hierumb in der nachbarſchaft, fals etwan ein *frauw ihren mann ſchlagen* ſollte, daß alle des fleckens oder dorfs, worin das factum geſchehen, angrenzende *gemärker* ſichs annehmen, doch wird die ſach uff den letzten faßnachttag oder eſchermittwoch als ein recht faßnachtſpiel verſparet (alſo auch ἐπὶ ἡμ. τακιάς), da denn alle *gemärker,* nachdem ſie ſich 8 oder 14 tag zuvor angemeldet, jung u. alt, ſo luſt dazu haben, ſich verſammeln, mit trommen, pfeif und fliegenden fahnen zu pferd u. zu fuß dem ort zuziehen, wo das factum geſchehen, vor dem flecken ſich anmelden u. etliche aus ihren mitteln zu dem ſchultheßen ſchicken, welche ihre anklage wider den geschlagnen mann thun, auch zugleich ihre zeugen, ſo ſie deswegen haben, vorſtellen. nachdem nun ſelbige abgehöret und ausfündig gemacht worden, daß die frau den mann geſchlagen, wird ihnen der einzug in den flecken gegönnt, da ſie dann alſobald ſich alleſambt vor des geſchlagnen manns haus verſammeln, das haus umbringen und falls der mann ſich mit ihnen nicht vergleicht und abfindet, ſchlagen ſie leitern an, *ſteigen auf das dach, hauwen ihme die firſt ein und reißen das*

---

\*) mit faulen wahrſcheinlich; Greg. tur. 7, 14 erzählt: tunc rex juſſit ſuper capita euntium projici equorum ſtercora, putrefactas haſtulas, paleas ac foenum putredine diſſolutum, ipſumque foetidum urbis lutum; und 3, 10: procedente illa (Chrothilde) ad ſanctam eccleſiam ſtercora et diverſos foetores ſuper eam projici imperavit.

\*\*) ein neues beiſpiel aus Frankreich leſe ich eben in der allg. juriſt. zeitung. Gött. 1828. ſp. 20ᵇ.

*dach biß uff die vierte latt von oben an ab;* ver-
gleicht er fich aber, fo ziehen fie wieder ohne ver-
letzung des haufes ab.   falls aber der beweis nicht kann
geführt werden, müßen fie ohnverrichter fach wieder
abziehen (d. h. werden fie nicht in den flecken einge-
laßen.)   journal v. u. f. Deutfchl. 1787. 1, 194.   Im für-
ftenthum Fulda: wird ein mann überwiefen *von feiner
frau fchläge empfangen zu haben*, fo hat das fürftl.
hofmarfchallamt das recht die fache zu unterfuchen und,
wenn die that gegründet ift, eine ganz außerordentliche
ftrafe zu erkennen, welche darin befteht, daß das ei-
gentliche *wohnhaus* des ehepaars durch fämmtliche in
fürftlicher livrei ftehende bedienten *abgedeckt* werde.
noch im j. 1768 und 1769 vollzogen. journ. von u. für
Deutfchl. 1784. 1, 136.   Ift ein man fo weibifch, daß er
fich von *feinem eignen weibe raufen, fchlagen u. fchelten*
läßt und folches nicht eifert und klaget, der foll des raths
beide ftadtknechte mit wüllen gewand kleiden\*), oder da
ers nicht vermag, mit gefängnis geftraft u. ihm hierüber
das *dach auf feinem haufe abgehoben werden.* Blanken-
burger ftat. von 1594 (Walch 5, 88.) Wan en gut man
were, van deffen frau he (d. i. ein gut mann, der von
feiner frau) gefchlagen würde, dat he ut dem hufe
möchte wiken, fo fall he en *ledder an dat huis fetten* u.
*maken en hohl durch den dak* u. *dan fin hus to pahlen*
u. nemen en pandt bi fich enes goldgüldens werde u.
nemen twee finer naberen bi fik u. vertrinken daffelvige
pandt (die fchlußworte oben f. 93. 94.) Benker heidenr.
§. 26.
Sicher ein rechtsgebrauch von hohem alterthum.   die
entehrung ihres nachbarn war den *markgenoßen* fo
unerträglich, daß fie ihn nicht mehr unter fich dulden
konnten und ihm fein haus zu grunde richteten, welches
fymbolifch durch die *abtragung des dachs* gefchah.
wer fich vor den fchlägen feiner frau nicht bewahren
konnte, der follte gleichfam nicht werth fein, fchutz
und fchirm vor wind und wetter zu haben.   Eine förm-
liche interdictio tecti, die auch durch das *zupfälen des
haufes*, welches nach dem letztangeführten weisthum

---

\*) buße ftatt der ftrafe; auch die Teichler ftat. (Walch. 5, 176):
läßt fich ein mann von feinem weibe fchimpfen, raufen, fchlagen,
foll er den rathsdiener kleiden, fie aber ans halseifen treten u.
dem mann öffentlich abbitten.

der geſchlagne mann ſelbſt vornehmen darf, noch offen-
barer wird. Dieſe ſtrafe greift nicht bloß die ehre\*),
ſondern auch das landrecht an, ich werde daher unter D
auf ſie zurückkommen.

8. mit *pech beſtreichen* u. *in federn wälzen.* Latro
de furto convictus tondeatur ad modum campionis et
*pix bulliens* ſuper caput ejus effundatur et *pluma pul-
vinaris* ſuper caput ejus excutiatur ad cognoſcendum
eum. ch. Richardi regis Angl. a. 1189 (Rymer 1, 65);
deraſum caput *pice oblinetur* et *plumis* obſeretur. nord.
Biarkolag (vgl. Jan. Bing de delicto furti jure norwegico
vetuſto. Hafn. 1755. §. 9); uppe den kak geſettet mit
der *pikhuven* u. *feddern* u. mit der pikhuven gehan-
gen. Dreyer ad Rein. d. vos. p. 185; eine nonne *mit
honig beſtrichen, in federn gewälzt*, verkehrt aufs
pferd geſetzt. Raumer Hohenſt. 3, 107 (a. 1198); con-
tigit autem, dum rex Adolphus in Turingia quondam
villam pertranſiret, quae Sumeringen dicitur, juxta quam
exſtructa eſt eccleſia S. Gangolfi, ut duae vetulae mu-
lieres ad dictam eccleſiam cum rebus ſuis confugerent,
quas quidam pedites de exercitu rebus et veſtibus ſpo-
liantes nudas *perunxerunt pice cum ſebo mixta*, deinde *in
plumis volutantes* diſcurrere permiſerunt. Siffridus presbyt.
ad a. 1294 (Piſtor. 1, 1050ᵇ.)

9. *Pranger.* an einen auf dem gerichtsplatz oder ſonſt
öffentlich ſtehenden *pfal, block, ſtein* wird der ver-
brecher gebunden, angeſchloßen, eingeſpannt und den
blicken des volks ausgeſtellt. In Frankreich heißt dieſer
ſchandpfahl *pilori* (engl. pillory, aus dem deutſchen pfî-
lære?) oder *carcan;* in Niederdeutſchland *kake,* kaek,
kaik, dän. kag; im ſchwäb. landr. 188 Schilt. 218 Senk.
die *ſchraiat;* nach verſchiedenheit der geſtalt an andern
orten noch anders, z. b. in Baiern die *preche*, breche
(Schmeller 1, 245), in Norddeutſchland die *fiedel*, in
Schwaben die *geige.* Wer da hauet finnig fleiſch, der
ſol treten bei Günther Brentings *fenſter*, wolt er aber
da nicht ſtehen, ſo ſoll man in pfänden um 5 ſchilling.
ſtat. von Remda (Walch 8, 241). In vielen fällen iſt
mit dem pranger noch eine andere ſtrafe verbunden,

---

\*) in der oſtfrieſ. ſtadt Norden befahl der landesherr zur
ſchimpflichen beſtrafung der einwohner die *thürme abzudecken.*
Wiarda oſtfr. geſch. 3, 421.

namentlich zu haut u. haar. Eine beſondere art öffent-
licher ausſtellung iſt der *ſchandkorb*, der für garten-
diebe, zänkiſche weiber, ehbrecher gebraucht wurde,
vgl. Haltaus und Oberlin ſ. v. *korb;* hierher auch der
boeotiſche κόφινος für böſe ſchuldner (oben ſ. 613), der
ſchottiſche *cockſtool, cuckingſtool.* Verſchieden davon und
härtere ſtrafe iſt das aufhängen in *keſiche;* cujus parentes
congregati ſuper hunc inruunt incluſumque in *penſilem do-
mum* interimunt. Greg. turon. 8, 18.

10. *Prelle.* ich wüſte nicht, daß ein prellen im ſinne
des ſpan. *mantear* und des franz. *berner* üblich war;
*ſchnellen,* aufſchnellen kommt vor: ſchenden, *uſſchnel-
len* oder ſunſt hertiglichen ſtrafen. Cronenberger ded.
p. 76 (a. 1432.) *Schupfen* ſcheint etwas dergleichen,
im Teutoniſta finde ich *ſchupſtoil* neben *wrimp* (von
wrimpen, rimpfen, zuſammenziehen); nach Strodtmann
und Richey werden gartendiebe in einer *wippe ins
waſſer* gelaßen und wieder in die höhe gezogen. Du-
cange 6, 1337 hat *tumbrellum* (tombereau), inſtrumen-
tum ad caſtigandas mulieres rixoſas, quo in aquam deji-
ciuntur, ſummerguntur et inde madidae et potae extra-
huntur. Dies hängt offenbar mit der *waſſertauche*
(oben ſ. 631.) zuſammen, les compaignons de la bache-
lerie de la Leu prés de la Rochelle ont acouſtumé le
dimanche de la trinité chacun an à *baignier en un
foſſẽ plain deaue,* appellé Lorteniguet, hommes et fem-
mes, demourant au dit lieu de la Leu, qui ont eu com-
paignie charnelle contre leur mariage avec autres (a.
1392.) Carpentier ſ. v. adulterium.

11. *verluſt des ehrenſitzes.* verbrecher verloren ihren
kirchenſtuhl und muſten hinten in einer ecke, am thurm
oder *an der thüre* ſtehen. ſo ſchon in Schweden. Gu-
tal. p. 91 und in Friesland *eſta tha durum* ſtonda.
Aſ. 321.

12. *unehrliches begräbnis.* todte übelthäter und ver-
brecher wurden auf den *kreuzweg* begraben und nicht
über die ſchwelle, deren *heiligkeit\*)* nicht entweiht
werden durfte, aus dem haus getragen, ſondern *durch*

---

\*) hiervon wäre viel zu ſagen: der ehrencruda werfende ſtebt
in *duropello* (al. durpilo) l. ſal. 61; *durpel* (limen) gl. Jun. 319 iſt
das frieſ. *dreppel.* Br. 142, wo eine innere und äußere ſchwelle
unterſchieden wird. über einrichtung der ſchwellen oben ſ. 509.

*ein loch unter der ſchwelle* her geſchleift. So der
beim einbruch erſchlagne *nachtdieb* (oben ſ. 679), der
*ketzer:* ir ſult ſie niemer beſtaten an deheiner ſtat, diu
gewîhet ſî, noch ſol ſie niemer halt dehein getoufte hant
anrüeren, dâ ſult ir nemen ein feil u. machet einen ſtric
daran u. leget im den ſtric an den fuoʒ *mit einem ha-
ken* u. ziehet in zer tür ûʒ, ob diu ſwelle danne hôch
iſt, dâ ſult ir *durch die ſwelle* graben u. ſult in dar
durch ûʒ *ziehen*, daʒ eht niemer getouftiu hant an in
kume u. *bindet in eime roſſe an den ʒagel* u. füeret
in ûʒ an daʒ *gewicke*, dar die erhangen u. die erſlagen
ligent, gegen dem galgen u. gegen des galgen geſinde,
des iſt er dannoch kûme wert. Berth. 291. Hauptſäch-
lich wurde an dem leichnam der *ſelbſtmörder* dieſe
ſtrafe vollzogen: de ok ſek ſulven dodet, dene ſchal
men to der rechten doren nicht *utbringen*, mer *under
deme ſülle* ſchall me one *utbringen*, eder *ut dem ven-
ſtere* unde one uppe dem velde bernen. leg. goſlar. b.
Leibn. p. 501. Henget ſich einer ſulveſt binnen timmers,
men houwet en los en greft en *under dem ſülle* edder
*under der wand* ut, let gerichte over en ſitten, bind
dat tow an einem ſehlen mit einem ſwengel und let en
*mit einem perde hinſchlepen up den nechſten kreuz-
weg*, dar ſik twe edder tre feldmarken ſcheiden. men
legt em dar dat hovet, dar de chriſtlichen doden de
vote hebben, dat ſtrik, dar he ſik an gehenget, let men
em overm halſe u. is dat nicht lang genog, ſo leget
man dat binnen der erden, alſo *dat ein ende dre ſcho
lang baven der erde kan liggen bliven.* hat er ſich
erſtochen, ſo geſchieht ebenſo, nur daß man ihm einen
baum oder ein holz zu haupten ſetzt und das meſſer
ins holz ſchlägt; hat er ſich erſäuft, ſo gräbt man ihn
fünf ſchuh vom waßer in den ſand; wars ein brunnen,
man gräbt ihn außerhalb hofes auf einen berg oder an
einen weg und ſetzt ihm drei ſteine, den einen aufs
haupt, den andern auf den leib, den dritten auf die
füße. Rugian. 247. Wo einer, de nicht pienlik bekla-
get were, ut mismode ſik ſulven umme brochte, de
dode liechnam ſchall dorch den bödel efte racker *under
den ſüllen* ut dem huſe gebracht u. int feld begraven
werden. Ditmarſ. landr. art. 131. Wann einer aus un-
ſinnigkeit oder krankheit des haupts oder verzweiflung
ſich ums leben bringet, alsdenn fallen ſeine güter zum
halben theile an die herren, der körper aber wird
durch den büttel *unter der ſchwellen* aus dem haufe

gebracht u. *ins feld* begraben. Neumünſter. gebr. art. 56
(Dreyer verm. abh. p. 1097.) Een ſcoenmakers knecht
. . . hem ſelfs aan een koort ofte lynde verhangen ende
verdaan heeft . . . heeft daaromme die ſchout . . . ge-
concludeert, dat die voorſ. Cornelis Janſſen niet wer-
dich en is gebracht te worden door den deur ende in-
gang von dat huis, daar hij inne gegaan is, dan dat men
maiken ſal *een gat in den want des huis* vorſ. ende
*ſlepen* hem daer door als een hont ende voorts geleit
te worden op een horde ende dairmede hem ſlepen on-
der tgerecht, ende bedecken hem aldair onder die aarde
als een hont. acta ultraject. a. 1548 (Matthaei tr. de jure
gladii p. 620.) Selbſtmörder *zieht* man *unter der ſchwel-
len hinaus, ſchlägt ſie in ein faß* und wirft ſie *ins
waßer.* Keiſersperg narrenſch. 1520 fol. 192 (ed. lat.
1511. turba 98. XXXI, V: unde et merito tales per ju-
ſtitiam publicam dehoneſtantur, quia *ſub limine extra-
huntur* a domibus, et aquis vaſis incluſi committuntur.)
Die älteſte ſtelle über das begraben auf dem kreuzweg
iſt l. rip. 72: in *quadrivio cum retorta in pede ſepe-
lire*; und dieſe *retorta* (wide, vorhin f. 684) dem ſtrick
identiſch, der nach rügiſchem recht aus der erde her-
vorſtehen ſoll.


D. *Benehmung des landrechts.*

ein verbrecher, der die ihm auferlegte buße entrichtete,
blieb in ſeiner ehre und würde ungekränkt; anders ver-
hielt es ſich, wenn er ſie nicht entrichten wollte oder
konnte, oder wenn er gar nicht zur buße gelaßen wurde.
Dann trat ſtrafe ein und dadurch wurde in der regel
auch die gemeinſchaft des freien mannes mit andern ſei-
nes gleichen gefährdet. todesſtrafe entrückte ihn ganz aus
ihrer mitte, die meiſten ſtrafen an leib und ehre be-
ſchimpften ihn und zogen verluſt oder beſchränkung ſeines
landrechts nach ſich. Häufig hatten aber auch dieſe ſtatt,
ohne daß eine andere ſtrafe daneben verhängt war; ſie
waren ſelbſt die verhängte ſtrafe. Es gibt mancherlei
abſtufungen.

1. hierher rechne ich vor allem die *entziehung der
ſtandesfreiheit*, d. h. die herabwürdigung *des freien
zum knecht.* Nie konnte ein edler *zur ſtrafe* wieder
bloß freier werden, wohl aber gleich dem freien zur
ſtrafe knecht; daraus ſieht man recht, daß die grund-
lage der freiheit zugleich die des adels iſt (f. 226. 281.)

Den könig traf entſetzung von der herſchaft, den edeln von feinem grafen oder herzogenamt, wie den freien von einem andern dienſt, den er verwaltete; aber ein ſtaupenſchlag hätte den könig in knechtſchaft gedrückt wie den bloßen freien. Beiſpiele von verbrechen, wodurch freiheit verloren geht, oben ſ. 329; es läßt ſich nicht überall ſagen, bei welchen leibes und ehrenſtrafen ſie fortbeſtand oder nicht. Strafe an haut und haar machte im alterthum auch zu knecht (ſ. 704); allein der hundtragende edelmann, der ſatteltragende freie büßten nach ausgeſtandnem ſchimpf nichts von ihrer freiheit ein, denn für das gleiche verbrechen ſollte ja der bauer ſein pflugrad tragen. Darum wurden auch gewiſſe unentehrende todesſtrafen, namentlich die der enthauptung, für freie und edle vorbehalten; ein freier wäre, wenigſtens in der älteſten zeit, an galgen und rad entehrt geſtorben.

2. zum zeichen, daß die markgenoßen, die gaubewohner den ſträfling aus ihrer gemeinſchaft ſchließen wollen, *zerſtören ſie ihm ſein haus.* Das *dach wird abgetragen* (ſ. 723), das *thor verpfält,* der *brunnen* mit erde *zugedeckt,* der *ofen eingeſchlagen* (ſ. 529. 530). Noch im 17. jh., finde ich, wurde zu Leipzig gegen den ſäumigen und widerſpenſtigen mit *ſperrung der thüre* und *löſchung des feuers* verfahren. Haltaus 1785. Die frieſ. Brokmänner *brannten* ihrem richter, der ſeine pflicht verletzt hatte, *das haus nieder.* Br. 24-32, man ſoll aber bloß *berna*\*) und nicht *walla demma* (den brunnen ſtopfen) *werf delva* (warf aufgraben) *fech uphawa* (fach, wand aufhauen), welche ſtrafen alſo bei andern gelegenheiten üblich geweſen ſein müßen. Br. 26 redet auch von *ſlita wach* ieſtha *hrôf* (zerreißen der wand u. des daches.) Die Ditmarſen *brannten* ihrem beſtechlichen richter das *haus* ab. Weſtphalen mon. ined. 3. 1733. Nach dem Hagener veſtenrecht ſoll dem ungehorſamen weinwirt *ſeine thür* jahr und tag *zugeſchlagen* werden, daß er nichts verſchleißen noch verzapfen

---

\*) ein anderes frieſ. rechtsbuch verordnet nicht nur das haus des beſtochnen Aſega abzubrennen, ſondern auch auf dem, gleichſam verfluchten grund, kein neues zu bauen und *nachwachſendes gras auszuſtechen;* opa tha warve nen hus to makende, al hwenne opa there hirthſtede en grene turf waxt, ſo hach man thene turf op to grevande. Wiarda zu Aſ. p. 37.

kann.   dieſer geringſte grad der interdiction iſt noch heut-
zutag allerwärts im gebrauch; ſtrafbaren krämern und
kaufleuten wird bude und laden geſperrt. — Im mittel-
alter *zerſtörte* man häufig die *wohnungen* von capital-
verbrechern,   außer   der   ſonſt   über   ſie   verhängten
ſtrafe, vgl. Ducange ſ. v. comdemnare: domus damnato-
rum diruere, diruere vel incendere domum homicidae,
mittere   domum   *ad hanot*   (mettre à hanot,   hanoter).
urk. von 1207. 1212. 1376; quod ſi ille qui maleficium
perpetravit,   aufugerit,   *domus* ejus *deſtruetur* et ipſe
proſcribetur. ſtat. ſuſat. (Häberlin anal. p. 509.); item ſi
aliquis conqueratur de hoc quod dr. ſchinber dait con-
querens, conducere debet judicem ad domum vel domos
illius,   qui hoc factum commiſit,   et judex eos *ſecabit* vel
*confringet*,   et   quicquid   *ſub   trabibus*   domorum   (in
weisthümern: unter dem ſchleifbalken) fuerit, hoc erit
judicis. ch. a. 1279 Kindl. ſamml. p. 107, woſelbſt auch
p. 135 in *excidio* domorum.   In die burg verurtheilter
ritter wurde *ein creutz gerißen*,   d. h. die mauer von
vier ſeiten her durchbrochen (oben ſ. 173.) *Häuſer*,
worin   nothzucht   verübt   worden   war*),   ſoll man *nie-
derhauen:*   umme nenerhande ungerichte ne ſal man *up
houwen dorpgebu*, it ne ſi dat dar maget oder wif inne
genodeget werde oder genodeget ingevort ſi. Sſp. 3, 1;
und daz hus, da ez (die notnunft) in geſchehen iſt, daz
ſol man *uf die erde ſlahen*. ſchwäb. landr. 252. Schilt.
355 Senk.   Die gloſſe zum Sſp. fügt hinzu: man hawet
nichts abe denn die ſchloß u. die wende u. die ſtat die
der frawen wereten, das ſie nicht wegkommen mochte.
Das *haus* eines *geflüchteten* mörders ſoll *niedergerißen*
werden. ſtat. ſuſat. b. Häberlin anal. p. 509; ob has cau-
ſas   (mord und   nothzucht)   permittimus *fracturas* et
*combuſtiones domorum*.   frieſ. edict von 1118 bei Schwar-
zenb. 1, 72; ſi quis homicidium poſt compoſitionem et
oſculum pacis perpetrarit, a patria ſua per annum *pro-
ſcriptus* maneat,   *caſtrum* autem,   ſi quod habet,   *de-
ſtruatur*,   domus vero lignea quam habuit, ſententia ju-
dicum publicetur. leg. opſtalb. art. 17.

3. der von der genoßenſchaft freier männer ausge-
ſchloßene durfte fortan *keinen umgang* mit ihnen ha-

---

*) ſogar: al levende ding, dat in der notnumfte was (z. b.
das pferd, worauf die frau entführt wurde) dat ſal man unt-
hoveden.

ben, ihren verfammlungen, gerichten und im heiden-
thum ihren opfern nicht beiwohnen, mufte, wenn er
ihnen auf dem weg begegnete, ausweichen (vorhin
f. 712.) nec facris adeffe aut concilium inire *ignominiofo*
fas. Tac. cap. 6; ignominiofus war der feige, der im
kampf fein fchild weggeworfen hatte, multi fuperftites
bellorum infamiam laqueo finierunt. Frotho foll nach
Saxo gramm. p. 85 verordnet haben: fi quis in acie pri-
mus fugam capefferet, a *communi jure alienus* exi-
fteret.*) Das heißt das *gemeine landrecht* wird ihm
*genommen*. Vîglâf, in Beovulf 214, fpricht über die
feigen krieger, die ihren herrn im ftich gelaßen, eine
fchöne formel aus:

> nû fceal fincþego and fveordgifu,
> eall êðelvyn eovrum cynne
> lufen âlicgean; *londrihtes* môt
> þære mægburge monna æghvylc
> *idel hveorfan!* fiþþan âðelingas
> feorran gefricgean fleám eoverne,
> dômleáfan dælð. deáð bið felra
> eorla gehviylcum, þonne edvîtlîf.**)

alfo nicht bloß die verbrecher, ihre ganze fippe (mæg-
burg) traf entehrung. Andere formeln find f. 40. 41. 42
mitgetheilt. Wo der thäter fol fride haben, der *von
dem landrechte gethan* ift? die fchöffen theilen: *wo
man ihn weder hört noch fieht* (d. i. nirgends). Kopp
nr. 116; anno 1388 ift Wigel Clabelauche Keßeler fin
*lantrecht benomen*, als er den fchernfmid ermordet
had ... ift Henne Rife von Bonamefe fchefer fin *lant-
recht genommen*, als er Henne Sinder ermordet had ...
item Henne Zingraf ein webirknecht ift fin *landrecht
wider geben*, des mordis wegin, den he begangen had
an Heinzen von Montebur u. hat uz gefworen II jar u.

---

*) bei den Römern ftand todesftrafe darauf: qui in acie prior
fugam fecit, fpectantibus militibus, propter exemplum capite
puniendus eft. Dig. XLIX. 16, 6.

**) ich überfetze: jam opum largitio, enfium dona omnisque
patriae laetitia et victus generi veftro ceffabunt, quilibet veftrae
cognationis alienus erit a jure communi, poftquam homines com-
pererint fugam veftram, ignominiofam feceffionem (a domino
veftro). mors enim viro generofo praeftantior eft quam vita pro-
brofa. lufen nehme ich für leofen victus, und dann entfpricht
*vyn and lufen* ganz unferer rechtsformel *wonne und weide*, oben
f. 46. 521.

einen tag anno 1380. Fries pfeiferger. p. 133. vgl. Halt-
aus 1174. 1175. Im norweg. Gulaþ. p. 542 heißt es: ſâ
madr *â eingann rétt â ſer.* Daher auch im mittelalter:
einen *ehrlos und rechtlos ſagen:*

> von ſchildes ambet man dich ſchiet
> u. *ſagte dich gar rehtlôs*
> durch daʒ ein maget von dir verlôs
> ir reht, dazuo des landes vride. \*) Parc. 127ᶜ
> di *ſagete man gar rehtelôs.* Wh. 2, 84ᵃ

*erlos und rechtlos künden* (oben ſ. 40. 612); *friedlos ſetzen*
Haltaus 522; aus dem friede kündigen. ſchwäb. landr.
134. Schilt.; *êlôs* u. *rehte lôs ſagen* (aus der é u. dem
recht) Berth. p. 13. wie der proſcriptus altn. *ûtlægr,*
agſ. *ûtlag,* engl. *outlaw* heißt, der aus dem geſetz ge-
thane, lat. *exlex.* Andere ausdrücke ſind: *bannen,*
*verbannen, verfeſten, verweiſen, verſchalten, verfe-*
*men, verzählen, ächten,* einen allermenniglichen *er-*
*lauben.* Haltaus 399; lat. bannire, forbannire, relegare,
proſcribere, excommunicare, exterminare, utlagare. es
iſt ſchwer, jedem dieſer wörter die beſtimmte ſtelle zu
geben.

4. Berthold a. a. o. nennt progreſſiviſch: *ʒe banne* tuon,
*in die ahte* tuon, êlos u. rehtelôs ſagen. überall iſt auch
im mittelalter bann weniger als acht, und werden ſie
nebeneinander genannt, ſo geht jenes voraus, z. b. in
*pan* ·u. *acht.* Suchenw. XLIV, 19. Der Sſp. nimmt
*bann* für *excommunicatio, ahte* aber für *proſcriptio:*
*ban* ſcadet der ſele unde ne nimt doch niemanne den
lif, noch ne krenket niemanne an lantrechte noch an
lenrechte, dar ne volge des koninges *achte* na. 3, 63;
die acht folgt, als weltliche ſtrafe, auf die geiſtliche, den
bann. Allein dieſe unterſcheidung entſpricht nicht dem
urſprünglichen wortſinn. *Bann* bedeutet eigentlich juſ-
ſio, mandatum, edictum, und dann auch interdictum,
interdictio, warum nicht auch proſcriptio? O. IV. 8, 18
braucht *in banne* weſan von Jeſus, als ihn die juden-
prieſter wollten erſchlagen laßen; und in den alten ge-
ſetzen iſt der homo *forbannitus* nichts anders, als der
expulſus und proſcriptus, vgl. l. rip. 87. capitul. Georg.
1357. 1572. Ein ahd. *ahta* für proſcriptio kenne ich

---

\*) d. h. wegen verübter nothzucht, vgl. 128ᵃ: daʒ er mit der
vrouwen ranc nâch ſinem willen, ân ir danc.

nicht, bloß *ahtunga* (perſequutio) ahtâri (perſequutor, apparitor) ahtjan, ehtan (perſequi, verſchieden von ahtôn, aeſtimare).

5. nicht jeder rechtloſe und gebannte brauchte das *land zu räumen*, er muſte bloß den umgang und die verſammlung der freien männer meiden, durfte vor gericht weder klagen noch zeugen, aber der aufenthalt im land, der verkehr mit unfreien und mit ſeinen verwandten war ihm unbenommen. Doch gewöhnlich pflegte rechtloſigkeit auch *landesverweiſung, flucht aus dem lande*\*) nach ſich zu ziehen. fern aus aller menſchlichen geſellſchaft floh der landräumige verbrecher (*rûmelant*) in wald und einöde, das alterthum nannte darum den härteſten grad der verbannung *waldgang*, agſ. *vealdgenge*, altn. *ſkôggângr*\*\*), und den exſul, extorris *waldmann, vealdgenga, ſkôgarmadr*, auch *urdarmadr* (von urd ſaxetum, aſpretum) Egilsſ. p. 728, wozu das lat. *latro* (von latere, vgl. latebrae, latibulum) franz. *larron* ſtimmt. Hiermit hängt noch ein andrer name der alten geſetze zuſammen. die lex. ſal. 58. rip. 85, 2 hat *wargus*, hoc eſt expulſus de eodem pago, wargus aber bedeutete *wolf* und räuber\*\*\*), weil der verbannte gleich dem raubthier ein bewohner des waldes iſt und gleich dem wolf ungeſtraft erlegt werden darf. Auch die goth. ſprache muß *vargs* in dieſem ſinne gekannt haben, Ulf. ſagt gavargjan dauþau, damnare morte; die ahd. *warc*, ich finde ubiles warc (tyranns) gl. Jun. 253 und mhd. *warc* für latro, nequam. Eneit 1131; agſ. *vearg* furcifer; im altn. hat ſich die bedeutung *vargr* (lupus) vargynja (lupa) am lebendigſten erhalten. *vargr î veum* hieß ein vogelfreier mann, der den frieden durch mord gebrochen hat und landflüchtig geworden

---

\*) ein anderes deutſches wort für exſul ahd. *reccheo*, altf. wrekkio, agſ. vrecca hat nicht die bedeutung eines gerichtlich verbannten, ſondern nur die von elilenti (peregrinus) elende, engl. wretch, vgl. oben ſ. 396; im mittelalter war recke ein vielgewanderter held.

\*\*) ſchuma ti mati (der wald lockt dich) heißt dem Serben: rette dich durch flucht, birg dich im wald! Vuk wb. 926. Die lieder und ſagen haben viele beiſpiele vom leben verbannter im wald, ich will nur an Triſtan und Iſolt erinnern.

\*\*\*) *wargorum* nomine indigenae latrunculos nuncupant. Sidon. apollin. epiſt. 1, 4.

iſt, hann hafdi vegit î veum ok var *vargr* ordinn.
Egilsſ. p. 259, es ſcheint daß Saxo gramm. p. 236 durch
coeleſtium ſpoliorum raptor dieſen altn. ausdruck über-
ſetzen wollte. Unter den Angelſachſen war die redens-
art *vearges heáfod* oder *vulfes heáfod* für exlex, ex-
torris im ſchwang, wie ſich aus der lex 7 Edowardi
confeſſoris (Canciani 4, 334[b]) ergiebt: *lupinum* enim ge-
rit *caput*, quod anglice *wulfes heofod* dicitur; aus ei-
ner ſtelle bei Bracton lib. 4. cap. 11: ex tunc enim (ut-
lagati) *gerunt caput lupinum*, itaque ſine judiciali in-
quiſitione rite pereunt, und aus mehrern bei Chaucer:

> tho was yong Gamelyn crounid tho *king of the outlawes,*
> and among them walkid a while *undir the wode ſhawes.*
> the falſe knight his brothir now was ſhiregereve and ſire
> and lete his brothir be endite for hate and for ire.
> tho werin all his bondmeine ſory and nothing glad,
> whan that Gamelyn their lorde *wolveshede was cried and made.*
>    tale of Gamelyn 1376-87. vgl. 1407. 1431.

womit man verbinde, daß neben den hingerichteten miſſe-
thätern *wölfe aufgehängt* wurden (ſ. 685.)

6. verwieſene räumten *barfuß, entgürtet* und einen
*ſtab tragend* das land (vgl. ſ. 134. 157. und die ſattel-
tragenden ſ. 718); nacktheit hatten ſie auch gemein mit
den hausſuchenden (ſ. 641.) oder mit armen leuten, die
aus dem lande giengen:

> ains *men irai fors du pais* à pié
> un pel au col, con autre pautonnier. rom. dOgier.

der pel au col iſt der palus in manu der l. ſal. 61; zu
fuß *vom lande gehen*, wie ein armer mann.    Tieks
Lichtenſtein p. 142. 148.    Ein ſolcher aufzug bezeugte
armuth, demuth, reſignation. *)    Den flüchtigen ver-
brecher ſoll *niemand herbergen und ſpeiſen*: et poſtea
parentes defuncti judicem rogare debent, ut *inter ho-
mines non habitet* auctor ſceleris (der einen leichnam
ausgegraben hat), et qui ei *hoſpitium dederit*, ante-
quam parentibus ſatisfaciat, XV ſol. culp. judicetur. l.
ſal. 17, 3; ſi quis corpus jam ſepultum effoderit aut ex-
poliaverit, wargus ſit h. e. e. d. e. p., usque dum pa-
rentibus defuncti convenerit, ut ipſi parentes rogati ſint
pro eo, ut liceat ei infra patriam eſſe et quicunque an-
tea *panem* aut *hoſpitalitatem* ei dederit, *etiam ſi uxor
ejus hoc fecerit*, 15 ſol. culp. jud. l. ſal. 58. vgl. rip.

---

*) vgl. das folgende buch beim eidſchwur.

85, 2. Si ille, qui admallatur, ad nullum placitum ve-
nerit, tunc rex, ad quem mannitus eſt, *extra ſermonem
ſuum* eum eſſe dijudicet, . . . et quicunque ei *panem
dederit* aut *in hoſpitium collegerit, etiam ſi uxor ejus
propria ſit,* 15 ſol. culp. jud., donec omnia quae ei le-
gibus imputantur, ſecundum legem componat. l. ſal. 59.
De *meʒiban* id eſt de latrone forbannito, ut unusquisque
comes alio (alii) mandet, ut nullus eum *recipere* audeat,
ſi liber eum ſuſceperit, ſol. 15 componat (alſo die alte
buße), ſi ſervus 120 ictus accipiat et inſuper dimidium
caput ejus tondeatur. capit. 1. a. 809. §. 11. *meʒiban*
kann nicht latro forb. heißen, ſondern, denke ich, in-
terdictum cibi, von meʒi (agſ. meto) cibus. Spätere
capitulare wiederholen. (Georg. 745. 1357.) Die vorhin
angeführte agſ. formel ſagt *éđelvyn* and *luſen* ſceal âlic-
gean, wonne und weide, *hoſpitium* et *victus* ſollen ge-
weigert werden.

7. die altnordiſche und vorzüglich iſländiſche geſetz-
gebung enthält ſehr viel eigenthümliches über die verban-
nung und ihre arten. das wichtigſte aus der Grâgâs
vîgſl. cap. 117. 118. 119 und andern quellen ſoll hier
nach Arneſen p. 616-632 mitgetheilt werden. Die ſkô-
garmenn dürfen nicht länger unter menſchen hauſen
(wie das ſaliſche diutius i. h. non habitare), ſie müßen
ſich auf flüchtigen fuß nach wald und gebirge ſetzen *).
ſie heißen *landſlôttamenn* (landflüchtige), haben ihr gut
und ihren frieden verwirkt (fyrigert fé oc friđ, landi
oc lauſum eyrum), *niemand* darf ſie *ſpeiſen* noch *her-
bergen*, ihnen zu waßer oder zu land helfen **); wer
ſie in oder außerhalb lands trifft, kann ſie *ungeſtraft
erſchlagen.* Wurde der verwieſne auf eines mannes
grund gefangen, ſo durfte man ihn erſchlagen und ſei-
nen leib daſelbſt begraben, nur nicht auf acker u. wieſe,
noch auf einer ſtätte, von der waßer in den gard rinnt,
noch pfeilſchuß weit vom gard. Wer den leichnam
bloß liegen ließ, oder über pfeilſchußweite von der
ſtelle, wo er erſchlagen wurde, führte, büßte drei
mark. ins waßer durfte er auch nicht geworfen werden,

---

*) gewöhnlich erſt nach verlauf einer beſtimmten friſt (far-
dagi); falla ðheilagr eptir fardaga. Egilsſ. p. 737.

**) ðæll oder ðalandi (non cibandus) ðferjandi (non vehendus)
ðrâdandi (non juvandus) vgl. oben ſ. 42; dræpr hverjum manni
(a quolibet occidendus). Egilsſ. p. 368.

das hieß: einen todten morden, at hann hafdi myrðann
dauðann mann oc ſeykt í ſio oc hulit eigi moldo.   Wer
einen friedloſen fieng, konnte ihn gleichwohl auch ge-
bunden zu dem, der ihn friedlos gemacht hatte, führen,
muſte ſich aber erbieten mit zu der ſtätte zu gehen, wo
er umgebracht werden ſollte.   Ließ er ihn mit willen
entrinnen, ſo verlor er das recht, andere zur hülfe in
ſeiner eignen angelegenheit aufzufordern.   Flüchtete der
verbannte in ein leeres haus auf freiem feld, durfte der
verfolger es anzünden, falls er ſeiner nicht anders
konnte habhaft werden; unſchuldige leute, die ſich darin
befanden, forderte er auf herauszugehen, thaten ſies
nicht, ſo wurden ſie auch friedlos.   Ein landflüchtiger,
friedloſer knecht wurde nicht getödtet, ſondern auf ei-
nem kreuzweg an händen u. füßen behauen u. dann
liegen gelaßen, er mochte leben, ſo lang er konnte.
Wer einen friedloſen erſchlug, erhielt den preis gezahlt,
der auf deſſen haupt ſtand, der *kleine preis* war 8 au-
rar oder 1 mark, der *große* 3 mark; ſolche preiſe gal-
ten ſchon vor der Grâgâs, vgl. Grettisſaga cap. 48. 53.
in ältern zeiten ſcheint der kläger ſelbſt den preis be-
ſtimmt zu haben, den nachher die Graugans feſtſetzte.*)
Aufgehoben wurde der bann dadurch, daß der friedloſe
andere friedloſe erlegte, diebe und mörder ausgenom-
men.  tödtete er *einen*, auf dem der kleine preis ſtand,
ſo wurde er ſelbſt fiörbaugsmadr, tödtete er ihrer *drei*,
oder nur *einen* mit dem großen preis belegten, ſo
wurde er ganz frei.  vgl. Landnâmaſ. app. 175.  Grettisſ.
cap. 57. 58.   Ja andere freie konnten durch tödtung
friedloſer einen friedloſen loskaufen und dann bekamen
ſie keinen preis gezahlt.  Wer zwanzig jahr friedlos ge-
weſen war, erlangte nach einem geſetz des jahres 1030
von ſelbſt die freiheit.  *Fiörbaugsmadr* hieß ein ver-
bannter geringeren grades, d. i. der ſich durch entrich-
tung einer mark (fiörbaugr, lebensgeld) aus dem höhe-
ren bann gelöſt hatte, im gegenſatz zum *ôbôtamadr*,
der durch keine buße geſühnt werden konnte.**)   man

---

*) ich wüſte nicht, daß in andern geſetzen preiſe für die
tödtung flüchtiger verbrecher *beſtimmt* wären, obgleich ſie auch
anderwärts zuweilen von der obrigkeit ausgeſetzt ſind.  ein ſolcher
preis iſt eine art wergeld, mit dem unterſchied, daß es dem thäter
gezahlt, das eigentliche wergeld von ihm entrichtet wird.

**) eine abweichende bedeutung von ôbôtamadr oben ſ. 679.

unterſcheidet daher *fiörbaugsſakir* und *ſkôggângsſakir*
Egilsſ. p. 723.

8. die ausſchließung aus der gemeinſchaft gieng zunächſt
nur das engere verhältnis an, worin ſich der miſſethäter
befand, er hatte die *mark*, den *gau* zu meiden, welchen
er zugehörte; daher heißt es *aus der mark verſchalten*
(ſ. 529.) Im mittelalter verwieſen die *ſtädte* aus ihrem
gebiet, in deſſen nachbarſchaft der flüchtling wohnen
durfte. Unſtreitig gab es aber auch viele fälle, in denen
der verbrecher nicht nur des friedens in ort, mark und
gau, ſondern *im ganzen volk* verluſtig ward und es kam
dann auf die ſ. 397 berührten verhältniſſe an, ob er ſich
bei einem verwandten volksſtamm oder nur bei einem fer-
nen und vielleicht feindlichen ſicher befand. So war
Ekevrid der Sachſe nach Worms in Franken geflohen: en
a ſaxonicis oris Ekevrid generatus quartus (ſo iſt zu leſen)
temptavit bellum, qui pro nece facta cujusdam primatis
eo diffugerat exul. Walthar. 754. Auch in der fremde
war ein verbannter unſtät und verlaßen; manche zogen
vor, ſich in den wäldern der heimath zu bergen, manchen
wurde flucht in die ferne abgeſchnitten. Geringe grade
der verweiſung waren *auf kürzere zeit* eingeſchränkt; ſo
heißt es im mittelalter oft: exterminabitur *at annum et
diem.* Wetterer w. (a. 1239); Niala cap. 75: ſkyldi fara
ûtan ok vera í brottu *III vetr.*

9. einfluß des chriſtenthums. Nicht nur führte die
kirche einen eignen bann, der nicht von dem weltlichen
gericht verkündet wurde, ein, ſondern auch der welt-
liche bann verband ſich mit kirchlichen gebräuchen.
Namentlich legte man dem verwieſnen *wallfahrt* an
heilige örter auf, wo er entſündigt werden ſollte, d. h.
die wallfahrt war die verbannung; die *bande* und *ket-
ten*, welche ihm während der reife zu tragen auferlegt
wurde (ſ. 710), ſcheinen gleichfalls geiſtliche ſtrafe.
*Peregrinationes in poenam* a judice *indictae.* Ducange
und Carp. ſ. v.; pilgerfahrten nach Rom, Achen und
Trier für den mörder. (a. 1406) Bodm. 618. 619; der
*wegfertig* was umbe miſſetât u. *gerûmet* het. Bodm.
673; der todſchläger ſoll zur ſühne wallfahrten, opfer
bringen, kreuze ſetzen, dämme machen. Rugian. 22.
eine alte formel bei Bignon p. 124 zeigt zwar ſchon ca-
noniſche einwirkung, aber noch iſt keine wallfahrt, bloße
auswanderung vorgeſchrieben: proprium filium ſive ne-
potem interfecit, et nos pro hac cauſa ſecundum con-

ſuetudinem vel canonicam inſtitutionem dijudicavimus,
ut *in lege peregrinorum* ipſe praefatus vir annis tot
in peregrinatione permanere deberet. Im Aſegabuch
p. 321 gehört folgende verfügung zu den ſendgerichtli-
chen: ſa hwa ſa ſinne feder ieftha ſine moder, ſine ſwe-
ſter ieftha ſinne brother ovirbulgena mode (unvorſätzlich)
to dade ſleith, ſa ne mi him nen preſtere ſkriva (beichte
hören), buta alſa longe ſare libbe ſkil hi *wondria* and
*kriapa* and *feſtia* (wandern, kriechen, faſten). ieftha hi
ſkil alle there ſkena wralde ofſtonda and gunga anna en
claſter and wertha tha abbete underdenoch, and dwe
alſare him hete, and nammermar ne mot hi anda godis
hufe weſa mith ore kerſtene liodon, hine gunge efta tha
durum ſtonda. Wer in in ein kloſter geht, wird auch aus
der welt verbannt.

10. *frauen* unterlagen im alterthum aus dem grund kei-
ner verbannung, weil ſie nicht in der gemeinſchaft der
freien männer ſtanden, folglich auch nicht deren beraubt
werden konnten. Sie befanden ſich in der gewalt ihres
ehmanns oder vaters und ihre verbrechen wurden entw.
von dieſen gebüßt, oder auf andere weiſe, als durch lan-
desverweiſung beſtraft. Den grundſatz erkennt namentlich
das altengl. recht: femina *non dicitur utlagata*, propterea
quod inſtar viri in legem non juratur. Spelman 562ᵃ;
femina *utlagari non poteſt*, quia ipſa non eſt ſub lege,
*wayvari* tamen bene poteſt et *pro derelictu haberi*, eſt enim
wayvium quod nullus advocat, nec princeps eam advoca-
bit nec tuebitur, cum fuerit rite *wayviata*. Bracton 4, 11.
Hierher gehört, daß miſſethätige frauen, beſonders eh-
brecheriſche *verkauft* oder *weggeſchenkt* wurden: ſo lſeut
nach dem altfranzöſ. Triſtan 1155-1227 und dem volksb.
cap. 28 *an einen ausſätzigen* bettler. Eine ingenua
meretrix einmal beſtraft und ihr verbrechen erneuernd,
iteratim a comite civitatis 300 flagella ſuſcipiat et *do-
netur a nobis alicui pauperi*, ubi in gravi ſervitio
permaneat et *nunquam in civitate ambulare* permittatur.
Die ſich mit einem juden vergangen hat, ſoll man
*mit rüden* (hunden) *usjagen.* Mainzer waltpodenr.;
trüllerinnen (kuppelweiber) ſollte man *mit hunden aus
der ſtadt hetzen.* Berth. 427. vgl. Ducange 6, 1317 ſ. v.
trotari.

11. landesverwieſene durften, wenn ſie ſich bei feierlichem
*einzug des fürſten* an deſſen *wagen* oder *pferd hiel-
ten*, ſicher zurückkehren (oben ſ. 265). den von Halt-

aus 2017 angeführten beiſpielen können folgende hinzuge-
fügt werden: darum viel bürger und ander lewte, ſo aus
der ſtat verſeſtet oder verweiſet waren u. einteils zehn,
zwanzig, dreißig oder mehr jar aus der ſtat geweſen, ime
(dem *a*° 1497 zu Nürnberg einziehenden herzog Bugſlaf
von Pommern) u. den ſeinen *an den ſtegreif gehangen* u.
*mit hinein gelaufen* ſein.　Kantzows Pomerania 2, 263.
264; als nun ſ. f. gn. in den Gripswald geritten, feind
die ſo der ſtatt etliche jar unſicher geweſen bei ſ. f. gn.
dem *pferde an den ſchwanz* oder *zeuge* auf dem pferde,
mein vatter aber auf anleitung ſ. f. gn. *an den ſteigbügel
greifende in die ſtatt gangen.*　Saſtrows leben 1, 191
(a. 1540.)

------------ ------------

*Schlußbemerkungen* zu cap. III.

a. ich bin davon ausgegangen, daß im alterthum die
anwendung der ſtrafe *für den freien mann* ausnahme
war; in der regel konnte er ſein verbrechen durch
buße ſühnen, wenn eine ſtrafe geſetzt war, mit geld
haut und leben löſen.　Einzelne miſſethaten forderten .
jedoch ſtrafe und waren keiner abbüßung fähig, andere
muſten geſtraft werden, weil die entrichtung der buße
ausblieb.　Hierin fand nach zeit, herkommen und ver-
faßung verſchiedenheit ſtatt.*)　Ermordung des königs
oder landesfürſten, eines vornehmen geiſtlichen, landes-
verrath, landfriedensbruch, verſchwörung, feigheit in
der ſchlacht, eltern und verwandtenmord, nächtlicher
diebſtal pflegten in unvermeidliche ſtrafe zu fallen. doch
wurde ſelbſt die tödtung des königs nicht überall mit
todesſtrafe belegt, indem auch für ihn ein wergeld an-
geſetzt war.

b. *unfreie* traf ſtrafe, theils weil ſie der buße unwürdi-
ger erſchienen, theils ſie zu zahlen unvermögender wa-
ren; in vielen fällen war aber auch ihnen vergönnt, ſich
durch buße zu befreien.

c. manche ſtrafen beruhten *bloß auf dem rechtsglauben*
und auf der ſage; geſchichtlich zu erweiſen iſt nicht,
daß ſie in Deutſchland vollſtreckt wurden, wohin na-

------------

*) im viſigoth. und burgund. geſetzbuch, auf die das röm.
recht mehr einfluß hatte, ſind die meiſten todesſtrafen.

mentlich die unter 3. 4. 5. 7. 8. 9. 13. 18 genannten todesſtra-
fen gehören. Ableugnen läßt ſich freilich die möglichkeit
ihrer vollſtreckung im höheren, roheren alterthum nicht,
und einzelne ſtrafen, deren wirklichkeit man ſonſt auch
bezweifeln würde, ſind nach unbeſtreitbaren zeugniſſen
vollzogen worden. Manche, wenn gleich zuweilen vollzo-
gene, erſcheinen dennoch als bloße ausnahmen.

d. man muß unterſcheiden zwiſchen ſtrafe, die durch
geſetz, recht oder volksſitte geheiligt war und todes-
arten oder mishandlungen, welche ſich grauſame her-
ſcher gewaltſam erlaubten. Aber die grenze iſt oft
ſchwer zu treffen und ich habe es vorgezogen, in dieſer
hinſicht zweifelhafte zeugniſſe der chroniſten dennoch
anzuführen, weil ſie wenigſtens zur prüfung und erfor-
ſchung des unbekannten volksrechts geſammelt und ge-
braucht werden müßen.

e. abſtufungen der ſtrafe ſind wiederum nach ort und
zeit zu beurtheilen; einem volk galt für ſchimpflicher,
was dem andern erträglicher ſchien.

f. zwar keine talion (ſ. 647), aber doch eine unverkenn-
bare *beziehung auf* die art des *verbrechens* findet bei
einigen ſtrafen, zumal bei leiblichen ſtatt. an dem glied,
das geſündigt hatte, wird auch ſtrafe genommen\*), die
meineidige hand abgehauen, die verrätheriſche zunge aus-
gerißen, das lügenhafte maul geſchlagen, dem mordbrenner
feuertod zuerkannt.

g. es iſt ſchon ſ. 681. geſagt, daß, wie für knechte, für
*frauen* eigenthümliche ſtrafen galten und andere auf ſie
unanwendbar waren, z. b. landesverweiſung. So traf
auch den *unmündigen* geringere ſtrafe, als den mün-
digen: *minor* et qui infra aetatem XII annorum fuerit,
utlagari non poteſt, nec extra legem poni, quia ante
talem aetatem non eſt ſub lege aliqua. Bracton 4, 11;
doch fehlt es nicht an beiſpielen hingerichteter kinder
(ſ. 688 die ſtelle aus der viſio Godeſcalki). Man vgl. wie
die zwölf tafeln 7, 4 die beſtrafung des *pubes* und *impubes*
unterſcheiden.

h. der verbrecher hatte in vielen fällen die wahl, ob er
buße zahlen oder ſtrafe leiden wollte, jenes war dann
faſt immer das weit leichtere, der habichtsdieb wird

---

\*) könig Rodrigo, als ihn die ſchlange zu verzehren anfängt,
ſingt: come me ya por la parte, que todo lo merecia. (ſilva
p. 298); vgl. die viſio Wettini in Dippoldts Carl d. gr. p. 121.

lieber acht fol. geben (f. 690) fo wie der zinspflichtige
lieber fünf fchill. erlegen (f. 384), als fich der zu erwar-
tenden gefahr bloß ftellen. Merkwürdig ift, daß dem
verbrecher zuweilen auch überlaßen wurde, *zwifchen
mehrern ftrafen zu wählen.* diefen zug finde ich
hauptfächlich im altfrief. recht. In der fage von könig
Karl und Radbod heißt es: nu lidfe ik jo *tree kerren,*
hor iemna liavera fê, dat ma iemna deye, dan i alle
ain werde, jof datma iemna een fchip jove alfo feft
ende alfo fterk, deer een ebba ende een floed mei
wrftaen, ende dat fonder rema ende roer ende fonder
tow. Fw. 107. von den drei vorgelegten übeln (tod,
leibeigenfchaft, fteuerlofes fchiff) wählten die Friefen das
letzte. Dem der fich mit vieh vermifcht hat, läßt der
richter wahl zwifchen drei ftrafen (felbftentmannung,
lebendigbegräbnis oder feuertod), die nähere beftimmung
klingt aber fo alterthümlich, daß ich fie herfchreibe:
dat hi dine ker habbe, hor hi fine machta bi dae live
of fnide ende fine fonda betterie; foma een kolk delve,
deer dat quik in moge, ende dat ma him alles nida
bringe; jefta dine tredda ker, datma alle *dat heer* gadrie
fanda *fchettena flirten* ende *makia een band* ende
binden aldeer mei ende baerne. Fw. 250. Auch bei den
dichtern:

> er bôt ir driu dinc zen êren,
> daʒ fi under den hæte wal:
> daʒ fi in dem mere viele ze tal
> umb ir keln ein fwæren ftein;
> oder daʒ ir vleifch u. bein
> ze pulver wurde gar verbrant;
> oder daʒ fi Tibaldes hant
> folde hâhen an einen aft. Wh. 2, 50ᵃ.

Bekannt ift aus der fabel von Marculphus, daß diefer
fich einen baum auswählen durfte, woran er erhangen
fein wollte.


## .CAP. IV. ERLAUBTE MISSETHATEN.

Bisweilen bleibt ungebüßt und ungeftraft, wodurch fich
einer am eigenthum oder leben eines andern vergreift.
1. *erlaubte wegnahme* fremder fachen. Hierher gehört
vorrecht fchwangerer, ihr gelüfte zu befriedigen (f. 408);
reifender, ihr pferd zu füttern (f. 400. 401); obft, trau-

ben und nüße zu nehmen (f. 209. 401. 554); des acker-
manns, holz für pflug und wagen zu hauen (f. 402. 517.
518.) Hier noch unangeführte belege: nû ef madr fer
at veg medr roffi fino oc ftendr hey nær göto, þá er
hann þarf at hafa, þa taki hann at ôfeckio (ungeftraft),
þat fem ros hans þarf þar at eta. Gulaþ. 545; fi quis
feram ab alio vulneratam aut in taliola tentam aut a ca-
nibus circumdatam invenerit aut forfitan mortuam, aut
ipfe occiderit et falvaverit et bono animo manifeftaverit,
liceat de ipfa fera tollere *dextrum armum cum feptem
coftis*. l. Roth. 317; item we kofte edder drank vunde
in deme harte, de mag des to fines lives nod bruken
unde eten unde drinken *funder fchaden unde broke*.
wolde he ok leng (diutius) in deme harte bliven unde
ome kofte edder drinke enbroke, de mach *fo vele gel-
des in de ftede leggen*, alfe dat werd is, dat he mit
fik nimpt. Harzer forftding §. 58; ef fá madr ftelr mat,
er eigi fær fer vinno til fôftrs, ok hialpar fvâ lifi fino
*fyrir hûngrs fakir*, þá er fá ftuldr fyrir engann man
reffingar verdr. Gulaþ. 531. noth hat kein gebot. Ei-
fenh. p. 453. Für eine kindbetterin darf man wein und
brot wegnehmen (f. 446.)

2. *erlaubte tödtung.* die lex frief. hat einen eignen titel
de hominibus, qui fine compofitione occidi poffunt, ebenfo
die C. C. C. art. 150. es gehören dahin:

a. der *kempfe*, campio, der fein leben felbft auf unedle
weife preis gibt; einige gefetze verordnen *fcheincompofition*
(f. 677.)

b. qui *in praelio* fuerit occifus.

c. das *neugeborne kind* (f. 455 ff.); bei den Friefen
büßte auch die mutter nicht, wenn fie im augenblick der
geburt (unvorfichtig oder befinnungslos) ihr kind tödtete,
infans ab utero fublatus et enecatus a matre.

d. der *abgelebte greis* (f. 486 ff.)

e. die *ehfrau* (f. 450.); zumal im falle des ehbruchs. hier
geben die frief. gefetze dem beleidigten ehmann *unter
drei* oder *vier ftrafen* zu wählen (vgl. vorhin 741):
aegh hi dine ker, hor hife *hangie*, foe hife *haudie*,
fo hife *drinfe*, fo hife *barne*. Fw. 224; hor hife *fille*,
fo hife *haudie*, mitta fwird deer fe onder ging, da fe
dat aefte biging (oben f. 167), fo hife to him nime. Fw.
254. *)

---

*) den übelthäter in die hand des verletzten zu willkürlicher
beftrafung hinzugeben ift auch fonft den alten gefetzen nicht

f. der *knecht* (f. 344.)

g. der *einbrechende*, *ſtehlende dieb.* fur ſi *in foſſa*, qua domum alterius effodere conatur, fuerit *repertus*. l. friſ. 5, 1; fur nocturno tempore captus in furto, *dum res furtivas ſecum portat*, ſi fuerit occiſus, nulla ex hoc homicidii querela naſcatur. l. bajuv. 8, 5; ſi quis domum ... altius effoderit et ibi occiſus fuerit, ſine compoſitione in ſua damnatione permaneat. decr. Taſſil. (Georg. 328); ſi quis hominem ſuper rebus fuis comprehenderit et eum ligare voluerit, et non praevaluerit ligare, ſed colpus ei exceſſerit et eum interfecerit, coram teſtibus *in quadrivio et clida* (auf einer weidenflechte) *eum levare* debet et ſic quadraginta ſeu quatuordecim noctes cuſtodire et tunc ante judicem in harabo conjuret, quod eum de vita forfactum interfeciſſet l. rip. 77; auf den *kreuzweg* wurde auch der ſelbſtmörder geſchleppt (ſ. 727.) Eine andere förmlichkeit iſt ſ. 588 nachgewieſen; das altn. recht beſtimmt die compoſition oder nichtcompoſition des erſchlagnen diebs nach dem *fallen* ſeiner *füße* (ſ. 628). *Scheinbuße* iſt zuweilen beſtimmt (ſ. 679). über die tödtung des ertappten diebs nach altruſſ. recht. Ewers p. 166. 308.

h. der mit fackel in der hand betretene *mordbrenner*, qui domum alterius incendere volens *facem manu tenet*. l. friſ. l. c. Das eigentliche *in flagranti*, oder wie es Br. 147 heißt: bifen mit *college crocha* and *rumegere hond*, mit kohlentopf u. rußiger hand.

i. der auf der that befundene *ehbrecher* und *nothzüchtiger*; vorausgeſetzt wird, daß die femina in der munt des todſchlagenden ſich befindet: ſi quis hominem ſuper uxorem ſeu ſuper filiam vel his ſimilibus comprehenderit. l. rip. 77, mit der beſtimmung wie beim dieb. parentibus in *domo repertos* adulteros *necare* conceditur. l. viſig. III. 4, 6; l. bajuv. 7, 1. burg. 68, 1; nu kan man annan taka *i fiäng* mädh kunu ſinni ok ſlar han thär i häl alla badhin thöm, tha ſkal han tham badhin *ſaman fiätra**) dödh

---

fremd, z. b. der vergifter wird der gewalt des geretteten vergifteten überlaßen, ut de eo quod facere voluerit ſui ſit incunctanter arbitrii. l. Viſig. VI. 2, 2; der mordanſchläger dem herzog: in ducis ſit poteſtate homo ille et vita illius. lex bajuv. 2, 1. Gewiſſermaßen iſt hierher auch der böſe ſchuldner in der hand des gläubigers zu rechnen (ſ. 616.)

*) wie Vulcan Venus und Mars. Od. 8, 296 ff.

ok qvik, allä badhin dödh ok fva *til thingx föra* (wie
bei den Ripuariern in quadrivium). bulſter ok blöia ſkulu
thär vitne bära. Upl. ärfd. 6, 2; ob einer einen andern
bei ſeinem elichen weibe nackend u. bloß *in einem bette*
hete befunden u. in zornigerweiſe zufiele und den ſelbigen
*tod ſchlüge*, der iſt *unſtreflich*. Frankenhauſer ſtat. von
1558 (Walch 1, 338.) Auch bei den Griechen fand keine
klage φόνου ſtatt, wenn jemand den buhlen erſchlug, den
er bei ſeiner frau, mutter, ſchweſter, tochter oder bei dem
kebsweibe, mit welcher er freie kinder zeugte, ertappt
hatte. Meier u. Schömann p. 308.

k. der *tempelräuber*, qui fanum effregit. l. friſ. 5, 1; ein
heidniſcher tempel, wie addit. 12 lehrt.

l. der geächtete, vogelfreie *verbrecher* (ſ. 735); er heißt
altn. dræpr und fällt ôheilagr.

m. der *in gerechter notwehr* erſchlagene.

n. der von amtswegen getödtete *widerſetzliche frevler*.
ein beiſpiel liefert das dreieicher w., wer zwiſchen Lam-
precht und Remigius (vor das die ſonne ufkomet und
nach der zeit als die ſonne in golt gehet) in die wilde
hube fährt, ſoll gepfändet werden, wolte der nicht lei-
den pfandunge, der da bräche, und ſich werete, er-
ſchlüge den ein forſtmeiſter oder ſein knecht, der *wäre
niemands nichts darumb ſchuldig*. umgekehrt darf aber
auch der zu hoch gepfändete den forſtmeiſter ungeſtraft
erſchlagen.

3. *erlaubte mishandlung*. Wer befugt iſt, einen andern
ungeſtraft zu tödten, muß es faſt in denſelben fällen
ſein, ihm ein leibliches übel anzuthun, ohne daß irgend
buße oder ſtrafe darauf folgte. Aber auch wo keine
tödtung erlaubt wäre, iſt es zuweilen mishandlung. Zum
beiſpiel dienen die ertappten felddiebe (ſ. 638). So iſt
einem hauseigenthümer geſtattet, ſich unbeſcheidner gäſte
zu entledigen: wer auch in eines bidermans haus zu
dem bier oder zu dem wein ſitzt und unbeſcheiden mit
worten iſt u. ſich des nit ſchemt noch des auch nicht
laßet, den mag wol ein beſcheiden biderman ſtrafen *mit
einem unbeſchutten brande* u. in denn wider in das
feuer legen u. *bleibt es on wandel*. gl. zum Sſp. 2, 16.
wie es ſcheint eine altherkömmliche züchtigung, vgl.
Wh. 2, 129ᵃ.

# SECHSTES BUCH.

## GERICHT.

Unter gericht denken wir uns heutzutage vorzugsweife
entſcheidung der rechtsſtreite oder beſtrafung der ver-
brechen. Urſprünglich überwog aber die vorſtellung
von volksverſammlung (concilium), in welcher alle öf-
fentlichen angelegenheiten der mark, des gaus und der
landſchaft zur ſprache kamen, alle feierlichkeiten des
unſtreitigen rechts (was wir freiwillige gerichtsbarkeit
nennen) vorgenommen, endlich auch zwiſtigkeiten beur-
theilt und bußen erkannt wurden. Heute bilden die
richter, damals bildeten die zuſammenkommenden freien
männer den kern des gerichts; es konnten ſogar ſtreitig-
keiten ohne einmiſchung der richter auf dem gerichts-
platz bloß unter den parteien oder durch ſchiedsleute *)
vertragen werden.

Ohne zweifel war feierliche vollbringung der rechtsge-
ſchäfte und ſchlichtung der rechtshändel im heidenthum
mit *religionsgebräuchen* verbunden. hierauf bezog ſich
nicht allein der ſinn vieler ſymbole, die ſühnung man-
cher miſſethaten, ſondern auch noch deutlicher die be-
ſchaffenheit der mit opfern und eiden zuſammenhängen-
den, unter prieſterlichem vorſitz gehaltenen alten ge-
richte. Gleich den opfern wurde das recht öffentlich
unter freiem himmel dargebracht, im beiſein der freien
männer und durch ſie gewieſen. Seit der bekehrung
zum chriſtlichen glauben fiel nun aller unmittelbare be-
zug der gerichtshandlung auf den gottesdienſt weg oder
muſte erſt von neuem geſtiftet werden; aber eine menge
mittelbar heidniſcher rechtsgewohnheiten und die öffent-
liche rechtspflege blieb erhalten. Dem gericht wurde
*heiligkeit* und ein beſonderer *friede* beigelegt; das epi-
thet *frôno* galt vom gericht, richter und gerichtsboten
ſo gut als von gegenſtänden kirchlicher verehrung. Nach

---

*) altn. *iafnendr*, d. i. aequantes, componentes, arbitri. vgl.
Niala cap. 66 und Sæm. 79ª ſem iafnendr unno.

wie vor verfammelte fich an herkömmlicher ftätte in
marken, gauen und landfchaften das freie volk, um über
geringere oder wichtigere angelegenheiten unter leitung
feiner felbftgewählten richter zu rathfchlagen und zu
entfcheiden. Die meiften wörter unferer fprache für
gericht drückten daher *verfammlung* und *befprechung
der leute* aus, namentlich die neun erften der folgenden
aufzählung; den fechs übrigen geht die örtliche bedeu-
tung ab:

1. goth. *maþl* (*ἀγορά*) agf. *meðel* (fermo, concio), ein
ahd. *madal* aus den zufammenfetzungen madalperht,
madalgêr mit ficherheit zu folgern; goth. *maþljan* (lo-
qui), fauramaþleis (magiftratus), agf. meðelern (praeto-
rium) meðelfted (concilium).

2. das goth. *mêl* zeigt bei Ulf. nur die bedeutung tem-
pus, fignum, nicht die von actio, caufa, fermo, judi-
cium, welche das entfprechende ahd. *mâl* oder *mahal*\*),
agf. *mæl*, altn. *mâl* gewährt. ahd. gimahalen (loqui)
agf. gemælan, altn. mæla; ahd. *mahal* (curia) gl. Jun.
237. zi mahale faran (ire ad judicium) ze dem mâle gên.
muf. 1, 67; *mâlôn* (in jus vocare). Daß diefes mahal,
mâl und mâlôn das *mallum* (zuweilen *mallus*) und
*mallare* der altfränk. gefetze fei, läßt fich nicht ver-
kennen, urkunden des mittelalters haben noch *malftatt*,
mahlftatt, gerichtsmalh für locus judicii; merkwürdig
aber ift, wie fich die vocalkürzung und confonantver-
doppelung gerade auch in ortsnamen erhalten hat, vgl.
*thiotmalli*, theotmelli Pertz 1, 164; *dietmelle* (ein dorf
bei Caffel) Gudenus 1, 597 (a. 1247.) Kopp nr. 54 (a.
1325) fpäter entftellt in Detmold, Dietmold. Das ver-
ftärkende diot-, diet- zeigt an, daß fich an diefen orten
vor alters große volksgerichte (diotmahal, thiodmâl) be-
fanden. Das *hamallus* der l. fal. 49 habe ich gramm.
2, 52 verfucht zu deuten; man verwechfele damit nicht
das fpätere niederländifche *heymaell*, heimaill (pro ex-
col. 1, 380. 381. Pufend. 4, 341) d. h. hegemal, hege-
gericht. Haltaus 776.

3. ahd. *fprâcha*, fermo und judicium, vgl. N. Bth. 55
und das fpätere after*fprache*, morgen*fprache*,, bauer-
*fprache*. Haltaus 18. 109. 1367. Pilatus richtet im
*fprâhhûs*. O. IV. 23, 60. *fprâhman* qui in foro difputat.

---

\*) mahal für maal, wie pihil für piil, ftehic für fteic und l.
Roth. 173 lidhilahip für lidhilaip.

4. agſ. *gemôt* (concilium, conventus) eigentlich occurſus hominum, von gemôtan, occurrere, convenire; gemôtern (praetorium).

5. ahd. *huarap?* altſ. *huarab*, conventus, wo die leute zuſammengehen, ihr geſchäft *werben*, wo der offne *weg* iſt? oder da huerban auch redire, diſcedere, ſecedere bedeutet, ein abgelegner, zur gerichtshaltung gehegter ſtiller ort? vgl. das altn. *hvarf* diſceſſus, latibulum, und das agſ. hvyrft orbis, circuitus, ambitus. Den Frieſen vorzüglich heißt die gerichtsſtätte *warf*, *werf*. Br. 31. 33 ff. an da lioda warve, in conventu populi. binnen den *warf*. Sſp. 2, 12. Adamus brem. cap. 229 ſagt: commune populorum concilium a Sueonibus *warph*, a nobis thinc vocatur, vgl. Ihre 1, 936. 947. *)

6. *hring*, ring, circulus, orbis, der kreiß in dem ſich die menge verſammelt. So traten ſich verlobende in den *ring* (oben ſ. 433) und wurden gemahelt; das volk ſtand rund herum (der *umſtand.*) Zu ding und *ring* gehen. Haltaus 1549. dinglich und *ringlich.* Bodm. 660. til tingz och *ringz.* Weſmannal. einen *ring* ſchlagen. Neocorus 1, 362.

7. *ding*, agſ. *þing*, altn. þing, cauſa, concilium, conventus (vgl. oben ſ. 600), das was gedingt, gehandelt, ausgemacht wird; in *dinge* (in judicio) N. Bth. 55. *dinc*hûs (wie ſprâchhûs, praetorium) T. 200, 1. *dinge*-hûs. Maerl. 2, 236. frieſ. *thing*ſtapul (gerichtspfal) Aſ. 21; zu *ding* und ring gehen; vgl. die bei huarap angegebene ſtelle Adams von Bremen, *thing* war aber im Norden ſo ausgebreitet wie in Sachſen, ja es kann jede öffentliche zuſammenkunft, z. b. der kaufleute auf dem markt bezeichnen, ſchwed. köipting, gleich dem lat. *forum* (franz. foire.) In der goth. mundart hat ſich dieſer ausdruck noch nicht gefunden. Das compoſitum *tagadinc*, mhd. tagedinc, tegedinc, ſpäter taiding, tâding bedeutet nicht ſowohl das gericht, als den proceſs (die vertheidigung), zuweilen wird es aber auch für ding, judicium gebraucht.

---

*) ähnlichkeit zwiſchen *mdl* und *hvarf* erſcheint auch darin, daß beide wiederholung und rückkehr in verbindung mit zahlen ausdrücken, dreimal, driwerbe; gleich andern wörtern mit dem begriffe gang, weg, reiſe, kehr.

8. das *placitum* der fränk. gefetze (z. b. rip. 30. fal. 43.
50 und überall in den capitularien) fcheint vollkommen
was das deutfche ding, es ift nicht nur der gefaßte be-
fchluß (id quod *placuit* populo) fondern auch die ver-
fammlung des volks und der richter. Die lex Vifig.
und Burgund. brauchen judicium (weder placitum noch
mallum), in der l. Bajuv. 2, 15 findet fich *placitum,*
ebenfo in der l. Alam. 36 für conventus (37, 4 quod
*complacuit* cunctis Alamannis). Aus placitum ift das
franz. *plait,* plaid, provenz. *plaz,* plats, fpan. *pleito*
niederländ. *pleit* (fchon bei Melis Stoke 2, 552. 10, 692)
und engl. *plea* entfprungen; aus placitare (l. alam.
55, 1) das franz. plaidier, fpan. pleitear, nl. pleiten,
engl. plead.

9. in Niederfachfen bezeichnet *tie* einen öffentlichen
fammelplatz, die belege hat Haltaus 1811. 1812, vgl.
brem. wb. 5, 66.; vergleichbar fcheint das edd. *tâ:* â
tâi ftanda Sæm. 184ᵇ â tâi fitja 266ᵇ fprutto â tâi. 269ᵃ.
Ihre f. v. *tä.* In der bedeutung mag es dem warf,
werf zunächft kommen, eine hochd. form (zieh, zeh, zäh?)
weiß ich nicht nachzuweifen.

10. fchon das ahd. *girihti\**) bedeutete judicium, gerihte
forderôn N. Bth. 58; mhd. *gerihte* MS. 1, 43ᵃ 2, 119ᵃ
Nib. 658, 1. gerihte bieten Parc. 84ᵃ ger. nemen Trift.
15339 ger. ûf legen Trift. 15515. gerihtes pflegen Trift.
6000. Im Sfp. drückt *gerichte* mehr jurisdictio (ge-
richtspflege) aus, z. b. 1, 59. 60 und *ding* judicium,
doch ftehet auch 1, 62 gerichte für judicium. Ein ahd.
girihti, mhd. gerihte im heutigen finn von gerichtsver-
fammlung, gerichtsftätte kenne ich nicht. Das agf. ge-
richt bezeichnet jus, ratio, godes gerihta fanctorum fo-
lemnitates, gerihta confuetudines regis. Cnut. ed. Kold.
Rof. p. 27. 41. welche pluralform aber ein fem. geriht
vorausfetzt.

11. goth. *ftaua* (κρίμα) ftaujan und ftôjan (κρίνειν); man
darf an keine verwandtfchaft mit ftab (baculus, goth.
ftafs) denken, vielmehr (nach analogie von havi, ahd.
houwi; taujan ahd. zouwan) würde die ahd. form *ftouwa*
(judicium) erfordern und das verbum ftouwôn (queri,
caufari) das fubft. ftouwunga (increpatio) läßt fich aus

---

\*) neutrum, verfchieden vom fem. girihtî (rectitudo) O. mhd.
gerihte Wigal. goth. garaihtei (juftitia).

den gloſſen wirklich nachweiſen, ein mhd. ſtöuwen ſteht Wh. 2, 100ᵇ amgb. 11ᵇ Martina 28ᵇ, das nhd. ſtauen (inhibere) ſcheint verwandt. Kein andrer dialect hat eine ſpur dieſes ausdrucks (ſtaujan wäre agſ. ſtavjan und altn. ſteya) oder gehört auch das agſ. *ſtôv* (locus) hierher?

12. goth. *dôms?* ich finde das verb. dômjan f. δικαιοῦν, doch mit dem beigeſetzten acc. raihtana, usvaurhtana; ahd. *tuom*, agſ. *dôm*, altn. *dômr* (judicium).

13. ahd. *ſuona*, *ſuana* (judicium, ſententia) Diut. 1, 506ᵇ, eigentlich compoſitio, ſühne, verſöhnung vgl. das goth. ſaun (oben ſ. 622) für *ſôn* (wie umgedreht tôjis, ſtôjan f. taujis, ſtaujan); mhd. noch ſuontac (dies judicii). gramm. 2, 489.

14. ahd. *urteili* (ſententia, judicium) agſ. *ordâl*, mhd. *urteile.* gramm. 2, 788. 789. 790. Zuweilen ſteht auch das einfache *teil* für judicium und noch öfter *teilan* für judicare; vgl. frieſ. *dêl.* Fw. 18.

15. in einer ahd. gloſſe Diut. 1, 508ᵃ wird da judicium verdeutſcht: kip *anawaltida.* anawalt, agſ. onveald iſt ſonſt poteſtas, dominatio, magiſtratus, woher anawalto, anwalt, der bevollmächtigte, procurator.

Das gegenwärtige buch beſteht aus acht capiteln 1. von den gerichtsleuten; 2. von dem gerichtsort; 3. von der gerichtszeit; 4. von beſondern gerichten; 5. vom gerichtsverfahren; 6. vom eid; 7. vom peinlichen gericht; 8. vom gottesurtheil.


## CAP. I. GERICHTSLEUTE.

Alle richtende gewalt wurde von der genoßenſchaft *freier männer* \*) unter dem vorſitz eines erwählten oder erblichen oberen ausgeübt. Den märker richtete die mark, den gaubewohner (goth. gauja) oder gau, den fremden nur das geſetz ſeiner landsleute. Nie konnte der unfreie am gericht eines freien theil nehmen, er aber wurde durch den freien gerichtet. Doch ſcheinen unfreie der milderen art, laten und hofhörige, über ihre verhält-

---

\*) und ſol der ſcholtheize ſin *fri* u. *woilgeborn*, der ubir einen frien man richten ſal u. ſollen och die da urtel wiſen ubir einen frien man vor deme ſcholtheize ze Lorche *fri* u. *woilgeborne* ſin. Lorcher w. a. 1331. Der die gericht beſitzet, ſol ſein ein *rechter frei mit zwei gülden ſporn.* w. in Meuſels geſchichtsforſcher 7, 86.

niſſe ſelbſt entſchieden und ihre richter gewählt\*) zu
haben.

*Frauen* ſind bei allen deutſchen völkern vom gericht
ausgeſchloßen. Gleichwohl ſtanden zur zeit des heiden-
thums die ausſprüche und weiſſagungen (conſilia et re-
ſponſa) einzelner frauen in großem anſehen, Tacitus
nennt Veleda und Aurinia, andere die altnordiſche ſage.
Ja die Nornen (parcae, Saxo gramm. p. 102) urtheilen
und richten ganz eigentlich über das ſchickſal der men-
ſchen, die edda ſagt von ihnen:

> þær *lög lögdo,* þær líf *kuro*
> alda börnum *örlög* at *ſegja.* 4ᵃ

und: Nornir aldr um *ſkôpo* 149ᵃ; Nornir valda 164ᵃ;
Norn *ſkôp* 181ᵃ; Norna *dômr* 187ᵇ; *víſa* Nornir 88ᵃ;
Nornir *ſkôpo* 217ᵃ; illr er *dômr* Norna Hervar. ſaga
p. 220; es wird ihnen geſetz legen, thumen, kieſen,
weiſen, ſchaffen, ſagen beigelegt, welches lauter be-
ſtimmte ausdrücke ſind für das richteramt. Gleich dem
richter ſitzt die Norn auf ihrem *ſtuhl.*\*\*) bemerkens-
werth heißt auch in einer ahd. gloſſe (gramm. 2, 342)
die parze gerade *ſchepfenta* und bei einem mhd. dichter
MS. 2, 173ᵇ *ſchepfer,* wie es ſcheint.

Grundzug der deutſchen gerichtsverwaltung iſt nun ihre
trennung in zwei geſchäfte, das *richtende* und *urthei-
lende,* deren jedes beſonderen leuten obliegt. Der rich-
ter leitet und vollſtreckt, der urtheiler findet die ent-
ſcheidung, jener hat den *bann*, dieſer hat den *tuom*;
jener *fragt, ſtellt an* (oben ſ. 6.), dieſer *weiſet, findet,
theilet, bringt ein.* \*\*\*) Hiernach werde ich erſt von den
richtern, dann von den urtheilern handeln.

A. *Richter.*

1. in älteſter zeit ſchienen die *prieſter* bedeutenden ein-
fluß auf das gericht gehabt zu haben, wie ſchon oben
ſ. 272-274 gezeigt wurde; ſie ſtanden dem *opfer* vor

---

\*) item dieſelben *eigenen leut* mögent auch einen vogt wellen
drei ſtund in einem fußſtapfen u. als dick abſetzen u. einen an-
dern wellen, u. das als lang thun, biß daß ſie einen wellent, der
ihnen füglich ſei. Oberreitnauer w.
\*\*) à Norna ſtôli ſat eo niu daga. Sæm. 127ᵃ.
\*\*\*) ſchatten der alten gerichtsverfaßung übrig in unſerm *pfän-
derſpiel.* der richter *fragt:* was ſoll der thun, dem das pfand ge-
hört? Möſer Oſnabr. 1, 33.

und die große feierliche gerichtshaltung war mit *opfer*
verbunden.*) Zwar läßt Tacitus die rechtspflege vom
princeps ausgehen; allein in einer andern ſtelle ſchreibt
er dem prieſter ſogar im heer höhere ſtrafgewalt zu, als
ſelbſt dem dux: ceterum neque animadvertere, neque
vincire, nec verberare quidem, *niſi ſacerdotibus* per-
miſſum, non quaſi in poenam, nec ducis juſſu, ſed ve-
lut deo imperante, quem adeſſe bellantibus credunt.
Germ. cap. 7 und noch deutlicher: ut turbae placuit,
conſidunt armati. *ſilentium* (gerichtsbann) *per ſacerdo-
tes*, quibus tum et *coercendi jus* eſt, *imperatur*. cap. 11.
Ich glaube daher, daß in volksverſammlung (ungebotnen
ding) und auf dem heerzug der oberprieſter (pontifex)
die feier ordnete und eröffnete, wenn auch der könig
oder herzog den vorzug hatte. Daß der prieſter noch
im ahd. *éwart* oder *éwarto* (legis cuſtos) heißt, will
ich nicht anſchlagen, weil es in den ſtellen, wo die na-
men gebraucht werden, auf den jüdiſchen leviten be-
zogen werden kann. Aber nicht abzuweiſen iſt die be-
nennung des altnord. gerichtsvorſtehers, des *godi* (er
rædr fyrir *blótum oc dómum*, oben ſ. 272), welcher
dem goth. *gudja*\*\*) entſpricht; der ahd. name coteo
hat ſich nicht erhalten, immer aber ſcheint es merk-
würdig, daß alte gloſſen tribunus eben durch *cotinc*
verdeutſchen. ker. 75. Diut. 1, 187. Auf Iſland\*\*\*)
fanden ſich godar ſeit der erſten einwanderung, im
zehnten jh. waren ihrer neun in jedem der drei viertel,
im nordviertel zwölf, überhaupt alſo 39 angeſetzt, ſpä-
ter wurde die zahl noch vermehrt. Ihr amt war *erb-
lich* auf männliche verwandten, unter mehrern gleich-
berechtigten entſchied loß, für einen unmündigen er-
ben verwalteten einſtweilen die þingmenn. Vatnsd. cap.
37. 38. Alle vornehmen geſchlechter ſtrebten nach der
würde. Der heidniſche godi ſtand zugleich dem gericht,
dem gottesdienſt und tempel vor *(hofgodi)*. Er heiligte,
ſchützte und verkündigte die gerichte, *ernannte die*

---

\*) omnis itaque concionis illius multitudo ex diverſis partibus
coacta primo ſuorum proavorum ſervare contendit inſtituta, *nu-
minibus* videlicet ſuis *vota ſolvens ac ſacrificia.* Hucbaldi vita Le-
buini cap. 12.

\*\*) vgl. l. Viſig. II. 1, 23: ſi judex vel *ſacerdos* reperti fuerint
nequiter judicaſſe.

\*\*\*) alles folgende aus *Arneſen* iſl. rettergang. ed. Erichſen.
Copenh. 1762. 4. pag. 472-476.

*urtheiler* in ober und untergericht, verrichtete alle feierliche handlungen (z. b. bei freilaßungen), befprach öffentliche fachen, denen ein eigentlicher kläger fehlte, wachte über fremde, fchätzte ibre eingebrachte waare und erhielt die ruhe und ordnung feines ganzen bezirks (heraď, godord). Der godi, in deffen heraď das landþing lag, hieß allsherjargodi und hatte einen gewiffen rang vor allen übrigen.

2. *könige* und *fürften* bekleideten nicht allein in den ungebotenen gerichten, fondern auch häufig in den gebotenen die oberfte ftelle. Von der feierlichkeit ihres aufzugs ift im erften buch f. 254-265 gehandelt. Die gefchichte der deutfchen könige liefert allenthalben beifpiele und noch fpät im mittelalter erfchien den landesherrn die perfönliche verwaltung des richteramts als eine heilige pflicht. So fitzt der mainzer erzbifchof im jahr 1299 dem landgericht felbft vor. Bodm. 614. 615. Da fie aber nicht überall und immer gegenwärtig fein konnten, wurden für einzelne landfchaften und bezirke befondere gerichtsvorftände wahrfcheinlich immer aus der mitte des adels beftellt, anfänglich vom volk *erwählt*, dann vom könig *ernannt*, oft auch zu *erblicher* würde erhoben. Eliguntur in iisdem conciliis et *principes*, qui jura per pagos vicosque reddunt. Tac. Germ. 12, vgl. Savigny 1, 223. 224. *)

3. die meiftverbreitete deutfche benennung des weltlichen höheren richteramts fcheint aus dem fränkifchen reich. Schon in dem fal. und rip. gefetz finden wir *grafio, gravio, graphio*; l. rip. 53 wird ihm der lat. ausdruck *comes* gleichgeftellt. urkunden des 7. und 8. jh. haben bald gravio, bald comes; Gregor von Tours bedient fich ftets des lat. wortes. (Savigny 1, 224-227.) Zu

---

*) gleich dem alten könig, herzogen und grafen war noch bis ins fpäte mittelalter der richtende vogt und amtmann gehalten, die unterthanen feines gaus oder amts in krieg und anderer öffentlicher noth anzuführen: und werez, daz ein dorf im Ringawe genotigt oder gefchediget wurde, fo fal der *amptman* daz underfteen zu weren, u. fteen an der faltor porten u. vor fi ftriten u. fechten u. nit abgelaßen, biz alz lange daz er geftochen oder geflahen wirdet, *daz er uf finen knihen ftet.* Bodm. p. 805. Und fol der vogt riten ein tag u. ein nacht, wo den hof oder das dorf not angot, *mit ftarkeme halfe.* Artolsheimer hofr. 370[b]. Diefe kriegskundigen richter der alten zeit konnten keine rechtskundigen urtheiler fein.

den Alamannen, Baiern, Sachſen mag das deutſche wort
für die würde erſt mit ihr durch die Franken gekom-
men ſein, den frühſten ſtrenghochdeutſchen ſprachdenk-
mälern iſt es noch ungeläufig. ad *praeſides* et reges
(ἐπὶ ἡγεμόνας δὲ καὶ βασιλεῖς. Matth. 10, 18) lautet
T. 44, 12 zi *grâvon* inti zi cuningon und Pilatus der
praeſes (ἡγεμών Matth. 27, 2) heißt T. 192, 3 *grâvo*;
O. IV. 20, 4 nennt ihn aber herizoho und auch die
ſächſ. E. H. heritogo; ältere ahd. gloſſen verdeutſchen
praeſul durch hêroſto, Diut. 1, 267ᵃ, erſt gl. emm. 403
gewährt *krâvo* odo ſcultheizo procurator, proviſor ſe-
cularis honoris, gl. flor. 989ᵇ praeſes *grâvo.* den langen
vocal lehrt die mhd. ſprache, in welcher *grâve* als ein
völlig gangbares wort erſcheint. Die nordiſche em-
pfieng es erſt mit dem titel aus der deutſchen (iſl. greifi,
ſchwed. grefve, dän. greve); älter iſt begreiflich das
frieſ. *grêva.* Man hat graf aus grau (canus) abgeleitet
und den begriff ſenior darin geſucht; grammatiſch un-
zuläßig, weil grâwo ein w, nicht v hat, daher auch
ſpäter der graue und der graf von einander abſtehen,
und weil dann das i im altfränk. grafio unerklärlich
wäre. Ich will eine andere vermuthung wagen. râvo
hieß ahd. tignum, tectum (gramm. 1, 136. altn. ræfr
tectum) vielleicht auch domus, aula; garâvjo, girâvjo,
girâvo würde dann comes, ſocius bedeuten, was giſtallo
und giſaljo, giſello (gramm. 2, 736.) Die volle wortform
läßt ſich wohl auch aus den älteſten urk. nachweiſen;
für ſie ſtreitet das agſ. *gerêfa,* das in der bedeutung
von ſocius, comes, praeſul, tribunus vollkommen dem
fränk. *grafio* entſpricht, im engl. aber za *reeve*, rif
wird*), ſo daß die verkürzung ſherif in ſcire-gerêfa
aufgelöſt werden muß. Der ſchwierigkeit, warum das
agſ. wort nicht geræfa lautet (vgl. ræfter, tignum)?
weiß ich nur durch die annahme zu begegnen, daß
auch die Angelſachſen namen und würde von den Fran-
ken entlehnten und deshalb den vocal entſtellten. man
ſieht aus der lex 35 Edovardi confeſſ. (Canc. 4, 341ᵃ),
daß *greve* dem echten agſ. recht fremd war. — Die
abſtufungen des richterlichen grafenamts bezeichnen eine
menge zuſammenſetzungen: lantgrâvo, marchgrâvo, pha-
linzgrâvo, gouwigrâvo, centgrâvo, dincgrâvo; agſ. ſci-

*) wie gefêra zu feer, was auch ſocius heißt, aber ſonſt von
gerêfa verſchieden iſt.

regerêfa (vorhin f. 734), palantgerêfa, tûngerêfa. das ein-
fache wort lebt in der fürftlichen würde und in dem na-
men der fächf. dorfobrigkeit *greve*, *grebe* fort, auch
haben die markgenoffen ihren oberherrn zuweilen *holt-*
*greve* benannt; *hergrêve* für richter im heer ftehet gr.
Ruod. C[b], 16 *); in judicio feculari Johannis *dincgravii*
de Cappelen. Möfer ofn. gefch. 3, 252 (a. 1220.)

4. den Gothen könnte ein vorfteher des gerichts *faþs*
geheißen haben, denn ftaua (κριτής) fcheint mehr der
urtheiler. Die lex vifig. und das edict. Theod. gebrau-
chen *judex* und auch *comes*, die näheren rangftufen
werden aber in erfterem gefetz II. 1, 26 folgendergeftalt
angegeben: dux, comes, vicarius, pacis affertor, *tyupha-*
*dus*, millenarius, quingentenarius, centenarius, decanus,
defenfor, numerarius, womit noch II. 1, 15. 23 und IX.
2, 1. 6. 9 zu verbinden find, es waren kriegerifche und
zugleich richterliche würden. *Centenarius* oder cen-
turio heißt bei Ulf. *hundafaþs* (ἑκατόνταρχος), *mille-*
*narius* *þúfundifaþs* (χιλίαρχος) oder nach dem fuero
juzgo: el que ha mil cavalleros en garda. das tyu-, oder
wie im neunten buch gefchrieben fteht thyu-, vor *pha-*
*dus* deute ich nicht, mit þúfundifaþs kann es nicht ei-
nerlei fein, auch folgt erft hinter ihm millenarius, wie-
wohl diefer IX. 2, 1 übergangen fcheint, wo eine ftrafe
des decanus mit 5, des centenarius mit 10, des quingen-
tenarius mit 15, des tiuphadus mit 20 fol. angefetzt ift.
Wenigftens gehören alle diefe, den tyuphadus mit ein-
gerechnet, unter die geringern heerführer und richter
(inferiores perfonas) im gegenfatz zum dux, comes et
gardingus (majoris loci perfonis) IX. 2, 9. *Faþs* aber
muß ungefähr mann, herr, anführer bedeuten, es trifft
mit dem litth. pats, patis (wiefzpats, herfcher, gebie-
ter) und dem griech. πόσις überein; vgl. brûþfaþs (fpon-
fus) fynagôgafaþs (ἀρχισυναγωγός).

5. die langobardifchen gefetze nennen den richter *judex,*
*actor publicus* Liutpr. 5, 13. *actor regis, gaftaldius,*
*fculdafius.* Roth. 377. 378. *actor* war den Burgunden
ein (unfreier) minifterialis und villicus. l. burg. 50; *ga-*
*ftaldius* ift geftor, minifter (gramm. 2, 527) und auch
in bair. urk. zu finden: Râtolt *caftaldius* Meichelb.

---

*) vgl. die gangbaren eigennamen holzgraf, markgraf, gau-
graf, gogrebe, zingräf, zingrebe (f. zintgr.)

nr. 715; mandamus omnibus noſtris *gaſtaldionibus* MB.
7, 136 (a. 1263). Der *ſculdaſius* oder *ſculdahis* iſt eine
geringere dem judex provinciae untergebene ortsobrig-
keit an gewalt etwa dem goth. centenarius vergleichbar,
Liutpr. 5, 15. 6. 29. die gloſſen erklären: rector loci. *)
Offenbar iſt die verkürzte wortform identiſch mit dem
ahd. *ſculdheiʒo* (exactor vgl. oben ſ. 611), welches O.
III. 3, 9. IV. 34, 29 für centurio gebraucht, während
T. 47, 1 centenari, 210, 1 hunteri ſteht; die gl. Jun. 222
haben *ſculdheiʒo* quinquagenarius gl. emm. 403 *ſcult-
heiʒo* procurator, neben krâvo; unpaſſend ſcheint die
übertragung einer rein richterlichen benennung auf
hauptleute des heers. Es fällt aber auf, daß ſie in den
älteren geſetzen, außer den langobard., nicht weiter
vorkommt, da ſie doch ſeit dem mittelalter bis auf heute
durch den größten theil Deutſchlands verbreitet iſt.
Lat. urkunden des 13. jh. geben *ſcultetus* (Haltaus 1657)
hochd. des 14. 15. *ſchultheiße*, ſchultheiß, heutige ver-
kürzungen ſind ſchultheß, ſchultes, ſchulles (Eſchborner
w.) *ſchulʒe*, plattd. *ſchulte*, der Sſp. hat *ſcultheite* (lat.
ſcultetus). Auch in den (jüngeren) frieſ. geſetzen be-
gegnet *ſceltata*. Aſ. 237. (vgl. 252) und *ſcelta* Fw. 22.
30. 31., holländ. *ſchoute*, ſchout (walloniſch *eſcoutete*),
welches man nicht aus dem verbo ſchelden (dann würde
es ſchelda lauten), nur aus der verkürzten compoſition
ſculdheta erklären darf. **) Im ſinne von dorfrichter
fallen ſchultheiß und grebe ganz zuſammen; ſchulte be-
zeichnet aber auch in Niederſachſen hin u. wieder einen
bloßen meier (villicus), der gar nichts zu richten hat.
In welchen deutſchen ländern der ausdruck unüblich iſt,
verdient beſtimmt zu werden.

6. wir haben geſehen, daß bei den Gothen durch zahl-
verhältniſſe der rang verſchiedner richter ausgedrückt
wurde, auch ſchienen die benennungen *millenarius,
quingentenarius, centenarius, decanus* von der heers-
anführung hergenommen und auf das richteramt ange-
wandt, ſie können römiſchen urſprungs ſein. Findet
ſich nun in ahd. ſprachdenkmälern für centurio *cente-
nari* T. 47, 1· oder *hunteri* T. 210, 1 oder *ʒehanʒohê-*

---

*) ſo auch Paulus Diac. 6, 24: *rector loci*, quem *ſculdhais*
lingua propria dicunt.

**) Eichhorns bemerkung (zeitſchrift 1, 231) iſt ungegründet,
ein verbum ſcullen jubere gibt es nicht.

*rifto* Diut. 1, 509ᵃ oder *hunno* gl. Jun. 199. florent. 982.
N. 46, 10; für decanus *schaninc* (gramm. 2, 350); fo
ift daraus an fich noch nichts in bezug auf unfere alte
gerichtseinrichtung zu folgern, wiewohl es ohne einen
zufammenhang zwifchen beiderlei namen fonderbar bliebe,
daß O. centurio durch das gerichtliche fcultheizo ver-
deutfcht hätte.    Auch hat fich in der merkwürdigen
form *hunno* der zahlbegriff längft verdunkelt und *hun-
nilih* gloffiert tribunalis monf. 379; aber hunno gemahnt
an die *chunnas* der lex fal., und felbft in fpätern nie-
derrheinifchen urk. bezeichnet es eine gerichtsperfon:
illi, qui *hunnones* dicuntur . . tertio tantum anno . . . .
placitare debeant. (a. 1056) Lünig fpicil. eccl. p. 1. fortf.
p. 272; nullius advocati vel *hunnonis* placitum (a. 1162)
ibid. p. 280; da trat ich Gobel uf dem marc dar, wann
ich zu der zit ein *honne* zu Are was. (a. 1437) Gude-
nus 2, 1282; *huno* cum duobus probis viris, cum fuo
*hunone* et duobus viris.   Gudenus 2, 1004 (a. 1311). *)
Ungleich häufiger als hunno wird der unter dem comes
ftehende richter *centenarius* genannt, z. b. in der lex
fal. 47, 1. 49, 1. 63, 1. im decr. Childeb. von 595. §. 9.
11 und oft in den capitularien, in bairifchen urkunden
z. b. Meichelb. nr. 89. 121 (Adalhoh comes, Cundhart
*centenarius*) nr. 404 (Engilbertus *centinarius*) und fpä-
ter *zentner*, *sentgrave*. Haltaus 2151. Wahrfcheinlich
ift der judex provincialis dictus *chetenær* Lang reg. 3,
406 (a. 1273) das felbe.  Daß diefe benennung von der
hundertzahl hergenommen ift, leidet keinen zweifel und
erft fpätere verwechflung hat, wegen zufälliger ähnlich-
keit ven centena mit dem deutfchen zehnte, fie auf die
zehnzahl bezogen (Halthaus 2150 termini decimarum, de-
cimales).   Nach letzterer ift der *decanus* benannt, der
im capit. de villis §. 10, in den langob. gefetzen Liutpr.
5, 15. 6, 31 als unterfter richter, fpäter aber feltner als
der centenar, und im mittelalter gar nicht mehr er-
fcheint.   Der deutfche hunno oder centenari fcheint
aber fo zu heißen, weil er dem *huntari* oder der *cen-
tena* (zent, dem huntdink. Ravengirsb. w.) als judex vor-

---

*) in einer cölner urk. von 1438: unfen fchultifien, *honnen*,
gefworen ind gemeinden. Gudenus 2, 1284; Neocorus erzählt 2,
45 daß (ungefähr um 1526) ein cölnifcher domherr: heft laten
dorch finen *hunnen* uthropen; in der Jülicher polizeiordn. p. 56:
unfere amtleute, vögt, fchultheißen, richter, fcheffen, boden,
fronen, *honnen* u. andere unfere befehlshaber. Hier erfcheinen fie
herabgefunken,

gefetzt ift (oben f. 532. 533); er fällt mit dem fchultheizo
der fache nach zufammen, obgleich diefes allgemeinere
wort zuweilen noch eine geringere ftufe bezeichnet haben
kann. Walafridus Strabo de exord. rer. ecclef. cap. 31
(bei Eccard. ad leg. fal. p. 234), indem er die weltlichen
behörden mit geiftlichen vergleicht, gibt folgende ordnung
an: *comites, miffi* comitum, *centenarii* (qui et centuriones
et vicarii, qui per pagos ftatuti funt), *decuriones* (et decani,
qui fub ipfis vicariis quaedam minora exercent), *collectarii.
quaterniones* et *duumviri.* Hervorftechend find nur die
comites und centenarii (grafen u. fchultheißen).

7. vom örtlichen begriff ausgehend find die agf. richter-
namen *fciregerêfa* (engl. fherif, comes provinciae) und
*tûngerêfa* (rector pagi vel pagelli), jenes dem falifchen
gravio, diefes entfprechend dem *tunginus* (oben f. 534);
das g in tunginus (denn tunzinus ift irrthum der fchrei-
ber) fcheint aus tunjinus zu erklären? Vermuthlich
fteht der tunginus in der mitte zwifchen dem gravio und
centenarius, wie der tûngerêfa zwifchen dem fciregerêfa
und hundredes ealdor.

8. über dem agf. fciregerêfa hatte den rang der *ealdor-
man*, der auf lateinifch bald dux bald comes heißt, der
fciregerêfa nur vicecomes (vgl. Phillips p. 81). Auch in
Friesland erfcheint ein *aldirmon* Âf. 236. 258 (vgl.
Wiarda p. 250) und Kilian überfetzt *ouderman* durch
tribunus plebis, dagegen in Niederfachfen *olderman* ei-
nen provifor ecclefiae bedeutete. Haltaus 19. 20. Die
Angelfachfen gebrauchten auch das bloße *ealdor* für
fenior, princeps, praeful, prior und unterfchieden durch
vorgefetzte genitive: temples ealdor, hîredes ealdor (pa-
terfam.), manna e. (tribunus), hundredes e. (centurio),
þûfendes e. (chiliarchus). Diefe benennung beftätigt da-
her den zufammenhang der priefterlichen uud richter-
lichen gewalt; man vgl. den burgund. *finiftus* und die
fränk. *feniores*, priores oben f. 267. 268. In den ur-
kunden finde ich zuweilen zwifchen *comes fenior* und
*junior* unterfchieden, z. b. in einer formula alfatica
(Canc. 2, 402ᵇ): haec conditio primum placita et facta
eft ... coram *feniore comite* et fubfcriptis proceribus
ac plebejis, atque roborata eft coram *comite juniore*
et multitudine procerum ac populorum.

9. bei den Friefen erfcheint eine befondere obrigkeit,
der *talemon.* Br. 3. 8-24 und Âf. 250; er wurde auf
ein halbes jahr erwählt und ftand zwifchen volk und

rêdjeva. Der wortbedeutung nach ein ſprecher, redner,
in welchem ſinn auch der niederl. dichter Maerlant *ta-
leman* braucht; 1, 251. 3, 329. 330. aber dem ſprecher
u. wortführer der ſchöffen (B. 13.) läßt er ſich kaum
vergleichen. Altn. iſt *talsmadr* advocatus, patronus.
Zala, agſ. talu, heißt außer ſermo auch cauſa, actio,
accuſatio; man könnte alſo den talemon dem langob.
actor publicus vergleichen.

10. *Vogt,* aus dem lat. advocatus, zwar ein vielſinniger
aber auch in Deutſchland althergebrachter ausdruck für
die höhere richterwürde, es bedeutet judex, defenſor,
patronus. Haltaus 1975 ff. Schon bei N. 34, 1 iſt *pho-
gat* defenſor und im Bth. 48 ſagt er: mâlôn ſore demo
*fogate.* poteſtativum et legitimum *advocatum.* Meichelb.
nr. 369. *landvogt* bezeichnet einen oberrichter. Die
markgenoßen pflegen ihren vorſteher *faut,* oberſten
vogt zu nennen und in den weisthümern wird die
höchſte gerichtsbarkeit gewöhnlich dem oberſten *faut* und
herrn zuerkannt, vgl. oben ſ. 44. 45. 312. 466. 562.

11. auch *ampaht, amtmann* (urſprünglich miniſter, da-
her auch bei Ulf. andbahts der dem richter untergebene
*diener,* ὑπηρέτης; ebenſo ambaht T. 27, 2) wird ſeit
dem mittelalter häufig für den vom fürſt angeordneten
gerichtsvorſtand gebraucht; vgl. das ſchweiz. landamman
und ſchon ahd. *ampahtman* tribunus. gl. Hrab.

12. noch viele andere namen bezeichnen den mit der
gerichtshaltung beauftragten beamten: *miſſus regis,
miſſus comitis; major* domus, meier, maire; *heimbürge.*
Haltaus 856 ff.; *waldbote; pfleger; droſt;* altn. *iarl,* agſ.
earl; altn. *herſir;* altn. *höfdingi,* ſchwed. höfdinge; altn.
*ſyſlumadr* u. a. m.

13. den heutzutag allgemeinſten ausdruck *richter* ver-
wendet die ältere ſprache ſeltner. T. 55, 1 hat *rihtari,*
55, 4 *rehtari* für regulus; mhd. lant*rehtære.* Walther
16, 15. *richter* häufig im Sſp. z. b. 2, 22. 3, 25. 3, 30;
frieſ. *riuchtere.* Br. 3. altn. *rêttari.* Es kann aber, wo
nicht auf unterſcheidung der gerichtlichen functionen
geſehen wird, ebenwohl den urtheiler bezeichnen; ſo
überſetzen auch den *urtheilenden* judex das goth. *ſtaua*
(κριτής), das agſ. *dêma,* ahd. *tuomo* T. 27, 2. *ſuanari*
(praeful) gl. Jun. 244 u. a. m. *)

---

\*) *Forſeti,* wörtlich praeſes, heißt in der edda der göttliche
richter, er *ſvæfir* allar ſakar. Sæm. 42ᵃ; allir er til hans koma
med ſakar vandrædi, þa fara allir ſâttir braut. Snorra edda p. 31.

14. Im mittelalter, bei vielherrigkeit der gegenden und zuſammenlauf der grenzen, zeigte ſich oft eine *concurrierende gerichtsbarkeit* und dann pflegten entw. die richter verſchiedner herrſchaften auf beſtimmte weiſe im vorſitz *abzuwechſeln* \*), oder vorrechte ſtatt zu finden. dem einen landesherrn gebührt das *vorgedinge*, der andere ſetzt bloß einen *ſchweigenden ſchultheiß*, der den ſtab unter ſich hält, einen *horcher* oder *lauſcher* (auſcultator) ans gericht. Hier ſind beiſpiele aus weisthümern: dem herrn von Trier gehört das *vorgedinge*. Münſtermeinfelder w.; der ſtiftsamptman ſol deme *vordinger* von Brünshorn rumen. Beltheimer w.; die ſcheffen weiſten den erzb. von Trier einen *vurdinger* u. die von Waldecke heldere der diebe, duper u. miſſedediger lude. ebendaſ.; *vurdinger* u. *ſchwigender* ſcholtheiß. Niedermendiger w.; das an ſolchem merkergedinge allwegen *ſitzen* die heſſiſchen amtleut als die *obriſten* merker *oben an* u. beneben inen *zur linken hand* die naſſauiſchen, das der heſſiſch amtman als der oberſt die eröffnung des merkergedings auch alles mündlich vortragen, ſo von wegen der obrigkeit beſchicht, thuet u. die naſſauiſchen, ſo beneben ime ſitzen, ſolch verhalten nicht thun, ſondern *ſtille ſchweigen*. Bingenheimer w.; das holzgericht zu bekleiden gebühret dem gn. landesfürſten u. herrn, der holzgrefe zur rechten und die abtiſſin *zur liuken hand*. Großenmunzeſer w.; item die herſchaft von Henneberg ſoll haben ein *horcher*, der ſoll beeder herſchaft von Henneberg zu gut da ſitzen u. hören, ob die würzburgiſchen wider die herſchaft v. H. weren. Melrichſtadter w.; auch ſoll der probſt von Holzkirchen ein *ſchwigenden ſchultheiß* am gericht han zu Haidenfeld. Haidenf. w.; will des probſts ſchultheiß auch dabi ſin der mag das thun, doch alſo, das er ſelber *nit frage*. Uttinger w.; unſer gn. here von Trier u. ſin ſtift hat das *vurgedinge* mit ſieben heimburgen u. ſal ſin ſchultheis ſitzen u. dingen mit den ſieben heimburgen u. eins graven von Virnenburg walpode *ſwigen* . . . u. wanne das geſchiet iſt, ſo ſal eins graven v. V. wal-

---

\*) in einer urk. kaiſer Heinrichs 3. vom jahr 1056 confirmatum eſt itaque eorum ſacramento, quia advocati abbatiae illius, ubicunque in regno noſtro ſita ſit, non niſi *ter in anno*, et illi qui hunnones dicuntur *tertio tantum anno*, niſi recens furtum fuerit aut ex parte abbatis vocati fuerint, placitare in abbatia non debeant. Lünig, ſpic. eccl. p. 1. contin. p. 272.

pode fitzen u. dingen mit den vier u. zwenzig heim-
burgen u. eins erzbifchofs von Tr. fchulteis *fwigen.*
Pellenzer w.; anderwerbe, we dat gerichte fetzen folle?
hait man gewift, folle ein grave von Virnenburg gebe-
den VII fcheffen, dri heimburgen, vaidt u. bode, darbi
fall fetzen ein herre von Trier einen *fwigen fchultys.*
abe etwas eme gebreche, fal der fchultys dem vaide
rumen, fal der vaidt eme manen, die dri heimburgen
follent roegen wette u. bruchten, der fcheffen fal dar-
ober wifen na rechte, die boißen fall fetzen ein grave
von Virnenburg u. wat er hebt fall er half geven u.
richten mime herrn v. Tr. u. wat er qwit gibt, hait er
maicht fonder indracht. Retterather w.; ingleichen hat
der von Hanaw einen *laufterer* in diefem gericht fitzen,
wird nit mehr geftattet. Oftheimer w.; item ift von alter
herkommen, das die juncherrn follen einen *knecht* [*])
*hinter dem gericht* ftehen haben u. derfelbige ift ein
*horcher* genant u. fo ein fchulteß im gericht etwas
imant zu liebe vorhalten u. nicht anftellen wolte, möchte
der knecht feinen junchern anftellen laßen, das felbige
fal im auch ungewegert fein u. fal im der fchulteß das
felbige anftellen. Salzfchlirfer w.; andere belege finden
fich bei Haltaus 957 und 1664. Zumal merkwürdig
fcheint mir folgende ftelle des Örbacher w.: haint die-
felben fcholtißen u. richtere daruf gefprochen u. vor
recht gewift, der vorg. juncher von Richenftein walp-
pode, fowanne der vurgefchr. grave zu Wiede fine vefte
befitze, wie vurgefchr. ift, fcholtißen, richtere, dinklude
u. landman befcheide u. vorbode, fo fal de vurgefchr.
juncher v. R. ader fin knecht ader fin fcholtis ouch ko-
men bi des vurgefchr. graven zu W. fcholtißen u. rich-
teren u. fal riden mit eime *h . . . . ren* [**]) *zaume* u. mit
eime *hulzen gebiße* u. mit eime *henenfporen* u. fall
*unden an fitzen*, beneden dan andern fcholtißen u. bo-
den des vurg. graven zu W. u. fall *fwigen* unde was
dafelbs vur den vurg. richtern u. fcholtißen qwit gege-
ben wurde van rogen u. bruchten fall derfelbe des j. v.
R. knecht *fwigen* u. dabi laßen. Der aufzug des
fchweigenden richters ift die f. 255 ff. gefchilderte förm-

---

[*]) *knecht* bedeutet hier keinen unfreien, fondern einen mini-
fterialis (dienftman); vgl. die folgende ftelle des Oerbacher w.

[**]) vier undeutliche ftriche zwifchen h und ren.

lichkeit, welche hier beibehalten fcbeint, dem geringern beamten feine theilnahme am gericht zu erfchweren.

15. *Stab.* Schon weil könig, anführer und hirte den ftab tragen, muß er das wahrzeichen richterlicher gewalt fein; auch führen ihn andere höhere und niedere beamten, der marfchall und kämmerer, felbft des richters eigner diener, der büttel, wie jeder bote, hat einen ftab.\*) Dem bifchof als dem geiftlichen hirten und richter wird ein krummftab beigelegt; vermuthlich führten fchon die heidnifchen priefter ftäbe. Der richterliche ftab erfcheint *weiß*, d. h. mit *abgefchälter rinde.* Haltaus 1711. einer befondern holzart finde ich nicht gedacht, auch keiner zierrathen, zuweilen fcheint er oben eine krümme, zum aufhängen, gehabt zu haben. Schaft heißt er nie, weil er nicht gefchabt, fondern von natürlichem holz ift; er war auch kürzer als der fpeer.

Des ftabs konnte ein richter nicht entrathen. er gebot damit ftille (durch klopfen) und hegte das gericht, fo lange er ihn hielt, war es feierlich gehegt, fobald er ihn niederlegte, gefchloßen. An den ftab wurde ihm durch handlegung gelobt, mit ihm ftabte er den eid. Er heißt darum *ftabhalter.* Haltaus 1717.\*\*)

Außer den f. 134. 135 angeführten ftellen erläutern diefen gebrauch folgende: und wers auch fache, das derfelb richter (des landgr. v. Heffen) nit wolt fein ein recht richter und wolt nit fragen eim als dem ander u. das laßen umb gunft oder umb haß, fo foll derjenig der bei ihm fitzt von unfers gn. h. wegen von Mainz fprechen alfo: *lang mir her den ftab!* du wilt nit fein ein rechter richter, ich wil fragen den armen als den reichen. er follt auch *dar greifen* u. folt im den *ftab nehmen aus der hand*, und wan er ein folch frage gethan u. urtheil geftellt, das in deucht, das er in wolt laßen ergehen, fo folt er im *den ftab wieder geben*, her endarf in nicht zu erbe behalten. Breidenbacher w. Wann dann eines grafen von Wertheim amptman oder fchultheiß die buß fahren will laßen u. ein maß weins davon gibt, fo

---

\*) auch bei den *handwerksumfragen* wird von den gefellen ein ftab gehalten. Stäbe der griech. richter. Meier u. Schöm. p. 134.
\*\*) daß aber das goth. ftaua nicht hierher gehört, ift f. 738 gezeigt.

er *den ſtab in der hant hat*, ſo ſoll der obg. herrn
von Amorbach ſchultheiß auch die buß fahren laßen.
Bülfrigheimer w. Zum Blankenſteine hat der gerichts-
ſtab *oben eine krümme*, woran man ihn *hänget*,
dann weilen das gericht den vormittag nicht zu
ende gehet u. indeſſen das gericht zur mahlzeit ſchrei-
tet, muß der *ſtock hangen bleiben*, zum zeichen
daß das gericht noch nicht geſchloßen ſei. Eſtor anwei-
ſung für beamten p. 723. 724. Darna wan des herren
apts obgenanten freiheit u. herlichkeit gewiſt iſt, ſal der
bode rufen dreimal, abe iemand vor gericht ze ſchaffen
habe, daß er ſich vurzehe, eh der *ſcholtes* oder *meier*
*den ſtaf niederlege.* Irſcher w. Der abt von Echter-
nach ſitzt zu Dreiß auf einem ſtuhl mit einem küſſen,
reicht dem ſchultheißen ein *weiß rüthlein* oder *ſtäblein*
u. heißt ihn nieder ſitzen. dieſer ſetzt ſich neben ſeinen
herrn und heißt die ſchöffen auch ſitzen, jedoch liegt
zwiſchen beiden noch ein küſſen mit weißen r. oder ſt.
ledig (für einen mitberechtigten gerichtsherrn?) Dreißer
w. Das zwei gericht ſind zu allen ungeboten dingen
zu Obernaula, das eine uf den montag uf dem berge,
ſo ſal m. h. von Ziegenhain *den ſtab haben*, das ander
gericht uf den dinſtag in dem dorfe, mit namen in den
ſmitten . . . . ſo ſal m. h. von Meinze uf den egenan-
ten tag den *gerichtsſtab haben*. Obernauler w. Sie
weiſen auch, wan ein prior zu Schönrein gericht haben
wil, ſo fall er den *ſtab dem ſchulteßen* von Hofſtetten
*bringen.* Schönreiner w. Des herrn von Wertheim
ſchultheiß ſoll *den ſtab in ſeiner hand haben*. Uttin-
ger w. Nach ein paar ſtunden (wenn die märker ge-
trunken u. gegeßen haben) *klopfet* der ſchultheiß *auf*
*den tiſch*, daß alle zumahl ſtillſchweigen ſollen u. heget
das märkerding. Winden u. Weinährer w. Ob es ſei
am jar, am tag, an weil, an zeit, das ich mug *den*
*ſtab in die hand nehmen* und m. gn. herrn von Salz-
burg ſein freis landtäding der fünf ſtab im Pongew be-
ſitzen? Salzb. landt. Der richter fragt: ob ein unge-
witter, ein brunſt, ein rumor beſchähe, oder landsfeinde
auskämen, ob ich möchte aufſtehen u. das zu ruhe hel-
fen bringen, ob die bank unter mir niedergienge, ob ich
blöd wurde, ob mir *der ſtab entfiele*, wie das beſchah,
ob ich möchte aufſtehen, wieder nider ſitzen, den *ge-*
*richtsſtab wieder in die hand* nehmen? wird im urteil
bejaht. Salzb. landtäding. Daß ich zu Lanſperg an offe-
nen landrechten zu gericht geſeßen bin u. *den ſtab in*

der hant het. MB. 8, 286 (a. 1455); *mit gewaltigem
ſtab* an der lantſchranne geſeßen bin. ib. 20, 292 (a.
1439); an offner lantſchranne ſaß und *den ſtab in der
hant het* ze richten. ib. 20, 306. Häufig iſt in bair.
urk. die formel *mit ſtab* und *mit gerichtshand*, ein-
geantwurt vor dem rechten mit dem *ſtab* u. mit *ge-
richtshant*, zu haus u. hof. MB. 1, 437 (a. 1340) 20,
234 (a. 1427.) Haltaus 671. ich kann zwar aus den
bildern des deutſchen mittelalters keine ſtäbe mit oben
daran geſchnitzten händen nachweiſen, vermuthe aber
doch zuſammenhang der bair. formel mit der *altfrän-
kiſchen manus juſtitiae* (in regum conſecratione) vgl.
Montfaucon mon diſc. prélim. p. XXXVI und das *röm.*
feldzeichen, den ſpeer oben mit einer hand. Creuzer
röm. antiq. p. 292.

16. *Stuhl.* wie der könig auf dem thron (oben ſ. 242),
*ſitzt* der richter *auf einem ſtuhl*, goth. ſtauaſtôls; ahd.
tuomſtuol, dincſtuol, falanzſtuol, tuomſedal; altn. dômſtôlr;
nhd. richterſtuhl. Nach dem höheren oder niederen rang
der richter war er mehr oder minder geſchmückt; eines
ſeßels mit vergoldeten knöpfen gedenkt Joh. Müller
Schweiz 3, 259. 4, 460. oft war der ſtuhl von *ſtein ge-
hauen*, dreibeinig wird er nie genannt, ſcheint alſo von
der zu andern rechtsgeſchäften erforderten geſtalt (oben
ſ. 81. 187-190) abweichend. Schultheiß und centgraf
ſitzen auf *ſtühlen*, die übrigen ſchöffen nach der ord-
nung auf der ſchöffen*bank*. Altenhaſl. w. von 1570.
Der richter *muß ſitzen*. Ölrichs rig. r. p. 188., ſein *auf-
ſtehen* hindert den fortgang der verhandlung. Bornhei-
merberg w.

17. *Beinverſchränkung.* für ein zeichen der ruhe und
beſchaulichkeit galt es im alterthum, die beine über ein-
ander zu ſchlagen (bein mit beine zu decken. Walth. 8, 5.
ſtuddi bendi undir kinn enn lagdi fôt â knê ſer. Vatnsd.
p. 174.), ähnlich der ſitte des morgenlands. Dem richter
wird daher vorgeſchrieben nicht nur daß er ſitzen, ſon-
dern auch wie er ſeine beine legen ſoll. Ottocar bei
beſchreibung des fürſtenſtuhls (oben ſ. 254) ſagt von dem
richter 184ª: der ſelb ſol *ain pain auf daz ander le-
gen*. Noch beſtimmter das ſoeſter recht: es ſoll der
richter auf ſeinem richterſtul *ſitzen als ein grisgrim-
mender löwe, den rechten fuß über den linken ſchla-
gen* und wann er aus der ſache nicht recht könne
urtheilen, ſoll er dieſelbe ein, zwei, dreimal über-

legen.   Soeſter ger. ordn. bei Ludolf obſ. for. app.
2, 35.  vgl. Emminghaus memor. ſuſat. p. 5. doc. 396.

18. *Tracht.* allgemeine bekleidung des richters und der
urtheiler bei gericht (dincwât, toga) ſcheint der *mantel
über die ſchultern* (ſagum. Tac. Germ. 17): ſvar man
dinget bi koninges banne, dar ne ſal noch ſcepenen
noch richtere kappen hebhen an noch hut noch hüde-
ken noch huven noch hantſchun. *mentele* folen ſie *up-
pen ſchulderen hcbben, ſunder wapene* ſolen ſie ſin.
Sſp. 3, 69. vgl. ſchwäb. landr. 135 Schilt.   82 Senkenb,
Der bildner ſcheint das zum theil miszuverſtehen, indem
er bloß den ſchöffen mantel gibt, dem richter ſo wie
dem neben ihm ſitzenden ſchultheiß ihre kopfbedeckung
läßt.  Kopp bild. u. ſchr. 1, 122. 127. vgl. Weber tafel
7, 7. 24, l.  Der ſchultheiß trägt einen *ſpitzen hut.*
Die femgerichtsordn. §. 16 (Wigand p. 554) ſpricht ſo-
gar beiden, dem frigreve u. den ſchöffen den mantel
ab: der frigreve, ſine frien ſcheffen u. ſin fronenbade
enſollen coegelen noch huet noch hanſchen *noch mantel*
up noch ane hebben u. *ſunder wapen* ſollen ſie ſin.
Daß aber die ſchöffen gemantelt erſcheinen müßen, er-
hellt auch aus den ablegen der mäntel, ſobald ihnen der
richter die frage thut: ſwen der richter vreget umme
ein orteil vor deme geheiten dinge, *tut her ſinen men-
til nicht uʒ* u. ſinen hut abe oder bitet nicht loube,
der git zwene ſchillinge.  Salfelder ſtat. (Walch 1, 43.)
In dem Hohenſteiner thiergarten lehnr. ſinde ich, daß
dem jährlich erwählten ſchultheiß ein *epheukrans* auf-
geſetzt wird.  Die *niederlegung der waffen* iſt gewis
erſt ſpäter erfordert worden, denn urſprünglich: *con-
ſidunt armati.* Germ. 11; auch galt dies an manchen
orten noch ſpäter, z. b. bei dem hildburghäuſer cent-
gericht erſcheinen alle ſchultheißen *mit ihren plötzen*
(jagdmeſſern, wörtlich opfermeſſern?) oder hirſchfän-
gern über die weſte gegurtet *bewafnet.* Genſler grab-
feld, 2, 385.  Alle grundbeſitzer des landgerichts Wem-
dingen verſammelten ſich *bewafnet* im wald. Hazzi ſtat.
aufſchl. 2, 424.

19. *Nüchternheit.* So wanner ein frigreve richten wil
u. ſal over menſchen bloet, ſo ſall hi *nuchtern* ſin, des-
geliken ſo ſollen oich ſine frieſcheffen ſin, fronenbade u.
clegere. Wigand p. 554. Der Sſp. 3, 69 fordert *faſten*
bloß von den urtheilern: ordel ſollen ſie vinden *va-
ſtende* over iewelken man.   allgemeiner ſagt Gulaþ p. 15:

menn ſcolo *faſtandi* til þings gânga. Im Frigedank 18ª
fällt wenigſtens tadel auf fürſten, die nicht vor dem imbiß
richten:

> ſwâ ſich die fürſten flizent,
> daz ſie *fruo eubizent,*
> dâ wirt ſelten wol geriht.

eine urk. vor 1253 geſtattet aber dem richter ausdrück-
lich das frühſtück vor gericht: *des morgens ſo* der voit
*inbizzen iſt*, ſo ſal er von erſt rihten uber alle die
clage der ſchultheizen, tout er des nicht, ſo twingent
ſin mit dem erſten dienſte danach. Hanſelmann nr. 43.
Das ſcheint auch des höheren alterthums ſitte: ſtatim e
ſomno lavantur, *lauti cibum capiunt, tum ad negotia*
nec minus ſaepe ad convivia procedunt armati. Tac.
Germ. cap. 22. wozu die edda ſtimmt. Sæm. 17 :

> þveginn oc *mettr* rídi madr þingi at,

alſo lautus et cibatus, doch lieſt Reſen ſtatt mettr *kemdr*
(pexus.)

20. *Freiheit.* es könnte noch mit der altprieſterlichen
würde in verbindung geſetzt werden, daß die häuſer
der richter an manchen orten, gleich kirchen und tem-
peln *freiſtätten* für verbrecher waren; näheres im ſie-
benten capitel. Auch genoßen die häuſer und grund-
ſtücke der richter *freiheit* von abgaben: ſo hat ein ig-
licher zintgreve die gnade u. friheid, daz er *acht hube
landes* u. als vil *noßer* (armenta) er darzu bedarf, fri
von allen beden u. dienſten des richs gebruchen ſal u.
darzu hirten u. phrunde ledig ſin; waz er aber über das
gude oder noßer hielte, daz gehorte nit in die friheid.
Bornheimer landg. von 1405 (Orth händel 2, 455.) Item
ſo hant ſie mit recht geweiſet, was *ecker* u. *hueben* die
ſchulleſen hant gehabt in felden u. in termeneien des
obg. dorfs zu Eſchborn bis uf die zeit das ſie ſchulleſen
worden ſeind, die ſollen frei ſein mit aller irer zuge-
hörde, aber was ſie ecker oder huben dornach kauften,
wann ſie ſchulleſen worden ſeind, dieſelbe ecker u. hu-
ben ſollen nicht frei ſein. Eſchborner w.

21. *Bote.* der diener des richters, welcher deſſen
bann *anſagte* und *kündigte*, hieß wahrſcheinlich den
Gothen *ſagja*, in der I. Viſig. *ſajo* (ſajonis) II. 1, 17.
25. II. 2, 4. 10. V. 3, 2. VI. 1, 5. X. 2, 5. ebenſo bei
Caſſiodor var. 2, 13. 3, 20. 5, 5 etc. und daher rührt

noch das fpan. *fayon*, vgl. gramm. 2, 518.*) Den
Friefen hieß er *ked* (pl. keddar) *kethere* von ketba (agf.
cyðan, kündigen), wiewohl *ked* Br. 17. 18 allgemeiner
für gerichtsperfon überhaupt gebraucht wird, vgl.
Wiarda zu Br. 13. Spätere weisthümer haben *fchreier*
und *ausrufer*. Der ahd. name ift *poto* und *putil*, beide
von piotan (nuntiare, entbieten) agf. *boda;* fpäter ge-
richts*bote* und *büttel*, im mittelalter mit dem zufatz
*frônebote*, Haltaus 535-538, auch bloß *frone*. Haltaus
534., wie ihn die Friefen *frâna* nennen. Gleichviel mit
fronbote ift *freibote, friboto*. Haltaus 502. Andere na-
men rühren von vollftreckung der ftrafe her, die l. burg.
49, 4 hat *pueri*, qui mulctam per pagos *exigunt*, l. 75.
l. burg. 76 hat *wittifcalci*, *pueri* qui judicia exfequun-
tur, von wîti (poena, oben f. 681) und fcalc, knecht,
worunter man fich keine knaben zu denken braucht,
doch pflegten im alterthum jünglinge den botendienft
auszurichten. entfprechend ift das ahd. *wizinâri* (lictor)
monf. 326. reiphâri (der bindet, feßelt) vel *wizinâri*
(tortor) emm. 412. Geradefo wird das ahd. */carjo* von
fcara (poena, oben f. 681) gebildet, mhd. */cerge*, fcherge.
Parc. 13277. in fchergen drô für den richter gân. a. w.
2, 53. zwifchen fchepfen und */chern*. Weißenfeer ftadtr.
von 1265 (Walch 2, 8. 9.), andere merkwürdige belege
gibt Haltaus 1613; vielleicht ftammt von fcarjo, fcerjo,
das franz. fergent, ferjant, fpan. fargento.**) Gleich
diefem fergent ift *weibel, webel* (apparitor) Haltaus 2050
in die kriegsheere übergegangen. Auch *nôtfuohhâri*
exactor emm. 394 (nôtfuoh, exactio) *nôtmejor* exactor
monf. 333 fcheint einen gerichtsboten auszudrücken.
Viele richter und botennamen vermengen fich, da der
richter felbft ein bote, diener, beamte des königs und
grafen ift. beide dürfen daher *andbahts*, ampaht (oben
f. 758)***), beide *richter*, beide *miffus* (gefandter bote)
beide *vogt* heißen. Nach zeit und ort kann diefelbe
benennung den höheren beamten oder den niederen
bezeichnen. wie jetzt grebe und fchulz den unterften
dorfrichter ausdrücken, wurde *hunne*, das alte centurio,

---

*) auch füdfranzöf. urk. des 9. jh. kennen folche *friones, fa-
gones*. nachgewiefen von Savign. 1, 201. Maurer p. 74. Baluz. 2,
1490 (a 869) 2, 1497 (a. 876.)

**) wie foll, fal für fcal ftebet.

***) in Heffen heißt der judex, in Baiern der praeco *amtmann*.
Maurer p 136.

zum namen des gerichtsdieners (f. 756.) Späterhin un-
terfchied man auch den boten in civilfachen von dem
peinlichen gerichtsdiener (wizinâri) und nach den abftu-
fungen der gerichte fanden unterfchiede der boten ftatt.
Befondere boten find z. b. die der richter, wenn das
urtheil gefcholten wird und die fache vor den könig
kommt, mitgibt. Sfp. 2, 12. Der fronbote foll ein
glaubhafter mann fein, fein zeugnis hat gewicht: item,
ein *vrone* fal fo viel tügen als feven andere, d. i. als die
gewöhnlich erforderten fieben zeugen, ein volles zeugnis.
Schwelmer veftenr. Es follen fein fürftl. gn. da haben
ein *landknecht*, der foll fein wahrhaftig u. glaublich, wo
man ihn hin fchickt, daß glaube bei ihm funden werde
u. foll nehmen von der meile weges, wo einer an das
zentgericht geheifchet würde, ein fchilling, aber welcher
in der zent feßhaftig u. ihme ein *freibotenlaib* jährlich
gibt, dem foll er die erften heifchung umfonft thun. und
wenn er ein freiboten laib fordert an den orten, da man
fie ihm gibt, wie von alter herkommen, bedünnkt ihne,
daß der laib zu klein feie, foll er mit zu der brotkäufin
gehen u. ungefehrlich einen von der hengen nehmen u.
fo derfelbig dreier pfenning werth ift, foll er fich damit
bezahlen laßen. Mellrichftadter w. Eigenthümlich ift die
ftrafe, welche der Sfp. 2, 16 für den pflichtfäumigen fron-
boten verordnet, er foll ftatt der geldbuße (weil er zu
arm ift?) des *königs malter* aushalten, d. i. 32 fchläge
(wie malter auch in andern verhältniffen die zahl 32 oder
64 ausdrückt): fvenne die *vronebode* deme richtere ge-
weddet, durch hat he ime an fime rechte verfumt hebbe,
fo weddet he des *koninges malder* (lat. regis menfuram),
dat fin *tvene unde dritich flege mit ener gronen ekenen
gart, die tvier dumelne lang fi.* Im fchwäb. landr. 167
Schilt. werden nur 30 fchläge gerechnet: des *kuniges
malter*, daz find dreizig fleg mit einem aichin fpizholz
daz drier oder zwaier dumenellen lank ift. — Übrigens
erfcheint der gerichtsbote mit einem *ftab* in der hand
(wahrfcheinlich einem längeren, als des richters), wie
alle *boten* ftäbe tragen: wenn man die unthädigen uß-
führet zu gerichtene, fo follen die *büttel* darbei gehen
*mit ihren fteben* bei den henkern u. fchuren u. fchir-
men vor der menge des volks. (a. 1387.) Lünings
reichsarch. p. fpec. cont. 3. p. 112. Der bildner zum
Sfp. gibt dem *ftehenden* praeco eine *peitfche*. taf. 7, 6, 14,
1. 24, 1.

## B. *Urtheiler.*

1. die ausdrücke unſerer ſprache für das geſchäft der urtheiler ſind hauptſächlich folgende: *kieſen*, wovon das urtheil oder geſetz *kür*, *willkür* heißt (Haltaus 1117. 1118), bei den Frieſen *kere*, Brocmen *keren* hebbath (die Brocmänner haben gekoren, feſtgeſetzt) Br. 1., ſo wird der könig, vogt und richter *gekoren.* — *teilen*, vgl. *teilen* und kieſen (wählen) oben ſ. 480.; *teilen* u. ſchaffen oben ſ. 483; frieſ. dêma and *dêla.* Aſ. 34. dôm *dêla* Aſ. 35, häufiger *urteilen*, urteil geben, diu *urteil gegeben* wart von den fürſten gemeine. Lohengr. p. 57. *urteilſmit* (judex) Suchenw. 6[b]. *urteil ſlahen.* Frig. 366. *reht finden.* N. 97, 9. -- goth. *dômjan*, ahd. *tuomjan*, frieſ. *dêma*, altn. *dæma*, um ſakar dœma. — *ſchaffen*, altn. *ſkapa* (vorhin ſ. 750 von den Nornen); vgl. teilen und *ſchaffen*, und hernach über ſcabinus. — *weiſen*, altn. *viſa* (ſ. 750), der herſchaft recht und herrlichkeit *weiſen.* — *ſagen*, *ſprechen*, *quedan:* ſie *quedent*, daȥ in dero marchu ſî iegiwedar etc. diȥ *ſagêta* Marcwart, Nantwin etc. Eccard fr. or. 1, 675. *ſpruch*, *ausſpruch*, *urteilſpruch;* fragt ich vorernenter pfleger u. richter die *urtlſprecher.* Köſchinger ehhaftd.; vgl. hernach *êoſago* und juridicus, jus *dicere*, legem *dicere.* — *legen* und *ſetzen*, woher das goth. lageins (conſtitutio) altn. *lög* (lex) und *örlög*, ahd. *urlac* (fatum, decretum) gramm. 2, 787 vgl. *lög leggja* oben ſ. 750, ſakar leggja:

> þâ kemr hinn rîki at *regindômi*
> öflugr ofan, ſâ er öllu rædr,
> ſemr hann *dôma* ok *ſakar leggr*,
> verkaup *ſetr* þau er vera ſkulo. Sæm. 10[b].

Ihrem inhalt nach betreffen die urtheile entw. die bloße weiſung des rechts oder zugleich deſſen anwendung auf die gegebne thatſache, und dann unterſcheiden ſich in der urtheilfindung zwei functionen: *legem dicere* und *veritatem dicere.* Hiernach werden ſich abſtufungen und benennungen der urtheiler ergeben.

2. befugt zu ſtimme und urtheil war urſprünglich die *gemeinde und genoßenſchaft* freier leute in mark, gau und land. alle freien leute heißen *dingpflichtige*, *dingmänner*, altn. *þingmenn*, *malmanni*, altn. *mâlamenn.* In den feſtgeſetzten (ungebotnen) verſammlungen wählte die menge ſich ihren könig, herrn und vogt oder beſtätigte die erblichen, wies ihnen alle gerechtſame und

befchloß über wichtige angelegenheiten, namentlich
krieg, frieden u. neue gefetze. Aber auch zu den ge-
botnen gerichten, worin ftreitige oder feierliche privat-
händel vorgenommen wurden, fand fich gemeinde ein,
hörte den aus ihrer mitte gewählten urtheilern zu und
gab ihren beifall zu erkennen.\*) Es heißt in den ur-
kunden: *omnis populus*, *cunctus populus*, die *menige*
(der große haufen, menge), der *landmann*, die *män-
ner*, der *gemeine landmann*, die *frommen leut*, die
*biederleut*, *biedermänner*, *boni homines*, *veraces ho-
mines*, *plurimi homines circum aftantes*, der *umftand*
(Haltaus 1921), *communitas*, *omnis turba*, altn. *al-
þýda*, *almúgi*, *almúgr*. Tunc *omnis plebs*, cum au-
dierat concilium, tam principes quam mediocres *judica-
verunt juftiffimum judicium.* Meichelb. nr. 703; his
auditis fanxerunt *populi.* Meichelb. nr. 368; ad extre-
mum *cunctus populus* clamavit una voce *hoc legem
fuiffe.* id. nr. 472; poft facramentum juramenti dijudi-
caverunt *populi* et fcabini conftituti. id. nr. 487 (a. 825);
ceteri (teftes) *fine numero*, quorum nomina fi ftilo com-
prehendere voluiffem, dies ut opinor prius quam defe-
ciffet vocabula. Meichelb. nr. 29; quem *omnis turba* ac-
clamabat dignum effe morte. vita S. Amandi (Bouquet
3, 533); belege über *boni homines* und *plurimi* bei
Savigny 1, 166. 167. 180. 181; hi funt articuli, quos
dictavit *communitas* et fcabini in Wettera. Wetterer
w.; fcholtißen, richtere, *dinklude* u. *landmann.* Ör-
bacher w.; die heimberger u. der *lantman* mit die wi-
fent. Galgenfcheider w.; *alle gepurn*, feldner u. all an-
der husheblich lüt zu Erringen mugen recht fprechen.
Erringer gewonh.; lieben freunde u. *ganzer umftand.*
Bingenheimer w.; da nun Beckerhenne folich urteil u.
wifunge ußfagete, da fragete Reinhard von Swalbach
die *mennere gemeinliche*, obe fi der wifunge alfo be-
kentlich weren? da bekanten fie alle gemeinlichen, das
es alfo were. Nauheimer w.; nach weifung der fchöffen
ift der *gemeine lantmann* famentlich mit offentlich auf-
gerufner ftimme befragt, ob die gemelte weifung recht
gefchehen fei? ift von ihrentwegen durch den genanten
jüngling geantwort: fie wißen nicht mehr oder beßer.

---

\*) ausnahme machen die Weftgothen: audientia non tumultu
aut clamore turbetur, fed in parte pofitis qui caufam non habent,
illi foli judicium ingrediantur, quos conftat intereffe debere. Vi-
fig. II. 2, 2.

Heufeilfer w.: *hubener* des gerichts, *dingpflichtig* die
gerichte zu hüten, zu befitzen urtel und der hern her-
lichkeit u. recht zu wifen. Geinsheimer hubger.; der
abt fol finen hof zu Steinheim beriden eins im jar . . .
und fol da *horen wifen u. teilen* fin recht. Niederftein-
heimer w.; anno 1496 eine neue ordnung u. recht mit
rath, zulaßung u. verwilligung zentgraven, fchöffen u.
dazu des *landvolks* und *gemeinen* des obg. landgerichts
gemacht, alfo das nun furter die diethern follen erben
ihres vaters u. mutter erbtheil (oben f. 472). Crombacher
w. — In gau und markgerichten heißt die menge:
*genoßen*, gaugenoßen (pagenfes), *markgenoßen* (marke-
noten), *kornoten* Haltaus 1123, *choremanni* Ducange
f. v. *malnoten* (Piper p. 162); *nachbarn*, vicinantes,
convicini. (capit. Saxon. cap. 4. Baluz. 1, 277); die ganz
*gemeine nachpaurfchaft.* MB. 2, 102 (a. 1466); altn.
*bûar.* Niala cap. 74. 75.

3. die verfammelte menge bezeugte ihren beifall durch
*lauten ruf*, *handfchlag* und *bewegung der waffen:*
fi displicuit fententia fremitu afpernantur, fin placuit,
*frameas concutiunt.* honoratiffimum affenfus genus eft
*armis laudare.* Tac. Germ. 11.; ubi *fono armorum tri-
pudiis*que (ita illis mos) approbata funt dicta. Tac. hift. 5,
17.; *plaudentes palmis* (oben f. 235); *proclamantes*
(ibid.); cum *clamore valido* (f. 236.); talis a nobis
lata fuit et ab omnibus aftantibus *approbata* fententia (a.
1230.) Kettner antiq. quedl. p. 219; qua queftione pre-
habita fententiatum exftitit omnium aftantium *applau-
dente* caterva. (a. 1281) Duelli exc. geneal. p. 4. Bezog
fich der beifall auf ein gewiefnes urtheil, fo fagte man:
der umftand *gibt ihm folge, folgt.* Haltaus 471. 472.
Das rühren der waffen heißt in den altn. gefetzen
*vâpnatak*, vopnatak, nach Biörn: apprehenfio armorum,
ceremonia fenatus confulti ratificiendi. Hâkonarbôk (das
alte Guladings oder Froftadingsbuch?) manhelgi cap. 19.
Vâpnatak erfolgte, wenn einem vor gericht ein grund-
ftück zugefprochen und wenn fcotation vorgenommen
wurde. altes Gulad. odalsl. cap. 3 und 28.; wer ein
durch vâpnatak bekräftigtes urtheil verletzt, unterliegt
höherer buße: nû ef madr rŷfr dôm þann er dœmdr
er â lögþîngi oc *vâpnatak* er at âtt innan lögrêtto oc
utan. Gulaþ. p. 22.*) Der agf. ausdruck ift *væpentace*

---

*) zum zeichen feiner *misbilligung* hob das volk die waffen
(ohne zufammenftoß) in die höhe: þvînæft drifu menn þânga

(engl. wapentake), welches fogar örtlich für den ge-
richtsbezirk gebraucht wurde, deffen einwohner die
waffen zufammentrugen und zufammen huldigten, für
centuria: et quod Angli vocant hundredum fupradicti
comitatus vocant *wapentachium* et non fine caufa, cum
quis enim accipiebat praefecturam wapentachii, die fta-
tuto in loco ubi confueverant congregari, omnes majores
natu contra eum conveniebant et defcendente eo de
equo fuo omnes affurgebant ei, ipfe vero erecta lancea
fua ab omnibus fecundum morem foedus accipiebat,
omnes enim quotquot veniffent *cum lanceis* fuis ipfius
*haftam tangebant* et ita fe confirmabant per contactum
armorum pace palam conceffa.　　leges Edowardi conf.
cap. 33.　Diefe erklärung mag richtig fein, ausreichend
ift fie fchwerlich, da man annehmen kann, daß das agf.
væpentace nicht auf die feierliche einfetzung der neuen
obrigkeit befchränkt war, fondern gleich dem altn. vâp-
natak auch auf andere gerichtsförmlichkeiten angewendet
wurde.　　Aus dem innern Deutfchland find mir keine
beifpiele bekannt, obgleich fich das volk auch hier *be-
wafnet* verfammelte, wie f. 287 und 764 ausgeführt
worden ift.　Verfchiedne fächf. weisthümer berichten,
daß die männer auf dem holtding während der verle-
fung ihre *meffer in die erde fteckten*, bei dem nament-
lichen aufruf herauszogen und dazu eine formel fagten,
nach welcher die brüchten beftimmt wurden: zu Hül-
fede fchließen die männer einen kreiß und ftechen ihre
*meffer* vor fich in die erde, fo lange bis die verlefung
gefchehen, darauf werden die ftrafen beftimmt. Strube
rechtl. bed. nr. 155. th. 1. p. 373; es war gewonheit in
einigen altdeutfchen gerichten, daß der angeklagte ein
*meffer* in die erde ftach u. nachdem er fich fchuldig
oder unfchuldig erkante, die worte ausfprach: ich ftecke
mein meffer up gnade, oder ich ftecke mein meffer up
recht.　Piper markenr. in Weftfalen p. 212.; alle märker
ftecken in einem auf der erde gemachten kreiß ihre
*meffer*, ziehen fie bei der ablefung ihres namens heraus
und fprechen: ich ziehe mein meffer auf recht oder
aber: ich ziehe mein meffer auf herrn gnade. wer letz-
teres gethan hat und brüchtfällig befunden wird, zahlt
nur einfache, wer aber auf recht gezogen hat alsdann

---

(vor gericht) ok *höfdo* þegar *vápnin á lopti* ok lětu ecki friðliga.
Ol. Tr. 2, 124.

doppelte buße. Delbrücker landr. 1, 9. Da die alten
Sachſen große meſſer ſtatt der ſchwerte trugen\*), ſo
ſcheint mir aus dieſem bis in die ſpäteſte zeit fort-
dauernden markgebrauch die *bewafnung* des alten volks-
gerichts erwieſen zu werden.

4. bei allen weiſungen des verſammelten volks haben *al-
ter* und *herkommen* die größte bedeutung. Und wie
es im rip. geſetz cap. 88 heißt: hoc autem conſenſu et
conſilio ſeu *paterna traditione* et legis conſuetudine
jubemus; ſo enthalten die meiſten ſpätern weisthümer
eine ausdrückliche berufung auf das althergebrachte:
über die vogteirechte der abtei S. Trou (S. Trudonis)
in Lothringen werden die *majores natu* befragt, ut
quidquid *a majoribus* ſuis didicerunt vel ipſi usque ad
illud tempus tenuerunt, *fideliter proferrent* et nec ti-
moris nec amoris gratia in quamlibet partem plus mi-
nusve dicendo inclinarent. (a. 1065) Don Calmet 1, 452;
fecimus convenire ſcabinos noſtros cum *ſenioribus ho-*
*minibus* civitatis et curtis in Swartebroek, qui quidem
cum communi concordia et unanimi aſſenſu et conſenſu
cum juramento nec non tactis ſacroſanctis unanimiter
*enarrarunt* et proteſtarunt, quod *ex relatu ſuorum*
*progenitorum*, *ſeniorum et anteceſſorum ſemper au-*
*diverunt* et pro vero intellexerunt. Swartebroeker w.;
märker und landmann ſeinen gnaden die weifung zu
thun erboten, doch nicht auf ihre eide, baten u. beger-
ten ſie ſolcher eide zu erlaßen, wann als ſie bedeucht
ihnen ſolche eide zu thun gefehrlich were, angeſehen
und in vielen jahren eins waldboten herlichkeit, der
mark recht u. rüge nicht geweiſt worden, u. der *alten*,
*die das mehr geſehen u. gehöret* hätten, gar wenig
in leben, der mehrer theil jung zugekommen leute we-
ren. ſie wolten aber als *fromme leute* ſo viel und ihnen
*von den alten kund getan* u. ihnen ſelber ungefehrlich
wißentlich were, weifung thun. Oberurſeler w.; further
iſt der ſcheffe gefragt, wie weit ſie nachfolgen ſollen?
da rief der ſcheff laut umb ſich alſo: horent zu, *lieben*
*jungen geſellen* u. merket eben und weiſe (ich) alſo.
Gugenheimer w.; auch bekennen wir obengenante ge-

---

\*) erat autem illis diebus Saxonibus *magnorum cultellorum*
uſus, quibus usque hodie Angli utuntur, morem gentis antiquae
ſectantes ... cultelli noſtra lingua *ſahs* dicuntur. Witech. corb.
p. 3; habentes ad renes *cultellos magnos.* id. p. 5.

mein, das diefe *weifung unfer eltern* und *fahren von
vielen jahren auf uns bracht* u. fo gehalten haben u.
verfehen uns nit beßers auf diesmahl. Obercleener w.;
fcabinos villae Suefterenfis moneri fecimus fub juramento
ad *dicendam veritatem* de jure noftro fpeciali ac com-
muni, prout *ab antecefforibus* noftris ad eos fuerat de-
volutum, qui fcabini requifiti et jurati dixerunt. Suefte-
ren w.; diefes hant die *elteften* geweift *die iezund le-
ben* in den dreien marken für ein recht, als das *von
altem an fie kommen ift* u. *von den elteften hant hö-
ren weifen* u. wollen das war machen, wie man fie
weifet, wan man fi des nit erlaßen wil. Erbacher w.;
das *han die altherrn alfo herbracht* u. gewift zu recht,
auch fo wifen wir zu recht. Crombacher w.; dat ien
die vierzen fcheffenen deilent uf den eit u. as id *von
ieren aldern an fie kummen ift.* w. von Hamme.; uns
ift wißend u. *von unfern voreltern uf uns bracht.*
Meddersheimer w.; daruf hait der gefworen u. lantman
erkant u. gewift von *hören fagen* u. iren *gedechtlichen
tagen.* Retterather w.; das haben *unfere vorfahren an
uns bracht* u. wir bis an diefen tag alfo geübet u. ge-
halten. Dreißer w.; und das haben die *alten auf uns
bracht* u. das wifen wir fürhin für ein recht. Windes-
heimer w.; es fei *auf fie erwachfen von ihren eltern.*
Riedinftr.; ie u. allwegen, u. Ienger dann menfchen ge-
denken. Joßgrund nr. 64 (a. 1536); kund u. zeugnis die-
fer *frommen* u. *alten leute.* Bingenheimer w.; erbere
kuntfchaft ergan laßen durch *frum alt lüt*, den kunt
u. wißend darum wäre. MB. 23, 383 (a. 1430.) *) An
der fortführung folcher weifungen durch lange jahr-
hunderte ift gar nicht zu zweifeln und die vergleichung
des inhalts, ja felbft der formeln fpäter weisthümer mit
den denkmälern des alterthums bewährt uns, daß die
fchlichte fitte des landmanns eine menge echtdeutfcher
rechtsfätze, die in der gefchriebenen gefetzgebung ver-
fchwunden oder verblaßt find, freilich abgerißen und
roh, aber zugleich frifch und lebendig, mündlich er-
halten hat.

5. zu jeder weifung, zu jedem urtheil gehörte *einftim-
migkeit* oder *ftimmenmehrheit*, woraus folgt, daß min-
deftens *drei* urtheiler vorhanden fein muften, damit der

---

*) auch bei den dichtern; dag reht ift *alt* u. ift *herkomen ma-
nigen tac.* Flore 6583. vgl. die vorrede zum Sfp.

dritte den ausſchlag geben könnte. *) Eine ſtelle des
Bibrauer w. ſagt: und iſt (das merkerding) als fri, daʒ
niemande dar geboden iſt, wers aber ſache das niemant
me dar queme dan *dri merker*, der eine mochte die
andern zwene *beſtedigen*; wer es aber das *die merker
ſamenthaft* darquemen oder wie viel ir da quemen, die
mochten *kieſen* of truwe u. of eide. worden ſie *ein-
drechtig*, das were wole u. gut, worden ſie aber nit
eindrechtig, das ſie zweihenden worden, ſo folden *die
minſten den meiſten folgen* u. ſolde vorgang han. Auf
den ungebotnen großen volksgerichten erſchien immer
eine menge von leuten, öffentliche angelegenheiten zo-
gen die ganze gemeinde an; ſobald aber nur bloße pri-
vathändel geſchlichtet werden ſollten, konnte ſich er-
eignen, daß nicht die nöthige zahl von urtheilern zu-
ſammen kam. Aus dieſem grund wurde es rathſam,
daß die obrigkeit oder der richter eine *beſtimmte an-
zahl* zu dem geſchäft des urtheils *erwählte**) und be-
nannte.†)* eine ſolche beſtimmung muſte aber auch für
den umgekehrten fall, nämlich wo ſich das volk in
großer zahl verſammelt hatte, einleuchtenden vortheil
bringen, indem eine *auswahl kundiger männer* über
privatſachen ſchneller und treffender entſcheiden konnte,
als der ganze haufen. Es iſt nun vor allem zu unter-
ſuchen, welche benennung dieſe beſonders beſtellten ur-
theiler führen.

6. den älteſten Franken heißen ſie *rachinburgii, ragin-
burgii.*††) von ihnen wird geſagt, daß ſie das recht

---

*) vgl. Gryphiander de weichb. ſax. cap. 64 nr. 9.

**) jeden, der im gebotnen gericht zugegen war, konnte der
richter um ein urtheil angehen; es mag oʋch der richter nie-
mand für gericht gebieten, er hab dan davor zu ſchaffen, wer
aber vor dem rechten iſt, den mag der richter wol *haiʒen nider-
ſitʒen u. rechtſprechen.* Erringer gewonh. Ja, die urtheiler konn-
ten ganz zufällig zuſammengebracht werden. Es iſt noch zu
Schwytʒ um kleine ſachen ein *gaßenrath*, beſtehend aus *den er-
ſten ſieben landmännern, welche durch die gaße kommen*, wo die
parteien zu entſcheidung ihres haders an der gerichtſtätte ſitzen.
Joh. Müller Schweizerg. 1, 425. Aehnlich heißt es im Breiden-
bacher w. von den *kunnern* (prüfern des getränkes): man ſoll inen
geben, uff das, ob *ein gut geſell gieng uff der ſtraßen*, ſie den
möchten *in geruſen ʒu in u. ſeinen rat auch darʒu nehmen.*

†) judices *deputati.* lex Burg. (Georg. 339.) vgl. Savigny 1, 209.

††) vom wortſinn dieſes namens iſt ſ. 293. 294 gehandelt:
doch will ich hinzufügen, daß, wenn chverioburgus oben ſ. 645

weifen, *legem dicunt.* l. rip. 55. fal. 60, daß fie urthei-
len, *judicant.* fal. 59, 1. 60, 2., daß fie der gravio zu-
fammenberuft, *congregat* fal. (emend.) 52, 2 (pactus 53,
2. *rogat.*) Ihre zahl wird l. rip. 55, 2 auf *drei*; 55, 3
und fal. 52, 2, auf *fieben* gefetzt, war alfo nach den um-
ftänden verfchieden. In einer alten formel (Lindenbr.
nr. 162. Bignon p. 119) heißt es: praefentibus *quam
pluribus* viris venerabilibus rachimburgis, qui ibidem
ad univerforum caufas audiendum vel recta judicia ter-
minandum refidebant vel adftabant. Sie bildeten keinen
eignen ftand, fondern wurden für einzelne fachen von
dem grafen, vielleicht auch von den parteien aus der
mitte der freien erlefen, jenes wenn fie mehr als recht-
weifer, diefes wenn fie mehr als zeugen auftraten. Sie
unterftützten und begleiteten aber auch den grafen in
andern amtsverrichtungen (z. b. ad cafam fidejufforis
veniunt, pretium de fortuna ejus tollunt. l. fal. emend.
52, 2) und wurden ebenwohl für handlungen freiwilli-
ger gerichtsbarkeit zugezogen, welches nichts gegen ihre
ähnlichkeit mit den fchöffen beweift, da auch das amt
der fchöffen nicht auf den urtheilsfpruch in ftreitigen
fachen befchränkt ift.

7. Carl der große verordnete bleibende, für alle fälle im
gericht erfcheinende urtheiler, d. h. er verwandelte die
wechfelnden rachinburgen in *ftändige beamten.* Diefe
werden in den capitularien genannt *fcabini, fcabinei*
und die alte benennung erlifcht allmälich mit der ver-
änderten einrichtung, doch kommen noch in fpäteren
urk. rachimburge vor *), wie mir fcheint, im finn von
zeugen und eideshelfern. Der name *fcabinus* findet
fich nicht vor Carls regierung (Savigny 1, 197. 198),
doch hat er ihn fchwerlich erfonnen, fondern ein vor-
handnes wort auf die neue beftimmung angewandt und
ein fehr treffendes, da fcabinus augenfcheinlich von *fca-
pan* abftammt **), welchem ich f. 768 die bedeutung or-

richtig gedeutet ift, auch in rachinburgus ein ahd. *raginporo* lie-
gen kann, und diefes wäre genau confilium ferens, confilii lator,
folglich, dem finne nach, das frief. rêdjeva (nachher f. 781.)

*) trad. fuld. 2, 40 (a. 783) coram teftibus et regenburgis;
Vaiffette hift. de Languedoc 2. preuves. p. 56 (a. 918) judices,
fcaphinos et regimburgos.

**) Cujacius dachte ans hebr. fchaufet, fchofet, richter; an-
dere haben fcabinus a fcamno hergeleitet.

dinare, decernere nachgewiefen habe. *) Zwar befremdet
auf den erften blick die fchreibung fcabinus für *fcapinus*,
der das ital. fcabino, fpan. efclavin, franz. efchevin ent-
fpricht; allein die altfränk. mundart muß fich zu einer
verweichlichenden ausfprache des inlauts p geneigt haben,
da wir auch ftatt ripuarius fehr häufig und in den älteften
hff. ribuarius, riboarius antreffen. **) ein placitum von 781
(Bouquet 5, 781) hat dagegen *efcapinius* und entfcheidend
ift nicht nur das fächf. *fcepeno* (judex) gl. Lipf. *fcepen*
bei Mel. Stoke 2, 477-81, *fcepene*, fchepene im Sfp., fpäter
*fchöppe*, fondern auch das hochd. *fcheffen*, fpäter *fchöffe*,
*fchöpfe* und das ahd. êofcefel (legislator) wie fcheffeltuom
(fcabinatus).        Diefe fchöffen wurden nun vom comes
oder miffus mit zuziehung des volks gewählt: ut miffi
noftri, ubicunque malos fcabineos inveniunt, ejiciant et
*totius populi confenfu* in loco eorum bonos *eligant*.
et cum electi fuerint, jurare faciant ut fcienter injufte
*judicare* non debeant.      capit. a. 829 (Georg. 901); ut in
omni comitatu hi qui meliores et veraciores inveniri pof-
funt *eligantur* a miffis noftris ad *inquifitiones facien-
das* et *rei veritatem dicendam* et ut adjutores comitum
fint ad juftitias faciendas.    ibid. †); keiner foll *propter
munera* aut *propter amicitiam*††) injufte *judicare*.

---

*) zufammenhang mit *fchöpfen* (haurire fententiam) will ich
nicht verreden, da fcaphan (creare) und fcephjan (haurire) nahe
liegen, letzteres aus erfterem abgeleitet ift; ja Diut. 1, 506^b findet
fich *fcuafun* wagar (bauferunt aquam) f. fcephitun oder fcaphtun.

**) z. b. in Sichards ausg. Bafel 1530, vgl. auch den index zu
Pertz I f. v. ribuaria, ribuarii (abd. riphuarii, riflant); ftibulatio
Neug. 23 (a. 758); doch fcheint nach langem vocal p zu bleiben,
z. b. in reipus (oben f. 425). Diefes fränk. b kann man anfehen
als einen der lautverfchiebung entgangnen überreft älterer fprach-
bildung (gramm. 1, 584. 585), richtiger als frühes vorbild einer
dänifchen eigenthümlichkeit (gramm. 1, 564), der Däne fagt eben-
falls fkabe für altn. fkapa.  Die Spanier haben häufig ein folches
b (cabo, cabra, obra, cabello, ribera), die Franzofen v (chef, chè-
vre, oeuvre, cheveu, rive, rivière), die Italiener halten das p (capo,
capra, opera, capello, ripa).

†) in einer urk. vom j. 808 bei Goldaft fcript. rer. alam. 2, 58.
nr. 99: ut autem haec finita funt, interrogavit ipfe comes illos
*fcabinios*, quid illi de hac caufa *judicare* voluiffent? et illi dixe-
runt, fecundum iftorum hominum teftimonium et fecundum ve-
ftram inquifitionem *judicamus* etc.

††) eid der landfchöffen: des landes befte rathen und findung
weifen u. das nicht laßen um vater noch um mutter, um fchwefter
noch um bruder noch um keinerhand gifte oder gabe, noch um
neid, noch um keine habe, noch um noth oder eines herren willen,
noch um furcht vor dem tod. Bodm. p. 610.

ibid. 902. Es follen ihrer *fieben* fein, wie der alten
rachinburgen: ut nullus ad placitum banniatur . . . ex-
ceptis *fcabineis feptem*, qui ad omnia placita praeeſſe
debent. cap. a. 803 (Georg. 667. vgl. 1354. 1559) und
diefe fiebenzahl tritt auch in gefetzen und urkunden,
bis fpät ins mittelalter hervor: nieman fol *urtail* vor
geriht *fprechen*, wan der dazu erwelt wirt u. im dar-
nach erlaubt wirt, daʒ urlobe git der kunig u. fwelh
herr von ihm geriht hat. man fol fie welen mit wifer
lüte rat, die man da welt die fulen auch wife lüte fin,
ir fulen zu dem minften *fiben* fin über ain ieglich fache,
ift ir aber mer, daʒ ift auch gut. fchwäb. landr. 200
Schilt. 209 Senkenb.; Carl der 4. verleiht den ganerben
zu Cronenberg gericht und *fieben fchöffen.* Cronenb.
ded. p. 44 (a. 1367); andere belege bei Maurer p. 71.
116. Zu einem vollen, feierlichen placitum follten aber
*zwölf* fchöffen erfcheinen: vult domnus imperator, ut
in tale placitum, quale ille nunc juſſerit, veniat unus-
quisque comes et adducat fecum *duodecim fcabinos*, fi
tanti fuerint, fin autem, de melioribus hominibus illius
comitatus fuppleat numerum duodenarium. cap. a. 819
(Georg. 845.); und auch die zwölfzahl haben viele fpä-
tere weisthümer, z. b.: wir deilen zu dem erften, das
der merker *fcheffin zwolf* follen fin of dis ftule zu Be-
bra, der fcheffen follen zwene fin von Ofenbach u. uß
iedem dorfe einre, ane uß Rymprucken, die *zwelf
fcheffen* follen der merker recht wifen u. deilen, als fie
iʒ zu den heiligen hant gefworn. Bibrauer w.; eʒ ift
etwa gewohnheit, daʒ man *zwelf man* nimpt, die dem
rihter fulen helfen rihten, die haiʒent *fchepfen*, die
fulen wife lüte fin u. fuln vor geriht *urtail vinden* umb
ain iegliche fach u. nieman anders u. miſſehellent die
zwelf unter ainander umb ain urtail, fo fol diu *minner
mengin der merern volgen.* Schwäb. landr. 164 Schilt.
83 Senkenb. vgl. Maurer p. 71. 116. Unverkennbar
ftehen beide normalzahlen in bezug auf einander, indem
unter zwölfen *fieben die geringfte mehrheit gegen
fünf* bilden, folglich die einftimmung von wenigftens
fieben erfordert wird. Seltner erfcheinen andere zahlen,
nämlich zuweilen die verdoppelung von 7 und 12: *vier-
zehen fchöffen* u. ein fchultheiß. Krumbacher w. Aus
den zwölfen wurden fpäter auch *eilfe*, indem man den
fchultheiß für den zwölften rechnete, weichbild art. 10
und 16. Beifpiele von 5. 6. 8. 9. 10 fchöffen hat Mau-
rer a. a. o. — Daß fie nur aus dem fchoß der freien

gewählt*) wurden, bezeugt die benennung *fchöffenbar frei*
(fcepenbar vri); fie hatten, gleich den rachinburgen, außer
der ftreitigen gerichtsbarkeit auch die willkürliche auszu-
üben. Savigny 1, 218. Jeder fchöffenbare oder ding-
pflichtige durfte das urtheil des fchöffen fchelten und ein
anderes finden, hierin zeigte fich fortwährend der einfluß
aller freien auf die rechtfprechung. Der dingflichtige ift
urtheiler im finn der alten rachinburgen; merkwürdig
fcheint; daß die lat. überfetzung des Sfp. fchepen durch
bannitus oder fcabinus, *dingplichte* aber durch *veridicus*
wiedergibt z. b. 2, 22.

7. wie die Angelfachfen ihre urtheiler nannten, vermag
ich nicht beftimmt anzugeben; fie können *dêman* oder
*dômeras* geheißen haben, vielleicht auch *vitan? Vita*
ift oben f. 266. 267 erklärt worden procer, optimas, da
es aber in andern ftellen auch confiliarius, fapiens und
teftis bedeutet, so fragt es fich, ob man diefen ausdruck
nicht auf die zu gericht verfammelten urtheiler beziehen
darf. mid gefägene unrimgeleáffulra *vitena* drückt ge-
rade Bedas per traditionem innumerorum fidelium *te-
ftium* aus. Dann wäre *vitena gemôt* die alte volksver-
fammlung der freien, allmälich aber auch die der auser-
lefnen urtheiler, fo daß die fächf. vitan fich wenig von
den fränk. rachinburgen unterfchieden hätten. Hierfür

---

*) wer zum fchöffen gewählt wird, und es weigert, muß
*das dorf räumen*, gewählt wird nur ein *begüterter:* Heinze Snider
von Lorch had dun fregen, er habe gut in eime andern gerichte
ligen, da er nit für u. flammen habe, in demfelben gerichte *ha-
ben in die fcheffen zu eime gefelln gekoren*, obe er daz fchuldig
fi zu dune? fent.: er muß iz dun, oder muß der gude enberen.
Eltviller urteil bei Bodm. p. 639. Item fo maende deir amptman
vurg. die fcheffene, in zo befcheiden, of mime gn. heren van
Colne ein of me fcheffene avegienge of aflivich wurde, wie man
dan den *fcheffenftoil weder erfullen* fulde? do wiften die fcheffe-
nen, dat unfes gn. h. v. C. amptman of vait alda, fowelch zit
des noit were, an den fcholtißen unfes heren van Frume komen
fulde ind fagen, unfem beren v. C. gebreche eins fcheffene, fo
fail der fcholtiße unfes heren hoifalude verboden up finen hof
zu Arwilre ind under den *lenen* (lehnsleuten) zu deme hove ge-
horende folen die fcheffenen, die zo der zit fint, einen anderen
fcheffenen keifen of me, wie des noit is, in der afgainder ftat;
ind were facbe, dat fi geinen envonden under den *lenen*, die
darzo nutz weren, fo folen fie keifen under den *fplißlingen* of
under den *zinsluden* of *heuftluden* des vurg. hoifs, alfo dat un-
fem gn. h. v. C. fin *fcheffenftoil* vurg. erfult weirde ind folen
dat doin na iren beften finnen. Arweiler w. Ueber hofsleute
durften alfo auch hörige richten.

fpricht, daß diefe auserlefnen ausdrücklich *gecorene tô gevitneſſe* heißen: to ælcre byrig XXXIII fin gecorene tô gevitneſſe; tô fmalum burgum and tô ælcum hundroðe XII. buton ge mâ villan. and ælc mon mid heora gevitneſſe bycge and fylle . . . and heora ælc, þonne hine mon æreſt tô vitneſſe gecyſð, fylle þone âð, þat he næfre ne for feo, ne for lufe (wie vorhin f. 776 propter munera et amicitiam) ne for ege nânes þâra þinga þe he tô gevitneſſe vâs . . . ne cyðe. l. Edg. §. 12. vgl. Phillips p. 168. 169. 174. Für ſtädte follen ihrer 33, für kleine örter und centenen 12 fein und fie haben nicht nur ſtreitige jurisdiction, fondern auch willkürliche, da man in ihrer gegenwart käufe und verkäufe abfchließt. Ähnlich fcheinen die *wißenden* (fcientes, fcientifici) freifchöffen des weſtphâl. femgerichts*), und die *witzigen* eines Cölner gerichts im mittelalter, welches den namen *witziggedinge* führte. Haltaus 2125. 26 und Eichhorn in der zeitfchr. 2, 182-185. Auch ſtatute und weisthümer erwähnen der wißigen oder witzigen urtheilsfinder: das geding mit feinen darauf folgenden *wißigen.* Dreyßer w.; *wizzint*(h)*aftding.* Bodm. 654 (a. 1227.)

8. in Friesland hatten die fränkifchen fchöffen zwar keinen eingang, vielmehr lag die findung des urtheils (der tuom) in eines einzigen hand, des afega, wie hernach ausgeführt werden foll. Doch aber werden ihm und dem richter (fcelta) nicht felten männer aus der gemeinde beigegeben, deren *zwölf* und *fiebenzahl* deutlich an die rachinburgen und fchöffen erinnert. Sie heißen bald die *tolef* (zwölfe) bald des koninges *orkenen* (ahd. urchundon, teſtes). Fw. 80. 81. 288. 311 und häufig die *fieben* der zwölfe (dera tolva *faun*) Fw. 289. 310. *faun* dis koningis *orkenen.* Sie follen *forfulla* des aeſga dôm. 81; fie begleiteten den afega zu befchauungen 32. 305; hausfuchungen 84; waren bei der execution 288 und bei befitzeinfetzungen. 67. 318. Überall wo es auf ihre zahl, einſtimmig oder ſtimmenmehrheit ankam, müßten fie und nicht der afega *entfchieden* haben. Andere gefetzbücher, namentlich Afegabuch und lit. Brokm., gedenken ihrer nirgend unter jenen namen, doch erwähnen Br. 15. 16. 124. 137. *fithar* (gefährten, genoßen.)

---

*) auch Wigand feme p. 311. 312 hält die benennung für eine allgemeine, vermengt aber die begriffe weife (fapientes) und weifer (demonſtratores) damit. die wißenden wären agf. vitende, keine vife.

9. auch im Norden begegnet ein urtheilender lögmadr,
laghman, der dem frief. afega gleichſteht und eigentlich
recht zu weiſen hat.  wiederum aber werden zur unter-
ſuchung und entſcheidung von thatſachen männer aus
dem volk erwählt, deren zuſammenhang mit den frief.
orkenen und fränk. ſchöffen einleuchtet.  Es ſind ihrer
ebenfalls *zwölf,* und *ſieben* machen entſcheidende ma-
jorität (*ſeptem* ſuffragiis reus vel vincit, vel vincitur.
Stjernhook p. 59.)   Sie heißen altn. *nefndir* (nominati)
oder *nefndarmenn,* ſchwed. *nämbdamän,* dän. *nevne-
mänd;* ihr gericht heißt altn. *nefnd* (fem.) ſchwed.
*nämbd,* nämpt, nämd, dän. *nävn;* altn. auch *tölfman-
nadômr.*  Saxo gramm. p. 171 ſchreibt ihre einrichtung
dem Ragnar Lodbr. zu: praeterea ut omnis controver-
ſiarum lis ſemotis actionum inſtrumentis, nec accuſantis
impetitione nec rei defenſione admiſſa, *duodecim pa-
trum\**) *approbatorum* judicio mandaretur inſtituit.   Aus
der benennung *patres* erhellt, daß alte, erfahrne, ange-
ſehne leute dazu genommen wurden; Biörn erklärt nefn-
darmenn: viri honoratiores, ſcabini. *approbati* und *no-
minati* ſind ſie, wie die fränk. ſcabini *electi,* die agſ.
vitan *gecorene,* die alamanniſchen ſacramentales *electi*
und *nominati* (Rogge p. 171-173) und die *genannten*
ſpäterer urk. des mittelalters (Maurer p. 109. not. 33. 34.)
Auch den Ditmarſen waren *nemeden* bekannt, gerichte
die aus 12 männern beſtanden (Dahlmann zu Neocor.
2, 546.) In der iſl. Grâgâs erſcheinen keine nefndir,
wohl aber *ſannadarmenn* (Arneſen p. 190) ſchwed. ſan-
nemän, dän. ſandmänd, d. i. veridici, offenbar mit je-
nen verwandt und auch gewöhnlich in *zwölfzahl* auf-
tretend.  Bûar er *kvaddir* (nominati) höfdu verit. Niala
cap. 56.

10. bisher haben wir geſehen, daß der tuom, die wei-
ſung des rechts entweder von der ganzen gemeinde
oder von erleſnen gemeindegliedern ausgieng.   Im wi-
derſpruch hiermit ſcheint zu ſtehen der *einzelne ur-
theiler*, dem wir bei verſchiednen völkern begegnen.
Das bair. und alam. geſetz nennt nicht ſieben oder zwölf
judices, die den fränk. ſcabinen zu vergleichen wären,
ſondern einen einzigen *judex*, der verordnet iſt recht
zu ſprechen (conſtitutus, ut cauſas *judicet.* l. alam. 41, 1,

---

\*) p. 175 läßt Saxo einen könig verſprechen: nudatum pedes
cum *duodecim patribus* discalceatis ſuppliciter tributa ſe penſurum.

conftitutus *judicare*. 1. bajuv. II. 15, 2.) Wie der
fränkifche comes das gericht hält mit rachinburgen oder
fchöffen, erfcheint der bair. und alam. comes mit *einem*
judex: comes fecum habeat *judicem*. 1. bajuv. 1. c. Re-
ginhardo comite et Orendilo *judice* Meichelb. nr. 115.
116. 117. Ellanperht *judex*, Odalfcalh comes. ibid. nr.
503. 504. Ebenfo redet das frief. gefetz der Rüftringer
von *einem afega*, das der Brokmänner von *einem rêd-
jeva*, womit man in der alten lex Frif. die rubrik: haec
judicia Saxmundus *dictavit*, Wlemarus *dicit* (auch in
der l. Angl. et Wer.: haec judicia Wlemarus *dictavit*)
vergleichen kann. *Afega* bedeutet wörtlich legem di-
cens, juridicus und in altfächf. fprachdenkmälern findet
fich *êofago* judex, in ahd. gloffen *êafagari* legislator.
monf. 382. *êfago* legislator gl. vindob. Hoffm. 60, 14)
fo daß kaum an der früheren allgemeinen ausbreitung
diefer benennung zu zweifeln ift. Häufig heißt es nun
mit fcelta banne ende mit *aefga doeme* Fw. 22. 78. 82.
176. bi *aefga doeme* ende bi liuda landriucht. Fw. 142.
144, der afega bleibt deutlich von dem greva oder fcelta
(wie der bair. judex von dem comes und centenarius)
unterfchieden, letzterem der bann (das richteramt) ihm
aber der *dôm*, das urtheil, zugefchrieben. dem afega
gehört *dôm dêla* Fw. 124. fô fchêda dat di *aefga* bî
fine *wisdôme*, ende dâ liode nei hiara riucht. Fw. 184.
Das brokmännifche *rêdjeva* *) bedeutet rathgeber (mhd.
râtgebe, ahd. râtkepo, agf. rædgifa) confiliarius, wie das
agf. vita confiliarius ausdrückt und im mittelalter die
beifitzer oder fchöffen ftädtifcher gerichte rathgeben,
rathmannen, rathsherrn heißen (Eichhorn in der zeit-
fchr. 2, 165), vielleicht mit rückficht auf das lat. conful.
der fache nach ift aber diefer *rêdjeva* was der *afega*
und auch ihm wird *dôm* oder undôm beigelegt, er
theilt und urtheilt, vgl. Br. 33. *dôm dêla*. auf ein jahr
lang wird er erwählt. Br. 1. Im liudawarf urtheilen
*vier* rêdjevan. Br. 122. 140. Endlich hängt auch im
Norden der urtheilfpruch häufig von dem *lögmadr* oder
*lögfögumadr*, fchwed. *lagman* ab, deffen namen juris
peritus, jureconfultus, juridicus ausdrückt, lögfaga ift
recitatio legis, rechtweifung, lögfögumadr alfo wieder
wörtlich der ahd. êfago.

11 jener alamannifche und bairifche judex hat Roggen
verleitet, f. 77-84 zwifchen fränkifcher und alamannifch-

---

*) einigemal fteht es auch Af. 234. 258.

bairifcher urtheilfindung einen zu fcharfen gegenfatz an-
zunehmen, der bei näherer betrachtung großentheils ver-
fchwindet.     Einmal ift kaum zu glauben, daß die ent-
fcheidung in Alamannien und Baiern bloß *einem* judex
überlaßen gewefen fein, nicht auch die freie gemeinde,
die zum ungebotnen gericht unbeftreitbar zufammenkam,
theil daran gehabt haben follte.     Da fich eine folche
theilnahme hier wie in andern ländern für das ganze
mittelalter beweifen läßt (Maurer p. 102. 103) und in al-
len übrigen verhältniffen die bloßen freien vielmehr
ftets zurückgetreten, als hervorgezogen worden find (Sa-
vigny 1, 199); muß den alten Baiern und Alamannen,
was ihren nachkommen unverloren blieb, noch in vol-
lerem maß beigelegt werden.*)     Und das bewahren
auch die frief. orkenen neben dem afega, die nordifchen
nefndir neben dem lögfögumadr.     Das gefetzbuch der
Brokmänner und Rüftringer gefchweigt jener orkenen,
folglich darf aus dem fchweigen der lex baj. und alam.
nicht gefchloßen werden, daß dem judex überall keine
gemeindsurtheiler zur feite geftanden hätten.     Zweitens
war aber auch, aller wahrfcheinlichkeit nach, der frän-
kifchen gerichtsverfaßung und überhaupt der älteften
deutfchen ein folcher judex gar nicht fremd.     So fähig
immer die angefehenften und erfahrenften leute der
volksgemeinde fein mochten, im allgemeinen recht zu
weifen und fachen zu entfcheiden; mufte es gleichwohl
einer lebendigen rechtspflege angemeßen und natürlich
fein, dafür zu forgen, daß es nie an einem eigentlichen
*gefetzkundigen* fehlte, der für fchwierige fälle rath
und auskunft ertheilen könnte.     Ich betrachte es als ein
herabfinken der rechtsbildung, wenn wir im mittelalter
alle urtheile bloß von landleuten und fchöffen gewiefen
fehen, bis endlich der vorfitzende richter fich in einen
gefetzkenner verwandelte und dann auch das urtheil an
fich riß.     Die fränkifchen miffi, comites und centenarii
brauchten das gefetz gar nicht zu kennen.     aber bei den

---

*) urk. b. Meichelb. nr. 470, nach der zeugenausfage juffit
praedictus miffus legem inter eos decreviffe. inprimis Kifalhardus
*publicus judex fanxit* juxta legem Bajowariorum *ad juftitiam*,
deinde Engilhart (viele namen), ad extremum vero cuncti, qui
ibidem aderant, una voce fonabant. Orendil comes et *ceteri ju-
dices.* Meichelb. nr. 124, vgl. nr. 122. 123; *judices* qui judicaverunt.
Goldaft n. 92; qui dijudicaverunt. ib. nr. 95, So auch in urk.
aus fränkifchgothifcher gegend *fechs, acht, zehn judices.* Baluz. 2,
1490. 1497 (a. 876) 1511 (a. 884.)

alten Franken erfcheint noch eine würde, die fich au-
genfcheinlich als das dem bairifchen judex und frief.
afega vergleichbare ankündigt. *Sachibaro* oder *fagibaro*
(ch wie in rachim f. ragin) wäre ein altn. fögumadr,
denn baro ift vir, und nur ein vorgefetztes êwa, êa
mangelt zur völligen einftimmung mit den angeführten
nordifchen, friefifchen und ahd. benennungen, welche
fämmtlich den begriff von *fage* und *fagen* enthalten.
Der fachibarone erwähnt, außer den unterfchriften von
urk. des 7. jh. (Savigny 1, 220. not. 122), bloß die l.
fal. 57., es follen ihrer nicht mehr als drei auf dem mal-
berg zugegen, ihr ausfpruch über die fache foll unabän-
derlich fein. fo bedeutend ift ihr anfehen, daß fie mit
dem wergeld eines gravio componiert werden, d. h. mit
dreifachem, alfo mit 600 fol. wenn der fachibaro inge-
nuus, mit 300 wenn er puer regis (vgl. litus im hofte
oben f. 272) war. Diefe zuläßigkeit des litus unterfchei-
det fie beftimmt von den rachinburgen, die nothwendig
freie find; es fcheint aber höchft natürlich, daß fich ge-
bildete liti, die in hofte und trufte auszeichnung erwer-
ben konnten, der gefetzkunde befließen, ungefähr wie
unfreie im geiftlichen und gelehrten ftande über die
bloßen ingenui emporftiegen. Vielleicht hängen diefe
alten rechtsverftändigen noch zufammen mit der heidni-
fchen priefterfchaft. Die worte der l. fal. emend. 56, 3:
qui *fe* fagibaronem *pofuit* verftehe ich von einer befon-
dern widmung und beftimmung zu dem rechtsftudium.
Urtheiler im finne der rachinburgen und fcabinen wa-
ren alfo die fachibarone nicht, eben fo wenig waren fie
richter mit banngewalt; allein fie fanden fich an der
gerichtsftätte ein und konnten, wahrfcheinlich von den
rachinburgen, aufgefordert werden, einen fchwierigen
fall zu entfcheiden.*) Als unter den Carolingen an die
ftelle der rachinburgen die fcabinen zu einem fefteren
ftand erhoben waren, der ihnen nähere erlernung der
gefetze zur pflicht machte, verlor fich name und ge-
fchäft der fachibarone von felbft, wenn nicht die zu-
weilen noch in den capitularien neben dem comes und
fcabinus genannten *judices* auf fie bezogen werden

---

*) nach dem pactus: fi de caufa illi aliquid fanum *dixerint;*
nach der l. emend.: fi caufa aliqua *ante illos* fecundum le-
gem fuerit definita. Maurer bemerkt richtig, daß hier ante
illos bedeute *ab illis;* fo *ante* aliquo für *ab* aliquo. Pertz mon.
1, 168.

dürften.\*) Denn der nicht richtende, sondern urthei-
lende bairische êsago heißt ebenfalls *judex* und erscheint
als gesetzkundiger, da das gesetzbuch unmittelbar neben
ihm genannt wird: comes vero secum habeat judicem,
qui ibi constitutus est judicare, et *librum legis*, ut sem-
per rectum judicium judicet de omni causa. 1. bajuv. II.
15, 2. Späterhin als der judex wirklicher richter wurde
(statt des comes und centenarius), gieng die rechtskunde
des alten judex auf den *geschwornen schreiber* über,
der gerade so neben dem landrichter aufgeführt wird,
wie der alte judex neben dem comes und auch in be-
gleitung des gesetzbuchs. Häufig beginnen bairische ge-
richtsurkunden mit folgender formel: daß ich an offenen
lantrechten zu gericht gesessen bin und den stab in der
hand het u. den geschwornen schreiber *bei dem buch*,
da kam für mich in recht. MB. 8, 286 (a. 1455.)\*\*)
Der unterschied zwischen den fränk. sachibaronen, dem
bair. judex und fries. afega bestand also wohl darin, daß
der judex förmlich constituiert, der afega förmlich er-
wählt war, das gesetz zu weisen, die sachibaronen nur
für einzelne fälle dazu aufgefordert wurden. Rachinbur-
gen, wenn sie des rechts gewis waren, konnten ohne
den sachibaro entscheiden, noch entbehrlicher wurde er
den rechtsgelehrten scabinen; umgekehrt entschied der
êsago, wenn ihm die that ermittelt vorlag, ohne mitur-
theiler. Beide geschäfte der urtheilenden gewalt erschei-
nen zur zeit der rachinburgen meistens, zur zeit der
scabinen überall ungespalten; während in Baiern, Fries-
land, Scandinavien das legem dicere von dem veritatem
dicere gewöhnlich getrennt war. Diese einrichtung,
könnte man sagen, ist mehr den gebotnen gerichten und
dem streitverfahren angemeßen, die fränkische mehr
von den ungebotnen volksversammlungen ausgegangen.
Dort wurde der juridicus ständig und die unständigen

---

\*) nec *judex* nec scabinus. Georg. 741. comes, *judex*, scabi-
nius. ib. 743. comes, *judex* aut scabinus. *judices*, advocati, cen-
tenarii, praepositi, vicarii, scabini. ibid. 746.
　　\*\*) vgl. Maurer p. 22. 145, dessen meinung von den sagiba-
ronen, gegen Savigny und Rogge, ich beitrete; nur darin nicht,
daß er den namen von sacha (causa) ableitet und aus der agf.
gerichtsverfaßung eine bestätigung entlehnt. denn l. In. 6 findet
sich kein sagibaro, sondern gepungen vita, welches Spelman
oder irgend ein älterer übersetzer durch den fränk. ausdruck zu
treffen glaubte.

veridici konnten der gefetzkunde entrathen; in Franken verlor fich der unftändige fachibaro, nachdem fich die recht und that urtheilenden rachinburgen in ftändige fchöffen verwandelt hatten.

12. Hieraus erkläre ich mir nun auch die ähnlichkeit und unähnlichkeit der fchöffen mit den *gefchwornen.* urfprünglich lag die kraft des urtheils und der entfcheidung in händen der *genoßen* und *nachbarn.* Da diefe zugleich die wahrheit der thatumftände wißen, bezeugen und befchwören konnten, fo leuchtet ein, daß in vielen fällen die *zeugen* urtheiler waren und daß die verrichtungen der urtheiler, zeugen und eideshelfer im alterthum vielfach untereinander fließen müßen. Darum heißen die urtheiler nicht nur zeugen, urchunden (orkenen), gecorene tô gevitneffe (vitan), wißende; fondern ihre zahl und beeidigung ftimmt auch zu den grundfätzen des alten rechts, die das fünfte cap. erörtern wird. Daraus folgt aber ein unverkennbarer zufammenhang zwifchen den altdeutfchen urtheilern und dem heutigen *gefchwornengericht* in England und Frankreich, woran fchon Savigny 1, 216 erinnert hat, welchen jedoch Rogge f. 242-246 und Maurer f. 106-110, wie ich glaube, ohne hinreichenden grund, leugnen. Das gefchäft der fchöffen war nicht auf weifung des rechts befchränkt, wie Rogge f. 97 und 245 annimmt, fie hatten auch die thatfache zu prüfen (Sav. 1, 215. 219. Maurer p. 65. 107.) Die jury hat es freilich bloß mit der that zu thun; fie entfcheidet über wahrheit, nicht über recht (veritatem dicit, non legem), allein fie ftellt fich auch in anderen beziehungen als ein bloßes überbleibfel aus der älteren umfaßenderen gerichtseinrichtung dar. Die nord. nefnd war z. b. viel allgemeiner und entfchied civilftreitigkeiten fowohl als peinliche, während die franzöf. jury*) gänzlich auf letztere befchränkt ift. Hängt nun aber die nefnd ohne zweifel zufammen mit der jury, wie dies Rogge felbft annimmt, fo kann noch weniger eine berührung der nefnd mit den fchöffen beftritten werden. Die alte nefnd urtheilte über recht wie über that (Stjernh. p. 53) und wenn gleich fpäterhin fie mehr auf thatfachen gerichtet war, wurden doch fortwährend die nefndir für

---

*) nicht völlig die englifche, über welche Spelman f. v. *jurata* nachzufehen ift.

eine reihe gerichtlicher handlungen, z. b. befichtigungen,
hausfuchungen, pfändungen verwendet, die den engl.
gefchwornen fremd find, aber ganz fo den frief. orke-
nen, den rachinburgen und fcabinen zu verrichten ob-
lagen. Auch in England urtheilten vitan und gecorene
urfprünglich über das recht; als die gefetzkunde weniger
volksmäßig wurde, gieng die rechtweifung auf den rich-
ter über und blieb der gemeinde nur die erörterung der
that, während umgekehrt im fränkifchen reich ein ge-
lehrter fchöffenftand entfprang.*) Viele nebenumftände
beftärken die identität der gefchwornen und der fchöf-
fen. Nicht felten heißen unfere fchöffen geradezu *ge-
fchworne* z. b. im Franker herrengericht (viele beifpiele
gibt Maurer p. 107.); ihre anzahl von 7. 12. 24 begegnet
den zwölften der jury und die einftimmung der fieben
ift entfcheidende mehrheit unter zwölfen, namentlich
auch bei der nord. nefnd, fo daß die in England erfor-
derliche einhelligkeit der zwölf als unwefentliche ab-
weichung erfcheint.

13. noch eine beftätigung finde ich in dem *beifeitegehen*
der jury zur berathung, das auf gleiche weife die fchöf-
fen auszeichnet und durch die ganze deutfche gerichts-
verfaßung zu herfchen fcheint. Da der richter dem
gericht ftillfchweigen bannt, nur mit feiner erlaubnis
geredet, nur auf feine geftellte frage geantwortet werden
darf, fo war die entfernung der urtheiler von der ge-
richtsftätte nothwendig, damit fie fich erforderlichen
falls, theils untereinander felbft, theils mit der gemeinde
befprechen und über den zu ertheilenden ausfpruch ver-
einbaren könnten. Auch bewährten fie hierdurch ihre
felbftändigkeit und unabhängigkeit vor dem vorfitzenden
richter. Ein abfeitsgehen der nord. nefnd kann ich
nicht beweifen, vermuthe es aber unbedenklich. in einer
merkwürdigen ftelle der Olaf Tryggv. faga 2, 124 cap.
176 heißt es geradezu, daß das verfammelte volk, einen
ihm eröffneten antrag zu bereden (at tala med fer þetta
vandamál), feitwärts vom gericht gegangen fei: *gengu
þeir þrândr* (d. i. þrândr ok bœndr) *þá annan veg â
völlin.* Den belegen aus unfern urkunden und weis-
thümern will ich einige ftellen der gedichte vorausgehen

---

*) Eichborns treffende erklärung bei Savigny p. 216. not. 112.
Die ähnlichkeit der jury mit dem röm. judex (pedaneus) gegen-
über dem praetor hat Savigny bemerkt.

laßen. Als Carl feine pairs zum rathfchlag aufgefordert
hat, heißt es (pf. Chuonr. 15ᵇ fragm. bell. 8ᵃ):

> thie Franken famenôten fih thrâte
> mit gemeineme râte
> *giengen fie úf einen buhel grône,*
> ther funne fcein vile fcône,
> fie rieten al umbe
> iegelîh befunder.

nach gepflognem rath kehren fie zu dem kaifer, d. h.
dem richter, zurück und hinterbringen, was fie gefunden
habᵉn:

> alle thie thie rethe vernâmen,
> fie fprâchen, iȝ wâre thaȝ allerbefte.
> *thô karten* thie nôtveften
> *wither ȝô thes kaifers gefidele.*
> thie vurften bâten alle
> then bifcof fanctum Johannen
> thaȝ er ȝô hofe wâre
> ire *vorerethenâre;*

genau wie in den weisthümern die zu gericht wieder-
kehrenden fchöffen einen redner oder fprecher haben.
Orlenz 9445 ff.:

> an die der rât dô was gefat,
> die *giengen dô an eine ftat*
> *diu darzuo was vil heimelich.*

einer unter ihnen (der wifete an dem râte) thut den
vorfchlag und findet das urtheil, das die übrigen bil-
ligen;

> dô der felbe rât gefchach.
> die *râtgeben* (raginboron, rêdjevan) man *kêren fach*
> *kin ȝe dem künige* fâzehant . . . .
> offenlich zuo der fchar
> wart dem fürften für geleit
> diu buoȝe, als ich hân gefeit.

Keins der alten gefetze, fo viel ich weiß, thut des bei
feite tretens der rachinburgen, fcabinen und zeugen er-
wähnung; in den fränk. urkunden werden fich vielleicht
fpuren entdecken laßen. eine bairifche vom j. 849 bei
Meichelb. nr. 661 gedenkt wenigftens des berathens einer
partei mit freunden und zeugen*) und auch hierin meine ich

---

*) efora *falien a parte* infantes de Carrion;
*tornan con el confejo* e fablaban. p. del Cid 3229. 3232.

beſtätigung des zuſammenhangs zwiſchen urtheilern und
zeugen zu finden: jam dictus presbyter videns ſe coep-
tam rem non poſſe perficere, *tulit ſecum in locum ſe-
cretum* Friduratum comitem ſeu (et) Rihhonem vel (et)
alii (alios), cum quibus cauſam ſuam *conſiliare* voluit,
vidensque ſe legibus et teſtibus vel (et) ſcriptis eſſe ſu-
peratum, tractavit cum ipſis et convertit pravum ſenſum
atque confeſſus eſt priorem traditionem; *intravit ſimul
cum ipſis in concilium* et cum *reſediſſent* etc.   Auch
die meiſten geſetze des mittelalters ſchweigen von dem
gebrauch, z. b. der Sſp., erwähnt wird er in dem lief-
länd. ritterrecht (Ölrichs p. 235): ſo ſpreke der richter
denn tho dem ordelsmanne: her ordelsman *tredet af
mit mines heren geſwaren, vindet* unde *bringet* hirup
*inn ein ordel* tho rechte up itzige gehörde anklage
unde antwert der parte. item ſo tredt de ordelsman af,
eſchet unde nimt tho ſik de geſwaren des ſtiftes aldar
thor ſtedde, ſo hefft de ordelsman noch beide beſitter
up tho eſchen unde ſik darmede tho beraden unde
*kumpt darna wedder inn* vor den richter unde bringet
dat ordel inn na ſolker geſtalt.   Aus den weisthümern
habe ich folgende ſtellen geſammelt, die den hergang
der alten gerichtshaltung verſchiedentlich beleuchten.
Da ſtand ein ritter mit namen her Dieterich waltpode
und *fragte* von der herren wegen die ſchöffen zu Lim-
purg, daß ſie auf den eid ſagten und offenbarten, wofür
ſie die herren hielten, was ihre herſchaft u. ihre frei-
heit u. ihr recht wäre zu Limpurg? da *giengen die
ſchöffen aus u. nahmen einen rath u. kamen wieder*
und verſprechten ſich, *das wort ſprach* Johan Bope
ſchöff zu Limpurg gar herrlichen u. ſtund feſtiglichen
in der ſchöffen wort von anbegin des gerichts biß zu-
letzt außen u. ſprach alſo. (und bei jeder folgenden ein-
zelnen frage gehen die ſchöffen von neuem aus und be-
ſprechen ſich.) Limburger w. von 1370.  Da *giengen*
die ſchöpfen *aus* u. berieten ſich u. *kamen wieder in
ihre ſtüle ſitzen* u. weiſten.  J. J. Beinhard abh. 1, 44
(a. 1416).  Alſo iſt die gemein *hinder ſich gangen* u.
beſprochen u. haben uns ein antwort geben.  Cronberger
deduct. p. 47. (a. 1478).  Nach der frage *ſtunden* die

---

So *genk* de vurſcr. a. b. c. *uit* mit ſinen vorſpreken unde bereit
ſik lange tils genoich unde *quam weder umb int gerichte*, als em
mit rechte geborde.  Wigands ſeme p. 234.

centſchöpfen *uſ* u. *giengen aus von der ſtatt*, da ſie
dar zu gericht ſaßen u. beredten ſich u. *kamen dan
wieder u. ſetzten ſich nieder uſ ir gehölz* u. weiſeten
und ſprachen zum rechten. Dahl p. 79 (a. 1430). Des
ſo ſind die ſcheffen *uſganyen*, ſich bereiten, *wider ein
geſeßen* u. einen zettel dargelegt u. zu recht uſge-
ſprochen u. geweiſt. Kopp nr. 73 (a. 1462). Daruf ſind
die ſcheffen *aufgeſtanden* u. *in ihr geſprech gangen*
u. über kurz oder lang *widerkommen, nidergeſeßen* u.
geweiſet. Hanauer doc. p. 99 (a. 1498). Do namen die
gemeinen landlude einen beraide u. *giengen uſ hinter
ſich* und als ſis ſich wole beraden hatten, da *quamen
ſi wedder ingegangen* vor das vorgeſchr. gericht u.
hießen von irer aller wegen den gen. Hennchen Ael-
man uſſprechen, ſo was ſie ſich beſprochen hetten.
Koch beitr. zu J. J. Reinhards ausführ. p. 27 (a. 1449.)
Darauf wer Joachim Wagener von Reichenbach mit
den anweſenden underthanen *abgedreten*, underredt u.
von irer aller wegen die *antwort* als ein verpflichter
*landſetzer* u. beglaubſter unſtreflicher mann *gegeben*,
daß ſie beide herrn zugleich erkennten, geſtunden kei-
nem den vorzug vor dem andern. handlung zwiſchen
Heſſen u. Naſſau über Hüttenberg a. 1561 (ziegenh. re-
pert. Oberheſſen vol. 8). Hieß den landmann *ausgehen*
u. weiſen alle herrlichkeit u. gerechtigkeit . . . da *gieng*
der landmann mit laub *aus in ſein geſpräch* u.
*kam wieder* u. weiſete. Mechtelnhauſer w. Haint ſich
ſcholtißen u. richtere mit den lantmannen nach alder
gewonheit u. heirkomen daruf beſprochen u. beraden u.
*ſint weder vur gericht komen* u. haint, in alle der be-
ſter maneren wege rechten u. formen ſi ſolden u. moich-
ten, unbetwongen u. ungedrongen bi iren eiden u. ge-
loifden . . . vur recht u. altherkomen gewiſt. Örbacher
w. Alsdann da haben ſie auch die nachbarn u. ganze
gemeinde der dreien dörfer erinnert u. vermanet der
gethanen eide, redlichkeit treu u. ehre, ſo ſie ihren
weibern u. kindern ſchuldig ſein u. ſollen *kinder ſich
in red u. geſprech gehen*, ſich unterreden, erlernen
und einer von dem andern erfahren, weſſerlei freiheit,
herrlichkeit, gewohnheit u. recht auf der gem. weide,
das ried genant, ſie haben u. von ihren eltern auf ſie
gebracht und erwachſen und nach gehaltenem rede u.
geſpreche ſolche freiheit recht u. herrlichkeit der weide
in der beſten form u. weiſe mit recht weiſen u. aus-
ſprechen. Rieder weidinſtr. Des *ſtunden* wir genanten

hantfchepfen mit laub *uff* u. haten des unfer gefprech u.
*qwamen wider* u. brachten des kein urteil. Wafunger
landger. Da feind die fcheffen alle gemeinlichen *in ihre
gefprech ußgangen* und feind *wieder inkhomen* u. ha-
ben alle eintrechtiglich u. ungezweit zu recht ausge-
fprochen u. gewiefen mit gemeinem urtheil. Schwarzen-
felfer w. Nach folicher vorlefung ift der fcheff *aus-
gangen* u. fich miteinander bedacht und *wider auf
fein ftul gefeßen* u. muntlich das weisthum ausgefagt.
Gugenheimer w. Daruf fint die fcheffen *aufgeftanden*
u. *in ihr gefprech gangen* u. über ein kurz weil *wi-
der komen, nider gefeßen* u. geweifet. Vilbeler w.
Haint die fcheffen fich *auf eine feiten gezogen* u. fich
wol beraten. Irfcher w. Sie haben auf ein jede frage
iren *abtritt* u. *bedenken genommen.* Bingenheimer w.
*Gehen* die zwölf fchöpfen *ins bedenken.* Heldburger
centgerichtsbrauch. Die fchöffen, wenn fie *abtritt neh-
men,* gehen an einen gewiffen ort ohnfern dem ge-
richtsplatz, der etwas tief u. die *fchöpfenkaute* (bei
Hallwachs p. 101. fchöpfenkan) genant wird, an wel-
chem vorzeiten *fitze von rafen* gefchlagen gewefen fein
follen u. alhier berathfchlagen fie, was an dem gerichte
vorzubringen fein möge. Crainfelder w. Alfo hat der
fcheffe *bedacht genommen,* darnach *wider kommen* u.
durch ihren mitbruder Hanfen Schmiden zu Oberramb-
ftatt mit ihrer aller *beifein* u. *ja* folgendermaßen reden
laßen. Oberrambft. w. von 1492. *Tretet uß* und ne-
met den lantman zu uch u. wifet dem walpoden fine
herlichkeit u. der mark rechte! Oberurfeler w. von 1401.
Und fo *feind gegangen aus gefetzter bank* die ge-
fchworne fchullefen u. fchöffen u. haben fich beredt u.
befprochen miteinander, darnach feint fie *wieder fitzen
gegangen* in gericht u. hent geantwortet uf die vor-
frage. Efchborner w. Haben die fifcher darauf *bedacht
genommen* u. feint allefambt *abgetretten,* nach gehab-
tem bedacht u. rathe *widder beigetreten* u. darauf ein-
hellig u. einmuthig bei ihren eiden, gelübden u. pflich-
ten . . . geweißt u. erkant. Trierer fifcheramtsw. Qui
fcultetus *trahens fe ad partem* cum villanis et incolis . . .
et bene cum eisdem deliberatus nomine et ex parte
omnium eorundem ibidem aftantium nemine contradi-
cente refpondit. Adendorfer w. Und *giengen* auch zu
ftunt der itzgemelt fchulthis mit andern der menien (von
der menge) *uf ein (fite)* und *bedachten fich.* Otten-
heimer w. Da bat derfelbe Bieber Jacob urlaub, fich

mit berührter gemeinde zu unterreden, das ihm vergönnet, darauf er *mit der gemeinde abgetreten* u. folche *unterrede* gethan u. demnach mit ihnen *wieder herbeigegangen* u. gefaget. Blankenrader w. Der fragen hant fie (die fcheffen) ein *berateniſſe genomen* u. *fint wider komen* ... und gewifeten. Winninger w. Dat ordel wart beftadet an Johan Buck, de *fik ummekerde* u. bereit fik u. *quam weder in* u. wifede vor recht. Kindl. m. beitr. 3, 649 (a. 1506). Dit ordel heb ik geftelt an Cord Bademoder ein echt frifcheppe, die fik mit dem ganzen umftande u. dinkplichtigen des frigerichts *umgekart* heft und fik darup bereden u. is wedderumme *int gerichte kommen* u. mit gemeiner volge vor recht gewift. ib. 3, 626 (a. 1490). Welk ordel wort beftadet an Bernd Winkelmann, de darup verramet u. *fik umbgekart*, mit den umftenders des gerichts fik befproken u. vur recht gewifet. Widenbrügger holting p. 147. Welk ordell is beftadet an Franzen Mofelagen, de fik *mit den umbſtande umme gekert*, beleret u. darup verramet und vor recht ingebracht. ib. p. 161 (a. 1551.) *)

Die mitgetheilten auszüge lehren hinreichend, daß beides an gebotenem und ungebotnem gericht die fchöffen zur findung des urtheils und der weifung abtraten. einigemal tritt der fchultheiß mit ab, nämlich da, wo er nicht vorfitzender richter ift, fondern feine dorfleute in die gauverfammlung begleitet hat. Es kommt auch vor, daß in außergerichtlichen händeln andere, z. b. gefandten, an die eine entfcheidung geftellt wird, zur berathung bei feite treten; in einem protoc. von 1539 (deduct. der ballei Heffen, beil. nr. 126) heißt es: welchs (worüber) die gefandten ein *hinder fich gang* genommen.

14. *Sitzend foll man urtheil finden.* Sfp. 2, 12. 3, 69. Der richter faß gewöhnlich auf einem ftul (oben f. 763), die fchöffen auf *bänken*, daher heißt es *bankes bidden*

*) Philand v. Sittewalt foldatenleben (ed. Leiden 1646. p. 806. 307): edele herrn räthe, wir bitten umb urtheil. auf welche wort ftunden die räthe auf u. *traten beiſeit* in ein abfonderliches an den fchranken verfchloßenes ort, umb fich des urtheils wegen zu bereden ... *kamen fie wider* ein jeder an feine ftelle u. Hans Thurnmeier, das wort im namen aller führend, fprach.

Sſp. 3, 69 die *bank* beſetzen, ſpannen, ſchöffen*bank*.
oft aber hatten auch die ſchöffen *ſtüle* und dann der
richter nur einen höheren oder größeren. Belege ſind
eben unter 13 beigebracht worden. Wenn es in einer
alten formel heißt: praeſentibus quam pluribus rachim-
burgis, qui ibidem . . . *reſidebant* vel *adſtabant* (Bignon
p. 119); ſo darf man wohl die ſitzenden auf ſchon er-
wählte urtheiler, die ſtehenden auf unerwählte beziehen?
Schilt ir ordel en ir genot, he ſal des bankes bidden,
en ander to vindene, ſo ſal jene *upſtan*, de't ordel vant
unde deſe ſal ſik *ſetten* in ſine ſtat unde vinde dat ime
recht dünke. Sſp. 3, 69; die aver to den benken nicht
geboren (richtiger vielleicht gekoren) is, de ſal des ſtu-
les bidden mit ordelen, en ander ordel to vindene, ſo
ſal ime jene den *ſtul rumen*, diet irſte ordel vant. Sſp.
2, 12. Von tracht und kleidung der ſchöffen oben
ſ. 764; *ſtäbe* kommen ihnen nicht zu, wohl aber vor
alters waffen, im lande Delbrück beſtand der rath aus
20 frommen männern, deren jeder mit *rathſpieß* oder
*lanze* verſehen zu gericht gieng. Delbr. landr. p. 9.

15. *Säumige, ungerechte urtheiler* trifft ſchwere ſtrafe an
landrecht und ehre.\*) In Friesland wurde ihnen das *haus
abgebrochen* (oben ſ. 729), dieſe ſtrafe muß viel weiter
verbreitet geweſen ſein, ſie herrſchte auch im Elſaß: würde
och der ſcheffeln deheinre ſumig und keme nit an das
gerihte, ſo het der herre von Ohfenſtein, der das ge-
rihte beſitzet, gewalt, deme ſcheffele ſin *hus abe ze
brechende* unze an die vier pfoſten u. unze an die uf-
ganden bant, die an die virſt gant, u. ze nemende alles
das in dem huſe iſt\*\*), ane den pflug u. das bette ze
beröbende. und ſol man den ſcheffeln *under der ſwel-
len us dem huſe ziehen* (gleich einem unehrlichen ver-
brecher, oben ſ. 727) u. in *buchelingen* (mit dem bauch)
*uf ein pfert legen* u. ze gerihte füren. Haflacher w.
Den vor gericht ausbleibenden märkern wurde der
*backofen eingeſchlagen*, *der brunnen gefüllt* (oben
ſ. 529.) Gelinder der Sſp. 2, 6: ſve to dinge nicht ne

---

\*) Bodmanns abh. von der ſtrafe des ausbleibens in den deut-
ſchen gerichten iſt mir nicht zur hand. in den rheing. alt. p. 674
bemerkt er, daß zögernde ſchöffen *gemahnt* werden konnten *in-
zuligen* u. in *eine herberge zu faren* (vgl. oben 620), bis daß ſie
recht fanden.
\*) was in ſeinem haus were under dem ſlifbalken, das ſoll
eines forſtmeiſters ſein. Dreieicher w.

kumt, den delt man weddehaft, of he dar plichtich is to
komene. Lex fal. 53, 4 redet vom ausbleibenden gravio,
nicht von den urtheilenden.

16. *Unwißenheit im recht* hingegen fchadete denen, die
eines urtheils *gefragt*, mit dem urtheil *beladen* waren,
denen ein urtheil *befohlen* war (über diefe ausdrücke
vgl. Maurer p. 235), nichts; in den weisthümern be-
gegnet nicht felten, daß die fchöffen auf die an fie ge-
richtete frage keine antwort einbringen können. Traute
fich nun ein einzelner fchöffe oder trauten fich alle
fchöffen nicht, in dem ihnen vorgelegten fall das recht
zu finden; fo durften fie fich auswärts *raths erholen*,
worauf ich hernach cap. IV unter 7 zurückkommen werde.


## CAP. II. GERICHTSORT.

Das alte gericht wurde nie anders als *im freien* *) ge-
halten, unter ofnem himmel, im wald, unter breitfchat-
tenden bäumen, auf einer anhöhe, neben einer quelle;
enge wohnungen hätten die verfammelte menge nicht
gefaßt, und die anficht des heidenthums verlangte zur
gerichtshaltung *heilige örter*, an welchen opfer ge-
bracht und gottesurtheile vorgenommen werden konn-
ten. Jene opfer tilgte der chriftenglaube, er ließ aber die
alten gerichtsftätten ungeftört. Wir können daher noch
bis in die fpätere zeit eine vielheit von plätzen aufzäh-
len, welche fitte und herkommen für die haltung der
gerichte beibehielt, doch entgeht uns meiftens ihre be-
deutfamkeit und es bleibt dunkel, warum hier auf dem
berg, dort unter dem baum, hier auf der ftraße, dort
an dem waßer recht gefprochen wurde.

A. *gericht im wald. lucos* ac *nemora* confecrant. Tac.
Germ. cap. 9. und von den Semnonen cap. 39: ftato
tempore in *filvam*, auguriis patrum et prifca formidine
*facram* . . . coeunt. Ein heiliger hain hieß ahd. *paro*,
agf. bearo, ein priefter *parawari*; die benennung ha-

---

*) zu Athen waren die meiften gerichtshöfe *bedeckt*, mit aus-
nahme derjenigen, in welchen über mord gerichtet wurde und
vermuthlich auch der *Heliäa* (ἡλιαία). vgl. Meier u. Schöm. p. 148.
Vielleicht war auch bei unfern vorfahren die idee bekannt, daß
richter und verbrecher nicht *unter einem dach* zufammen fein
follten.

*ruh*, haruc (gramm. 2, 297) hat fich in dem *harahus* der
l. rip. erhalten, vgl. Rogge p. 175. es gibt noch eine
menge anderer namen, einige gehen in den begriff von
waldwiefe, waldaue über, z. b. das mhd. *lô* (flav. lug, aue),
anger unde *lô* Walth. 76, 11. bluomen in dem *lôhe* MS. 2,
109[b] und ich habe f. 497. 498 gezeigt, daß auch die
wiefe zur mark gehört und mark wald bedeuten kann.
viele mit *lô* zufammengefetzte waldnamen findet man
bei Kindl. 2, 23 (a. 855) 2, 30 (a. 889). In der vor 913
gefchriebnen vita Lebuini († 776), bei Surius novemb.
p. 282, heißt es von den Sachfen: ftatuto quoque tem-
pore anni femel ex fingulis pagis atque ex iisdem ordi-
nibus tripartitis (oben f. 227) fingillatim viri duodecim
electi et in unum collecti in media Saxonia fecus flumen
Wiferam et locum *Marklo* nuncupatum exercebant *ge-
nerale concilium.* Placitum in eadem *fylva,* ad tumu-
lum qui dicitur Walinehoug. cod. lauresh. nr. 6. (a. 795).
Im mittelalter pflegte man durch den ausdruck *forft* (fo-
reftum) die gegend in der mark zu bezeichnen, wo fich
das gericht fammelte: feci *conventum* fieri in *forefto*
Vierbeche (wo vier bäche floßen) fub praefentia Rug-
geri comitis, ibique iterum juravit (Sigebodus) cum XII.
fuae conditionis hominibus, quod ipfe liber et ingenuus
liberam haberet poteftatem tradendi fupradictum prae-
dium. Wenk 2. nr. 37 (a. 1073); praefidente Erf. comite
in *forefto* Vierbechae ad hujus rei judicium. ib. 2. nr. 41
(a. 1095); in publico judicio *prope lucum* Schabe. Ried
nr. 271 (a. 1179); in *placito*, quod fuit in *filva*, que
dicitur *vorft*\*), prope civitatem Cafle. Kopp nr. 55 (a.
1294); gericht *uf der breiten furft,* 'die da mitten im
gericht gelegen u. von alter auch dafelbs gehalten wor-
den. Schwarzenfelfer w. Die meiften mark und holz-
gedinge wurden im wald oder auf waldwiefen be-
gangen.

B. *gericht unter bäumen.* Auf wiefen und auen,
wahrfcheinlich auch in den wäldern bezeichneten be-
ftimmte bäume die gerichtsftätte. oft wird nur ein *einziger*
genannt, unter deffen fchatten fich richter und urtheiler
niederließen: oft find es aber mehrere, und da hier
wiederum die zahl *drei* und *fieben* erfcheint, fo beziehe

-------

\*) noch heut zu tage der *forft*, jetzt eine faft baumlofe große
wiefe, immer aber der öffentliche heerplatz.

ich das auf die urtheiler, deren wenigſtens drei ſein
müßen, meiſt ſieben ſind. in dieſem fall wird der rich-
ter ſeinen ſitz in der mitte auf einem ſtein oder hügel
gehabt, jeder urtheiler aber rings unter einem baum
geſeßen haben. Die normalzahl der urtheiler findet alſo
auch in der örtlichkeit der alten gerichte beſtätigung.
Die art der bäume iſt in den urkunden manchmal un-
angegeben: judicia ad *altam arborem.* (a. 1230. 1251).
Erath cod. dipl. quedl. 183. 186. 202. Grupen diſc. for.
p. 861. orig. guelſ. praef. tom. 4. p. 18. 19. Zu Arns-
berg im *bomhofe* wirt das übergericht aller freien ſtüle
gehalten. Kindl. 3, 722. Wigang 568.; actum in campo
qui dicitur *paumcartun.* Neugart nr. 61 (a. 775); ze
Iberch *in dem bomgarten.* Neugart nr. 1025 (a. 1281);
ein berührter frieſiſcher landtag zu Upſtalles *bâm* bei
Aurich, ſtal iſt locus, ûpſtal locus editus, clivus, worauf
der baum ſtand.

1. häuſig ſind es *eichen.*\*) conventum ad *caſnum* in
Cotia condixerunt, (caſnus iſt das franz. cheſne, chêne)
Hincmari rem. ann. a. 877. bei Pertz 1, 504; cujus te-
norem plebanus de Schweighuſen *ſub quercu* Vechen-
heim cunctis audientibus recitavit. Schöpfl. nr. 451 (a.
1227); anno 1483 wurden die menner des gerichts zu
Sonneborn (jetzt Somborn) von Conz Folhart von Oden-
heim geheiſchen gein Weſtphalen an den frien ſtul *zu
der breiten eiche.* acta hanovienſia. Marb. 1739. 1, 89:
judicium *ſub quercu.* Kindl. Volmeſtein nr. 73; gericht
in der mark Eiſetkuth bei Torgau *zwiſchen drei jun-
gen eichen.* Klingner 3, 583 (a. 1729); landgericht ad
*ſeptem quercus.* Schwarz de ferie proceſſ. in cauſis ad
jus ſverinenſe dirimendis p. 32; villa parochialis *ſeptem
quercuum* (dorf Siebenbäumen bei Lübeck). regiſtr. de-
cimar. ratzeburg. bei Weſtphalen mon. ined. tom. 2;
holzgericht *bei den ſieben eichen* am Weſtenholz. Gol-
terner w. Folgende örter, wahrſcheinlich alte gerichts-
plätze, finden ſich auf der weimarſchen karte von
Deutſchland: *Dreieich* ſect. 106. *Dreieichen* 137. 150.
*Sibenaich* 121. *Siebeneich* 131. 190. *Siebeneichen* 17.
27. 84. 86. Kein Achteichen, Neuneichen und nur ein-
mal *Fünfeichen* ſect. 61. *Viereichen* 72. ein *Sibbeneiha*
hat ſchon eine urk. bei Neugart nr. 762 (a. 972.)

---

\*) heiligkeit der eichwälder und eichen bei den celtiſchen
Druiden.

2. noch häufiger *linden*: acta funt hec Gemünden *fub tilia*. Wenk 2 nr. 161 (a. 1261); *fub tilia* in Altorf. Neugart nr. 966 (a. 1258); mallum Widekindi comitis in loco *linden* in pago Merftemen. Grupen alterth. von Hannover p. 113 (a. 1098); in villa Momberg *apud ti-liam*. Wenk 3. nr. 152 (a. 1265.); in loco qui dicitur *unter lindum*. Lang reg. 3, 466 (a. 1275); provinciale judicium *fub tilia* apud Bermaringen. Senkenb. fel. 2, 264 (a. 1255); judicium *fub tilia* in Winkelo. Bodm. p. 655 (a. 1211); jud. *fub tilia*. Bodm. 546; in com-muni placito coram civibus in Altavilla ante ecclefiam *fub tilia*. Bodm. 662; in judicio noftro *fub tilia*, quod vulgo vrieftol appellatur. Kindl. 3, 289 (a. 1307); *to der middelinden* . . . eine rechtlike ind rechte malftede des frien bans. Kindl. 3, 636 (fec. 15); dat gogericht vor dem hufe to Mervelde *under der linden*. Kindl. 1, 414 (a. 1531); gericht gen Lauenftein *unter die linden*. Schultes Coburg 2. nr. 53 (a. 1412); und die male fal man zu rechte fitzen *undir* fente Kilianis *linden*. ftat. mulhuf. b. Grashof p. 249; lehngericht to Boele im dorpe vor der wedeme (pfarrei) *under den linden*. Steinen weftph. gefch. 1, 1330 (a. 1500); item des erften don-resdaghes in der merte *onder der linde* to Effinde (zu Effen). Kindl. 2, 357; gericht uf den hougk *under die linden* zu Alsfelt. Kuchenb. 3, 97; vor fchultheiß, rich-ter, dinklüten u. landmann der gravefchaft Wiede *unter den linden* vor der kirche zu Urbach. J. J. Reinhard abh. 1, 48 (a. 1502); der abt zu Prume befaß fin ge-richte zu fent Gewere bi der kirchen *unter der linden*, da man zu gericht dafelbs pleget zu fitzen. S. Gewerer w.; in offner gaßen faft in der mitten des dorfs *unter einer linden* u. unter freiem himmel. Obermudauer w.; zu Gugenheim uf dem berg *unter der linden*, do man pflegt zentgericht zu halten. Gugenheimer w.; in dem dorf gen. Bingenheim *unter der linden* des merkerge-dings bei dem kirchove gelegen. Bingenh. w.; holtge-richt to Spelle *under der linden*. Speller wolde ordel; und fo in vielen weisthümern, dem Örbacher, Allendorfer, Efchborner und andern mehr. Hans Sachs II. 4, 106ᵇ:

> folch kunft achten wir dorflewt nicht,
> befitzen doch vnfir gericht
> *vnter dem himmel bei der linden;*
> oft kurzer zeit ein vrteil finden
> nach der waren gerechtigkeit,
> damit ir vmbgeht lange zeit.

und noch in einem andern gedicht (Haſleins auszug
p. 295):

> wir bſitzen das gricht *under linden*
> doch etwan kurz ein urteil ſinden,
> das ihr oft langſam kündt erraten.

Noch jetzt trifft man in den meiſten deutſchen dörfern,
z. b. den heſſiſchen, eine linde auf einem hügel, wohin
der grebe die bauern verſammelt, zuweilen iſt die an-
höhe ummauert und ſtufen führen hinauf. Dergleichen
linden konnte ſich jeder als einen luſtort vor ſeinem haufe
anlegen, ohne daß dabei an ein gericht zu denken iſt:

> dâ vor (der burc) ſtuont ein *linde breit*
> ûf einem grüenen anger. Parc. 4819;
> dâ *vermûret* u. *geleitet* was
> durch den ſcate ein *linde.* Parc. 5509.

Geſtühl *unter der linde,* wo nur ein edelmann ſitzen darf.
Morolf. 985.

Mehrere linden auf einer gerichtsſtätte ſind mir in urk.
nicht vorgekommen; die weim. karte fect. 149 hat einen
ort *Siebenlinden.*

3. feltner andere bäume. gericht uff ofener reichsſtraße
*bei der tanne.* Steyerer vita Alberti 2. p. 227 (a. 1324);
zu Loſtorf *unter der tanne* ſaßen die richter. Glutz-
blotzheim p. 456; juxta vibices (?) *bi birkin.* MB. 7,
491 (a. 1189); unter dem *nußbaum* zu Rüdesheim.
Bodm. p. 654; *ſub nucu* (für nußbaum). Kindl. Volmeſt.
nr. 73.; *beim flieder,* in loco propo Ludenghuſen, qui
*ad ſambucum* vocatur, coram judicio liberorum, quod
vulgo frieding dicitur. Kindl. 3, 730 (a. 1230.); *vor dem
hagedorn* unterm blauen himmel. Delbrücker landr.
p. 9, im *hagedorn*gericht. Lauenſteiner vogtged. §. 12.
28; der freienſtul zu Bodelſwinge *unter dem berbome.*
Datt de pac. publ. lib. 4. §. 138 (a. 1443). Ich habe
keine beiſpiele von gerichten unter apfelbäumen und
was viel auffallender iſt, auch nicht unter buchen *) oder
eſchen. Die *eſche* iſt gerade der heilige gerichtsbaum
des Nordens.

4. er heißt gewöhnlich *Yggdraſils aſkr* Sæm. 8ª 44ª. ᵇ.
45ᵇ 89ª Snorr. 17-20. 45. 72. 73, nur ein einzigesmal
*Yggdraſill aſkr* Sæm. 3ᵇ, jener genitiv ſcheint zu neh-

---

*) doch: up de högede an die ſtede geheiten die *iſernboken*
(die eiſerne buche, vgl. oben ſ. 593) dar en frigreve ſitten ſal.
Kindl. 3, 636 (a. 1490.)

men wie in Fenris ûlfr für Fenrir. Yggr ift Odin, dra-
fill ein pferd; Odin hieng neun nächte am windigen
baum. Sæm. 27[b], Odins pferd bedeutet alfo den galgen,
auf dem der hängende *reitet* (oben f. 682). Der heilig-
keit des baums fchadet nicht, daß ein gott daran gehan-
gen hat. Bei diefer geheimnisvollen efche nun hält
Thor und halten alle götter gericht (dœma fara *at afki*
y.), in feiner nähe finden fich die drei urtheilenden
nornen (oben f. 750), unter feinen drei wurzeln quellen
*Hvergelmir*, Urdar (der einen norn) *brunnr* und Mi-
mis *brunnr*, diefe brunnen ftehen in bezug auf opfer
und weiffagung. Unverkennbar befchreibt Adam von
Bremen einen ähnlichen gerichtsbaum, der bei dem
heidnifchen tempel zu Upfala ftand: prope illud templum
eft *arbor maxima*, late ramos extendens, aeftate .et
hieme femper virens (ftendr ey yfir grœnn Urdar
brunni), *cujus illa generis fit*, *nemo fcit*. ibi etiam
eft *fons*, ubi facrificia paganorum folent exerceri et
homo vivus immergi, qui dum immergitur, *ratum erit
votum populi*. (Lindenbrogii fcript. ed. Fabric. p. 61.)

C. *gericht auf auen und wiefen.*

Die alten *merz* und *maiverfammlungen fcheinen auf
großen und freien auen, in der nähe eines flußes ge-
halten worden zu fein, vgl. oben f. 244. 245 und Du-
cange 2, 121., es fehlt an genauer fchilderung und man
weiß nicht, ob für den könig ein erhöhter fitz angeord-
net war. *Campus* judicat. lex Angl. et Wer. 15. Das
praeceptum pro Trutmanno comite vom j. 789. (Baluz
1, 249) verordnet: ut refideat in curte *ad campos* in
mallo publico. Coram libero comite Otberto *apud pra-
tum* juxta Rethe in loco legitimi banni regalis, qui lo-
cus vulgo *malftad* appellatur. Kindl. 2, 260 (a. 1244);
ad forum vrienthinc in loco qui *pratum* dicitur. Kindl.
3, 177 (a. 1248); acta funt *ante viridarium* caftri. ib.
250 (a. 1296); loco feu *planitie* noftri judicii (prope
Marburg, hodie auf dem *kampfrafen*) Kopp heff. ger.
1, 265 (a. 1284); item wo der fcholtheis in dem vorg.
begriffe fitzet u. fcheffen bi im hat, eȝ fi *of dem felde*
oder anderswo, da mag er gerichte halten. Bacharacher
w.; zu Waldaffen anderfit der bach *in dem garten*,
da man fpulget der herren von Lindawe gericht zu halden.
Bodm. p. 691 (a. 1386); landgericht *auf der lützelnau*.
Bodm. p. 477; merkerding auswendig Obernurfel genannt
*auf der aue* dafelbft. Obernurfeler w.

**D.** *in der nähe eines waßers.*

In loco *juxta fluvium* Pheterach. Meichelb. nr. 368;
placitum publicum in loco nuncupato Rodhoheskirihha
*super Lapara.**)* Ried nr. 23 (a. 822); actum *super
fluvium Moin* in loco nuncupante Franconofurd. Ried
nr. 10 (a. 794); acta funt hec aput Velbach *in littore*
laci turicini. Neug. nr. 1030 (a. 1282); in plenario *juxta
littus aquae* in Genſungen. Kopp 1, 277 (a. 1256); *ſu-
per vadum amnis* dicti Bürke prope Porſlar, fede li-
beri comitatus. Kindl. 3, 283 (a. 1305); gericht *vor der
müle* zu Stockenau an der zimmerner ſtraße. Dieburger
w. Auch an brunnen: *zu dem richtbrunnen* an dem
landtag bi Stuhlingen. Wegelin 2, 221 (a. 1391) vgl.
Schöpflin 2, 314 (a. 1405); daz unſer gn. hern gerichte
wendit *on der bornſul*, da haben unſer hern ſchepphen
gerichte geſeßin. Haltaus 178 (a. 1412); *beim born* zu
Pfungſtatt. Wenk 1, 82; hubegericht gehalten im vorhofe
des kloſters zwiſchen dem ſteinhaus und dem *ziehbronn.*
Lorſcher wildbann. Noch häufiger vor oder auf brücken:
placitum *juxta pontem* fluminis, qui dr. Glatt. Ludwig
ſcript. bamb. 2, 405 (a. 1027); haec autem mutuatorum
praediorum alternatio facta eſt *ſuper ripam* fluminis Werra,
*ſecus pontem* fuldenſis oppidi, quod Fach vocatum eſt.
Thuring. ſacr. 1, 97 (a. 1189); hanc autem donationem
primo *ſuper pontem* in Huſelenſtam factam ſecundo in
generali placito apud Haſelbach a comprovincialibus ha-
bito renovarunt. Wenk 1. nr. 9 (a. 1211); *apud pon-
tem* Hach. Kindl. 1, 187 (a. 1252); gauding in Greben-
ſtein *auf der brücke* unter freiem himmel. Kopp 1, 393
vgl. Kuchenbecker 2, 290. heſſ. denkw. 4, 252-268; ge-
richt zu Hufen *vor der brücken.* Kopp nr. 73 (a. 1462);
*brückengericht* zu Würzburg (a. 1456) Schultes Hen-
neb. 2, 275 vgl. Haltaus 189; *uff der brucken* zu Stein-
heim. Senkenb. ſel. 1, 251; *uff der brucken* zue Hirſaw.
Befold monaſt. wurtenb. p. 612; ſein gericht mag er (der
landrichter) ſetzen *vor der brucke.* Walch 3, 257; frie-
ſtol *vor der luttiken brugge* bei Attendorn. Kindl. 3,
636; *up unſe brugge* vor unſer borch tho Bützow.
Weſtphalen mon. ined. 4, 930 (a. 1508). An mauer u.
geländer der brücke fanden ſich leicht ſitze für die ur-

------

*) hier könnte der fluß zur bezeichnung des orts hinzuge-
fügt ſein, ohne daß man auch die gerichtsſtätte an dem fluß an-
zunehmen hätte.

theiler, man brauchte nur von zwei feiten zu fperren,
um völlig gehegt und ungeftört zu fitzen. In Nieder-
deutfchland hatte fich bis ins 18. jh. die alte fitte ver-
breitet, feierliche fefte *auf der brücke* zu halten, mahl-
zeit und trinkgelag. Spiels archiv 3, 145. 146. 148. Doch
erklärt den gebrauch die bloße bequemlichkeit der fper-
rung fchwerlich ausreichend, da man auch vor den
brücken und am ufer gericht hegte, oder an brunnen.
vielmehr fcheint urfprünglich das heilige element*) zu
gerichtshandlungen erforderlich gewefen und darauf die
beibehaltne gewohnheit gegründet; man vergl. das waßer-
urtheil im 8. cap. und den *möglichen* zufammenhang
zwifchen fchöpfe (judex) und fchöpfen (haurire) oben
f. 776.

E.  *in tiefen und gruben.*

Gerichte *auf dem graben*, *fuper foffatum, circa fof-*
*fatum* führt Haltaus 746. 747 an, ein leipziger gericht
*auf dem rothen graben* (loco olim concavo, fito in
trivio) 1559; ein anderes beifpiel gibt Joh. Wolf in der
gefch. des gefchl. von Hardenberg 2, 105. 106, auf der
grenze zwifchen Braunfchweig und Mainz, in einer ver-
tiefung der feldflur von Nörten, die grube, grobe ge-
nannt, wurde das *grubengericht* gehalten, vgl. Senken-
berg C. J. Germ. I. app. nr. 12. Bemerkenswerther
fcheint, daß die mit dem umftand beifeitstretenden
fchöffen in eine *grube* giengen (vorhin f. 790) und daß
auf Ifland neben dem lögberg einer *almannagiâ* (hiatus
multitudinis) gedacht wird, wo fich die leute vor oder
nach der eigentlichen gerichtshaltung fammelten. Niala
cap. 76. 125. 139. 140. 146.

F.  *auf berg und hügel.*

Die großen volksverfammlungen forderten freie ebenen,
geringere gau und centgerichte, fodann wohl alle gebot-
nen fanden auf anhöhen raum. wenigftens wird von je-
nen nur der ausdruck *mallum* (oben f. 746) oder placi-

---

*) heilawâc, heilprunno, altn. heilög vötn. Sæm. 149ᵃ. Das
celtifche alterthum kennt fogar gerichte, die auf dem waßer ge-
halten wurden: le lac de Grandlieu avait baute, moyenne et
baffe juftice. le tribunal fiégait dans un bateau à 200 pas du ri-
vage. lorsque le juge prononçait la fentence, il devait *de fon pied*
*droit toucher l'eau du lac.* mémoires de l'acad. celtique 5, 143.

tum gebraucht, nicht *mallobergus* (ahd. mahalaperac?),
welches hingegen da ſteht, wo von gerichten für wirk-
liche rechtsſtreite die rede iſt, alſo von kleineren (placi-
tis minoribus). Sagibarones in *ſingulis* mallobergiis, id
eſt plebs, quae *ad unum mallum* convenire ſolet, plus
quam tres eſſe non debet. l. ſal. emend. 56, 4; ſolem in
*mallobergo* collocare. pactus 59, 1. Den namen mal-
berg führten und führen noch manche örter, von de-
nen ſich nicht zeigen läßt, daß ſie der ſitz anſehnlicher
gau und landgerichte waren. Die weimarer karte ge-
währt ein *malberg* ſect. 150. *mahlberg* 152. *molberg* 25.
*malbergen* 25. *molbergen* 35, eben ſo häufig iſt das all-
gemeinere *mahlſtedt* oder *dingſtedt;* ein nobilis vir de
*malberhc* im reg. prumienſe b. Hontheim 1, 670. Oft
heißt es bloß: auf dem berg. ad miſſos dominicos in lo-
cum qui dicitur Lorahha in *monte* nuncupante Wartperc.
Meichelb. nr. 129; verſus de Thimone comite (b. Meichelb.
nr. 23):

  perficeret ſiquidem placitum cenſorius ejus
  in *ſummo montis vertice* tum dominus.

gericht am *donnersberg* *) bei Warburg in Weſtphalen
(Wigands archiv I. 1, 55 ff.); placitum in eadem ſylva
*ad tumulum* qui dicitur Waline*houg*. cod. laureſh.
nr. 6 (a. 789), *houc* (neutr.) bedeutet collis; *zu den hu-
gen* (l. hougen) an dem merkerdinge. Wenk 2, 327 (a.
1334); placitum *in monte* Mulenheim juxta Wetslariam.
Gudenus 2, 207 (a. 1279); Cuno von Falkenſtein, der
erzb. v. Trier und Johan h. z. Limpurg befaßen das
gericht *auf dem berg* mit ir ſelbſt leiben. Limburger
w.; daz gerichte *of der* (? den) *tunnen.* **) Günther 3.
nr. 524 (a. 1371); *perchtaiding* und etaiding. MB. 5, 56
(a. 1331); an gewohnlicher Gerichtsſtede uf unſ. lieb.
frauwen *berg*, an der mure, die umb den kirchof gehet.
Kopp nr. 73 (a. 1462); landgericht auf dem *Leineberg*
bei Göttingen. Grupen diſc. for. p. 839 (a. 1526. 1533);
item, ouch ſin die von Kirchdorf ſchuldig ze mer ge-

---

*) *thuneres berg*, nicht unwahrſcheinlich von dem heidniſchen
gott *Thunar* ahd. Donar (alt. Thor), dem noch mehr berge ge-
heiligt waren (vgl. den donnersberg in der Rheinpfalz hinter Mainz)
wie dem Wodan andere, z. b. *Wodensberg*, Gudensberg in Heſſen,
ein anderes *Gotansberg* in Langs reg. 3, 471 (a. 1275.)

**) auf freiem felde umweit Lonnig im Trieriſchen, wo noch
einige hügel ſichtbar ſind, welche man die *tonnen* nennt. vgl.
agſ. dûn (mons) engl. down.

ziten in dem jare, wenn ungepoten ift, *uf den berg*
ze gende u. daʒ dar der ftock in dem dorfe ftet. Kir-
dorfer r. ungeboten gericht *auf dem berge.* Obern-
auler w. In Obercatzenelnbogen (an der bergftraße)
wurde das centgericht zumal häufig auf bergen gehalten,
das erfelder, gerauer, jugenheimer, pfungftädter, ober-
ramftädter w. reden daher von *bergfchöffen*, von ge-
bieten laßen *auf den berg.* Maurer p. 162 bemerkt, daß
das wetterauifche landgericht der graffchaft bornheimer
*berg*, das rheingauifche bei Nehren *auf der überhöhe*
darnach benannt worden find, vgl. Bodm. 597. 606. —
Was in Franken malloberg hieß im Norden *lögberg*
(gefetzberg, juris dicundi rupes), deffen in der Niala
häufige meldung gethan ift, z. b. cap. 56. 140; doch
fcheint er mehr für größere landgerichte zu dienen, für
kleinere aber die *þingbrecka* (dinghügel, von brecka cli-
vus) z. b. Eigla p. 727. 734. Erinnert fei auch an die
celtifchen und druidifchen verfammlungen auf bergen,
hügeln, felfen, zu opfer und gericht, fo wie an die der
romanifchen dichter und fänger auf dem *pui* oder
*pueg.* *)

G. *bei großen fteinen.*

belege aus urkunden vor der zeit des mittelalters find
mir nicht zur hand, aber das hohe alterthum grade die-
fer art von gerichten fcheint unzweifelhaft; örtliche
überrefte heidnifcher opfer und gerichtsftätten in Nie-
derdeutfchland, Scandinavien und in den celtifchen län-
dern zeugen laut davon. Man vergleiche nur die alt-
nordifchen wahlfteine oben f. 236. 237. Was die nach-
folgenden fpäteren urkunden erwähnen, enthält gewis
uralte fitte: item cum dominus comes extra noftram ci-
vitatem apud loca determinata, videl. *lapidem* in Narve,
fub tilia apud Bermaringen, apud locum qui dicitur
*ruhimbuhel* (ruhefitz auf dem hügel) et *apud lapidem*

---

*) mittellat. *podium*, pogium. Ducange 5, 593. 594; altital. *pog*,
poggio (woher appoggio, ftütze); altfranz. *pui* (mons, collis; woher
appui ftütze, lehne) provenz. pueg, puei, puoi, pug. Balus 2, 1552.
Noch die fpätern rhetoriker in Picardie und Flandern hatten ihre
gefellfchaft auf folchen *puis.* auch der fängerftreit auf dem wart-
burger *berg* gleicht einem gerichtlichen kampf, kiefer und ein
häher (Stempfel) find dabei beftellt. Andere berührungen zwifchen
den alten dichtern und richtern feien hier nur angedeutet, von
beiden gilt *finden* (trovatori, troverres, urteilfinder) und *fchaffen*
(agf. fcôp, ahd. fcuof, poeta; fcapinus, fchöffe.)

apud Ringingen celebravit *provincialia judicia.* Senkenb. fel. 2, 261 ff. (a. 1255); quod dominus Wulframus praedictus judicio advocatiae fuae intra fepes dictae villae (Werftad), quae zingile nominantur, condicto praefidebit, et quicquid ibi de caufis civilibus ceterisque minoribus accufatur, cum fuis fcabinis licite judicabit, fuperiora vero judicia et judicium in campo *apud longum lapidem,* quod *landding* dicitur, dicto ringravio cum omnibus fuis proventibus ratione cometiae fuae competent. Bodm. p. 617 (a. 1274); daʒ Heinrich von Mengirskirchen fchultheiße zu Ameneburg an gerichte faß *vor dem bilfteine* under Ameneburg u. di fcheffen u. zente dafelbes an gerichte ftunden. Wenk 2 nr. 404 (a. 1365); wan ein man uf den leib gefangen wird u. den tod verwirket u. im thurm fo fwach oder durch den fcharprichter gelembt wurde, fo das er nit ghen kont oder mocht, fo fol ein amptman zu Monfter in tun furen u. liefern zu Lonnich an *die drie fteine* (den platz der hinrichtung u. des alten gerichts?) Lonniger w.; wer *den obirften ftein* inne hat, wie fich das nach rechten gebürt, den erkent man für den obirften fchirmherrn. Hirzenacher w.; das hobsgeding auf dem fchulzenhof zu Ör wurde unter freiem himmel gehalten, *auf einem großen flachen ftein* nahm das gericht (richter und gefchworne) um einen tifch herum platz, am ftein war ein eifernes halsband mit einer kette befeftigt als zeichen des dem Domcapitel bewilligten gebots und verbots. Rive p. 240. Bodmann p. 617 bemerkt, daß am rheinftrom die alten land und ftadtdinge durchgehends bei gewiffen fteinen, die bald *longi lapides,* bald der *blaue ftein* (zu Cöln)\*), der *fchwarze ftein* (zu Worms) heißen, gehalten werden. Bei Lützelnau ein *ftein* (unten f. 807.) In der bremifchen botdingshegung heißt es: in erfte geit van mines gn. h. wegen der greffe up des ftichtes hof unde *up den bottingfteen* ftan unde mins gn. h. amptlude ftan bi eme allenthalven *beneden den fteen* u. de gemeine, de des bottings plichtig fin, ftan for den greffen *nedden den fteen* ummeher . . . . . . unde ji fcholt *van dem ftene* noch to rugge offt forwart treden, fonder ji hebben m. g. h. botting upgegeven under des königes banne. Nähere forfchungen können ergeben, ob auch bei diefen dingfteinen, wie bei den bäumen, die zahl drei, fieben und zwölf vorwaltet. *Zwölf* fteine

---

\*) vgl. Ernft Weyden Cölns vorzeit. Cöln 1826. p. 207.

kommen in Upland für die urtheiler vor, *dreizehn* in Südermanland (der dreizehnte für den vorſitzenden richter.) vgl. Dreyer verm. abh. p. 773.

H. *vor dem thor auf der ſtraße.*

Im mittelalter waren *vor den burgthoren ſteinſtaffeln* angebracht, die dazu dienten um zu pferd zu ſteigen oder abzuſteigen, *perron* genannt in franzöſ. gedichten des 13. jh. Auf einen ſolchen *perron* pflegte ſich aber auch der gerichtsherr oder ſein beamter niederzulaßen, wenn er recht ſprach, vgl. Legrand fabliaux 1, 119. 3, 404. Joinville hielt auf des königs befehl oft dergleichen *plaids de la porte.* Einerlei hiermit ſcheint mir nun der *regis ſtaplus* (ſtapfolus) lex rip. 33, 1. 67, 5. 75. vor welchem ſchon damals gerichtet werden konnte, es heißt 33, 1: ad regis *ſtaplum*, vel ad eum locum ubi mallus eſt*); judicium in caſtro Landskrone *circa gradus.* Gudenus 2, 1182 (a. 1382.) Das frieſ. aſegabuch p. 21 und 237 gedenkt des *thingſtapul*, doch nicht als richterlichen ſitzes, ſondern als des blocks oder ſteins, auf welchem ſträflingen die hand abgehauen wird, wie auch die vorhin genannten *drei* Lonniger *ſteine* vermuthlich hinrichtungsſteine waren. Im ebersheimer ſalbuch heißt es: und ſol dirre hof han zweine *ſtaffelſteine* u. einen ſtock. Das alterthum, ſcheint es, ließ auch leibliche ſtrafen im kreiße des gerichts vollziehen. *Staffelgericht* zu Weißenburg im Elſaß und *gradgericht* zu Weißenfels in Sachſen. Haltaus 747. 1726.

Eine merkwürdige ſtelle der EH. bezeugt, daß der altſächſ. *huarab* (oben ſ. 747) an der öffentlichen ſtraße**) in felsſteinen angebracht war. Von dem ſchweren traume gequält ſendet des Pilatus ehfrau nach ihrem gemahl, der bote macht ſich auf den weg (warth an ſithie), bis daß er: ſittian fand

> thena heritogon *an huarabe* innan,
> *an them ſtênwege, thar thiu ſtrâta was*
> *feliſon gifuogid.*

---

*) ſi quis ariſtatonem hoc eſt *ſtaplum* (leichenſtein?) ſuper mortuum miſſum capulaverit. 1, ſal. emend. 57, 3.

**) das goth. *plapjô* (platea) findet ſich wieder in dem fränkiſchen *plebium* (ſ. plepium? vgl. ſ. 776) locus publicus, platea, vicus; letztere bedeutung hat es im capit. de villis §. 24. 42. vgl. Bruns p. 17 und 368.

praedicti fratres de Bikkenbach ter in anno poſſunt in *ſtrata communi* judicio praeſidere. Gudenus I, 853 (a. 1291); in oppido Clingenowe *ante caſtrum in ſtrata publica.* Neug. nr. 1003 (a. 1270); hofgericht *an der offenen frigen kunigesſtraßen.* Schöpflin nr. 1209 (a. 1386); an des reichs *landſtraße.* Cruſius 3, 907 (a. 1338); an der *gemeinen ſtraßen.* Grefenhauſer w.; ſo mach he (de erſhere) nemen einen ſtoel unde fetten buten den hof u. buten den utentuen *up der ſtrate* unde holden dar ſin gerichte, des enkan emme nemant keren, wente de ſtraten ſint frig. Münſterer erfdage; darnach iſt geteilt worden, nach frage, wo die feinſtadt (femſtätte) ſolde ſin? ſal die fein doben *an der ſtraße* ſin, da die cruze ſten, da ſich farweg u. fußpfad ſcheidet. Hernbreitinger petersger.; gericht *vor dem rothen thor* (ad portam rubeam). Haltaus 1559; händel, die in eile muſten erörtert fein, in einem mit ſchranken umbgebenen ort *unfern vom thor* vor aller männiglich entſcheiden. Phil. von Sittew. Leiden 1646. 4, 299.

Das mittelalter kennt auch viele Gerichte *vor dem kirch-thor*, *auf dem kirchhof*, entweder weil da der freiſte, ruhigſte öffentliche raum war, oder nachwirkung der alten heidniſchen gottesdienſt, opfer und gericht verbindenden anſicht waltete? Seit einführung des chriſtenthums wurden kirchen oft an die ſtätte der alten haine gebaut, auch wohl bäume ſtehen gelaßen, die dem volk werth waren oder neue an deren ſtelle gepflanzt. Gleich jenem baum vor dem tempel zu Upſala ſtanden gerichtslinden vor mancher chriſtlichen kirche. beiſpiele vorhin ſ. 796; das oberampfracher maiengericht ward gehalten *unter dem kirchthor.* uf eime frihen platz *vor der kirchen* zu Berſtatt hant geſtanden die hubener u. lantman der funfzehen dorf. Bodm. p. 697 (a. 1489); actum publice *in cimiterio* wetflarienſi. Gudenus 2, 49 (a. 1226); *ante portam* fratrum predicatorum. Neug. nr. 988 (a. 1265.); noch andere beiſpiele gibt Dreyer verm. abh. 748-754. Verhandlungen, welche die geiſtlichkeit mit betrafen, geſchahen auch wohl in den kirchen oder capellen ſelbſt: actum *in eccleſia* ſalvatoris. Neug. nr. 825 (a. 1083); actum Ratiſpone *in atrio* ejusdem in abſida eccleſiae ſancti Egidii. Ried nr. 282 (a. 1183); acta ſunt hec *in capella* wazzerkilchen. id. nr. 981 (a. 1261.) Carls und ſeiner nachfolger verbot war alſo nicht durchgedrungen, bezog ſich aber eigentlich auch nur auf das große mallum, nicht auf placita minora: ubi antiquitus confuetudo fuit de libertate facramenta adhramire vel jurare, ibi mallum habeatur et ibi facramenta jurentur; mallus tamen neque *in ecclefia*, neque *in atrio ejus* habeatur. minora vero placita comes five intra fuam poteftatem vel ubi impetrare potuerit habeat. cap. 1. a. 819. §. 14 (Georg. 842.)

## I. *unter dach und fach.*

Die Carolinger fuchten dem richter und feinen ftändigen fcabinen gegen wind und wetter beßern fchutz zu fchaffen, als ihn bäume und felsfteine gewährten: ut loca ubi placita effe debent bene reftaurata fiant, quo in hiberno et in aeftate ad placita obfervanda ufus effe poffit. cap. 1. a. 809. §. 25 (Georg. 741); ut in locis ubi mallus publicus haberi folet *tectum* tale conftituatur, quod in hiberno et in aeftate obfervandus effe poffit. cap. 2. a. 809. §. 13 (Georg. 747); volumus utique ut *domus* a comite in loco, ubi mallum tenere debet, conftruatur, ut propter calorem folis et pluviam publica utilitas non remaneat. cap. 1. a. 819. §. 14 (Georg. 842). Allein die von A bis G angeführten belege zeigen, daß noch lange zeit hingieng, ehe fich alle gerichte aus dem freien in die häufer verloren, und das volk feiner feft gewurzelten fitte entfagte. Allmälich wurde jedoch hin und wieder gericht in ftädten und burghöfen gehalten, wo fitze *unter bedeckten gängen*, *hallen* oder *lauben* (Dreyer verm. abh. 761. 762) angebracht waren; zur zeit des mittelalters hatten wenigftens die aufgeblühten, wohlhabenden ftädte ihre richthäufer oder dinghöfe, man findet fie unter der benennung *fpielhaus, fpelhus, theatrum* (Haltaus 1703. Dreyer verm. abh. 752. 768. 769.) Es kann fein, daß in den alten ftädten, wo römifche verfaßung noch in andern ftücken einfluß auf rechtspflege äußerte, auch fchon in früheren jahrhunderten rathhäufer und curien fortbeftanden. Auf dem land haftete dagegen die deutfche gerichtseinrichtung viel fefter und länger, und als endlich auch für die markgerichte in einigen gegenden fpelhäufer aufkamen, pflegte die fitzung wenigftens im fommer *vor der thüre* zu fein. Namentlich das ungebotne gericht fammelte fich lieber vor dem obdach, vor der fcheuer, bloß bei regenwetter hinter die wände ziehend; fo war ein rheingauer dinggericht im jahr 1688 im hof unter freiem himmel *vor der mit maien begrünten fcheuer* und der

büttel zündete ein feuer ohne rauch mit lauter kohlen
(vgl. oben f. 258.) Bodm. p. 856. Ein gericht zu Nord-
heim wurde fommers vor dem mülenthor unter der linde,
winters unter einem fchopfen auf dem mülenhof begangen.
Wolf Hardenberg 2, 106.

**K.** *anordnung der gerichtsfitzung.*
Bisher ift mehr von ort und ftelle des alten gerichts ge-
handelt worden, als von feiner eigentlichen einrichtung
und geftalt. Es mangeln darüber alte und genaue beftim-
mungen.

1. *Himmelsgegend.* Der *richter*, fcheint es, faß in
weften und fchaute *gegen often.* diefes fchließe ich dar-
aus, daß der eingang, der doch überall dem richter ge-
genüber anzunehmen ift, *an der oftfeite* des gerichts
war. eine legenda Bonifacii lib. 2. c. 8. (b. Menken 1,
846) beweift es: tribunal cum confenfu Thuringorum
pofitum eft fuper farario villae Mittelhufen, vulgariter auf
das ried zu Mittelhufen. in fituatione agrorum villae
Elpleben prope Geram funt duo manfi terra arabilis,
quorum poffeffor ftruere debet temporibus debitis tribu-
nale illud cum afferibus a retro et ambobus lateribus in
altitudinem, quod judex cum afferforibus fuis poffint vi-
deri a capite usque ad fcapulas; *introitus verfus orien-
tem apertus,* claufus tamen cum peffulo et obice, ne
indomiti equeftri (fic) aut infoliti vim aut violentiam fuam
improvife exercere valeant. cuftodiri ejusmodi introitus
debet per eum, cui judicialiter adjudicatum fuerit. abbas
montis S. Petri Erfordiae adminiftrare tenetur dorfalia
et tapeta, cum (? in) quibus judex cum fuis federe de-
bet.[*] Hierzu ftimmt nun, daß der richter fowohl bei
der hegung des gerichts als bei andern feierlichen hand-
lungen fein antlitz gen often auf die fonne zu richten
hat; fobald die hegungsfragen beantwortet waren, wurde
das gericht unter bloßem fchwert und *wendung des ange-
fichts gegen die fonne* eröffnet. Bodm. 614; bei benehm-
ung des landrechts: der richter in Lützelnau auf dem
fteine ftehend, in harnifch und handfchuhen, das bloße
fchwert in der rechten, *mit gen often gewandtem angeficht,*

---

[*] wie im attifchen gericht *matten* (ψιάϑια) *über die bänke* ge-
breitet wurden. Meier u. Schöm. p. 148. altn. breida becki, ftrá
becki (fcamna fternere). Sæm. 48ᵃ 73ᵃ.

fpricht mit hoher ftimme (oben f. 39.)*) Geradefo fchaute der römifche augur *nach morgen*, norden war ihm links, füden rechts, die limites richteten fich von weften *nach often*. An die einweihung des fohnbelehnten (f. 278. 279) ift bereits bei der fonntheilung (f. 539. 540) erinnert worden.

Dem richter *zu beiden feiten* faßen die urtheiler; er etwas höher, fie tiefer; vielleicht auch er auf dem hügel, fie im halbkreiße um ihn her.

Unten, vor richter und urtheilern, ftand rechts der *kläger*, links der *beklagte* oder fchuldige; jener mithin *gegen füden*, diefer *gegen norden*. So lehrt das alt- nord. recht ausdrücklich: Geirr ok Gizurr ftôdu *funnan*, Gunnarr ok Niall ftôdu *nordan* at dôminum. Niala cap. 56; Gunnarr ftôd *nordan*, Gizurr ftôd *funnan*. ib. cap. 74; Floß ftôd *funnan* ok lid hans . . . en *nordan* ftôdu þeir Asgrîmr. ibid. cap. 122; þeir gengu *funnan* at dômum en Floß ok allir auftfirdîngar med honum gengu *nordan* at dômum. ib. cap. 143. die nordwärts ftehenden find immer die beklagten, die füdwärts die kläger. Man kann den füdlichen platz als den zur rech- ten des richters für den ehrenvolleren nehmen, der dem kläger gebührt. *Mitternacht* und *norden* hatte aber insgemein den begriff des fchauerlichen, traurigen und böfen. beim reinigungseid in peinlichen fachen wurde das gefeht *gen norden* gewandt (bei andern eiden gen often, nach der fonne). Bodm. 642. 643. Dreyer verm. abh. 866. Der nachrichter kehrt dem armen fünder, der enthauptet werden foll, das gefeht *gegen die nachtfeite*. Als Hâkon iarl vor den graufamen mächten niederkniet und fein fiebenjähriges kind opfert, *fchaut er nach norden* (horfir î nordr) Iomsvik. p. 40; in nâftrönd (dem todtenufer) fteht ein graufenhafter faal, deffen thüren *gegen mitternacht* gerichtet find (nordr horfa dyr) Sæem. 7ᵇ Snorr. 75. Norden hieß den Jüten *den forte* (der fchwarze), den Friefen thiu *grimme*

---

*) folgende urkunde beftätigt, daß der richter mit dem rücken *gegen abend*, mit dem gefeht *gegen morgen* faß, denn die graffchaft Mark und herfchaft Bilftein in Weftphalen liegen jene weftlich diefe öftlich gegeneinander: up die högede an die ftede geheiten die ifern boken, dar en frigreve fitten fal, gekert *den rugge* na dem lande van der Marke, geftalt *dat angefichte* na dem lande van Bilften. Kindl. 3, 636 (a. 1490).

*herne* (furchtbare ecke.) Aſ. 5. Fw. 131; der galgen der *nordwärts gekehrte baum* (oben ſ. 683) pro excol. 2, 119 und aus dem *nordwinkel* kam ihnen alles böſe her. Wiarda zu Aſ. 48. Auch nach dem bair. geſetz ſoll der beilwurf gegen mittag, morgen und abend, *nicht* aber *gegen norden* geſchehen (oben ſ. 57.), vielmehr da der *bloße ſchatten* \*) die grenze machen. Darum geziemt dem beklagten, der zu buße oder ſtrafe verurtheilt wird, die mitternachtsſeite.

Nach den geſetzen von Wales ſoll der richter der ſonne den rücken zukehren, um nicht von ihrem ſchein gehindert zu werden, er ſitzt folglich in oſten und wendet das geſicht *gegen weſten.* Merkwürdig behalten aber die parteien ganz jene deutſche ſtellung, nämlich der kläger findet ſich dem richter links *(in ſüden)*, der beklagte rechts *(in norden)*. Wotton p. 123; eine zeichnung des gerichts bei Probert p. 164.

2. *Geſtalt* (figura judicii). älteſte und üblichſte *rund* u. *ringförmig*, weil die umſtehende menge einen natürlichen kreiß ſchließt; daher heißt die verſammlung von ſelbſt der *ring* (oben ſ. 433), das gericht altn. dômhringr und man verband die wörter *ring* und *ding* (oben ſ. 13), ringlich dinglich. Frühe kann ſich aber auch aus dem ovalen ring ein längliches viereck gebildet haben. Dieſer runde oder viereckige umfang des gerichts konnte nun ſchon durch die ſteine und bäume des orts, durch das brückengeländer oder die ſeiten der ſtraße angeordnet ſein; in der regel muſte aber eine beſondere hegung und ſicherung gegen den andrang der menge vorgenommen werden.

Die alterthümlichſte weiſe ſcheint die nordiſche; es wurden dünne *haſelſtäbe* im kreiß geſteckt und *ſchnüre* darum gezogen.\*\*) Dieſe einfache ſchutzwehr würde der ungeſtüm des heutigen volks bald zerbrechen, damals gab ihr der allgemeine glaube an die heiligkeit des bandes feſteren halt als ſchranken von balken oder eiſen.

---

\*) *noverca umbra*, ein ſchadender ſchatten. Plin.; bei Hyginus iſt noverca ein unebner, unmeßbarer ort.

\*\*) auch bei der griech. Heliäa ein *gezognes ſeil* zur hegung: τὸ δὲ δικαστήριον περιεσχοινίζετο· τὸ δὲ περιοχοίνισμα ἀπὸ πεντήκοντα ποδῶν ἐγίγνετο, καὶ οἱ ὑπηρέται ἐφιστήκισαν, ὅπως μηδεὶς ἀνεπόπτυντος προσῇ. Pollux 8, 123. 124. (Amſt. 1706. p. 947.)

ich habe f. 182. 183 dargethan, daß ein bloßer *faden*
bannte und hegte, f. 203 daß das geding von einem
faden umfchloßen wurde. Jene fchnur um die hafel-
gerten hieß altn. *vêbönd*, d. i. heilige bänder, fie wur-
den um die gerichtsftätte und um den kreiß des zwei-
kampfs gezogen. *vêbönd â þingftad.* Gulaþ. p. 13; enn
þar er dômrinn var fêttr var *völlr flêttr* oc fêttar niðr
*hefliftengor* î völlinn î hring ok lögd um ûtan *fnæri*
umhverfis, voro þat köllut *vêbönd* (pacis facrofanctae
vincula); enn fyrir innan î kringnum fâto dômendr, 12
or Firdafylki oc 12 or Signafylki oc 12 or Hördafylki.
þær þrennar tylptir manna fcyldo þar dœma um mâl
öll. Egilsfaga cap. 57. p. 340. 341. Ein fo umfchnürter
platz hieß *völlr hafladr* (campus corylo circumfcriptus.)
ibid. p. 274. 275 (gleichviel fcheint *völlr vitadr.* Sæm.
33ᵃ) und *hafla völl* bedeutete den kampfplatz beftim-
men, herausfordern. Sæm. 147ᵃ Hervar. p. 206. Ol.
Tryggv. 1, 95. Frevler, die ein gericht ftören und ver-
jagen wollten, zerfchnitten die fchnur und brachen die
hafelftangen: þâ fôr hann (im jahr 934) ok menn hans
þar til er dômrinn var ok fkâru î fundir *vêböndin* en
brutu niðr *fteingr* ok hleyptu upp dôminum. þâ gerdiz
ys mikill â þînginu. Egilsf. p. 350.

Sollte nicht ein abgeftecktes hafelfeld gemeint fein, wenn
es im ripuar. gefetz 67, 5 conjurare in ecclefia, ad fta-
pulum regis, in *circulo* et in *hafla* hoc eft *in ramo*
heißt? andere hff. geben haflo, halas \*), afla, die von
Graff nachgefehnen (Diut. 1, 333) hafla. Roquefort 1,
738 hat hafeau, hafel, harfel: porte faite de *branches*
entrelacées les unes dans les autres, en forme de claie,
vgl. fupplément 182ᵃ. Von *eingezäunten* richtplätzen,
wobei doch an eingefteckte, verflochtene pfäle und zweige
zu denken ift, reden noch fpätere urkunden; extra
*fepta* judicialia, quae teutonice *richtepale* nuncupantur.
Kindl. 3, 237 (a. 1283); judicium intra *fepes* dictae vil-
lae, quae *fingile* nominantur, condictum. Bodm. p. 617
(a. 1274). vgl. umzingeln, einfchließen und munitiones
quae *tingelen* vulgariter nuncupantur. Wenk 1. nr. 407
(a. 1281.)

An die ftelle der fchnüre und zäune traten hierauf
*fchranken* und fchirmende *geländer* von holz. nach

---

\*) l. fal. 44, 5 (oben f. 625) de *hullis* vel de *ramis* cooperire;
vielleicht zu lefen *haflis?*

der f. 807 angeführten legende foll das gericht hinten
und von beiden feiten mit *brettern* eingehegt werden,
unten alfo beim eingang offen ftehen. wahrfcheinlich
wurden an diefen wänden inwendig die *fitze* \*) der ur-
theiler angebracht, vielleicht daß auch die bloßen
bänke die geftalt des gerichts bildeten. *Scranna* be-
zeichnet fchon in der frühften ahd. fprache \*\*) fcamnum,
fizzan in fcrannôm K. 30ᵇ federe in fcamnis, fcrannon
der kaufleute nennt O. II. 11, 33; noch heutzutage heißt
in Oberdeutfchland fleifchfchranne, brotfchranne die
bank der fleifcher und becker auf dem markt. Ebenfo
galt durch das ganze mittelalter diefes *fchranne* in
Baiern, Schwaben und Franken für gerichtsbank, der
plur. die *fchrannen* (bänke) für den ort des gerichts;
vgl. fchwäb. landr. 90 (Schilt.) an die *fchranne* kom-
men; 265 vor geriht ftan in der *fchranne* (Senkenb.
lieft 101 und 144 fchrande); *fchranne* Lang reg. 3, 332
(a. 1269); an *offner fchrannen*. MB. 2, 102 (a. 1466)
2, 245 (a. 1438) 3, 574 (a. 1441) 4, 484 (a. 1387) vor
offen rechten auf der *fchrann* 6, 425 (a. 1351) an *ofner
landfchrannen*. 6, 451 (a. 1436) 9, 239 (a. 1480); an
der *fchrannen* fitzen. MB. 9, 262 (a. 1430); in die
*fchrannen* gehen. ibid. 9, 292 (1466); auswendig an den
*fchrannen* oder dem ring ftehen, vor den *fchrannen*
ftehen. Eine thüringifche urk. von 1174 (Tenzel fuppl.
hift. goth. 2, 490): inter fcephones et ftrinnas (l. fcrin-
nas, *fcrannas*) promulgata: gerade wie das alte ftatut
von Bamberg: fordern zwifchen *fchrannen* u. fchopfen
(Maurer pag. 168) und das Galmitshaufer w.: zwifchen
fchopfen und *fchrannen;* woraus erhellt, daß zwifchen
der fchöffenbank und der untern fchranke ein raum für
die vorgeforderten parteien blieb. Auch in Sachfen und
Niederdeutfchland war der ausdruck nicht unbekannt,
vgl. *fchrange* \*\*\*), fleifchbank, brem. wb. 4, 691 und

---

\*) zuweilen heißt es bloß: das *gehölz* (oben f. 789); huntdink
auf dem felde zu Ytzelbach, dafelbs follent liegen *balken* u. *holzer*,
da man uf fpulget zu fitzen. Ravengirsburger w.

\*\*) auch ital. *fcranna*, ftubl, bank, gerichtsbank (vgl. ci-
fcranna, cifcranno); fchwerlich aus fcamnum (ital. fcanno) ent-
ftellt, fondern deutfchen urfprungs, wiewohl auch die deutfche
wurzel dunkel. vgl. die folgende anmerkung über das franz.
*écran*.

\*\*\*) Ottocar reimt 522ᵃ fchranne: lange; doch würde felbft
*fchrange*, das auch Haltaus 1181 aus oeftreich. und bair. urk.

eine urk. von 1144 bei Gudenus 1, 162: facta conven-
tione, ad locum, qui ab incolis *[crannen* nuncupatur,
juxta Roftorp (bei Göttingen) . . . proceffimus, ibi fancto-
rum reprefentatis reliquiis coram judicibus juxta leges
Saxonum traditio ifta nobis confirmata eft.

Doch ziehen niederdeutfche urkunden und ftatute die
benennung *bank.* lat. *bancus* vor, namentlich der Sfp.,
vgl. oben f. 791 und Haltaus 91, *dingbank* Haltaus 229.
*gerichtsbank*, *fchöppenbank*; ad *bancos* fcabinorum.
Kindl. 3, 171 (a. 1233); geinwirdig imme gerichte zo
Arwilre *binnen den benken.* Arweiler w. Gewöhnlich
ift von *vieren**) die rede: klagen binnen *ver benken*,
bekent b. v. b. ftat. bremenf. p. 70. 73. 76. 79. 94; bin-
nen die *vier benke.* Gaupp magdeb. r. p. 281. andere
beifpiele bei Haltaus 92. Wenn fich der rath auf die
*vier*, ein quadrat bildenden, *bänke* gefetzt hat, werden
die beiden öffnungen des vierecks mit zwei eifernen ftan-
gen gefchloßen. affertio libert. brem. p. 751. Wo wa-
ren diefe beiden öfnungen? zu den feiten? Es heißt
nun: *die bank hegen, [pannen, bekleiden*, z. b. die
holtingsbank mit coirgenoten *bekledet* u. mit ordel u.
rechte *gefpannen.* Piper p. 198; gericht *fpannen* u.
*kleiden.* Nunning. monum. monaft. p. 360; *gefpanner
bank*, to rechter dagetit. Wigand feme 229. 231. ding
und gerichte *hegen* und *fpannen.* id. 552; alsbalde das
gericht befatzt u. *gefpannen*, der baide (?riegel) ainge-
klopt, eine u. andermail, das niemants one erleufenis
int gericht fprechen enfall. Waffenberger voigtdink; als
wir faßen an *gehegter bank.* Wafunger w.; vor *ge-
hegter dingsbank*, Walch 7, 29. Viele andere belege
über *bekleiden* Haltaus 126. 127. über *fpannen* 1699.
1700. Unausgemacht ift aber, worin diefe feierliche he-
gung, fpannung und bekleidung beftand. *Bekleiden*
könnte fowohl gehen auf ein behängen mit tüchern oder
teppichen (vorhin f. 807) als auf ein befetzen mit ur-
theilern (mit coirgenoten bekleden), vielleicht auch auf

---

beibringt, nicht berechtigen fchranne aus fchranke zu erklären.
Suchenwirt XXXIX, 158 *fchrannen:* mannen.

  *) in einigen weisthümern vom gericht in den *vier fchirmen*,
z. b. dem Crumbacher u. Dreieicher, in den vier *fchirnen.* Er-
bacher und Camberger w. Da nun das franz. *écran*, früher
*efcran*, fchirm, fchutzwehr bedeutet, verräth fich auch hier wie-
der *fcranna*.

eine alte ſymboliſche inveſtitur? wetterauiſche urk. haben ſtatt bekleiden *beſetzen*, das gericht, die bank befetzen. Noch dunkler ſcheint *ſpannen;* es heißt tendere, cingere, fibulare, natürlich wäre daher die annahme, daß ein faden oder feil um die geſtellten bänke gezogen wurde. indeſſen gibt Möſer oſnabr. geſch. 1, 17 folgende ganz andere deutung: das markgericht geht an, wann der holzgraf die *bank ſpannt*, d. i. mit der hand eine ſpanne auf den gemeinen tiſch, wobei man ſich fetzt, gemeßen u. dabei hand u. mund verboten hat, von dieſem augenblick an tritt der gerichtsfriede zu dem markfrieden. So auch, dem er wahrſcheinlich folgt, Maſcov (notit. jur. brunſvic. p. 237) nach einem weisthum: dein grevio foreſtalis cum erbexis ad ſcamnum foreſtale, die *holzungsbank*, accedebat, cumque id confortes marcae circumſtitiſſent, prodibat grevio foreſtalis inferior, *dextraque ſcamno ſubnixus, tanquam ſi id panderet*, haec verba proferebat: *pando* hiſce nomine grevionis *ſcamnum* foreſtale, interdico manui et linguae uniuscujusque, ſub poena mulctae foreſtalis, et concedo unicuivis liberum acceſſum et diſceſſum. Bei den ſchrannen iſt weder von bekleiden noch ſpannen die rede und in bairiſchen urkunden überhaupt von keiner feierlichen gerichtshegung. Maurer p. 219. 220.

## CAP. III. GERICHTSZEIT.

Die erſte frage des richters an die verſammelten ſchöffen war, ob es an der gebührlichen tagszeit ſei das gericht zu hegen? oder, wie es in einer urk. von 1440. MB. 2, 426 heißt: ob es an jar und tag, an weil und zeit ſei?

I. *Tageszeit.* der römiſche grundſatz *ſol occaſus ſuprema tempeſtas eſto.* tab. 1, 10 herſchte auch durch alle deutſchen gerichte, vor ſonnenaufgang wurde keines eröffnet, mit ſonnenuntergang jedes geſchloßen. *Tag* und *ſonne* waren geheiligt\*) und heiligten alle ge-

---

\*) ſammir dag *heilige lieht!* eine alte betheuerung. Gegenüber der nothwendigkeit des tages und liebts zu allen *menſchlichen* verrichtungen ſteht das *nächtliche treiben* der ſonnſcheuen geiſter, elfen und zwerge, welche hankrat und tagesanbruch verjagt, der erſte ſonnenſtrahl verſteinert: uppi ertu dvergr um da-

fchäfte, darum heißt das gericht *tagadinc*, der be-
ſtimmte termin *tagafart*, *tagafriſt*; gegen die ſonne
wandte ſich der hegende richter, gegen die ſonne ſtabte
er dem ſchwörenden den eid, alle felddienſte beſtimmte
die ſonne (oben ſ. 319. 353), alle abgaben muſten bei
ſonnenſchein entrichtet werden (ſ. 384. 385. 389), d. h.
ſie wurden vor alters zugleich in den volksverſammlun-
gen oder in einem beſonderen zinsgericht *) dargebracht.
Es iſt ſo *hoch tages* und die *ſonne ſtehet ſo hoch*, daß
ihr, wenn ihr von gott die gnade u. von unſ. gn. h.
die macht und gewalt habt, ein öffentliches hägerge-
richte hägen, halten u. ſpannen möget. Stadoldendorfer
hägegericht. Nademal dat ji dat gericht hebben heget
*bi upgang der ſonnen*, ji mogen des wol geneten, bet
dat ſe wedder *dal geit.* bremiſches botding; want ſik
*de ſunne verhoget* u. de *dach verclaret* heft . . dat
ik hir moge hegen ein apen vrig gerichte. Wigand
feme p. 365; ein fri feldgericht openbar geheget bim
*lichten ſonnenſchin.* Horhuſer formel, ebendaſ.; dages
*bi ſchinender ſonnen.* Rugian. tit. 32; iſt auch ge-
bräuchlich, daß bei der herren *ſonnenſchein*, das iſt,
bei ihrem lichte, ein neuer ſchultheiße erwehlet u. die lehn
gereichet werden. Zepernick abh. aus dem lehnr. 2, 97;
et deſtre aux plaids generaux *ſi longtems que le ſoleil
luit.* record de Nyel §. 20. Hauptſächlich galt es die
morgenſonne, die ſteigende oder klimmende: gerichtes
ſolen warden alle die dingplichtich ſint van des dat *die
ſunne upgat wente to middage.* Sſp. 3, 61; nachdem
*die ſonne ſteiget und nicht riſet* (negativ ausgedrückt:
nicht ſinkt), als iſt es ſo fern am tage, daß ihr möget
halten und hegen ein ding einem jeden menſchen zu ſei-
nem rechte Lübecker echtding b. Dreyer verm. abh.
p. 815. vgl. brem. wb. 3, 501: bis zu *klimmender ſonne.*

---

gadr, nû ſkinn ſunna l ſáli! Sæm. 51[b]. — Tag und ſonne wer-
den in vielen rechtsformeln gleichbedeutig geſetzt, z. b. fyri
hina þridiu *ſôl.* Egilsſ. p. 723; komen van den have weder thuis
bij eener *ſonne.* Twenter hofr.; von einer *ſonnen* zu der andern.
Gudenus 4, 39 (a. 1405) heſſ. landesordn. 1, 6 (a. 1384.) vgl.
Haltaus 1695.

   *) item dominus noſter habet unum *judicium cenſus*, ad quod
omnes debent venire ad vocem praeconis et qui reliquerit cen-
ſum ſuum *ad occaſum ſolis*, advocatus debet tollere pignus ſuum,
et qui reliquerit ad craſtinum, habet jus ipſum punire. Wet-
terer w.

Bodm. p. 618. *) Länger als fonnenuntergang (oder gegen abend) wurde keines gewartet, der zu gericht erfcheinen mufte: er die *fonne undergeit* dat gedinge befchließen. Kindl. hörigk. p. 647 (a. 1500); de richter is fchuldig van feyers (feiger) IX up den morgen bet dat de *funne undergehet* up dat gerichte to warende. Rugian. tit. 18.; wir bekennen ouch, daʒ vor uns von den vorg. mannen uf iren eit erteilt wart, fit daʒ an der vorg. mitwochen *die funne fich alfo ferre het gefenket,* daʒ eʒ kuntlichen were uber mittag ferre . . . daʒ man nit vurbas warten folte. Wenk 2. nr. 298 (a. 1325); Injuriofus (nom. propr.) ad placitum in confpectu regis Childeberti advenit et per triduum usque *in occafum folis* obfervavit. Greg. tur. 7, 23. Auch im Norden follte gerichtet werden bei fonnenfchein (at uppverandi fôlu) und ehe die fterne am himmel ftanden: þing halda firi miþian dagh, *ai lengr en fol fetr.* Gutal. 65; framgögn fcolo borin f dôm þann, *aðr ftiarna komi â himin.* **) Grâgâs landabr. c. 43. vgl. Arnefen p. 333. Im Gulaþ. gefetz lautet die regel; *fôl fcal um fumar râda,* enn *dagr um vetr* (im fommer ift fonne, im winter tag gefetzliche zeit) 417. 436. 442. 443, welche ftellen zwar von überfahrt oder beförderung armer leute und der gerichtsladungen reden, d. h. auf diefe verrichtungen den viel allgemeineren grundfatz anwenden.

*Sonnenzeit* galt nämlich für alle gerichtlichen handlungen, nicht nur

1. für die eigentliche begung und haltung des gerichts, und

2. für das warten der parteien aufeinander (placitum cuftodire, adtendere, obfervare); fondern auch

3. für die gerichtliche ladung; von dem nord. umgefandten gerichtszeichen foll nachher gehandelt werden, daß der ladende bote nach fonnenuntergang nichts mehr ausrichten konnte, beweifen folgende ftellen: dit is riucht dat di fria Frefa ne thoer dis grêva ner dis fchelta ban'

---

*) *klimmende* (fol oriens) und *finkende* (occidens). Afpler hofr.; *klimmende* zonne ende *dalende.* Mattbaei tr. de nobilitate p. 585. vgl. oben f. 36. 37. funna kifag. Diut. 1, 492ᵃ.

**) debet venire cum fuis teftibus valituris ad locum illum affignatum et debet ibi ftare fimul cum aliis probis hominibus *donec ftella appareat.* urk. von 1247 aus Huefca in Aragonien b. Ducange 6, 729. franz. à *heure deftoiles.*

tielda *efter fonna fedel.* Fw. 39; man foll auch wißen,
daß die weibel einem ieglichen mann wol mögen für-
gebieten *bei der funnen,* fo aber die *funne ze reſt
kumt,* fo hat ir gebot kein kraft. Augsb. ſtat. (Walch
4, 94. 95); der büttel foll einen befeßenen man vorge-
bitten *die weil es fchön tag iſt* u. anders nicht, einen
fremden u. fein pferd mögen fie aufhalten zu aller zeit.
Walch 3, 254; item weifen wir auch, daß ein ieglicher
der an unferm gericht richtlich mit recht wil handeln
mit den einwohnern, er fei fremd oder einheimifch,
mag einem ieglichen durch den fchultheißen am abend
vorhin bei *fonnenfchein* mit einem heller gebieten uf
die drei obberürte tag u. nicht uf andere gerichtstag.
Dachsweiler w.; man foll der widerpartei einen tag zu-
vor vor dem gerichtstag fürgebieten laßen, daß fie noch
*bei fonnenfchein* eine meilwegs gehen kann nach einem
redner oder fürfprecher. Hofſtetter w.

4. ja es wurde darauf gefehen, daß richter und urthei-
ler noch bei tag heimkehren konnten, wie beim heer-
gebot, fo daß dingpflichtige und heerpflichtige hierin ein-
ander gleichen (oben f. 227): auch fol ein *faut* eime
ieglichen burger oder graffchaftman und allen, die ime
die hennen geben, ire *dag leiften,* fo fie fin bedurften,
uf fin koſt, als frue als er bi fonnenfchin wider heime
moge komen. Seligenſtatter fendr.; der *ritter* fol das
gericht bereiten oder gehen, ob dem gerichte des noth
wäre, auf feinen koſten, u. fol da werben des gerichts
ehre u. nutzen, als immer er möchte *bei einem tag
oder nacht* wieder heimkommen, wäre es aber, das er
bei einem tag u. einer nacht nicht möchte heimkommen,
darumb foll ihme das gericht ein gleiches (billigen ko-
ſtenerfatz) thun, das dan billich u. möglich wäre, ohne
gefährde. Altenhaſl. w.

5. der gerichtliche zweikampf erforderte fonne; nach
ihr theilte man den ſtreitern das feld (oben f. 540) und
*vor fonnenuntergang* muſte der gegner befiegt werden.
vgl. Bignon zu Marc. p. 301. Als dio *fonna figende* is
ende diu ku da klewen dene deth, fo ne thoer di fria
Freſa eſterdam dis days an ſtride with ſtaen, om dat hi
êr grêt ne was. Fw. 39.

6. vollziehung der ſtrafe erfolgte *vor fonnenuntergang.* *)

---

*) decollatio ejus in ipfo *folis occafu* fiebat. Ditm. merfeb.
lib. 2. p. 29 (Reinecc.); hinrichtung an vielen orten *vormittags,*
daher noch in unfern tagen arme fünder durch bis zuletzt auf-

Es ift übrig, einige hierher bezügliche ausdrücke des alten falifchen rechts zu erläutern; *folem collocare* (culcare, colcare) l. fal. 40. 42. 53. 76 und *folfatire* l. fal. 76. form. Marc. 2, 37. Sirmond. 33. andegav. 12. 13. 14. 15 etc. Ducange 6, 586 fcheinen mir gleichbedeutig, diefem jenes nachgebildet. *collocare* braucht die lat. fprache nie von dem untergehen der fonne, wohl aber die romanifche, ital. *colcare*, provenz. *colcar* (lo folelh colcat) altfranz. *colcier*, neufranz. *coucher* (le foleil couché) und der germanifmus ift nicht zu verkennen, da collocare *fetzen* heißt (goth. *fatjan*, agf. fettan, altn. fetja) und in allen unfern mundarten die untergehende fonne die fich fetzende, zu fitz und ruhe gehende genannt wird, vgl. ahd. funnûn fedalgang (occafus), agf. fetlgang (gramm. 2, 493) altn. *fôlfetr*, agf. *funfet*; ahd. funna kifaʒ, altn. fôlin fetft (fol occidit). Hier haben wir alfo buchftäblich das falifche *folfadium*; keine vox hibrida, weil die Franken fol (wie die Gothen fauil, die Normannen fôl) neben funna fagen konnten. Von der zufammenfetzung folfadium fcheint nun das verbum *folfadire\**), *folfatire* abgeleitet und es ift unmöglich dabei an das lat. fol und fatis (als hieße es, die fonne befriedigen) zu denken. In der alten rechtsfprache bedeutete folfatire: placitum usque ad occafum folis obfervare, wie es Gregor von Tours umfchrieben hat, des ausbleibenden gegners bis zu ende des gerichts warten; es gilt demnach vom *erfcheinenden* theil, fei er kläger oder beklagter. So erklärt es auch Maurer p. 52, der nur von irriger etymologie ausgehend, folfatire und folem collocare unterfcheiden will. daß aber auch letzterer ausdruck nicht den finn von diem praefigere (tag fetzen) haben kann, ergiebt die vergleichung der formeln, denen folem fecundum legem collocare und fecundum legem folfatire einerlei ift \*\*)

gefchobne geftändniffe oder auf jede andere art zu bewirken fuchen, daß die mittagftunde verftreiche. Pfifters räuberbande nachtrag p. 311. *Nächtliche* hinrichtungen, wie fie in Griechenland galten, laufen wider alle deutfche fitte.

\*) die fchreibung fadire f. fatire ift wie oben f. 776 fcabinus, riba f. fcapinus, ripa; vgl. fpan. fed, rueda f. fitis, rota.

\*\*) was heißt *in nubi* folfatire? l. fal. 76. de novo, denuo fchon darum nicht, weil die ftelle vom *erften* folfatire redet; warten bis die fonne *hinter den wolken* ift? oder könnte ein fymbolifches gebärdenfpiel *in der luft* (undar wolonum) gemeint fein, wie auch bei anderm anlaß ftreiche in die luft gefchahen (vgl. oben f. 279)?

II. *Wochenzeit.* welche tage waren *fasti* und *nefasti?*
es fcheint, daß die gerichtlichen verfammlungen vor-
zugsweife *am dritten tag* der woche gehalten wurden,
wie fchon Gobelinus Perfona 2, 4 bemerkt hat: ding in
antiquo vulgari fonat judicium, prout patet in his vo-
cabulis holtgeding, frigeding, et quia judicium *mortis*
gentiles attribuerunt *Marti*, dies martis *dingestag* apud
gentiles teutonicos dicebatur. et in fignum iftius judicium
quoddam occultum, concernens poenam morte punien-
dorum in certis cafibus in partibus Weftphaliae, praeci-
pue *die martis* celebratur, quod quidem judicium inco-
lae friding appellant. Was nun die herleitung von
*dienftag* aus *dingstag*, dingestag angeht, fo wäre letz-
tere form erft aus *älteren* fprachdenkmälern zu bewei-
fen, welches ich aber nicht vermag, auch gibt es kein
agf. þingesdäg. kein altn. þingsdagr, bloß die Niederländer
haben in fpäterer zeit die bedenkliche fchreibung dings-
dag angenommen. Beinahe möchte ich fie für verwerf-
lich, wenigftens den namen dienftag für unhochdeutfch
und aus dem fächf. *tiesdag* entftellt halten, was felbft
durch die form dieftag, diftig in einigen oberdeutfchen
gegenden beftätigt wird\*). Allein wenn fchon jene ab-
leitung aufgegeben werden muß, reden andere gründe
für die fache felbft. In Norwegen gefchah die ladung

---

\*) die echthochd. benennung ift die unter dem volk in Schwaben
erhaltene *ziestag, ziftig*, ahd. *ziestac* gl. blaf. 76ᵃ, in noch älterer
form wahrfcheinlich *ziuwestac*, ziustac, genau dem agf. tivesdäg,
engl. tuesday, frief. tysdag, altn. týsdagr, tyrsdagr, fchwed. tisdag,
dän. tirsdag entfprechend und wörtlich dies *martis* bedeutend, weil
mars ahd. *ziu*, agf. *tiv*, altn. *týr* heißt, goth. *tius* (= lat. deus),
fein tag alfo tivisdags heißen würde. Hin und wieder erfcheint auch
in Oberdeutfchland für ziftag *zinftag*, wodurch die vermuthete
verderbnis des dienftag aus dieftag beftärkt wird. In Baiern und
Oeftreich wird der dienftag ganz eigenthümlich *ertag, iertag, iärtä*
genannt, ein dunkles wort, worauf ich mich hier nicht einlaße,
vgl. Schm. 1, 96. 97. Beziehung auf das gericht fcheint nun frei-
lich auf den erften blick weder der name dies martis, noch zie-
ftag zu gewähren, Mars und Ziu (fo viel wir aus dem nord.
Týr folgern können) ftanden dem krieg und fieg vor. da indeffen
fchon nach allgemeiner anficht das gerichtliche verfahren ein
ftreit (dingftrit, lis forenfis) und noch mehr nach deutfcher
ein kampf und gottesurtheil ift, fo fügt fich bei näherer betrach-
tung kaum ein anderer gott beßer zum oberften richter. Ich be-
greife nicht, warum Maurer p. 29. (wohl nach Dreyer verm. abh.
p. 820) den dienftag auf Odin zieht, dem ja in allen deutfchen
fprachen der mittwoch heilig ift (gonsdag, wonsdag, onsdag,
wednesdag, dies mercurii).!

zu erfcheinen auf dienftag: hann fcal ftefna hönum *tyrsdagin* næfta eptir pâfkaviko. Gulaþ. p. 296; oc ftefndi honom til iardar *tyrsdaginn* n. e. p. ibid. 297; oc geri ek þer ftefno til at lyda hefdar vitnom minom *tyrsdagin* n. e. p. ibid. 300. Viele alte placita find vom dienftag datiert: cumque refiderent miffi . . . in Narbona civitate *die martis* per multorum altercationes audiendas. Baluz app. nr. 16 (a. 783); notavi *diem martis.* Neug. nr. 18 (a. 754); desgl. Goldaft nr. 1. 17. 22. 42. 76. Die ungebotnen gerichte fallen nach den weisthümern häufig auf dienftage: lehengericht zu Niederolm auf *zinftag.* Wenk 2. nr. 297. p. 297 (a. 1324); hoferecht zu Hafelach *zinftag* in dem meigen, in dem ougefte u. hornung; eigengericht zu Eifenhaufen *dinftag* 18. jan. 1485; gericht zu Rorbach 1481 *dinftag* nach Jacobi; zu Rieneck *dienftag* nach pfingften 1559; *dinftag* nach dem gefchwornen montag. Erlenbacher vertr. von 1409; *dinftag* zu Windesheim; auch wifen wir, das ein fri merkerding fal fin off dem *dinftag* nach dem achtzehenden dage u. of den tag fal man meifter u. foit kiefen. Bibrauer w. Hierher gehört auch eine ftelle des magdeburger rechts (Gaupp p. 272): der fchultheize hat die echteding ein nach deme zwelften tage, daz andere des *dinftages* fo die ofterwoche uzget, daz dritte als die pfingftwoche uzget, nach diefen dingen leget her fin ding uz ummer ubir viercennacht. Bis auf neuere zeiten wurden die meklenburger untergerichte ordentlich alle *dienftage* gehalten, Franke alt und neu Mekl. 1, 165 und zu Lübeck todesurtheile den miffethätern fonntags bekannt gemacht, *dienftags* vollzogen. Dreyer verm. abh. 821.

Ohne zweifel konnten aber auch auf jeden andern wochentag und vor alters den fonntag nicht ausgenommen, gebotne gerichte anberaumt*), und am unbefchränkteften handlungen freiwilliger gerichtsbarkeit vorgenommen werden. Die notare merken bei gerichtlichen traditionen, donationen, permutationen eben fo oft andere tage als den dienftag an und es ift darum auf die vorhin aus Neugart und Goldaft gegebnen belege wenig gewicht zu legen: notavi diem *lunae.* Goldaft

---

*) das friefifche bodting beginnt den montag, dauert aber auch die fünf folgenden wochentage. Fw. 36.

nr. 21. 55. 56. 67. 74. 75; diem *mercurii.* 2. 8. 20. 65.
Neug. nr. 21. Ried nr. 20; diem *jovis* Goldaſt nr. 5. 7.
18. 28. 70. 83. Neug. nr. 20. 24; diem *veneris* Goldaſt
nr. 15. 26. 28. 46. 64; diem ſabbati. nr. 68; diem *domi-
nicum.* nr. 44. 57. 63. 71. Weitere aufmerkſamkeit auf
dieſen gegenſtand wird alſo hauptſachlich die data der
urkunden über eigentliche proceſſe oder ungebotne ge-
richte zu beachten haben.

Die Alamannen begünſtigten ſtatt des dienſtags den
*ſamſtag,* erlaubten aber auch andere tage, ipſum pla-
citum (conventus in centena) fiat de *ſabbato* in *ſabba-
tum* aut *quali die* comes aut centenarius voluerit. l.
alam. 36, 2. Das engl. husting ſollte *montäglich* gehal-
ten werden: debet enim ſingulis ſeptimanis *die lunae*
huſtingis ſedere et teneri. l. Edouardi conf. 35. vgl. Spel-
man ſ. v. Sehr viele weisthümer bezeichnen den *mon-
tag* für das ungebotne gericht und hier lag die ver-
wechſlung nahe, indem auch da, wo dienſtag zur eigent-
lichen haltung feſtgeſetzt iſt, montag zu der verſamm-
lung des volks beſtimmt wird; in einigen gegenden hieß
der dienſtag *aftermontag* (zweiter montag). Der frei-
bot ſol allen freien leuten verkündigen, darzukomen auf
den *montag* nechſt nach dem pfingſttage nach mittag,
und des gerichts da warten auf den *dinſtag* neheſt dar-
nach in den pfingſtheilgen tagen; were es auch, das ein
freimann uf den *montag* nicht komen mecht, der ko-
men wolte, keme er uf den *dinſtag,* der hette nicht
verbrochen. Rienecker w. Wenne och das ding wer-
den ſol, ſo ſol der von Ohſenſtein der das gericht be-
ſitzen ſol komen an dem *mendage* davor ze naht.
Haſlacher w. den *montag* fürs ungebotne ding ſetzen
das Dreißer, Dachsweiler, Bacharacher, Salzſchlirfer,
Wallhauſer w.; alle wertheimiſchen weisthümer drei
*geſchworen montag,* vgl. das Büttelbrunner, Dieten-
thaler, Heidenfelder. ſo auch im Rheingau und an der
Lahn. Bodm. 653 und Eberhard vom geſchwornen mon-
tag p. 4. Seltner ungebotnes gericht an andern wochen-
tagen: *mittwochen* im Keucher u. S. Goarer w.; *don-
nerſtag* im Eilper w. und im Lauker von 1428 (dorn-
ſtag nach dem zwelften tag); *ſamſtag:* unſer ſamtz-
dagesgericht binnen den vier orten des marktes zu
Cochme. Günther 3. nr. 552 (a. 1375), ſamſtags richte-
ten auch die Weſterwoldinger in Friesland. Von *frei-
tag* weiß ich gar kein beiſpiel. Wahrſcheinlich war

auch fchon frühe *) und im mittelalter durchgängig der *fonntag* oder ein hoher fefttag dies nefaftus.

III. *Jahrszeit.* gebotne gerichte *können* zu jeder zeit im jahr gehalten werden, hier fragt es fich bloß nach den regelmäßigen gebotnen und nach den ungebotnen volksverfammlungen, land, gau und markgerichten.

1. das heidenthum berückfichtigte den mondwechfel; *neuer* und *voller mond***) wurde für günftig, wachfender und fchwindender für ungünftig zur verfammlung angefehen. coeunt, nifi quid fortuitum et fubitum inciderit, *certis diebus*, quum aut *inchoatur luna* aut *impletur*, nam agendis rebus hoc aufpicaciffimum initium credunt. Tac. Germ. cap. 11. In der fitte des landes Hadeln fcheint davon etwas übrig geblieben: gericht und recht im weichbilde Otterndorf alle monat auf den *vollen mond*. Pufend. app. 1, 5. Da nun zwifchen jedem vollmond und neulicht *vierzehn nächte* liegen, fo erklärt fich hieraus die bafis für alle gerichtsfriften; ich habe f. 221 erläutert, warum in der fechswöchentlichen eine dreimal vierzehnnächtige fteckt. Sehr häufig fcheinen die gebotnen gerichte alle *vierzehn tage* gehalten worden zu fein, *over viertein nacht.* Sfp. 1, 2. vgl. Maurer p. 158. 159.

2. daß die großen volksverfammlungen fich auf *heidnifche opferfefte* gründeten, ift f. 245 und 745 vermuthet worden. Gewöhnlich ift von dreien im jahr, feltner von zweien oder vieren, am feltenften bloß von einem gericht die rede.

a. das *eine* ungebotne gericht vergleicht fich dem merovingifchen *campus martius* und dem carolingifchen *majicampus* (f. 245); jenes begegnet dem ofterfeft der chriften, diefes dem himmelfahrtstag oder pfingften. play generalle *de maye*. record. de Weifmes; das *meiding* zu Langen in der dreieiche (a. 1417) privil. francof. 1, 265; an dem tage uf unfers herrn *uffarte*. Dreieicher w. (a. 1338); item uf den mitwochen in den *pfingeft-*

---

*) ne *dominicis* diebus mercatum fiat neque placitum et ut his diebus nemo ad poenam vel ad mortem judicetur. capit. I. a. 813. §. 15. (Georg. 772. vgl. 581. §. 18. 1169. §. 140.) Nach l. Vifig. II. 1, 18 kein gericht an fonn, feft und erntetägen (feriae meffivae.)

**) *wädel*. Stald. 2, 426. agf. môna *vadol*. nach dem volksaberglauben foll man im *neumond* fein geld zählen, im *rollmond* ein haus beziehen. Rockenphilofophie 3, 38. 3, 55.

*heiligen tagen* follen alle lehenherrn ungeboden gein Keuchen, do das oberſte gerichte iſt, komen. Keucher w.\*) Advocatus oſterhovenſis ex antiqua lege non debet habere niſi *unum* et legitimum generale placitum. MB. 5, 135 (a. 1175.) Das frieſiſche nur alle vier jahre gehaltne bodting erfolgt aber erſt nach Johannis: efter *ſumeris nacht*, êr lettera ewen nacht (nach mittſommernacht, vor dem herbſt.) Fw. 35.

b. *ſwei* jährliche gerichte. das eine fällt auf frühling, das andere auf herbſt (altn. vârþîng und hauſtþîng): ut ad mallum venire nemo tardet, primum circa *aeſtatem*, fecundo circa *autumnum*. capit. a. 769. §. 12 (Georg. 539.); *meigeding* und *herbeſtding*. Seligenſtätter ſendr.; tempore placitorum, quae vulgariter dicuntur *herpſtteding* u. *meienteding*. Herrgott 3, 715 (a. 1363); uf *meyengedinginen* und *herpſtgedinginen*. Tſchudi 2, 202 (a. 1433); in dem *meigen* und ze *ogeſten*. Haſelacher w. Die weiſthümer bezeichnen auch den frühling durch *Waltburgis* (1. mai), den herbſt durch *Martinitag:* zwei gerichte zu S. Martin und S. Walburg. Hofſtetter w.; allwegen jedes jahr zwei merkergeding, das ein uf Walpurgis das ander uf Michaelis. Bingenheimer w.; gerade wie die maibeten und herbſtbeten auf Waltburg oder Martini erlegt werden (oben ſ. 358), walperkühe (vaccae inferendales, oben ſ. 362) Oberlin 1930. martinshüner, pfingſthüner (oben ſ. 374), maigaßenzins (ſ. 387), walpertsmännchen (ſ. 388). Seltner iſt die anſicht, wonach beide gerichte in den *winter* und *ſommer* verlegt werden: man weiſt jarlich zwei ungeboden dingtag zu halten, den erſten auf dinſtag negſt nach der heil. drei könig tag, der ander auf dinſtag nach S. Johannis des teufers tag im ſommer gelegen. Windesheimer w.

c. *drei gerichte.* Der glaube an drei heilige tage (drei hochgezite) des jahrs hat in der alten welt tiefe wurzel, mundum gentiles *ter in anno* patere putabant, ſagt Feſtus. Unſere vorfahren ſcheinen das jahr nur in *drei zeiten* getheilt zu haben: hiems et ver et aeſtas intellectum ac vocabula habent, auctumni perinde nomen ac bona ignorantur. Tac. Germ. 26, richtiger war vielleicht der herbſt

---

\*) man vgl. die verſammlung der hexen in der erſten mainacht.

vorhanden und das frühjahr mangelnd?*) Merkwürdig
ift die ftelle der Yngl. faga cap. 8, Odin verordnete drei
jährliche opfer: þâ ſkyldi blôta *i môti vetri* til ârs (pro
annona), enn *at midium vetri* blôta til grôdrar (pro
feracitate), it þridia *at ſumri*, þat var figrblôt (pro
victoria.) das erſte opfer fiel in den herbſt (gegen den
winter), das zweite in den winter, das dritte in den
ſommer. Diefe eintheilung des jahrs in drei abſchnitte
wird auch durch die drei zwiſchenräume (anna î mil-
lom) beſtätigt, in welchen nach Gulaþ. p. 409. 410 die
wege ausgebeßert werden ſollen, der erſte zeitraum
geht von der ſchneeſchmelze bis zur pflugausfahrt (til
þegar ſnior er af ok til þeſs er plôgr kemr ût), der
zweite von beendigter feldausſtellung bis zur heumahd
(er lokit er vârorko ok til heyſlâttar), der dritte von
beendigter ernte bis zum ſchneefall (er andvirki er î
gardi oc til þeſs er ſnior kemr â ſpöni.) der erſte zwi-
ſchenraum folgt auf den *winter*, der zweite auf den
*ſommer*, der dritte auf den *herbſt*. In den carolingi-
ſchen capitularien finden ſich drei allgemeine placita ver-
ordnet, die zeit wird als bekannt vorausgeſetzt: de pla-
citis quidem, quae liberi homines obſervare debent, con-
ſtitutio genitoris noſtri penitus ſervanda atque tenenda
eſt, ut videlicet in anno *tria* ſalummodo *generalia pla-
cita* obſerventur. Georg. 1212. 1384. So auch bei den
Angelſachſen: and hábbe man *þriva on geare* burhge-
môt. 1. Cnut. 18. ſuanimotum (agſ. ſvângemôt) *ter in
anno.* Houard 2, 392; und in vielen urk. des mittel-
alters: *tribus principalibus mallis*, qui vulgo *ungeboden
ding* vocantur. cod. laureſh. nr. 131 (a. 1071); item ad-
vocatus habet ſedere *tria judicia* cum baculo, ut eſt
juris, et homines qui pertinent ad iſtum judicium debent
manifeſtare jura ſua et noſtra, et qui remanſerit extra
judicium, habet advocatus ipſum punire. Wetterer w.;
*tria plebiſcita*, quae dicuntur *ungeboten*. Kuchenb. 9,
154 (a. 1235); praedicti fratres de Bikkenbach *ter in
anno* poſſunt in ſtrata communi judicio praeſidere in
villa praedicta. Gudenus 1, 853 (a. 1291); item *tria* ſunt
*judicia* per annum, quae dicuntur judicia *non indicta*.

---

*) die namen ſommer und winter find allen deutſchen ſpra-
chen gemein, wegen herbſt verweiſe ich auf gramm. 2, 368:
frühling iſt kein altes wort, vgl. altn. vor, vâr (lat. ver) ahd. len-
gizo (gramm. 2, 510.)

Denzer rechte. Binnen den *dren dingen* Sſp. 2, 4. *alle achtzehn wochen*, d. h. dreimal jährlich. Sſp. 1, 2. 3, 61; wir gebieten bi unſern gewalt allen den herrun, die lanttäding ſulen gebieten uf dem lande, daz ſi ez *driſtunt* haben *in dem jare.* ſchwäb. landr. 348 Schilt. Belege aus neueren weisthümern: alle die jenne, die ein eigen rouk hebben in einer frien gravefchaft u. darinne wonnen .... die fin in dem rechten *izliches jairs* io tom minneſten *drie* ſchuldig zo folgen vor dat elike dink u. frigerichte. Kindl. 3, 626. 627 (a. 1490) vgl. 3, 720; do ward gevunden, ein iowelk man de ſek in deme wolde unde in deme vorſte ernerde, de is plichtich dat vorſting *in deme jare drie* to ſokende. Harzer forſtd. §. 7; de *tribus judiciis annalibus.* Sueſterer w.; *drei dingliche tage.* Glenzer w.; auch mag m. h. von Wertheim oder ſin gewalt *dri geſchworen montag* haben in eim ieglichen jare zu Haidenfeld. Haidenfelder und Diefenthaler w.

Weisthümer, welche zeiten angeben, ſtimmen nicht völlig überein, verlegen auch die gerichte nach ungleichen zwiſchenräumen. unter verſchiednen beſtimmungen ſcheinen jedoch überall *winter, ſommer* und *herbſt* gemeint. Häufig heißt es zu hornung, mai und herbſt: *ze drin ziten* im jâre, ze *meien*, ze *herbeſte* u. ze *hornunge* dem voite driu dienſt geben. Öhringer w. (a. 1253); zinſtag in dem *meigen*, in dem *ougeſte* u. hornung. Haſelacher w.: greffending zu *mitten hornunge*, zu *mitten meihe* und dinſtags nach *Michaelis.* Arheiliger w.; dirre hof het *triu gedinge* alle jar, eins zu *mittelhornung* u. eins zu *mittelmeigen* u. (eins) zu *afterhalme* u. *howe* (d. h. wann geerntet und geheut iſt.) Schilter cod. feud. Alam. 369[b]; *drei gerichte* zu *hornung*, zu *maien* u. *herbſt.* Obernbreiter w.; die keller ſagent all vier, daz miner frowen amman u. och ain vogt zem jar habint *drü gericht*, ains uf *mitten rebmanot* (februar, nicht ſept. Oberlin 1272), daz ander uf *mitten maigen*, daz dritt uf den *erſten herpſtmanot.* Äſchacher kellergericht. — Wird nach heiligen tagen gerechnet, ſo fällt das *wintergericht* meiſt in januar, zuweilen in febr., ſelten in anfang merz; das *ſommergericht* meiſt in mai, zuweilen in juni, ſelten in april oder juli; das *herbſtgericht* meiſt in ſept. oder october, ſelten in auguſt. Monate in denen ich nie ein ungebotnes gericht ſinde ſind nov. dec. Beiſpiele der üblichſten formeln: 1. montag nach dem *achtzeheſten* tag (18ten tag nach weihnacht). 2. montag nach bacharacher kirbe (dieſe kirchweih fiel vermuthlich zwiſchen oſtern und pfingſten). 3. montag nach *Bartholomeus* (24. aug.) Dachsweiler w.; item dri gerichtsdage ſollint alle jar ſin, da man der herrn recht erzele 1. des maindag nach S. *Mertins* dag. 2. des maindag nach dem *achtzehnden* dage. 3. des m. nach bacharacher kirweihe. Bacharacher w.; 1. montag nach dem *achtzehnten* tag. 2. montag nach *miſericordias* (20. apr.) 3. montag nach ſ. *Joh. bapt.* Wallhauſer w.; 1. den erſten montag nach dem *achtzehn dage*, 2. den zweiten montag nach *oſtern*, 3. den nechſten montag nach *Johannis.* Treburer w.; 1. montag nach *Michaelis*, 2. montag nach dem *achtzehenſten*. 3. montag nach *oſtern*. Salzſchlirfer w.; 1. mittw. nach dem *achzehenden*. 2. mittw. nach *quaſimodog.* (13. apr.) 3. mittw. nach *Joh. bapt.* S. Goarer w.; nous echevins tenons, que ceux qui poſſedent des biens au keur, comme dit eſt keurgoet, ſont obligés de venir trois fois par an aux plaids generaux, ſavoir 1. le troiſieme jour apres *treize jours* (zwölf tage zwiſchen weihnachten u. drei königstag.) 2. le troiſieme jour apres la S. *Jean baptiſte.* 3. le tr. j. apres la S. Remi (1. oct.) record de Nyel.; 1. des zweiten montags nach der könige tag. 2. montag nach *miſericordias.* 3. den zweiten montag nach *Johannis.* Dreißer w.; 1. an dem dinſtage nach S. *Walpurge* tage. 2. an deme d. nach S. *Michels* tage. 3. an deme dinſtage nach deme *zwelften*. Rorbacher w.; drei ehafte gericht 1. nach S. *Walburg.* 2. nach S. *Michaelis.* 3. nach dem heil. *oberſtag.* (6. jan.) Ebersperger vogteirecht; drei ungeboten ding auf dem fronhof zu Frankfurt 1. vierzehn tag nach *neujahr.* 2. vierzehn tag nach S. *Walpurg.* 3. tag nach *Aegidius* (1. ſept.); 1. montag nach Walpurgis. 2. montag vor Johannis. 3. montag nach Martini. Northeimer grubengericht; 1. des nächſten tags nach S. *Reinolds* tag (12. jan.) 2. des nächſten tags nach *meitage.* 3. des n. t. n. S. *Lambert* (17. ſept.) Herdiker hovesrecht; der hofesſchulte ſall izlich jahr dreiwerf richten 1. donnerſtags nach S. *Margareten* (13. jul.) 2. d. n. S. *Michel.* 3. d. n. *cathedra Petri* (22. febr.) Eilper w.; godingsgericht zu Grebenſtein 1. donnerſtag nach *laetare* (8. merz). 2. d. n. Johannis. 3. d. n. *Michaelis.* Kopp 1, 393; drei ungeboten merkerding 1. auf S. *Pauli bekehrung* (25. jan.) 2. auf S. *Maximus* (5.

apr.) 3. auf *Lucas* evang. (18. oct.) Banfcheuer w. Das frief. goding in Wefterwold wurde gehalten 1. famftag nach *drei könig*, 2. famftag vor dem *erften mai*, 3. famftag nach *Michaelis*.

d. *vier gerichte*. Die beifpiele find feltner und erft aus fpäterer zeit: auch follen fchultheiß u. fchöpfen zu gericht fitzen *vier ftund* in einem ieglichen jahr, mit namen des erften uf dem *dinftag* nach dem gefchwornen montag, der da ift nach der *ofterheiligen zeit*. des andern am nechften dinftag n. d. g. m. d. d. i. n. S. *Michelstag*. des dritten a. n. d. n. d. g. m. d. d. i. n. dem *oberften tag*. und das vierte gericht an dem nechften montag vor *faßnacht*. Erlenbacher vertr. von 1409 (wertheimer ded. nr. 50. p. 81.) *vier pflichttage* zu Allendorf unter der linden, 1. den zweiten montag nach *pfingften*, 2. nächften montag nach *Martini*, 3. montags nach *trium regum*, 4. den zweiten montag nach *oftern*. So find jährlich *vier gerichte* zu Hernbreitingen: *vier markgericht* zu Babenhaufen. Meichfner 1, 954; *vier* ungebotne *jahrgedinge* im gericht Lindaw. Bodm. p. 692; de greven mit den landfchworen fcholen des jahres *veermahl* im lande recht holden. Pufendorf app. 4, 51.

IV. einzelne gerichte wurden nicht einmal jährlich zufammenberufen, fondern in längeren zwifchenräumen. das Eifenhaufer eigengericht in Heffen *alle fieben jahre*, ungefähr wie man die grenze nach diefer frift von neuem begieng: folchen kraiß follen die merker *alle fiben jar einmal* in beifein iedes orts etlicher jungen knaben in augenfchein von gloch zu gloch führen und weifen. Crumbacher w. Auch das Foffenhelder markgericht follte der graf von Katzenelnbogen *alle fieben jahr*, auf welchen tag es ihm beliebte, verfammeln. Wenk 1, p. 96; das frief. bodting wurde *vierjährlich* berufen: di greva, deer hir da ban lath, dat hi *des fiarda jeris* bodting halda moet, alfo fir fo hi wil. Fw. 34. 35.


## CAP. IV.  ARTEN DER GERICHTE.

1. nach der weife ihrer verfammlung find alle gerichte entw. *ungebotne* oder *gebotne* (placita non indicta vel indicta.) *Ungeboten* kamen nämlich alle freien auf beftimmte zeit, wie wir gefehn haben, ein, zwei oder

dreimal jährlich zufammen: *omnes liberi* conveniant
conftitutis diebus\*), ubi judex ordinavit. l. bajuv. 2, 15;
conventus fecundum confuetudinem antiquam fiat in omni
centena ... fiquis autem liber ad ipfum placitum ne-
glexerit venire ... XII. fol. fit culpabilis. l. alam. 36.
Das ungebotne gericht der Franken heißt mallum *legi-
timum*, *generale*, *principale*, placitum *plenum*, *ple-
narium*, *commune*; fpäter *echteding*, *ehaftding* Halt-
aus 1249: das der Angelfachfen *gemôt*, *landgemôt*,
*burhgemôt*, das altn. *allþing*. Da ihre feier mit alten
opferfeften, deren zeit allgemein bekannt war, zufammen-
traf und auch nach einführung des chriftenthums die
landesfitte jeder gegend gewiffe tage dafür beftimmt
hatte, fo bedurfte es keiner vorgängigen anfagung. Jeder
ausbleibende dingpflichtige fiel in buße. Auffallend
fcheint, daß an manchen orten das ungebotne ding gerade
*botding* genannt wird, unter den von Haltaus 179
angeführten belegen entfcheidet zumal der, worin es
heißt: der graffe fol das erfte *botding* ... dienftag nach
oftern fitzen u. halten, darzu denn *unverboth* zu kommen
verpflicht feind. hinzugefügt werden kann aus Bodm.
p. 655: et hec traditio facta eft in villa Hattinheim
coram fculteto et fcabinis in judicio, quod dr. *botding*
(a. 1237.); auch die Friefen nannten es *bodting*. Fw.
34-39. Wiarda wb. 372. Entweder, muß man annehmen,
bedeutet hier *bot* das ein für allemal angefagte,
oder es gieng auch den allgemeinen volksgerichten
hin und wieder eine *verkündigung* voraus, ohne welche
fie ausgefetzt und unbefucht blieben, wie nament-
lich in Friesland: dat is riucht, als hife halda wil,
dat mafe *keda* fchil. Fw. 35. und bei dem weftphäl.
freigericht (Wigand feme p. 296. not. 8) vgl. Maurer
p. 155. Den wefentlichen begriff des *placitum generale*
macht alfo die verbindlichkeit *aller* freien des bezirks
auf gewohnten tag, ungeboten oder geboten, zu er-
fcheinen\*\*); wogegen das befondere gericht (plac. par-

---

\*) ein folcher *dies conftitutus* wird ahd. geheißen baben *it-
mâli* tac (dies folemnis, feftus) womit man das agf. *edmæl* (facra)
und das frief. *etmal* Wiarda wb. p. 117 vergleiche. Haltaus 251
hat *eddag*; it, ed bedeutet wiederkehr, wiederholung (gramm. 2,
758.)

\*\*) wer in dem gericht fitzt, waßer und weide fucht u. eigen
rauch hält, der fol mit dem gericht lieb und leid liden tragen,
Altenhafl. w. von 1461.

ticulare, fpeciale) nur von folchen, die etwas zu ver-
handeln hatten, befucht zu werden *brauchte*, obgleich
fich auch andre freie, wenn fie wollten, dazu ein-
finden *durften*. für die parteien war es ftets ein ge-
botnes und angefagtes. Alle einzelnen gerichte, denen
an allgemeiner und regelmäßig wiederkehrender zufam-
menkunft ihrer theilhaber gelegen war, konnten aber
*ungebotne* fein und ohne grund, dünkt mich, wird dies
von Maurer p. 156. 157 in bezug auf die hof, lehn und
markgerichte geleugnet. Gewöhnlich wurden fie aller-
dings voraus verkündet, z. b. das Foffenhelder märker-
ding vierzehn tage, das Kirburger acht tage zuvor; allein
nicht felten hielten fie auch ihre beftimmte zeit ein,
z. b. das Keucher lehngericht wurde ungeboten auf
pfingften, das Banfcheuer merkerding dreimal, das Bin-
genheimer zweimal, das Babenhaufer viermal im jahr
begangen. vgl. J. J. Reinhard de jure foreft. ed. 2. p. 170.
Die f. 774 ausgezogne ftelle des Bibrauer w. nennt das
merkerding fo frei, daß niemande dar geboten ift. Auch
muften, oft bei fchwerer buße, *fämmtliche* märker er-
fcheinen.

2. ihrem umfang nach find zu unterfcheiden *landgerichte,
gaugerichte* (altn. heradsþing), *centgerichte, markgerichte,
ftadtgerichte, dorfgerichte, weichbildgerichte:* unfe gn. lieve
herr van Cleve hebbe to Valbert drei gerichte, ein frei-
ftuhlgerichte, ein *wibbelgerichte* (Haltaus 2053) vor dem
kerkhofe, ein *burggerichte* op dem kerkhofe. Valberter
w. Die alten friefifchen abftufungen waren: *mêne warf*
Af. 234 *mêne lôg* Br. 2. 5. 7. 34. 138. 140 (placitum
commune); *liuda warf* (conventus populi) Br. 140;
*brêdera warf* (placitum latius) Br. 140; *fmele warf* (placi-
tum minus).

3. dem vorfitzenden richter nach *grafengerichte* (land-
grafen, wichgrafen, burggrafen g.), *vogtsgerichte, fchulzen-
gerichte, probftgerichte, pfleggerichte.*

4. nach dem ftande der dingpflichtigen *eigengericht*
(z. b. über die eigenleute zu Eifenhaufen), *rittergericht,
lehengericht, manngericht* (auch in lehensfachen, vgl.
Meufels gefchichtforfcher 5, 245. Günther 3. nr. 512, wo
im jahr 1367 ein manurteil gefprochen wird) und *freige-
richt.*

*Freigerichte* waren urfprünglich beinahe alle und jedes
gau oder merkgericht hätte fo heißen können. Später-

hin aber, als fich die landeshoheit der fürften entwickelte,
entfprang eine befondere bedeutung. Einzelne bezirke,
die fich unabhängig erhielten und dem reich unmittelbar
unterworfen blieben, führten den namen *freigerichte*,
wie die unmittelbaren reichsftädte *freie* ftädte genannt
wurden. Solche freigerichte finden fich namentlich in
Franken und in der Wetterau, z. b. das Altenhaflauer
freigericht, das freigericht der graffchaft Rieneck, ihre
richter, urtheiler und boten nannten fich *freigrafen,*
*freifchöffen*, *freiboten*, im gegenfatz zu den gaugrafen,
centgrafen, centfchöffen fürftlicher gebiete. Ihr fitz hieß
*freiftuhl*, *freigraffchaft*. die *friheimgerichte* in den
dörfern Heimbach, Wihfe u. Gladbach. Günther 3.
nr. 290 (a. 1343); wir zentgrafe, fchepfen und lautfolk
des gerichts zu Benshaufen gemeinlich bekennen, das wir
ein recht *frihe gericht kunig Karls* gefeßen haben.
Benshaufer w.; haben fie getheilt u. geweift, das ein
iglich *freibote* allen *freien leuten* ein *freigericht* verkündi-
gen foll. Rienecker w. vgl. Haltaus 502. 505. Wie-
wohl ich nicht leugne, daß dergleichen namen und for-
meln hin und wieder in landesherrlichen gerichten, weil
fie vor alters ebenwohl placita liberorum hießen, begegnen
können.

Kein deutfches land war der bewahrung und fortpflan-
zung des alten gerichtsverfahrens günftiger als Weftpha-
len; hier dauerten, durch örtliche und gefchichtliche
verhältniffe gefichert, eine bedeutende anzahl von freige-
richten fort, die fich unmittelbar von dem oberhaupt
des reichs herleiteten, und unter dem namen der *fem-*
*gerichte* oder der *weftphülifchen* gerichte bekannt find.
Wigands unterfuchungen haben ausgemacht, daß, obfchon
diefe gerichte wähnend des mittelalters und vorzüglich
vom 14. bis zum 16. jh. in einen befonderen *freifchöffen-*
*bund* übergiengen, ihnen urfprünglich nichts anders,
als das einfache und gewöhnliche verfahren der alten
placita liberorum zu grunde liegt. Sie wurden gehegt
auf *rother erde**), d. h. *weftphülifcher* oder *fächfi-*

---

*) vgl. Haltaus 1558. Wigand feme p. 257. 266. 276 und ar-
chiv I. 2, 117; foll das beiwort allgemein poetifch fein (oben
f. 35), fo wäre wichtig, fälle zu fammeln, wo es außerhalb
Weftphalen gebraucht wird. In einer urk. von 1348 bei Wenk 1.
nr. 407 heißt es, die Limburger drängten die Dietzer hinter fich
bis *uf die roden erden*. gehörte das dietzer gebiet damals zu Weft-

/cher, wie andere gerichte auf *fränkiſcher erde* (terra
ſalica) Meuſel geſchichtf. 5, 243 (a. 1258) oder auf
*ſchwäbiſcher, bairiſcher* (oben ſ. 399). Sie führten
ſich, gleich jenem benshauſer freigericht in Thüringen,
zurück auf *könig Karl* (Wigand ſeme p. 265. 277. 278.
525. 562), dem die ſage des mittelalters (wie die däni-
ſche dem könig Frode, vgl. oben ſ. 686) allgemein jede
alte rechtseinrichtung beilegte*). So ſtellen auch die
frieſiſchen geſetzbücher ihr recht und ihre freiheit als
thes *kyning Kerles* jeſt dar (Aſ. 12. 13. 85. 223. 332)
und reden von *freiem gericht* und *freiem ſtuhl* ganz
in dem ſinn der alten placita ohne die mindeſte bezie-
hung auf die eigenthümlichkeit der ſpäteren femgerichte:
thet is thio ſiugunde liodkeſt, thet alle Friſa an *fria
ſtole* biſitte and hebbe *fria ſpreka* and *fri ondwarde*,
thet urjeſ us thi kyning Kerl. Aſ. 15. Die *karolsfreien*
in dem oſnabrückiſchen amt Fürſtenau (Möſer 1, 75)
tragen wahrſcheinlich auch von jener rechtsüberlieferung
den namen. Endlich zeigt ſich die ähnlichkeit der weſt-
phäl. freigerichte mit denen in andern deutſchen ge-
genden, daß ſie nicht bloß über peinliche, ſondern
über die gewöhnlichſten civilſachen in gegenwart aller
freien urtheilten und alsdann auch *ungeboten* verſammelt
wurden: alle die jenne, die ein eigen rouk hebben
in einer *frien graveſchaft* u. darinne wonnen, ſie ſin
dan wetten of unwetten (wißende oder unwißende), fri of
eigen to behorig, heren of junkeren lude, of ſie ſin dan
wie ſe wellen u. ſin, die ſin in dem rechten izliches
jairs io tom minneſten *drie* (dreimal) ſchuldig zo
folgen vor dat *elike dink* u. *frigerichte.* Kindl. 3, 626.
(a. 1490). Nur beſtand, ſeit jener ſchöffenbund gediehen
war, neben dem *offenen* freigericht ein *heimliches*,
welches ſtrafe (*feme*, oben ſ. 681) bloß unter wißenden
erkannte und den ausſpruch *geheim hielt* (Wigand
p. 414. 415. 428. 432), ein judicium ſecretum, *ſtill ge-
richt* (Wigand p. 246. a. 1359. 301. a. 1416.); wer vor

---

phalen? vermuthlich ſtand es gleich Limburg unter trieriſchem,
nicht unter cölniſchem ſprengel. Auch im Grabfeld erſcheint nach
den trad. fuld. 2, 41 und 280 eine villa *rôtemulti* (rotherde?), nach
Genſler (grabf. 2, 366) das heutige Römbild.
    *) Benecke zu Wigalois p. 494-499 über *Karles reht, lôt, buoch*;
hinzugefügt werden kann Ulrichs Triſt. 2264, die kaiſerchron. von
*Karles pfahte* (pactum) oben ſ. 340 und ie oben ſ. 616 angegebne
fabel von *Karles reht.* vgl. Rogge p. 221.

dem offenen nicht erfchienen war, konnte vor das heim-
liche gefordert werden: treken ut den *apenen* gerichte
in dat *frig hemelike* gerichte u. laten dem rechte finen
gank. Kindl. 3, 651 (a. 1506) vgl. Wigand p. 432; was
die freifchoffen insgeheim zur ftraf einbringen, davon foll
keiner reden auf feinen fcheffeneid, bei peen, daß ihme
fonften die zunge aus dem nacken gerißen u. er fieben fuß
höher als ein ander übelthäter aufgehenkt werden folle.
Kindl. 3, 713. vgl. oben f. 684.

5. nach dem ort, wo fie gehalten werden, gibt es *feld-
gerichte, weidegerichte, holzgerichte, forftgerichte, hain-
gerichte* (haingerede, hagelfpraken, hagelfprachen Bodm.
p. 625), *berggerichte, grubengerichte, brückengerichte,
ftaffelgerichte*. Im Diezifchen wurde ein *ftuhllinden-
gericht* (Arnoldi gefch. v. Naffau 2, 39) im Ravens-
bergifchen ein *bohnengericht* (Rive p. 251), zur zeit
wann die blühenden bohnen im garten fchatten gaben,
gefeiert. Gehört hierher das weftphäl. *klutengericht*
(von klute, erdkloß, fcholle, brem. wb. 2, 809)? een
vri *kluhtengerichte*, darbi moeten erfchinen alle des
haves erven u. alle die dinkplichtigen haveslüde. Weft-
hover w. Im Norden fand bei der hausfuchung (ranfak)
ein thürgericht *(duradômr)* ftatt, ein *engidômr* bei
wiefen. Arnefen p. 340. Der duradômr gleicht dem
thürengericht der orlamünder ftatuten: item gefchähe
ein tat in eins burgers hufe oder wiche ein teter in eins
burgers hus, fo mag der richter nachfolgen *vor die thür*,
dafelbift fal her dan *benke fetzen* u. ein gerichte
beftellen u. den teter uß des burgers hufe gewinnen mit
gerichte u. rechte. Walch 2, 71. Im alten Guledings-
buch findet fich beftimmt, daß ein folches gericht dem
beklagten *vor die thüre* und *nicht hinter das haus* und in
folcher weite von der thüre gefetzt werden foll, daß
man ein fuder brennholz dazwifchen durchfahren kann
(kaufbalk. 4.), daß man holz und waßer eintragen kann
(odalft. 2.)

6. auch von dem zweck, wozu fie verfammelt waren,
wurden einzelne gerichte benannt, z. b. das *zinsgericht*
zur entrichtung der jährlichen abgaben*), das *rüge-

---

*) ein *fladengericht*, deffen Steiner (Seeligenftadt p. 147) ge-
denkt, hieß wahrfcheinlich fo von den kuchen, welche die ge-
meinde auf den beftimmten jahrstag für richter und fchöffen dar-
brachte.

*gericht* zur erledigung der feld und waldfrevel, das
*läutergericht,* vor dem man fachen läutert (Haltaus
1207)? judicium quod vulgariter *lauterdinch* vocatur.
Lang reg. 3, 250 (a. 1265). Eigne *waßergerichte* ord-
neten die anlage der mülen, ein folches beſtand nament-
lich in der Wetterau bis in die neueſte zeit, es hatte fei-
nen ſitz zu Dorheim und führte aufſicht über alle mülen
an der Wetter, Uſe und Nidda. ſein vorſteher hieß zu-
letzt der *waßerhauptmann,* früher unter kaiſer Friedrich
3. *waßergrave;* richter und boten trugen rothe mäntel
und binden, ein *waßerwieger* hatte eine ſilberne wage
zum wiegen der eingeſchlagnen pfäle und nägel, die
formel dabei iſt oben ſ. 79 angegeben. Das gericht
wurde unter freiem himmel, nah am ufer des fluſes, wo
gerade etwas vorgenommen werden ſollte, gehegt und
dem volke rother und weißer wein gefchenkt. zum
ſtoßen und fchlagen des pfahls legten die richter ihre
mäntel ab, behielten aber die binden an, einer nach dem
andern that *drei ſchläge* auf den eingeſteckten nagel.
Schüler fangen lieder, unter die kinder wurde zum
gedächtniß ein korb birnen, kirfchen, äpfel vertheilt oder
einem jeden ein rother rieme gegeben; die müller hatten
den richtern futter und mahl zu liefern. Auch in der
graffchaft Öttingen fand fich ein *waßergericht,* das aus
ſieben fchöffen und dem vorſitzenden *waßergrafen* ge-
bildet wurde. Meufels gefchichtf. 7, 27. An andern
orten forgten die gewöhnlichen gerichte mit für die mülen,
ich will hier die wichtigſten ſtellen der weisthümer dar-
über mittheilen. gehört vor das centgericht, ob einer
fein *molen erhaben* hette. Umſtatter w.; ſtehet ein maß
an der kirchen zu Pfungſtatt, *wie hoch* man die *mule* uf
die bach fetzen folle. Pfungſt. w.; zum letzten rüget der
*obermüller* einen *grundſtein* auf der linken hand bei
der waßerſchepfe unter der müle, daß das waßer nicht
darf drüber ſpannen\*). Ottendorfer w.; item wenn
der amtmann die *müle beſehen* will, foll er den land-
knecht uf den markt fchicken und von eines bauern
wagen zween beſte ſtreng löfen u. zufammen ſtricken,
darnach noch einen knoten daran machen und fo er die
*müle beſehen* will ein fchöpfen zween oder drei ohn-

---

\*) der fachbaum muß mit dem eichpfal, der den höchſten
ſtand des waßerſpiegels bezeichnet, wagrecht liegen. Mittermaier
§. 294.

gefehrliche zu fich nehmen, in die müle gehen, den
landknecht heißen dem müller zu fagen, die zargen
(feptum lapidis molaris) vom ftein zu heben. alsdann foll
der landknecht den *beften ftrick* noch mit einem knoten
um den ftein binden, alfo daß *drei knoten* am feil wer-
den, darnach foll der müller die zargen wieder über den
ftein fetzen und die müle laßen angehen; *lauft die
zarge mit dem ftein umher,* fo ift der müller nit buß-
fällig, bleibt aber die zarge ftehen und lauft der ftein
um, fo ift der müller bußfällig. Mellrichftadter w.; item
wan der meiger die *mulin* wil *befehen* oder jemand
anders arkwon hat, fo foll der meiger zween fchöffen
oder zween gerichtsmann nehmen u. foll in dem nech-
ften hofe ungeferlichen ein *mittlen wagenzaum* neh-
men u. den zaum zweifältig weigen, dann um den ftein
fchlagen und *fellt der zaum über das halbe zwifchen
die zarge,* fo hat der müller 30 fch. pf. verbrochen.
Bifchweiler w.; forder angeftalt, wie die mulftein, mole
und zargen gefchickt fein follen? ift geweift, die zarge
foll wol bewart fein u. kein abgang haben, ein *beften
ftrank* mit *drien knoten* umb den ftein u. die zarge nit
rüren u. *der lauft foll mit umbgan* dreimal unverfert.
Hernbreitinger petersger. — Ebenfo gab es in Nieder-
deutfchland *deichgerichte,* die mit *deichgreven* und
*deichgefchwornen* befetzt waren; in Franken *zeidel-
gerichte,* wo ein forftmeifter und zwölf zeidler über bien-
gartenfachen richteten (Schilters wb. 891. 892. Langs
Baireuth 1, 51. 52), auch *triebelgerichte* (judicia melli-
cidarum, vgl. Mart. Hoffmann ann. bamberg. ad a. 1241)
geheißen; in Frankfurt ein *pfeifergericht,* auf welchem
die fchöffen feierlich den abgeordneten fremder ftädte
zollfreiheit bewilligten und dafür althergebrachte ge-
fchenke in empfang nahmen (J. H. H. Fries abh. vom
pf. ger. Frankf. 1752). Weit allgemeiner waren die
*fendgerichte* (von fend, find, fynodus) für die archidia-
conatsleiftungen (Haltaus 1680): iewelk kerftenman is
*fenet* plichtig to fokene dries inme jare. Sfp. 1, 2. Im
mittelalter fcheint aber auch *fenet* \*) bisweilen gerichts-
verfammlung überhaupt zu bedeuten, wenigftens läßt
der pfaffe Chuonrat am fchluße feines gedichts (zeile
8995. fragm. 4599) die *fenetplihten* erteilen (dem könig

---

\*) verfchieden ift das fend (von fendan, mittere) in *fendbote*
(miffus dominicus).

das urtheil finden), und find auf diefe weife die *fendba-*
*ren* leute, *fendbarfreien* (femperlüte, femperfreien) zu
erklären? vgl. Haltaus 1679 und das vocab. in Senken-
bergs corp. jur. germ. p. 82-85.

7. es fragt fich nach der *ordnung* und dem *rang* meh-
rerer gerichte untereinander.

*α.* wir fahen f. 793, wenn die urtheiler des rechts nicht
weife waren, daß fie fich *raths erholen* durften bei
folchen die größere rechtserfahrung hatten. In diefem
verhältnis fcheinen bereits die *rachinburgi* zu den *fa-*
*chibaronen* zu ftehen (Maurer p. 22). Im mittelalter
wandten fich die fchöffen an ein benachbartes anderes
gericht, *fuhren aus, fuhren zu hof*, das gericht *holet*
*mal, feret uz*, feret zu hofe (Bodm. 667. 678. Sfp. 2, 12),
*fchiebt* (volvit, devolvit) an den oberftuhl. Haltaus 1617;
das hieß *fahrt, ausfahrt, überfahrt, zug, fchub* (Bodm.
663. Maurer p. 234. 235), *heimfchub* (Haltaus 1653),
*ausfplucht* (an andere orter ausfplucht holen, Banteler
w. §. 30). Die weifung erfolgte unverweigert und un-
entgeltlich, man nannte fie *des landes almofen* (Bodm.
663). Beifpiele diefes zugs, diefer rechtserholung geben
Kopp heff. ger. 1, 342. Grupen difc. for. p. 758-760;
den älteften beleg liefert wohl eine urk. Heinrichs 2.
von 1015 bei Ludewig fcript. bamb. 1, 1118: ceterum fi
coloni in litibus caufarum decidendis inter fe diffentiunt,
*ad proximam curtimarchiam* eos pro fententiis feren-
dis ftatuimus habere recurfum. Wahrfcheinlich hatten
die meiften kleineren gerichte ihren beftimmten *oberhof*,
von dem fie *hergiengen* oder *rührten*, wie die weis-
thümer fagen; dorf und centgerichte wandten fich an
das gaugericht, wo fie ficher waren, rechtskundige män-
ner anzutreffen. So hatte z. b. Orlamünde den zug
nach Jena (Walch 1, 69), rheingauifche gerichte den
zug nach Eltville, Rüdesheim, Lorch (Bodm. 663-678),
niederheffifche nach Caffel; ich will einige näher erläu-
ternde ftellen aus weisthümern herfetzen: item, fo fein
auch etliche *untergericht* in dem landgericht Crombach
(mit namen zu Geifelbach, Königshoven, Kalda, Schnep-
penbach) und diefe obgemelte untergericht, ußgefchei-
den das gericht zu Geifelbach, die haben ihren *oberhof*
u. ihre *urtheilholen* an dem obg. *landgericht* zu Crom-
bach. Crombacher w.; könnten fie (die fchöpfen) des
urteils nicht eins werden, fo follen fie die hübener zue
fich nemen, werden fie des urteils eins, fo follen fie es

heraus fprechen, werden fie aber d. u. nicht eins, fo
mögen fie das urteil *fchieben bis zum nechften gericht.*
Urfpringer w.; item, da die fchepfen das urtel nicht
finden konten, fo folten fie gegen Fulda vor die *roite
ruhr* \*), odder da es dafelbft auch nicht gefunden wer-
den mocht, alsdan gein Ruckenftuel, und da es dafelbft
auch nicht gefunden werden mocht, alsdann gein Fride-
bergk *vor die capellen gewiefen* u. *geworfen* werden.
Bingenheimer w. (a. 1441). Bingenheim lag in der ful-
difchen mark, war alfo zuvorderft an die entlegeneren
gerichte Fuld und Rockenftuhl, und dann erft an das
nähere in Friedberg gewiefen. Ein folcher *dreimaliger*
zug wird auch durch andere weisthümer beftätigt: die
fcheffen haben fich derfarn (erfahren, rechts erholt) an
*drien ftulen.* Hernbreitinger petersger. a. 1500; were
auch, daz iemants rechts begert an dem gericht u. ver-
kleite umb eigen, umb erbe oder umb wilcherlei daz
were, dem folte der fchultheiß richten *ungeftoßen un-
geflagen.* en holfe daz nit (? könnten oder wollten die
fchöffen kein urtheil finden), begert iz der cleger, fo
folte der fchultheiß mit ime geen gein Selgenftatt zu
mim herrn, der fulte ein reidenden boten mit ime herus-
fchicken, der fulte auch richten *ungeftoßen ungefla-
gen.* enholfe daz nit, fo folte mins hern bote, fchulz
u. cleger hinuf gen in die ftat zu eime voite, der folde
herab riden u. *floßen* u. *flagen* (? die fchöffen mit ge-
walt anhalten recht zu weifen) als lange biz dem cleger
recht gefchiht. Niederfteinheimer w. Aber auch wenn
der richter dem urteil, eh die folge ergangen war, wi-
derfprach, follten die fchöffen an den oberhof recurrie-
ren: ift auch, das die fchepfen teilen uf iren eid das fie
recht dünket, das mag der richter wol widerreden, ee
des die volge gar erget von den fchepfen allen. wanne
das der richter widerfpricht, fo fullen die fchepfen *das
recht holen* zu Bifchofsheim, *danne das gericht her-
geet* u. follen die fchepfen darumb nit bußfellig werden.
Schultes henneb. gefch. 2, 18. 19 (a. 1315.)

Diefe *rechtserholung* beim oberhof bildet keine eigent-
liche inftanz, denn fie tritt ein, ehe das gericht geur-
theilt hat, wird *von den fchöffen felbft* eingezogen und
durch ihren mund hernach ausgefprochen. Auch fcheint

---

\*) wenn das gericht geheget u. gehalten ift mit feiner *ruhr.*
Altenhafl. w. (a. 1354.)

in ihr nicht nothwendig abhängigkeit des holenden gerichts von dem auskunft ertheilenden zu liegen; die fchöffen konnten fich an einen benachbarten dingftuhl (deffelben landes) wenden, der ihnen gleich ftand und fie bei andrer gelegenheit ebenfalls befragte. Mit der zeit aber und in der regel muß ein folches verhältnis des geringeren und höheren gerichts entfprungen fein, wie fchon die namen *untergericht* und *oberhof (fronhof,* fala dominica, *übergericht,* oben f. 795) zeigen und daraus folgt, daß es *beftimmte* oberhöfe gab, denen nicht ausgewichen werden follte.

β. im dunkel liegt das entftehen der *inftanzen,* d. h. der berufung *von feiten der partei* an ein höheres gericht · über ein von dem niederen *gefundenes* urtheil. Savigny 1, 222 nimmt an, daß in unferer älteften verfaßung gar keine gerichtsinftanzen begründet feien und erft in den fränk. capitularien, nicht in den älteren gefetzen, wird über *appellationen* verordnet. Eichh. rechtsg. 1. §. 80. 164. 385. Rogge p. 88-93 behauptet zwar nicht inftanzen, aber doch *berufung* auf ein höheres urtheil. Auf das anfechten und fchelten eines gefundnen urtheils werde ich im folgenden cap. kommen; ein höheres gericht ift dazu unerforderlich und auf derfelben bank konnte das gefcholtne urtheil anders gewiefen werden. Daß die fache nochmals andern urtheilern vorgelegt werden durfte, lehrt fchon lex alam. 41, 3: et fi hoc *ab aliis judicibus* inquifitum fuerit, quod ille jufte judicavit; ohne daß diefe alii judices gerade höhere gewefen zu fein brauchen. vgl. Eichh. §. 80 (f. 240 der 3. ausg.) Am allerwenigften ift zu behaupten, daß etwa die ungebotnen gerichte den rang vor den gebotnen gehabt und ein von letzteren gefälltes urtheil hätten abändern dürfen.

Zufammenhang zwifchen den rechtserholungen der fchöffen und den berufungen der parteien fcheint mir jedoch unleugbar; fo wie für jene bildeten fich für diefe *obere* und abhängige *niedere* gerichtsftühle. ich folgere es fchon aus der auch bei appellationen üblichen benennung *zug* und *ziehen.* Haltaus 2068 *zug,* apoftoli; eine widerworfene urteil an einen andern richter *ziehen, fürbaz ziehen,* fchwäb. landr. Schilt. 97. 100. 164 (Senk. 108. 109. 164); en ordel *tien, to rechte tien.* Sfp. 2, 12; der lat. überfetzer hat *appellare.* fynonym mit ziehen und zug ift *fchieben* (trudere) und *fchub.*

das land oder gaugericht war nun, vor welches von
dem urtheil des cent, mark oder dorfgerichts *gezogen*
und *gerührt* (?) wurde. Strodtmann bemerkt, zu Ofna-
brück heiße das höhere gogericht *padgericht, padken-
gericht* und erklärt es richtig aus padken (gehen, lau-
fen; brem. wb. 3, 279 padjen) von dem neuen gang,
der inftanz. Unter den Friefen gefchah, nach Wiarda
(zu Af. 120, zum fal. gefetz 193), appellation von dem
dorfgericht *(fmele warf)* an das gaugericht *(brêdera
warf)* und die allgemeine volksverfammlung *(mêne warf,
mêne lôg, liodawarf)*; belege für diefe behauptung find
mir aber aus den rechtsbüchern nicht bekannt, vielmehr
wird lit. Br. 33 bei der läuterung (dem fkiria) eines un-
dôm (gefcholtnen urtheils) nicht von einem höheren
warf, fondern von dem rêdjeva, ther him alranêft is,
geredet. *) Wegen der drei nordifchen inftanzen *vâr-
þing, fiordûngsrêttr* und *fimtardômr* verweife ich auf
Arnefen p. 323. 601.

γ. verfchieden von den untergeordneten find die *nach-
geordneten* gerichte, denen entw. ein anderer richter
(wiewohl an demfelben ort) vorfitzt, nachdem der erfte
richter ein *vorgedinge* gehalten hat (oben f. 759), oder
die den ordentlichen gerichten zur entfcheidung uner-
ledigter fachen nachfolgen. Hierher gehören namentlich
die *afterdinge* (judicia pofteriora)**), die meift unmit-
telbar hinter den ungebotnen gerichten, noch an dem-
felben tag oder am folgenden, zuweilen auch fpäter ab-
gehalten wurden; vielleicht beruhten fie mit auf der
dem deutfchen recht überhaupt geläufigen idee von *zu-
gaben* (oben f. 220). Zwei belege von *afterding* gibt
Haltaus 17; und gat miner frauen gericht, daz der am-
man befitzt, allweg vor u. wenn daz end nimpt, fo fol
des felben tags oder aber enmornent des vogts gericht
och fin. Äfchacher w. In Wefterwold folgten auf die
ungebotnen gerichte drei wochen fpäter *achtergodinge*.

---

*) was bedeutet *thruchthingath*? Br. 122. 123. 124. 149. Sicher
nicht *dritter* gerichtstag, fondern thruch fcheint *durch*.

**) die benennung hat fich in eigennamen fortgepflanzt, in
Schwaben liegt ein *Ofterdingen*, in Oeftreich ein *Efterdingen*,
Efferdingen. ich weiß nicht, welchem von beiden oder ob einem
andern der dichter des 13. jh. Heinrich von Ofterdingen zufällt?
ein fpäterer Heinrich *zum afftirdinge* erfcheint in einer urk. von
1332. Würdtw. diplom. mog. 1, 481.

Hinter dem bodding konnte ein *fimelding* eintreten,
drei tage lang auf dienftag, mittwoche, donnerftag, um
die leute zu richten, die man auf dem bodding nicht
zu ende richtete. Fw. 38. 40; den namen weiß ich nicht
ficher zu deuten, er könnte wohl mit *feme* zufammen-
hängen. Wie verhält es fich mit dem cölnifchen neben-
gericht, welches *flügelgericht* hieß? Weyden Cölns
vorzeit p. 56.

8. Fremden wies das frühfte alterthum kein recht (f.
397), fie konnten nur von ihres gleichen, von ihren
landsleuten gerichtet werden. Als fich aber der fried-
liche völkerverkehr ordnete, fcheinen bald für reifende
kaufleute gerichte entfprungen zu fein, die man *gaft-
gerichte, nothgerichte*\*) nannte (f. 402). Im mittel-
alter richtete für fremde den jahrmarkt befuchende in
England the *court of pipoudres*, in Frankreich la
*cour des piedpouldreux*, vgl. Spelman f. v. pedis pul-
verifati curia, Ducange f. v. pede pulverofi, d. h. fuß-
beftaubte wanderer. Allein auch andere fremde ge-
noßen des landrechts, wenn fie zu widerrecht (re-
convention) ftehen wollten: wan ain *fremder* u. *auß-
wendiger* man oder fraw ift chumen u. hat rechts
begert, hat derfelbig außwendig ains widerrechten
dafelbft wöllen fein, fo hat man im recht laßen gan.
hat er aber das nit wöllen fein, fo muß er wieder weg
u. hett er ritterfporn gefürt (fei er gleich aus dem rit-
terftande.) alte dorfsehaften in Meufels gefchichtforfcher
3, 239. 240. Bloße rechtserkundigung theilten die ge-
richtshöfe auswärtigen wie einheimifchen mit: wer des
landes almufen u. orteil geret, die fol man eime ieglichen
gebin, er fi her, woher er wolle, als ferre man des wife
ift. Bodm. 663 (a. 1404.)

9. *Schiedsgerichte* und friedliche *austräge* waren dem
geift unferes alten rechts angemeßen. die anwefenden
nachbarn fchlichteten einen ftreithandel auf der ftelle,
die nächften freunde und gefippen wurden berufen ihn
beizulegen; beides gefchah ohne vorfitzenden richter,
obwohl zuweilen auf dem (ungehegten) gerichtsplatz,
beides gefchah *in güte, nach der minne* mehr als nach

---

\*) der name *nötgeding*, nötding (Haltaus 1424. 1426) gehet
weiter und bezeichnet jedes in einem außerordentlichen, eiligen
fall berufne gericht; aber O. IV. 13, 71 in nötlfhhemo thinge be-
deutet kein gericht, fondern ift adverbiale redensart.

ftrengem recht. Denn fchon componere hieß beilegen, vertragen, complanare, ebnen, altn. iafna, iafnfetja (vgl. oben f. 600. 612), daher *iafnendr* (arbitri), obmänner, fchiedsleute, die *mit minne* (fchiedlich friedlich) ausglichen (Meufels gefchichtforfcher 3, 235); daher *minnerer* (Maurer p. 269.) *austrag, austracht* wurden jedoch auch von öffentlicher, richterlicher entfcheidung gebraucht, nicht bloß von privatfchlichtung (Haltaus 86.); *ußrichten* u. intfcheiden mit minne oder mit rechte, *die minne bit der wife, daz recht als fich daz heifchet.* Arnoldi beitr. p. 116 (a. 1374.) Vort hain wir gefichirt, of ein zorn oflofe (aufliefe, entfpränge) van wordin of van werkin zufchin unfin zwene, dat des *dir dirde maich* (der dritte verwandte) fal hain zu fcheiden of he mach. Günther 2, 242 (a. 1270.) Hader im trinkgelag wurde gleich bei dem wein gefchlichtet *(gerichtet, gefchieden):* were es fache, daß einer dem andern bauderling gäbe oder lügen ftrafte u. daß folches *bei dem weine unter dem obdache* gericht würde, da wäre kein buße verfallen. Diefenthaler w.; auch foll man rügen fcheltwort, buderftreich u. gewapnet hand, wer es auch fach, daß folches *bei dem wein* gericht würde bei der felben nacht als es gefchehen, fo dörft man das nit rügen. Lengfurter w. Manchen zünften war die befugnis ertheilt, diebe felbft zu beftrafen. Kopps bruchft. 1, 188. In einigen hechingifchen dörfern unweit Balingen wählte die gemeinde einen unbefcholtnen alten mann, welcher *datte* (vater) hieß und alle uneinigkeit zwifchen ehleuten erfticken und fchlichten mufte, fein verfahren befchreibt J. E. Fabri geogr. mag. 1, 28. Siebenkees neues jur. mag. 1, 548. Beifpiel eines nord. iafnadardômr findet fich Niala cap. 66., frage und antwort wird unter den parteien gewechfelt, vor gericht aber ohne einmifchung des richters, gute leute entfcheiden.

## CAP. V. VERFAHREN.

### A. *Ladung.*

I. *der gemeinde und der urtheiler.* Zum ungebotnen ding brauchte nicht geladet zu werden, obgleich auch die allgemeine verfammlung bisweilen botding war. Gericht für berathfchlagung öffentlicher angelegenheiten oder für feierliche handlungen freiwilliger gerichtsbarkeit *entbot der richter*, ein beiſpiel letzterer art gibt 1. ſal. 47 und 49 bei dem reipus und der erbeinſetzung, es heißt jedesmal: tunginus aut centenarius *mallum indicent*. *Gebotnes* ding wurde vor alters ohne zweifel durch *zeichen* und *ſymbol* angeſagt, die aber das volk nicht bloß zu gericht aufriefen, ſondern auch zur verfolgung flüchtiger miſſethäter und in kriegsnoth zu den waffen gegen den einbrechenden feind. von dem nord. *herör* *) und *bodkeſli* habe ich ſ. 162. 165, von den frieſ. *feuern* ſ. 195 gehandelt; ein über mord zuſammenberufnes gericht hieß in Norwegen *örſarþing* (pfeilgericht) vgl. Gulaþ. p. 152. 156. 157. Umgeſandt wurde das zeichen, wie die ſonne geht, von oſten nach weſten (lâta fara ſem dagr deiliz.) Arneſen p. 352. iſt niemand daheim und das haus offen, ſeti niðr bod í andvegi oc ſtydi ſvâ, at eigi falli. iſt das haus zu, þâ ſcal *binda bod yfir midjar dyrr*, ſvâ at hvarr megi ſiâ, er inn gêngr. Gulaþ. p. 434. In einigen gegenden Deutſchlands ſagte noch bis in neuere zeit ein umgetragner *hammer* oder *klöppel* gericht an (oben ſ. 162.) Zu Lindenthal in Sachſen läßt der richter den klöppel ins nächſte gut geben, der nachbar ſendet ihn in den andern hof und ſo ein jeder weiter, der ihn bringt darf nicht von der thüre weggehn, bevor es der nachbar hört. Klingner 1, 685 (a. 1724.)

Aber ſchon frühe im mittelalter wurde auch das gebotne gericht *beläutet* und *beſchreit*. Die *glocke* rief alle freien zu ihrem recht, wie die kirchenglocke zum gottesdienſt, die ſturmglocke gegen feind, mörder und feuer (vgl. unten cap. VI.); in den formeln iſt daher gerichtsbarkeit ausgedrückt durch *glockenſchlag* und *glockenklang* (oben ſ. 44. 45.), dem gerichtsherrn wird glockenſchall und folge zugewieſen. Niederberger w.; item dicunt, quod nullus dominus poteſt vocare cives ſueſterenſes per *pulſationem campanae* ad aliquam neceſſitatem niſi dominus de Valkenberg. Sueſterer w.; quacunque etiam hora quis in banno (im bezirk) de Dela occiſus fuerit, mox *campanae compulſari* debent (dem mörder nachzuſetzen.) jura opp. delenſis b. Schöpfl. nr. 1081 (a. 1358.)

die *ſturmklocken* man dô zôch. Wh. 2, 52ª
la *bancloche* ſone de randonnée. rom. d'Ogier.

---

*) man ſagte *ſnua* þingbodi í *herör*, vgl. Ol. Tr. cap. 162: bœndr ſnêru þingbodi í herör ok ſtefndu ſaman þegn ok þræll.

fie war überhaupt fymbol des *richterlichen banns,*
auch wo es nicht auf ladung ankam, z. b. bei einwei-
fung in befitz: in poffeffionem redituum adjudicantes
fententialiter cum omni juris follempnitate, quae *bannen,*
vel *campanarum compulfatione,* quae *eydein* (eineiden,
eidigen) vulgariter dicitur. Bodm. 615 (a. 1300.);
per *campanae fonitum* tribus vicibus factum ab oma-
giis, juramentis et fidelitatibus .... penitus excluferunt
et .... quitos pronunciarunt, der fcultheiƺe u. die ge-
fwornen wurden uƺ des vorg. Jacobs genant Ruwen
eide *geeidet* in der abtiffin eit, bit einre *glocken,* die drau
ftunt (dreimal) wart gelut nach gewonte und rehte. Bodm.
616 (a. 1329.) Viele weisthümer erwähnen des beläu-
teten gerichts, einige laßen es den abend zuvor be-
fchreien, den morgen beläuten: an dem gehegeten ge-
richte, als das *mit der glocken belüdt* war u. die men-
nere gemeinlichen daran gekommen waren. Nauheimer
w. Becheler w.; die *befchreite* u. *beleute* dorfsmalh;
merkerding verkündet des abents *mit gefchrei,* des
morgens *mit der glocke.* Dieburger w.; ieglichs unfer
ganerben dorfgericht zu Trapftadt foll des neheften tag
bei fonnenfchein zuvor durch gemeinen dorfknecht be-
fchreit u. des morgens frühe mit *drei zeichen* der
*glocke beläut* werden. Trappftädter dorfordn. von 1524
(Schultes befchr. v. Henneb. 1, 764. 767.); ad vocem
praeconum . . . quod vulgariter dicitur *lantfchreie.*
Gudenus 1, 544 (a. 1237); ließ er den landknecht u.
*fchreier* alle dorffchaft, die in das landgericht gehören,
*rufen, ob fie da wären?* Mechtelnhaufer w.; und als
der *fchreier* zu iglichem diefer nachgefchriben dorfe
und hofe *gerufen* hatte: *N. biftu hute hie,* als man
dir geboten hat? Oberurfeler w. von 1404. — *Nicht-
erfcheinung* zum gebotnen markgericht wurde fchwer
geahndet (oben f. 529): item hant die merker geweift,
wurde ein merkerding befcheiden u. die inmerker u. auß-
merker verboden, welche da außbleibend, die *hant fich
der marke verwift* und enfoll er furter kein recht in der
marke mehr haben. Camberger w.; und welchem mer-
ker folches zu wißen werde, er fei jung oder alt, der
fich verendert habe oder zu feinem erbe kommen, er
fei edel oder unedel, der fol uf folch markerg. kommen
u. *nit ußbleiben.* Foffenhelder w. vgl. Reinhard markr.
p. 200. Bei landgerichten waren geldbußen gefetzt: wer
daƺ geheite (gehegte) ding verfumete, der gibet dri fchil-
linge. Salfeld. ftat. (Walch 1, 42); welcher man zu ei-

nem gebotten landgericht ausbliebe, der verlore zween
tornes, blieb er zum andernmale aus, fo verlore er drei
pfund heller, d. i. die höchfte buß, u. wäre er unge-
horfam die buß zu bezalen u. bliebe zum drittenmal
aus, fo *verlöre er ein hand*, die fol er von dem
herrn des landgerichts löfen mit zehen pfunden. Mech-
telnsh. w. (a. 1476)*); ob ein freimann hinder fich faße
und (zum ungebotnen gericht) nit khomen wolte mut-
williglichen, fo mochte mein herr einen feiner amptman
oder diener dar fchicken, der alfo *drei jar* hinder fich
mutwilliglichen gefeßen were, mit zwein knechten und
*drein pferden*, mit *zweien winden* und *einem habich*
(vgl. oben f. 255. 256) und mochte in gutlichen thun,
ob fie es gehaben mochten, und was darinne *obendig
des fchlifbalken* were (vgl. oben 792), das *mochte er
nemen*, ob er wolte. Rienecker w. Dies gemahnt an
ein altes verfahren gegen den fäumigen richter im capit.
a. 779. §. 21: et fi vaffus nofter juftitias non fecerit, tunc
et comes et miffus *ad ipfius cafam fedeant et de fuo vi-
vant*, quousque juftitiam fecerit.

II. *ladung des gegners. mallare, admallare.* l. fal. 54.
55. 59. rip. 32, 3. ahd. mahalôn, mâlôn (N. Bth. 48. 56.
59) pimahalôn, bemâlôn (N. Bth. 58. 60.)

1. in der älteften zeit gefchah diefe ladung, gleich der
röm. in jus vocatio, *ohne einmifchung des richters;*
der kläger felbft forderte feinen fchuldner, in beifein
von zeugen, vor gericht. Den Franken hieß das *man-
nire*, ad mallum *mannire* l. fal. 1, 1. 48. rip. 32, 1. ad
placitum *mannire* Georg. 600. (agf. manjan, ahd. manôn,
nhd. mahnen, frief. monia Fw. 310); auch fteht dafür
das fynonyme lat. *monere*, admonere, commonere **)

---

*) nach dem Frankfurter fronhofsgericht wird der fäumige
dingpflichtige fo lange mit gebundnen händen, vorgehängter
fpeife und weinflafche, wovon er nichts genießen kann, gefan-
gen gehalten, bis er fich löft: item, wann ein hofifcher mann
binnen jar u. tag von hofe were und hofifch gericht nicht fuchte
u. ungehorfam were, den follen die fchultheißen mit ihren gefel-
len geweltiglich holen und im fronhof *in den ftok fchlagen* und
follen im feine *prifen* (vgl. das mhd. verbum brifen) *feines recks*
oder kleids vor *feinen henden zufammen binden* u. demfelben *ein
leib brots und ein vlefegel vorhenken*, darin fol er fitzen fo lange
bis er fich von den herrn mit einem pfund pfenninge u. einem
helbeling ablöft.
**) fpan. muñir, franz. femondre (d. i. fubmonere, wie fecourir
fubcurrere, fuccurrere.)

l. fal. 50 oder *rogare* l. fal. 76 oder *nuntiare* ut ad
placitum veniat. l. fal. emend. 49.\*) Manniert werden
durfte aber

a. *vor gericht felbft*, wenn die gemeinde ungeboten
verfammelt war oder man zufällig feinen gegner bei ge-
botnem ding antraf. alle anwefenden bezeugten dann die
ladung. Diefe mannition muß, fo lange fich zahlreicher
umftand bei den gerichten einfand, nicht unhäufig ge-
wefen fein: et fi quis alium mallare vult de qualicunque
caufa, *in ipfo mallo publico* debet mallare ante judi-
cem fuum. l. alam. 36, 3. Ich folgere aus einem fpäte-
ren weisthum, daß der zuruf dem gegner *ins geficht*
gefchehen mufte: hant die fcheffen gefregt, einer der
eime nit geboden habe vur gericht u. finde in fuft da,
obe der auch ime fchuldig fi zu antworten? des ift ge-
wifet ja! ftunde er aber etlichermaße von dem gerichte
u. hete *den rucken dar gewant* u. riefe ime der heim-
burge, *die wile er fich nit umbfehe*, er mochte unver-
luftig enweg gehen, *fehe er aber umme*, fo mufte er
deme antworten. Item hant fi gefreget: eine frauwe
wolde eime irme gefellen zufprechen, do hette er den
*rucken dem gerichte gewant*, da fpreche ir furfpreche:
horiftu nit? dife frauwe fprichet dir zu umb IIIIC gul-
den. do *fehe er fich nit umb* u. gienge fin ftraße,
waz er darumb virloren habe? des ift gewifet: nichts.
Bodm. p. 672.

b. oder der kläger verfügte fich von zeugen begleitet
*zu der wohnung* des fäumigen fchuldners, forderte ihn
nochmals feine verbindlichkeit zu erfüllen auf (rogare
ut reddat) und beftimmte dem weigernden ein placitum
(placitum concedere l. fal. 43, 4. rip. 30, 2. dare l. rip.
33, 2. facere l. fal. 53. tribuere l. fal. emend. 42, 10.
ponere Greg. tur. 7, 23): ille autem, qui alium mannit
cum teftibus *ad domum* illius ambulare debet et fic eum
mannire debet aut auxorem illius vel quemcunque de fa-
milia illius, ut ei faciat notum, quomodo ab illo manni-
tus eft. l. fal. 1, 3; fi quis alteri de rebus fuis aliquid
praeftiterit et ei reddere noluerit, fic eum debet mallare.
cum teftibus *ad domum* illius, cui res praeftavit, acce-
dat, et fic *conteftetur* ei: quia res meas noluifti reddere

---

\*) etwas ähnliches fcheint auch *langanare*, ahd. zengan? vgl.
oben f. 5 und Rogge 218. 219.

quas tibi praeſtiti, in hoc eas tene nocte proxima quod
lex falica continet, et ſic ei ſolem collocet. l. ſal. emend.
54. Nach einer andern ſtelle, ſcheint es, muſte jedoch
die ladung vorher dem richter angezeigt werden: ſi vero
adhuc ſupradictum debitum ſolvere noluerit, debet eum
ſic admallare: rogo te, judex, ut hominem illum deno-
minatum gaſachionem meum, qui mihi fidem fecit de
debito tali denominato, ſecundum legem ſalicam mihi
inde eum adſtringas. tunc judex dicere debet: ego ga-
ſachium tuum illum in hoc mallo quod lex falica habet.
tunc ille, cui fides facta eſt, . . . *feſtinanter ad domum*
illius, qui ei fidem fecit, cum teſtibus accedat et roget
eum ſolvere debitum ſuum. quod ſi noluerit, ſolem ei
collocet. l. ſal. emend. 52, 2; quod ſi . . . ſervus prae-
fens fuerit, *continuo* ipſe, qui repetit, domino ſervi
ſolem collocet et ad ſeptem noctes placitum concedat.
l. ſal. em. 42, 9. Die barbariſche faßung dieſer formeln
führt ſchwierigkeiten mit ſich, doch meine ich aus den
worten feſtinanter und continuo ſchließen zu dürfen,
daß der *erſten* ladung in der regel ungeſäumt noch den-
ſelben tag vor ſonnenuntergang (nocte proxima, bis zu
nacht?) folge geleiſtet werden muſte. Vom collocare ſo-
lem nacher.

c. eines ſymbols wird bei dieſer mannitio nirgends ge-
dacht. Die germaniſten ſtellen zwar als beſondere art
der gerichtlichen vorladung eine *adhramitio* auf, die
durch dargereichten aſt geſchehen ſein ſoll. allein weder
bedeutet adhramire (achramnire. Diut. 1, 330, vgl. das
goth. hramjan ushramjan, figere, crucifigere) einen aſt
(ramus) reichen, wie ſchon ſ. 123 note gezeigt worden
iſt, noch vorladen, ſondern beſtätigen, befeſtigen, be-
ſtimmen. man ſagte res ſuas inventas adhramire l. ſal.
40, 1. adhramire illum, apud quem agnoſcitur l. ſal. 50.
wadium adhramire, wadio adhramire. capit. 3. a. 813.
§. 15. 46. ſacramenta adhramire vel jurare. Georg. 842.
1377. ſacramenta adhramita. Georg. 1359. In bairiſchen
urk. kommen *aramiatores* vor (Meichelb. nr. 388. 468)
d. h. firmatores, teſtes.

2. Wurde die ladung von dem richter oder deſſen boten
vorgenommen, ſo hieß ſie *bannitio;* dem könig, dem co-
mes dem miſſus und jedem richter ſtand *bannum* zu. *)

---

*) vgl. oben ſ. 44. 45. twinc u. *ban*, gericht, gebot, verbot;
ſ. 46. *mahn* u. *bahn*.

bannire in hoftem (heerbann) kennen bereits die alten
gefetze (rip. 67, 2. vgl. Georg. 547. 721 wo die rubri-
ken mannitio in hoftem haben); *bannire* ad placitum
(Georg. 667. 676. 745) fcheint erft unter den Carolin-
gern allmälich aufgekommen. Mannition wurde anfangs
für alle rechtshändel beibehalten, wo es auf ftand und
geburtsverhältniffe ankam: fi quis de ftatu fuo, id eft de
libertate vel de hereditate compellandus eft, juxta legis
conftitutionem *manniatur* (vgl. Rogge p. 190. 191); de
ceteris vero caufis unde quis rationem eft redditurus,
*non manniatur* fed per comitem *banniatur.* cap. 1. a.
819. §. 12. Georg. 842. *) Bannitio gefchah, ohne klä-
ger und zeugen, bloß durch den *praeco,* entweder
mündlich oder fpäter auch fchriftlich. Alte formeln find
mir nicht bekannt, aber aus fpäteren zu errathen: du
komeft alftan alfo edder nicht, dat gerichte wert geliche-
wal finen geborliken vortganc gewinnen. Kindl. m. b.
3, 687 (a. 1548); gy komen ader nicht, dat gerichte ge-
wint finen fortgank. ib. 692.; du komeft eder nicht,
dannoch geit dat recht finen gank. ib. 693 (a. 1549.)
Sind die gerichtsboten gehindert die botfchaft gehörig
zu verkünden: fo mugent fi den brief *an die porten,*
da dan fin wonunge ift, *ftecken u. henken* oder *under
der porten inftoizen* u. hant damit ir botfchaft recht
u. redelichen verkundiget. Wenk nr. 298. pag. 302 (a.
1325.) Femboten durften, während fonft alle ladungen
bei tag gefchehen muften (oben f. 815), fie in der nacht
verrichten, fie *fteckten* den brief mit einem königspfen-
nig *in den thorriegel,* nahmen drei kerbe aus dem
rennbaum zur urkunde mit fich und riefen dem burg-
wächter zu, daß fie feinem herrn einen brief gebracht
und in den grendel gefteckt hätten. Wigand p. 510.

3. im Norden hieß die ladung *ftefna* (vgl. goth. ftibna
vox), *mälftefna,* fie mufte bei hellem tag von fonnen-
aufgang bis niedergang und mit feierlicher formel ge-
fchehen, vgl. Arnefen p. 66-104. Niala cap. 22. 23.

4. *gewaltfam* konnte in der regel kein freier vor ge-
richt gebracht werden, am wenigften nach der erften
ladung; bei den Saliern pflegten drei, bei den Ripua-

---

*) namentlich wurden die fcabini zum urtheil *banniert* (Georg.
745), die alten rachinburgen *manniert* (admoniti). Ein fchöffe
heißt fpäterhin ein *bannitus* (oben f. 777. 778).

riern fogar fieben ladungen auf einander zu folgen.
Waren fie alle vergeblich verftrichen, fo durfte der
richter wegnahme fahrender habe (legitima ftrudis) ver-
fügen, nicht aber den fchuldner gefangen nehmen. Und
felbft diefer ftrudis konnte fich der fchuldner, wie wir
unten fehen werden, widerfetzen. Eine ausnahme galt
vermuthlich bei verbrechen, die fchon das alterthum
mit todesftrafe belegte, und bei infolventen fchuldnern,
die dem gläubiger gerichtlich überliefert werden muften.
diefe überlieferung *mit dem geren, bi dem hovetgat*
(oben f. 159. 614) erinnert denn auch an das römifche
*rapere in jus, torto collo rapere.*\*)

5. den anberaumten tag wartete der kläger am ort des
gerichts auf den geladenen *bis zu fonnenuntergang.*
Blieb er aus, ohne fich entfchuldigen zu laßen, fo er-
langte der kläger darüber vom gericht und den anwe-
fenden zeugen eine urkunde, diefes hieß *folfatire* oder
*folem collocare* (oben f. 817) und war bei den Franken
wefentliche förmlichkeit, da erft nach dreimaliger folfa-
dia auf execution erkannt werden durfte.  Mit jeder
folfadia, die nicht die letzte war, verband fich nun un-
mittetbar die anberaumung der nächften frift und des-
halb fcheint zuweilen folem collocare fo viel als tag an-
fetzen.    allein in mehreren ftellen wird auch deutlich
folem collocare von placitum concedere unterfchieden.
die l. fal. 43 (oder emend. 42) handelt von belangung
eines herrn wegen des von feinem knecht begangnen
verbrechens und nimmt zwei fälle an, nämlich *a.* ift
der fervus praefens, fo geht das verfahren in vierzehn
tagen zu ende, d. h. gleich am tage der erften admoni-
tion wird folfadiert und dann ad feptem noctes placitum
gegeben, nach deren verlauf wieder falfadiert und die-
felbe frift erneuert, ift fie gleichfalls verftrichen, fo er-
folgt die verurtheilung des beklagten. *β.* ift der fervus
abfens, fo find drei wochen erforderlich, d. h. es wird
damit angefangen, dem herrn fieben nächte zur herbei-
fchaffung des knechts zu bewilligen und erft nach deren
verftrich folfadiert. Hier heißt es: quod fi poft tria pla-
cita fervum noluerit ligatum ad fupplicia dare et *per*

---

\*) rapere obtorto collo eft *vefte ad collum prehenfa* gulam et
fauces premere et angere iisque adftrictis urgere et trahere. Tur-
nebus adverfar. 26, 2. vgl. *collum torquere,* in carcerem trudere.
Liv. 4, 53.

*fingula placita folem ei collocaverit*, tunc dominus etc.
fo daß offenbar die folfadia erft am fchluß des abge-
laufnen termins eintrat. ein folches placitum wurde ge-
nannt *cuftoditum* et *folfaditum*. Nicht weniger entfcheidet
für meine anficht lex fal. 60, worin von der admoni-
tion der rachinburgen, ut legem dicant, die rede ift,
erft nach ihrer dritten admonition foll folfadia und dar-
auf verurtheilung ftatt finden: et fi legem dicere no-
luerint, tunc ab eo qui caufam requirit, fint iterum ad-
moniti usque in *tertia vice*; dann folgt das tangano,
et fi tunc diftulerint, *fole culcato* (nach beurkundetem
fonnenuntergang) culp. judicentur. folem collocare kann
alfo nicht einerlei fein mit admonere (= mannire), wohl
aber fcheint es gleichbedeutend mit einem andern tech-
nifchen ausdruck, *jactire, adjectire*, d. i. niederlegen,
franz. jeter. der *jactivus, adjectivus* l. fal. 54, 1. emend.
53, 2 war der contumax, der unterliegende (franz. jetif),
nicht der eingeftändige, vom deutfchen jehen, wie
Rogge p. 20 meint. Die von Maurer p. 49. 50. 52 an-
geführten belege erweifen die gänzliche identität von
jectire und folfatire.

6. die buße für den ausbleibenden geladenen betrug bei
der mannitio 15 fol. (l. fal. 1. rip. 32,1. bajuv. II. 15, 1.
capitul. Georg. 671. 1356); außerdem wuchs bei den
Saliern die gemahnte fchuld um drei fol.: tres folidos
fuper debitum addat . . . usque ad novem fol. debitum
afcendat, id eft ut per fingulas admonitiones vel folem
collocatum terni folidi accrefcant. l. fal. 53, 2; fuper il-
los IX fol. qui per tres admonitiones adcreverunt fuper
debitum. l. fal. 55. Säumige rachinburgen verfielen in
*drei* und ftufenweife *funfzehn* fol. l. fal. 60. Bei ein-
zelnen fchweren verbrechen (z. b. mordbrand) fcheint
gleich nach der erften mannition gegen den ausbleibenden
die volle buße erkannt worden zu fein. l. fal. 19, 6.

B. *Ehaften* (legitima impedimenta).

1. benennungen. die fränkifche war *funnis* l. fal. 1. rip.
32, fo lefen alle guten hff. (Graff Diut. 1, 329. 332);
*fumis*, fumnis ift zu verkaufen und an keine verwandt-
fchaft mit unferm fäumen, verfäumen zu denken, wenn
fchon fäumen, hindern und irren in den formeln iden-
tifch find (Haltaus 1594. 1595.) Für *funnis* entfcheidet
theils die mittellat. und romanifche form *fonium*, exo-
nium, effonium, *effoine*, effoigne (Roquef. 1, 533ᵇ);

theils die altn. *fyn* (fem. impedimentum, negatio) *naud-fyn* (legitimum imp.) und fynja (negare, impedire.) Ein ahd. funni oder funnî, notfunnî ift noch unaufgefund-den\*); aber in dem frief. gefetz hat fich *nêdfchin* Fw. 107. 149. 150 *nêdfkininge* Af. 85 ganz in technifcher bedeutung erhalten, denn fchin ift nur verderbte aus-fprache für fin, finne (= fünne) und die gewonheiten der flandrifchen ftadt Brügge haben ausdrücklich *noot-finne* (Vredus Fl. vet. p. 459.) Ein andrer altn. aus-druck *forfall* (neutr. impedimentum) fchwed. förfall, dän. forfald fcheint auch in Franken nicht unbekannt, da es in der decretio Childeb. von 595 (Georg. 475) §. 6 heißt: de *farfaliis* ita convenit, ut quicunque in mallo praefumpferit *farfalium minare*, fine dubio fuum widrigildum componat, quia omnino volumus ut *farfa-lius* reprimatur. et fi forfitan, ut adfolet, judex hoc confenferit et fortaffe adquiefcit iftum *farfalium cufto-dire*, vitae periculum per omnia fuftineat. etwas pro-ceffualifches muß diefer farfalius fein, wie auch minare (franz. mener) und cuftodire zu erkennen geben; aber nach der fchweren ftrafe kann es kein gefetzliches im-pedimentum fein, fondern nur eine muthwillige, frevel-hafte hemmung der gerichtshaltung. Seit dem mittel-alter fagte man in Deutfchland allgemein *êhaft nôt* (Halt-aus 257. Schmeller 1, 4) und die dabei ftehenden verba find: letzen, benemen, wenden, irren, wern. iz ne be-neme ime der tôt oder *êhaft nôt*. Rother 50ᵇ; ob ime nit ne benême urlouge. Alexand. 2595; ezn lazte in *êhaftiu nôt*. Iw. 2933; ez en fî vil gar ein *êhafte nôt*, diu in des wende. MS. 1, 175ᵇ; dem is diu *êhaft nôt* niht enwerte. Karl 8ᵃ; michn irre danne der bitter tôt oder fô ungefüegin *nôt*, die niemen muge erwenden. Wigal. 44; it ne neme ime *echtnot*. Sfp. 1, 70.

2. aufzählung der urfachen (caufae fonticae.)

Die l. fal. 19, 6 nennt nur dreie, *krankheit, herren-dienft* und *tod eines nahen verwandten;* fi in mallum vocatus fuerit et is qui vocatus eft non venit, fi eum aut *infirmitas* aut *ambafcia dominica* detinuerit, vel forte aliquem de proximis *mortuum intra domum*

---

\*) ich kenne nur *funneboto* funnis. gl. trev. 43ᵃ Hoffm. 13, 6. *funiboto* gerulus funnis, der die ehhaft meldet, qui fonia nuntiat in den alten formeln.

*fuum* habuerit, per iſtas ſunnis ſe poterit homo excu-
ſare. Hiermit ſtimmt eine äußerung Notkers, die nur
ſtatt des herrendienſtes unvorausgeſehnen zufall ſetzt:
mit cafu antſeidôt ſih, ter dir chît, taʒ in is lazti *ande-
res mannes tôd*, alde ſin ſelbes *ſuht* alde etelîh *unge-
wândiu geſkiht.* N. Bth. 59. In der formel Hartmanns
Iw. 2933 eʒn lazte in êhaftiu nôt: *fiechtuom, vancnüſſe*
ode der *tôt* iſt gefängnis für jenen zufall genommen,
unter tod aber der eines nahen angehörigen zu ver-
ſtehen. Vier fake ſint, die echte not hetet: *vengniſſe*
unde *ſüke, godes dienſt* buten lande (betefahrt) unde
des *rikes dienſt.* Sſp. 2, 7. Gefangenſchaft und krank-
heit fallen in andern aufzählungen unter dem ausdruck
*leibesnoth* zuſammen. Haltaus 258. 259. Auf naturereig-
niſſe nimmt eine gothiſche formel rückſicht: ſi tamen
ammonitum aut *aegritudo* ad veniendum nulla ſuſpenderit
aut *inundatio fluminum* non retinuerit, vel aditum
non obſtruxerit, in quo montes tranſituri ſunt, *con-
ſperſio ſuperflua nivium.* l. Viſig. II. 1, 18; quod ſi
eventus *aegritudinis, commotio tempeſtatis, innundatio
fluminis, conſperſio nivium*, vel ſi quid *inevitabile*
noxiae rei obviaſſe veris potuerit indiciis. ead. H. 1, 33;
illi tantummodo hanc erunt ſententiam evaſuri, qui *ordi-
nante principe* aliquid injunctum pro publ. utilitatibus
ad peragendum acceperint, vel quos *patens aegritudo*
aut quorundam impedimentum nullatenus properare
permiſit ead. V. 7, 20. vgl. 19. So auch im bair. rechtb.:
ehafte not daʒ iſt ungevarleiche *vanchnus* u. *fiechtumb*,
der weder ze kirchen noch ze ſtraʒ mag gen, landshern
*potendienſt* u. *wilden waʒʒer* u. der bei dem land nicht
eniſt; ferner in einigen weisthümern: ſimiliter ſi *flumen
vadoſum imbribus vel glacie accreverit*, ut vocatus
ad placitum nec pede nec equo tranſire poſſit, inculpatus
exiſtat. Kindl. hörigk. p. 231 (a. 1109); item wer
auch ſach, das einem das bauding verkünt wäre worden
und das er *fiech läge* u. bereicht u. verſorgt wäre zu dem
tod, oder in *gefängnus* läge oder *veldgüß* wäre oder
die die (?) *drei ſtund ritten bis an den ſattel* oder
wie er nicht überkummen möchte, ſo wär er pueß
u. frevel nicht ſchuldig. Heidenheimer bauding; eine an-
dere formel habe ich oben ſ. 107 nr. 46 angeführt. Frie-
ſiſche formeln: thiu forme nedſkininge is, thet him ſin bon-
nere *nen thing eketh* nebbe. thiu other, thet him ſin fiand
*thene wi urſtode* mith wige and mith wepne (wegelagerung,
oben ſ. 632.) thiu thredde, thet him *wind and wethir* withir

wrden were and hi *dika* fkolde *withir thene falta fe* and
withir thet *wilde hef.* thiu fiarde, thet hi alfa *fechtefiak*
were, thet hi to tha thinge nawet kuma ne machte.
Af. 85 (im vetus jus frif. fo ausgedrückt: prima eft,
quod ille bonnerus vel bedellus actionem *non indixit* in
atrio neque in domo; fecunda, quod *infirmus* fuerit;
tertia, quod ipfi inimicus fuus *viam* cum viris et cum
armis *prohibuerit;* quarta, quod *tempeftas venti* et *immea-
bilis aqua* iter abftulerit.) Fw. 150. fügt nach aufzählung
der vier ehhaften noch hinzu: dêmt him ak di aefga ter
hand, dattet him nêd of nimen habbe, *nêdbrand,*
*nêddâdel,* jefta datter *wima* (einernten) jefta datter
fin *jet ditfa* (das loch deichen) fchulde. Das altoftfrief.
landr. zählt fieben fälle: 1. *unterbliebne ladung.*
2. *krankheit.* 3. *wegfperre.* 4. *wind, wetter* u. *wafer-
noth.* 5. *brand.* 6. *tod der frau* oder naher verwandten.
7. *deicharbeit.* Das brüggerrecht (bei Vredus p. 459)
§. 80: 1. dref/nee (triebfchnee). 2. /prinkvloet. 3. *bedde-
fiek,* qualfiek en wegefiek. — Merkwürdig ift die einftim-
mung der altn. gefetze: thatta aru forfall: ligger han
i /oth alla farum allar haver *dödhän vardnadh fori
durum,* allar ar *kallader af kuningi,* allar ar *elder*
höghre an hava thorf, allar ar a *fiäti fear* fins. Upl.
kunungx b. 12, 8. manh. 45, 1. iordab. 20, 2, lagha
forfall: 1. an han *fiuker* ligger. 2. an *dödhän firi dorum*
haver. 3. an han ar *a feate fea* fins. 4. ar *älder*
höghre an hava thorf. 5. an han ar apter *kununx
budfkap* farin. Suderm. thingm. 4; forfall: 1. an han i
*fotta fiang* ligger aller i *furum.* 2. an han kan vara i
*rikifins thiänift* aller i härrafyflu. 3. an han *i fiäti fea*
fins ar. 4. an han *dödhan varnadh firi durum* haver
aller *eld* höghrä an hava thorf. 5. an han *utländis farin*
ar. ibid. thiufn. 9.; theffe aro lagha forfald for tings
fökning: förfta, om han *i fottafäng* ligger eller i *färom.*
annat, om han efter *konungs utbudhi* ar i rikefins tienift
farin. thridhi, om han i *fängilfom* häkter ar. fierde, om
han ei kan for *feghd* fkuld ting fökia. fämpta, om han
ar *utan land* och laghfagu. fiatta, om han *ei rådher
finnom* eller fkälom finom. fiunda, om thet ar ᵛjomfru
eller ofvermaghi och *målsman* thera *ei i land* eller lagh-
fagu ar. ättonde, om han hafver *eld* höghre an hafva
torf. Landsl. tingm. 14. der fechfte und fiebente grund
find hier augenfcheinlich fpäter zugefügt. Ehhaften in der
Graugans b. Arnefen p. 306.

C. *Hegung des gerichts.* das gericht *hegen\**), *befetzen,*
die bank *fpannen, bekleiden; hegemahl* (Haltaus 776.
Klingner 2, 14. 3, 577) mallum rite conftitutum, *inftaura-*
*tum;* ana ena *heida* thinge. Af. 22; gericht verbotet, ge-
feßen u. gehegt; befatzt, geheget und gehalten; ein volles
und gehegtes gericht; hegten u. befaßen ein ungeboten
märkergeding.

1. von dem *geräth,* das zur feierlichen befetzung des
alten gerichts gehört, wißen wir wenig. es fcheint,
daß beim fitze des richters ein *fchild aufgehängt*
wurde, vielleicht an einem in die erde gefteckten fpeer:
tunginus aut centenarius mallum indicent et in ipfo mallo
*fcutum* habere debent. l. fal. 47, 1. 49, 1; da diefe ftel-
len die einzigen des gefetzes find, worin der anfagung
des gerichts erwähnung gefchieht und beidemal der
fchild als erforderlich genannt wird, fo darf man ihn
nicht bloß auf die verhandlungen befchränken, von wel-
chen gerade die rede ift. bei dem reipus könnte aller-
dings der fchild zur gefetzlichen abwägung des gelds
(tres folidi aeque penfantes) gedient haben (oben f. 425),
aber bei der feierlichen erbernennung ift kein gebrauch
des fchilds angedeutet. Nicht bloß das geld, auch der
knochen mufte im *fchild* erklingen (f. 77. 78); anderes
beftimmte der blinkende *fchild* (f. 74) und nach dem
gothländ. gerichtsbalken (f. 75) zu fchließen, könnte
leicht ein gerichtsfchild gemeint werden. In der feier-
lichen volksverfammlung auf dem runcalifchen feld
wurde ein fchild an hohem fpeer aufgehängt: hic
(regnator)

> ponere caftra folet; *ligno fufpenditur alte*
> *erecto clypeus,* tunc praeco regius omnes
> convocat a dominis feudalia jura tenentes.

Gunther lib. 2 (Reuber p. 301). In den fagen von kai-
fer Friedrich heißt es, er werde zurückkehren und feinen
*fchild aufhängen* (gericht halten?). vgl. deutfche fagen
1, 29. 2, 189; und wenn man auch diefe fchilder-
richtung mehr auf den heerbann in kriegsnoth beziehen
wollte, fo laßen fich im alterthum gebräuche der heer-
verfammlung und des volksgerichts kaum von einander

---

\*) bemerkenswerth, daß in *bairifchen* rechtsbüchern und ur-
kunden keine fpur von feierlicher hegung der gerichte gefunden
wird. Maurer p. 220.

trennen. Merkwürdig weifen noch in dem becheler w.
die fchöffen: u. wer es fach, daß das dorf Becheln ve-
den oder feindfchaft hette, fo foll der dickgemelt **herr
Friedrich Greifenclae** (der gerichtsherr) feinen *fchild
henken* in das dorf vor feinem hofe u. foll da das dorf
befchirmen u. helfen behalten vor fchaden: und in der
f. 347 angeführten formel fchlägt, bei einer feierlichen
gerichtshandlung, der centgraf dreimal an die (mit dem
fchild aufgerichtete?) *lanze*, feine gemeinde aufrufend.
Ich finde auch eines *fchwertpfals* erwähnt: de gogrefe
mag komen felfderde, de lemenftege tufchen Rikelings u.
den Lokhufer dale, an den gogerichtsftoel u. fin gericht
fpannen u. kleiden u. fin perd binden an den *fchwerdpael*
vor dem gerichtsftoel und *fo verre dat perd ummegaen
mag* mit der haltern gebunden an den pael, fo
ferr mag de warf (das volk) gaen u. ftaen vor
gericht. Nunning mon. monaft. p. 360. Außer dem
fchwert nennt Bodm. p. 614, aus welcher quelle weiß
ich nicht, noch andere fachen zur fpannung der ge-
richtsbank: man legte *eifenhandfchuh, fchwert, ftrick,
fcheere, fchlegel* und *beil* auf die bank, wo fie bis zur
aufhebung des gerichts liegen blieben. Offenbar find die
letztgenannten gegenftände wahrzeichen peinlicher ge-
richtsbarkeit\*); man vergleiche das aufbinden des *fackes*
und *feils* (oben f. 698.) Die gewöhnlichen gerichte
wurden aber feit dem mittelalter bloß durch *fpannung
der bank* (f. 813) und mit dem *ftab* (f. 761) gehegt: bei
den oberheffifchen dorfgerichten hält der fchultheiß in
feiner rechten den hölzernen gerichtsftab, *fchlägt da-
mit auf den tifch* (wie jener zentgraf an die lanze
fchlägt), gebietet ftillfchweigen und *hält ihn in die höhe*,
bis das gericht geheget ift. dann legt er ihn vor fich
und wiederholt den fchlag, fo oft die ftille unterbrochen
wird; eben fo fchlägt er nach beendigung des gerichts
auf den tifch und fpricht: die weil niemand mehr fürzu-
bringen hat, wird das gericht hiermit *aufgefchlagen.*
Eftor anw. f. beamten p. 1343. Am fchluße des gerichts
pflegten, im gegenfatz zur bankfpannung, die *bänke
geftürzt* (umgekehrt und zufammengeworfen) zu werden.

---

\*) auch bei dem femgericht find *ftrick, fchloß* (?), *fchwert*
fymbolifch. Wigand p. 265: den heimlichen fchöppengruß f. oben
f. 140; das nothwort Reinir dor Feweri fcheint reinir dorfe weri?
und ftrik ftein gras grein verftändlicher, wenn man grein für grên,
grün nimmt.

2. erftes gefchäft*) des richters ift, *ftille zu gebieten,
gerichtsfrieden zu bannen:* ein ftille gebôt er überal.
Maria 74. fride gebannen. Dietr. ahnen 72ᵇ (formeln
oben f. 53.) *Silentium* per facerdotes *imperatur.* Tac.
Germ. 11; *fretho* to tha thinge and *fretho* fon tha thinge.
Af. 234; allir menn fcolo î *gridom* fara til Gulaþings.
Gulaþ. p. 18; gerichte hege ik u. vorbede alle walt u.
gewaltfam fürnehment. Rugian. tit. 19; *bann* und
*frid* gebieten, daß niemand ausgehe, er gehe mit
urlaub, niemand ingehe, er gehe mit urlaub, niemand
des andern ftatt befitze fonder urlaub, niemand des an-
dern wort fpreche fonder urlaub, und verbieten über-
bracht hin u. her zum erften, zum zweiten, zum dritten-
mal. Irfcher w.; her richter, ihr follet verbieten haftig
muth u. fcheltwörter, fonder acht, u. daß hier niemand
werbe, er thue es dann mit vorfprachen, gebieten
recht u. verbieten unrecht. Langenholtenfer begegericht;
deffelben gleichen gebiete ich einem ieglichen, daß
niemand dem andern in fein wort rede, er thue es dann
mit verlaub, daß niemand aus und ein gehe, e. th. e. d.
m. v., fortan verbiete ich allen überbracht, daß niemand
aus feiner zahl (reihe) gehe, mein ehrw. herr habe
dann nach feinem gut gedingt. Dreißer w.; item,
u. wann der probft das volk zufammenbringet, fo fal fin
fchultheiße gebieten allermenlichen, wann er das ge-
richte wil befitzen, bi gehorfamkeit u. bi der buße eines
fiefter (fextarius) wins, daz ein iglicher *friede halte* u.
*fwige* u. keine hinderfal mache in keine wis, alfo das
keiner dem andern zukalle ungeheifchet oder ane urloip.
Ravengersb. w.; fo wil ich thun, als ihr wifet, u. fette
mich felber in ftat u. ftol u. thue des gerichtes *bann* u.
*friede* u. verbiede kifwort u. fcheltwort u. alles was das
gerichte krenken kan, daß er komme als recht u. fcheide

---

*) vorausgehn die fragen, nach der tagzeit und befetzung der
fchöffenbank: foll der richter die fchöpfen fragen, ob es an der
tagzeit feie, das er feinem junkern ditz gericht hegen muge? ant-
worten die fchöpfen, es feie wol an der tagzeit. ferner foll der
richter fragen, ob der ftuel zu der hege genugfam befetzt feie? fo
dann das mererteil der fchöpfen vorhanden, follen die fchöpfen
antworten u. zu recht fprechen, es fei zu der hege genugfam be-
fetzt, ob es aber zum rechten die nothdurft fordert, foll es baß
befetzt werden. Bommersfelder gerichtsbuch a. 1565.; darnach
fragt der richter, ob der fchöffenftuhl ganz feie? ift er nicht ganz,
fpricht der richter, fo macht ihn ganz. ift er ganz, fpricht der
fchöff: ja er ift ganz. Dreißer w.

als recht. Schöplenb. hofr.; zum andern erkennen die
ſchöffen, daß man den ring verbieten ſoll u. *ſchweigen*
u. zuhören die gerechtigkeit. Biſchweiler w.; recht ſoltet
ihr gebieten u. unrecht verbieten, dazu haſtigen **mut**,
ſcheltwort. Hägerſches w.; haßwort, neidwort, ſtreitwort,
ſcheltwort verbieten, Geyener w.; vgl. überhaupt Haltaus
774. 775. Maurer p. 220.

3. *bis wie weit* der umſtand dem gehegten gericht
*nahen* durfte, beſtimmte entw. ſeil und ſchranke oder
beſondere verfügung, z. b. das umgehende pferd (vorhin
ſ. 852). Fremde (ausmärker, ausmänner) muſten ſich
in noch weiterer ferne halten: ok geſtadet me neenen
utmanne bi dem gerichte to ſtehende, beſondern *ſeſtig
ſöte* darvon to blieben. Ohlsburger probſteir. dieſe 60
*ſchritt* hat auch das Oldendorfer hägericht. Zu Blanken-
ſtein in Oberheſſen bleiben die eigenhörigen *neun
ſchritte* von der hütte ſtehen (oben ſ. 340.) Ueber-
ſchreitung der geſetzten ſchranke wurde hart gebüßt:
wer da ouch trete in daz geſtuele vor deme geheiten
dinge ane loube des richters, der gibet zwene ſchillinge.
Salfelder ſtat. (Walch 1, 42); wer ins gericht freventlich
tritt, greift, fällt, hat fuß, hand oder hals verbrochen.
Kopp nr. 116.

D. *Streit* (dingſtrît, lis forenſis.)
Die anſicht, daß der proceß ein *kampf* ſei, läßt ſich leicht
durchführen. der kläger greift an, der beklagte wehrt
ſich, die ladung iſt eine kriegsankündigung, die gemeinde
ſchaut zu und urtheilt, wer unterlegen ſei; zeugen und
mitſchwörende helfen auf beiden ſeiten, zuweilen löſt ſich
das ganze verfahren in das gottesurtheil eines leiblichen
zweikampfs auf.

1. *Klage*, actio, cauſa, *ſahha, mahal, mahaleſi* gl.
monf. 366. 373. 378. *mâliſſe* (intentio) N. Bth. 60; der
kläger ſchreit, fordert, beſchuldigt, er heißt darum
*clamans,* reclamans (klage, clamor), *proclamans ſe* (de
aliquo. Neugart nr. 705. a. 920), *pulſans* (in den capi-
tularien u. langob. geſetzen), *appellans* (in langob. for-
meln), *interpellans, provocans, increpans.* Urſprünglich
bedeutete klagen, ahd. *chlagôn,* lugere, lamentari;
für denſelben begriff gab es noch viele andere
wörter, z. b. ahd. *gruoʒan* und *harên* (clamare) goth.
*vôpjan,* ahd. *wuofan* und beide zuſammengeſetzt *wuof-
harôn* (N. 93, 20), woher auch die peinlichen wuof und
zeterſchreie (vgl. unten cap. VII) zu erklären ſind;

frieſ. *bária* (manifeſtare, clamare) Br. 48. 134-138. 146.
152. Das goth. *ſakan*, gaſakan iſt increpare, accuſare,
ebenſo das ahd. *ſahhan* objurgare, cauſari, *ſahho* der an-
kläger, agſ. *onſprecan* (anſprechen) *onſpreca* der kläger;
auch ſcheint das ahd. *ſtouwôn* queri, cauſari (oben
ſ. 748), *ſtouwa* cauſa, actio, was im goth. ſtaua den be-
griff von judicium annimmt, gerade wie cauſa und
mahal beides judicium und actio ausdrücken können.
So dürfte *ſcultheizo* nicht bloß den richter (ſ. 755) be-
zeichnen, ſondern daneben den kläger (actor, exactor,
creditor), der die *ſchuld* fordert (ſ. 611), wie er *ſcul-
degære* heißt. Beſchuldigung (crimen, criminatio) iſt
ahd. *ziht*, *inziht*, folglich *zihan* (nhd. zeihen) oder *in-
zihtôn* (bezichtigen, fälſchlich bezüchtigen) anklagen, dem
Gothen war teihan noch einfacher nuntiare, indi-
care, indicere und dicere iſt ja buchſtäblich teihan, zihan.
*díxɤ* läßt ſich alſo ſehr nahe dem agſ. *tihtle* (fem., gen.
tihtlan) und frieſ. *tiht* (Aſ. 22) oder *tihtega* (maſc. Br.
16. 33. 34. 76. 122) bringen, welches gleichfalls die
techniſchen wörter für klage, anklage ſind. Umgekehrt
hatte unſer heutiges *rügen* (publice indicare, denuntiare)
früher mehr den begriff von accuſare, namentlich das
goth. *vrôhjan*, ahd. *ruogan* T. 198, 4, woher vrôhs (accu-
ſatio) ahd. *ruogſtap* (crimen.) Lateiniſche klagformeln
haben gewöhnlich die redensart *malo ordine* (oben ſ. 4.
33.) tenes, oder: *injuſte* habes *porpriſum* (pourpris)
Meichelb. nr. 124. 125. Im mittelalter finde ich *forderunge*
(poſtulatio) oft für actio (klage) Haltaus 474. 475, wie
uns noch jetzt forderung und anſpruch, anſprache
ſynonym ſind; da nun ebenfalls *muoten* poſtulare bedeu-
tete, Haltaus 1380, ſcheint auch *muot* im ſinne von ge-
richtlicher belangung gegolten zu haben: lât der künec
daz ungerihtet, ſô habe ich zem keiſer *muot* (will ich
beim kaiſer klagen) MS. 2, 49ᵇ; die geliebte antwortet:
dir iſt minne bezzer danne reht, ich bin des *muotes* vrî
(vor gericht kann ich deshalb nicht gefordert werden.) —
Im altn. bezeichnet *aðili*, ſakar aðili einen kläger, den
nämlich, der als nächſter verwandter zu klagen berechtigt
iſt (von aðal, genus.)

2. *Vertheidigung*, defenſio, excuſatio, negatio, ahd. *weri*,
*antſegida*, *antſeida*. Der gegner oder *gaſachio* (mit
dem man ſache hat) l. ſal. 53 heißt, paſſiv genommen,
der *beklagte*, *geforderte*, *belangte*, *pulſatus*, der *in-
zihtigo* N. Bth. 57, der *bemâlôto*; activ genommen

der fich wehrende (altn. *verjandi*), vertheidigende (altn.
*biargandi*), entfchuldigende, defendens, repulfans.*) Er
*leugnet* des klägers behauptung und *widerfpricht* ihr, ahd.
*farfahhan* (negare) *verfaken* Sfp.   In den alten formeln
pflegt es zu heißen: *de torto* me appellafti (oben f. 33),
zuweilen auch: *malo ordine* quaeris.  Neug. nr. 705 (a.
920.)  Er reinigt fich von der befchuldigung durch be-
weife, diefe reinigung hieß agf. und frief. *lâde* (ahd. leita?),
alt. *fkirfla.*

3. allgemeines verhältnis.  Nach dem grundfatz, daß die
freiheit ein beinahe unantaftbares gut ift, befand fich der
*beklagte in günftigerer lage* als der kläger, daher wurde
die klage erfchwert, die vertheidigung erleichtert; â bið
*andfâc fvidere ponne onfagu* (immer ift das leugnen ftärker
als das behaupten) lautet die agf. regel, l. Äthelr. 2, 9.
Daher hemmen nicht allein förmlichkeiten und friften die
ladung und felbft das verfahren gegen den ausbleibenden,
fondern es wird auch auf alle art der beweis der
unfchuld befördert, der beweis der fchuld gehindert, vgl.
Rogge p. 215.  Schon das ift ein großer vortheil, daß der
beklagte nur von feines gleichen, von feinen lands-
leuten und genoßen und in feiner heimath**) gerichtet
werden kann.

E.   *Beweis.*†)

in civilfachen pflegten zeugen und urkunden zu beweifen,
in peinlichen eid, eideshelfer und gottesurtheile; durch
diefe reinigte fich der beklagte, die beibringung jener
laftete meift auf dem kläger.

1. *Zeuge* war jeder *freie*††), der bei einem verhandelten
gefchäft in der abficht *zugezogen* wurde, daß er
es nöthigenfalls durch feine ausfage beftätigen könnte,
oder auch jeder *markgenoße*, dem man, ohne befondere

---

*) der beklagte *enbriftet*, *enbrichet* fich dem kläger.  Haltaus
318. 319.  vgl. Ben. zu Iw. p. 346.

**) wo fein topf fiedet und feine gabel fällt (formel oben
f. 33.)

†) Rogge ftört feine vortreffliche darftellung (f. 93 bis 231)
durch die paradoxie, vollkommene *beweislofigkeit* fei character des
altgermanifchen proceffes (f. 93. 217.)  Die beweisarten, welche
galten, find freilich ganz andrer art, als die heutigen.

††) zeugen über freie müßen wieder *freie*, ihre *genoßen* fein.
Sfp. 3, 19. fchwäb. landr. 80 Senk. 274 Schilt.  vgl. Menfels ge-
fchichtforfcher 2, 163 (urk. a. 1278.)

zuziehung, kundſchaft von einem allgemein bekannten
gegenſtand zutrauen muſte. Faſt alle geſchäfte wurden
ſymboliſch eingegangen und das ſymbol ſollte nicht bloß
die beſonnenheit der handelnden ſelbſt wecken ſondern
vorzüglich bewirken, daß die handlung recht ſinnlich
ſtück für ſtück in die augen und ohren der zeugen fiele
(Rogge 104.) teſtes qui *audierunt* et *viderunt* (oben
ſ. 555), ohrenzeugen, augenzeugen; *aures munitiales*
dici videntur teſtimonia, quae rei muniendae inſerviunt.
Carpentier 1, 393. Hierauf gründete ſich der alte ge-
brauch, den zeugen *beim ohr zu ziehen* (oben ſ. 144.
145) vgl. Rogge ſ. 114-117. *) Das wort *zeuge* ſelbſt
leite ich von nichts anderm als von *ziehen* her, ſei nun
der zugezogne, oder der ohrgezogne gemeint; darum
heißt es in ahd. (bairiſchen) gloſſen: zi urchundi *ziohan.*
monſ. 337. 349. 359. 366. und im ſchwäb. landr. 23, 1
(Schilt.) ze geziugen *ziehen;* 23 (Senkenb.) geziuges an
einen *ziehen* (getüges *tien.* Sſp. 3, 54): zuo *geziehen*
Iw. 2868 wird von Benecke p. 347 durch zu zeugen
aufrufen erklärt. Zwar vermag ich weder ein goth.
tiuha, ahd. ziugo oder ziuho für teſtis **), noch weniger
ein ahd. giziuc, giziugunga für teſtimonium †) nachzu-
weiſen; auch den übrigen mundarten gebricht derglei-
chen. Ulf. hat *veitvôds* für μάρτυς, veitvôdiþa für
μαρτύριον; ſtatt der gramm. 2, 10. 578 gemuthmaßten
compoſition möchte ich jetzt bloße ableitungsbuchſtaben
annehmen, veitva (wie vilva) und dann in veitvôds erwei-
tert, ſo daß daneben abkunft aus *vitan* (noviſſe, urſp.
videre, ſehen) beſtünde. Das agſ. *gevita* (teſtis, d. i. con-
ſcius) gevitſcipe (teſtimonium ahd. *giwizo* (teſtis vgl. kawiz-
ʒun conſcios. emm. 408) kiwizida, giwizneſſi, giwizſcaf (teſti-
monium) altn. *vitni* (teſtis) ††) ſchwed. vittne, dän. vidne

---

*) eine andere feierlichkeit war das *vinum teſtimoniale* (oben
ſ. 191.)

**) mhd. *geziuge* (teſtis) Nib. 2141, 4. nicht ſchlechter ſcheint
die form *geziuc* (urk. von 1253 in Meuſels geſchichtforſch. 6, 262)
Berth. 87 *ziuc* amgb. 19ᶜ Lſ. 1, 96. amgb. 19ᶜ; der plur. geziuge
ſteht Parc. 782; daʒ *geziuc* (teſtimonium) Iw. 72. 114. 219 bihte-
buoch p. 67. der *geziuc* (teſtimonium) Berth. 85 mit valſcher *ge-
ziugunge.* ibid. p. 52; *getüch* Sſp. 3, 88.

†) verſchieden iſt das maſc. *giziuc* (apparatus, inſtrumentum)
O. I. 1, 129. V. 23, 241. monſ. 349. 356. *geziug* N. Bth. 79, 167.
Ariſt. 156. mhd. geziuc MS. 2, 207ᵃ.

††) in *vottr* (teſtis) vâttr Gulaþ. p. 255., wenn es verwandt iſt,
weiß ich den vocal nicht zu deuten.

liegen nahe, auch das flav. *vidok* (teftis, von videti
fehen); man vgl. goth. *vitôp*, ahd. wiʒôd (teftamentum,
lex) giwiʒʒent (teftantur). O. II. 10, 25. Ein dritter ahd.
ausdruck und fogar der geläufigfte ift *urchundo* (teftis)
K. 55ᵃ emm. 395. urkundo O. II. 3, 6. IV. 14, 30. V.
17, 21. urcundun rehtlîchê (teftes idoneos) capit. a. 819.
urchundi (teftimonium) lucki urchundi (falfum t.) daʒ
niuwa urchunde (novum teftamentum) N. 101, 18. ki-
chundida (teftatio) gl. Jun. 253. urchundituom (atteftatio)
emm. 389.

*Markgenoßen* konnten über alles zeugen, wovon ihnen
gemeine kenntnis beiwohnte, namentlich wenn es auf
echtes eigenthum oder auf markfrevel ankam (Rogge
99-102.) Andere zeugen galten aber nur für das ge-
fchäft, bei welchem fie *zugezogen* worden waren
(Rogge 102-110), für handlungen der freien willkür
fowohl als für proceffualifche. *) nicht alfo für ereigniffe,
die fie *zufällig* fahen oder hörten, namentlich nicht für
verbrechen (friedensbrüche). Zugezogne zeugen hatten
verpflichtung zur ausfage und konnten *manniert* werden
(Rogge 118.), die ausfage gefchah *eidlich*, ausgenommen
bei den Langobarden (Rogge 120-122.)

Das abgelegte gültige zeugnis *entfchied* die fache, ohne
daß vom gericht noch ein urtheil gefunden zu werden
brauchte (Rogge 123-127.); der zeuge, indem er die *wahr-
heit fagte* (veridicus, ahd. wârfecco Hoffm. 13, 6. vgl. be-
wæren Parc. 783), war folglich in der that *urtheilend* und
hieraus leuchtet ein zufammenhang zwifchen urtheilern
und zeugen hervor, der befonders für die ältefte zeit, wo
es noch keine ftändigen fchöffen gab, unverkennbar ift.
Factifche wahrheit und rechtswahrheit waren in folchen
fällen *eins*, die aufgerufnen mitmärker, die mannierten zu-
gezognen zeugen waren alsdann die urtheilenden rachin-
burgen. darum begegnen fich auch die benennungen vita
(oben f. 778) und orkene (f. 779) mit gevita und ur-
kundo, darum herfcht bei den urtheilern wie bei den
zeugen die *fiebenzahl:* tunc juraverunt ifti facramentum,

---

*) zugezogne zeugen, die einem gefchäft nicht beipflichten
wollten, brauchten fich bloß aus dem gericht *zu entfernen:* Ra-
chilt et Heripreht filius ejus eidem teftificationi confentire nolen-
tes *de placito evaferunt.* Goldaft nr. 95; ein ritter *geht von gericht,*
will fein ingefiegel nicht an den brief henken. Wenk 2, 297
(a. 1324.)

quod inde *veritatem dicere* deberent hoc eſt *(ſieben namen)*, poſt ſacramentum dixerunt, quod ipſa(m) eccleſia(m) haberet injuſte perpriſem (porpriſam). Meichelb. nr. 125; die *ſieben* nächſten anſtößer (das *ſiebengeſeug)* entſcheiden den ſtreit über einen acker. Bodm. p. 642; mit *ſiben überſait* und *übervarn* (überführt, überwieſen) nach landesreht. MB. 3, 212 (a. 1362) 21, 430 (a. 1374) 22, 349 (a. 1347.); darum endlich wird der ausdruck *judicare* von zeugen gebraucht, z. b. Meichelb. nr. 125: teſtes qui qraeſentes fuerunt et hanc cauſam *dijudicaverunt.*

In der regel wurden die zeugen vom kläger zum beweis ſeiner klage beigebracht, doch konnte auch der beklagte durch ſie das geſchäft bewahrheiten laßen, worauf er ſeine vertheidigung ſtützte.

2. *Urkunden* (inſtrumenta, chartæ) verſtärkten den zeugenbeweis oder vertraten deſſen ſtelle (Rogge 132-136); ſie waren dauerhafter, weil die zugezognen zeugen allmälich verſtarben und in der mark eine gemeine kundſchaft untergehen konnte.

3. *Eideshelfer, conjuratores, conſacramentales, coadjutores, mitſchwörende;* alte benennungen ſind *hamedii* und *gieidon* (gramm. 2, 752); *eides helfer* iſt aus den quellen noch nicht nachgewieſen (Rogge p. 136), *hilf mir mit einem eide!* ſagt Berth. p. 87. und beiſpiele von *helfen, hülfe* in dieſem ſinn hat Haltaus 281; niederländ. urk. haben *volgers* (pro excol. 1, 389) vgl. Ducange ſ. v. *folgarii.*

a. einen friedensbruch konnte, von ʽmarkfreveln abgeſehn, der kläger durch zeugen, die beim verbrechen zugegen geweſen waren, nicht beweiſen, vgl. die ſtelle des Agobardus, Rogge p. 96. Der beklagte hingegen durfte ſich von der wider ihn erhobnen beſchuldigung durch eid oder gottesurtheil *reinigen;* ihm ſtand vor gericht der erſte beweis zu, wie noch heute im duell der erſte hieb oder ſchuß dem geforderten. daher es in den geſetzen heißt: componat aut, ſi negaverit, *juret.*

b. dieſen eid leiſtete er im höheren alterthun, wo der glaube an die wahrhaftigkeit des freien mannes unerſchüttert ſtand, wahrſcheinlich *allein* *); zur zeit der

---

*) ich folgere es einmal aus der begünſtigung bevorrechteter ſtände im gebrauche der eideshelfer bei einigen volksſtämmen

gefchriebnen gefetze aber fchon *in begleitung* einer be-
ftimmten anzahl verwandten und bekannten, die gar
nichts von der that felbft zu wißen brauchten, fondern
nur befchwuren, daß fie an die betheuerung feiner un-
fchuld glaubten. Sie verftärkten den eid desjenigen,
dem fie bei ausgebrochner fehde zur feite geftanden hät-
ten und dem fie das verfchuldete wergeld zu bezahlen
helfen muften.\*) Gefahr, daß ein wahrhaft fchuldiger
fich mit feinem leugnen von aller buße befreien könne,
wurde durch feine eigne furcht vor den folgen des
meineids und durch die fchwierigkeit, wenn verdacht
auf ihm ruhte, eideshelfer zu finden, entfernt. Erft als
treu und glaube abnahmen, fieng diefes recht des ange-
klagten an verderblich zu werden.

c. Rogge hat p. 156-163 ausgemittelt, wie die zahl der
eideshelfer nach dem betrag der auf das verbrechen ge-
fetzten buße \*\*) ermeßen, wie alfo hauptfächlich die
größe des wergelds berückfichtigt wurde. Bei den Ri-
puariern konnten zweiundfiebenzig eidhelfer auftreten.

---

(hernach unter c. d.): dann aus einzelnen felbft fpäteren fpuren.
Namentlich reichte der *weftphälifche freifchüffe* mit feinem bloßen
eid, ohne helfer, aus: fo fall die beclagede friefcheffe hebben
ein fwert bi fich u. fetten dat vur fich u. leggen dair twene finer
rechten vinger up u. fprechen alfus: here frigreve, der hovet-
ftucke u. der hovetfaken u. dait, die ir mir gefacht hebben u.
der mich der cleger betiet, der bin ich unfchuldig, dat mir got
fo holpe u. alle fine heiligen! u. fal vort nemen einen crutzpen-
ning u. werpen dem frigreven tot oirkunden u. keren fich umb
u. gain fine ftrate ... alfus fo mach ein frifcheffen fine unfcholt
doin *mit finer einen hant* u. *bedarf dair geiner hulpen to.* Wi-
gand p. 555. 556. vgl. 378. 379. Noch allgemeiner redet das
Schwelmer veftenrecht: item dar twee weren, de fik hedden an
gerichte u. quemen to der unfchuld, fo mag ein *orisman* daraf
gan *mit finer vorder hand* u *ein eigen felleftwelefte.* So bietet auch
Sifrit *allein* die hand zum reinigungseide. Nib. 801. 802. 803.

\*) nach Rogge f. 142. 145 find die conjuratoren kein beweis-
mittel, nur eine gefetzliche antwort auf die klage, nur vermei-
dung von feindfchaften; allein fo gut der eid des beklagten für
feine unfchuld *beweift*, muß es auch die verftärkung diefes eids
und zur hemmung der fehde gereichte alles gerichtliche verfahren,
auf das fich der kläger durch die angeftellte klage, der beklagte
durch feine antwort eingelaßen hatten.

\*\*) urfprünglich eins damit aber fchon ungenauer ift eine fpä-
tere beftimmung bloß nach der natur des verbrechens: wird ein
man befchuldiget umb ein bezicht, das foll er verrechten mit fein
eigner hand und ein deube felbdritte u. ein raub felbfibende u.
ein mord felbdrizehende. Schultes Coburg 2. nr. 53 (a. 1412.)

Die genaufte berechnung galt unter den Frifen, welche
nicht nur beim wergeld den *ftand* des *getödteten*, fon-
dern auch bei der zahl der mitfchwörenden den *ftand*
des *beklagten* anfchlugen. während alfo z. b. ein nobilis
mit 80 fchill. zu componieren war, gleichviel ob ihn
ein nobilis, liber oder litus erfchlagen hatte, mufte der
fich reinfchwörende nobilis 11, der liber 17, der litus
35 confacramentalen ftellen; wurde hingegen auf das
wergeld eines liten geklagt, fo brauchte der nobilis 3,
der liber 5, der litus 11 eideshelfer beizubringen. Wel-
che begünftigung und erfchwerung, fich, nachdem man edel
oder hörig war, felbvierte oder felbfechsunddreißigfte zu
reinigen!

d. ein anderer einfluß der ftandesverhältniffe erfcheint
bei den Saliern. Sie geftatteten *bloß dem adel*, eides-
helfer zu gebrauchen, dem freien ausnahmsweife dann,
wenn es der kläger zufrieden war. Wollte er nicht,
fo mufte fich der freie gleich dem gottesurtheil unter-
ziehen. Diefe bemerkung Montesquieus ift von Rogge
p. 147-151 fehr wahrfcheinlich gemacht und gegen Eich-
horns zweifel noch näher vertheidigt worden in der abh.
de pec. leg. rip. cum fal. nexu p. 24-26.

e. wie die frief. eideshülfe nach dem ftand erfchwert, die
falifche dem ftand der freien beinah entzogen war, fo
befchränkten fie Langobarden, Alamannen und Baiern
auf andere weife, welche gleichwohl an jene zuftimmung
des klägers bei den Saliern erinnert. Sie erforderten
für jeden fall facramentales *nominati* und *electi*, jene
beftimmte der kläger, diefe der beklagte. nähere ausein-
anderfetzung bei Rogge p. 169-173.

f. nur *freie männer* taugten zur eideshülfe, wie nur fie
des wergelds fähig waren. Da die Friefen auch dem
litus wergeld gaben, ließen fie ihn gleichfalls zum mit-
fchwur; bei den Burgundern waren *frauen und kinder*,
bei den Langobarden fpäterhin *weiber und knechte* zu-
läffig. Rogge p. 168.

g. eideshelfer galten bis in das fpäte mittelalter. Noch
aus dem jahr 1548 führt Haltaus 1869 ein beifpiel an.
Im w. von Wetter (a. 1239): quicunque in terminis
opidi occiderit civem aut extraneum, feptima manu *ju-
rabit de innocentia* fua, quod fi non fecerit, ex tunc
vadiabit fculteto. XXX libr. den., quod fi non fecerit,
exterminabitur. Berthold eifert in einer predigt gegen

die ſitte (p. 87): ſô ſprechent eteliche, gevater, oder ſwi er danne wil, *hilf mir mit einem eide*, und wizze, ez iſt ſicherlichen wâr; wes ich ſwer, des maht dû ouch wol ſwern, ich næme dehein guot, daz ich ſwüere ihtes, ez wære danne wâr. Und ſwereſt dû dar über, ſô biſt du ſlehtes meineide. wanne man gît dir den eit alſô, daz dû ſeheſt oder hœreſt*); dû ſolt wizzen u. nit wænen. iſt, daz halt jener reht hât, des geziuc dû dâ biſt u. dem dû dâ *hilfeſt ſwern*, ſô biſt du doch meineide.

h. für meineidig galten eideshelfer keineswegs, wenn ſie die unſchuld eines ſchuldigen beſchworen hatten (Rogge p. 169), unterſchieden ſich alſo von eigentlichen augen und ohrenzeugen, deren falſcher ſchwur immer meineid war. Bei den zeugen, könnte man ſagen, iſt die wahrheit einer beſtimmten ausfage (das verdict) das weſentliche, die förmlichkeit des eids tritt bloß hinzu; bei den conjuratoren iſt der eid die hauptſache, er hat nur einen allgemeinen inhalt. Gleichwohl ſcheinen eideshelfer und zeugen nicht ſelten zuſammenzufließen, wie es Rogge von den ripuariſchen ſ. 178 ſelbſt einräumt, und es iſt ganz natürlich, daß der ſprachgebrauch ſowohl die mitſchwörenden zeugen nennt (Rogge p. 137), als die zeugen helfer.**) Auch die zeugen heißen *nominati* (Goldaſt nr. 22) und *electi* (gecorene to gevitſcipe), beſonders in ihrer richterlichen eigenſchaft (oben ſ. 779); von den zeugen ſcheint, wenigſtens ſpäterhin, die *ſiebenzahl* ebenwohl auf die conſacramentales übergegangen, vgl. Sſp. 3, 32. Haltaus ſ. v. *beſiebnung* und Dreyer zu Rein. vos p. 127-145. Der beweisführende ſtellt 21 mann zur ſchranne und nimmt daraus 6, daz ſein hant *ſelbſibent* ſtunt. MB. 6, 451 (a. 1436.) Die geſchwornen gerichte, dünkt es mich, kann man weder aus rachinburgen noch aus eideshelfern allein, man muß ſie vielmehr aus beiden zuſammen herleiten (ſ. 785.)

i. vielleicht erklärt ſich ebendaher, warum auch *in civilfällen* eideshelfer vorkommen (Rogge p. 151. 189 und die oben ſ. 794 angeführte urk. von 1073), noch mehr, warum ſie der *kläger* zur bekräftigung der klage vor-

---

*) ſtellt dir die eidformel auf geſehn u. gehört haben; vermuthlich zu leſen: ſæheſt oder hœrteſt.

**) helfe u. gexiuge (teſtimonium) bringen. Triſt. 18268.

führte. (Rogge p. 186-189). Tum vero inauditum fce-
lus de regina Uta divulgatum eft, ut corpus fuum inle-
cebrofo ac iniquo manciparet conjugio. quod ipfum Ra-
disbona urbe menfe junio juxta primorum praefentium
judicium 72 *jurantibus* diffinitum comprobatur. ann.
fuld. ad a. 899. Pertz 1, 414. Den kläger begleiteten
anverwandte und freunde vor gericht. Dreyer zu Reineke
p. 50-54. Im rugian. landrecht tit. 19 wird als alter
gebrauch getadelt, daß der kläger mit zwei eidhelfern
den beklagten des mords, deffen er ihn zieh, fchuldig
fchwören durfte. Nach dem augsb. ftadtr. *überfibenet*
der kläger den peinlich angeklagten. Walch 4, 157. Ein
gedicht des 14. jh. (Lf. 1, 96) fagt:

> fechs geziug heftu erkorn,
> die hânt *geholfen* u. *gefworn,*
> der fibent wil dir *helfen* niht,
> des rât ich, daʒ dû ân gericht
> lâʒeft *dîn klage* belîben.

Wer in Ditmarfen gegen den mörder klagen wollte,
mufte 30 *nemeden* (altn. nefndir), jede aus zwölf man-
nen beftehend, überhaupt alfo 360 eidhelfer ftellen.
Dahlm. zu Neoc. 2, 546.

k. von der feierlichkeit der eidesleiftung mitfchwörender,
infofern fie die allgemeine, für jeden eid gültige ift, wird
cap. VII gehandelt; zuweilen fcheinen aber bei der
mordreinigung befondere förmlichkeiten vorgefchrieben:
item foe wie in den heimaill (hegemal, gehegtes gericht)
beroepen is ende hem ontfchuldigen will, die fall koe-
men ant gerichte in eenen hemde, in een nederklet,
bloitshoveds, bairvoets ende biens, funder ifer ende fun-
der ftail. ende fine *volgers* funder goirdel, funder mes,
bloithoveds (pro excol. 1, 389) vgl. oben f. 734.

l. auch in *Wales* galten eideshelfer u. zwar in großen
zahlen, die fich gleichfalls nach dem wergeld richteten;
fo fchwuren 100, 200, 300 nachdem die buße 180, 360
oder 540 betrug. Probert p. 204. zuweilen fchwuren fo-
gar 600. ib. p. 208. 261.

4. vom beweis durch gottesurtheil cap. VIII.


F. *Urtheil.*

1. das urtheil war die antwort der fchöffen auf die ih-
nen vom richter geftellte frage. In friedensbruchfachen
fanden fie, welche gefetzliche compofition der eingeftän-

dige beklagte zu zahlen oder mit wie viel eideshelfern,
mit welchem gottesurtheil der leugnende fich zu reini-
gen habe. In civilfachen legten fie dem kläger beweis
auf: möhte er daʒ *bereden*, des folte er genieʒen, möht
er aber des niht getuon, daʒ folde ihm fchaden. Han-
felm. nr. 68 (a. 1298.) Dem beweisführenden wird der
gegenftand der klage *euerkannt*, dem beweisfälligen
(tugborftig fteht bei Walch 6, 84) *aberkannt*. eine nie-
derd. urk. von 1430 in Grupen difc. for. p. 564 hat *to-
binden* und *afbinden* für adjudicare, abjudicare.

2. vor ausfpruch des urtheils durften die urtheilenden
erläuterung dunkeler puncte begehren, eingebracht: *es
fei düfter*, daher die noten kein urteil finden können.
heredes praefentes offerieren fich, es *licht ʒu machen*.
Hoheneggelfer meierding.    Unter *läutern* wird jedoch
auch die anfechtung eines gefundenen urtheils vor an-
dern fchöffen unter demfelben richter gemeint; vgl. das
frief. *fkiria* Br. 33, 123.

3. wuften die urtheiler das recht nicht (das gericht ift
des urteils *nit uʒrihtic* Bodm. p. 678), fo *fahren fie aus*
zu hofe (oben f. 834.)

4. *abftimmende* urtheiler pflegten wohl mit einer formel
zu fchließen: fwerʒ beʒʒer weiʒ des felben jeher (oben
f. 54) oder: kunne anders ieman iht gefagen, der fpreche
funder mînen zorn. troj. 2804. Hierin lag aufforderung
zur folge oder zur fchelte. Gewöhnlich galt ftimmen-
mehrheit.

5. *folge* ift, wenn dem urtheilenden die übrigen fchöf-
fen oder auch die umftehenden freien männer beipflich-
teten, vgl. oben f. 770 die collaudatio und das waffen-
rühren; mæltu allir, at hönum mæltiz vel. Nial. c. 64.
var þat mælt, at hann *taladi vel.* ib. cap. 56. 142. ein
*unerfolgtes* urtheil ift kein urtheil (es kommt nicht über
den dritten mann) Bodm. 669; fententia per approbatio-
nem et *collaudationem, communem,* quae *volga* dici-
tur, ab omnibus et fingulis ftabilita. Treißer w. (a. 1340);
teilten das recht u. hatten des die volge. Bodm. p. 676;
da gab frag *volg* u. das recht. MB. 4, 498. 499 (a. 1425);
ouch hôrte ich ie die liute des *mit volge* jehen. Walth.
31, 1; diu urteil vor dem rîche wart gefprochen ende-
lîche u. *gevolget* von den hœften. Wh. 2, 84ᵃ; dâ *volge*
u. urtel wart getân. Parc. 2889; âne *volge*. Friged. 700;
urteil wirt *âne volge* niemer vrome.    cod. pal. 349.

fol. 19ᵇ; mit *volge* u. mit vråge ledic gesagt. Lohengr.
225; des *volge* ich, sprach Isengrîn. Reinh. 1834.

6. ein gefundnes urtheil anfechten hieß: es *schelten*
(blasphemare, blâmer) oder *strafen*. Im alterthum
konnte dies *durch ein gottesurtheil* geschehen, die ent-
scheidung über das erbrecht der enkel zu Otto des 1.
zeit (oben s. 471. 472) scheint auf solche weise hervor-
gegangen zu sein, vgl. Rogge p. 91. auch erkennt der
Ssp. 2, 12 noch dem urtheilscheltenden Sachsen, im ge-
gensatz zum Schwaben, den zweikampf zu: schilt en
Sasse en ordel unde tiüt hes an sine vorderen hant u.
an die meren menie, he mut darumme *vechten selve-
sevede* siner genoten wider andere sevene. svar die mere
menie segevichtet, die behalt dat ordel. *) Die gewöhn-
liche wirkung des scheltens, wenigstens späterhin, war
jedoch, daß der streit vor andere urtheiler gebracht
wurde, entw. unter vorsitz desselben richters oder bei
einem höheren gericht. *Schilt* man en *ordel,* des sal
man tien an den hogesten richtere unde tolest vor den
koning. Ssp. 2, 12 *stande* sal man ordel *scelden.* ibid.;
dat ordel wart *geschulden* u. tor erkentnisse der herrn
*geschaven* (geschoben.) Witzenmülenr. p. 20. Von dem
fall, wo nicht die ganze bank, nur der findende schöffe
gescholten wird, geben die magdeb. schöppenurtheile fol-
gende formel: das urthel, das mir funden ist, das *schilt
ich* und ist unrecht u. will ein rechteres finden u. bitte
die bank ein rechteres urtheil zu finden und bitte den
schöppen aufzustehen, des urtheil *ich schelte.* Auch
wer nicht partei war, ein bloß umstehender schöffenba-
rer mann, durfte das urtheil schelten, das ihm nicht
recht gewiesen schien; ein solcher muste sich aber un-
verzüglich selbst auf die bank setzen und ein *beßeres
weisen* oder buße erlegen: *schilt* ir ordel en ir genot,
he sal *des bankes bidden* en ander to vindene, so sal
jene upstan, det ordel vant, unde dese sal sik setten in
sine stat u. vinde dat ime recht dünke. Ssp. 3, 69.; wart
gefunden, we en ordel im gerichte *schulde* unde neen
*beter funde,* des enmochte he ane broke nicht gedan

---

*) Rogge p. 90. 91. sieht diesen zweikampf auch im hinter-
grund einiger fränk. gesetzstellen. warum sollte aber die compro-
batio und convictio nicht durch ein von *andern* rachinburgen ge-
fundnes urtheil, *dem folge gegeben wurde,* geschehen sein? würde
die buße von 15 schill. für jeden der sieben rachinb. passen auf
einen, der im gottesurtheil unterliegt?

hebben. Harzer forstding §. 68; *straft* einer des raths
gegebnen bescheid u. urtheil u. *erfindet* es *nicht beßer,*
der muß einem ieglichen im rath 5 schill. besonders ge-
ben u. so lange im gehorsam bleiben, wie es die uralte
gewonheit ist. \*) Teicheler stat. (Walch 5, 171.) Jedes
urtheilschelten muste gleich *zur stelle, unverwandtes*
*fußes* (Walch 7, 310) *im fußstapfen* (stante pede. Oden-
wäld. landr. 69) geschehen, ehe ihm folge gegeben war;
denn sonst wurde es rechtskräftig (Bodm. p. 664. 669.
675.) Auch waz vor dem dorfgreven u. den nachge-
boren gewiset wirt, wolde sich iemand des *beruofen*
gein Keuchen an das oberste gerichte, der mag iz tun
unverzogenlich, unberaden u. *standes fußes, e er hinder*
*sich* trede. Orths rechtsh. 3, 699. vgl. anm. zur frankf.
reform. 4, 828. 832. — Sol daz *geteilte* gelten, sone wil
ichs nicht *bescelten.* Parc. 6392.

### G. *Vollstreckung.*

ein rechtsgültiges urtheil, welchem folge gegeben war,
wurde in der regel schnell vollzogen, namentlich die ge-
gen den missethäter erkannte strafe. Betraf der streit
liegende habe, so wies das gericht den beklagten aus
dem besitz, den kläger in den besitz, beides geschah
mit förmlichkeit. war in fahrende habe verurtheilt, so
erfolgte gerichtliche *wegnahme, pfändung,* manum
super fortunam ponere l. sal. 48. manum mittere in for-
tunam, de fortuna tollere. l. sal. 53; richter und rachin-
burgen begaben sich zur wohnung des schuldners u.
pfändeten. Den Ripuariern hieß diese wegnahme *stru-*
*dis legitima,* von strudan (rapere, tollere, oben s. 635)
l. rip. 32. 51, gerade wie den Friesen *ráf* (raub, spo-
lium) Fw. 290. Wider den sieben mal geladenen und
ausgebliebenen schuldner durfte zwar strudis verfügt und
ausgeübt werden; allein so stark war die achtung vor
seiner freiheit, daß er, wenn er wollte, dem verfahren
widersprechen und sich auf ein gottesurtheil berufen
durfte. dies geschah symbolisch damit, daß er *sein*
*schwert zog* und *vor den thürpfosten legte:* quod si

---

\*) diese uralte gewohnheit kann man beziehen auf die 15 schill.
buße an jeden der sieben rachinburge (l. sal. 60) oder auf die
clamatores, qui nec judicium scabiniorum adquiescere nec blasphe-
mare (weder folgen noch schelten) volunt, ut *in custodia recludan-*
*tur* (im gehorsam bleiben) donec unum e duobus faciant. Georg.
697. 1233. 1346.

ipfam ftrudem contradicere voluerit et *ad januam* fuam *cum fpata tracta* accefferit et eam *in porta* five *in pofte* pofuerit \*), tunc judex fidejuffores ei exigat, ut fe ante regem repraefentet et ibidem cum armis fuis contra contrarium fuum fe ftudeat defenfare. l. rip. 32, 4. Im mittelalter vollftreckte der gerichtsbote die *pfändung:* und wan der *frone* kumpt u. *penden* fal vur die wetten ader von ander fchult, die zu Feltkirchen richtliche erwonnen ift u. kumpt vor des mans durre u. *fteit die durre zu,* fo fal der frone bi einen vaidt gain u. heifchen ime *die durre ufdoin.* Irlicher w. Der vogt kann die nichtbezahlte rente laßen heifchen von haufe zu haufe und mag dann *pfandlich gebaren* (Haltaus 1473. 74): und wer iß, daz der alfo fchuldig were, nit inheimifch were u. daz des faudes *bode* in dem hufe fünde ein kint oder gefinde, daz nit mundig oder verftendig were, daz zu fagen, fo fal der oder die alfo fchuldig fin darumbe nit verluftig fin; findet er aber eins das mundig oder verftendig fi, dem fal er das fagen u. hat domidde genug getan. Crotzenb. w. Von der *bekreuzigung* oben f. 172. 173. Bemerkenswerth ift, daß man bei gewaltfamer öffnung eines haufes nicht fchloß und thüre erbrach, fondern ein *fach der wand einftieß:* fo dêlt die aefga, dat die fchelta gungha fchil to da fordele, aldêr dat hûs bilitfen is, alle riucht is, dat hi *dine wagh inbrecka* fchil, ende nên fletten in da hûfe. Fw. 289. 290; vgl. das *wand niederlegen* oben f. 259 und f. 727. 728. 729. bei andern anlaßen; die heiligkeit der thüre und fchwelle follte gefchont bleiben. Einem außerhalb feines grunds und bodens betretnen verurtheilten fchuldner durfte der pfänder, was er von habe mit fich führte, nehmen, nur das pferd nicht auf dem er ritt: fo mag ihn der kläger u. unterfaße auf der gaßen außwendig der brücken pfänden, ausgefcheiden das *pferd*, da er mit feinem eignen leibe auf fitzet. Kopp nr. 108 (a. 1466.) hieß das zu Kärnthen: den *beklagten auf den fattel weifen?* Haltaus 1591 fcheint die von ihm felbft angeführte gefetzftelle miszuverftehen, wenn er von einer weifung des *klägers* in den fattel redet. Die überlieferung des fchuldners *bei dem geren*, zu *haft* und *halfter* ift oben f. 614 abgehandelt.

----

\*) etwas ähnliches, meine ich gelefen zu haben, gilt in der magyarifchen rechtsverfaßung.

**H.   *Friſten.***

ahd. *friſt* (dilatio) *dincfriſt* (induciae) auch *friſtmâli;*
agſ. *firſt, firſtmearc;* mhd. *ûſſlac* (Haltaus 65), außer
*ûf ſlahen* ſagte man auch *ûf ſchürzen, ûf ſchieben,*
nhd. *auſſchub.* Da friſten nicht bloß bei der ladung
eintreten, ſondern auch bei der berufung (dem ſchub)
und der vollziehung des urtheils; ſo ſtehen hier einige
allgemeinere bemerkungen.    Grundlage der älteſten fri-
ſten war die mondzeit.    Die ſaliſche friſt war gewöhnlich
von *ſieben nächten* (oben ſ. 214. 821), die ripuariſche
von *vierzehn* (ſ. 217), ſo daß die verdreifachung entw.
21 oder 42 betrug.    doch kommen auch *zehnnächtige*
friſten vor (ſ. 217), die ſich dann auf 20 und 30 weiter
ſtrecken. 1. ſal. 48.*) Abweſenden bewilligt lex rip. 33
*vierzig* nächte (foris ducatum) und *achtzig* (extra
regnum); ſo auch capit. III. a. 813 (Georg. 685) und
l. Viſig. II. 1, 18 ad XI diem, und ad XXI<sup>m</sup> diem.
Von der *vierzigtägigen* friſt oben ſ. 219.    Die ſaliſche
friſt betrug vierzehn, dreifach aber *fünf und vierzig*
tage, mit drei zugaben nämlich (ſ. 220) und bei ſchwe-
rer peinlicher anklage ſogar dreimal ſechs wochen, d. i.
zuſammen 135 *tage;* ſvene man beklaget um gerichte,
deme ſal man degedingen dries, immer over virten-
nacht; klaget man ungerichte over enen vrien ſcepen-
baren man, deme ſal man degedingen dries, immer over
ſes weken under koninges banne unde to echter ding-
ſtat. Sſp. 1, 67. XIV dage to XIV dagen, ſo lange VI
weken umbquemen,    vorder VI weke to VI weken, ſo
lange XVIII weken umbquemen.    Speller ordele.    Von
jeher ſcheinen in Sachſen die gerichtlichen friſten länger
als in andern gegenden geweſen,    eine merkwürdige
äußerung darüber enthalten ſchon die ann. fuld. ad a.
852 (Pertz 1, 368); profectus eſt (Hludowicus rex) in
Saxoniam,    ob eorum vel maxime cauſas judicandus, qui
a pravis et ſubdolis judicibus neglecti et *multimodis,*
ut dicunt, legis ſuae *dilationibus* decepti graves atque
diuturnas patiebantur injurias. **)

---

*) fregen eins urteils, wie dicke ſi is minren und meirren
mogen zu allen iren dagen? ſo wiſet der ſcheffin u. der lantman:
*uber dri und under driſſgen* mogen ſi m. u. m. z. a. i. d. Bache-
racher blutrecht.

**) es muß ein altſächſ. ſprichwort gegeben haben: aus ver-
ſäumnis einer nacht erwächſt die eines jahrs. Dietmar von Mer-

I. *Schluß der gerichtsſitzung.*

im alterthum endigten ſich die volksverſammlungen
durch feſt und *trinkgelag:* tum ad negotia nec minus
ſaepe ad *convivia* procedunt armati, diem noctemque
continuare *potando*, nulli probrum . . . ſed et de re-
conciliandis invicem inimicis et jungendis affinitatibus et
adſciſcendis principibus, de pace denique ac bello ple-
rumque in *conviviis* conſultant, tanquam nullo magis
tempore aut ad ſimplices cogitationes pateat animus aut
ad magnas incaleſcat. Tac. Germ. 22. Dieſe ſitte hat
ſich bis in ſpäte zeiten auf den ungebotnen landgerichten
und markgedingen im ſchwang erhalten.

1. der *gerichtsherr* und ſeine leute wurden beköſtiget,
vgl. oben ſ. 255. 256. Bei dem hübnergericht uf des
hofmanns hof ſal ein ſchultheiß einen tiſch bereit haben
mit einem *weißen tuch*, daruf ein laib brots u. ein
keſe gelegt ſein ſol. Kleinwelzh. w.; zum vogtsding ſol-
len da ſein: *wißer brottücher* gnug, *wißer drinkfeßer*
gnug, *wißer ſpiſe* (blanc manger) gnug, *wißer liecht*
gnug, *wißer lilaken* gnug, *füer ane rauch mit dür-
rem holze.* Birgeler w.; dem holtrichter gewiſet den
overſten ſtoel, ein *wit tafellaeken*, einen *witten wegge*
ind einen *witten becher* to voren. Homer markprot.;
wenn ein herr von Greifenſee kommt das jahrgericht
zu halten, ſoll ihm der meier bis an den Tettenbach
entgegengehen u. ihm bringen einen *becher mit rothem
weine* und vor ſein pferd einen viertel haber, darnach
ſoll er in an das gericht laden. Murer w. Über das
*weiße geräth* oben ſ. 381.

2. den *ſchöffen* wird trank und ſpeiſe gereicht*): nach
dem eßen ſo gebent her Sifrit u. Neben ſehs penninge
u. her Heinrich Byz ſechſe u. ieclich hube einen heller
(. . . . .) einen helling den *ſcheffen zu verdrinken* zu

---

feb. lib. 4 (Reinecc. p. 45), als er die wahlverſammlung der Sach-
ſen nach Otto des 3. tod (a. 1002) und ihre ſtörung erzählt, fügt
hinzu: ſic interrupta electio et fit vera *antiquorum relatio* (alther-
kommen wort), quod *unius noctis intermiſſio* fiat *unius anni dilatio*
et illa usque in finem vitae hujus prolongatio.

*) ich finde auch, daß ſie wein mitbrachten: folgt mehr ein
weisthumb, es hat (il y a) ein dorf gelegen vor dem walde, ge-
heißen das Röttgen, davon pflagen alle vogtdinklichen tage zwen
ſcheffen zu kommen *mit einer fleſchen weins* u. brachten an all
dasjenige, was ihnen bewuſt, was brüchtig geweſen. Montjoir w.

eime urkunde einre recht gemeinſcheſte. Wenk 1. nr.
202 (a. 1335); ſi ſint duae tabernae in villa praedicta
propinantes vina, habere debent *(ſcabini) melius* vinum,
ſi vero propinantur tria vina in tribus tabernis, habe-
bunt *medium vinum* (vgl. oben ſ. 34); ſi unum propi-
natur ſolummodo in una taberna, datur hoc idem.
Krotzenburger w.; die herren von Himmerode ſollen
den *ſchöffen* geben einen eimer *weißen guten ein-
ſchmeckigen weins*, als den die herrn ſelbſt über tiſch
trinken u. mögen den wein beßern u. nicht ärgern, all-
zeit zu den *dreien hochgedingen*, wenn der ſchultheiß
das *ſchöffeneßen* gibt, dem ſchultheiß ſollen ſie geben
einen großen vierding kraut, halb pfeffer u. halb gey-
mer (?ingwer) u. ein weck. Pommerner w.; auch ſoll
unſere ehrw. frau von Marienthal dem *gericht* alle jahr
ein imbß geben auf den nechſten dienſtag nach dem
achtzehenden tag, mit namen *drei redliche gericht* u.
ſollen alle trinkfaß und ſchüßeln *neu* ſein den tag und da
man aus ißet u. trinkt u. ſoll ein *ieglicher ſchöffen auf
einem küſſen ſitzen* u. mit ime bringen einen knaben
u. (ſoll man) denen thun, als den ſchöffen, auf den-
ſelben tag ſoll niemands in der ſtuben ſein, dann das ge-
richt u. ein ambtman. Bretzenheimer w. §. 27.; item
*nach gehalten gericht* mogen die urthelſprecher in ein
wirtshaus gehen u. ein *ziemlich zerung* thun, die ſoll
der heilige (ſtiftspatron) ausrichten. Oberampfracher w.;
item weiſt man, wer in dieſer wallhauſer gemarken be-
gut iſt, der ſolle ein *trinkpfenning* geben, ſollen die
heimberger uffheben, ohn der ſcheffen gibt kein, davon
wird dem ſchultheißen ein *maß weins*, den heimbergen
auch ein maß und den gerichten *drei maß*, das übrig
*vertrinkt der dingsmann.* Wallhauſer w.; von demſel-
ben recht ſal unſer herr der apt eime ieglichen burger
ein fiertel *cinskuchen* u. deme amptman *zwene kuchen,*
deme ſogte u. ſchultheißen mit den *ſcheffen* ein *kuchen*
geben und *in alle gaßen faren*, da man durch geriden
mag u. welchem burger der kuchen nit en wurde, der
wer des bunden ſindes (ſynodi) entlediget. Seligenſtadter
ſendr. Wahrſcheinlich kam ſchon in den alten merz u.
maifeldern ein theil der dem könig dargebrachten ge-
ſchenke wieder in ſpeiſe und trank unter das volk zu-
rück, vgl. die oſterſtuopha oben ſ. 298. Im verfolg der
zeit wurden alle ſolche abgaben läſtiger; was die placita
an ſpeiſe und futter koſteten, hat Grupen diſcept. for.
p. 691 abgehandelt.

3. eingezogne *gerichtsbußen*, genommene *pfänder*
pflegte man alsbald fröhlich zu *vertrinken*, wobei dem
vorfitzenden richter der *antrunk* gebührte. Ich kann
wieder nur belege aus weisthümern geben, bezweifle
aber nicht den gar viel älteren brauch: und abe die
nachbarn raths würden, die buße zu *zertrinken*, fo foll
der ausbleibender und ungehorfamer die buße gegen die
nachbarn der dreien flecken verthaidigen. Riedinftr.;
zween herrn, einer als hoch und nieder als der ander
und beiden gebührt der antrunk. Banfcheuer w.; uf
alle merkergedinge foll der grave von Catzenelnbogen
ein ftück weins verfchaffen u. die gefchworne furfter
mugen alles das ruchtbar ift (rugen) u. wer geruget (ift)
den follen des graven amptleut pfenden u. *darmit den
wein bezalen.* weren der rugen nicht fo vil, das der
wein kunde darvon bezahlt werden, fo follen die *ge-
meine merker* jenfeit und diffeit *den wein bezalen* umb
einen befcheiden pfennig u. der grave foll *andrinken*
und darnach die gemeine merker. do auch das gedrenge
fo groß were, das man nicht konnte zum zapfen kom-
men, foll man *den einen boden ausfchlagen* u. *das
faß auf den andern ftellen* und fchüßeln darin thun,
das iederman drinken kunde. Foffenhelder w.; die ftrafe
foll durch die märker in Burgfchwalbach *vertrunken*
werden, des foll der obgem. herr oder aber wer von
fg. gn. wegen dafelbft ift, den *antrunk* thun u. haben.
Gärteshecken w.; und hant auch furtme gewifet, waz
von den vorg. bußin gefellet, daz man daz *verzeren*
folle *under der linde* mit den hern u. merkern femet-
lich. Lauker w.; vgl. Bretzenheimer w. §. 16. 17 und
Sulzbacher (oben f. 515.) Man fagte auch: *vom vogt-
ftab zeren*, d. i. von den gerügten bußen. Obernbreiter
w. In Norddeutfchland, wo ftatt des weins *bier* ge-
trunken wurde, pflegte man die bußen gleich in dem
getränk anzufchlagen: den buren *ene tunne bers* (oben
f. 516); ftrafe einer *tunne beers:* Nortrupper markged.;
*zwei tonnen brühahn* ftrafe. Hildesheimer meierd.; vgl.
oben f. 314. Schlägt fich jemand, foll er *das faß*, fo
weit es ausgetrunken, wieder *füllen;* kann einer oder
der andere zum *willigbier* nicht kommen, deffen frau
in wochen liegt oder krank ift, dem follen *drei kannen
bier* heimgefchickt werden. Klingner 1, 584. Oppe rek-
kendey forfchrieun fchalre alle beta troag dy feyntin
mey hiare *wyven* in *fammin* formoalke wirde mey *hoarna*
inde mey *drechta.* Tefklaow to Achelim §. 24.

## CAP. VI. PEINLICHES GERICHT.

Hier follen nur einzelne für unfer rechtsalterthum wichtige gegenftände behandelt werden.

I. *Gerichtsbarkeit.* *Freifa* war ahd., *fráfa* agf. periculum, pernicies, difcrimen capitis (Tacit. Germ. cap. 12) und bezeichnete wohl fchon vor dem mittelalter das gericht über leben und tod, fpäter die *fraifch*, die *hohe fraifch*, *fraifliche oberkeit.* Haltaus 485. vgl. Schmeller 1, 617. 618. im gegenfatz zur civilgerichtsbarkeit hieß fie auch die *höhere* und *obere*, oder die *ganze:* befchützen mit dem *halben fchwert* oder mit dem *ganzen* (helen) Piper 248 drückte jenes bürgerliche, diefes peinliche rechtspflege aus. Das ganze fchwert war im mittelalter dem könig oder dem oberften landes und gerichtsherrn vorbehalten, de konink *liffake* allene heft in ftraf. Reineke de vos. Die grenze zwifchen peinlicher und bürgerlicher gerichtsbarkeit läßt fich aber nicht gleichförmig abftecken; geringere verbrechen und frevel blieben oft dem bürgerlichen richter vorbehalten. Bairifche urkunden zählen gewöhnlich nur drei verbrechen zur criminaljurisdiction: diebftal, raub und mord; zuweilen auch fließende wunden. drei fach, die ze tod ziechent, das ift *tuft, notnunft* u. *todfchleg.* MB. 1, 297 (a. 1330); *teuf, notnunft* u. *todfchläg.* ib. 1, 431 (a. 1330); richten umb alle fach, dan umb *totflach, notnüfte, diefe, fwär fliezent wunden.* 2, 140 (a. 1300); an allain umb di fache, di hinz dem tod gent, das ift *deuft, todfleg* u. *notnunft,* di behalten wir unfern richtern zu rihten. 5, 43 (a. 1318); ausgenommen *todfchlag, notnüft, düfe* u. *fwär fließent wunden.* 2, 149 (a. 1405); ausg. umb drei fach *totfchlag, teuf* u. *notnunft.* 2, 513 (a. 1462); es enfei danne umb die fache, die zu dem tode gehorent, oder umb *fliezent wunden* die *mit fcharpem orte* gefchehent. ib. 8, 326 (a. 1314); eine frühere beftimmung rechnet jedoch fünferlei fachen auf: quinque folummodo caufae ad ejus examen fpectant, id eft *vehtat, notnunft, nahtprant, heimfuochunge* et *furta.* ib. 12, 346 (a. 1172.) Aus weisthümern theile ich folgende formeln mit über die grenze der halsgerichtsbarkeit: la chatz (la chaffe, oben f. 46) fur tours *ardeurs* (mordbrenner), *robeurs, mofdreurs* (mörder), larons. rec. de Malmedy; wiften u. deilten den erzbifchof zu Triere einen richter von *halfe* u. von *heufede.* Belthei-

mer w.; richter über *hals* u. *heubt* u. bekennen inen ires
wildfangs. Erbacher w.; fifchfang, wildfang und *blu-
tige wunden*. J. J. Reinhard p. 197.; richten über
*hals* und *bauch*. Weißenfteiner u. Glenzer w.; foll rich-
ten über *hals* u. über *haupt* u. fei auch der wildfang
der fchwand und das wiltpfand\*) der egenant grafen.
Foffenhelder w.; der vogt hat macht zu pinden u. zu
entpinden, *dieb* u. *diebinnen* zu richten über *hals* u.
*halsbein*. Meddersh. w.; u. foll och der vogt nienarumb
rihten dan umb *fließend wunden* u. umb ain *haim-
fuche* u. umb ain *zihint diepftal* (der zu tode zieht).
Äfchacher kellerg.; *mordgefchrei, diebftahl, bindbare
wunden, falfch gewicht, maß* u. *meß*. Reichartsh. w.;
weifent wir unferm gn. h. alle *gewaltfachen*, alle *dören-
geftöß*, die in frevel gefchehen, die zu boißen nach
zimlickeit. Engersgauer w.; vor das centgericht gehört
*mordgefchrei, diebftal*, fließende wunden u. böflich *ver-
ruckung ftein* u. *mark*. Werth. ded. 1, 309. 311;
*waffengefchrei, dürrengeftöß, offene wunden, frevele
wort, meffer* in frevel ausziehen. Franker herrenger.;
*waafengefchrei* oder *thurengeftoß* oder *mefferzoigh* oder
*ehrenabfchneiden*. Glenzer w.; was fich begebe von
*heilergefchrei, fcheltwort, uberbracht, gewalt, raub, dieb-
ftal*. Bodm. 698 (a. 1489); wenn nachbarn mit ein-
ander händel haben u. einander fchlagen, hat der
herr von Greifenfee (der vogt) nicht darüber zu
richten, es wäre denn fache, daß ein *todfchlag* gefchähe
oder daß er fonft um das recht angerufen würde.
Murer w. §. 24. — Befugnis benachbarter gerichte über
todfchlag zu richten regelte fich nach dem *fall des
leichnams* (oben f. 627. 628); auch, flugen fich zwene
uf dem Goltftein, daß einer von Sweinheim fähe, rugete
der daz zu Sweinheim, fo müften fie darumb zu Swein-
heim verbußen. Sweinheimer w. Forum delicti drückt
die deutfche parömie aus: wo fich der efel wälzt, muß
er die haare laßen. Item wer die graffchaft zu Peitigo
innhat, der hat zu richten *umb den hals* biß in den
Wülenpach. wär aber ob ein *fchedlich man* fürköme,
fo mag im ein herr wol nacheiln unz in die Rot. der-
greift in ein herr *mit einem fueß in dem pach, ee daß

---

\*) wildbann; jagdregal und peinl. gerichtsbarkeit erfcheinen
oft miteinander verbunden, daher auch das fprichwort: wohin der
dieb mit dem ftrange, dahin gehört der hirfch mit dem fange.

*er mit dem anderen hinauß kompt,* den mag ein herr oder
wer im nacheilt wol vachen u. mag in fueren gen Peitigo
in das gericht. Peitingauer ehehaft §. 10.

Das niedere gericht muß den gefangnen verbrecher dem
höheren peinlichen gericht *zuliefern,* die incompetente
behörde der competenten. hierzu waren *an der grenze*
verfchiedner gerichtsbezirke gewiße plätze beftimmt
und die überlieferung gefchah in abgemeßner form,
namentlich mufte der beamte des gerichts, dem die
übergabe angefagt war, zur feftgefezten zeit gegen-
wärtig fein, denn fonft wurde der mißethäter *bloß fym-
bolifch* feftgebunden, fo daß er leicht entrinnen mochte.
Gewöhnlich dienten dazu die *grenzfteine,* fo z. b. wurden
aus dem heffifchen zentort Bärftadt die mißethäter
des mainzifchen gerichts am grenzftein abgeliefert. Bodm.
p. 69 vgl. Wehner 223ᵃ (ed. Schilter) über ihre abgabe
von Veldenz nach Berncaffel. Item, wann ein *fchädlich
mann* begriffen würde vormittag, foll man ihn nach-
mittag rein (hinein in die ftadt) antworten. und fo
man einen nächtlicher weil auf die cent vor das ober-
thor bringt, foll man dem thürmann zufchreien und an-
fagen, daß man ein fch. m. habe u. bringe, das foll er
drinnen anfagen, daß man fie nein laße. alsdann foll
man fie mit dem fch. m. für die pforte weifen u. nein
laßen, und wenn fie kommen für den thurm, ift iemand
da der den fch. m. von ihnen annimmt, ift er ange-
nommen, *wo niemand da ift,* follen fie den fch. m. *an
die dritte /proßel der leiter binden* und davon gehen,
damit haben fie das ihre gethan u. fich vor fchaden ver-
wahret, begehren fie nauß, foll man fie alsbald wieder
nauß laßen. Melrichftadter w. Zu Dernbach *an der
brücken* da follen des landesherrn fchultheißen den *mis-
thätigen mann* hinbringen u. den wiedifchen fchultheißen
liefern. und quemen fie mit dem misthätigen man da-
für und funden den wiedifchen fchultheißen noch knecht
nit da, fo mochten fie den man *über die brücke leiten*
u. *ihme das feil uffchlagen* u. *ihn laßen laufen* u. fich
des fürter nit me kruiden (kümmern). Selterfer w.
Und erkennen auch, fo ein *misthätig menfch* zu Simeren
oder in dem ban (gerichtsbezirk) begriffen u. er-
funden wurde, das foll eines grund u. lehenherrn fcholt-
heiß zu Simeren angreifen und das folgends eines voigt-
herrn fcholtheißen *überliebern* u. ihme den *armen
menfchen* uff Dhaun liebern und bringen helfen. Sim-

merner w. Und in welchem dorfe zu deme vurg. ge-
richte der *miſſedediger lude* einer gevangen wurde,
als dicke das geſchege, den ſal man von rechten furen
gen Waldecke *an die piſterne* (ſchenke?), da ſullent
komen die von der Hinderburg von Waldecke u. ſullent
in nemen u. in da halden bis an das neeſte gerichte.
Beltheimer w. Das gotteshaus zu Chiemſee hat den dieb
gebunden und gefangen dem vogt bis *ans geſtad* zu lie-
fern: und ſol der richter von Kling mit ſeinen ambtleuten
*reiten in den ſee hinz an dem ſatel* u. den *dieb da rai-
chen*, wår aber daß er oder ſein gewaltig ambtleut *nit
kämen*, ſo ſol dan unſer richter den dieb *gepunden an ein
ledigs ſchif ſetzen und ſoll in an alle ruder rinnen laßen*
(vgl. oben ſ. 701.) kåm er dan davon, des ſullen wir
und unſer gotshaus unentgolten ſein. MB. 2, 507
(a. 1462.) Eine merkwürdige ſtelle des Roter hofmark-
rechts, wonach der *ſchedliche menſch* mit einem *ſeiden*
oder *zwirnen faden angebunden* ſtehen gelaßen wird,
iſt oben ſ. 182. 183 mitgetheilt. Begrift man ainen
*ſchedlichen man* in dem dorf zu Erringen, den ſol
der rihter haimen u. behüten, ob man über in verpurget
u. ſol in *antwurten* dem lantvogt *für den etter, als
in die gürtel begrift*, u. waʒ er guotes hat, daʒ
iſt dem rihter vervallen nach genaden. MB. 23, 227 (a.
1378.) Geſchåh aber das ein *dieb* begriffen oder beruft
wurde in der hofmark zu Seldruck, ſo ſol in unſer gots-
haus rihter heraus in das lantgericht *antwurten uber
den Labenpach, als in gürtel umfangen hat.* MB. 2, 509
(a. 1462.) Si *fur extraneus* in villa captus fuerit,
ſcerioni comitis tradetur extra villam, *ficut cingulotenus
veſtitus eſt.* MB. 12, 347 (a. 1172.) *Reus* tantum cum
his, *quae cingulum capit*, eis (den vögten) debet
aſſignari. MB. 3, 156 (a. 1240.) *Reus* tamen cum eo,
*quod cingulo comprehendit*, judicio feculari puniendus
tradatur. ib. 3, 156 (a. 1258.) Sol der richter den ſel-
ben man nemen allein als er mit *der gürtel iſt begriffen.*
ib. 3, 180 (a. 1295.); ſich des *armen manns* under-
winden anders nicht dan *als in die gürtel begriffen hat*
u. nit verrer greifen. ib. 24, 65 (a. 1314); da ſchol der
richter den *ſchedlichen man* nemen wan als er *mit
der gürtel umbvangen iſt.* ib. 3, 203 (a. 1317); den ſol
man antwurten, *als in die gurtel begriffen hat.* ib. 1,
297 (1330) 1, 432 (a. 1330); wer auf den leib gefangen
wirt, den ſol der richter nehmen, als er *mit gürtl
umbfangen* iſt, damit den erben das gut beleiben ſol.

ib. 2, 434 (a. 1440). den *ſchedlichen man* dem ſchergen
antwurten, als er mit *gurtel umfangen iſt.* jus munic.
vienn. bei Rauch 3, 247. Noch andere belege hat Haltaus
758. 759. 760.

Alle dieſe beſtimmungen ſind zu ungunſten des freiſlichen
richters; er ſoll pünctlich den überantworteten ver-
brecher empfangen oder gefahr laufen ihn ganz ſeinem
gericht entzogen zu ſehen; er ſoll ihn nackt und
entkleidet, wie ihn der gürtel umfängt (oben ſ. 157),
übernehmen, d. h. nichts aus dem erlös ſeiner habe ge-
wärtigen. Fiel dieſe dem ausliefernden richter (in den
angeführten bair. urk. meiſt dem geiſtlichen beamten)
anheim? oder ſollte ſie den erben des verurtheilten ge-
rettet werden? erſteres vermuthet Haltaus, letzteres
ſcheint aber auch aus einigen ſtellen, namentl. der urk.
von 1440 hervorzugehn. *)

II. *Klaggeſchrei.* mit lautem ruf wurde dem fliehenden
übelthäter nachgeſetzt und mit geſchrei wurde über ihn
vor gericht geklagt. Vom geſchrei der notnunft iſt
ſchon ſ. 633. 634 gehandelt und daß klagen überhaupt
rufen oder ſchreien bedeute ſ. 854 angemerkt worden, das
frieſ. *baria* gemahnt an den *baritus, barritus* bei Tac.
Germ. 3.

Die alte ſprache war weit reicher an interjectionen als
die heutige. ſubſtantive wurden durch einen vorgeſetzten
oder angehängten ausruf verſtärkt: *diebio! mordio!* wie
*feindio! feurio! hilſio!* mhd. *wâfenô!* Parc. 20181 (ſo
lies) Geo. 4372 *ô wâfen!* Triſt. 10097. *wâfen!* MS. 1,
23ᵃ vgl. *wâfen* ruofen, ſchrien. Wigal. 9825. 11557., in
den weisthümern wird *waffengeſchrei* gleichbedeutend
mit mordgeſchrei, zetergeſchrei, heilalgeſchrei gebraucht
(vorhin ſ. 873); obwohl erinnernd an wuofen (goth.
vôpjan, clamare) läßt es ſich von nichts anderm
herleiten als dem ſubſt. wâfan (goth. vêpn); es war
der clamor ad arma (aux armes! all arme! woher allarm
und lärm, lärmgeſchrei), im alterthum ergriff jeder be-
rufene freie augenblicks die waffen. Daher in lat. urk.

---

*) häufig wurde ſonſt die fahrende habe des mit todesſtrafe
belegten verbrechers unter das gericht vertheilt; hat der ros, har-
niſch oder gut, das iſt des vogtes (richters, gerichtsherrn); was
darnach *oberhalb gürtels* iſt, das iſt des weibels, und ſchwert u.
meſſer u. was *unterhalb gürtels iſt*, das iſt des henkers. Augsb.
ſtat. b. Walch 4, 97. vgl. 102.

*invocatio armorum, clamor armifonus* (Haltaus 2016), in
deutfchen *wafenruf, wafenfchrei;* auch frief. *wêpinróft*
Af. 223. Den ausruf *heil, heilâ, ô heil!,* der zumal
in rheinifcher, wetterauifcher, heffifcher gegend vorkommt,
könnte man erklären entw. aus heil omen, fortuna,
das gleich dem agf. hæl zuweilen infortunium (weh!)
bedeutet, oder aus heil (omnis, integer), im finn
des niederdeutfchen hel u. al (ganz u. gar)! weh, alles
verloren!*)

> fi fchruen *io heil alle!*
> *wâfen* ummer *ach â io.* Diut. 1, 410.

âne *heilalle* gefchreie. dipl. a. 1303 bei Senkenb. C. J.
G. I. 2, 4. *heilalgefchrei.* caffeler ftat. von 1384. p. 6.
*heil* über den mörder fchreien. witzenhäufer ftadtbr. b.
Kopp nr. 116; blutrunft u. *heilawe* (heil â wê?) gefchrei.
Kirdorfer w.; fo weit die gemarken keren u. wenden zu
aller gewaltfamkeit, überbracht, *heil* u. *heeilgefchrei,* klag,
ftrafbarkeit, frevel u. bußen. Bretzenh. w. §. 2; *heiler-
gefchrei.* Umftatter centw. vgl. Bodm. 698. Eine weitere
benennung ift *zetergefchrei, zetterfchrei.* Haltaus 2154.
Oberlin 2102:

> *zeter* fi über fi gefchrît; Frib. Trift. 3480.
> *zeter* über daz leben mîn! ib. 4964.
> *zether!* wie fie eilten dan. Ottoc. 727ᵇ.

die erklärung aus zitter (tremor) gefällt mir nicht; es
gibt ein agf. adj. teder (fragilis, debilis), das verwandt
fein könnte. In Niederdeutfchland fchrie man *to iodute!*
*t'iodute!* Haltaus 1035. 1036. brem. wb. 2, 700-702.
den belegen kann zugefügt werden: *iodut* über den
miffethäter fchreien. Spiels archiv 4, 37; fchrei (clama-
vit), wie bei den Pomern die gewonheit ift, wen man die
bürger zu hülfe rufet *iodute! iodute!* Kantzow 2, 282.
und bis nach Schweden war im mittelalter diefer
ausdruck bekannt: *jadut! jadut* öpa. Ihre 961. 962.
Sein urfprung ift dunkel, an fchlechten deutungen ge-
bricht es nicht, aber felbft die fcheinbarfte von diet
(volk) ift mangelhaft, da nach der fächf. mundart io-
thiode, iothude gefchrieben fein follte, wie fich nie
findet. In der frief. formel: mith *fkrichta* (clamore) and
mith *tianutrófte.* Af. 281. vermuthe ich fchreib oder

---

*) das franz. helas! fcheint nicht verwandt und eher aus ach
arme, ach lazze! (oben f. 309) deutbar. Vgl. ahd. wêlagâ! alt-
engl. weylawey!

lefefehler für *tiadutrôfte.* Ins hochdeutfche überfetzt
würde die fächf. und frief. interjection ze iotuʒe, zietuʒ
lauten; wie wenn tiodut dem hochd. zeter näher läge, als
man denkt und beide bloß verfchiedne ableitung hätten
(-ut, -er)? Der normännifche fchrei hieß *haro! clameur
de haro,* der altfranzöf. *hu, hus* (Roquef. 1, 763) vgl. Du-
cange f. v. *huifium:* multitudinis clamor inconditus, quo
latronem aut capitalis criminis reum feu in ipfo crimine
deprehenfum feu fugientem et latitantem pagani omnes
tenentur profequi.

III. *Mordklage.* der dem blutrache oblag erfchien be-
wafnet, mit bloßem fchwert, vor dem richter und den er-
fchlagnen leichnam mit fich führend. beide puncte find
näher zu erörtern.

1. Die klage war auf entrichtung der mordbuße, oder,
wenn fich der thäter weigerte, auf kampf und fehde
gegen ihn geftellt; die verwandten des getödteten, d. h.
alle zu wergeld berechtigten, traten ftreitgerüftet auf.
*dreimaliges wehgefchrei* erhebend *zogen* fie *dreimal
die fchwerter* aus; das hieß den mörder *verfchrein.*
Hierdurch wird der *waffenruf* noch näher erläutert.
Die witzenhaufer formel lautet: *heil* über N., der meinen
lieben bruder uf des reiches ftraßen vom leben zum
tode bracht hat, der mir vil lieber was, dan dreißig
pfund pfündifcher pfund und viel lieber! Kopp nr. 116.
Eine andere umftändliche fchilderung des hergangs findet
fich Rugian. tit. 19. Wan men will enen man vor-
veften eder vredelos maken, fo kome de klegher in dat
gherichte mit eme *toghenen fwerde* unde *fcrie drie
dat gherochte.* Herforder ftadtr. 24. Hir clegers ftaen
en willen claegen van eenen doeden man met eene
blikende fchin, woe fie ant heimaill koemen fullen, dat
fie dairan koemen als recht is? foe fal men wifen, *met
getoegenen fuerde* en met *wopen geruchte.* foe fullen
die claegers oir *fuerde trecken* en ropen *wopen jo!
wopen jo!* dri werf. In Friesland wurde auch *wraek,
wraek, wraek!* (rache, rache, rache;) gerufen, vgl. die
anm. zu Fw. 271 und Siccama zur lex frifon. 2, 2, der
aber den ruf nicht vor gericht, fondern über dem grab
des todten gefchehen läßt: heredes et propinqui, inimici-
tias homicidae fufcipiebant, et primo ultionis et inimici-
tiae teftandae caufa, cum defunctus fepeliretur, ad
ipfum fepulchrum, praefentibus qui funus deduxerant,
unus ex propinquis *evaginato gladio ter tumulum fe-*

*riebat*, cum fuperindicto: wraek, wraek, wraek, id eſt
ultio, ultio, ultio! Bei weitem die alterthümlichſte for-
mel liefert aber das bacharacher blutrecht; die kläger,
wenn ſie vor gericht den mord *beſchreien, ziehen das
ſchwert* aus, nach dem *erſten ſchrei* wird der todte
fürbaz getragen, nach dem *dritten ſchrei* thuen ſie die
ſchwerter wieder ein. es heißt: ſie ſullent den morder
nennen bit namen und ſchrien uber den, der uns unſen
frünt u. maig ermordet hat. ferner: wanne der eine
dag u. verzehin nacht (die dem geladenen mörder ge-
ſetzte friſt) kumment, ſo ſullent die cleger kummen *mit
ſchilde* u. *mit kolben* an gerichte, als der ſcheffen u.
lantman wiſent, daz ein *Franke* den andern eins ſchai-
chis (raubes) u. eins mordes gichtig (eingeſtändig) ſol
machen. der fürſprecher des klägers ſagt unter andern
folgendes: alda wart er (der mörder) ime fuorfluhtig, do
was er ime nachvolginde uf des ſchaiches fuiße mit
*wofingeſchrei*, mit *glockenklange*, *durch den düſteren
walt*, als lange *bis in die ſchwarze nacht benam*. er
enkunde in nie erfolgen in keinen landen, da er ſich
reichtis an ime kunde bekummen. ſehe er nu denſelben
man in unſes herren gerichte, er wulde in anſprechen
umb den ſchaich und umb den mort. jehe er is ime, er
neme is mit urkunde na des lands rechte, leukent er is
ime, *er wulde is in beherten mit ſime libe uf ſinen
lip, in ſime einfaren rocke, mit ſime roiden ſchilde,
mit ſime eichinkolben, mit ſime wißem vilze, mit
ſime ufgebunden huote*, mit alle deme daz man zu
kampe begeret, daß ein *Franke* den andern ſal durch
reicht eins ſchaichs u. eins mordes gichtig machen.
Heiſcht er nach der rede urlaub vom richter, ſo ge-
ſchieht auch das mit den worten: daz er ſitzen muge u.
*ſinen ſchilt bi ſich ſtellen*. Ein deutliches bild alter
fränkiſcher rechtsſitte. Bei der namentlichen vorladung
des mörders muſte ſich der ſchultheiß *auf die bank
ſtellen*, ebenſo wenn er ihm, auf dreimalige ladung
und nicht erſcheinung, ſein landrecht aburtheilte: in-
kummet er uf den leſten dag nit, ſo hait er *ſin recht u.
ſine ere verloren* u. enmag ſich nummermer verant-
werten.

2. *Blickender ſchein*. zu jeder verurtheilung eines ver-
brechers forderte man eins von dreien, entw. gichtigen
mund (eingeſtändnis) oder handhafte that (betretung über
miſſethat) oder blickenden ſchein (vorzeigung des corpus

delicti am gerichte.) Haltaus 172. 1607. Bei ermordun-
gen wurde daher der *leichnam* nicht eher begraben,
bis er vor gericht gebracht und über ihm geklagt war;
in fpäterer zeit nahm man dem todten bloß eine *hand*
ab, endlich bediente fich der kläger des fymbols einer
*wächfernen hand.* beweifung mit der *todten hand* über
dem *moltigen mund*, über *der moltigen zunge*, über
dem *melbigen mund.* Haltaus 1338. Meufels gefchicht-
forfcher 5, 244. In der witzenhäufer formel wird ge-
fragt: *wie nahe* daß man fol bringen den *todten* dem
gerichte? man foll ihn *neun fchritte* (oben f. 216) nah
br. d. g. wer die fchritte fchreiten foll? ein *mittelmäßig
man* (oben f. 102), dem fol es das gerichte ge-
bieten, und wenn der mann fchreitet *drei fchritte*, fo fol
er ein zeichen legen, und fo bei jeden drei fchritten.
an diefe drei zeichen wurde nun der leichnam unter je-
desmaligem befchreien gelegt. Im rheingauer landr.
§. 56 (Bodm. p. 627) heißt es: ez ift lantrecht, daz man
den *todten nit fal begraben*, ez enwere dan voir der tod-
flag geftraift oder gefünet.*) (ift das landrecht ver-
fchlagen, fo foll man die eingeweide ausnehmen und be-
graben, den leichnam aber in einem verfiegelten faß auf-
heben.) wer ez aber, daz daz lantrecht nit verflagen
enwere u. die fache nit mochte gefunet oder abegetan
werden *bi fonnenfchin*, fo fal man das berechten als
lantrecht u. herkomen ift u. fal der amtman oder fin ge-
werte bote *dem doden man fin rechte hant abge-
winnen* mit rechte u. fundnus der fcheffen; fort fo fal
*der nefte nailmage ime die rechte hant abflahen* u.
mag man darna denfelben doden man begraben u. mit
der *doden hant* clagen, glich als der ganze licham dar
geinwortig wer. Hier noch andere belege: des doden
fründe bringen den doden *lichnam* mit vor dat gerichte.
denn biddet de cleger, de richter möge em vorloven, dat
he vam doden lichnam en *liflik wurteken* hale, da
he fine klage up möge rifen. fo vergunt em der richter,
he fchole *de rechte hand halen.* wil he ok den doden
lichnam nicht befchedigen edder fchampfieren laten, fo
verlövet em der richter ene *waffene hant*, mit er-
kenteniffe, fe fchole genoch don, glik eft id de fleifchene

_____

*) Jfenharts gebalfamten leichnam führten feine freunde mit
fich im beer, bis fie ihn gerächt haben würden; auf ihren fahnen
und fchilden war der erftochene abgebildet. Parc. 895. 1256. 1510.

hand were. wenn de hand dar is, de lecht .he up ein
*blot ſwert* u. ſchriet over den deder u. ſine hülper. . . . .
und lecht de hant int gerichte. bei der ſühne muß der
thäter *die hand zu der kule* (gruft) *tragen.* Rugian.
tit. 19. 22. Darna quemen des doden vrund *mit der
hand* unde beiden gericht over de beclageden unde wol-
den dat ſe ſek utheyn (reinigen) ſcholden *over de do-
den hand* ein iowelk ſulffevede. Goſlar. rechtſchr. b.
Bruns p. 243. Darna ſchullen ſe *de hant to grave
bringen.* urk. a. 1501 in Wigands archiv 1. 4, 111. vgl.
ſtat. iſenac. a. 1283 (Paulini ann. iſen. p. 59.) ſtat. mul-
huſ. (Grashof orig. mulh. p. 232) pro excol. 1, 384. 390.
417. 418. Im Reineke de vos 1, 4 tragen häne die *er-
mordcte henne* auf einer bahre vor gericht, *wach und
we* ruſend; 2, 1 bringt ein *vogel federn* von ſeinem ge-
tödteten weibe als wahrzeichen vor gericht. Eine merk-
würdige ſtelle bei Feſtus ſ. v. membrum lehrt auch
übereinſtimmung altrömiſcher ſitte: *membrum abſcindi*
mortuo dicebatur, cum *digitus* ejus decidebatur, *ad quod
ſervatum* juſta fierent reliquo corpore combuſto.

IV. *Verurtheilung.* einem verbrecher ſchwere ſtrafe
zuerkennen hieß ihn verzählen, ahd. *firzellan,* altſ. far-
tellan (Haltaus 1916); ahd. *firtuoman,* altſ. fardômjan;
ahd. *firwâzan,* mhd. verwâzen; ahd. *firtuon,* altſ. far-
duan; ahd. *firſcallan* (ze tôde verſcalten. N. Bth. 28);
goth. *gavargjan* (oben ſ. 733). Der verurtheilte hieß
*firzalt, firtuomit, ſirwâzan, firtân,* auch wohl firgri-
fan (altſ. fargripan.) Letzteres vielleicht, weil das ur-
theil mit *mund* und *hand,* mit *zunge* und *fingern* ge-
fällt wurde. Die ſchöffen *hoben* dabei *ihre finger auf,*
verzellen mit fingern u. mit zungen, verzellen uf ſinen
hals. Freiburger ſtadtr. cap. 5.; uf dem gerichte *mit der
freier hant verzalt* werden. Beltheimer w.; auch als
dicke als man *virzelens* not hat, ſo ſal der greve mit
ime brengen die *frie hant* (freie männner zur urtheils-
findung? oder den ſcharfrichter?) uf ſine koſt. Münſter-
meienf. w. Ebenſo muſte auch die aufhebung der bann-
ſtrafe (der verfeſtung) unter der nämlichen form ge-
ſchehen: ſo ſal ime die richtere u. dat lant ut laten *mit
vingere* u. *mit tungen,* als man ine in die veſtinge
dede. Sſp. 2, 4. Verurtheilungs*formeln* ſind oben ſ. 40.
41 mitgetheilt. Ein verurtheilter mann verlor das recht,
einen andern freien zu belangen: wir Adolf von gottes
genaden römiſch künig allewege ein merer kunden an

diefem brieve, daʒ, unſer lieber furſte Boemunt der er-
zebiſchof von Triere kom fur uns, do wir ze gerichte
faßen unde gerte ze ervarnde an einem gemeinen ur-
teile, ſwa ein *verʒalt man* were, der vor gerihte wolt
clagen, ob man dem rihten ſol oder nicht? da wart vor
uns erteilet mit geſamenter urteile, *daʒ man keinem
verʒalten man rihten ſol.* were aber jeman, der ge-
rihte vordere *uber den verʒalten man,* ſo ſol man dem
clager gerihtes helfen uber den verʒalten man alſe reht
iſt. Günther 2. nr. 375 (a. 1297.) — Über einem zum
tod verurtheilten wurde der *ſtab ʒerbrochen* (oben ſ. 135)
vgl. Haltaus 1714.

V. *Hinrichtung.* ſtrafen zu vollſtrecken ſcheint ur-
ſprünglich nicht das amt beſtimmter leute; wie die *ge-
meinde* ſelbſt das urtheil fand, muſte ſie auch an deſſen
vollziehung hand legen oder ſie etwa dem kläger und
ſeinem anhang überlaßen. Noch im jahre 1524 brach-
ten die dietmarſiſchen bauern den zum tode verurtheilten
Heinrich von Zutphen ſelbſt um, de wile *dat land ne-
nen ſcharprichter heft,* ſagt Neocorus 2, 26. Von hin-
richtungen durch den *kläger* gibt es mehrere beiſpiele,
dahin gehört der fall von Winido in der viſio Gode-
ſchalki p. 599 (oben ſ. 688), von dem wolf und bären
im Reineke vos, vgl. Dreyer p. 181; zu Buttſtädt in
Thüringen enthauptete im jahr 1470 der älteſte agnat
des ermordeten den mörder. (Joh. Seb. Muller ann.
ſaxon. ad. a. 1470); in Friesland hieng der beſtolne den
dieb auf (Wiarda zu lit. Br. p. 113); über Schweden ſ.
Calonius p. 86. Todesſtrafen insgemein waren je früher
je feltner; einzelne fetzen ſogar die theilnahme des gan-
zen *volkshaufens* voraus, namentlich die ſteinigung, das
pfalwerfen, das ſpießrecht (ſ. 689. 691. 694); ſo wie
beim erſchießen noch heute der miſſethäter durch die
hand ſeiner genoßen, nicht des henkers fällt.

Gleichwohl iſt nicht zu bezweifeln, daß auch ſchon im
alterthum meiſtentheils der gerichtsbote die hinrichtung
beſorgte. Dahin führen ſelbſt die namen *ſcarjo, wiʒi-
nari, wiʒiſcalh* (oben ſ. 766), die mit ſcara, harm-
ſcara, wiʒi zuſammenhängen. Scherge und fronbote
waren angeſehne leute, welche des richters bann ver-
kündigten, vgl. Haltaus 1613.; daß noch im mittelalter
*ſchergen* den übelthäter aufhiengen lehrt eine ſtelle im
Parc. 13277. Vielleicht unterſchied man allmälich den

ſchergen für blut und halsgericht vom gewöhnlichen fronboten in civilſachen. Ich finde auch die benennung *wizegære* Barl. 121, 21. 125, 33; *ſchürphære* Martina 58ᵃ (von ſchürfen, cudere, ignem excudere Iw. 3905. N. 28, 11. der den holzhaufen zum verbrennen anſteckt?); *häher* (ſuſpenſor) MS. 2, 1ᵇ 2ᵇ Haltaus 780. *Stempfel* mit ſinem ſwerte breit MS. 2, 2ᵇ mag des eiſenacher henkers eigenname ſein, auch Joh. Rote ſagt: ſtemphele, alſo hiez zu deme male der *ſemer; ſtampf* (pila) iſt kein peinliches geräth. Jüngere namen ſind *henker*, diebhenker, *nachrichter*, *ſcharfrichter*, *ſtocker* (ſtockknecht, der in den ſtock ſetzt; im münſtermeienſ. w. heißt es: und ſal der grefe einen *ſtucker* mit ime brengen uf ſine koſt, uf daz man dem lande von dem miſſetetigen menſchen richte); *meiſter*, meiſter Peter (Joh. Müller Schweiz 5, 198. 322), meiſter Hemmerlin, *angſtmann*.

Weil aber zu ſchergen und gerichtsdienern *unfreie* leute genommen werden konnten, alſo die hinrichtung in *knechtiſche* hände zu fallen pflegte (vgl. Calonius p. 85), weil es natürlichem gefühl widerſtrebte, daß ſich ein menſch dazu hergab und gleichſam ſein geſchäft daraus machte, andere ums leben zu bringen; ſo trennte ſich mit der zeit das amt des henkers von dem des gerichtsboten und jenes ſank in nicht ungerechte verachtung. Jede ſtrafe, die der henker vollzog, verunehrte, jede berührung von ſeiner hand beſchimpfte; der hurenſon der henker heißt es in den augsb. ſtat. (Walch 4, 101.) man mied ſeinen umgang, bei der austheilung des abendmals muſte er zu allerletzt nehmen. Nur *in nothfällen*, wenn der ſcharfrichter mangelte, oder nicht allein fertig werden konnte, trat die *verbindlichkeit der gemeinde* hervor, hilfe zu leiſten und ſie muſte alsdann förmlich von ihrem richter aufgefordert werden. als ein pferdedieb gehangen werden ſollte und Baſel *den henker nicht leihen wollte*, haben alle Prateler hand anlegen müßen, denſelben inner dem etter *an einem nußbaum* aufzuknüpfen. ausſage eines 100 jähr. mannes von Pratelen, a. 1458 (Joh. Müller 4, 460.) Item wir weiſen, wann von nöthen iſt, galgen, leiter u. räder aufzurichten, ſo ſoll der *nachrichter* am erſten, nach ihme der *waſenmeiſter* angreifen, darnach der centgraf im namen unſers gn. h. mit anlegung der hände denen *centmännern* befehlen, daß ſie mit angreifen u. ſolch ge-

richt ufrichten helfen müßen. Arheilger w.*) Aus ieg-
lichem haus zu Polch einen *mansmenſchen* ſchicken uf

—

*) mehrere weisthümer beſtimmen genau die art und weiſe,
wie jedes dorf des gerichts zu den peinlichen koſten beitragen ſoll.
Und wan der greve van Wiede einen misdedigen menſchen wil
doin richten uf even ſelt, ſo ſulen die napern von Irlich eine
*ſeille* ader *ratl* dazu geben. Irlicher w. Item han ſie zu rechte
gewiſet, das der galge ſten ſulle uf einer ſtat zu Keuchen gelegen,
genant der *galgengroedt;* item han ſie mit dem urteil gewiſet, das
man das *holze zum galgen* hauwen ſol in der zweier probiſte wel-
den, llwenſtad und Nuonburg, die daſelbs im gerichte gelegen ſin;
item han ſie mit dem orteil gewiſet, das die von Ilwenſtad ſollen
laßen den *galgen hauwen*, bereiden u. füren an ſin ſtat, da he
ſteen ſol u. davon han die vorg. von Ilwenſtad die freiheid, das
ſie jerlichs keine greffenhafern nicht geben; item ſo han ſie mit
d. o. gewiſet, das die von Helbergen ſollen *den galgen uſheben*
u. davon ſo hand ſie ſolich friheid, das ſie keine greffenhafern
geben; i. h. ſ. m. d. o. gewiſet, das die von Carben ſollen des
*gerichts knecht halden*, davon ſin ſie auch des greffenhafern fri; i.
h. ſ. m. d. o. gewiſet, das des gerichts knecht ſol *den henker be-
ſtellen*, ſo ſol der oberſte greffe mit macht des landes den geleiden
dar u. wider heime u. *hette der knecht des henkers nicht*, *ſo ſol
er das ſelbs tun* u. das gemeine gerichte ſol dem henker lonen.
Keucher w. a. 1439. Lorſch iſt ſchuldig, das *hochgericht, rad,
prechen* u. ander zugehör *verfertigen* zu laßen; Fehlheim muß den
*ſchöpfenſtul* machen u. ſaubern laßen, auch das *hochgericht*, wann
ſolches gemacht iſt, zu Lorſch zu *holen* u. auf den platz zu lie-
fern. die koſten der aufrichtung tragen ſämtliche centverwandten
außer Lorſch und Fehlheim. bei und in deſſen aufrichtung er-
ſcheinen *alle heimbürger aus jedem ort mit ſpießen*. Lorſcher u.
Kleinhauſer müßen die *löcher in die erde machen* laßen, das ge-
richt in grund zu ſtellen, die ſechs dorfſchaften nach erhöhtem
gericht *die erde beiziehen u. feſt machen* laßen. Starkenburger ju-
risdictionalbuch b. Dahl p. 104. Item weiſt der bergſchöpf zu
recht, daß die von Jugenheim den *ſtock* ſollen *halten*, die von
Scheim ein *holz zu dem ſchöpfenſtul* geben, die von Beerbach,
Alſpach u. Bickenbach auch ein holz, die von Malchen ſollen die
*leitern* machen, die aus dem Hänlein *das rad ſtützeln*, die von
Staffel den *galgen machen und ufrichten*. Jugenheimer w. Zu
Berncaſſel muß der hochgerichtsamtmann den *ſchnappgalgen* aus
dem burgwald machen laßen. die von Berncaſſel u. Monzelfeld
müßen denſelben *aufrichten*. den wied am galgen machen die von
Monzelfeld, ziehen den galgen herunter u. feſtigen ihn mit der
wied. die von Emmel bringen die *eichene wied* u. den *hagedornen
knebel* zum ſtrangulieren, liefern ſolche an den *ſteil*, dahin der
arme menſch im *warf* geſtellet u. peinlich angeklaget wird, auch
*lohnen* die von Emmel *dem ſcharfrichter*. der bot aus der graf-
ſchaft Veldenz bringt *kamm, ſcheer* u. *beſen* und ſteckt ſolche an
den *ſteil* im *warf* bei die eichen wied. die von Lunkumb müßen
den *warf* u. das *geſtüle am hochgericht* machen, darin ſollen ſtehen
die von Berncaſſel und Monzelfeld. die von Gonzerad müßen

den tag der ambtman den misthäter richten wil u. wan
man in gericht hait, fo mag mallich feinen weg gain.
Polcher w. Zuweilen wird es als altes vorrecht der
gemeinde dargeftellt, fich durch felbftexecution der förm-
lichkeit des landgerichts überheben zu dürfen: das dorf
Wiefenbrunn in Franken, amts Caftel, hat aus alter
gewohnheit das recht, daß deffen inwohner einen dieb
dem landgericht nicht einliefern dürfen, fondern ihn
*an einen baum* aufhängen u. *alle inwohner* müßen da-
bei *an den ftrick greifen.* Abele gerichtshändel 2. nr.
105. Bekennet er dann, fo führet man ihn aus zu dem
gericht auf den berg genant Exenbuwel, alsda foll ein
fteil ftehen mit einem arm, dann foll die *gemeinde* dem
miffethätigen den fchlopf in den hals thun, unter einem
mantel (capite operto) u. *das feil gengt u. gemeinlich
zufammen über ziehen* u. das feil um den pal winden,
der unterm feile (fteile?) ftehen fol u. alfo den miffe-
thätigen würgen laßen. wannehr aber die gemeind nicht
felbft handthätig gern wird, müßen fie zu Echternach
erwerben, daß auf ihre koften der *fcharfrichter* ihnen
ihrentwegen richte. Dreißer w. Und is dit antiquitus
geweft u. in Jütland u. Ripen under 90 jahre, *dat men
keen fronrichter gehalt,* den˙ gebundenen deef up ee-
nen flecke, de uppe des wagen ledder gelegt geweft is,
de deef uprichtig ftaende geftellet is und *de bunde* (co-
loni), fo ehme gegrepen, ehm dem deef *dat ftrick
umme den hals leggen,* und ein ieder *hardesman dat
ftrick anrören* möten, und is faft an dat holt gemakket
u. hebben io jede u. alle erdenfödekens und fteene ge-
namen, up de peerde, fo vorn wagen ftunden und den
galgen geföret hadden, geworpen, dat de peerde mit
den wagen weggegahn u. de deef alfo behangen bleven
is. Blafius Eckenberger zum flensburger r. (Weftphalen
mon. ined. 4, 1937.)

An einigen orten (z. b. in Reutlingen) wurde dem *un-
terften fchöffen,* an andern (z. b. in fränkifchen gegen-
den) dem *jüngften ehemanne* die hinrichtung aufgetra-
gen: de de jüngfte fi in der boelfchaft to˙echte. ftat. fon-

---

*feffel* u. *kiffen,* darauf der zenner von Licht im *warf* fitzet, dar-
bringen u. ftellen, auch den *misthätigen menfchen,* fo einer vom
*hochgericht abfällt,* von ftund an *begraben* u. *wer der letzte dazu
kommt foll ihn in die kaule werfen.* Webner f. v. hochgericht.
Man vgl. auch Bretzenheimer w. §. 50-53.

derburg. art. 32. vgl. Dreier zu Rein. vos p. 179. Ei-
genthümlich war der gebrauch, mehrere verurtheilte *an
einander ſelbſt* die ſtrafe vollſtrecken zu laßen, ein altes
beiſpiel gewähren ſchon die capitularien: conſpirationis
adjutores nares *ſibi invicem* praecidant, capillos *ſibi vi-
ciſſim* detondeant. Georg. 698. Bei zahlreichen hinrich-
tungen wurden einige übelthäter unter der bedingung
begnadigt, daß ſie die übrigen vom leben zum tode
brächten. Daß hinrichtungen *vor ſonnenuntergang* ge-
ſchehen muſten, iſt ſ. 816 geſagt, Renaut fera pendus
*ainz le ſoleil reſcons.* rom. de Renaut. 106ᵉ 110ᵇ.

## VI. *Freiſtätten.*

der verurtheilte oder unverurtheilte, angeklagte oder
unangeklagte verbrecher konnte ſich vor der verfolgung
des gerichts oder der fehde ſeines gegners friſten durch
die flucht an einen geheiligten ort. Er war augenblick-
lich und eine beſtimmte zeitlang gerettet, keiner durfte
es wagen ihn zu verletzen und gewaltſam wegzuführen.
Ein ſolches ἄσυλον hieß nun *freiſtatt, freiheit, freiung,
immunitas, friedſtatt,* agſ. *friðhús, friðſtov,* altn.
*griðaſtaðr;* dunkel iſt mir noch eine ahd. benennung
*lotſtat* gl. ker. 21. Diut. 1, 144 (lôtſtat? aber lôt bedeu-
tet plumbum, und an lôt für alôt, vgl. oben ſ. 493. 494,
läßt ſich kaum denken.)

1. zufluchtsort waren gewiß ſchon im heidenthum die
heiligen haine, altäre und tempel der götter*); nach
der bekehrung waren es *kirchen* und *klöſter.* Die
fränk. capitularien verordnen: ut omnes *emunitates* per
univerſas eccleſias conſervatae ſint. Georg. 521; ut ho-
micidae vel ceteri rei, qui legibus mori debent, ſi *ad
eccleſiam confugerint* non excuſentur, *neque eis* ibi-
dem *victus detur.* Georg. 543. 1450; ſi quis *ad eccle-
ſiam confugium fecerit, intra ipſius atria eccleſiae
pacem habeat,* nec ſit ei neceſſe eccleſiam ingredi, et
nullus eum inde per vim abſtrahere praeſumat, ſed li-
ceat ei confiteri quod fecit et inde per manus bonorum
hominum ad diſcuſſionem in publicum producatur. Georg.
659. 1320. 1427; ſi quis *confugium fecerit in eccle-*

---

*) das daſein heidniſcher tempel mindeſtens in Sachſen be-
zeugt der eingang des capit. de partibus Sax.: ut eccleſiae Chriſti,
quae modo conſtruuntur in Saxonia, non minorem habeant hono-
rem, ſed majorem et excellentiorem, quam *fana* habuiſſent *idolorum.*
für Friesland vgl. addit. ſapient. tit. 12.

*fiam*, nullus eum de ecclefia per violentiam expellere praefumat, fed *pacem habeat usque dum ad placitum praefentetur* et propter honorem dei fanctorumque ip-fius eccl. reverentiam concedatur ei vita et omnia mem-bra, emendet autem caufam in quantum potuerit et ei fuerit judicatum. Georg. 579; reum *confugientem ad ecclefiam* nemo abftrahere audeat neque inde donare ad poenam vel ad mortem, ut honor dei fanctorum ejus confervetur. fed rectores ecclefiarum pacem et vitam ac membra eis obtinere ftudeant, tamen legitime compo-nant, quod inique fecerunt. Georg. 1444; fi quis vim a perfecutoribus paffus fuerit fufcipiatur, et requiem inve-niat, ad quamcunque *ecclefiam* venerit. Georg. 1520; ut eos timoris neceffitas non conftringat *circa altaria* ma-nere et loca veneratione digna polluere, *depofitis armis* qui fugerint. quod fi non depofuerint, fciant fe arma-torum viribus extrahendos. et quicunque eos de porti-cibus et de *atriis* et de *hortulis*, de *balneis* vel de *adjacentiis ecclefiarum* abftrahere praefumpferit, *ca-pite puniatur*. Georg. 1652. Alfo nicht bloß die kir-chen, fchon ihre vorhöfe und gärten retteten den verfolg-ten, aber feine waffen follte er niederlegen und keine nahrung empfangen, fo daß fein aufenthalt in den hei-ligen mauern nicht von langer dauer fein konnte. Auch die fpäteren bei Haltaus 498. 499 angezognen beifpiele fetzen keine frift nach tagen, wohl aber thun dies die augsb. ftat.: daʒ *clofter* ze f. Ulrich hat daʒ reht, waʒ ein man tuot, der da geflohen kumt, *als er uf die gred kumt*, fo fol er fride haben u. hat daʒ clofter in gewalt ze behalten *dri tage*. Walch 4. 33.*) Hier noch an-dere belege ohne zeitbeftimmung: fwenne iemen den anderen ze tode flug oder in wundete, das man deme numme nachvolgete denne unze *an des fpittals tor*,

---

*) kaifer Albert beftätigte 1299 dem erzbifch. v. Cöln das recht, jedem im herzogthum Weftphalen zum tod verurtheilten auf *fechs wochen das leben zu friften*. Kindl. 3, 261. eine cölni-fcher, des mords eingeftändiger, minifterial wurde in die gewalt des erzbifchofs gegeben, mufte ftets im gefolge bleiben, durfte aber nicht vor feinen augen erfcheinen: poftquam occifor in poteftatem domini judicatus eft, fequetur dominum fuum omni tempore, quocunque dominus ierit cum tribus equituris et duo-bus fervis, ita quod nullo tempore fe confpectui domini fui fponte oftendat, nifi forte infcienter vel in via, ubi dominus ex inopinato per viam, quam venit, fubito revertitur. victualia et pabulum fibi et duobus fervis fuis curia ei providebit. Cölner dienftmannenrecht. Kindl. 2, 73.

ob er entran in den ſpital. Schöpflin nr. 759 (a. 1288);
ob das wer, daß einer ſchuldig wurd von eins tod-
ſchlags wegen, wenn der in unſer *cloſter* komt, der ſol
frid darinnen haben, als unſer freiung herkommen iſt.
MB. 10, 372. Jefther en mon *flucht inna tha kerka*
and tha fiwnt hine theron gelath, althet hi thenna bi-
rened werdeth, thet lidze gersfelle. wirgathma hine the-
ron, ſa jeldema hine *mith fiftehaloe jelde.* nel hi thenna
naut of unga, ſa tha fiund ſon gungath bi helgena
monna and bi redjevena worde, ſa reſze hi alfa ſtor,
alſa thi ther tha kerka bifeth. lit. Br. 217. Homo ſai-
doſus *pacem habeat in eccleſia*, in domo ſua, ad eccle-
ſiam eundo, de ecclefia redeundo, ad placitum eundo,
de placito redeundo; qui hanc pacem effregerit et ho-
minem occiderit, novies XXX ſol. componat l. frieſ.
addit. ſap. 1, 1. Die Angelſachſen bewilligten dem flücht-
ling größere oder kleinere friſt, je nachdem er in die
kirche und zu vornehmern, oder zum abt und zu ge-
ringern entronnen war: gif hvylc þeof odðe reáfere
geſôhte þone *cyning* odðe hvylce *cyrican* and þone
*biſcop*, þät he häbbe *nigon nihta firſt.* and gif he *eal-
dorman*, *abbud* odðe *þegen* ſêce, häbbe *þreora nihta
firſt.* l. Äthelſt. 2, 4. 5. gif hvâ þära *mynſterháma* for
hvilcre ſcylde geſêce, þe ne cyninges feorme tô belimpe
odðe oðerne frio ne hŷred, þe ârvyrðe ſî, êge he
*þreora nitha firſt*, him tô gebeorganne, butan he þing-
jan ville. eác ve ſettað *æghvilcre cyrican*, þe biſceop
gehâlgode, þis frið, gif hi geſâhman geyrne odðe
geärne, þat hine *ſeofon nihtum* nân man ût ne teo.
l. In. 5.

2. einer freiſtätte in den *wohnungen der könige* und
*fürſten* erwähnen die ebenangeführten agf. geſetze, nicht
die fränkiſchen capitularien. Schutz und rettung muß
aber ihre nähe und gegenwart auch in andern deutſchen
ländern gewährt haben, überall ſicherte ſie freies geleit.
Verwieſene durften ſich ungeſtraft in die heimath bege-
ben, wenn ſie *das kleid oder pferd* des einziehenden
königs faßten (oben ſ. 265. 739.) Dieterich führt Chrim-
hilde und Etzeln *unter ſeinem arm* ſicher aus dem
kreiß der feinde. Nib. 1932. Im Rienecker w. heißt es:
auch haben ſie getheilt und theilen, ob derſelben freien
leut einer oder mehr oder ein edelmann flüchtig wurde
*unter eins hern von Rieneck rechten arm*, derſelbe
hat auch *frid und geleit* gleicherweis als in dem freihof
ohn geverde.

3. es gab aber beinahe allerwärts in Deutſchland noch
beſtimmte örter, auf deren grund und boden der flüch-
tige verbrecher ſicher war, ohne daß ſie gerade von
kirche oder könig abhiengen; gewöhnlich *einzelne höfe,*
*freihöfe, fronhöfe,* zuweilen gewiſſe *häuſer, äcker* und
*gärten.* Dergleichen ſtätten, muß man wohl annehmen,
klebte im volksglauben die eigenſchaft eines aſyls
ſeit unvordenklichen jahren an; ſie rührte vielleicht
noch aus dem heidenthum her und war ungeſtört beibe-
halten, oft auch von königen und fürſten beſtätigt
worden. Diſe *mülen* und ouch der *garte* hant daʒ
reht, ſwer drin *entrinnet,* den ſol nieman druʒ nemen
âne gerihte. Hanſelman nr. 43 (a. 1253); eſt etiam
dictis civibus (hersfeldenſibus) conceſſum, quod ſi aliquis
ipſorum vel etiam alter homo aliquem hominem occiderit
aut in eo gravem fecerit laeſionem et idem percuſſor
ſeu laeſor ad aliquam *aream,* quae *vronehobiſtat* nuncupa-
tur, *confugerit* et ſe receperit in eadem, quod nullus
officialis noſter vel ipſi cives noſtri hujusmodi laeſorem
vel percuſſorem inde extrahere non debeant aut etiam
amovere et ejus res mobiles vel immobiles diſtrahi
non debeant. Wenk 3. nr. 176 (a. 1285), dirre *hof* (in
Gruſenheim) iſt alſo gelegen u. gefriet von kungen u. von
keiſern, waʒ ein man het geton ußewendig des hofes,
kumet er in den hof, er ſol fride han u. ſol ime
nieman nachvolgen in ubeles wiſe in den hof. wer aber
ſo frevel wurde u. ime nochvolgete in den hof, der hette
verbrochen eime keiſer vierzig pfund goldes in ſine
kamer u. mime herren dem appete ſine ſmacheit u.
ſinen ſchaden abe ze rihtende an ſine gnade. Schilter
cod. feud. Alem. 369$^d$; auch theilten ſie der hubner
freiheit, wo einer den andern erſchlagen hette, flöhe er
uf der *huben* eine oder uf der *ecker* einen, der in die
*hub* gehöret, *den ſol niemand angreifen* weder an
ſeinem leib noch an ſeinem gut, es werde dan mit den
rechten gewonnen. Dreieicher wildbann; zwei gericht
ſind zu allen ungeboten dingen zu Obernaula, das eine
uf den montag uf dem berge, ſo ſal m. h. von Ziegen-
hain den ſtab haben, das ander gericht uf den dinſtag in
dem dorfe, mit namen *in den ſmitten uf der friheit,* die
von alters wegen von beden hern alſo gefrit ſind,
es hete einer hals und heubt verwirkt, queme er darin,
er *ſolde fride han,* ſo ſal m. h. von Meinze uf den
egen. tag den gerichtsſtab haben. Obernauler w.; ſo wei-
ſen die ſcheffen dem junkern obg. den hof vor einen

*freienhof* u. wehre es fach, ob einer einen dotſchlag
hette gethon und kem er in den vorgen. hof, ſo ſol er
*als frei ſein*, *als ob er in einer kircke wehr oder uf
einem kirchof.* Becheler w.; letzlich erkennen die ge-
ſchworn dieſen *hof* (zu Godesberg) alſo frei, da einer
in unglück geriete u. einen todſchlag begehen würde u.
*uf dieſen hof kommen könte*, daß er alsdann *ſechs
wochen u. drei tag* freiheit daruf haben ſolle; könte
derſelbe nach umbgang ſolcher zeit *uf die freie ſtraße*
kommen *drei fueß weit* u. wiederumb ungeſpannen
(ungefeßelt) den hof erreichen, ſollen *ſechs wochen u.
drei tag* aufs neue angehen.    Kindl. hörigk. p. 710. 711
(a. 1577.); wir weiſen auch unſers *hern hof* zu Helfant
ſo *frei, als ein kirch*, alſo da einer das leben verwirkt
u. *darinnen kommen könnte*, ſoll er *ſechs wochen und
drei tage* ſicherheit darinnen haben  u. käme er *fünf
ſchritt* davor und wiederumb darinnen, hätte er abermal
ſo lang darin friſt, und könnten ihme die hofleute mit
glimpf davon helfen, haben ſie es macht von wegen des
herren u. ſo einer den andern im hof verwund, wird
unſerm herrn deſſen fauſt zuerkant, ſich darum mit dem
hern zu vergleichen.  Helfanter w.;   wir weiſen auch
den hof genant S. *Mattheis hof* zu Nennig *ganz frei*
u. hätte einer einen todſchlag gethan oder den leib ver-
macht (verwirkt), ſoll er *ſechs wochen u. drei tage*
frei ſein und wann ſie, die ſechs w. u. dr. t., um ſein,
ſoll der arme ſünder *einen ſtein* gegen der pforten des
vorg. hofs über *werfen* u. ſo er dahin kommen möchte
(wohin der ſtein gefallen iſt) und *über den ſtein drei
fuß*, und kann wieder zurück kommen an den hof, ſo
ſoll er abermals im hof so lang wie vorgemeldt freiheit
haben, u. kann oder möchte der hofmann ihme hinweg
helfen bei tag oder bei nacht, das ſoll er wegen unſers
ehrw. herrn macht haben.  Nenniger w.  Hierher gehört
vorzüglich das beiſpiel von Liechtenſteig, mit *hammer-
wurf* und *ſechswöchiger* friſt, welches oben ſ. 55. 56. nr. 6.
nachzuleſen iſt.  Die 40 tage eines w. von Stablo ſind die
alten ripuariſchen 40 nächte: item la *franchiſe* de Sta-
velotz eſt telle, que ſe ung homme avoit meſſaict, re-
ſerveirs, ardeurs et mordreurs, que la dite franchiſe le
doit *ſuſtenir* XL jours, et ſe droit le delivre, delivreis
ſoit et ſe droit ne le delivre, on le doit mettre hors des
portes del franchiſe et ſil peult eſchapper, ſe eſcappe.
rec. de Stavelot.

4. freiſtätte auf *gerichtsplätzen* und in *wohnungen der richter:* Item ſie haben auch getheilt u. geweiſt, alle die weil die freileut zu Lohr ſind u. des gerichts da warten ſollen, nachdem als ihn verbott iſt worden, were es dann, das unter in ein auflauf geſchehe, ob einer den andern uberlaſte oder wie das cheme, das einer oder mehr flüchtig werden, ſo ſoll der freiſchöff (?) *uffen ſtehen,* ob es demſelben noth geſchehe, das er darin gefliehen mochte u. er dan darin queme, ſo ſoll er *frid* u. *geleid* darinne haben u. ein iglich herr zu Rieneck *das jhar* getreulichen vor inen theidingen, ob er das zu richtung bringen mocht u. ſoll das thun allen meniglichen, mag ers dan nit gerichten, ſo ſol er denſelben geleiden *ein meil* von der ſtatt ohn ſchaden, ob ers begerte, ohngeverde. auch haben ſie getheilt, ob es wer das ein edelmann in die freiheit alſo quem, der hat dieſelben recht u. ſoll ein h. z. R. *einen monat* teglich umb in theidingen. Rienecker w. Item der *ſchöffen heuſer* u. *höfe* ſollen auch frei ſein, als das herkommen iſt u. ſchlegt einer den andern zu tode, ſo ſpricht man den freunden das blut u. den herren das gut u. man ſoll die ſache zum hinterſten jargerichtstage verteidigen mit beider herren wißen u. willen uf das lengſt u. darnach nit mehr. und der todſchleger *iſt ſicher in eines jeden ſchöffen hus oder hove, vier wochen u. zween tage* (zweimal 14 nacht) u. kompt er *vier ſchritt über die ſtraß* u. wieder in das *ſchöffenhus,* ſo hat er aber vier wochen u. zween tage freiheit. Biſchheimer w. Aſyle dieſer gattung ſcheinen ſich beſonders in den ſogenannten *freigerichten* (oben ſ. 829), ie von keiner fürſtlichen gewalt abhängig waren, zu finden.

5. in einigen gegenden wurde der hausfriede ſo heilig geachtet, daß ſogar *in ſeinem eignen haus* oder dem *des nachbars* der miſſethäter nicht verfolgt werden durfte. qui hominem propter faidam *in propria domo* occiderit, capite puniatur. l. Saxon. 3, 4; ſwer den andern jaget mit gewafneter hant in *eines mannes hus, wes daʒ iſt,* ſtehet er nach im *in daʒ biſtal* oder in die *tür* oder in daʒ *driſcufel* oder in daʒ übertür, der hat den wirt geheimſuochet, loufet er aber hin *über daʒ driſcufel,* ſo hat er den wirt vil ſere geheimſuochet. augsb. ſtat. art. 184.; ein mörder ſoll in *ſeinem* und ſeines *nachbars hauſe vier wochen* friſt haben. Kopp nr. 11 (a. 1264) nr. 3. (a. 1482.)

6. *Scandinaviſche* aſyle.    In der einleitung zu Oegis-
drecka heißt es: þar var *griðaſtadr* mikill; mag nun
der wohnung des Oegir allgemein oder nur während
des angeſtellten gaſtmals dieſe eigenſchaft zuſtehen.   Dem
fiörbaugsmadr (oben ſ. 736)· wurden *drei freiſtätten* zu-
geſichert, nicht über eine tagreiſe voneinander.  auch auf
den *wegen* dazwiſchen war er frei,  ſo wie *pfeilſchuß-*
*weit* (nach Grâgâs 240 faden weit) von der freiſtätte
und ihren wegen, er durfte aber nicht öfter als einmal
monats reifen.  begegnete er unterwegs andern leuten,
ſo muſte er ausweichen, *ſo weit man mit einem ſpeer*
*reichen konnte.*  Dieſe beſtimmungen durch *pfeilſchuß*
und *ſpeerweite* treffen ſichtlich mit dem *hammerwurf*
und *ſteinwurf* der vorhergehenden weisthümer zuſam-
men und laßen über das hohe alterthum der letzteren
keinen zweifel.  der flüchtling, der ſich aus dem freihof
auf die ſtraße hammerwurfweit begeben darf, iſt ganz je-
ner fiörbaugsmadr.

7. vorhin wurde bemerkt, daß könige und fürſten ſchutz
gewährten, wenn ſie *unter ihren arm* nahmen, arm und
hand bezeichnen protectio.   Rettend war aber auch in
der ſage die nähe von *königinnen*, *fürſtinnen*, die *un-*
*ter ihren mantel* nahmen, ja von *frauen* insgemein.
vgl. oben ſ. 160.  flüh ein *wolf* (gleichſam ein flüchtiger
verbrecher, oben ſ. 733) zuo *frouwen*, ſagt Reinmar
v. Zweter MS. 2, 152ᵇ, man ſolt in durch ir liebe lâzen
leben.  Die einwohner der gegend von Bareges in Bi-
gorre haben unter andern alterthümlichen gebräuchen
den bewahrt, daß jeder verbrecher, *der zu einem*
*weibe flüchtet,* begnadigt werden muß.   Fiſchers berg-
reifen 1, 60.


## CAP. VII.  EID.


Durch alle deutſche mundarten, goth. *aiþs*, ahd. eid,
altſ. êth. agſ. âð, altn. eiðr, engl. oath, ſcheinbarer ein-
fachheit halben ein dunkles wort, dem etwa nur, inſo-
fern es den begriff von band (wie ὅϱϰιον) enthielte, die
verwandſchaftswörter goth. aiþei, ahd. eidî (mater) und
ahd. eidum, agſ. âðom (gener) zur ſeite ſtehen.  ablie-
gend iſt das ahd. eit, agſ. âd (ignis, rogus.)  Das ent-
ſprechende verbum lautet goth. *ſvaran* (ſvôr), ahd. ſuer-
jan, altn. ſverja, nhd. ſchwören und aiþ ſvaran iſt ὅϱ-

*xον ὀμόσαι*; beide wörter verbindet das ahd. compositum *eidfuart* und nhd. eidfchwur, d. h. ein gefchworner, geleifteter eid. außerdem findet fich ein ahd. *eidbuſt* und buſt könnte aus biudan geleitet werden, wie qviſt, hlaſt aus qviþan, hladan. Bemerkenswerth drückt in den fchwed. gefetzen *lag* (lex, jus) oft auch so viel als eid aus, es heißt fylla lag, ganga, feſta lag (juramentum praeſtare) biuda lag (j. offerre), wie fich das lat. jus und jurare berührt. Wie wenn aiþs verkürzung wäre von aivaþs, aivþs und entfprungen aus aiva, ahd. êwa (f. eiwa) lex?

*Eid* iſt die feierliche betheuerung der wahrheit einer vergangenen, der echtheit einer gegenwärtigen, der ficherheit einer künftigen handlung. Das feierliche beruht aber wefentlich darin, daß ein dem fchwörenden heiliger gegenſtand angerufen und zum zeugen genommen wird. Wahrheits und ficherheitseide gibt es noch heute wie fonſt; echtheitseide find jetzt außer gebrauch, waren aber in unferm alten recht häufig, nämlich bei dem inſtitut der confacramentalen. eideshelfer fchwuren nicht, daß eine that wahr fei, fondern daß der, dem fie halfen, einen echten eid ablege. Jeder eid muß in lauter formel *gefprochen* und kann nicht durch ein bloßes fymbol, ohne worte, abgelegt werden, daher fich fvaran (fvôr) mit fvaran? (fvaraida?) altn. fvara (fvaradi) agſ. andfvarjan (andfvarode) d. h. refpondere berührt, vgl. altn. fvar (refponfum) fvardagi (jusjurandum) agſ. andfvar, engl. anfwer. Den eid ablegen, abſtatten hieß, außer fvaran, in der alten fprache auch *faljan*, fellan, agſ. âð fyllan, altn. eið felja (Sæm. 207ᵃ 216ᵃ) und eið *vinna* (Snorra edda p. 64. Sæm. 93ᵇ 138ᵇ); *leiſten* hingegen wurde von dem halten und erfüllen des gefchwornen ficherheitseides gebraucht: oba Karl then eid, then er fínemo bruodher Hludwige gefuor, *geleiſtit.* Bei dem beweis durch reinigungseid finde ich im mittelalter den ausdruck *entführen:* enpfüeren mit hohen eiden. Nib. 801, 3. he untvort it ime mit fínem ede. Sfp. 1, 7. vgl. Haltaus 323. Ein bloßes *gelübde* unterfcheidet fich vom eid dadurch, daß es nicht auf vergangne, nur auf künftige dinge geht und ohne anrufung gottes gefchieht, ahd. *kiheiz, antheiz* (votum) agſ. gehât, altn. heit; eidliches gelübde (agſ. âðgehât) iſt ein ficherheitseid. altn. fagte man *heit ſtrengja*, feierlich geloben, und wir werden fehen, daß auch die förmlichkeit folcher gelübde der des eides begegnet.

A. *Eid/chwörende.* den eid überhaupt ablegen konnten
alle *mündigen* (Haltaus p. 274) und nur durch misbrauch
fcheinen unmündige kinder zum hilfseid zugelaßen worden
zu fein. Im capit. a. 789. §. 62 (Georg. 565) verordnet
Carl: et ut *parvuli, qui fine rationabili aetate funt*, non
cogantur jurare, ficut Guntbodingi faciunt. daß fich dies
auf confacramentales bezieht, lehrt l. burg. 8, 1: ingenuus
cum uxore et *filiis* et proprinquis fibi duodecimo juret.
Nach der edda (Sn. p. 64.) nimmt Frigg einer kleinen
pflanze, weil fie ihr *noch zu jung* fcheint, keinen eid ab:
vex vidar teinûngr einn, fâ er miftilteinn kalladr, fâ þótti
mer ûngr at krefja eiðfins. Ebenfo heißt es von Guttormr:
hann er *ûngr* ok fâz viti ok er for utan alla eiða. Sæm.
206. Beftimmte eide durften nur von freien, *nicht von
knechten* und nur von männern, *nicht von frauen* ge-
fchworen werden, wohin namentlich die hilfseide zu rech-
nen find. der ausnahmen ift f. 861 gedacht. In der
*großen anzahl* zufammen fchwörender fah das alterthum
keine entweihung des eides, fondern eine bekräftigung
feiner heiligkeit, wie des gebetes, wenn viele zufammen
beteten. bei den hilfseiden ftieg jene zahl oft in die
hunderte (f. 863); auch bei wahlen, friedensfchlüßen und
huldigungen fchwur die *gemeinde* und das *ganze volk.*
Als die Afen um Balder forgten, nahmen fie eide von
*allen wefen*, belebten und unbelebten, daß ihm keines
fchaden wollte (Sn. 64) fo wie fie ihn hernach durch
alle wefen aus der unterwelt zurückweinen ließen
(Sn. 67. 68).

B. *Anrufung der götter.* die beiden fchwuren fo-
wohl bei*) einem gott, als bei mehrern zugleich. Ich
weiß nicht, ob man Sæm. 194[b] die zweimalige nen-
nung des *Týr* (nefna tvifvar Tý) von einem eid ver-
ftehen kann, vgl. oben f. 118 *nefna god í vitni.* Die
gewöhnliche formel (oben f. 50) nannte den *Freyr,
Niörðr* und den *allmächtigen gott*, unter welchem
letztern man fich *Odin* oder *Thor* zu denken hat,
vgl. Bartholinus ant. dan. p. 375. 376. in der hifto-
ria S. Cuthberti fchwört eine Dâne: juro *per deos*

---

*) fchon Ulfilas fagt fvaran *bi* himina, bi airþai und fo auch
die meiften ahd. denkmäler fueran *pf* (Graff praep. 108); einige
fetzen *in* (Graff p. 56), andere *durch* (Graff p. 205, wie lat. *per*);
altn. *at* (Sæm. 138[b] 165[a]). Doch läßt fich das fchwören *bei* (dem
angerufnen gott) und *auf* (die angerührte fache) nicht überall
unterfcheiden.

*meos potentes Thor et Othan;* in der chriftlichen zeit
war es verwünfchungsformel: farþu til Odins! Odinn
eigi þic! Bartholin l. c. und Geijer Sv. håfd. 1, 267.
Aus der fächf. abrenuntiationsformel läßt fich vielleicht
folgern, daß in Sachfen bei *Thunar*, *Wôden* und dem
*Saxnôt\**) eide gethan wurden, in Hochdeutfchland bei
*Donar* und *Wuotan*; den chriften blieb der fluch bei
Donners wetter! wie man wohl die verderbte formel
donnerwetter\*\*)! auslegen muß. Slaven fchwuren bei
*Perun*, Litthauer bei *Perkunas*, gleichfalls dem gott des
donners. Die chriftlichen eide wurden bei *Gott*, gewöhn-
lich aber auch *bei feinen heiligen* abgeftattet (oben f. 50.
51. 52); die ausdrücke: *fo mir gott helfe!* verkürzt *fammir
got!* oder bloß *fammir, femmir!* auch *felmir, flemmir!* =
fé helfê mir! gl. Doc. 234ᵃ vgl. Lachm. ausw. 292. 293.)
find ganz die heidnifchen: *hialpi mer fvâ* Freyr! nämlich
gott wurde angefleht, dem rechtfchwörenden zu helfen,
dem meineidigen nicht zu helfen. mit den worten: *in
kotes minna!* (pour lamour de dieu) hebt der berühmte
fchwur von 842 an. Es konnte aber im heidenthum nach
den veranlaßungen bei jedem einzelnen der geringern
götter, fo wie im chriftlichen mittelalter bei jedem einzel-
nen heiligen gefchworen werden. Die fpätere gewohnheit,
eide *im angeficht der fonne* abzulegen (*gein der funnen*,
juramentum verfus orientem. Bodm. p. 642. mit ufge-
rachten leiblichen fingern *gein der fonnen* fchwören urk.
von 1392. Arnoldi Naffau 1, 227.) könnte fich noch auf
göttliche verehrung der *fonne* beziehen, doch war die fonne
für jegliche gerichtshandlung heilig (oben f. 815) und
überfchaut alles, was die menfchen thun. In der edda
(Sæm. 248ᵃ) werden angeführt eide: at fôl inni fuðrhöllo,
bei der füdlichen *fonne*.

C. *Anrührung.* der fchwörende mufte, indem er die ei-
desformel herfagte, einen gegenftand berühren, der fich
auf die angerufnen götter und heiligen oder auf die dem
meineid folgende ftrafe bezog.

1. in Scandinavien faßte er einen im tempel bewahrten,
vom godi dargebotnen, mit opferblut gerötheten *ring*,
der dem gott *Ullr* geweiht war; daher fchwören at

---

\*) d. i. der nord. Freyr, vgl. Gött. gel. anz. 1828. p. 549. 550.
\*\*) eine umftändliche unterfuchung der verwünfchungen, flüche
und betheuerungen unferer fprache würde manches licht auf die
gefchichte des eides werfen, kann aber hier nicht angeftellt
werden.

*hríngi Ullar.* Sæm. 248ᵃ. Lâ þar â *hríngr* einn môt-
laus tvieyríngr oc ſkyldi þar at ſverja eiða alla. Eyr-
bygg. p. 10. Sâ madr, er hofseið ſkyldi vinna, tôk
*ſilſrbaug* î hönd ſer, þann er rodinn var í nauts blôdi,
þeſs er til blôta væri haft, oc ſkyldi eigi minna ſtanda
enn III aura: ek vinn hofseið *at baugi* oc ſegi ec þat
æſi! Vigagl. ſ. cap. 25. p. 150. *Baugr* tvieyringr eðr
meiri ſkyldi liggja î hverjo höfudhoſi â ſtalli, þann baug
ſkyldi hverr godi hafa â hendi ſer til lögþínga þeirra
allra, er hann ſkyldi ſiâlfr heyja, oc rioda hann þar í
rodnu nautsblôdi, þeſs er hann blôtadi ſialfr; hverr
madr, er þar þyrſti lögſkil af hendi at leyſa, ſkyldi
aðr eið vinna at þeim baugi. Landn. ſ. p. 138. (die for-
mel oben ſ. 50.)

2. chriſten ſchwuren auf das *kreuz* oder gewöhnlicher
auf das *heilthum* (Haltaus 856), die *keſſe* (capſa. Parc.
7797) d. h. den ſchrein, worin gebeine der heiligen be-
wahrt lagen: jurare *ſuper pignora ſancta.* Reinardus
5806. *reliquias* afferre. ib. 5828; mit gbloteden hove-
den u. gebogten kneen u. opgerichten fleiſchlichen fin-
geren to god u. *over de heiligen* ſweren. Valberter w.
die vinger wurden *úf geleit* (auf die keſſe) Iw. 7923.
manus *ſuper capſam* ponere. l. alam. 6, 7. In altengl.
gedichten: ſwear *by book and bell*, bei buch und ſchelle,
dem heil. meſſebuch und der glocke, die am heilthum
läutet. Berinus 285.

3. im höchſten alterthum ſchwuren die freien männer
*auf ihr ſchwert* und in einigen gegenden dauerte der
gebrauch noch unter den chriſten lange fort. belege
oben ſ. 165. 166. und Ducange 3, 1616. 1617. Die Lan-
gobarden legten geringere eide *ad arma ſacrata*, wich-
tigere ad *evangelia ſancta* ab. l. Roth. 364; umgekehrt
die Alamannen wichtigere ad arma. ſacrata, vgl. Rogge
p. 175. Pax *in armis* jurata. Einhardi ann. ad a. 811.
Pertz 1, 198. Auch in der edda eiða vinna *at mækis egg*
(bei des ſchwertes ſchneide). Sæm. 138ᵇ vgl. Bartholin
p. 78. 79. Entw. weil das ſchwert einem gott (Freyr?
Týr?) geheiligt war oder damit anzuzeigen, es ſolle den
meineidigen treffen. Lucian im Toxaris bemerkt, daß
die Scythen den eid bei wind und ſchwert ablegten, der
wind ſei des lebens, das ſchwert die urſache des todes.

4. *bei erde und gras*, oben ſ. 117. 118; bei *bäumen* und
gewächſen; in einem eng. lied Percy 3. p. 47:

    Glaſgerion ſwore a full great othe
    by *oake* and *aſhe* and *thorne.*

wahrfcheinlich mufte der baum dabei angerührt, wie erde
und gras mit der hand aufgehoben werden. Kein eid,
doch eine betheuerung, die hier anzuführen ift, ftehet pf.
Chuonr. 114ᵇ fragm. bell. 48ᵃ:

> ne fcol nu mir aller thiner erthe
> niwet mer werthen
> newan alfo *ih uffe gehaben mah.*

5. bei heiligen *waßern*, *brunnen*, *flüßen*, aus deren
flut vielleicht der fchwörende benetzt und befprengt
wurde:

> at eno liofa leiptrar *vatni*
> ok at ûrfvölom *unnar* fteini. Sæm. 165ᵃ.

6. bei heiligen *bergen*, *felfen*, *fteinen*, wie bei dem
eben angeführten unnar *fteinn* (ftein der flut) und at
Sigtŷs *bergi* (bei Sigtŷrs berge) Sæm. 248ᵃ. eiða vinna
at enom *hvita helga fteini*. Sæm. 237ᵇ. Chriften be-
rührten den *altar*, Ducange 3, 1608. 1609. zuweilen
den *grabftein* eines heiligen. Ducange 3, 1619.*) Ver-
muthlich leifteten unfere heidnifchen vorfahren auch
eide bei dem *fteinhammer* oder *keil* des donnergotts
(vgl. hammerwurf oben f. 64.) Die Römer fchwuren bei
einem *kiefelftein*, wozu fich aber doppelte deutung findet:
*lapidem filicem* tenebant juraturi *per Jovem* haec verba
dicentes, fi fciens fallo tum me Diespiter falva urbe arce-
que bonis ejiciat, *uti ego hunc lapidem!* Feftus f. v. lapidem.
Qui prior defexit publico confilio dolo malo, tu illo die,
*Jupiter*, populum eum fic ferito, uti ego hunc porcum hic
hodie feriam, tantoque magis ferito, quanto magis potes
pollesque! haec ubi dixit, porcum *faxo filice* percutit.
Livius lib. 1. 24.

7. fchwörende *frauen* legten die hand auf ihre *bruft:*
tunc (der morgangeba wegen) liceat illi mulieri *jurare
per pectus fuum.* l. Alam. 56, 2; fpätere gefetze be-
ftimmen das näher, aber unter einander abweichend,
in Baiern u. Schwaben wurde zugleich der vornen über
die fchulter hängende *haarzopf* mit angerührt: eine frau
foll ihr morgengab behaben auf ihre *bloße zefwe bruft*
und auf ihr *zefwen zopfe.* Augsb. ftat. 287 (Walch 4,
288); auf irn *zwain pruften* und auf irn *zwain zopfen.*

---

*) Herodot 4, 172: ὁρκίοισι δὲ καὶ μαντικῇ χρέωνται (οἱ Νασαμῶ-
νες) τοιῇδε. ὀμνύουσι μὲν τοὺς παρὰ σφίσι ἄνδρας δικαιοτάτους καὶ
ἀρίστους λεγομένους γενέσθαι τούτους, τῶν τύμβων ἁπτόμενοι.

Wiener landr. (Denis mſ. theol. vol. 2, 1819.) vgl. Lu-
dewig reliq. mſſ. 4, 14; ſchwören mit hand u. mit mund,
mit *zopf* und mit *bruſt*. Rotweiler hofg. ordn. 11, 10;
di ſol ir *gerechte hant* auf ir *pruſt* legen. bair. landr.;
mit meinem aide auf meinen *bruſten*. MB. 7, 405 (a.
1326). Hingegen heißt es Rugian. 28: ene fruw de lecht
de rechte hand *up ere lüchter bruſt* u. ſweret. In einigen
gegenden ſcheinen auch männer leichtere eide oder bloße
gelübde mit auf die bruſt gelegter hand gethan zu haben,
namentlich *vornehmere* und fürſtliche: mit handgebenden
treuen, hand in hand gelobet u. darnach ein gelehrten
eid mit ufgerekter hand *uf ſein rechte bruſt*, wie ſich dann
ſolches fürſtlichem ſtaate geziemet. dipl. a. 1470 (Wet-
teravia illuſtr. p. 25.) In einer urk. biſchof. Florens zu
Münſter: dat wi hebbet . . . uppe de hilghen evangelia
gheſworen u. unſe hant *up unſe borſt gheleghet*, als ein
biſcop pleght to ſwerene. a. 1372.   (Kindl. 1, 38.)
vgl. Haltaus 275.*)   Man betheuert noch jetzt die hand
auf das herz gelegt.

8.   der bairiſchen berührung des zopfs gleicht der frieſi-
ſche männereid *auf die locken* und Siccama zur l. Frieſ.
p. 65 bemerkt ſogar: qui mos jurandi cum apud majo-
res noſtros eſſet frequentiſſimus et ſanctiſſimus haberetur,
proverbio locum dedit vicinis et finitimis populis, tum
demum Friſio credendum, *fi manu capillos adprehen-
diſſet*, atque ita ſacratiſſimo juramento fidem adſtrinxiſ-
ſet.   allein die von ihm und andern angezogne geſetzſtelle
verurſacht mir bedenken: dit is die riuchta boedel êd,
dêr di jena ſwara ſchil, der kamer en kaien warade,
ſo aegh hi op to nimen mit ſiner winſter hand *ſine
winſtera hara* ende dêr op to lidſen twên fingeren mit
ſina fora hand. Fw. 94. alle überſetzen hier hara durch
capillos, wofür die grammatik *hêr* fordert. Wie wenn
*gara*, d. i. gâra (fimbriam veſtis) zu leſen wäre? gerade
ſo ſtehet Fw. 338 faen on ſinre gâra (in fimbria) ende
ſwara, und das ſtimmt mehr zu dem in veſtimento jurare
der l. Friſ. 12, 2.

9.   ſchwüre *bei dem bart* und mit *anfaßung des barts*
kommen nicht in den geſetzen vor, aber oft in den lie-

---

*) bei Meichelb. nr. 470 heißt es: Liutpald *comes* teſtificavit
per *ſacramentum dominicum*, deinde juravit Meginhart u. viele
andere namen der freien, die zu den heiligen ſchwören.

dern, zumal den altfranzöſiſchen von könig Carl. *par
la moie barbe*, qui neſt mie meſlée! par ceſte moie barbe,
qui me pent au menton! p. c. m. b. dont noir ſont li
flocon! par ma barbe florie! p. c. m. b. de blanc entre-
mellée! Carl, wenn er zürnte und ſchwur, griff an ſeinen
bart, pf. Chuonr. 119ᵃ:

> Karl zurnete harte
> *mit uſgevangenme barte.* *)

*ſam mir min bart!* Reinh. fuhs 1555. *ſem mir mîn
bart!* MS. 2, 227ᵇ. Bekanntlich herſcht der gebrauch
noch jetzt im morgenland. Eine abart dieſes ſchwurs
war der *beim barte des vaters*, by my fader kin! C.
T. 9389. 16297 (von Tyrwhitt falſch durch kindred er-
klärt) wie by my fathers ſoul! Man ſchwur auch bei
andern gliedern, beſonders den *augen:* par les iauz de
ma teſte! bî *allen* ſînen *liden* ſwern. Ernſt 4151. *ſam
mir min lip!* Reinh. fuhs. 1220. 1780.

10. bei dem *gewand* und *rockſchoß* legten die Frieſen
geringere eide, bei dem heilthum wichtigere ab: ſi ſer-
vus rem magnam quamlibet furaſſe dicatur vel noxam
grandem perpetraſſe, dominus ejus in *reliquiis ſancto-
rum* pro hac re jurare debet; ſi vero de minoribus fur-
tis et noxis a ſervo perpetratis fuerit interpellatus, *in
veſtimento* vel pecunia jurare poterit. l. Friſ. 12. Wie
vorhin gezeigt wurde, das ſwara on ſinre *gâra;* vgl. oben
ſ. 159.

11. ſchwüre und gelübde mit *angerührtem ſtab* des rich-
ters (oben ſ. 135.) Bei den Griechen berührten könige
und richter ihren *ſtab*, wenn wie feierlich ſchwuren, vgl.
die ſchöne formel II. 1, 233-39. Und wie die krieger
ihr ſchwert, ſo faßten andere leute ihr eigenthümliches
geräth an, fuhrleute ein *rad,* reiter den *ſteigbügel*, ſchiffer
den *rand des ſchiffs:* ſo is di ſcipman nyer (näher) mit
eene ede wr ſines ſcippes boerd to riuchtane. Wiarda
frieſ. wb. p. 105. vgl. Dreyer miſcell. 111. Im Norden
krieger ihren *ſchild*, reiter des pferdes *bug:* at ſkips borði
ok at ſkialdar rönd, at mars boegi ok at mækis egg.
Sæm. 138ᵇ.

12. zuweilen berührte der ſchwörende nicht feinen eig-
nen leib und ſeine glieder, ſondern *die des gegentheils*,

---

*) ſ. das titelkupfer.

ſowohl desjenigen, den er anklagte, als dem er etwas
eidlich verſprach. Ducange 3, 1618 jurare manu poſita
ſuper caput ejus, cum quo lis eſt. Auch eideshelfer
ſcheinen den arm oder die ſchulter deſſen angefaßt zu
haben, für welchen ſie ſchwuren, vgl. Kopps bild. p. 93.
Wenn man einen für einen ſchädlichen mann oder
weib hält, ſoll jener der ihn berechten will, zwei ſin-
ger *in ſeinen ſchopf* legen oder der frau in die *ſchei-
tel* und einen eid ſchwören, daß er wahr wiße, daß
deme alſo ſei, hernach ſollen ſechs biderleut ihre hand
auf des erſten *armb* legen u. ſchwören, daß der eid
rein ſei. urk. Ludwigs von Brandenburg u. Baiern a.
1349. So ſchwur der knecht ſeinem herrn, der ſohn
ſeinem vater, die hand *unter* deſſen *hüfte* legend. Ge-
neſis 24, 2-9. 47, 29. Hierher gehört auch die *berüh-
rung des viehes* bei der anfahung (oben ſ. 589-91),
vgl. vorhin das eið vinna at *mars bægi.* Schon das
concil. IV. aurelianenſe can. 16 erklärte einen ſolchen
eid für heidniſch: ſi quis chriſtianus, ut eſt gentilium
conſuetudo, *ad caput* cujuscunque *ferae vel pecudis,*
inſuper numinibus paganorum fortaſſe *juraverit.* vielleicht
aber iſt dieſe ſtelle noch paſſender auf die folgende förm-
lichkeit zu beziehen.

13. alterthümlich erſcheint die gewohnheit, feierliche ge-
lübde und eide bei *gaſtmälern* mit berührung des opfer-
thiers oder des vornehmſten gerichts zu thun.

α. im Norden galt ein *eber* für die edelſte ſpeiſe, ſelbſt
die einherjar in Valhöll nähren ſich von dem fleiſche
des Sæhrîmnir (Sæm. 42ᵇ Sn. 42); noch jetzt pflegt das
ſchwediſche landvolk am erſten julabend einen aus mehl
verfertigen eber (*julegalt*) aufzutragen. Die heiden
nannten ihn *ſônargöltr* (aper piacularis), weil er den
göttern zum ſühnopfer gebracht wurde. gelübde (*heit-
ſtrengingar*), die auf ihn geſchahen, waren unver-
brüchlich: um qveldit (jola aptan) oro heitſtrengîngar,
var fram leiddr (wurde vorgeführt, alſo eh man ihn
ſchlachtete) *ſônargöltr, lögdo menn þar â hendr ſi-
nar* ok *ſtrengdo* menn þâ *heit*, at bragarfulli (beim
feierlichen becher, von bragr, mos, geſtus, nicht von
Bragi, dem gott.) Sæm. 146ᵃ; Heidrekr kôngr lêt ala
*gölt* einn, hann var ſvâ mikill ſem öldûngr, enn ſvâ
fagr at hvert hâr þôtti af gulli vera.*) þat var ſidvenja,

---

*) vgl. Beov. 85 ſvîn ealgylden, eofer îrenheard.

at taka einn *gölt* ok ſkyldi ala hann ok geſa Freyju til
ârbôtar, í upphaſi mânadar þeſs er februarius heitir, þâ
ſkyldi blôt hafa til farſælðar. Heidrekr kôngr blôtadi
Frey þann gölt . . . kölludu þeir hann ſvâ helgann, at
yfir hans burſt ſkyldi dœma öll ſtôr mâl ok ſkyldi þeim
gelti blôta at ſônarblôti. jola aptan ſkyldi leida *ſônargölt*
inn í höll, *leggja menn þa hendr yfir burſt hans* ok
*ſtrengja heit.* kôngr lagdi hönd ſína *a höfud* geltinum;
ok aðra *â burſt.* Hervararſaga cap. 14. p. 124.

β. mit dieſem nordiſchen eber verbinde ich den *pfau,*
der zur ritterzeit in Frankreich für das feierlichſte ge-
richt gehalten wurde und bei welchem ganz auf dieſelbe
weiſe gelübde erfolgten. Die deutſchen gedichte des
mittelalters gedenken dieſer ſitte nirgends\*); ſie ſcheint
aber ſo uralt, daß ſie wohl frankiſchen urſprungs ſein
könnte, in welcher beziehung es beſonders wichtig
wäre, jene ſtelle des concils von Orleans (ſ. 900) auf ſie
zu deuten. Der könig ſelbſt oder der geehrteſte ritter
zerlegte den aufgetragnen pfau, erhob ſich und that,
*die hand auf den vogel gelegt,* irgend ein kühnes ge-
lübde, dann reichte er die ſchüßel weiter und jeder, der
ſie empfieng, leiſtete ein ähnliches; das hieß le *voeu du
paon.* vgl. S. Palaye de l'anc. chev. 1, 184. 187. 244.
246. 3, 394. und Legrand vie privée des françois 1, 365-
367. Auch im prolog zur fortſ. der C. T. heißt es z. 452:
I make a *vowe to the pecock.*

γ. in England kommen gelübde bei *ſchwänen* vor: allati
ſunt in pompatica gloria *duo cygni* vel *olores* ante re-
gem, phalerati retibus aureis vel fiſtulis deauratis, de-
ſiderabile ſpectaculum intuentibus. quibus viſis rex
(Eduard 1. a. 1306) *votum vovit deo coeli et cygnis,*
ſe proficiſci in Scotiam, mortem Johannis Comyn et fi-
dem laeſam Scotorum vivus ſive mortuus vindicaturus.
Matthaeus weſtmonaſt. p. 454. Und aus einer hſ. zieht
Tyrwhitt ſ. v. ale and bred folgende zeile an: that ye
had *vowit to the ſwan.* Eines *reigergelübdes* (veus
*du hairon*) unter Eduard 3. a. 1338 gedenkt S. Palaye
nach einem alten gedicht umſtändlich.

---

\*) bloß des pfauenbratens. Wh. 2, 61ᵃ; vielleicht wird im
deutſchen Lanzilot das gelübde, wie im franzöſiſchen roman
erzählt.

D. *Ablage des eids.* bisher ift bloß von der eides-
formel und den gegenftänden der anrührung gehandelt
worden; es fragt fich nun nach der art und weife der
eigentlichen ablegung des eids. Ein gelübde wurde ganz
einfeitig von dem gelobenden, gewöhnlich aber in ge-
genwart von zeugen, geleiftet; zum eid gehörten zwei
theile, einer der ihn abnimmt, der andere der ihn
fchwört.

1. *Nehmen* des eids; altn. *taka* Sn. 64. Sæm. 93[b]; eit
*nemen.* Lf. 1, 306; *percipere* l. Burg. 8, 2. der neh-
mende ift entw. der betheiligte felbft oder an feiner
ftatt der richter oder ein vom richter dazu angeordne-
ter; er fagt dem fchwörenden die formel vor, welche
diefer nachzufprechen hat, er *lehrt, gibt* die worte:
*gap den eit.* Iw. 7908. 7924. vgl. Berth. oben f. 862.
und Trift. 15702 eit *geftellt.* Technifcher ausdruck
hierfür ift: *den eid ftaben*, wobei man fich urfprüng-
lich wohl einen richter zu denken hat, der feierlich mit
feinem ftab gebährdend die formel herfagt. aber fchon
frühe bedeutet *eidftab* (N. 111, 5. agf. *âðftäf*, altn. *eið-
ftafr* Gulaþ. 14, 61. 200) ganz abftract nichts als for-
mula, argumentum juramenti und die redensart ftaben,
den eid ftaben behielt man noch lange bei, ohne daß da-
zu immer ein ftab gebraucht wurde, bloß für dictare
oder praelegere formulam jurisjurandi. ift ieman der mir
*ftabe?* Walth. 104, 22; fwer mir ze rehte folde *ftaben*
des *einen eit.* Ben. 145; ir rücke wart dechein *eit ge-
ftabt.* Parc. 4510 (der folgende vers beweift, wenn je-
mand daran zweifelte, daß ftaben von ftab, baculus, ab-
geleitet werden muß); fus *ftabt* er felbe *finen eit.* Parc.
8002 (im nothfall konnte fich alfo der fchwörende die
formel felbft geben); für dife rede ich dicke fwuor ma-
negen *ungeftabten eit.* Parc. 14865 (niemand war da,
der mir meinen eid feierlich abgenommen hätte); defn
wirt iu dehein *eit geftabt.* Wigal. 9023 (darüber wird
euch nicht förmlich gefchworen); der mir des *den eit
ftabt*, fö wil ich in volbringen. Lf. 3, 12; wie gern ich
des nun fchwüre, fo wer *den eid* mir nieman hie *fta-
bende.* Titurel. In einer urk. von 1373 heißt der ab-
nehmer des eids der *fteber.* Bodm. p. 644.; *den eid fta-
beln.* Altenftatter w.; mit uprichteten vingeren, *ftave-
des edes*; mit upg. lifliken vingeren *ftavedes edes.*
Kindl. 3, 506 (a. 1387) 3, 522 (a. 1393) wo fehlerhaft
ftanedes f. ftauedes gelefen ift; liflichen mit opgerichten

vingheren u. *geſtaveden eiden.* Hâberl. anal. 353 (a. 1385)
357 (a. 1386); mit opgerichteden vinghern *geſtavedes
edes.* Wigand feme 566 (a. 1486.) Andere belege bei
Haltaus 1718. Frieſiſch: di aeſga ſchil him dine *êd ſtovia.*
Fw. 94; altn. ſverja eptir hans eiđſtaf. Gulaþ. 200.

2. *Schwören des eids.* es geſchah mit mund und hand:

*α. mit mund.* die formel muſte laut und vernehmlich
nachgeſprochen werden, der ſchwörende durfte nicht
zittern, wanken, ſtottern (*ſtrampeln.* Bodm. 637. 660.)
eit nemen bî frône reht, lût mit ſchalle. Lſ. 1, 206.

*β. mit hand*, d. h. *der rechten*, wurde der heilige ge-
genſtand *angerührt.* Darum lautete auch eine formel:
ſam mir *mîn ſeſwiu hant!* fragm. bell. 1940. darum
ſchwört *die hand* und wird meineidig. Nib. 562. 563.
(oben f. 140); Sîfrit zem eide *bôt die hant.* Nib. 803, 1.
Gewöhnlich legten aber männer nur die *zwei vorder-
finger* ihrer rechten hand auf (oben ſ. 141); ſich bere-
den, ſich entſlahen mit *ſinen zwein fingern.* Walch. 4.
124. 182. 198. Da es häufig bloß heißt: mit *aufge-
richteten, aufgereckten, aufgehobenen* fingern, ſollte
man folgern, daß ſie nicht immer *aufgelegt* wurden,
ſondern nur *empor gehalten?* wie heut zu tage, nach-
dem der gebrauch der reliquien aufgehört hat, bei uns
geſchworen wird. Vermuthlich ſtand aber die keſſe in
der höhe und ein *bieten* oder *aufrichten* der finger
muſte dem auflegen u. berühren vorausgehen.

*γ.* im mittelalter pflegte der ſchwörende *waffen*, helm
oder hut vorher *nieder zu legen* und zu *knien.* de
tüge legt af ſine were u. lecht ſinen hoed, kagel eder
bonit int gericht u. hevet up den rechtern arm mit utge-
ſtrekeden twen fingern. Rugian. 28.

3. *ort der eidesablage* war die ſtelle, wo das anzu-
rührende heilthum ſich befand, wenn es unbeweglich
war. Wurde hingegen bei einer beweglichen ſache oder
einer, die der ſchwörende und ſein widerſacher an ſich
trug, geſchworen; ſo geſchah der eid *in dem ring, vor
gericht* (z. b. Nib. 802, 4), zu chriſtlicher zeit meiſt
vor dem altar in *kirchen* und *capellen*, vgl. Rogge 174.
175; der ripuariſche *harahus* (oben ſ. 794) braucht nicht
gerade chriſtl. kirche zu ſein. Auch ſcheint man wohl
den reliquienkaſten vor gericht getragen zu haben, in
einem bilde des herforder rechtsbuches ſteht er neben
dem ſchwert auf der gerichtstafel. Wigands archiv 2, 7.

Im Norden wurde der eid vor der kirchthüre *auf der
ſchwelle* und, wenn kein meſſebuch da war, mit be-
rührung des *thürpfoſtens* geſchworen: eið ſcal vinna
*ſyrir kyrkiodyrum*, leggia bôk â *þreſcold* oc taka bôk
af þreſcoldi upp. l. eccl. gulenſes Haconis; *fyrir altaris
gôlfi* ſcolo menn ſveria. ef eigi mâ bôk fâ, þâ ſcal
hann hafa *dyroſtaf í hendi.* ef madr er eigi kyrkiogengr,
þâ fveri hann *fyrir kyrkiodyrom.* leges froſtenſes; vgl.
Ducange 3, 1608 jurare *ad portam eccleſiae.* In Fries-
land ſchwor die witwe, wenn ſie vom begräbnis des
mannes kam, auf der *hausthürſchwelle*, daß ſie kein
gut unterſchlagen habe: bitigathmâ hire dernfias, ſâ ſue-
reſ êne fiaêth *oppa thâ dreppelle.* Br. 109. vgl. Ducange
3, 1608 jurare *in armilla januae.*

E. *Meineid.* man kann dieſe zuſammenſetzung aus
dem alten fubſt. *mein* (nequitia, ſcelus, improbitas) agſ.
mân, wie aus dem adj. *meini* (doloſus, perverſus) agſ.
mæne herleiten. Die formel: reine u. *unmeine*, clæne
and unmæne iſt ſ. 29. 30 angeführt. dríȝec eide ſwern,
die lieȝ er alle *meine.* Dietr. ahn. 74[b]; wære daȝ ein
eit, ich hieȝe in *mein.* MS. 2, 13[a]. Ein nicht gehaltner
oder falſcher eid hieß auch wol *giluppi*, d. h. ein ver-
gifteter, ir *gelüppeter* eit. Triſt. 15752. Noch gewöhn-
licher iſt der ausdruck: den eid *brechan, forbrechan
(verſchröten* MS. 2, 164[a]), altn. *riuſa*, woher eidbruch
und eidbrüchig, altn. eiðrof (perjurium) eiðrofi (perju-
rus). Treubruch und meineid war unſern vorfahren ſo
unleidlich, daß auf dem ort, wo er vorgefallen war,
der name haftete: actum in loco, qui dicitur *menethi-
gen bome.* Jung hiſt. benth. nr. 37 (a. 1268); apud ar-
borem perjuram; dictam *menedigen bom.* ibid. nr. 44
(a. 1293.) Auf ähnliche weiſe hieß Geneluns verrath
an Carl der *pinrât* (fragm. bell. 1465) nach dem tannen-
baum, worunter er geſchehen war. *)

Mistraute der theil, gegen welchen geſchworen werden
ſollte, der rechtſchaffenheit des eidbietenden, ſo konnte
er nach ripuar. und burgund. geſetz, die eidesablage
hindern und die weitere entſcheidung auf einen zwei-

---

*) die vervielfältigung des eids durch zeugen und mitſchwö-
rende muſte im mittelalter ſein anſehen ſchwächen; Suochenwirt
klagt XXXIX, 158: nu vint man in  en ſchranuen falſch gezeugen
laider vil, *hil du mir, als ich dir hilt*

kampf kommen laßen; er vertrat (verfchlug) jenem die
*kirchthür* oder *zog* ihm *die hand vom altar* herab:
quod fi ille, qui caufam fequitur, *manum* cancellarii *de
altari traxerit* aut *ante oftium bafilicae* manum po-
fuerit, tunc ambo conftringantur, ut fe fuper 14 noctes
aut 40 ante regem repraefentare ftudeant pugnaturi. l.
rip. 59, 4; quod fi ei facramentum de manu is, cui ju-
randum eft, tollere voluerit, *antequam ecclefiam ingre-
diatur*, illi qui facramentum audire juffi funt, conte-
ftentur, fe nolle facramenta percipere, et non permitta-
tur is, qui juraturus erat, poft hanc vocem facr. prae-
ftare, fed fint . . . dei judicio committendi. l. burg. 8, 2.
vgl. Rogge p. 182. So durfte im mittelalter ein fchwö-
ren wollender durch den *abgehalten* werden, der felbft
einen ftärkeren eid ablegen kann; zu Sfp. 3, 32 ftellt
der bildner anfchaulich vor, wie der angefprochene die
*hand* des anfprechenden herrn *niederzieht*, und fich
erbietet felbfiebente zu fchwören. Kopps bild. 1, 96.
Der zum heerfchild geborne zeuge leidet nicht, daß der
geringere fchwöre. ebendaf. 1, 64. 65. Endlich ftand es
dem richter zu, den eid zu hintertreiben, wenn ver-
dacht des meineids entfprungen war: weiß der richter,
daß einer meineid fchwören will, fo *begriff* er felbft
oder durch feine diener dem fchwören wollenden *die
hand über dem kopfe*. Rugian. 53. Conrad Winter von
Hattenheim had gefreget, er fulde eime eine unfchuld
dun und hette finen *ftebir* beftalt und ime eßen u. trinken
darumb gegeben u. alfe ime der *ftebir* die *hand ufge-
lacht*, u. ime *vurfprach*, fo *zochte der ftebir ime die
hant uf* u. fahen das fil lude; dargein fragete fin wi-
derfach, fint der zid er nit getan hette, alfe er fich vir-
meßen hette u. die hand von den hilgen getan hette,
obe er in icht irfolgt u. irgangen hette? des wart ge-
wifet, ja. Eltviller fchöpfenb. b. Bodm. p. 644 (a. 1373.)

Strafe des eidbruchs und falfchen zeugniffes war *abhauen*
der meineidigen hand (oben f. 707) oder noch eine här-
tere. de older feden, man möchte en (den meineidigen)
*baven alle deve hengen*. Rugian. 53. Sagen erzählen,
daß dem falfchfchwörenden die finger erfchwarzten,
daß das heilthum feine aufgelegte hand ergriffen und
feftgehalten habe. eine folche bocca della verità foll zu
Rom gewefen fein, in deren öfnung der eidleiftende *die
hand legen* mufte; fchwur er falfch, fo fchloß fich der
mund des fteins und *biß fie ab*. Im rom. du renard

wird dem fuchs zugemuthet, auf eines heiligen *zähne*
zu fchwören, ein fich todt ftellender hund will die auf-
gelegte pfote Reinharts *erfaßen*, der aber den betrug
merkt. Wen erinnert das nicht an die eddifche fabel
von Týr, der dem wolf feine rechte zum pfand *in den
mund* ftecken muß (Sn. p. 35)? als fich Fenrir betrogen
fieht, *beißt* er *die hand ab.* Ift es zufällig, daß die
fprache die ausdrücke *beißen* u. *ftechen* vom eid ge-
braucht? *ftæche* ieglich eit *als ein dorn*, fö enwurde
niht als vil gefworn. Friged. 1569; þik fkyli allir eiðar
*bíta.* Sæm. 165ª.

F. *Arten.* In der gefchichte des eids bleiben dunkel-
heiten, manche alte benennungen verftehen wir kaum.
Dahin rechne ich das *naftahit* der l. alam. 56 (vgl. oben
f. 1.); zwar *ahit* fcheint mir fo viel als *ait*, wie lahip,
ftehic (oben f. 746) laip, fteic, doch in dem vorausgehen-
den *naft* weiß ich gar keine beziehung auf das jurare
per pectus oder auf die morgengabe der fchwörenden
witwe zu entdecken. fchwerlich ift es verkürzung aus
nâhift (proxime) nâhifto (proximus), eher im fpiel fein
könnte ein alamannifches wort, das dem goth. naus (de-
functus) altn. nâr entfpräche. Gleich räthfelhaft ift der
ausdruck *thothareid* (jusjurandum) gl. ker. 167. wofür
eine andere hf. *todarait* gewährt. Diut. 1, 253; auch
hier läßt fich eid, ait nicht verkennen, was foll man
aber mit thothar, todar anfangen? ein agf. dyderjan be-
deutet illudere, fimulare; dem zufammenhang der gloffe
nach wird jedoch kein fchein und trugeid, fondern ein
fühneid, bundeseid verftanden. tôdait wäre erklärlich,
ein fubft. tôdar für tôd (wie mordar für mord?) kenne
ich nicht, zufammenhang mit dem frief. *dêdêth* vermu-
the ich in jedem fall, und dann könnte fogar das alam.
naftait einen ähnlichen finn geben. Leichter deuten
läßt fich das *wedredus* oder *wedredum* der l. fal. 76;
offenbar wedrêd, ahd. widareid, ein wider-eid, den
kläger und beklagter *gegeneinander* leiften, fo daß der
letztere immer die doppelte zahl von mitfchwörenden
ftellt. fchwört jener felbfechfte, fo thut es diefer felb-
zwölfte und nach befchaffenheit der compofition jener
felbneunte, diefer felbachtzehnte oder jener felbzwölfte,
diefer mit vier und zwanzigen. obwohl wedrêdus ge-
rade gebildet ift, wie wedregild (oben f. 653), kann man
ihn doch nicht mit Rogge p. 162 überall auf das wer-
geld beziehen; in den beiden erften fällen des gefetzes,

wo der kläger felbfechfte und felbneunte fchwört, fteigt
die compofition noch nicht zum betrag des leudis. *Aht-
eid* l. bajuv. de popul. leg. 6 fcheint mit ahta (cura?
bannum?) zufammengefetzt, wird von dem, der nach
der entfcheidung durch zweikampf neuen ftreit erhebt,
gefchworen u. zwar in ecclefia cum tribus nominatis
facramentalibus. Der neueren benennung *reinigungs-
eid, purgatorium*, begegnet noch keine ähnliche in den
alten fprachdenkmälern; man fagte dafür: mit eide *en-
pfüeren* (oben f. 893), wie agf. lâdjan, frief. lêdia; feine
*unfchuld thun* (f. 856.) *Schineid* (fcheineid) Haltaus
1610. Meufels gefchichtf. 3, 251 ift den worten deut-
licher, als dem finne nach. *Urfehde* (urpheda) bezeich-
net eigentlich das aufhören, ausfein der feindfchaft (Halt-
aus 2000. 2001), die fühne, dann aber auch, weil fie
befchworen zu werden pflegte, den *fühneid* (jusj. pa-
cis) felbft, endlich, weil nach niedergelegter fehde der
miffethäter häufig das land räumen mufte, ein juramen-
tum de vitando territorio et ultione non meditanda. ei-
nen *urfehden* in letzterer bedeutung heißt einen ver-
bannen. von fühneiden geben die älteren gefchichtfchrei-
ber und die urkunden des mittelalters beifpiele, vgl.
Greg. tur. am fchluß des fiebenten buchs und die epiftola
fecuritatis bei Bignon form. 7.

Das frief. *dêdêth* Af. 88. 90 (im jus vet. frif. *dedjura-
mentum*) darf man nicht mit Wiarda herleiten aus
thiad (gens), fondern nur aus dêd (mors, ahd. tôt, wie
nêd ahd. nôt) und es fcheint dem vorhin befprochnen
ahd. *tôdareit* zu begegnen. gefchworen wird der dêdêth
immer nach todesfällen und, wie es fcheint, mit eides-
helfern. *Withêth* Af. 90 (*withjuramentum*. ib. 14, 92)
mag ein auf die heiligen gefchworner eid fein, der für
wichtigere fälle gilt, während in geringern nur der
rockfchoß berührt wurde (vorhin f. 899); on tha *wi-
thum* fueria Af. 14. 22. 90. 91 ift offenbar jurare in re-
liquiis, vielleicht von withe lorum, redimiculum, womit
die gebeine zuf. gebunden waren? *fiaêth, fiajuramen-
tum* Af. 95. 180. Br. 102. 109. halte ich für einen, der
auf geld (eine münze mit kreuzzeichen) abgelegt wird,
in *pecunia* jurare l. Frif. 12, 2. *Boedelêd* Fw. 94 wurde
auf dem kleidfaum gefchworen, aber der name fcheint
vom gegenftand hergenommen, den der eid betraf, bo-
dêl ift das hd. buteil. Haltaus 203. *Fredêd*, friedeid,
fühneid. Fw. 266.

Bei den Angelſachſen findet ſich ein *foráđ* (praejura-
mentum), der andern beweismitteln, namentlich den
gottesurtheilen, vorausging. Schworen conſacramentales,
die der beklagte geſtellt hatte, ſo hieß ihr eid *rimáđ*
(juramentum numeri) auch ungecoren âđ; hatte ſie der
kläger ernannt und der beklagte darunter gewählt,
*cyreáđ.* vgl. Phillips p. 182. 183. *Láde* (ahd. leita) be-
zeichnet überhaupt defenſio, purgatio (oben ſ. 856), folg-
lich auch den reinigungseid, *verelâde,* wenn ſie gegen
die forderung eines mordgelds (vere) gerichtet war, dieſen
ausdruck kennt auch das frieſ. recht. Fw. 338.

Aus dem altn. recht will ich der kürze halben hier nur
einige namen anführen; *gangsed* (jur. principale) Upl.
tingm. 12; *gödzlued* (j. plenius, impinguatorium) vgl.
Stjernhook p. 109. 110; *taksed* (j. fidejuſſorium); *ſätised*
(reconciliatorium) oſtg. kyrk. 3; *tolſtared* (der ſelbzwölfte
geleiſtet wird). Des iſländ. *lȳrittareiđr* iſt oben ſ. 543
gedacht. *trygdamál* oder *driđamâl* ſühneid.

Nach Ducange 3, 1623 wäre juramentum *fractum* ein
verbis conceptis abgelegter, im gegenſatz zu j. *planum;*
jener ſoll der engliſchen, dieſer der franzöſiſchen rechts-
gewohnheit entſprechen.


## CAP. VIII. GOTTESURTHEIL.

War eine that dunkel, ein recht zweifelhaft, ſo konn-
ten prüfungen angeſtellt werden, durch deren untrügen-
den ausgang die aufgerufne gottheit ſelbſt, als höchſter
richter, das wahre u. rechte verkündete. Sie ruhten
auf dem feſteſten glauben, daß jedesmal der ſchuldloſe
ſiegen, der ſchuldige unterliegen werde. Eine ſolche ent-
ſcheidung war *gottes gericht, gottes urtheil, dei judi-
cium* l. bajuv. de pop. leg. 7. 1. Roth. 198. capitul. bei
Georg. 660. 1162. 1392. *divinum judicium* in einer urk.
von 1195 b. Würdtw. ſubſ. dipl. 4. nr. 10; ſie hieß auch
bloß *judicium, examen,* ahd. *urteili* (l. bajuv. de pop.
leg. 9. der lat. plur. *urteila,* wie man für urtella leſen
muß, Diut. 1, 340) agſ. *ordál\*);* gewöhnlich mit zu-

---

\*) zufällig iſt dieſe form, nach der lat. überſetzung ordalium
(die vor dem 17. jh. ſchwerlich gefunden wird), techniſch ge-
braucht worden; *ordal* in eines hochdeutſchen mund klingt wie
wenn er ath für eid ſagen wollte.

fügung der einzelnen art, z. b. judicium aquae frigidae, judicium crucis.

Gottesurtheile erforfchten das gefchehene oder auch das gegenwärtig rechtmäßige, orakel und aufpicien das künftige, doch konnten fie fich manchmal derfelben mittel bedienen, wovon beim kampfurtheil ein beifpiel vorkommen wird.

Heidnifchen urfprungs und aus dem höchften alterthum fcheinen alle gottesurtheile; fie hatten fo tiefe wurzel im glauben des volks gefchlagen, daß fie das chriftenthum *) und die fpätere gefetzgebung ihm nur allmälich entreißen konnte, anfangs aber und lange zeiten hindurch dulden und fogar durch kirchliche gebräuche hei-

---

*) Agobard, erzbifchof von Lion († 840) fchrieb zwei bücher gegen die gottesurtheile; eines: liber ad Ludovicum pium adverfus legem Gundobadi et impia certamina, quae per eam geruntur; das zweite: contra damnabilem opinionem putantium divini judicii veritatem *igne* vel *aquis* vel *conflictu armorum* patefieri (beide gedr. in der bibl. max. patr. tom. XIV.)  In letzterm fagt er u. a.: apparet non poffe *caedibus, ferro* vel *aqua* occultas et latentes res inveniri. nam fi poffent, ubi effent occulta dei judicia? deberet ergo inter catholicos et haereticos tali examine veritas indagari, ficut quidam fuperbus et ftultus haereticus Gundobadus Burgundionum rex tentabat expetere a beato Avito .... quod fi talibus adinventionibus valerent latentes culpae inveniri, nec fapientia nec fapientes neque judices neque magiftri effent neceffarii. Wie wenig fich der bifchof in die natur des deutfchen rechts finden konnte, hat fchon Rogge p. 96 aus einer andern ftelle des erftgedachten buchs gezeigt, Agobards zu viel beweifende gründe wider die gottesgerichte find aber chriftlicher und vernünftiger, als der unfinn, welchen etwas fpäter Hincmar von Rheims († 882) in feiner fchrift de divortio Lotharii zu ihren gunften vorbringt. Ueber jenen vorgang zwifchen Gundobadus und Avitus fehe man die collatio Aviti Viennenfis coram rege Gundebaldo adverfus Arianos (d'Achery fpicil. 3, 304-306.) Auch die verfus de Thimone comite (bei Meichelb. nr. 23. aus dem 8ten jh.) enthalten eine merkwürdige äußerung gegen die gottesurtheile.

> Difceptamen erat varium certante tumultu,
>   alter habet male quod vindicat alter idem.
> cum ferro ferrum, cum fcutis fcuta repugnant,
>   cum plumbo plumbum, cumque fudes fudibus.
> *ignis, aqua* occultos rimantur fruftra reatus,
>   quod ratio prorfus fictile vera probat;
> nam fi obftrufa queunt retegi prodentibus *undis,*
>   proditur a dubiis actibus effe *focus.*
> haud opus eft ratio, fapientia nulla neceffe eft,
>   totus in ambiguum fermo loquax teritur.

ligen muſte. \*) Ihr alter beſtätigen auch ähnliche prü-
fungen, die wir bei andern heiden und ſelbſt bei wilden
völkern antreffen.

In der regel trug nur der, dem beweisführung oblag,
gefahr und laſt des gottesgerichts.   Nicht ſelten ſcheint
kläger oder beklagter die *wahl zwiſchen verſchiednen
arten* der probe gehabt zu haben \*\*), was der wahl un-
ter mehrern ſtrafen (oben ſ. 741) gleicht; auch galt *ſtell-
vertretung*, der beweisführer konnte einen andern an ſeiner
ſtatt das gericht beſtehen laßen.

Einige gottesurtheile, namentlich der zweikampf, erfor-
derten immer die zuziehung *beider theile*, aber das ge-
fecht entſprach dem kriegeriſchen geiſte des volks und
es war möglich, daß der unſchuldige unverſehrt aus
dem kampf hervorgieng.   Die waßer und feuerurtheile
laſteten hingegen meiſt \*\*\*) nur auf dem, der *beweiſen*,
gewöhnlich auf dem angeklagten, der ſich *reinigen*
ſollte.

Von allen ſind ſie die ſchauerlichſten. ein mittel wird
dem beweiſenden geboten, das ihn jeder menſchlichen
erfahrung nach unausbleiblich verderben muß; nur ein
wunder kann ihn retten. Daß dieſes wunder in vielen
fällen eingetreten ſei, erzählte die volksſage des alter-
thums und die chroniſten haben uns faſt nur beiſpiele
glücklich ausgefallner prüfungen bewahrt. Ihren tradi-
tionen hiſtoriſchen werth beizumeßen wäre uncritiſch,
allerwärts trug und künſtlich angewandte mittel, wenn
ſie auch zuweilen ſtatt fanden, unterzuſchieben, wäre
unzureichend; eben ſo wenig läßt ſich die wirklichkeit
einzelner unglücklicher ausgänge bezweifeln.   Nur hat
man allen grund anzunehmen, daß ſie mindeſtens unter
freien männern *ſehr ſelten* geweſen ſind. bei häuſiger

---

\*) die legende läßt den chriſtlichen glauben durch gottes-
urtheile vertheidigen u. beweiſen.   Einzelnen klöſtern wurde im
mittelalter das recht verliehen waßer u. feuerproben halten zu
laßen, ein beiſpiel M. B. 5, 288 (a. 1171.)

\*\*) beiſpiele kommen hernach vor, ein ſpätes vom jahr 1486
in Grupens obſ. rer. et antiq. germ. p. 65.

\*\*\*) nicht beſtändig; es kommt vor, daß *beide* die hand ins
feuer oder das ſiedende waßer ſtecken.   der idee nach kein unſinn,
aber räthſelhaft muſte der practiſche erfolg ſcheinen, wenn beide
ſie verbrannt hervorgezogen, wie natürlich war, oder beide unver-
ſehrt, wie auch erzählt wird.

wiederholung hätte ein stets unheilvoller erfolg noth-
wendig den glauben an ihre rechtmäßigkeit vertilgen
müßen \*), welcher eben durch die phantasie genährt
und fortgepflanzt wurde; wer sich schuldig fühlte, be-
kannte lieber, als daß er eine gefahr bestanden hätte,
aus welcher ihn der stimme seines gewißens nach keine
höhere macht gerettet haben würde. Sodann finden wir
schon in den meisten ältesten gesetzen die anwendbarkeit
dieser gattung von gottesurtheilen auf *unfreie* einge-
schränkt, grade wie gewisse harte strafen nie an freien
vollzogen wurden. Freie reinigten sich durch eid und
eideshelfer, unfreie denen ein solcher beweis versagt
oder erschwert war (oben s. 861), giengen zum gottes-
gericht. Unfreie sind unstreitbar, noch in späterer
zeit, unschuldige opfer dieser rechtssitte geworden, da
aber freie männer überhaupt leicht an die schuld und
verworfenheit der knechte glaubten, konnte der ausgang
der prüfung nicht sobald argwohn erregen. \*\*) Das glei-
che gilt von männern, die keine eideshelfer, von *frauen*,
die keine kämpfer für sich finden konnten und erklärt,
wie viele hexen, die fast alle aus der ärmsten und nie-
drigsten volksclasse waren, zur waßerprobe verurtheilt
wurden. Ohnehin beugte den an harte behandlung und
schimpf gewöhnten knecht der üble erfolg nicht all zu
tief nieder; seine verbrannte hand war bald wieder ge-
heilt und sein herr hatte die buße für das erwiesene
verbrechen zu zahlen. Todesgefahr entsprang nur dann,
wenn auf dem verbrechen, das durch die prüfung er-
wiesen wurde, todesstrafe stand. In der ältesten heid-
nischen zeit müßen gleichwohl auch freie und selbst
edele männer diesen gottesurtheilen unterworfen gewe-
sen sein, darauf weist die sage hin, die in ihnen nichts
knechtisches findet und noch das salische gesetz entbindet
nur edele, nicht freie, von ihnen (oben s. 861.)

Nunmehr sind die einzelnen arten darzustellen.

---

\*) man müste den Germanen eine wahrhaft viehische dumm-
heit zutrauen, wenn sie diese proben, die nur auf eine weise aus-
fallen konnten, oft mit angesehen und doch nicht den glauben an
ihre wahrhaftigkeit verloren hätten. Rogge p. 198.

\*\*) bei unfreien, für die ihr herr nicht schwören wollte, diente
der stets verurtheilende ausspruch der gottesgerichte nur zur be-
festigung ihres ansehens; denn gegen solche leute war jedesmal
auch der allerstärkste verdacht vorhanden. Rogge p. 201.

I. *Feuerurtheil*, judicium ignis.

1. die einfachſte weiſe erſcheint bei den Ripuariern. der zum urtheil gelaßene muſte feine *bloße hand*, vermuthlich eine beſtimmte zeit lang *ins feuer halten;* war ſie beim herausziehen unverſehrt, ſo galt er für unſchuldig, ſonſt für ſchuldig. Der herr hatte ſeinen des diebſtals geziehenen *knecht* zum feuer vorzuführen (ad ignem repraeſentare), quod ſi *ſervus in ignem manum miſerit*, et laeſam tulerit, dominus ejus ſicut lex continet, de furto ſervi culpabilis judicetur. l. rip. 30, 1. Demſelben gericht ſollten ſich auch *freie fremde*, die keine eideshelfer finden konnten, unterziehen: quod ſi in provincia ripuaria (Francus ſalicus, Burgundio, Alamannus) juratores invenire non potuerit, *ad ignem* ſeu ad fortem ſe excuſare ſtudeat. ib. 31, 5.

2. oder der beweiſende gieng *im bloßen hemde durch einen entflammten holzſtoß*, nach einigen ſagen ſogar im *wachshemde*, was den Frieſen hieß: en *hêt wexes hreil* (hreil, ahd. hregil, agſ. hrägel, veſtis) te dregane. Wiarda zu Aſ. p. 127. Auf dieſe art ſoll Richardis, Carl des dicken gemahlin, nach den chroniken des mittelalters ihre unſchuld bewährt haben: das bewerte ſű domitte, das ſű ein *gewihſet hemede* ane det u. domit *in ein für gieng* u. bleip unverſert von dem füre. Königshofen p. 105. Anders die kaiſerchronik cod. pal. 361, 94ᶜ:

> ſie ſlouf in ein hemede
> daʒ darzuo gemachet was . . .
> *in allen vier enden*
> ʒe vuoʒen u. ʒe henden
> *daʒ hemede ſie intʒunten;*
> in einer lützelen ſtunden
> *daʒ hemede gar von ir bran,*
> *daʒ wahs an daʒ pflaſter ran,*
> der vrowen arges nine was,
> ſie ſprâchen deo gracias.

der ältere Hermann. contr. ad a. 887 läßt es aber durch ein judicium aquinum und der noch ältere Regino durch ein judicium vomerum ignitorum geſchehen. Ein anderes beiſpiel iſt Peter Bartholomeus, der im j. 1099 für die echtheit der heil. lanze mit ihr *im hemd durch das feuer* gieng, aber nach einigen tödtlich verbrannt wurde, vgl. Wilkens kreuzzüge 1, 261-263.

3. gewöhnlich wurde ein *glühendes eifen\**) mit bloßen händen getragen oder mit bloßen füßen betreten. Viele ftellen nennen das, ohne nähere beftimmung, *judicium ferri candentis.* annal. Hincmari remenf. ad a. 876 (Pertz 1, 501): Hludowicus Hludowici regis filius decem homines aqua calida et decem *ferro calido* et decem aqua frigida ad judicium mifit, coram eis qui cum illo erant, petentibus omnibus, ut deus in illo judicio declararet, fi per jus et drictum ille habere deberet portionem de regno, quam pater fuus illi dimifit ex ea parte, quam cum fratre fuo Carolo per confenfum illius et per facramentum accepit. qui omnes illaefi reperti funt. vgl. Aimoinus 5, 34. Ein bifchof von Münfter u. abt zu Werden lagen (in der zweiten hälfte des 10. jh.) in ftreit, tandem convenientibus in Werroe placuit hac conditione rem terminare, ut ex utriusque parte *candenti ferro* per duos homines veritas difcerneretur et cujus hominem fecuritas abfolveret, id quod defenderat, fine ulla deinceps reclamatione poffideret; quem vero contigerit cremari, nil fibimet de injufte retentis ufurparet. quod dum coram amborum advocatis factum fuiffet, uterque fecuritatem adeptus eft. Kindl. 3. pag. 3. Nifi ille, qui homicidium facit, probabiles teftes habeat aut *per ferrum candens* hoc probare valeat. Wenk 3. nr. 4 (a. 1024.) Si minifterialis, juramento, fi *lito, judicio ferri igniti* fe purgabit. vita Meinwerci cap. 83 (Leibn. 1, 563); ein beifpiel vom jahr 1138 wien. jahrb. vol. 40. p. 107; *igniti ferri examinatio.* Gudenus 1, 144 (a. 1143); quefitum eft, quo jure debet (villicus) probare? et fententiatum eft divino judicio, tertio quefitum eft, quo divino judicio? et data eft fententia, quod fi juri fuo voluerit inniti, *ferro candenti* jus fuum debet probare. Würdtwein fubf. dipl. 10 nr. 4 (a. 1195); et quod homines *fervilis conditionis* non in *ferro candenti*, ficut alias confuetum eft, fed manu duodecima fuam expurgationem praeftabunt. Schaten ann. paderb. 2, 6 (a. 1229.) Genauere befchreibungen ergeben zwei ganz verfchiedne arten.

---

\*) diefem urtheil läßt fich nicht deshalb das höchfte alterthum abftreiten, weil die Germanen keinen überfluß an eifen hatten (ne ferrum quidem *fupereft.* Tac. c. 6.) So viel der geheiligte rechtsbrauch erforderte, konnte immer vorräthig fein; auch hätten geräthe aus anderm metall geglüht werden können.

*a. neun pflugſcharen* wurden *geglüht* und in beſtimm-
tem zwiſchenraum von einander gelegt, über die der
ſich reinigende *barfuß gehen* muſte.  Si mulier maritum
veneficio dicatur occidiſſe, proximus mulieris campio
eam innocentem efficiat, aut ſi campionem non habue-
rit, ipſa *ad novem vomeres ignitos* examinanda mitta-
tur.  lex Angl. et Wer. 14.  Et ſi negaverit (is qui de
libertate fuerit interpellatus) ſe illum occidiſſe, *ad no-
vem vomeres ignitos* judicio dei examinandus accedat.
capit. a. 803. cap. 5.  Georg. 660 (wiederholt in ſpäteren
cap. Georg. 1162. 1392.)  Idque (Richardis) ſe approbare
dei omnipotentis judicio, ſi marito placeret, aut ſingulari
certamine aut *ignitorum vomerum* examine fiducialiter
adfirmat.  Regino ad a. 887 (Pertz 1, 597.)  In conventu
gentis publico Lachſtide de proditione patriae proclamati
et pulſati . . . in *vomeribus ignitis* expurgare ſe ſunt
compulſi.  viſio Godeſchalki (a. 1188) bei Häberlin anal.
p. 585. 586.  Femina illa pro ſe ipſa quatuor, pro epi-
ſcopo quinque, ſcilicet novem continuos paſſus *ſuper
ignitos vomeres* faciat nudatis pedibus; ſi titubaverit,
ſi ſingulos vomeres pleno pede non preſſerit, ſi quantu-
lumque laeſa fuerit, ſententia proferatur in moechum et
fornicariam.  ann. winton. eccl. bei Ducange ſ. v. vome-
res.  Sikure hine anda withon mith twilif monnom, ief-
tha hi *gunge tha niugun ſkero.* Aſ. 100. vgl. 160; vel
ille ſervus *calcet candentia ferra* ib. 92;  oppe da *XII
ſcheeren.*  Fw. 227 vgl. 228;  mit *negen fiurum* ſekria.
willk. v. Humſterland b. Wiarda zu Aſ. p. 157.  Den
bekehrten Slaven wurden ſtatt ihrer heidniſchen eide
chriſtliche feuerurtheile auferlegt: et inhibiti ſunt Slavi
de cetero jurare in arboribus, fontibus et lapidibus, ſed
offerebant criminibus pulſatos ſacerdoti *ferro* vel *vome-
ribus* examinandos.  Helmold 1, 83 (Leibn. p. 608.)  Be-
rühmt iſt die ſage von Kunigunde, der gemahlin Hein-
rich des zweiten:  haec dicens ſtupentibus et flentibus
univerſis qui aderant, *vomeres candentes nudo veſtigio
calcavit* et ſine aduſtionis moleſtia tranſiit.  auctor vitae
Henrici ap.  Caniſium 6, 387; ſed ipſa purgans ſe de
hoc publice *ſex vomeres ignitos* nudis pedibus illaeſa
pertranſiit.  magn. chronic. belg. p. 387; coram principi-
bus et multis aliis 12 *candentes vomeres* nudo veſt. cal-
cavit et domino protegente penitus illaeſa permanſit.
compil. chronol. bei Piſtor. 1, 1091. · vgl. Lohengr. p. 189.
Nicht minder fabelhaft iſt in der engl. geſchichte the
trial of the queene Emma, der mutter Eduard des be-

kenners (a. 1041) von der es in Joh. Bromtons chro-
nicon (bei Twyſden 1, 942) heißt: ſi pro ſe ipſa qua-
tuor paſſus et pro epiſcopo quinque continuos *ſuper
novem ignitos vomeres* nudis pedibus et plenis veſtigiis
illaeſa tranſiverit, ab impetitione iſta evadat totaliter ab-
ſoluta.    Im ſchoniſchen geſetz 5, 38 ſcheint *a ſkra
ganga* vom treten des heißen eiſens gemeint, vgl. Ve-
relius ſ. v. ſkra. Wenigſtens ſagt Andr. Sunon. 5, 15
ganz beſtimmt: ſi nullus eorum convictus fuerit, deci-
·mum eodem ordine accuſatum hoc modo ad calcandum
*vomeres ardentes* compellat, ut juret etc. ein beiſpiel
aus der norwegiſchen geſchichte hat Saxo gramm. lib. 12.
p. 245: qui (Haraldus) cum ſe Magno Hiberniae popu-
latore procreatum aſtrueret, affirmationi ſuae fidem di-
vini examinis argumento praeſtare juſſus, ſuper *canden-
tes laminas nudatis plantis*, nam id ab eo experimen-
tum poſcebatur, inceſſit. his denique nulla ex parte cor-
ruptioribus, complures Norvagienſium liquido incolumi-
tatis miraculo ad aſſertionis ſuae credulitatem perduxit.
Dieſe laminae ſind nicht gerade pflugſcharen, ſondern
eiſerne ſtangen und riegel, was Arneſen p. 183 *ſlár*
nennt, at *troda ſlâr* (calcare laminas.) Dagegen redet
die heimskringla bei demſelben vorfall in der Sigurd
Jorſala ſ. ſaga cap. 30 (ed. Peringſk. 2, 269) ausdrücklich
von neun pflugeiſen: oc var ſù ſkírſla gör, er mêſt hefir
verit gör î Noregi, at *nio plôgiarn glôandi* voro niðr-
lögd oc gek kann þar eptir berom ſôtom oc leiddo hann
biſcopar tveir. oc þrem dögum ſiðar varſkirſlan reynd,
voro þâ foetr hans ôbrunnir.    Und das betreten der
pflugſchar, die man für ein heiliges gerâth hielt, ſcheint
überhaupt hierbei beſonders alterthümlich.    nach der ſcy-
thiſchen ſage bei Herodot 4, 5 fiel goldnes geſchmeide,
*pflug*, joch, axt, ſchild (oder ſchaale) vom himmel
herab und noch *glühendes*, die beiden erſten brüder
verbrannten ſich daran, als es der dritte faßte, war es
erloſchen; vgl. oben ſ. 186. 380.

β.  die geglühte eiſenmaſſe von beſtimmter ſchwere muſte
eine ſtrecke weit *mit bloßen händen getragen* werden,
altn. *iarnburðr* (geſtatio ferri.)  Hiervon könnte man
vielleicht alle die beiſpiele verſtehen, welche das ferrum
und keine vomeres erwähnen.  andere ſtellen reden aber
deutlich von *hand* und *tragen.* \*)  Namentlich Sſp. 1, 39:

---

\*) in einer urk. von 908 in Zapf monum. wird die hand an
das heiße eiſen *geſtoßen:* jactaverunt ad ferrum calidum. vgl.
Joh. Müller Schweiz 1, 236.

die ir recht mit rove oder mit dübe verloren hebbet,
of man fe düve oder roves anderswerve fculdeget, fe ne
mogen mit irme ede nicht unfculdich werden. fe hebbet
drier kore, dat *glogende ifern to dragene*, oder in
enen wallenden ketel to gripene bit to dem ellenbogen
oder deme kempen fik to werene. So auch in Ölrichs
rigifchem recht p. 88. 102-104. 115. 116. dat *ifern dre-
gen*, in den braunfchweig. gef. b. Leibn. 3, 439 dat
*hete ifern draghen*. Noch im j. 1445 war es nach
Bodm. p. 642 im Rheingau üblich, das *glühende eifen
mit bloßen henden zu tragen*. Ein dichter des 13. jh.
fagt: des wolde ich ûf genâde gerne ein *glüendez ifen
tragen*. Ben. p. 54.

> nû *nemet daz ifen uf die hant*,
> u. als ir uns habet vor benant,
> als helf iu got ze dirre nôt.   Trift. 15731.

wie aber Ifot durch falfchgeftellte eidesformel das gottes-
urtheil hintergieng, wird in einem andern gedichte (cod.
vindob. theol. 428. p. 26ᶜ) bei der prüfung felbft offen-
barer trug geübt und es ift merkwürdig, daß fchon im
mittelalter diefe anfichten verbreitet waren. ein eifer-
füchtiges weib verlangt von ihrem ehmann, er folle ihr
ein *gerichte thun* und das heiße eifen tragen:

> daz îfen wart ze hant gegluot;
> *zwêne fteine wâren dâ bereit,*
> *dâ wart daz îfen ûf geleit,*
> daz ez nâch fînem rehte lac.
> fi fprach: *heb ûf u. trac*
> daz ich dîn triuwe ervar!
> der man neicte fich dar;
> dô het er ein *gefüegen fpân*
> vor in den ermel getân,
> *den lie er vallen in die hant,*
> daz fîn daz wîp niht bevant.
> darûf nam er daz îfen,
> er fprach: nû fol got wîfen,
> daz dir mîn lîp noch mîn gedanc
> noch nie getet deheinen wanc
> und dir ie was mit triuwen mit.
> *er truog ez mê denne fehs fchrit,*
> als fchiere daz was getân,
> dô *barg er aber fînen fpân*
> u. lie fi die hant fehen.
> fi fprach: ich wil dir iemer jehen,

daʒ dû dich wol behalten hâſt
u. alles valſches âne ſtâſt,
*diu hant iſt ſchœne als ein golt.*

Nun beſteht aber auch ſeinerſeits der mann darauf, daß
ſie ihm das eiſen trage. der frauen böſes gewißen er-
wacht u. eh ſie ſich dem urtheil unterwirft, hebt ſie an,
ſtückweiſe zu bekennen, damit er ihr ihre ſchuld vor-
her erlaße (vor an lâʒe), im wahn, das gericht könne
ihr dann nicht weiter ſchaden; doch die beichte währt
ihm zu lang und er zwingt ſie das eiſen zu faßen:

*daʒ iſen nam ſi ûf die hant*
*u. wart alſô ſêre verbrant,*
daʒ ſi ſchrei mit grôʒer ungehabe:
ô wê, mir iſt diu hant abe!
*ein wahs het er gebreitet*
*u. ein tuoch darzuo bereitet*
*u. wolde ſi verbinden* \*)
des bat ſi in erwinden;
ſi ſprach, waʒ hilfet daʒ bant?
mir iſt diu hant ſô gar verbrant,
daʒ ſi mir nû mac nimmermê
ze nutze werden alſam ê.

Die Angelſachſen unterſchieden einfache und dreifache
lâde (reinigung) Phillips p. 186; trat letztere ein, ſo
wurde auch das feuerurtheil durch ein *dreipfündiges
eiſen* erſchwert, während es bei erſterer nur *ein pfund*
wog. Ines geſetze cap. 77: ve cvædon de þam morð-
ſlihtum, þat man dypte (ſinnlos, ich denke clypte) þone
âð be þryfealdum and miclade þat ordâlîſen, þat (hit)
tô gevæge þrý pund. and eode ſe man ſilf to þe man
tuge (und gieng der man ſelbſt hinzu, der einen andern
anſchuldigte) and hâbbe ſe teond cyre, ſvâ vâterordâl,
ſvâ *îſenordâl*, ſvâ hvæðer him leofra ſŷ. der kläger
hatte hier zwiſchen dem judicium aquae oder ferri zu
wählen.

Des frieſ. eiſentragens gedenkt Aſ. 92: jef ſin hera hini
wili et tha withon urtia, ſa hach thi einemon (der ei-
genmann) en *het iſern to dregande*; Fw. 229 *hand-
irſen*. Das altn. *iarnburðr* Ol. helga ſ. cap. 145, Grâgâs

---

\*) bezieht ſich darauf, daß die hand nach dem tragen ver-
bunden, verſiegelt und einige tage ſpäter förmlich beſchaut
wurde.

nur beiläufig (feſtaþætti cap. 36. *berc hann jarn*), nach
Arneſen p. 183 muſte das glühende eiſen *neun ſchritte
weit* getragen oder auch in einen *zwölf ſchritte fernen
trog geworfen* werden, dergeſtalt daß, wenn der wer-
fende fehlte, das eiſen von neuem geglüht und der wurf
wiederholt wurde, *trogsiarn.* Im ſchoniſchen geſetz
heißt es *ſkutsiarn*, von ſkut, jaculum. Ein berühmtes
beiſpiel aus der däniſchen geſchichte iſt die ſage von
Haralds bekehrung durch Poppo. Haraldus autem rex...
interrogat (Poppanem vom nom. Poppa) ſi hanc fidem per
ſemet ipſum declarare velit? ille incunctanter velle reſpon-
dit, rex vero cuſtodire clericum uſque in craſtinum jubet.
mane facto *ingentis ponderis ferrum portare* juſſit;
confeſſor Chriſti indubitanter ferrum rapit tam diuque
portat, quo rex ipſe decernit, *manum incolumem* cunctis
oſtendit. Witech. corb. lib. 3 (Meibom 1, 660.) Rex
Danorum Araldus condixit clerico, ut fidem propoſitam
a ſe probaret teſtimonio veritatis. quod annitente clerico,
*ingentis ponderis ferrum valde ignitum manibus il-
lius ferendum* imponitur. quod cum clericus usque ad
placitum omnium *tuliſſet* absque ulla laeſione, rex peni-
tus abjecta idolatria, ſe ſuosque ad colendum verum ſo-
lum deum convertit. Sigeb. gembl. ad a. 966. Interro-
gatus autem (Poppo) a rege, ſi *ignito* voluiſſet dicta
*ferro* comprobare, paratum ſe ad hoc eſſe hilari reſpon-
dit animo, craſtinaque die *ferrum ingentis ponderis*
benedictum ad locum a rege determinatum *portavit*,
*manum*que *ſecuram* imperterritus elevavit. Ditm. mer-
ſeb. (Leibn. 1, 333.) Quem etiam (Popponem) ajunt
pro aſſertione chriſtianitatis, cum barbari ſuo more
ſignum quaererent, nil moratum, ſed ſtatim *ignitum
ferrum manu tuliſſe* et illaeſam apparuiſſe. Adam. brem.
hiſt. eccl. 2, 26. Qui (Poppo) *ferrum candens et igni-
tum, in modum chirothecae formatum*, coram populo
ſine laeſione *portavit.* Albertus ſtad. ad a. 974. Snorri
in der Ol. Tr. ſ. cap. 27: enn þâ bodadi Poppo biſkop
heilaga trû fyrir Haraldi konûngi, oc hann *bar iarn
glôanda i hendi* ſer oc ſyndi Haraldi hönd ſina ôbrunna;
anders die größere Ol. Tr. cap. 70 (ed. hafn. 1, 129;
Poppo biſkup lôt þâ leggja *logandi iarnſlâ i · hægri
hond* ſer ok *bar 9 fêt*, ſvâ at allir ſâ. Saxo gramm.
endlich (lib. 10. . 189) verlegt die begebenheit unter
könig Sveno und perzählt ſo: percontatus (Poppo), an
monitis ſuis obſecuturi eſſent, ſi ad *flagrantis ferri
tactum* manum ejus laeſione vacuam conſpexiſſent?

univerfis haud dubie parendum refpondentibus, *canden-tem ferri laminam, chirothecae formam* habentem ex-pediri juffit, eique *brachium cubitotenus inferuit* ac protinus per omnes interrite *circumlatam* ante principis pedes excuffit, dextramque nulla ex parte corruptam in eodem incolumitatis colorisque habitu confpiciendam monftravit . . . quo evenit, ut Dani, abrogata duellorum confuetudine, pleraque caufarum judicia eo experimenti genere conftatura decernerent. Letzteres ift ganz un-wahrfcheinlich, da fowohl das kämpfurtheil noch fpäter im Norden galt, als das feuerurtheil fchon früher ge-golten hatte; denn nicht Poppo fchlug es vor, wie Saxo will, fondern die heiden hatten es ihm vorgefchlagen, was zumal aus Dietmar hervorgeht. Die abweichungen der zeugniffe felbft verkündigen die natur der fage. In Schweden wurde der *iarnbyrd* abgefchafft durch Magnus Ladulås und Birger vgl. vorr. zu Upl. und Helfingl. ärfd. 16. Aber Oftg. edz. 17 hat noch väria fik med *iarni* oc gudz domi. In einem dän. volkslied heißt es: *gloendes ftaal* vil jeg paa mine *händer bäre.* D. V. 1, 299. Ein beifpiel aus dem fchonifchen gefetz oben f. 463.

H. *Waßerurtheil*, judicium aquae. zwei arten.

1. *mit heißem waßer*, jud. aquae calidae vel ferventis, auch *aheni vel caldarii*, bei den Friefen *ketelfang.* Waßer wurde in einem keßel *) zum fieden gebracht und ein *ring* oder *ftein* hinein geworfen, der mit bloßem arm unverletzt herausgeholt werden mufte, wenn der beweifende recht hatte. *ad aeneum* mallare, manum fuam ab aeneo redimere l. fal. 56; *ad aeneum ambu-lare.* l. fal. 59, 1; fi de leude eum rogatum habuerit, debet qui eum rogavit cum XII wedredo jurare et ipfas XIV noctes *aeneum calefacere **), et fi ad ipfum placitum venire defpexerit aut *manum fuam in aeneum mittere* noluerit etc. l. fal. 76, 1. Si homo in-genuus in furto inculpatus, *ad aeneum provocatus*, ma-num incenderit, quantum inculpatur furtum componat. pactus Childeb. et Chloth. a. 593. §. 4. (Georg. 472.)

------------

*) vgl. den altn. **h**vergelmir oben f. 798; von hverr (cacabus) und gälm (ftridor, fervor)?

**) Rogge verftebt dies p. 199 fo, als habe der kläger vier-zehn tage u. nächte lang das feuer unter dem keßel unterhalten müßen. es ift wohl zu lefen *ad ipfas* und der termin gemeint.

Si fervus proprius hoc admiferit, *judicio aquae fer-*
*ventis* examinetur, utrum hoc fponte an fe defendendo
feciffet, et fi *manus* ejus *exufta* fuerit, interficiatur.
capit. b. Georg. 836. 1370. 1461. 1230. Si quis fervum
alienum fine voluntate domini fui . . . . *manum in cal-*
*daria mittere* fecerit. l. Liutpr. 5, 21. Diefe keßelprobe
war auch bei den Gothen gebräuchlich: quodfi per *exa-*
*men aquae ferventis* (al. ex. *caldariae*) innoxius appa-
ruerit. l. Vifig. VI. 1, 3. Non fe expurget juramento,
fed aut duello, aut *bullienti aqua* aut ferventi ferro.
l. famil. wormat. b. Schannat hift. worm. nr. 51 (a. 1024.)
In enen *wallenden ketel to gripene.* Sfp. 1, 39; in
einem *fedendigen ketel gripen.* Oelrich rig. recht p. 88;
in ainen *wallenden keßel ze greifen unz an den ellen-*
*bogen* u. einen *ftein auf dem boden aufheben*, der
*als groß* fei *als ein eihe.* fchwäb. landr. 37. vgl. 186.
360. 374 Schilt.; und fol darauß *nemen einen ftein,*
*als groß als ein hennenei.* fchwäb. landr. Senkenb. 246.
Goldaft. 242.

Das ältefte, den hergang gut erläuternde beifpiel berich-
tet Gregor v. Tours miracul. lib. 1. cap. 81. ein ariani-
fcher und catholifcher priefter ftritten über ihren glau-
ben, endlich rief der letztere: quid longis fermocinatio-
num intentionibus fatigamur? factis rei veritas adpro-
betur, *fuccendatur igni aeneus* et *in ferventi aqua*
*annulus cujusdam projiciatur.* qui vero eum ex fer-
venti unda fuftulerit, ille juftitiam confequi comprobatur,
quo facto pars diverfa ad cognitionem hujus juftitiae
convertatur. Der arianer ifts zufrieden, et *inito* ufque
mane *placito* difcefferunt. über nacht fängt dem catho-
lifchen an zu bangen, diluculo furgens brachium infun-
dit oleo, unguento confpergit. circa horam tertiam *in*
*foro* conveniunt, concurrit populus ad fpectaculum, *ac-*
*cenditur ignis, aeneus fuperponitur, fervet valde,*
*annulus in unda ferventi projicitur.* Invitat primum
diaconus haereticum, ut ipfe eum a calore *auferat.* fed
ftatim recufavit dicens, qui hanc fententiam protulifti,
debes *auferre.* Zitternd entblößt der diaconus feinen
arm; als ihn der gegner gefalbt erblickt, fchreit er, du
haft künfte gebraucht, deine probe gilt nichts. Indem
kommt von ohngefähr ein anderer catholifcher geiftlicher
aus Ravenna, Iacinctus, hinzu, fragt nach der urfache
des ftreits, nec moratus, extracto a veftimentis brachio,
*in aeneum dexteram mergit. annulus* enim, qui

ejectus fuerat, *erat valde levis ac parvulus*, nec mi-
nus ferebatur ab unda, quam vento poſſit ferri vel palea.
quem diu multumque quaeſitum, *infra unius horae*
*ſpatium reperit.* accendebatur interea vehementer focus
ille ſub dolio, quo validius fervens non facile adſequi
poſſit annulus a manu quaerentis, extractumque tandem
*nihil ſenſit* diaconus *in carne ſua*, ſed potius proteſta-
tur, in imo quidem frigidum eſſe aeneum, in ſummitate
vero calorem teporis modici continentem. Quod cer-
nens haereticus, valde confuſus, *injecit* audax *manum*
*in aeneo*, dicens: praeſtabit mihi haec fides mea. In-
jecta manu, protinus *uſque ad ipſa oſſium internodia*
*omnis caro liquefacta defluxit*, et ſic altercatio finem
fecit. Die begebenheit*) fällt ins ſechſte jh. nach Ober-
italien wahrſcheinlich noch unter gothiſcher, vielleicht
ſchon unter langobardiſcher herrſchaft; die angeführte
ſtelle der l. Viſig. lehrt, daß der keßelfang gothiſche
rechtsſitte war. Ein fränkiſches beiſpiel vom j. 876 iſt
oben ſ. 913 vorgebracht; auch Thietberg könig Lothars
gemahlin reinigte ſich im j. 859 durch ein judicium
*aquae ferventis*, das aber ein diener für ſie beſtand:
vicarius ipſius feminae ad jud. a. f. exiit et poſtquam
incoctus fuerat ipſe repertus, eadem femina maritali toro
eſt reſtituta. Hincmar de divort. Loth.; noch andere be-
lege bei Ducange 1, 608-611. Auch im rom. du re-
nart heißt es: jen feroie un *juiſe de chaude yaue* et
de fer chaud. In der burgundiſchen ſage von Gangol-
fus kommt die wendung vor, daß der heilige die an-
geſchuldigte ehfrau nicht einmal in warmes, ſondern in
*kaltes quellwaßer* ihre hand ſtecken heißt, die ſie doch
verbrannt heraus zieht:

> ſed ſuadebo *manum dextram* te tingere tantum
>   praeſentis *lympha* fonticuli *gelida*,
> et ſi non ſubito damni quid contigit, ergo
>   ultra judicio non opus eſt alio!

---

*) ihr *ſagenhafter* grund erhellt daraus, daß derſelbe Gregor
in einer andern ähnlichen legende, die ohne örtlichkeit erzählt
wird, den ſtreit des rechtgläubigen und des ketzers durch eine
art von *feuerurtheil*, wobei aber auch ein *ring* vorkommt, ſchlich-
ten läßt: eſt digito meo *annulus aureus*, ſagt der catholiſche,
ego eum *in ignem jacio, tu candentem collige!* projectumque inter
prunas annulum ita igniri permiſit, ut eis ſimilis cerneretur. Der
ketzer weigert ſich ihn zu holen, der catholik ablatum ab igne
annulum diutiſſime palma ſuſtinuit et nihil eſt nocitus. de gloria
confeſſ. cap. 14.

Quae tunc plus jufto confidens corde fuperbo,
        confortante fuam daemone duritiem,
fundo *nudatam committit* denique *palmam,*
        nil fperans damni poffe fibi fieri,
inter frigoreas *ardens* fed comperit undas,
        quid poffet noftri dextera celfa dei . . . . .
nec mora cum palmam retulit, quod forte negavit,
        portavit crudum *criminis indicium.*

carmen Rofwithae de Gangolfo (opp. ed. Schurzfl.
p. 11. 115.)

Das agf. *väterordâl* wird im anhang zu Ines gefetzen ge-
nauer befchrieben: þat nân man ne cume innon þære
cyricean, fiððan man þat fŷr in birð, þe man þat or-
dâl mid hætan fceal, buton fe mäffepreoft and fe þe þar
tô gân fceal. and beo þær gemeten nigon fêt of þam
ftacan tô þære mearce be þäs mannes fôtum þe þar tô
gâð. and gif hit þonne väter fŷ, hæte man hit, oð hit
hleove to vylme, and fŷ þat *alfät* (gefäß) ïfen oððe
æren, leáden oððe læmen. and gif hit ânfeald tihtle fŷ,
*dufe feo hand äfter þam ftâne oð þa vrifte,* and gif hit
þryfeald fŷ, *oð þone elbogan.* das weitere bei Phillips
p. 191. 192. Ähnliches verordnet 1. Aethelft. cap. 23,
die auch von einem *ftân*, nicht von einem ring redet.

Nach 1. Frif. 3, 8 foll der auf diebftal klagende mit dem
befchuldigten fchwören, wenn aber beide gefchworen
haben, der meineidige durch *keßelfang*, dem fich *beide*
unterziehen müßen, ausgemittelt werden (uterque ad
*examinationem ferventis aquae* accedat), vgl. Rogge
p. 200. 201. ungâ *tô tâ fzetele.* lit. br. 105. 146. Af.
236. wgl. Wiarda zu Af. 248 und die umftändliche be-
fchreibung Fw. 48-53.

Des altn. *ketilfâng* oder *ketiltak* erwähnt Grâgâs fe-
ftaþætti cap. 55 (*tekr* hon *î ketil*), an einer fchnur wurde
ein *ftein* in den fiedenden keßel *gehängt* u. mufte her-
ausgelangt werden (Arnefen p. 182); das gottesurtheil
fcheint bloß für frauen zu gelten, in Schweden und
Dänemark keine fpur davon. In der edda aber ein be-
deutfames beifpiel, zwar gerade in einem lied, das viel-
leicht nicht aus der eigenthümlichen fage des Nordens
entfprungen ift. Herkja, eine *unfreie*, hatte Godrunen,
Atlis gemahlin, unerlaubten umgangs mit þiodrekr ge-
ziehen: Godrun bietet fich zu feierlichen reinigungseiden
und zum gottesurtheil. fie fordert Atli auf, Saxi den
fürften der Südmänner, der fich auf heiligung des wal-

lenden keßels verftehe (wahrfcheinlich ein *priefter* war)
zu befenden,

> hann kann *helga hver vellanda.*

Das lied fetzt voraus, daß dies gefchehen ift und fchildert
nun die feierlichkeit des hergangs felbft:

> fiö hundroð manna í fal gêngo
> aðr kvæn konûngs *i ketil tæki.*
> *brâ hon til bots biörtom lôfa,*
> ok hon upp um *tôk iarknafteina :*
> fê nû, feggir, fŷkn em ec orðin,
> *heilagliga hvê fia hverr velli.*
> Hlô þâ Atla hugr í briofti,
> er hann *heilar fâ hendr* Goðrûnar.
> nû fkal Herkja *til hvers gânga,*
> fû er Goðrûno grandi vænti.
> Sâat madr armliet hverr er þat fâat,
> hvê þar â Herkjo *fviðnodo;*
> leiddo þâ mey í mŷri fûla.

Alles dies Sæm. 237. 238. Merkwürdig daß, nachdem
die unfchuld der beklagten dargethan ift, gleichfam zur
gegenprobe auch noch die anklägerin ihre hände in den
keßel thun muß und fie verbrannt herauszieht, worauf fie
zur ftrafe lebendig in einen fumpf verfenkt wird (oben
f. 695). Der *iarknafteinn* (oder iarkn fteinn?) ift der agf.
eorcnanftân (gramm. 2, 629. 630), vermuthlich ein milch-
weißer opal; was den mhd. dichtern der *weife* heißt, lapis
*orphanus* f. pupillus, der *eirunde* ftein des fchwäb. landr.,
wie ihn Völundr mythifch aus kinderaugen fertigt (vgl.
pupilla, pupa, κόρη), ein heilig geachteter und daher hei-
ligem gebrauch dienender ftein.

2. *mit kaltem waßer*, jud. aquae frigidae. der ange-
fchuldigte, ein feil um den leib gebunden, wurde ins
waßer geworfen; *fchwamm er oben, fo war er fchul-
dig, gieng er unter, unfchuldig*, und dann zog man
ihn fchnell heraus. Hierbei fcheint ein altheidnifcher
volksglaube zu walten, daß das heilige element, die
reine flut, keinen miffethäter in fich aufnehme. Keins
der alten gefetze fchreibt diefe prüfung vor, aber fie
muß im gerichtsgebrauch gegolten haben, da fie Ludwig
der fromme (vielleicht durch Agobards fchrift angeregt)
im jahr 829 verbot: ut *examen aquae frigidae*, quod
hactenus faciebant, a miffis noftris omnibus interdicatur
ne ulterius fiat. Georg. 904 und wiederholt von Lothar,

Georg. 1229. Gleichwohl kommen noch nachher bei-
ſpiele vor. Des von 876 iſt vorhin (ſ. 913) gedacht.
Hraban von Mainz ſoll de judicio aquae frigidae ge-
ſchrieben haben. Hincmari rem. epiſt. 39 (opp. 2, 676.)
Hincmar ſelbſt (de divort. Loth. opp. 1, 607) beſchreibt
es folgendergeſtalt: *colligatur fune* qui examinandus *in
aquam demittitur* . . . qui ob duas cauſas conligari vi-
detur, ſcilicet ne aut aliquam poſſit fraudem in judicio
facere, aut ſi aqua illum *velut innoxium receperit*, ne
in aqua periclitetur, ut ad tempus valeat retrahi; und
anderswo: *innoxii ſubmerguntur aqua, culpabiles ſu-
pernatant.* Adſciſcunt ſibi presbyteros qui feminas nu-
datas *aquis immergi* perſpiciant. Eckehardus jun. de
caſib. S. Galli cap. 14. Plebejus et minoris teſtimonii
ruſticus *aquae frigidae* ſe expurget judicio. conventus al-
ſaticus a. 1051 §. 66 (bei Goldaſt.) Die ſtatuta ſynodalia
concil. colonienſis de pace publica a. 1083 verordnen:
ſi liber vel nobilis homicidium fecerit . . . quod ſi ſe
purgare voluerit, cum duodecim, qui aeque nobiles et
aeque liberi fuerint, juret. ſi *ſervus* occiderit homi-
nem . . . ſi ſe innocentem probare voluerit, *judicio
aquae frigidae* ſe expurget, ita tamen ut ipſe et nullus
alius pro eo in aquam mittatur. Möſer Oſnabr. 2, 258.
Nach der ſage reinigten ſich aber auch fürſten auf dieſe
weiſe; von graf Welpho erzählt Conradus urſperg. ad
a. 1126 (ed. argent. 1609 p. 210): auguſtenſem quoque
epiſcopatum et friſingenſem in praelio, quod habebat
cum Brunone auguſt. epiſcopo, attrivit et plurimum com-
minuit, pro qua re tamen in fine ſatis fecit et villas
plurimas eisdem epiſcopatibus tribuit, in tantum, quod
*judicio aquae frigidae* innocentiam ſuam probavit.
In den rechtsbüchern des mittelalters heißt dieſe probe
*waßerurteil, waterordel* Sſp. 3, 21. ſchwäb. landr. 278
Schilt., in der lat. überſetzung des Sſp. *ſententia undae,*
bei Guibert lib. 3. c. 14 de vita ſua *jud. laticis* (Du-
cange ſ. v. latex); beim vetus auctor de benef. cap. 1.
§. 99. *aquaticum dei judicium.* Merkwürdig hat ſie ſich
aber auch in den rheiniſchen markweisthümern fortge-
pflanzt: auch wer verlümont wird umb luiſen u. drühen
(wald und jagdjrevel) u. hat nun lumonde, will ſich der
verantworten, dem ſoll man ſin rechttage ſetzen, will
er unſchuldig werden, ſo ſoll man ime *ſein hend bin-
den zu hauf* u. ſol ime ein *heinen* (hagenen) *knebel
zwiſchen ſinen beinen u. armen durch ſtoßen* u. ſoll
ine *werfen in ein meieſche boden* (bütte) *von drien*

*fuder waßers; fellet er zu grunde* fo ift er *fchuldig,
fchwebt er empor* fo ift er *unfchuldig*, das foll man
driwerb thun. Dreieicher w. (a. 1338.) Wár es auch,
das ein hübner rüget uf díe warheit u. das man wolte
leuken, fo foll man dem der gerüget ift, *fíne dumen
binden zu einander* u. foll ihm *einen knebel durch díe
pein ftoßen* u. foll ihm *in eine meiffe büden voll
waßer werfen; fchwimmt er* darüber off dem waßer,
fo ift er *unfchuldig, fellt* er aber *unter* fo ift er *fchul-
dig.* Lorfcher w. (a. 1423.) Daß hier ftatt der freien
flut ein großes dreifudriges *gefäß* (das fuder 24 ohm,
die ohm 24 maß gerechnet) gebraucht ift, mag alther-
kömmlich fein *), auch das binden des hineingeworfnen
wird anfchaulich gemacht und Hincmars deutungen er-
fcheinen unrichtig, offenbar follte dem eingetauchten
feine natürliche kraft, das finken oder auffchweben zu
befördern, genommen werden. Doch den erfolg der
prüfung verkehren die märker geradezu und das beweift
genugfam, daß ihnen die ausübung des gebrauchs längft
unbekannt war.

Gegen *zauberinnen* und *hexen* wurde das waßerurtheil
während des 16. und 17. jb. wirklich und häufig ange-
wandt **); es muß auch in den vorausgehenden jhh.
ununterbrochen gefchehen fein, da fich díe neue ein-
führung der fitte, wenn fie einmal untergegangen ge-
wefen wäre, kaum annehmen laßt. nur vervielfältigten
fich fpäter die hexenverfolgungen. Ein beifpiel von
1617 gibt Neocorus, 2, 431; eins von 1590 Trofs Weft-
phalia 1824. p. 200., andere Fr. Majer gefch. der orda-
lien p. 100-106. ***) Auch galt bei dem *hexenbad* der
unverletzte grundfatz, daß emporfchweben fchuld, finken
fchuldlofigkeit anzeige.

---

*) vgl. bilder zum Sfp. taf. 17, 4.
**) in Frankreich verbot es das parlement de Paris durch ein
arrêt de la Tournelle vom 1. decemb. 1601. cette epreuve n'etait
en ufage que pour le petit peuple et fe faifait en jettant l'accufé
dans *une grande cuve*, pleine d'eau, après lui avoir lié *la main
droite au pied gauche et la main gauche au pied droit*. f'il f'en-
fonçait, il etait innocent, f'il furnageait, il etait coupable.
***) verfchieden ift die an fchuldigerkannten zauberinnen voll-
zogne *ftrafe des ertränkens;* wenn aber Nithardus lib. 1. ad a.
835 von der oben f. 696 gedachten Gerberga fagt: Gerbergam
more maleficorum in Ararim mergi praecepit, fo kann das auch
auf eine der verurtheilung *vorausgehende* waßerprobe bezogen
werden.

Frießfche, agf. und altn. denkmäler gefchweigen des
waßerurtheils, vgl. Arnefen p. 183; hierbei ift nicht zu
überfehen, daß gleichwohl die oben f. 798 angezogne
ftelle Adams von Bremen über die upfalifche opfer*quelle*
das eintauchen und *unterfinken* eines menfchen als ein
*gutes* zeichen angibt. Das waßer hat fich das opfer ge-
fallen laßen u. bewilligt den wunfch des volks, einen ver-
brecher hätte es ausgeworfen.

Ich halte dafür, daß die *waßertauche* des alterthums (oben
f. 631) in einigem zufammenhang mit dem waßerurtheil
ftehe; fie war eine thätliche befchimpfung geringgefchätzter,
verdächtiger gegner.

III. *Kreuzurtheil.* hierzu gehörten, wie zu dem zwei-
kampf, nothwendig *beide theile;* fie muften mit *aufer-
hobnen händen unbeweglich* an einem kreuze *ftehen,*
welcher von ihnen der erfte zu boden fank, die hände
rührte oder niederfallen ließ, hatte verloren und der
andere fiegte. Während fie ftanden wurde gebetet und
eine meffe gelefen. Si qua mulier reclamaverit, quod
vir fuus nunquam cum ea manfiffet, *exeant* inde *ad
crucem.* capit. a. 752. Georg. 509. Quod fi accufator
contendere voluerit de ipfo perjurio, *ftent ad crucem.*
capit. a. 779. Georg. 544. Si caufa vel intentio five
controverfia talis inter partes propter terminos aut con-
finia regnorum orta fuerit, quae hominum teftimonio
declarari vel definiri non poffit, tunc volumus ut ad de-
clarationem rei dubiae *judicio crucis* dei voluntas et re-
rum veritas inquiratur, nec unquam pro tali caufa cu-
juslibet generis pugna vel campus ad examinationem ju-
dicetur. cap. 1. a. 806. Georg. 719. Si aliquis Saxo
hominem comprehenderit absque furto aut absque fua
propria aliqua re, dicens quod illi habeat damnum fac-
tum, et hoc contendere voluerit *in judicio* aut in campo
aut *ad crucem,* licentiam habeat. Georg. 1395. Lothar 1.
verbot diefe prüfung: fancitum eft, ut nullus deinceps
quamlibet *examinationem crucis* facere praefumat, ne
Chrifti paffio cujuslibet temeritate contemtui habeatur.
Georg. 1244. Zwifchen den bürgern von Verona und
ihrem bifchof entfchied ein kreuzurtheil, jede partei
hatte ihren ftellvertreter, ille qui de parte publica datus
fuerat, *in terram* velut exanimis *corruit.* Baluze zu
den cap. 2, 1154; ferner zwifchen dem bifchof von Paris
und abte v. S. Denis im j. 775. Mabillon de re diplom.
p. 498. Als in einem teiche des klofters Bifchofsheim,

ein neugebornes kind gefunden und eine nonne des ver-
brechens verdächtig war, ließ man, um die ſchuldige
auszumitteln, *alle* nonnen die *probe des kreuses* be-
ſtehen. Rudolphus fuldenſis in vita S. Liobae cap. 15.
Der frieſiſchen rechtsſage nach erfolgte dieſelbe prüfung,
als ſich könig Karl und Ratbot um Friesland ſtritten:
buckera hiarem, deer orem *an ſtilleſtalle wrſtoed*, dat
hit wonnen hed. da brochtma da heren to gara. da *ſto-
denſe en etmel alomme.* Karl ließ ſeinen handſchuh
fallen und Radbot hob ihn auf, damit hatte er verloren.
Fw. 104. 105.

Aus einer merkwürdigen ſtelle des bair. geſetzes muth-
maße ich, daß auch dieſes gottesurtheil urſprünglich
*heidniſch* war und unter *handaufhebung* und wahr-
ſcheinlich anrufung heidniſcher götter begangen wurde.
der ſiebente art. de popul. legibus (Georg. 329) hob es
nicht auf, ſondern erſetzte nur die abgöttiſchen formeln
durch chriſtliche: de eo, quod Bajoarii *ſtapſſaken* di-
cunt, in verbis, quibus *ex vetuſta conſuetudine paga-
norum idololatriam* reperimus, ut deinceps non aliter
niſi ſic dicat, qui quaerit debitum: haec mihi injuſte ab-
ſtuliſti, quae reddere debes. reus contra dicat: non hoc
abſtuli, nec componere debeo. iterata voce requiſito de-
bito dicat: *extendamus dexteras noſtras ad juſtum ju-
dicium dei!* et tunc *manus dexteras uterque ad coe-
lum extendat.* Ein erheben der rechten zum eidſchwur
kann hier unmöglich gemeint ſein, auch nicht zum
zweikampf, wovon art. 6. gehandelt hat. Vorauszuſetzen
iſt, daß gläubiger und ſchuldner keine anderen beweis-
mittel hatten. *Stapſſaken* (Diut. 2, 340 ſtapſaken) er-
klärt ſich wohl aus ſakên (dicere) und ſtapf, imperativ
von ſtapfan (ire, gradi), womit die aufforderung zum got-
tesgericht begonnen haben mag, vielleicht auch aus ſtap
(baculus).

IV. *Kampfurtheil*, jud. pugnae ſ. duelli. unter allen
das berühmteſte, häufigſte und edelſte, bis heute fort-
dauernd in dem zweikampf, der zwar weder von den
gerichten verordnet wird, noch rechtliche folgen hat, nach
dem volksglauben aber in gewiſſen fällen die ſtets beſte
und letzte entſcheidung gewährt. Nachdem die übri-
gen gottesurtheile allmälich nur auf geringe, hilfloſe und
unfreie angewendet wurden, blieb der kampf überall
unter edeln und freien im gebrauch. Hier gab ſich der
unſchuldige nicht blind in die gewalt eines wunderbaren

elements, er vertraute feiner eignen kraft und gewohn-
ten fertigkeit in den waffen; die fehde vieler gegen-
einander wurde auf die eigentlichen hauptfeinde zurück-
geführt und das blut der gefährten gefpart. Dem krieg
der völker wie dem kampfe zweier ftand die gottheit
als oberfter richter vor, *deum adeffe bellantibus credunt.*
Tac. Germ. 7.  Wie nahe lag es den heiden, durch
den kampf die unficherheit des vergangnen und künf-
tigen zu erfpähen; *eft et alia obfervatio aufpiciorum,*
*qua gravium bellorum eventus explorant.  ejus gentis,*
*cum qua bellum eft, captivum, quoquo modo inter-*
*ceptum, cum electo popularium fuorum, patriis quem-*
*que armis, committunt.*  victoria hujus vel illius pro
*praejudicio* accipitur.  Tac. cap. 10.  *Vorentfcheidung,*
die günftigen ausgang des kriegs als eigentliche entfchei-
dung hoffen ließ.  Ein *judicium dei*, quod fubire non
diftulimus, wird in den annal. mettenf. ad a. 743 (Pertz
1, 328) die völkerfchlacht genannt.  Daß fchlagfertig ge-
geneinander ftehende heere aus ihrer mitte einzelne
kämpfer erlafen, die für das ganze fochten, thut die ge-
fchichte dar.  Von Vandalen und Alamannen berichtet
Greg. tur. 2, 2: *nec multo poft fcandalum inter utrum-*
*que oritur populum, quoniam propinqui fibi erant, cum-*
*que ad bellum armati procederent ac jamjamque in con-*
*flictu parati effent, ait Alamannorum rex: quousque bel-*
*lum fuper cunctum populum commovetur?  ne pereant*
*quaefo populi utriusque phalangae, fed procedant duo*
*de noftris cum armis bellicis et ipfi inter fe confligant.*
*tunc ille, cujus puer vicerit, regionem fine certamine*
*obtinebit.  ad haec cunctus confenfit populus, ne uni-*
*verfa multitudo in ore gladii rueret.  confligentibus vero*
*pueris pars Vandalorum victa fuccubuit, interfectoque*
*puero* placitum egrediendi Tranfimundus fpopondit.  Un-
ter den Franken muften die fürften felbft, wenn fie den
hader nicht fchlichten konnten, den kampf beftehen:
ἰδόντες δὲ ἀλλήλους ἑκατέρωθεν ἢ πληϑὺς, αὐτίκα τὸ
χαλεπαῖνον ἀποβαλόντες ἐς ὁμοφροσύνην μεταχωροῦσι,
καὶ τοὺς ἡγεμόνας κελεύουσι δίκῃ μᾶλλον τὰ ἀμφίβολα
διευκρινήσασϑαι· εἰ δὲ μὴ, μόνους ἐκείνους ἀγω-
νίζεσϑαι.  Agathias 1, 2 (ed. bonn. 3, 18.)  Von den
Sachfen und Slaven erzählt es Wippo (Piftor. 3, 479):
*dicebant pagani, a Saxonibus pacem primitus confundi,*
id *per duellum*, fi caefar praeciperet, *probari.*  econtra
Saxones ad refellendos paganos fimiliter *fingulare cer-*
*tamen*, quamvis injufte contenderent, imperatori fpon-

debant. Imperator hanc rem *duello dijudicari* inter eos permifit; ftatim *duo pugiles* congreffi funt, *uterque a fuis electus* ... poftremo chriftianus a pagano vulneratus cecidit.

Diefes gottesurtheil hieß *judicium pugnae, pugna duo-rum* (l. alam. 56. 84. bajuv. 16, 2. 17, 2.), *zweikampf, duellum, judicium campi* (campus judicat. l. Angl. et Wer. 16) *fingulare certamen, monomachia*, ahd. *einwic*, im bair. gefetz *chamfwic* und *wêhadinc*, welches wêha kaum für wîha fteht, vielmehr dem altn. vê zu vergleichen ift. Die altn. benennung *hôlmgângr* rührt daher, daß der kampf auf einer *infel* zu gefchehen pflegte. *Sub uno fcuto* per pugnam dirimere. l. Roth. 164. 165. 166. Gottes gericht, dei judicium, wird der zweikampf aus-drücklich genannt l. Roth. 198 und bajuv. 17, 2; Rogges unterfcheidung zwifchen gottesurtheil und ordal (p. 206) fcheint mir grundlos und beruht auf der falfchen erklärung von ordal durch höchften ausfpruch. Erwähnten die agf. gefetze den zweikampf (ânvíg), fo würden fie ihn auch ordâl nennen; fie gefchweigen feiner, gleich dem falifchen, fächf. und weftgoth. gefetz.

Die fälle, worin zweikampf vorkam, zählt Rogge p. 206 auf; beifpiele find l. bajuv. 11, 5. 16, 2. alam. 84. Si quis contenderit fuper agris, vineis, pecunia, ut devi-tentur perjuria, *duo eligantur ad pugnam*, et *duello litem decidant.* Schannat hift. wormat. nr. 51. Nulla melior vifa eft fententia, quam ut per *judiciarium cam-pum* fuper hoc fieret examinatio; fic deinde ftatuto die et collata utrinque magna populorum affluentia, nobis et ipfis praefentibus advocatis, *duo ex utraque parte ho-mines* ad hoc *praeelecti*, ut fieri folet, *aggreffi funt fingulariter* et nofter homo propitiante deo victor factus eft. Ritz 1. 56 (a. 1095.) Auch rechtsfragen wurden dadurch erledigt, vgl. oben f. 471.

Auf fchilderung der gebräuche des zweikampfs bei den verfchiednen deutfchen völkern gehe ich, ihrer umftänd-lichkeit wegen, hier nicht ein. Nur das noch fei be-merkt, daß der dienftmann häufig den kampf für feinen herrn beftand. Gemeinheiten, ftiftungen und frauen wählten fich immer ihren kämpfer und lohnten dem fieger. in jener urkunde von 1095 empfängt der Gifle-bertus *campio*, qui pofuit quafi in mortem animam fuam pro noftra fidelitate, ländereien. Ein frühes beifpiel des kampfs für eine angeklagte frau hat Paulus diac. 4, 49:

haec (Gundiberga regina) cum de crimine adulterii apud
virum accuſata fuiſſet, *proprius* ejus *ſervus*, Carellus
nomine, a rege expetiit, ut cum eo, qui reginae crimen
ingeſſerat, pro caſtitate ſuae dominae, *monomachia* di-
micaret. qui dum cum criminatore illo *ſingulare certa-*
*men* iniiſſet, eum cuncto populo aſtante ſuperavit, re-
gina vero poſt hoc factum ad dignitatem priſtinam rediit.
Fand die frau keinen kämpfer, ſo blieb ihr nichts übrig
als ſich einem feuer oder waßerurtheil ſelbſt zu unter-
ziehen. Die eigenthümliche form eines *weiberkampfs*
ſcheint erſt ſpätere anordnung des mittelalters, vgl. Ma-
jers ordalien p. 270-274.

V. *Bahrgericht* fand beim todſchlag ſtatt, wenn der
thäter unentdeckt, aber verdacht gegen einen oder meh-
rere vorhanden war; man ließ ſie *an die bahre* treten
und den leichnam berühren, im glauben, bei annähe-
rung des *ſchuldigen* werde er zu *bluten* beginnen.
Unterblieb das bluten, ſo hatte ſich der beargwöhnte
durch fein vortreten gereinigt. Dieſer prüfung gedenkt
zwar keins der früheren geſetze noch der des mittel-
alters, ſie galt aber noch ſpäter in vielen gerichten und
ſcheint auf ſehr altem volksglauben zu beruhen. Erſte
erwähnung thun ihrer unſere gedichte des 13. jh. Nib.
984. 985. 986:

> ſi bouten vaſte ir lougen. Kriemhilt begunde jehen:
> ſwelher ſi unſchuldec, der lâze daz beſehen,
> der *ſol zuo der bâre* vor den liuten *gân*,
> dâ mac man die wârheit harte ſchiere bî verſtân.
> Daz iſt ein michel wunder, dicke ez noch geſchihet,
> *ſwâ mân den mortmeilen bî dem tôten ſihet,*
> ſô *bluotent im die wunden;* ſam ouch dâ geſchach,
> dâ von man die ſchulde dâ ze Hagenen geſach.
> Die *wunden fluzen ſêre,* alſam ſi tâten ê.

und Iwein 1355-1364:

> nû iſt uns ein dinc geſeit
> vil dicke für die wârheit,
> ſwer den andern habe erſlagen,
> und wurder zuo ime getragen,
> ſwie langer dâ vor wære wunt,
> er *begunde bluoten anderſtunt.*
> Nû ſeht, alſô begunden
> im bluoten ſîne wunden,
> dô man in in daz palas truoc:
> wan er was bî im der in ſluoc.

In einem altfranzöf. fabliau *bluten die wunden* fogar,
als eine herde fchafe vorbei geht, unter welcher der
widder war, der den getödteten geftoßen hatte. Legrand
3, 407. 408. Anshelms Bernerchronik zum jahr 1503
erzählt (3, 254): doch fo war uf ihn (Hans Spieß) der
argwohn fo groß, daß er gfangen zu Willifau faft hart
geftreckt doch ab keiner marter nüt verjach, und aber
von größe wegen des argwohns da ward mit recht er-
kannt, daß man das wib, fo da 20 tag zu Ettiswil im
kilchhof war gelegen, follte usgraben, *uf ein baar le-*
*gen* u. ihne befchoren u. nackend darüber führen u. da
*fin rechte hand uf fi legen* u. einen gelehrten eid bi
gott u. allen heiligen fchweren, daß er an difem tod
kein fchuld hette. und alfo da dis elend, grufam anfehen
war zugericht, daß er fie mocht fehen, je nächer er
hinzu gieng, je meh fie wie worgend *einen fchum uß-*
*warf* u. da er gar hinzukam u. follt fchweren, da ent-
färbt fie fich u. *fieng an ze bluten, daß durch die*
*baar nider rann,* da fiel er nider uf fine kniee, bekannt
öffentlich fin mord u. begehrt gnad. vgl. Joh. Müller 5,
198. Einen fall aus Steier vom j. 1580 hat Abele ge-
richtshändel 1. caf. 139 aus Preuenhuebers annalen.
Criminalacten von 1584 und 1592 bezeugen den ge-
brauch des bahrrechts in bairifchen gerichten (bair. an-
zeiger. München 1828. nr. 1.); beifpiele aus andern ge-
genden Deutfchlands gibt Schottel in feiner abhandlung
von unterfchiedl. ger. p. 84-101. In Niederfachfen
nannte man *fcheingehen,* wenn der angefchuldigte
nackend vor gericht zu dem *fchein,* d. i. der vom
leichnam abgenommnen hand (oben f. 879. 880) treten
und dreimal feine finger darauf legen mufte; *blutete fie,*
fo galt er für überwiefen, gefchah kein zeichen, fo
wurde er feines halfes heilig erkannt, vgl. hannöv. anz.
1753. nr. 82.

Auch Schottland und England kannte diefes bahrrecht,
worüber W. Scott im minftrelfy vol. 2. p. 52-55 der
zweiten und p. 419-422 der vierten ausgabe merkwür-
dige zeugniffe anführt. Shakefpeares king Richard III.
act 1. fc. 2:

> o gentlemen, fee, fee! dead Henrys wounds
> open their congeald mouths and bleed afrefh!

VI. *Geweihter bißen,* judicium offae. ein fchnitt *brot*
oder *käfe* wurde dem verdächtigen in den mund ge-

fteckt: konnte er ihn leicht und ohne fchaden eßen, fo galt er für unfchuldig, für fchuldig aber, wenn er ihm in dem halfe blieb und wieder herausgenommen werden mufte. Agf. *corfnæd* (von cor, kur, probe) Phillips p. 190. 191; friefifch *corbita*. Fw. 164. In der chriftlichen zeit bediente man fich auch der *hoftie* hierzu. vgl. Majer p. 67-81.

*Anmerkungen.*

1. es gab folcher prüfungen mehr, einige herfchen ganz volksmäßig nur hier und da. Von dem dorf Mandeure bei Mümpelgard wird in den geogr. ephem. vol. 46. 1815. p. 375. 376. folgendes erzählt: war ein haus oder felddiebftal gefchehen und der dieb unbekannt, fo wurden alle einwohner fonntags nach der vefper auf den gerichtsplatz entboten. Einer der meier trug die urfache der berufung vor, und forderte den dieb auf, das geftolne zurückzugeben und fechs monate lang an der verfammlung rechtlicher leute kein theil zu nehmen. Gab nach diefer ermahnung und ächtung der fchuldige fich nicht an, fo fchritt man zur *entfcheidung des flocks.* Beide meier hielten einen ftock an beiden enden in die höhe, fo hoch, daß ein mann darunter ftehen konnte, jeder einwohner mufte *unter dem flock hergehen* und bezeugte damit feine unfchuld. man hat kein beifpiel, daß es der fchuldige gewagt hätte, der nun auf diefe weife allein zurück blieb und ans licht kam. Hätte ers verfucht und wäre hernach doch fchuldig befunden worden, fo würde fortan kein menfch mit ihm geredet oder ihm geantwortet, jedermann ihn wie ein reißendes thier gemieden haben. Diefe und ähnliche proben find zugleich auf das böfe gewißen des fchuldigen berechnet, das ihn bei einer ganz einfachen, natürlichen handlung, die der fchuldlofe ohne alles arg verrichtet, in unruhe und verwirrung bringt. Nach dem öfterreichifchen volksglauben ift eine reine jungfrau daran zu erkennen, daß fie eine *kerze mit einem hauch aus* und *mit dem zweiten wieder an blafen kann.*\*) Das wufte man

---

\*) es ift indifcher volksglaube, daß eine reine jungfrau vermöge waßer in eine *kugel zu ballen* oder in einem *fieb zu tragen.* Nach des Euftathius Ifmene lib. 7. gab es eine quelle, deren waßer *klar blieb,* wenn eine jungfrau hineintrat, wenn eine entehrte, fich *trübte.*

auch in Spanien: matar un candil con un foplo y en-
cenderlo con otro; und es erinnert an die weftphälifche
beftimmung (oben f. 370. 411) des alters einer tochter
nach dem ausblafen der ampel.

2. überhaupt greift die den gottesurtheilen zu grund lie-
gende idee, daß eine höhere, göttliche lenkung das
fchädliche unfchädlich, das gleichgültige gefährlich machen
und aus beiden ein zeichen erwecken könne, in andere
rechtsbeftimmungen des alterthums ein, die nicht ge-
rade prüfungen find. So hängen auch die im dritten
cap. der einleitung verhandelten maße ab von dem uu-
pofitiven und zufälligen, das bald diefen, bald jenen
erfolg haben kann und darum den menfchen räthfelhaft
und heilig erfcheint. Die beiden wettläufer (f. 85) trauen
halb auf ihre kraft halb auf die waltung gottes, gleich
den im kampf oder kreuzurtheil fechtenden und hand-
ausftreckenden.

3. folche prüfungen find der kindlichen rohheit des al-
terthums fo nahe gelegt, daß es verwundern würde,
ihnen nicht auch bei andern völkern und felbft bei den
wilden zu begegnen. Vorzügliches augenmerk verdienen
hier die urftammverwandten, deren rechtsgebräuche
fchon fo manche vergleichung mit den deutfchen darge-
boten haben. Die Slaven kannten feuer und waßer-
probe. jene war die des *glühenden eifens*, ruffifch
pravda fheljezo (Ewers 317. 338), ferbifch mazija (Vuk
wb. p. 392); in geringern fachen gab man das *waßer-
urtheil* (Ewers a. a. o.), na vodou. Beifpiele des jud.
calidi ferri aus flavifchem land, noch von den jahren
1229. 1248. Wiener jb. XL, 108. Auch der *zweikampf*
galt bei den gerichten (beitr. zur kenntn. Rufslands 1,
350.) *) Unter den Griechen waren zwei arten des
feuerurtheils üblich, das durchgehn durch die flamme
und das geglühte eifen (μύδρος); Sophocl. Antig. 264:

ἦμεν δ' ἕτοιμοι καὶ μύδρους αἴρειν χεροῖν,
καὶ πῦρ διέρπειν, καὶ θεοὺς ὁρκωμοτεῖν,
τὸ μήτε δρᾶσαι, μήτε τῳ ξυνειδέναι
τὸ πρᾶγμα βουλεύσαντι, μήτ' εἰργασμένῳ.

aus der fpäten byzantinifchen zeit führt Georgius Acro-
polita cap. 50 das beifpiel des Comnen Michael an: ἐπεὶ

---

*) judicium *ferri candentis* et *aquae ferventis* in Hungaria.
Kovachich notit. comitatuum p. 19. Belii notitia tom 3. vgl. un-
gar. mag. erfter band.

*δὲ οὐκ ἔλεγχος παρὰ μαρτύρων ἔν σοι, δεῖ σε τῷ μύ-
δρῳ τὴν ἀλήϑειαν παραστήσασϑαι.* In Sicilien feierte
man ein eigenthümliches *waſſerurtheil*, des diebſtals
angeklagte muſten ſich durch eid reinigen. der auf eine
tafel gefchriebne eid wurde in einen *heiligen ſee ge-
worfen* (lacus Palicorum); *ſank die tafel*, ſo offenbarte
das ſchuld, *ſchwamm* ſie, unſchuld des diebs und in
jenem fall wurde er in dem ſee erſäuft. Heyne zur
Aeneis 9, 585. Stephanus byzantinus ſ. v. *παλίκη* fagt
davon: *ἐστὶ δὲ καὶ ὅρκος ἅγιος αὐτόϑι. ὅσα γὰρ ὀμνύει
τις εἰς πινάκιον γράψας βάλλει αὐτὸ εἰς τὸ ὕδωρ·
ἐὰν μὲν οὖν εὐορκῇ, ἐπιπολάζει, ἐὰν δὲ μὴ εὐορκῇ,
τὸ μὲν πινάκιον ἀφανίζεται, αὐτὸς δὲ πίμπραται.*
vgl. Diod. ſic. 11, 87. Ähnliches meldet von einer quelle
bei Epheſus Achilles Tatius de amor. Clitoph. lib. 8.
cap. 12 (Mitſcherl. p. 350): *ὅταν τις αἰτίαν ἔχῃ Ἀφρο-
δισίων, εἰς τὴν πηγὴν εἰσβᾶσα ἀπολούεται. ἡ δὲ ἐστὶν
ὀλίγη καὶ μέχρι κνήμης μέσης. ἡ δὲ κρίσις· ἐγγράψας
τὸν ὅρκον γραμματείῳ μηρίνϑῳ δεδεμένον περιεϑή-
κατο τῇ δέρῃ· κἂν μὲν ἀψευδῇ τὸν ὅρκον, μένει κατὰ
χώραν ἡ πηγή. ἂν δὲ ψεύδηται, τὸ ὕδωρ ὀργίζεται
καὶ ἀναβαίνει μέχρι τῆς δέρης καὶ τὸ γραμματεῖον
ἐκάλυψε.* Die entſcheidung des völkerkriegs durch
den *zweikampf* weniger ſtreiter war den alten gleich-
falls bekannt, aus Herodot 1, 82 gehört hierher der
kampf zwiſchen dreihundert erleſenen Spartanern und
Argivern, die ſo lange fochten, bis zuletzt nur einer
von jenen und zwei von dieſen übrig blieben; aus Li-
vius 1, 25 der kampf der Horatier und Curiatier. Von
Umbriens einwohnern, die galliſchen urſprungs geweſen
ſein ſollen, hat Nicolaus Damaſc. p. 3849 folgendes:
*Ὀμβρικοὶ ὅταν πρὸς ἀλλήλους ἔχωσιν ἀμφισβήτησιν,
καϑοπλισϑέντες, ὡς ἐν πολέμῳ, μάχονται. καὶ
δοκοῦσι δικαιότερα λέγειν, οἱ τοὺς ἐναντίους ἀποσφά-
ξαντες.* Endlich gab es auch *prüfungen durch* beſon-
dere *ſpeiſen*. Diofcorides 5, 161 nennt den adlerſtein
(*ἀετίτης*) diebentdeckend (*κλεπτέλεγχος*), wenn er in
eßwaaren verbacken und dem verdächtigen gereicht
wird. Acron zu Horat. epiſt. 1, 10 (Gefner p. 521):
cum in ſervis ſuſpicio furti habetur, ducunt ad ſacerdo-
tem, qui cruſtum panis carmine infectum dat ſingulis.
quod cum ederint, manifeſtum furti reum aſſerit.

Einiger celtiſchen prüfungsarten erwähnen griech. und
röm. ſchriftſteller. Strabo 4, 4. (Siebenkees 2, 63) er-

zählt dem Artemidor folgende fage nach: an der galli-
fchen meereskûfte, wo fich die Loire ausmündet, liege
der hafen der drei raben, dafelbft fehe man zwei diefer
thiere, auf dem rechten flügel weißgefiedert. wer nun
in ftreit mit andern gerathe, gehe zu der ftelle hin, lege
ein brett auf einen hügel und jede partei ein ftück ku-
chen auf das brett; *eins der ftücke verzehren die ra-
ben, das andere zerftreuen fie*, deffen kuchen aber zer-
ftreut worden, der habe den ftreit gewonnen. Von ei-
ner *waßerprobe für neugeborne kinder* bei den Gal-
liern redet ein gedicht in der griech. anthologie (Brunck
3, 150. Jacobs 4, 117. edit. ad fid. cod. palat. 2, 42. 43.)
Claudian II. Rufin. 112 und Julian II. or. p. 81 und in
epift. ad Maxim. 16. p. 383; man vgl. Cluver Germ.
antiq. ed. 1631. p. 150. 151 und Jacobs animadv. in an-
thol. vol. 3. p. 1. pag. 285. da der *Rhein* als fluß der
prüfung genannt wird, könnten diefe Celten auch Ger-
manen fein.\*)   In Irland kannte man die *feuerprobe:*
war die flamme des Carnfeuers erlofchen, fo mufte ein
angefehner mann, die eingeweide des opferthiers in der
hand, *barfüßig dreimal über die glühenden kohlen
gehen*, um jene dem druiden zu bringen, der gegen-
über am altare ftand. unverletzte füße waren ein zeichen
des heils. Mone heidenthum 2, 485. Eigentlich ift dies
ein aufpicium, deffen zufammenhang mit dem ordal aber
fchon aus Tacitus ftelle vom kampfurtheil (f. 928) ein-
leuchtet.

Nirgend find die gottesurtheile fefter gegründet und mehr
ausgebildet als in Indien, die gefetze und ein fortdauern-
der gerichtsgebrauch haben fie geheiligt. ich verweife
auf Haftings abhandlung darüber in den afiatic refearches
vol. 1.   Es werden darin neunerlei prüfungen angegeben
1. durch die wage. 2. feuer. 3. waßer. 4. gift. 5. waßer,
worin ein idol gewafchen worden. 6. reis. 7. fiedendes
öl. 8. glühendes eifen. 9. filbernes und eifernes bild.
Bei der *feuerprobe* nr. 2. wird barfuß in feuer getreten,
bei der *eifenprobe* nr. 8 das geglühte eifen und zwar
durch *neun kreiße* hindurch dergeftalt getragen, daß es

---

\*) in einem deutfchen volksliede findet fich folgende prüfung
des noch ungebornen kinds erwähnt: die fchwangere fteht am
ufer des Rheins, ein mülftein wird gerollt, fällt er rechts, fo trägt
fie einen knaben, links, eie mädchen, geht er aber zu grund, fo
ift fie eine hure.

im letzten kreiß noch heiß genug fein muß, um das
dort ftehende gras zu verbrennen. die neun kreiße ftim-
men auffallend zu den neun pflugfcharen der deutfchen
fitte, ein berühmtes beifpiel der feuerprüfung ift Sita im
Râmâjana. Nr. 7 gleicht ganz der heißen waßerprobe,
nur daß die hand in *fiedendes öl* greifen und aus dem
keßel einen ring holen muß.   Merkwürdig und eigen-
thümlich fcheinen die gebräuche der *kalten waßerprobe*
nr. 3, wobei der fich reinigende eine (durch pfeilfchießen
u. pfeilholen genau beftimmte) zeit lang unter der flut
halten muß.    Die prüfung durch *reis* nr. 6 ift unfer
judicium offae.  Die anwendung aber aller diefer gottes-
urtheile richtet fich nach dem ftande der angefchuldigten
(einige gelten für brahmanen, einige für frauen, andere
für männer) und nach dem höheren oder geringeren
belauf der ftreitfache. deutliche fpuren beider richtun-
gen zeigt auch die deutfche rechtsfittte. außerdem gel-
ten einzelne indifche prüfungen nur für gewiße mo-
nate und tage und dürfen an andern nicht vorgenom-
men werden.  Aus ihrer heutigen fortdauer und wirk-
lichen gültigkeit könnte man, fcheint es, fchlüße machen
gegen das, was oben f. 910. 911 über die feltenheit der
deutfchen gottesurtheile aufgeftellt wurde.  Gleichwohl
läßt fich die abergläubifche befangenheit der Inder, wie
fie auch in andern rechtsgewohnheiten, z. b. dem ver-
brennen der wittwen hervortritt, dem zuftande gar
nicht an die feite fetzen, in welchem wir uns fchon unfere
vorfahren zur zeit der alten gefetze zu denken haben.
In den von Haftings mitgetheilten beifpielen verbrennt
ein angeklagter die hand im fiedenden öl und wird ver-
urtheilt; ein anderer geht unbefchädigt aus der eifen-
probe hervor, zugleich wird aber von den blättern er-
zählt, die er fich bei dem tragen in die hand legen
darf, deren ununterfuchte kraft wider die wirkung des
feuers alfo in anfchlag zu bringen ift.

Mehrere in Indien gebräuchliche prüfungen find es auch
in Pegu. W[am] Hunters hiftor. account of the Pegu
p. 34.  In Thibet wird der keßelfang folgendergeftalt
vollführt: man wirft einen *weißen* und einen *fchwar-*
*zen ftein* in das fiedende waßer, beide parteien tauchen
ihren arm zugleich in den keßel und der gewinnt, wel-
cher den weißen ftein herauszieht.  Bei den nomadifchen
Arabern wird ein großer *eifenlöffel* geglüht und der
cadi, nachdem er zwei oder dreimal darüber geblafen

hat, ſtellt ihn dem angeſchuldigten zu, der ihn an bei-
den enden belecken muß. *verbrennt er ſich die zunge,*
ſo wird er ſtraffällig erkannt, fonſt aber freigeſprochen.
Seetzen hat mehrere derwiſche das feuer ohne ſchaden
lecken ſehen. Die Hebräer gaben einem des ehbruchs
verdächtigen weib ein bitteres *waßer zu trinken*, wol
von ihr, wenn ſie ſchuldig war, der bauch ſchwoll und
die hüfte ſchwand; war ſie aber rein, ſo ſchadete ihr
der trank nichts. b. Moſes IV. 5, 27. vgl. Wernhers
Maria p. 147-154. Nach Oldendorp (miſſion evang.
brüder auf den caraib. inſeln. theil 1.) herſcht dieſelbe
ſitte auch unter einigen wilden völkern von Weſtafrika.
Die Japaner kennen die *feuerprobe* und den *unſchulds-
trank*. Kämpfer buch 3. cap. 5.

# Nachtrag.

## I. *zur einleitung.*

ſ. 36. die urkundlichen namen *kuhruhe* und *weilruhe* (Haltaus 1137. 2057) ſind von der mittagsraſt des weidenden viehes, wann die hirten *undernen* (in Heſſen: ungern.) Heimkehr und ausſpannung der herde bezeichnet das homeriſche βουλυτόνδε. Vom gang und ſchritt der ochſen ſ. 92.

ſ. 39. *trygdamâl* könnte ich aus Grettis ſaga cap. 76 (bei Biörn Marcusſ. p. 146) iſländiſch herſetzen, will aber, da eben die graugans in Copenhagen gedruckt wird, warten. Auch in der Heidarviga ſaga findet ſich eine übereinſtimmende formel. däniſch in Müllers ſagabibl. 1, 47-48. —

ſ. 58. nr. 24. *ſolo* iſt baſis, vgl. Diut. 2, 42ᵃ *ſolen* baſes.

ſ. 59. nr. 29. Ottos ſpießwurf erzählt Olaf Tr. ſaga cap. 67 ſo: Otto keiſari *ſat â heſti* . . . en er meginherrin tôk at flŷja, reid hann ok undan til ſkipanna, hann hafdi î hendi mikit ſpiot gullrekit ok allblôdugt upp â höndum, hann *ſetti ſpiotit î ſiainn* fram fyrir ſik ok mælti hâtt: þvî ſkŷt ek til alls valdanda guds, at annan tîma, er ek kemr til Danmerkr, ſkal ek geta kriſtnat land þetta etc.

ſ. 58. nr. 27. eine andere recenſion des Foſſenhelder w. hat folgende abweichung: ſo ferne der graf *uf einem ros* oder der ambtmann *uf einem hengſt* an dem eußerſten ende des waldes helt u. *des roſſes oder hengſtes haupt aus dem walde wer* u. *mit einer waltaxt in das velt* in die graveſchaft Diez *werfen konte.*

Einzuſchalten ſind überhaupt nachſtehende wurfformeln:

ſ. 55. nr. 5ᵇ: gehet der ſaathzingel . . . von Derdorf bis in die Aldeck, darvon bis ghen Hammerſtein in den *Rhein, als wie weit einer mit einem pferdt reiten* kann u. dan furter *mit einem huphamer gewerffen* kan. Rotzenhainer w.

ſ. 61. nr. 47ᵇ die ſ. 527 angeführte ſtelle des Rietberger landr.

f. 63. nr. 60ᵇ. *hladvarp* oder *hladvarpi* heißt nach Biörn circuitus a foribus intra jactum, ein ſtück Wieſenland, das vor den thüren der islånd. håuſer liegt. —

f. 71. nr. 17ᵇ Rietberger formel, beigebracht f. 550.

f. 71. nr. 20 iſt zu vergleichen Sſp. 2, 28: die viſchere mot ok wol dat ertrike nütten, alſo vern alſe he *enes geſtriden* (einen ſchritt thun) mach *ut deme ſcepe* von deme rechten ſtade.

f. 75. meine herſtellung von *augebra* beſtätigen Bertholds predigten f. 239: in als kurzer ſtunde, als ein *augbrawe mag uf u. ʒu gegen.*

f. 76. nr. 2. vom gemeindewald kann zu dem acker erworben werden: in ſilva vir confiſtens *in ultimis agelli ſui terminis, quousque elata voce clamor ejus, tranquilla nocte, cum eſt breviſſima, exaudire poterat.* Dieſe ſchöne beſtimmung hat das oſtgoth. geſetz, vgl. Stjernhook p. 268. 269.

f. 81. mit dieſem *badſchild* vergleiche man den *keſſel ʒum kindbaden* in den geradeformeln f. 577. 578, und, wenn man will, den *ſchild* (ἀσπίς), auf welchem die neugebornen bei der celtiſchen waſſerprobe (vorhin f. 935) in den Rhein geſetzt werden.

f. 83. auch ein ſpaniſcher refran ſagt: echar la pluma al ayre y ver donde cae.

f. 84. zu *vols* halte man *huls* in Arnoldis beitr. p. 57.

f. 90. dieſe ſage von Hengiſt u. Hors ſtehet bei Gotfried von Monmouth lib. 6. cap. 2. vgl. Müllers ſagabibl. 2, 472.

f. 101. *ſvå mikit* at ſpent fêngi um *mêſta fîngri oc lêngſta.* Ol. helg. faga cap. 253.

f. 102. Biörn erklärt den ausdruck *heſpulœgt trê,* mir unbekannt aus welcher altn. quelle, folgendermaßen: quod in peripheria habet duas ulnas vel quando *vir mediocris ſtaturae* ſub brachio lignum ita tenere poteſt, *ut digitus impudicus coxendicem tangere poſſit.*

f. 108. nr. 23. pluſtoſt ot deus lines alees (gieng eher zwei ſtunden weit), *quen neuſt trois oes plumees* (als man drei gänſe gerupft hätte.) Méon nouv. recueil 1, 204. v. 405.

f. 108. nr. 24: ok ſvå långt å land upp, *ſem lax* gêngr *oſarſt î vatn.* Håkonar gôda faga cap. 21.

f. 140. wenn gleich das *ſymbol* nicht urſprünglich die natur und beſtimmung der urkunde hat, ſondern tiefer mit der ſache zuſammenhängt; ſo kann man doch ſagen, daß es *in die ſinne der zeugen fallen ſoll* (vgl. f. 857), zeugen aber ſind lebendige urkunden.

f. 129. auch Macieiowſky de orig. ſtipulationis. Varſaviae 1827. p. 19 erklärt ſtipulatio aus ſtipis latio! aber es iſt nicht znſammengeſetzt wie legislatio, acceptilatio, ſondern *abgeleitet* aus ſtipulor, wie gratulatio, opitulatio, ejulatio, aemulatio u. a. m. aus gratulor, opitulor etc. denen allen ein derivatives *ul* zu grunde liegt. ſtipulor ſtammt nicht aus ſtips, vielmehr aus einem nomen ſtipula (das vorhanden iſt) oder ſtipulus (das nicht vorhanden iſt.)

f. 136, 6. *hinlegen des ſtabs* bedeutet, daß das amt und der dienſt ledig iſt. vgl. Lehmanns ſpeir. chron. p. 333 und das chron. petershuſan. p. 330: *baculum paſtoralem* ſuper altare projicere et recedere.

f. 158. ein ahd. *gêro, kêro* ſcheint in Hoffm. gloſſen 22, 20 und 57, 1 vorzukommen. im gedicht von Orendel 2320. 2617. iſt eine brünie *mit drin gêren* zeichen herzoglicher würde; in der limburger chr. werden p. 19 röcke mit 24 *bis* 30 geren erwähnt und p. 23 röcke *unten ohne geren.*

f. 167. nr. 4. im hamburgiſchen landgericht hob bei der verlaßung der vogt das' auf dem tiſche liegende *bloße ſchwert* und rief, indem er deſſen *ſpitze gegen den tiſch ſetzte*, dreimal laut folgende worte aus: ſo entwältige ich dabei M. M. ſein haus und beſtätige darin N. N. mit friede und bann! Hieron. Müller über den verkauf öffentl. erbe. Hamb. 1747. 8te abh. f. 13.

f. 177. lieber hæte ich von ir lône niht wan ein *kleinez, vingerlin.* MS. 1, 33ᵃ. Gudrun und Herwig ſind ſich durch ringe vermählt. Gudr. 4990. 4999 ff.

f. 178. not. Cujacius und Gonzalez Tellez ad h. c. erklären ſo: in Genua, wo der ſtreit geführt wurde, hätten die *unverheiratheten* beckerinnen ringe getragen, weshalb aus dem tragen des rings nicht auf den ehſtand geſchloßen werden könne.

f. 180. auch Lang. reg. 1, 35 (a. 926) Henricus rex rogatu Arnolfi ducis quendam . . . ſervum . . . *per excuſſionem denarii a manu* juxta legem ſal. dimittit. nach den Wiener jb. XL, 88 erſcheint dieſe freilaßungsart in urk. von 1058 und 1107.

f. 182. *fchedlicher mann* ift nicht fowohl landftreicher als miffethäter, verbrecher, vgl. f. 874. 875.

f. 190. inveftitura *per amphoram plenam aquae maris*, exinde legitimam fecit donationem. ch. Ottonis 3. ap. Ughellum 4, 1160.

f. 195. fobald *feuer aufs land kommt*, finkt es nicht mehr. Gutalag p. 106.

f. 195. das goth. *vipja*, ftrohkranz, ift noch ganz in dem *wifa, wiffa, guiffa* des bair. und langob. gefetzes zu erkennen. folgende ftellen find auch für den gebrauch des fymbols entfcheidend: fignum quod propter defenfionem ponitur aut injuftum iter excludendum vel pafcendum vel campum defendendum vel applicandum *fecundum morum antiquum*, quod fignum *wiffam* vocamus. l. bajuv. 9, 12; terram alienam *guiffare*, palum in terra figere. l. Liutpr. 6, 95 (Georg. 1111); domus vel cafae eorum *wifentur*. fuper ipfam *wifam* introire. l. Ludov. 34 (Georg. 1209); *wifare* terram. formel bei Canc. 2, 471ᵇ. Folgende ftelle bezeugt die einftimmige altn. fitte: flar madher äng mans, komber hin at är a, han fkal taka *vidhiquift*, *bitä baft a* ok fätia fva i. Veftg. rätl. 2.

f. 197. eine wichtige ftelle über *wandelang* ift f. 558 nachgeholt.

f. 199. daß man nicht fagen könne per *meam* feftucam muß ich zurücknehmen, da fich in einer urk. bei Bouquet tom. 4. nr. 129 (a. 746) findet: per *noftram* feftucam, per *noftrum* wadium und nr. 134 (a. 750) per *fuo* wadio, per *fuo* fiftugo. Sollte *wadrus*, wadros nicht zu lefen fein *wadius*, wadios? über den finn von andelang klärt uns das alles nicht auf.

f. 203. die *rofe* bezeichnet nicht fowohl das urtheil, als die heimlichkeit und ftille des gerichts. Wahrfcheinlich wurden in gerichtsftuben, wie in fpeifezimmern rofen an die wand gemahlt. Joh. Guil. Stuck antiq. convivial. lib. 3. cap. 16 (ed. 2. Tiguri 1597. p. 371ª) hat darüber folgendes: hinc verifimile eft morem illum profectum, ut *multis in locis Germaniae* in cöenaculis *rofa* lacunaribus fupra menfae verticem affixa confpiciatur, quo quisque fit fecreti tenax, ne quid temere effutiat, fed omnia reticenda meminerit. hinc proverbium quoque illud pervulgatum apud Germanos: haec fint *fub rofa* acta five dicta. vgl. auch Jacobus Scheltema

gelchied en letterkundig mengelwerk. derde deel, ſt. 1.
Utrecht 1823. p. 241.

ſ. 207.  die ſtelle über die zahlen findet ſich in Raſks
ausg. der Snorraedda p. 197.

ſ. 208.  die vorſtellung von contubernium berichtigt
ſ. 626.

ſ. 216.  das *ἐννῆμαϱ* findet ſich bei den Griechen wie
bei den Nordmännern: hverja ina *niundu nôtt.* Niala cap.
124. hina *niundu* hverja *nôtt.* Snorraedda p. 66.

ſ. 220.  *neun und neunzig* jahr werden im Rienecker
w. beſtimmt, es ſind 100—1.

ſ. 220.  die idee der zugabzahlen zeigt ſich nirgends
auffallender als in der griechiſchen gerichtsverfaßung.
*einunddreißig* mitglieder des areopags, nämlich˙ dreißig
und der könig. Meier u. Schömann p. 9, *einundfunf-*
*zig* epheten. daſ. p. 15; *eilfmänner*, d. i. zehn und der
ſchreiber.  daſ. p. 71; *vierhundert* richter und *einer*,
*zweihundert* und *einer*,  wie auch anderswo, ſtatt der
runden zahlen von 1000 und 1500, 1001 und 1501 ange-
geben werden. daſelbſt p. 139. 140.

## II.  *Zum erſten buch.*

ſ. 227.  über die perſona *major*, *honeſtior* und *humi-*
*lioris, inferioris loci* der l. Viſig. ſieh ſ. 659.

ſ. 229.  nach einer mittheilung von Tross entſpringt
thegathon,  wenn man die von Soekeland unvollſtändig
ausgezogne ſtelle ganz überſieht,  aus dem *τἀγαϑόν* bei
Macrobius in ſomn. Scip. 1, 2.

ſ. 234.  Montfaucon hat die *elevation du roi ſur un*
*bouclier* im diſc. prélim. zu den monumens de la monar-
chie fr. p. XVII-XX abgehandelt und ein bild aus ei-
ner byzantiniſchen hſ. des 10. jh. mitgetheilt, das ſogar
den könig David ſchilderhoben darſtellt. Caſſiodor ſagt
auch 18, 31 von Vitiges: *ſcuto impoſitus*, more gentis.
Noch im jahr 1204 wurde Balduin von Flandern bei
ſeiner wahl zum griech. kaiſer *auf den ſchild gehoben.*
Raumer Hohenſt. 3, 231.

ſ. 237.  not.**. für *λόφον* hat die bonner ausg. 28, 4
*λόφους* und 28, 5 *ἵππους τε καὶ βόας.*

ſ. 239, 33 ed. bonn. 19, 18 *ἀποκτανόντες.*

ſ. 243.  im gedicht von könig Tirol heißt es MS. 2. 248

fwenne ich die *krône* uffe hân,
die *priefter* foltén *vor mir gân;*

prieftern gebuhrt der rang noch vor dem gekrönten
haupt. Ein vorrecht der könige fcheint auch gewefen
zu fein, daß man ihnen im kampf nur *drei fchläge* bieten
durfte: der von art ein künec fî,

dem folt ir wan *flege dri*
bieten u. decheinen mêr. Bit. 110<sup>b</sup>.

vgl. die *tres colpi, tres plagae* f. 629.

f. 248. auch der dichter des Reinardus et Ifangrinus
5656:

*quid regum eft?* aether, flumina, terra, fretum.

f. 261. *lindenbaft* genügte dem höheren alterthum für
fchild und fattelzeug der könige, edeln und freien; bald
aber vertrat *leder* feine ftelle und des bafts bedienten
fich nur unfreie, elende und verbannte. Nach dem alt-
franz. gedicht des quatre fils Aimon (ms. reg. 7183. fol.
75. 76.) leben die Haimonskinder landesverwiefen, als
diebe und räuber, im Ardennerwald:

des bons efcus aor eft li cuirs defcliez,
et li frain et les feles font porri et gafte,
*refes furent de tille* (tilia.)

f. 271. Odin heißt in der edda *Sidhöttr,* Breithut.

f. 275. nahverwandt mit *truftis* und antruftio fcheint
mir unfer *trôft,* alt. *trauft,* protectio, tutela, refugium,
*trauftr* fidus, vgl. Nib. 1664, 4 *trôft* der Niblunge (pro-
tector); 1466, 2. helflicher *trôft.* folglich wäre *truftis*
ohngefähr was mundium, poteftas domini, und *antruftio*
dienftmann.

f. 278. über *befchließen mit thür und nagel* hat noch
Haltaus 1785. 1786 gute belege.

f. 286. hierher eine abzugsformel des Rienecker w.,
die fich nicht unter die f. 346. 347 aufgezählten bringen
läßt: fie haben auch getheilt u. zum rechten gefprochen,
ob ein *freimann* zoge unter die herfchaft zu Rieneck,
in ftatt oder in dorf, welche zeit das were, das er wi-
der von dannen wolte ziehen u. fich do nit trawete zu
erneren; fo fal man in ungehindert von dannen laßen
ziehen u. faren ohngeverde u. ob es alfo queme, das er
mit dem feinen, das er von dannen wollt führen, be-
habete (ftecken bliebe), begegnet im dan der herr von
Rieneck, der folt im *anhelfen,* u. in laßen faren unge-
hindert ohngeverde.

f. 296. not.* fwer *flab oder flangen truoc.* **Wh**
53ᵇ über die verbindlichkeit zur *heerfolge* heißt es
Salzfchlirfer w.: item, fo fintfchaft oder not im la
were oder worde u. unfer gn. h. von ftiftswegen u
böte, fo folten die nachbarn dis dorfs *fo weit fol*
u. *fo lang, als ir gerichtsfchultiß vor in her z*
wan u. an wilchen fteten derfelbe um keret, fo mö
die nachbarn auch umkeren und ift unter in ein na
bar der einen *teg* (teig zum brotbacken) hat, den
man laßen umkeren, daß im fein teg nicht verderb
auch ob unter in imant were, der ein *feswöcherin* d
heim hat, den fol man auch *bei fcheincnder fonn* hein
gan laßen, daß diefelbige keinen fchaden neme.

f. 298. dasfelbe Salzfchlirfer w. fagt über die verbind
lichkeit zu abgaben: item die güter find fo frei, va
unferer lieben frauen, das man *keinen zu höherem ge
fchank dringen fol, wan ein par wißer duben.* Erklär
fich das aus dem fchutz des fulder abts, unter welchem
Salzfchlirf ftand? ein paar tauben war geiftliches opfer.
Lucas 2, 24. Wernh. Maria p. 211.

f. 320. auch *degen* ift held, knecht und kind (τέκνον)
vgl. Wackernagel Weffobr. gebet p. 34. 35.

f. 322. ruffifch ift *fmerd"* ein gemeiner kerl und fmerd-
jet ift ftinken. die altfranz. gedichte brauchen pute (pu-
tidus) puant, ord, gleichbedeutend mit vilain, auch als
perfönliche fchelte. Übrigens erfcheinen *fmerdi* noch
in einer dorpater urk. von 1291, die fich in Sartorius
gefch. der Hanfe unter nr. 73 finden wird. Haltaus 1638
hat *fchmordhufen.*

f. 326. und ob ein fraw ein mann neme, der kein
freimann were und kind mit einander mechten, fo *hört
das jüngft kind dem vater nach* u. die andern kinde
alle der mutter nach, es were viel oder wenig ohn ge-
verde. Rienecker w. Ebenfo umgekehrt, wenn ein frei-
mann eine frau nimmt, die keine freifrau ift, das *jüngfte
kind* richtet fich nach dem vater, vgl. hernach zu f. 372.
Auch fo hat der hof die fribeit, das der *jüngfte fone dem
vater nachgehore.* Schafheimer w.

f. 327. *ergab* fich ein mann in hörigkeit, fo zog das
nicht immer auch die unfreiheit feiner *frau* und *kinder*
nach fich, wenigftens konnte er die fortdauernde frei-
heit einzelner glieder feiner familie vorbehalten. Eine
paßauer urk. von 800-804 (b. Freyberg nr. 9.) liefert

ein merkwürdiges beiſpiel, der mann und die (vielleicht
aus früherer ehe gezeugten) kinder werden eigen, die
frau nebſt den künftigen kindern bleiben frei: Epo tra-
didit ſe ipſum cum filiis et filiabus fuis ad ſerviendum
deo; wegen der ehfrau namens Hrodwar wird feſtgeſetzt,
ut iſta femina habeat poteſtatem ingrediendi ad virum
ſuum, *tanquam ſi ipſe fuiſſet liber.* denique *quanti poſt
iſtam conventionem nati fuerint ex ea femina, liberi
ſint ſemper.*

ſ. 336. *greſleyſingi* hieß nach Biörn der libertus, weil
er vom ſpaten freigeworden war.

ſ. 346. 347. über aufnahme und abzug des armen manns
hat das Schafheimer w. folgende wichtige ſtelle: auch
wiſen ſie zu recht, ob einer queme ein von Schaafheim
u. begert zu kommen uf den hof, ſo ſal ein ſchultheiß
daſelbs zu ime nemen zween ſchöffen des gerichts zu
Schaafheim u. *den armen* ufnehmen mit einem halben
viertel wins u. alsbalde ſinem herrn kunt dun, *dem er
entpharen iſt,* und denſelben man über nacht behalten.
kompt derſelbe ſin herr oder der ſinen (einer) des *mor-
gins vor ſonnenſcheine* u. fordrid (fordert) ine wieder,
ſo ſal man ime den wider laßen, blibe er aber uner-
fordert, *biß ime die ſonne über ſchinet, ſo iſt er dem
herrn entgangen* mit rechte, u. *iſt ſint ein hofmann*
als andir hofmanne. Auch wiſen ſie, queme ein *armer
man* zu ſinen gnaden u. bete in um hilf in ſinen nöden
u. wolte ime ſin gn. nit helfen, ſo mecht derſelbe man
*ziehen hinter einen andern herrn*, der ime gehelfen kinde,
u. wann derſelbe man zoge inweg u. gehielt (bliebe im
weg ſtecken), begegnet ime ſin gn., ſo ſolt er oder die
ſine abe u. zu fuß dreden u. denſelben man *furter helfen,*
deshalben ſalt der *arme* ſin druwe u. globde und eren
unberaubt ſin.

f. 352. im capitul. de villis §. 58. ſogar: *catelli* noſtri
*judicibus* commendati ad nutriendum.

f. 353. vorth up, die wonen tot Overdorp, di ſullen
komen up den hofdag u. wan dat korn rip is u. arbei-
den ieder ſinen dag, die *mäjer* ſollen mäjen u. die *bin-
der* ſullen binden u. die *drager* ſullen dragen. wollen ſie
arbeiden tot den avent, ſo fall men inen koſt geven, mer
wollen ſie gain vor veſpertit, ſo mugen ſi ör lohn mit-
nehmen, als die mäjer an ſinen haik, die dräger up ör
gavelen, die hanſtewer an ihr haiken. Lüttinger hofrecht.

ſ. 356. chanſons par P. J. de Béranger. Bruxelles
1826. 2, 159:

mes payſans
bien ignorans,
comme il convient à mortaillables gens,
ſachent courir à la corvée
*et battre l'eau de mes étangs.*

ſ. 363. wiſen ſie auch ſeiner gnaden einen *halben wagen* u. *zweine pferde,* ſo gut als ſi die haben megen, ob es darzu queme, das ſine gn. mit eime römiſchen kaifer ſulle *ziehen uber berg,* ſo ſollen ſie ſiner gn. die habe ſtellen uf den hof zu Schafheim, wolle nun ſ. gn. fürter han, das ſolle er dun one koſten der armen, hilft im got her wider zu lande, ſo ſule man die habe wider ſtellen uf den hof, es ſei wenig böſe oder gut. Schafheimer w. Ward erkant, ſo der könig *ziehen* wird *über berge u. thale,* ſo habe er macht ſich zu ſamblen auf dieſer weide u. wen das antreffe mit der ſuderung, der ſol den ſchaden han, u. ſo der zug einen fortgang genommen, ſo ſollen die drei dörfer vielgenant ihme ein *mauleſel* beſtellen, derſelbe ihm tragen ein *modeſack* (der ein mutte, modius hält?); und käme der maulefel wiederum, ſo wer er der dreien dörfer, bliebe er aus, ſo ſollen die drei dörfer den ſchaden haben. Rieder weidinſtrument.

ſ. 364. ſollte nicht bei dem beſthaupt, das nach dem tode des mannes ſeinen erben entzogen wird, die heidniſche gewohnheit, *pferde mit ihrem eigner zu begraben* (oben ſ. 344), noch nachwirken?

ſ. 365. eine ſtelle von Regino (anfang des 10. jh.) de diſcipl. eccl. 2, 39 führt Eichhorn rechtsg. §. 62ᵃ an, worin es heißt: perlatum quoque eſt ad ſanctam ſynodum, quod laici improbe agant contra presbyteros ſuos, ita ut de *morientum* presbyterorum *ſubſtantia partes* ſibi vindicent, ſicut de ſervis propriis. offenbar waren dieſe presbyteri ihrer geburt nach *hörige.*

ſ. 366. mortuo viro *bos* unus detur. ch. a. 1209. wiener jb. XL, 88.

ſ. 368. weiſen ſie ſinen gnaden von den hofemennern zu libsbede ſechszehne phunt heller dieſes landes werung u. von iglichem ein *faßnachthun* u. *nach ſin dode ein beſthaupt,* u. igliche frawe zween phennige, die ſteen eim büttel zu u. nach irem dode ein *watmale* vom gebuſem. Schafheimer w.

ſ. 372. auch nach dem Rienecker w. wurde von den freimännern ein beſthaupt zwar gezogen, aber ſogleich

dem jüngſten kind zurückgegeben: auch haben ſie ge-
theilt unter allen *freien leuten*, wenn unter in einer
abgienge von doitswegen, ſo ſoll der *freipot ein beſt-
haupt ziehen* und das *zu einer thür ußfueren u. zu
der andern wieder ein* und ſoll das *dem jüngſten kind
wider geben*, damit ſoll man das kind behalten u. ſoll
dann fürbaßer, ob das kind abegienge an erben, einem
herrn zu Rieneck gefallen ohngeverde . . . . . auch thei-
len ſie zum rechten, were es das ein *freimann* eine
frawe neme, die *khein freifraw* were u. mein herrn
von Rieneck nich. angeherte u. das die kind mit einan-
der hetten, *ſo gehört das jüngſt dem vater nach* u.
were es das der vater abgienge, ſo ſoll der *freibot ein
beſthaupt nemen* u. *das zu einer thür ußziehen u. zu
der ander thür wider ein* u. das dem *jüngſten kind*
widergeben und das kind damit (für die herrſchaft Rien-
eck) behalten.

ſ. 376. not. **. Wigand feme 99 vermuthet *kammer-*
ſchuld.

ſ. 381. über *ſchüßel*lieferung vgl. Wigand von den
dienſten. p. 67.

ſ. 383. Wernh. Maria 160. 161 zins von *drei* pfen-
ningen.

ſ. 385. ein zinsmeiſter muß *einäugig* ſein. Meuſels
geſchichtf. 7, 86. 87 aus einem w.

ſ. 387. wiſen die hoffſchepen vor recht, alle die genen,
die nit gekommen enſin bi *klimmender ſonnen* u. *bi
ſinkender ſonnen* u. hebben dem rentmeiſter die meibeid
(maibete) nit betalt, die ſin ſchuldig des *andern dags
dobbelt u. alle dage fort dobbelt*, bis ter tit, dat ſie
betalen, doch genade is better ˋals recht. Aſpeler hofs-
recht. .

ſ. 394. not. **. anderwerbe ſprachen die ſcheffen, daz
ein iglicher *fiſcher* zu Crotzenburg ſi in (den ſcheffen)
ſchuldig von ſime gezauwe einen dienſt fiſche zu dem
imße u. ſal iglicher fiſcher ſin fiſche bringen, die er dan
in den vierzehen tagen gefangen hait, *die beſten u. nit
die ergeſten*, unde die ſcheffen daruß laißen nemen, als
vil biz daz ſie ſprechent, *hör uf, du haſt wol gedie-
net!* unde ſollen die fiſcher mit in eßen unde daz broit
unde wine unde ander ding, daz zu iglichem imße ge-
horet, in helfen verzeren. unde hait ein fiſcher, nach
anzale der garneˋ vor und nach, einen *knecht oder me*,
die mag er mit im bringen zu dem imße. Crotzenbur-
ger w.

f. 396. *elibenzo,* außer O. III. 18, 28, hat sich nun auch in einer glosse gefunden (Graffs Diutiska 2, 309.) Man bestimmte den begriff eines *gastes* zuweilen nach den meilen der entfernung seines wohnortes, z. b. wurden *vier* oder *zehn meilen* angenommen. Haltaus 586.

f. 398. ungothländische weiber hatten nur die halbe buße gothländischer eingeborner. Gutal. p. 49.

f. 400. im mittelalter waren die *Baiern* ihrer ungastlichkeit halben verrufen; reisenden, die ohne geleit durch ihr land zogen, raubten sie ros und gewant, vgl. Nib. 1114, 4. 1242, 3. 1369, 3. 1433, 4. 1540, 3. Bit. 32ᵇ 33ᵃ und die s. 705 aus Ernst angeführte stelle.

f. 402. hier ist auch l. Roth. 363 zu bemerken: nulli sit licentia *iterantibus herbam negare* etc.

## III. *zum zweiten buch.*

f. 404. nach einem spruchbrief des raths von Zürch a. 1197 verurtheilte das gericht eine frau, die eine andere geschlagen hatte, zu nicht mehr als *halber buße.* allein der rath entschied, daß sie gleich einem mann gerichtet werden sollte. (die ritterburgen der Schweiz. Chur 1828. 1, 436.)

f. 405. wegen der fries. buße für frauen vgl. f. 660.

f. 412. eine merkwürdige stelle des Rienecker w. lautet: sie haben auch getheilet u. zum rechten gesprochen, ob ein *freimagd* oder *knecht* jar u. tag giengen und sich nit verandern wolten, wenn sie *zu iren tagen quemen,* wer die sein, das man erkennet, *das sie sich zwischen zweien gerten gurten mogen,* so sollen sie mein herr dienen gleicherweis als ander seine freileut ohngeverde. Der redensart sich zwischen zwein gerten (virgis) gürten bin ich sonst noch nicht begegnet, sie scheint aber hier den eintritt der pubertät durch ein von der veränderten kleidung hergenommnes bild auszudrücken, wo nicht gar der sinn verblümt ist. Altrömisch bedeutete *vesticeps* puber, *investis* impuber, von vestis pubes. Gellius 5, 19; *vesticeps,* puer qui jam vestitus est pubertate. Festus s. v.

f. 439. heirath zwischen *freien* und *unfreien,* wenn auch verboten und nach einigen gesetzen strafbar, wirkte nichts destoweniger eine gültige ehe, nur in hinsicht der kinder mit den f. 324. 325 dargestellten folgen. Ferner konnte eine zwischen freien geschloßne gleiche ehe hernach ungleich werden, insofern sich der mann, ohne

die frau, in ein hörigkeitsverhältnis ergab, vgl. den zu-
fatz zu f. 327.

f. 446. dem Wendhager w. ift die vorhin zu f. 296
nachgetragne ftelle des Salzfchlirfer beizufügen. vgl. auch
f. 571.

f. 467. man fehe noch über *fippe* folgende ftellen: *gi-
fibba* (cognata) O. 1. 5, 117. finen neheften *fippeteilen*
(cognatis) Schöpfl. nr. 785. p. 56 (a. 1293); *verchfippe*
Wh. 2, 75ᵇ *fippebluot.* Reinhart fuhs 1741.

f. 467. hier hätte der *einfluß der fippe* nicht nur auf
die erbfchaft, fondern auch auf die fehde, die eideshülfe
und das wergeld hervorgehoben werden follen.

f. 468. usque in *feptimam* propinquitatem. l. bajuv.
7. 19, 4.

f. 470. ahd. *avaro* (proles, filius) altf. *abharo*, agf.
*eafera*, vgl. f. 418 das goth. *aba*, vir. Ahd. *nebo, nevo*,
agf. *nefa* (nepos).

f. 472. 2, *a.* im eigentlichen Deutfchland fagt hier zu
viel, es follte heißen bei den *Franken* und *Alamannen*,
wie noch nach fchwäb. landr. 285, 5 (Senkenb.) töchter
durch die föhne nur von liegender habe ausgefchloßen
werden, nicht von fahrender. In *Sachfen* dagegen galt
ausfchließung der frauen von *allem erbe*, liegendem fo-
wohl als fahrendem und *daher* leitet Haffe (in Savignys
zeitfchrift 4, 72. 88. 89) den urfprung der fächfifchen
*gerade.* Die Schwäbin, Fränkin, Baierin erbte fahrende
habe gleich den männern, fie bedurfte keiner unter-
ftützung; die Sächfin aber hätte gar nichts empfangen,
wäre ihr nicht durch die *gerade* zu hilfe gekommen wor-
den. *) Das fächfifche recht fteht folglich dem nordifchen
näher, nur daß diefes bald den weibern eine quote der
erbfchaft bewilligte.

f. 475. in einigen gegenden Frankreichs war dem *äl-
teften* fohn der baum vor dem burgthor *vorbehalten:*
*l'orme planté dans les perrons* eft compris dans plufieurs
coutumes dans la portion des fiefs refervée *par préciput*
à l'aîné. Legrand fabliaux 1. 119.

f. 479. in einer predigt des 12. jh. heißt es: die ge-
bruodire *teilent ir erbe* hie in dirre werlte ettewenne
*mit feilen*, da denne daz feil hine gevellit, ez fi ubel oder
guot, da muoz ez, der nemin, der denne wellin fol.
Diut. 2, 279.

---

*) völlig erklärt dies doch nicht den grund der *gerade*, nach
dem was ich f. 584 bemerkt habe.

f. 481. hier war unter III. vor allem der falifchen und ripuarifchen *erbeinfetzung* zu gedenken, die oben f. 121 befchrieben ift; *heredem deputare, de fortuna dare, adoptare in hereditatem* l. fal. 49 rip. 48. 49. vgl. Rogge f. 105. Technifcher ausdruck hierfür war *affatomire, adfatimire,* welches ich gern aus fathom (finus, amplexus) ahd. fadum, agf. fâdm, altn. fadmr leitete, wenn handfchriften die fchreibung affathomire, adfathimire beftätigten. In den paßauer traditionen bei Freyberg nr. 10 (aus dem fchluß des 9. jh.) muß wohl ftatt adfetemvis gelefen werden *adfetemiis,* d. h. den auf diefe weife übergangenen grundftücken.

f. 487. Saxo gramm. lib. 8. p. 159; cumque nullum, parum fuppetentibus alimentis, trahendae famis fupereffet auxilium, Aggone atque Ebbone auctoribus, plebifcito provifum eft, ut *fenibus* ac *parvulis caefis,* robuftis duntaxat patria donaretur. vgl. Müller über Saxo p. 134.

f. 489. auch vom Cantaber heißt es bei Silius Italicus (Punica 3, 328. Ruperti 1, 212):

mirus amor populo, quum pigra incanuit aetas,
*imbelles* jam dudum *annos praevertere faxo.*
vgl. Valerius Flaccus Argon. 6, 125 von den Iazygen.

### III. *zum dritten buch.*

f. 493. für den langen vocal in alôt, alôd entfcheidet die form *alaudes* (mafc.) die fich in urk. aus weftgoth. gegenden vom jahr 888 und 893 findet, bei Baluz 2, 1515. 1522. Gothifch demnach *alauds.*

f. 503. *fuperfilvatores* in einer urk. von 908. Joh. Müller Schweiz 1, 236.

f. 508. fi habin ouch daz recht, wenn ir dheiner *bewholzs* bedarf, der fal *mit hanginden henden* gehin vor den ubirften vorfter, daz ift in ieder hende ein hun u. einen fchilling pfenge in der andern hant, fo fal er huwen wes er bedarf zu fime gebuwe. Hornii vita Frider. bellic. p. 668 (a. 1384.)

f. 514. *peitfcht* in der Fifchbacher formel fcheint misverftanden aus *peitet, beitet* (wartet.) Die fünfte parallelftelle bietet nun auch das Dietzer w. dar: item haint die amplute dem landman geftalt, fo wo ein man in einen wald fore in der gravefchaft u. *holz da inne hübe, bi deme dage,* und er das enweg forte in ein ander marke, was der darumb gebrochen habe? daruf hat der landman gewifet: *wan er heuwet, fo ruft er, wan er ledit, fo beidet er* u. wan er uß der mark kompt in ein ander, fo eniſt er nit pandtbar.

f. 526. wer, nach altſchwediſchem recht, etwas in der mark *umzäunte*, ohne widerfpruch zu erfahren, erwarb das ſtück, fobald *zwei zäune verfault* waren und der dritte angelegt wurde. Stjernhook p. 268: praefcriptio currebat, cum fepibus aliquid in communi filva comprehenfum eſſet et ad conniventiam vel taciturnitatem eorum, quorum interfuit, tamdiu ufurpatum, donec putrefactis duabus tertiam reſtauraſſent. Nach Helfingalag erwirbt einer vom gemeinland, quousque jumentum agere poſſet *cum dies eſt breviſſimus,* fic ut domo abiens paulo ante folis exortum cum caeforum palorum vehiculo redire poſſit ad meridiem. Stjernh. p. 269.

f. 535. Wigand (von den dienſten. Hamm 1828. p. 22-24) weiſt nach, daß das *jugerum* (juchart) auf ackerland, die *jurnalis* (tagewerch) aber auf nach den huben eingetheiltes *weideland* (und auf weinberge) beziehung hat. damit ſtimmt überein, wenn es in Langs reg. 4, 163 (a. 1281) **XXIV** *prata* vel *tagwerk* und 4, 219 (a. 1283) *tagwerch in prato* heißt.

f. 535. eine paßauer urk. des 8. jh. (Freyberg nr. 67) hat für manfos überall *manfas*, dominicales et veſtitas nr. 72 (a. 805) hingegen *manfos, plenos* (d. i. pleniter emenfos.)

f. 536. eine urk. vom j. 893 bei Baluz 2, 1523 gebraucht die mit veſtitus und abfus gleichbedeutigen ausdrücke manfus *coopertus* und *difcoopertus.*

f. 542. die echtheit der urk. 866 bei Neugart vom j. 1155 (nicht 1185) wird angefochten, vgl. Joh. Müller Schweiz 1, 98. 99.

f. 546. et poſtea illam (marcam) *in giro circumduxerunt.* tradit. patavienſ. nr. 20 (a. 818-838.)

f. 566. *vieh, waffen, kleider* waren dem hirten und jäger das werthvollſte feiner fahrenden habe, der ackerbauer rechnete vor allem fein *getraide* dazu. Die alten bußen wurden in *vieh* und *getraide* angefchlagen. In einer paßauer urk. nr. 85 fchenkt ein begüterter fein liegendes eigen (terram et aedificia) dem ſtift, feinen erben das fahrende vorbehaltend (*granum,* five in area, five in campis, et *pecudes.*)

f. 584. auch bei dem *heergewäte,* wie bei dem beſthaupt, könnte man fich erinnern, daß unfere heidnifche vorfahren *pferd und waffen* des todten helden *mit ihm begruben,* alfo von dem erbgut *fonderten.* Nach

Vatnsdœla cap. 3. wurde alles, was der held im krieg erobert hatte, *nicht vererbt*, vielmehr mit begraben, er nahm diefes eigenfte eigen mit in die unterwelt; vgl. Geijer fv. häfv. 1. 285. Die *fonderung* diefer gegenftände war hergebracht und durch fitte geheiligt; wem ftand, nachdem das mitbegraben aufhörte, mehr anfpruch auf fie zu, als dem *fohn?* In nord. fagen gräbt der fohn des vaters hügel auf, um fich feines *fchwerts* zu bemächtigen. Zum *befthaupt* wie zum *beften pferd* des heergewätes wurden männliche pferde verlangt (f. 368. 571.)

f. 592. desgleichen in einer heffifchen urk. von 1539. bei Lennep p. 505: der hofmann in dem hof foll halten ein *ochfen* u. ein *beeren*, ane der menner fchaden. der *ochfe* fol gehen in der winterfrucht bis Walpurgis u. in der fommerfrucht bis S. Johannis tag zu mitten im fommer und *der junge fol dem alten folgen.*

f. 595. Hibernenfes dicunt, *gallinae*, fi devaftaverint meffem aut vineam aut hortulum in civitate *fepe* circumdatum, *quae altitudinem habet usque ad mentum viri et coronam fpinarum habuerit*, reddet dominus earum, fin vero, non reddet. fi vero foras exierint *ultra ficcatorium*, dominus reddet fi quid mali fecerint. capitula felecta ex lege Hibern. (e libro 51. cap. 9), in d'Achery fpicil. Paris 1723. tom. 1.

## V. *zum vierten buch.*

f. 600. hätte auch das alte *fidem facere*, geloben, pacifci angeführt werden follen; cum feftuca *fidem facere* (oben f. 123) l. rip. 30, 1. fal. 53.

f. 604. an das *kerbholz* hat auch Schrader erinnert im civil. mag. 5, 174; man vgl. die fpartanifche σκυτάλη.

f. 605. die altfranzöf. fprache hat für *handfchlagen* in diefem finn *ferir la paumée, palmoier le marché* (von palma, manus); Méon nouv. recueil 1, 297. 298.

f. 606. *übermacht*, altn. *ofurefli, vis major*, entbindet von der vertragsmäßigen verbindlichkeit. ich hole hier die *alten formeln* nach, die hauptfächlich bei der pacht und miethe in betracht kommen, wenn die bedungne fruchtlieferung oder die rückgabe der geliehnen fache nicht erfolgen kann. Sie pflegen beim abfchluß des vertrags gleich als *ausnahme* namhaft gemacht und von einem oder dem andern theil übernommen zu werden. Quodfi *Reni effufio*, aut *infperata perfecutio*, vel *aëris* etiam *mutatio*, ut eft *grando*, praedictum ter-

ritorium vaſtaverint. Gudenus 1, 401 (a. 1150); cum
exceptione *grandinis* et *publici exercitus.* id. 1, 308
(a. 1191); ſi *flagellum* aliquod ſeu *evidens neceſſitas*
ingruerit. Schöttgen et Kreys. 1, 761 (a. 1268); non
obſtante *aliqua occaſione* vel *infortunio.* idem 1, 802
(a. 1283); non obſtante etiam *grandine, exercitu, ſte-*
*rilitate* ſeu alio *caſu fortuito* qualicunque. Lehmann
ſpeir. chron. lib. 4. p. 303 (a. 1291); preterea *grandines,*
*expeditiones* et *pericula*, quecunque in ipſis bonis eve-
niant, in noſtrum damnum redundabunt. Kuchenb. anal.
haſſ. p. 298; *violento* potentum *exercituali invaſione*
vel *tranſitu* aut *grandinis* vel *aurae intemperie.* Hont-
heim 2, 239 (a. 1367); ex *ſterilitate anni* vel ex *ex-*
*peditione publica* vel ex alia *aura*, quod vulgariter di-
citur *hagel und her.* ch. argentin. a. 1340 bei Schilter
im gloſſ. p. 452. Wehner obſerv. pract. f. v. ausgenom-
men (Ff. 1615. p. 43) gibt folgende beiſpiele: ausg. *ha-*
*gel, wind, heierreis* (heerreiſe) u. *flugfeuer* (ſcintillae
vento diſperſae, vgl. Königshoven p. 865); *hagel, heier*
u. *wetterſchad; miswachs, krig, reif, ungewitter,*
*brand, raub.* Das weſtgoth. geſetz (rätlöſ. 2, 3) ver-
ordnet von dem hirten, deſſen aufſicht ein thier über-
geben war: ex caſu fortuito vel fatali nemo tenebitur,
quales ſunt *incendium, rapina, urſorum incurſus* aut
ſi *bos cornu* aliquem *petat* et *mortalitas.* griff aber ein
wolf die heerde an, ſo muſte der ſchäfer ein ſtück des
zerrißnen thiers vorzeigen (vgl. oben ſ. 594 über das
mitbringen der thierhaut.) Incendium drückt der text
aus durch *aſikkiä eldhar*, ſchwed. åſkeeld, åſkeld, d. h.
donnerſtrahl, blitzſtrahl; aſikkia, ſchwed. åſka (tonitru)
hat Ihre 1, 58 treffend aus as-ickia, des aſen (d. i.
Thors) wagenfahrt erklärt. den Gothländern heißt der
donner thorsåkan, den Angelſachſen þunorråd (von råd,
currus.)

ſ. 613. gein den luten, die man nennet *ſcheldere.* Fi-
chards Wetteravia 1, 191; hat derſelbe biſchof Johans
*ſcheldbrieve* ubir uns geſant. ibid. 196; ſunderlichen, die
wile in *die gernden lude, die man ſchelter nennet*, die
warheit umb forchte willen nicht gedorrin ſagen. ibid.
p. 204. (a. 1405.) gernde liute ſind herumziehende ſänger.

VI. *zum fünften buch.*

ſ. 627. item wer es auch ſache, daß einer mit gerichte
angeſprochen würde mit zu Elſe an der falderſulen und
würde der ermordet, daß er *half fiele* in die grave-

fchaft und *half* zu Elfe zu, daß *er of der mitte* lege,
den enfolden die von Elfe nit ofheben, fie en hiefchen
den laube an den herren der graffchaft oder iren ampt-
leuten Dietzer w.

f. 640. auch den Friefen war die nord. weife der haus-
fuchung bekannt: aldeerma een man fin gued of ftelt
ende mitta frana comt to fines bures hus ende deer in
feka wil, fo fchil hi oerlef bidde ende dat gued naemna,
del hi feka wil. jef hit fodeen gued fi, datmet moege
*oen der hand biluka* jefta *onder due fchaet bihiella*,
foe fchil di frana in gaen ende faun dis koninges orke-
nen mit hem, *al gripende aermen ende ongert ende
onbroket ende berfoet*, dat hia *neen gued in draga
moge*, deer hia mede fchadigie da onfchieldiga manne.
Fw. 84. 85. diefe friefifche redaction befeitigt den einen
einwurf des Gajus (fi id quod quaeratur ejus magnitu-
dinis etc.), da die hausfuchung nur dann eintreten foll,
wenn fich die entwendete fache in der hand bergen
oder im fchoß verhüllen läßt.

f. 643. Göthe fagt (ausg. letzter hand 4, 235):
höre jeglicher *fchelte* drohn.

f. 656. diefer fredus war im mittelalter zuweilen ganz
gering: zum andern foll die mark fo frihe fein, fchlüg
einer einen tod darauf, foll er den obgen. zweien herrn
von Heffen u. Naffau mit *dreien hellern* gebeßert ha-
ben, er fehe furter, *wie er von den freunden komme*
(wie er die verwandten des getödteten abfinde.) Ban-
fcheuer w.

f. 663. von zuziehung der verwandtfchaft zum wer-
geld handelt jedoch *ausführlich* das friefifche recht. Fw.
261-266. vgl. Neocorus 2, 545 und Probert p. 260.

f. 677. eines fonderbaren bußanfatzes gedenkt das
Wendhager bauernrecht: der junge bauer foll die bauer-
fchaft erkennen mit einer halben tonne bier und zwei
henkelmanns; fo er fich des wegerte, foll er eine *halbe
tonne hafelnüße* geben und *bei jeder nuß eine keule, damit
man fie auffchlägt.*

f. 683. wegen *fteil* vgl. f. 884. 885.

f. 689. in einer formel bei Arx S. Gallen 2, 602: er
foll das *haupt* vom körper *abfchlagen* fo weit, daß ein
wagenrad zwifchen dem körper und haupte hingehen
möge.

f. 695. leiddo þá mey *i mýri fuia.* Saem. 238.

f. 711. die Ammoniter *fcheren* Davids boten *den bart halb* und fchneiden ihnen die *kleider halb* bis an den gürtel. II. reg. 10, 4.

f. 721. videbat in foro *lapidem politum*, catena ferrea alligatum, quem adulterium perpetrantes *per civitatem* illam (Spiram?) *ferre* cogebantur, tam viri quam mulieres. Wolf lect. memor. 2, 429 aus den memorab. des Joh. Gaft, der im 16. jh. zu Speier und Bafel lebte.

f. 725. der ftrafe des *dachabdeckens* gleicht, daß ftädte, die fich an ihrem oberherrn vergangen haben, ihr *thor ausheben*, worüber er beim einzug reitet: das *tor*, da er und die feinen eingefhüret (gefänglich eingebracht worden waren), *aus den helpen heben* u. nidder legen u. *ime darüber reiten* laßen. Kantzow Pomerania 2, 195 (a. 1480.)

f. 732. *ze ahte* u. *ze banne*. MS. 1, 1ª.

f. 733. über *warc* anm. zu Iwein p. 381. hellewark Diut. 2, 291.

f. 744. bei der blutrache und nothwehr fchreiben die leges Henrici I. (Canc. 4, 406) dem thäter folgende förmlichkeit vor: fi quis in vindictam vel in fe defendendo occidat aliquem, nihil fibi de mortui rebus aliquis ufurpet, non equum, non galeam vel gladium vel pecuniam prorfus aliquam. fed ipfum corpus folito defunctorum more componat, caput ad oriens, pedes ad occidens verfum, fuper clypeum, fi habeat, et lanceam fuam figat et arma circum mittat et equum adregniet et adeat proximam villam et cui prius obviaverit denuntiet.

VII. *zum fechften buch.*

f. 748. in Friesland hieß die gerichtsftätte *lôg;* eta *mêna lôge*, in der gemeinen volksverfammlung Br. 2. 5. 7. 34. 138. 140. die bedeutung des worts fcheint fecelfus, angulus, vgl. lôgum (angulis) Br. 167. agf. *lôh* (fedes) ahd. luag O. II. 11, 46. luog W. XXXIII, 12. mhd. luoc, bei Rudolf v. Montf.

f. 749. daß das recht nicht vom richter ausgeht, nur unter feinem vorfitz von der gemeinde gefunden wird, bezeugt recht klar folgende gewohnheit des Delbrücker lands: wenn beim jahrgericht der droft den vorfitz zu übernehmen hatte, fo giengen ihm die Delbrücker entgegen bis an den fchlingbaum vor der füdmühle und ftellten ihm die frage, ob er das recht *bringen* oder bei ihnen *finden* wolle? auf feine antwort, er wolle es

bei ihnen finden, geleitete man ihn zur gerichtsſtätte.
Beſſen geſch. von Paderborn 2, 145 ff.

ſ. 753. ich habe bei *graphio* auch an das lat. gra-
phium und das gr. γραφεύς (ſchreiber) gedacht, womit
das franz. *greffier* (gerichtſchreiber) zuſammenhängt. al-
lein die würde des altfränk. graphio erſcheint doch von
der des bloßen ſchreibers und notars in zu weitem abſtand,
obſchon der ſpätere grebe noch unter dem greffier iſt.

ſ. 772. Sahſo bedeutet einen meſſerträger und ſchon
Hengiſt bei Nennius ruft ſeinen kriegern zu: nimed eovre
ſeaxas! Noch im anfang des gegenwärtigen jh. bei der
beſitznahme Hildesheims durch Preußen ſollen, wie mir
mündlich erzählt worden iſt, die bauern einen preußiſchen
fiſcal, der ſich in ihr holtding eindrängte und neuerungen
machen wollte, zur flucht genöthigt haben, indem ſie
plötzlich ihre in den boden geſteckten meſſer auszogen
und drohend erhoben.

ſ. 780. nicht eigentliche gerichte waren die *nemeden,*
ſondern *reihen der eideshelfer* (vgl. ſ. 763.)

ſ. 785. es freut mich, daß ein ſo gründlicher forſcher,
wie Phillips, nunmehr gleichfalls zuſammenhang der *ge-
ſchwornen* mit ſchöffen und eideshelfern annimmt (engl.
rechtsg. 2, 287); früher hatte er die geſchwornen als et-
was neu entſtandnes dargeſtellt (agſ. rechtsg. ſ. 209.)

ſ. 834. nachrichten vom frankfurter *oberhof* ſtellt Tho-
mas in der Wetteravia 1, 270-273 zuſammen.

ſ. 851. geſchöpft hat Gunther aus Otto friſing. de geſt.
Frid. II, 12: ibi ligno in altum porrecto *ſcutum ſuſpen-
ditur*, univerſorumque equitum agmen feuda haben-
tium *ad excubias* proxima nocte principi *faciendas*
per curiae praeconem expoſcitur. Hieraus erhellt, daß
es auf eine *ſchildwacht* ankam, welche die vaſallen zu
leiſten hatten; immer aber ſcheint die aufrichtung des
herrnſchilds das feierliche ſymbol der gegenwart des für-
ſten im heer oder im gericht.

ſ. 856. außer zeugen und urkunden *bewies* auch nicht
ſelten die *vorzeigung der thatſache* vor gericht, nament-
lich das ſignum de corio (ſ. 594), des leichnams und der
hand (ſ. 880).

ſ. 861. expurgatio cum teſtibus *nominatis*, quod vulga-
riter mit den *genannten* dicitur. Lang reg. 4, 22 (a. 1276).

ſ. 896. die ſtelle vom baugr tvîeyringr auch fornman-
naſögur 3, 105. 106.

# Verzeichnis der gebrauchten weisthümer.

(die befternten find ungedruckt.)

Benker heiderecht v. Steinen 1, 1809-1814.    Weſtphalen
Benshauſer w. (a. 1405) Schultes Henneb. 2, 201. 202.    Henneberg.
*Benshauſer holzordn. (a. 1569.)    Henneberg.
Berger w. (a. 1382) beſchr. v. Hanau 1720. p. 69. 70.    Hanau.
Berkhover hofesrecht (a. 1566) v. Steinen 1, 1767-1771.    Weſtphalen
   Rive 467-470.
Berſtädter w. (a. 1489) Bodm. p. 51. 605. 607. 697.    Rheingau.
Bettmarer vogtding. Nolten p. 178-182.    Braunſchw.
*Bibrauer w. (a. 1385) zwiſchen Offenbach u. Seligen-
   ſtadt.    Wetterau.
Bieger w. vgl. Reinhard forſtr. p. 162. 163.    Iſenburg.
*Bingenheimer w. (a. 1434. 1441.)    Heſſen.
Bingenheimer w. (a. 1554) Stiſſer p. 12. Reinh. p.
   251-264.    Heſſen.
Biſchweiler w. (a. 1499.) journ. v. u. f. D. 1790. 298-
   302.    Pfalz.
Birgeler w. (a. 1419) Bodm. p. 775. Kindl. hörigk.
   nr. 159.    Rheingau.
Blankenberger w. (a. 1457) Kindl. hörigk. nr. 173.    Berg.
Blankenrader w. (a. 1556) Reuſs ſtaatscanzl. 17, 131-136.
Bochumer landr. Weddigen neues mag. 2, 205-212.    Weſtph.
Boeler lehnbank (a. 1500) v. Steinen 1, 1330-35.    Weſtph.
Bornheimerberg w. (a. 1303) beſchr. v. Hanau 71-74.
   Gudenus 5, 1001.    Hanau.·
Bornheimerbergs landger. (1400. 1435) Orth rechtsh.
   2, 432-467.    Hanau.
Brackeler gerechtigk. (a. 1299) v. Steinen 1, 1819-1832.    Weſtph.
*Breidenbacher w. (15. jh.)    Heſſen.
Breidenbacher rügegericht. Eſtor. anal. 3, 89.    Heſſen.
Bretzenheimer w. (a. 1578) J. A. Kopp de jure pign.
   conv. p. 70-109. ausz. b. Hofmann p. 63-70.    Pfalz.
Bruſchwickersheimer dingshof. Senkenb. C. J. G. I.
   2. nr. 14.    Elſaß.
Büdinger w. (a. 1338) Reinhard 261-64. Stiſſer p. 12.    Iſenberg.
Bülfrigheimer w. (a. 1406) Wertheimer ded. nr. 40.    Franken.
Büttelbrunner w. (a. 1443) — — — 43.    Franken.
Buttenhauſer dorfordn. (1601-1788) Mader 11, 489.
*Camberger, Würgeſer u. Erlebacher märkerding (a.
   1421.)    Naſſau.
Capeller dingrotul. Schilter cod. jur. feud. p. 372.    Elſaß.
Celler hubnerger. w. Kuchenb. 3, 98. 99.    Heſſen.
Chiemſeer gotteshausr. (a. 1462) M. B. 2, 507.    Baiern.
*Clever waſſerrecht (1441.)    Cleve.
Coburger urbarium (um 1300) Schultes Cob. im mittel-
   alt. p. 35-73.    Thüringen.
Cölner dienſtrecht. Kindl. 2, 68-90. lat. u. deutſch.    Cöln.
Conzer w. (a. 1545) Ritz 1, 94. 95.    Trier.
Corveier feldgericht. Letzner Carol. m. Hildesh. 1603.
   c. 16.    Weſtph.
Crainfelder pfingſtger. Kuchenb. 3, 206-209. Hall-
   wachs 100-102.    Heſſen.
*Crombacher w. (a. 1496.)    Hanau.
Crumbacher w. (15. jh.) Senkenb. C. J. G. I. 2. nr. 10.    Catzenelnb.
Dachsweiler w. (a. 1507. 1569.) Meichſner 2, 201-204.    Pfalz.

Daufenauer bubenger. (1716) Hofmann 156-173. — Naſſau.

Dehmer w. (a. 1688) Piper nr. 8. p. 253-260. — Weftph.

Delbrücker w. jb. der preuß. gefetzg. heft 57. — Weftph.

Deuzer rechte (13-14. jh.) Kindl. famml. p. 133-138. — Weftph.

Dieburger w. (a. 1429) Retter heff. nachr. 4, 381-395. — Catzenelnb.

Dicfenthaler w. (a. 1449) Wertheimer ded. nr. 44. — Franken.

*Dietzer gerechtigkeit (a. 1424). — Naſſau.

Dierener markenr. (a. 1524) Bondam 1, 544. — Utrecht.

der XV dörfer (a. 1489) Bodm. p. 697-699. — Rheingau.

Dorftener hofesrecht (a. 1545) Rive 1, 458-466. — Weftph.

Dreieicher w. (a. 1338) Stiffer p. 4. ibiq. cit. — Ifenburg.

Dreißer w. (a. 1588) Ludolf p. 263. — Trier.

Ebersheimer falbuch (a. 1320) Schilter c. j. feud. p. 365. — Elfaß.

Ebersperger vogteirecht (a. 1500) MB. 25, 568-571. — Baiern.

Eckbolzheimer hofrecht. Schilter c. j. feud. p. 375. — Elfaß.

Eichelberger markordn. Krebs de ligno et lap. 1700. p. 265. 266. — Naſſau.

Eichener w. (a. 1340) Bodm. p. 57. lat. — Rheingau.

Eilper hofsrecht. v. Steinen 1, 1264-66. — Weftph.

*Eifenhaufer eigengericht (a. 1485.)

Eifenhaufer eigengericht. Kuchenb. 3, 92-94. }

Eifenhaufer eigenbuch. Waldfchmid de bom. propr. } Heffen.
p. 33-44.

Elmenhorfter hovesrecht (a. 1547) v. Steinen 1, 1728-1749. — Weftph.

*Emmerichenhainer w. (a. 1556.) — Naſſau.

*Emfer w. (a. 1469.) — Catzenelnb.

Engerer hausgenoßenrecht gen. Ramei. Piper bede-
muthsrecht. Halle 1761. p. 88-40. — Weftph.

Engersgauer bergpflegenfreiheit (a. 1538) Günther 5.
nr. 113. — Trier.

Ensdorfer gerichtsordn. M. B. 24, 281-329. — Baiern.

*Erfelder w. (a. 1516.)

Erfelder centw. (18. jh.) G. L. Böhmer. el. 410-414. } Catzenelnb.
Hallw. 122-125.

Erlenbacher, Camberger u. Würgeßer w. (a. 1421)
Reinh. d. j. f. 195-243. — Naſſau.

Erringer gewohnheitsr. (a. 1378) M. B. 23, 226-280. — Baiern.

Efchborner w. (a. 1447) verf. der burg Cronenberg
1748. p. 111-115. — Wetterau.

Effener ftiftshofrecht v. Steinen 1, 1752-1767. Rive
511-520. — Weftph.

Feldheimer dorföffnung. Füeßlin im bamb. mag. 12,
164. 173. — Schweiz.

Fifchbacher w. (a. 1559) geöffn. archive. München
1822. heft 4. — Pfalz.

Foffenhelder w. (a. 1444) Reinh. d. j. f. 264-276. }
*        ältere von 1383. 1410. } Catzenelnb.

Franker herrengerichtsw. (a. 1512) Günther 5, 65. — Trier.

Frankfurter fronhofsding (a. 1485) Senkenb. I. 2. nr. 8.
auch in J. B. Müller ftift Bartholomä cap. 9. §. 7. p. 57. — Wetterau.

*Friedewalder w. (a. 1436.) — Heffen.

Früchter w. (a. 1657) auf dem Hairich. Ludolf p. 288. — Trier.

Galgenfcheider w. (a. 1460) Günther 4. nr. 281. — Trier.

Galmitshaufer w. (a. 1404) Meufel gefchichtf. 7, 167-169. — Henneberg.

Gärteshecken w. (a. 1540) Reinh. d. j. f. 205-211.    Naſſau.
Geiener w. (a. 1643) Lodtmann de jure holzgr. 106-114.    Weſtph.
Geinsheimer w. (a. 1455) deduct. über G. 1737. p. 190-
192. u. Buri erl. des lehnr. p. 979.    Iſenburg.
Geinsheimer hubgericht (a. 1470). Buri p. 979-981.    Iſenburg.
Geißpolzheimer dingrodel b. Dürr de cur. dominic.    Elſaß.
*Gerauer w. (a. 1424.)    Catzenelnb.
Gläner holzgericht (a. 1574) Stiſſer p. 39.    Weſtph.
Gleeßer w. Günther 4. p. 639. note.    Trier.
Glenzer dingtags interrogatoria (a. 1572.) Günther 5.
nr. 175.    Trier.
S. Goarer w. (a. 1385) Günther 3, 599. auch hand-
ſchriftl.   } Catzenelnb.
S. Goarer w. (a. 1640) Hofmann p. 147-156.
Golterner w. (a. 1618. 1647) Strube 1. bed. 155. p.
365. 371.    Hannover.
*Grebenhauſer w. (a. 1413).    Catzenelnb.
Grebenſteiner ſalbuch (a. 1571) Kopp nr. 86.    Heſſen.
Greggehofer hofr. (a. 1387) M. B. 23, 262-266.    Schwaben.
Greilsperger hofmarkehebaft (a. 1561) Seifrieds ge-
richtsbarkeit in Baiern. Peſt 1791. 1, 230-235.    Baiern.
Grenzhauſer w. (15. jh.) Senkenb. I. 2. nr. 9.    Iſenburg.
Großen u. Kleinengieſer freidingsartikel. Nolten de
jur. et conſ. p. 173-178.    ?Braun-
ſchweig.
Großenmunzeler holzgericht (a. 1605) Pufend. 1. obſ.
233.    Schaumb.
Grußenheimer hoverecht. Schilter cod. j. f. p. 369.    Elſaß.
Gugenheimer w. (a. 1487) Schneiders Erbach p. 591.
592 ſ. Jugenheim.    Catzenelnb.
Gülicher waldw. Ritz 1, 150.    Jülich.
Gümmerwalder holzgeding (a. 1674) Strube 5. bed.
121. p. 255.    Calenberg.
Hagener veſtenrecht (a. 1513) v. Steinen 1, 1271-79.    Weſtph.
Hägerſch gerichtsbegriff (a. 1711) Nolten de ſing. jur.
148-154.    Braunſchw.
Haidenfelder w. (a. 1420) Wertheimer ded. nr. 43.    Franken.
w. im Hamme (a. 1339) Günther 3. nr. 254.    Trier.
der vier harden recht (a. 1559) Dreyer verm. abh.
1109-1128.    Nordfriesl.
Hartheimer w. (a. 1424) Wertheimer ded. nr. 38.    Franken.
Harzer forſtding (a. 1420-1490) Leibn. 3. nr. 21.
Meyer bergwerksverf. Eiſenach 1817. 154-180.    Braunſchw.
Haſeder meierding. Pufend. introd. in proc. civ. 783-
786.    Hildesheim.
Haſelacher hubrecht (a. 1336) Schilter c. feud. p. 371.
Schöpfl. n. 966.    Elſaß.
Heddesheimer w. Bodm. 385. Dahl urk. p. 59. 60.    Rheingau.
Heidenheimer bauding (a. 1400. 1482) ſel. norimb. 1,
346-348.    Franken.
Helbingſtadter w. (a. 1410) Wertheimer ded. nr. 45.    Franken.
Heldburger centgerichtsbrauch (a. 1590) Röder von
erb und landger. Hildburgh. 1782. p. 45-51.    Thüringen
Helfanter w. (a. 1600) Ludolf 3, 278.    Trier.
Herdiker burſprake (nach 1581) v. Steinen 4, 101-106.    Weſtph.

| | |
|---|---|
| Herdiker hovesrechte (16. jh.) daſelbſt 4, 107-113. | Weſtph. |
| *Hernbreitinger petersgericht (a. 1460-1506.) | Henneberg. |
| Heuchelheimer vogteigericht. Hallwachs p. 84-87. | Heſſen. |
| w. zum Heuſeils (a. 1491) Hallwachs p. 109. 110. | Wetterau. |
| Hildburghauſer centgerichtsordn. Röder l. c. p. 66-71. | Thüringen. |
| Hildesheimer meierding. Nolten de ſing. praed. p. 121-126. | Hildesh. |
| Hirzenacher w. (a. 1451) Günther 4. nr. 236. | Trier. |
| Hofſtätter kellerger. ſel. norimb. 3, 143-146. | Franken. |
| Hofſtetter gerichtsw. (a. 1552) Schneider Erbach 570-572. | Franken. |
| Hoheneggelſer meierding (a. 1722) Nolten de ſing. p. 119. 120. 126. 136. | Hildesh. |
| *Hohenweiſeler w. (a. 1481.) | Heſſen. |
| Holzfelder w. (a. 1473) acta acad. pal. 7, 509-513. | Pfalz. |
| Holzkircher w. (a. 1406) Wertheimer ded. nr. 144. | Franken. |
| Holzkirchhauſer w. (a. 1449) daſ. nr. 47. | Franken. |
| Homer markenprot. (a. 1490) Nieſert 2, 143. 144. | Weſtph. |
| Horſeler nothholting (a. 1580) daſ. 2, 145-150. | Weſtph. |
| *Hundszageler w. (a. 1407.) | Catzenelnb. |
| *Ickſtadter w. (a. 1483.) | Heſſen. |
| Jegger holzungsartikel (a. 1721). Lodtm. de jure holzgr. p. 117-123. vgl. Geiener, Jegener mark. | Weſtph. |
| Ingelheimer w. Bodm. p. 384. | Rheingau. |
| Joſſer w. (a. 1451.) ded. vom Joſsgrund nr. 24. | Hanau. |
| Irlicher w. (a. 1378) Günther 4. nr. 348. | Trier. |
| Irſcher w. (a. 1497) Senkenb. medit. p. 718-729. | Trier. |
| Jugenheimer w. (18. jh.) Hallwachs p. 120-122. 134-136. G. L. Böhmer elect. 420-422. vgl. Gugenheim. | Catzenelnb. |
| Kaltenholzhäuſer w. (a. 1423) Reinh. d. j. ſ. 203. 205. | Diez. |
| Kaltenſondheimer w. (a. 1447) Schultes Henneb. II. 1, 138. | Henneberg. |
| Keucher (Kaicher) w. (a. 1439) Orth rechtsh. 3, 709-712. <br> Keucher landgericht (15. jh.) daſ. 3, 687-707. | Wetterau. |
| Keßlinger w. (a. 1395) Günther 3. nr. 646. | Cöln. |
| Kirburger w. (a. 1661) Reinh. d. j. ſ. 211-222. | Naſſau. |
| Kirdorfer gericht. Kuchenb. 3, 94-96. | Heſſen. |
| *Kirtorfer w. (a. 1339.) | Wetterau. |
| Kleinheidbacher w. (a. 1454) Schneider Erbach p. 303. | Franken. |
| Kleinwelzheimer w. (a. 1533) Steiner Seligenſtadt p. 365. | Wetterau. |
| Köſchinger ehaftding (a. 1537) M. B. 18. p. 692. | Baiern. |
| Krotzenburger w. (a. 1365) Kindl. hörigk. nr. 118. lat. <br> Krotzenburger w. (a. 1415) daſ. nr. 158. deutſch. | Wetterau. |
| Landauer w. (a. 1295) Schattenmann p. 34. | |
| Landsberger w. (a. 1430) Dahl urk. p. 77. | Pfalz. |
| Langenholtenſer hegeger. (a. 1651). Puſend. introd. in proc. civ. p. 786. | Hildesheim. |
| Lauenſteiner vogtgeding. Grupen alterth. v. Hannover p. 246-51. | Hannover. |
| Laueſtatter w. (a. 1446) Bodm. p. 267. | Rheingau. |

Grimm's D. R. A. 3. Ausg.        Ppp

*Laukener w. (a. 1395. 1428.) — Naſſau.
Lengfurter w. (a. 1448) Wertheimer ded. nr. 49. — Franken.
Letter markprotoc. (a. 1522) Kindl. 2, 362. — Weſtph.
Lindauer maiengericht. Heiders ded. p. 801-806. — Schwaben.
Limburger w. (a. 1374) Limb. chronik, ed. wezl. p. 74-78. — Wetterau.
Linger bauerſprache (a. 1562) Piper p. 170-202. — Weſtph.
Linger bolting (a. 1590) Lodtmann de jure holzgr. p. 67-86. — Weſtph.
Lippinkbuſer bolting (a. 1576) Piper nr. 5. p. 222-243. — Weſtph.
Lonniger w. (a. 1489) Günther 4. nr. 379. — Trier.
Lorcher gerichtsw. (a. 1331) Bodm. p. 267. — Rheingau.
Lorſcher w. und wildbann (a. 1423) Dahl p. 54. 60. — Pfalz.
Löwenſteiner vogtgericht. Kopp nr. 93. — Heſſen.
*Luttinger hofrecht. — Cleve.
Mainzer erblandbofämter w. Bodm. p. 801. — Rheingau.
*Marköbeler w. (a. 1680.) — Hanau.
rechte der hofjünger zu Mauer (Mure) bei Zürich erneuert a. 1543. vgl. Joh. Conr. Füefslin im bamb. mag. 1753. XII. 154-173. — Schweiz.
Mechtilshauſer w. (a. 1479) Wettermann p. 52. Hallwachs 110. 111. — Wetterau.
Meckesheimer centw. (c. 1561) Alef gemma. app. p. 9. — Pfalz.
Meddersheimer w. (a. 1514) Senkenb. C. J. G. 1. 2. nr. 15. — Pfalz.
Meißer bolzding. (a. 1516) Piper nr. 6. p. 244-249. — Weſtph.
Malrichſtadter w. (a. 1523) Reinh. beitr. 2. geſch. Frankens 3, 154-164. — Franken.
Membriſer w. (a. 1585.) Steiner Alzenau p. 251. — Wetterau.
Menchinger vogtsrecht (a. 1441) Tröltſch abh. 1. 222-234. — Schwaben.
Mensfelder w. (a. 1516) Reinh. kl. ausf. 1, 56. — Wetterau.
*Monjoier ſcheffenw. (a. 1600). — Jülich.
Monrer w. (a. 1260) Bodm. p. 775. lat. — Thüringen.
Monzinger gerichtsbuch. Senkenb. nr. 13. — Mainz.
Mörfelder w. (18. jh.) Hallw. 126-129. Böhmer el. 416-420. — Catzenelnb.
Mörler markordn. (a. 1539). Schazmann nr. 3. — Heſſen.
*Mühlbacher dorfeinigung (a. 1577.) — Heſſen.
Münchweiler Pirmans w. Cramer obſ. 2, 281-290. — Pfalz.
Münſterer (Gregorienthaler) vogteirecht (a. 1339) Schöfl. nr. 980. — Elſaß.
Münſtermeinfelder w. (a. 1372) Günther 3. nr. 542. — Trier.
w. von N. (a. 1602) Reinh. kl. ausf. 1, 39. — Pfalz?
Nauheimer w. (a. 1436) beſchr. v. Hanau p. 140. 141. — Hanau.
Nenniger w. (1600). Ludolf 3, 280. — Trier.
Neumünſterer kirchſpielsbrauch. Dreyer verm. abh. 1053-1108. — Nordfriesl.
Nidder w. (a. 1442). beſchr. v. Hanau nr. 198. p. 136. — Hanau.
Niederauler w. (a. 1466) Wenk 2. p. 489. — Heſſen.
Niederberger w. (a. 1395) Günther 3. nr. 645. — Trier.
Niederhausberger dinghofsrecht. Schilter c. ſ. p. 373. — Elſaß.
Niedermendiger w. (a. 1586) Günther 5. nr. 197. — Trier.

| | |
|---|---|
| Niedermufchitzer rügen (17. jh.) Klingner 3, 622-630. | Meifen. |
| Niederfteinheimer w. (a. 1430-1433) Steiner Seligenft. p. 339-42. | Wetterau. |
| Niedertiefenbacher w. (a. 1656) Hofmann p. 79. 80. | Naffau. |
| *Nordenftadter w. (a. 1426.) | Heffen. |
| Nortrupper markgeding (a. 1577) Lodtm. de jure holzgr. 173-179. | Weftpb. |
| Nürnberger walds zeidlerrecht (a. 1381. 1350) Stiffer p. 55. 97. | Franken. |
| Nürnberger waldrecht (a. 1373) Stiffer p. 88. | Franken. |
| record de Nyel (a..1569. 1661). Fred. Guill. Hoffmann recherches fur les comtés de Looz, Horne et Nyel. nouv. ed. (Wezlar) 1797. urk. p. LXIX-LXXVIII. | Niederl. |
| Oberampfacher maienger. w. (15. jh.) fel. norimb. 3, 147-150. | Franken. |
| *Oberauler w. (a. 1419.) | Heffen. |
| Oberauler w. (a. 1467) Kopp nr. 73. | Heffen. |
| Obernbreiter w. (a. 1444. 1496) fel. norimb. 3, 82-86. | Franken. |
| Obercleener w. (a. 1480. 1551. 1568) Reinh. d. j. f. 232-251. | Heffen. |
| Obermudauer w. (a. 1549) Retters nachr. 2, 193-196. | Heffen. |
| *Oberrambftadter w. (a. 1492.) Oberamftädter w. (18. jh.) Hallw. 117-120. Böhmer } el. 407-410. | Catzenelnb. |
| Oberreitnauer jura S. Pelagii (a. 1431) Heider p. 489. 490. | Schwaben. |
| Oberurfeler w. (a. 1484) einzeln gedr. Gießen 1616. 1653. dann in Lerfners frankf. chr. p. 465. bei Schazm. p. 7. bei Stiffer p. 40. | Wetterau. |
| Olsburger alte rechte (a. 1527) Nolten de fing. jur. } p. 146-148. Olsburger probfteirechte (a. 1561. 1600) ibid. p. 142- } 146. und apud eund. de jur. et confuet. p. 85-94. } | Braun-fchweig. |
| *Oerbacher w. (a. 1480.) | Wied. |
| Oeringauer vogtrechte (a. 1253) Hanfelmann nr. 43. | Franken. |
| Ortenberger w. (a. 1372) Bodm. p. 142. | Wetterau. |
| Ofnabrücker holzgericht (a. 1582) Stiffer p. 36. | Weftphalen. |
| Ofnabrücker holzordn. (a. 1671). Lodtm. de j. holzgr. p. 89-106. | Weftphalen. |
| Oftbeverner markr. (a. 1339). Kindl. 3. nr. 142. p. 377-385. | Weftph. |
| Oftheimer w. (16. jh.) Steiner Ofth. p. 301-320. | Wetterau. |
| Ofterwalder bolting (a. 1557) Niefert 2, 142. 143. | Weftph. |
| Ottendorfer rügen (a. 1605. 1616) Klingner 3, 617-622. | Oberfachs. |
| Ottenheimer w. (a. 1452) Reinhard Geroldseck nr. 76. | Pfalz. |
| freien rechte im amt Peina. Nolten de jur. et conf. 149-160. | Hildesheim. |
| Peitingauer ehehaft (a. 1435) Lori Lechrain 2, 136-142. | Baiern. |
| Pellenzer w. (a. 1417) Günther 4. nr. 73. | Trier. |
| *Pfungftädter w. (a. 1495.) Pfungftädter w. (18.jh.) Hallw. 115-117. Böhmer el. } 2, 405-407. | Catzenelnb. |
| Pilkumer hovesrechte (a. 1571). v. Steinen 4, 654-57. | Weftph. |
| Pillerfeer hofmark (a. 1466) M. B. 2, 102. | Baiern. |

Pleitzenhaufer w. (a. 1575. 1581) Schilter gloff. teut. p. 69 und journ. v. u. f. D. 1790. p. 302. | Elfaß.
Polcber w. (15. jh.) Günther 4. nr. 252. | Trier.
Pommerner w. (a. 1606) Ludolf p. 292. | Trier.
Raftädter gemeindsordn. u. hoferecht (a. 1378). Mone bad. arch. 1, 259-289. | Schwaben.
Ravengirsberger huntgeding (a. 1442). Günther 4. nr. 193. | Trier.
Reichartshaufer w. (a. 1561) Alef gemma j. pal. append. | Pfalz.
Reilofer w. (a. 1478) Wenk 2, 489-490. | Heffen.
Retterather w. (a. 1468) Günther 4. nr. 313. | Trier.
Rheingauer landw. (a. 1324) Bodm. p. 277. 285. 384. 454. 510. 805. | Rheingau.
Rhurrecht (a. 1452) v. Steinen 1, 1701-1705. | Weftph.
recordium baroniae de Richolt ad Mofam (a. 1469) Cramer nebenft. 9, 60. 61. |
*Riedw. zu Vilbel, Maffenheim, Haarheim (a. 1509.) | Wetterau.
*Rienecker w. (a. 1559.) | Franken.
Rietberger landr. (a. 1697) jb. der preuß. gefetzg. heft 38. | Weftph.
Rodheimer w. (a. 1454) Schazmann nr. 1. | Wetterau.
Rorbacher w. (14. jh.) Kopp nr. 74. | Heffen.
Roter hofmarkfreiheit (a. 1400) M. B. 2, 99. | Baiern.
*Rotzenhainer w. (a. 1537.) | Naffau.
Saarensninger rechte (a. 1348). Kremer cod. dipl. ardenn. p. 468. | Pfalz.
Salzburger landtäding im Pongeu (a. 1534) Walch 2, 149-182. | Baiern.
*Salzfchlirfer w. (a. 1506.) | Fulda.
Sandweller goding (16. jh.) Reinhold archit. forenf. 2, 138-224. und beßer bei Kindl. 2. p. 7. ff. | Weftph.
Schafheimer hubgericht (a. 1475) Steiner Bachgau 2, 55-58. | Hanau.
Schledehaufer bolting (a. 1576) Stiffer p. 51. | Weftph.
Schönauer w. (a. 1491. 1522) Cramer nebenft. 9, 93. | Jülich.
Schönreiner w. (a. 1477) Buri erl. des lehnr. 772-779. | Ifenburg.
Schöplenburger hovesrecht. v. Steinen 1, 1399-1404. | Weftph.
*Schwarzenfelfer w. (a. 1453.) | Heffen.
Schwelmer hofsrecht. v. Steinen 3, 1350. 1351. Schwelmer veftenrecht. daf. 1353-1359. | Weftph.
Seligenftädter w. fendrecht u. willk. (a. 1390-1435) Steiner p. 343-353. | Wetterau.
Selterfer w. (a. 1455) Hofmann p. 183-190. | Sain.
Seunfelder dorfordn. (a. 1559) Mader reichsr. mag. 6, 200-220. | Franken.
Seulberger u. Erlebacher w. (a. 1493) Ludolf fymph. 2, 406-409. Stiffer p. 115. | Wetterau.
Sickter freienger. (a. 1551). Nolten de jur. et conf. 167-173. | Braunfchw.
Sigolzheimer hoverecht. Schilter e. j. f. 369. | Ellaß.
Simmerner w. (a. 1517). Senkenberg I. 2. nr. 16. | Pfalz.
Simmerner (unter Daun) w. (a. 1542). Günther 5. nr. 126. | Trier.
Sliebener willköre. Kreifig beitr. 3, 306. 307. | Oberfachf.

Sógler markw. (a. 1590) Piper nr. 4. p. 202-221.     Weſtph.
Solzbacher w. Lerſner frankf. chr. 2, 613.     Wetterau.
Somborner w. (a. 1455.) Steiner Alzenau p. 246.     Wetterau.
Spechtesharter w. Bodm. p. 479.     Wetterau.
Speller wolde ordele (a. 1465) Piper nr. 1.     Weſtph.
Stadoldendorfer hägerger. (a. 1715) Nolten de jur. ſing.
   p. 154-167. de jur. et conſ. 106-132.     Braunſchw.
*record de Stavelot (15. jh.)     Stablo.
*Sulingswalder w. (a. 1522.)     Heſſen.
w. van Sueſteren (a. 1260) lat. Bondam chart. Gelr.
   1, 543.     Geldern.
*Sweinheimer w. (a. 1421) Schwanheim bei Frankfurt. ⎫
*Sweinheimer vogtsrecht (a. 1438. 1442.)     ⎬ Wetterau.
    ⎭
Swartebroeker w. (a. 1244) lat. Bondam 1, 451.     Geldern.
*Treburer w. (a. 1425.)     Catzenelnb.
Treyßer w. (a. 1340) lat. Bodm. p. 676 (vgl. Dreiß.)     Rheingau.
Trierer fiſcheramtsw. (a. 1538) Honth. hiſt. trev. dipl.
   2, 671.     Trier.
Twenther hofrecht (a. 1546. 1662. 1667) gedr. Zwolle
   1668 und bei Lodtmann nr. 27.     Overyſſel.
Umſtatter centw. (a. 1455) Hallwachs p. 105. 106.     Pfalz.
Urbacher w. (a. 1502) Reinhard 1, 47.     Wied.
Urſpringer w. (a. 1545) Kindl. hörigk. nr. 210.     Fulda.
Uttinger w. (a. 1460) Wertheimer ded. nr. 46.     Franken.
Valberter w. (a. 1533) v. Steinen 2, 262-266.     Weſtph.
Vilbeler w. (a. 1498) beſchr. v. Hanau p. 99. 100.     Hanau.
Vilmarer w. (a. 1442) Arnoldi miſcell. p. 65.     Naſſau.
Virnheimer w. (a. 1563) Dahl Lorſch urk. p. 52.     Pfalz.
Volkerſer meierding (a. 1588) Nolten de jur. ſing. p.
   130. 131.     Hildesheim.
w. des hubengerichts zu W. (a. 1535) Reinhard 1, 36.     Catzenelnb.
Wahlinger gerichtsurk. (nach 1653) Grupen diſc. for.
   p. 844-851.     Hannover.
Wallhauſer w. (a. 1484) Cramer nebenſt. 1, 74-87.     Rheingau.
Walluf u. Neudorfer w. Bodm. p. 691.     Rheingau.
*Wallmenacher w. (a. 1408.)     Catzenelnb.
elenchus Waltpodiorum. Gudenus 2, 495.     Rheingau.
Waſunger landger. (a. 1466) Schultes Henneberg 2,
   290. 291.     Henneberg.
waßergerichtsw. (a. 1611) Cramer nebenſt. 23. p. 59-
   101. vgl. Hallwachs p. 83.     Wetterau.
Wehrer w. (16. jh.) Günther 5. nr. 208.     Trier.
Wehrmeiſterei waldw. (14. jh.) Ritz 1, 130-145.     Jülich.
   anderes (a. 1342) daſ. p. 145-155.     Jülich.
Weißenauer fares recht (a. 1492 Gudenus 5, 1084.     Rheingau.
Weißenſteiner w. (a. 1539) Günther 5. nr. 114.     Trier.
record de Weiſmes (15. jh.) Ritz p. 178-181.     Malmedy.
Wendthager w. (a. 1731) Spangenb. beitr. z. d. d. r.
   des mittelalt. 199-204.     Schaum-
     burg.
Wengener gerichtsordn. (a. 1499) M. B. 23, 664-676.     Schwaben.
*Wertheimer w. (a. 1479.)     Naſſau.
*Werler w. (a. 1394.)     Catzenelnb.
Werler w. (a. 1331) Wenk 1. p. 129.     Catzenelnb.
Werner u. Seperader hoferecht. Troſs Weſtph. 1825. 1,66b     Weſtph.

*Welterwalder w. (a. 1495.) — Naſſau.

Welterwalder holtingsbuch (a. 1521 ff.) Nieſert urk. ſamml. 2, 137-141. — Weſtphalen.

Welthover klutenger. v. Steinen 1, 1719-1728. }
Welthover hofsrecht (a. 1322) daſ. 1, 1561-1595. } — Weſtph.

Wetterer w. (a. 1239) lat. Wenk. 2. nr. 139. — Heſſen.

Wichtericher w. Bodm. p. 856. (abtei Prüm.) — Trier.

Widenbrügger landger. (a. 1549) Lodtm. d. j. holzgr. p. 141-146. }
Widenbrügger bolting (a. 1549) daſ. p. 146-151. } — Weſtph.
Widenbrügger gogericht (a. 1551) daſ. p. 151-158. }

Wietzenmülenr. zu Winſen (a. 1570) Maſcov not. juris brunſv. luneb. Gott. 1738. 8. app. p. 1-46. — Lüneburg.

Wigantshainer w. (a. 1426) Arnoldi p. 35. 97. — Naſſau.

Wildberger w. (a. 1384) Bodm. p. 142. — Rheingau.

Wildſchonauer urbarium (a. 1440) M. B. 2, 164-166. — Baiern.

Wimbeker hagengericht (a. 1611) Führer p. 319-332. — Weſtph.

Winden u. Weinährer w. (a. 1658). ded. Arnſtein gegen W. u. W. 1766 fol. p. 26-30. — Trier.

Windesheimer w. (a. 1550) Günther 5. nr. 141. — Pfalz.

Winninger w. (a. 1424) Günther 4. nr. 116. — Sponheim.

Winzenburger latenger. (18. jh.) Nolten de jur. et conf. 135-144. — Hildesb.

Wisberger landw. Bodm. p. 58. }
Wiesbader w. Kremer orig. naſſ. prob. 321-324. } — Naſſau.

Witzenhauſer ſalbuch u. peinl. gericht. Kopp nr. 83. 116. — Heſſen.

Wolfhager ſalbuch (a. 1555) Kopp nr. 85. — Heſſen.

Wormſer lex familiae Burchardi epiſc. (circa 1024) b. Schannat p. 46.

Wrazhofer dinghofsrecht. Schilter c. j. f. p. 374. — Elſaß.

Zeller w. bei Holzkirchen (a. 1420) Werth. ded. nr. 48. — Franken.

*Zwingenberger w. (a. 1422.) }
Zwingenberger. Hallw. p. 132-134 Böhmer p. 423-425. } — Catzenelnbogen.

# Wortregifter.

Hier noch eine wurfformel aus einer urk. von 1279 (Lang reg. 4, 87-89): Bertholdi epifcopi babenbergenfis privilegium, ne cuiquam nifi monafterio langheimenfi propter continuam reparationem pontis in Hohftat liceat pifcari a praedicto ponte *in afcenfu fluminis* dicti Mewen, *quantum unus cum balifta binis vicibus baliftare poterit*, et *in defcenfu, quantum femel baliftare poterit.* (vgl. f. 58. nr. 21. 25. f. 62. nr. 52. f. 71. nr. 20.)

S. 489. von den *Scythen:* domus iis nemora lucique et deorum cultus viritim gregatimque, difcordia ignota et aegritudo omnis. mors non nifi fatietate vitae epulatis delibutoque fenio luxu *ex quadam rupe falientibus.* hoc genus fepulturae beatiffimum. Plinius hift. nat. 4, 12 (Hard. 26.) Habitant lucos filvasque et ubi eos vivendi fatietas magis quam taedium cepit, *hilares redimiti fertis femetipfi in pelagus ex certa rupe praecipites dant.* id eis funus eximium eft. Pomp. Mela de fitu orb. 2, 5 (Gronov. p. 254.) Diefe ftellen hat der verfaßer der Gautreksfaga (f. 486) fchwerlich gekannt.

Lightning Source UK Ltd.
Milton Keynes UK
UKHW030040030219
336548UK00005B/489/P